安徽历史文化研究文库·第七辑

文化创新与皖江率先崛起

——“第四届皖江地区历史文化研讨会”论文选编

主　编　徐东平　盛厚林
副主编　洪永平　许才珍　周翔飞

合肥工业大学出版社

图书在版编目(CIP)数据

文化创新与皖江率先崛起:"第四届皖江地区历史文化研讨会"论文选编/徐东平,盛厚林主编.—合肥:合肥工业大学出版社,2011.8

ISBN 978-7-5650-0564-0

Ⅰ.①文… Ⅱ.①徐…②盛… Ⅲ.①文化史—安徽省—学术—会议—文集 Ⅳ.①K295.4-53

中国版本图书馆 CIP 数据核字(2011)第 168981 号

文化创新与皖江率先崛起

——"第四届皖江地区历史文化研讨会"论文选编

徐东平　盛厚林　主编　　　　责任编辑　朱移山　霍俊橦　郭娟娟

出　版	合肥工业大学出版社	版　次	2011 年 8 月第 1 版
地　址	合肥市屯溪路 193 号	印　次	2011 年 9 月第 1 次印刷
邮　编	230009	开　本	710 毫米×1000 毫米　1/16
电　话	总编室:0551-2903038	印　张	36.25
	发行部:0551-2903198	字　数	669 千字
网　址	www.hfutpress.com.cn	印　刷	合肥现代印务有限公司
E-mail	hfutpress@163.com	发　行	全国新华书店

ISBN 978-7-5650-0564-0　　　　定价:68.00 元

如果有影响阅读的印装质量问题,请与出版社发行部联系调换。

安徽历史文化研究文库

前　言

2003 年，省社科联提出打造“厚重安徽”研究平台，联合省内有关高校、地方政府有计划地组织开展对安徽悠久历史和地域文化的研究，除深入开展徽州文化和徽学的研究外，重点组织开展对皖江地区历史文化、淮河流域历史文化的研究，以提高安徽历史文化的影响力，为安徽的科学发展、全面转型、加速崛起、兴皖富民服务。目前，研究正在步步深入、成果日益丰富，安徽历史文化的现代价值也逐步凸显，“厚重安徽”已成为具有一定社会影响力和认可度的安徽历史文化研究平台。

经过前三届皖江地区历史文化研讨会的成功举办和专家们的努力，皖江地区历史文化资源得到挖掘、提炼，研究不断深入，提升了皖江地区的城市形象、扩大了皖江城市的知名度、促进了皖江经济社会的发展，形成了持续深入推进的良好态势。2010 年 10 月 30 日至 31 日，由安徽省社科联和马鞍山市人民政府共同主办，马鞍山市社科联、马鞍山师范高等专科学校和马鞍山市文化委员会承办的“第四届皖江地区历史文化研讨会”在马鞍山召开。安徽省人大常委会副主任朱先发在百忙中出席会议并作重要讲话，来自安徽、江苏、上海等省市的 100 余位专家、学者参加会议，提交论文 140 余篇。

这次研讨会的召开，正值国务院批准设立皖江城市带承接产业转移示范区不久，本次研讨会的主题确定为“文化创新与皖江率先崛起”，旨在积极呼应国家战略层面的皖江区域发展，充分挖掘皖江文化的历史内涵和现代价值，为推动皖江扬帆、率先崛起提供智力支持。本届皖江地区历史文化研讨会得到学术界的热烈响应和地方政府的高度重视，参加人员更加广泛，研究深度更加深入，与现实的联系更加紧密，在很多研究领域取得了许多新的共识。

《文化创新与皖江率先崛起》作为安徽省社科联《安徽历史文化研究文库》的第七辑出版。为客观记载和充分反映本次会议学术成果，我们会后对与会论文进行重新梳理，部分作者对提交论文作了修订。安徽省社科院历史所汪谦干研究员审读了书稿，合肥工业大学出版社的领导和编辑对论文集的编辑出版付出了辛勤劳动，在此，表示衷心感谢。

编　者

2011 年 7 月

目　录

经济与社会研究

思想与文化研究

历史与典籍研究

附 录

在第四届皖江地区历史文化研讨会上的讲话

安徽省人大常委会副主任　朱先发

很高兴出席此次学术盛会。首先，我对会议的召开表示热烈祝贺，向与会各位朋友，特别是远道而来的省外的资深专家、学者，表示热诚的欢迎和亲切的问候！

这次研讨会，一是选题好。皖江的率先崛起离不开文化创新，胡锦涛总书记在党的十七大报告中指出："文化越来越成为民族凝聚力和创造力的重要源泉、越来越成为综合国力竞争的重要因素，丰富精神文化生活越来越成为我国人民的热切愿望。""推进文化创新，增强文化发展活力。"这些重要论断，具有深远、普遍的指导意义。没有文化创新，没有文化的大发展、大繁荣，没有文化软实力的明显提升，很难实现皖江的率先崛起。二是选时好。目前正值我省"十二五"规划编制的关键阶段，深入研究这一课题，对搞好我省"十二五"规划的编制和落实皖江城市带承接产业转移示范区规划非常及时，很有必要。三是水平高。会议论文集收编的130多篇文章，凝聚了各位专家、学者的智慧，很有参考价值。

安徽历史文化悠久，人文底蕴深厚，孕育了在中国文化艺术史上具有重要影响的学派、流派，孕育出了不少标志性、旗帜型的大家和旗手。我相信通过这次研讨会，一定会大大推进安徽的文化创新，一定会对促进安徽特别是皖江率先崛起起到积极的促进作用。

下面，我也作个发言，谈几点意见，供同志们参考。

一、要从战略高度认识提高文化软实力的重要意义。当前，安徽正处在厚积薄发、加速崛起的新阶段。安徽崛起是经济社会的全面崛起，这就迫切需要发挥我省文化底蕴深厚的优势，弘扬优秀文化，构建和谐文化，激发全民的文化创造活力，迫切需要提升安徽软实力和凝聚力，推动文化的全面振兴，为我省科学发展、加速崛起提供文化支撑。本世纪以来，特别是"十一五"以来，我省的文化产业、文化创意产业有了长足的发展，取得了被国内誉为"安徽现象"的骄人成绩，涌现出一批在国内有较大影响的文化骨干企业；同时，社会主义核心价值体系也越来越深入地融入国民教育和精神文明建设全过程，大大增强了全省人民团结奋进的不竭动力和凝聚力，增强了全面发展的竞争力。我们要从战略的高度，从加速安徽崛起的高度，进一步认识全面贯彻落实科学发展观，加快文化强省建设。深入开展安徽历史文化研究，充分挖掘优秀传统文化的现代价值，无疑是其中的重要内容和重要任务。

二、要从服务崛起的要求体现研究价值。从服务现实发展的角度把握历史文化的研究方向，不但是历史文化价值时代转型的内在需要，也符合中华人文经世致用传统的核心理念，更是安徽科学发展、加速崛起的现实要求。朱熹讲过一句话，“学之之博，未若知之之要；知之之要，未若行之之实”。就是说学问再广博，如果不得要领是没有用的，而把握住学问的精神实质，又不如实实在在去践行。行，是做学问的高境界，“知”，必须落实到“行”，落实到“行”，才是最重要的。从本次研讨会的主题和研究内容上看，就较好地体现了历史文化研究服务现实发展的导向。皖江城市带是我省经济的精华所在，历届省委、省政府高度重视这一地区发展。从上世纪 90 年代初的“开发皖江、呼应浦东、强化自身、迎接辐射、率先崛起、带动全省”，到新世纪的东向发展、加速融入长三角，再到 2006 年纳入中部崛起的重点区域，直到今天上升到国家发展战略布局的层面，皖江地区在全省发展中的龙头地位不断提升。皖江城市带承接产业转移示范区是落实中央关于促进中部崛起政策的重大举措，蕴含的机遇是历史性的，对发展的影响是长期性的。省委、省政府提出了“一年打基础、三年见成效、五年大发展”的战略目标，必须举全省之力、集各方之智，凝聚发展力量，寻求最大支持。这毫无疑问需要学术界提供切切实实的理论支持。皖江地区与长三角地区山水相连、人缘相亲、文化相近。我欣喜地看到，本次研讨会的许多议题，如皖江文化与长三角文化比较研究、皖江文化创新特质与推进示范区建设研究、安徽参与泛长三角区域合作研究、皖江城市带承接产业转移示范区体制机制及相关政策研究等，都是具有重要意义的研究内容。当我们以现实的目光重新审视皖江地区历史文化中的价值时，期望此次学术研讨能够推出一批新的理论成果，为皖江率先崛起提供更多有价值的对策建议。

三、要从学界角度发挥“智库”的优势。提升皖江区域文化品位、增强皖江区域文化软实力，需要继续解放思想、深化改革，进一步解放和发展文化生产力，做好文化资源优势向经济社会发展优势的转化，使文化资源优势成为带动区域经济快速发展的助推器。社科联要积极整合学术资源，在研究范围上求宽度，在研究领域上求深度，在精品项目上求力度，力争在文化保护、文化产业、文化经济等领域提出切实有效的对策、建议，更好地发挥学术界的“智库”作用。比如，如何处理好皖江历史文化开发与保护的关系，以保护促传承，加大物质文化遗产和非物质文化遗产挖掘、保护和利用的力度，彰显皖江历史文化底蕴；文化是旅游的灵魂，如何突出皖江历史文化特色，加快文化旅游产业的发展；发展文化产业是培育新经济增长点的必然选择，如何借助信息技术做大做强文化创意产业，加快文化创意产业园区（基地）和区域特色文化产业群建设；如何加强公共文化服务体系建设，促进文化事业和文化产业协调发展，等等。这些问题需要与会专家在今后的研究中予以重点关注和深入探讨。

各位专家、同志们，当今时代，各种思想文化相互激荡，思想文化的交流日趋活跃，社会文化生活呈现多样性、包容性的态势，但本民族文化、本区域文化越来越成为民族和区域凝聚力、创造力的重要源泉。可以说，区域文化是区域发展的内涵和底蕴，区域文化的精神是区域的气质和风骨。如何开发利用好皖江地区历史文化，深度挖掘其中的精彩和韵味，如何进一步推动皖江地区历史文化的创新与发展，更好地发挥出区域文化在增强区域经济社会发展的竞争力作用，是我们面临的也是今天需要深入探讨的新课题。这不但需要政府文化部门的高度重视和大力引导，更需要调动各方的力量，凝聚各路精英的智慧。我们非常高兴地看到，近几年来，省社科联一直精心组织我省三大文化圈的研究，搭建高水平的学术交流平台，皖江文化研讨会今年是第四届，淮河文化已经召开了五次研讨会，徽州文化每年都有多场高层次的学术研讨活动。如此持续推进的研讨活动，必将提升安徽历史文化的影响力和美誉度。真诚希望各位专家学者以你们的广博学识和聪明才智，为实现安徽由文化大省向文化强省的跨越献计献策，为安徽科学发展和皖江的率先崛起贡献智慧和力量。

经济与社会研究

皖江率先崛起与文化转型创新*

安徽省社科联课题组

省委、省政府提出皖江城市带率先崛起，并且建立了国家发展战略层面的皖江城市带承接产业转移示范区，不仅是基于对皖江地区发展现状的考量，也有对皖江地区历史脉动的认识，是对皖江地区历史和现实深刻认识和把握而作出的正确抉择。

20世纪以来的百余年间，皖江地区的经济增长呈现较快于安徽皖南、淮河地区的趋势；文化文明转型的过程相对顺达，功效相对突出。皖江地区经济社会发生嬗变，亦即朝着现代经济社会的方向发展。自改革开放特别是上世纪90年代后，皖江地区随着浦东开发及临江近海的独特区位优势获得了快速发展，成为我省跨越崛起的排头兵。

历史和现实发展告诉我们，人类社会的文明进步不能仅仅是物质财富的增长，还要有相适应的社会变革和文化转型。因此，就区域发展而言，皖江地区率先崛起理应是经济、社会和文化方面的全面协调可持续发展，才是科学的发展，才是真正的崛起。

一、皖江地区率先崛起的历史根基和现实要素

皖江地区，是指长江安徽段两岸地区，俗称八百里皖江。近代以前，位于皖江东部的芜湖和位于皖江西部的安庆是皖江地区两个主要城市。在古代中国，城市的兴起与发展是建立在农业持续兴盛和水陆交通条件便捷基础上的。长期、稳定的农产品供应的集散地功能是城市兴起的源泉和基本保障。古代芜湖、安庆都具备了上述两个基本条件，因而由农产品集散地逐渐上达至城市规模。

近代城市的兴起除了具备上述两个条件外，主要是近代工业的介入，且介入力愈强，城市愈发展。近代中国工业是西学东渐的物质表达，所谓洋务运动，实际上是中国“被迫的近代化”，源自西方，而西方势力来华又是通过海上渠道。因此，中国最早的近代工业大多分布于沿海、沿江地区。皖江地区的芜湖、安庆

* 本文主要从皖江文化层面论述皖江地区，只论及安庆、池州、铜陵、芜湖、马鞍山5市，没有论及国务院批复的皖江城市带承接产业转移示范区的整个区域。特作说明。

在地理上恰处于这一地区，又有农业社会的城市规模，受西方近代工业的影响、渗透也相对直接，乃至城市经济、商业发生转型，城市规模日渐扩大。以芜湖为例，1876年被辟为通商口岸时，全市人口5万人，商号约121家，以手工方式生产的工业作坊约70余家。至民国初年，芜湖城区人口已近10万人。到1934年，更达到17万余人，有机器工厂24家，雇工近万人，有手工业经营户868家，用工7000余人，加上其他各业劳动者，总计有劳工人数约4万多人，此外，还有商户1650家，雇用学徒店员约1万人。近60年间，芜湖从全国四大米市之一转变发展为皖江地区最主要的工商业城市。而安庆在同一时期，由于遭受太平天国战争的巨大破坏，以及作为安徽全省政治行政中心具有的传统政治势力对近代化的顽强抵制，近代工业未有大的发展。太平天国时期，安庆城被毁于一旦，直至民国初年才恢复增加到7万人，城市人口的一半是军公教及与此相关的人员，近代工业仅有1家。总体而言，同处皖江地区的两个城市的近代化比较，芜湖凸显成效。

20世纪下半叶，位于皖江东部的马鞍山和位于皖江中部的铜陵成为因矿业而大办工业随即兴起的工矿城市，马鞍山的钢铁工业和铜陵的冶铜工业分别是两座城市的支柱产业，城市人口也逐步增加。改革开放以后，“左”的意识形态从工业发展领域退出，计划经济被打破，两座城市在继续发展支柱产业的同时，按照市场经济的规律发展其他工业，城市的现代作用逐步显现，人口迅速增加，现代化步伐加快。上世纪90年代后，随着行政区划的调整，池州也获得快速发展。

在同一时期，芜湖、安庆经历了同样的工业化历程，从1950—1980年，都是在意识形态支配下，按计划经济体制模式展开工业化。1970年建设的安庆石化厂即是佐证。这些工业虽然能够快速改变当地工业经济的构成比例，却不归于所在城市行政管理，也与城市的现代发展不相适应。改革开放以后，芜湖、安庆的工业化才算走上正轨，也就是按照工业化自身规律行事，探索市场经济新模式。安庆“窗口经济”和芜湖“傻子瓜子”虽然算不上工业经济，却是走市场经济道路、启动内生现代化动力的初步尝试。城市的现代发展正是在这个过程中得到许多有益的经验，并逐渐兴盛起来。

从20世纪初至现在，皖江各市以兴办和发展近现代企业为主要形式，取得了城市经济不断增长的良好成效，虽然池州起步较晚，但由于沿江的区位优势发展后劲很大。特别是近20年来，芜湖、马鞍山、铜陵、安庆、池州的工业经济迅速增加。2009年，5市的生产总值分别为665. 9亿元、902亿元、343. 7亿元、802. 66亿元和245. 59亿元，占同年全省生产总值10052. 9亿元的29. 4%，其中第二产业增加值分别为565. 02亿元、443亿元、233. 29亿元、373. 35亿元和104. 29，占同年全省第二产业增加值4902. 8亿元的35%；2009年，5市总人口

1208万人（包括市辖县农业人口），占全省常住人口6794.5万人的17.78%。显然，5市的工业化程度和人均工业化率大大超过全省平均水平。

近代工业的兴起和城市发展给传统社会带来深刻地影响。首先，近代工业有力地促进了生产力的解放，大大提高了生产效率，迅速增加了社会财富，对传统农业造成冲击；其次，近代工业的兴起彻底改变了传统社会的生产方式和经济增长模式，经济发生历史性转型；再者，近代工业的发展促使其生产要素充分聚集，流通规模和范围都大为扩张，人员、物资等交流得到加强。而由于近代工业兴起带动的城市发展，也使传统城市发生质的变化。第一，城市的转型，亦即从传统农业社会的“附属物”转变为经济社会发展的集中区，城市获得了“独立”地位；第二，城市的财富增长能力日愈加强，城市对人的吸引力大大增强，促使人们向往城市而涌入城市，致使农村人口相对减少，改变着传统社会的人口分布结构，从而在根本上动摇传统社会的根基。皖江地区主要城市变迁说明，城市在自身获得转型与发展的同时，也改变着传统的农村社会，乃至整个社会的转型。

但是，中国近代化历程告诉我们，近代化的动力必须来源于内部，亦即内生型的近代化，才可能使近代化更有成效、更加具有影响力，也更为深刻和广泛。而中国的近代化并非“内生”，恰恰是外力冲击的“被迫的近代化”。洋务运动之所以失败，缺乏内生动力是其重要原因。部分官僚“仿其表皮、不问究理”地办企业、图私利，甚至打压民间资本，是无论如何也造就不成“内生动力”的。直至民国初年，由于西方官僚对经济控制的减弱及西方冲击相对缓和，中国近代化的内生动力才逐渐显露。芜湖的近代工商企业在这一时期获得较快发展即是佐证。此后的半个多世纪，受日本侵略、战争、所谓计划经济和政治运动的影响，中国现代化的内生动力始终未能再生和发展。改革开放以后，随着以经济建设为中心的工作重点的转移，社会民间强烈渴求发展经济和民间资本渐趋增加并向工商业集中，内生型的现代化动力得以再生和加强，工业化、城镇化的步伐逐步加快，且呈现持久加强的趋势。

综上所述，20世纪以来，整个皖江地区的工业化、城市化步伐较快、成效突出，现代化的内生动力相对强劲，具备了率先崛起的历史根基和现实要素。

二、皖江地区文化的基本特征

经济与文化的关系，既相互约束、又相互促进，既有相通、又有独立。从历史上看，既有经济变革带来文化转型，也有由文化观念变革推动经济转型。传统上中国是农业社会，经济以农业为主，与之相匹配的文化当属农业文明。然而，中国地广人多，地域差异、民族与族群起源的差异，以及生活方式、价值标准的差异历史上就已存在。因此，在以农业文明概括、统称中国传统文化之下，深究各区域的文化，存在着差异和各自特征。皖江地区文化即是其中区域文化之一。

如何从学术上对皖江地区文化作出明确、精准的定义，省内外许多学者专家都就此问题展开过多次探讨，至今尚没有大体一致的认识。实际上，安徽文化也存在同样的情况。多数人认为用“安徽文化”来统称安徽区域内的文化是不准确和粗糙的。淮河文化与徽州文化在历史时期、生活方式和行为准则等方面都呈现不同的特征，难以聚拢、精练于安徽文化的定义内。给皖江文化作学术定义同样如此，这是因为皖江地区内各个相对独立的较小区域文化在源流、历史时段和价值标准等方面存在差异，不能人为地强拉硬拽撮合在一起。因此，有专家提出，不妨从历史发展的视角将皖江地区文化归纳为涵养期、生长期、转型期和创新期。即把宋以前的皖江文化作为它的涵养期文化，把宋至清之间的皖江文化作为它的生长期文化，把近代以来的皖江文化作为它的转型期文化，再把当前的皖江文化称为它的创新期文化。这个论述实际上是用发展的眼光，对皖江文化的进步和可持续性给予充分的肯定。

皖江文化在目前有没有大体一致认同的学术定义并不重要，也不是迫切需要认定的问题。重要的是，作为一种区域文化，皖江地区文化确实存在，不仅存在于历史中，更存在于近代和当前社会中，而且还处在持续的发展过程中。皖江地区文化之所以具有持久生命力和活力，与它本身的特征密不可分。

第一，皖江地区文化具有多样性特征。由于历史时段、社会发展及经济成长过程的不同，皖江地区内各个相对独立的小区域文化在源流、兴盛期和地位权重上都存在差异。安庆文化源于古皖文化，当属皖江地区乃至长江流域历史最悠久的文化之一，在此后漫长的历史中步步趋进，具有农业文明的一般特征，至清初，又有桐城文化的浸淫，再升鼎至前现代社会文化的峰巅，对清代的最高政治和精英学术都产生支配性影响，在皖江地区更是占据着文化主导地位。因此，至今有学者认为皖江文化即是安庆文化，从历史上看，不无道理。至近代，由于经济转型不畅，亦由于其本身过于强实和深根，安庆文化的近代变革相对缓慢，步履蹒跚，落在时代发展的后面，难能涵盖整个皖江地区的文化形态。同处皖江地区的马鞍山工业文化，是在20世纪下半叶才开始出现的，而且这还是对马鞍山工业文化持肯定观点的人们提出来的，也有学者认为马鞍山工业文化才刚刚起步，无甚影响。显然，马鞍山工业文化与安庆文化根本不处于同一历史时期，两者间的文化本质差异更是泾渭分明。还有九华山佛教文化与芜湖商业文化，也是风马牛不相及，其源流、本意和本质都差之千里。也正是因为同一地区存在如此不同的小区域文化，文化的多样性特征表露无遗。

第二，皖江地区文化的包容性和融合性特征明显。皖江地区内各个小区域文化的兴起在源头、历史时期及价值本体方面都有不同，却能相对独立、相互包容、相安无事，甚至在某些方面相互融合，例如，芜湖近代商业文化就与安庆传统商业文化有许多相似、融合之处。这在其他地域文化中难得见到。究其原因主要有三点。一是皖江地区内的各个小区域文化都基本源于农业文明。农耕时代的人际交流、商品交流乃至文化交流的地理范围十分有限，生产手段和生活方式也决定了不需要更多地满足各种交流的条件，否则就会形成相对“过剩”，以至各个小区域文化得以兴起、存在和发展。二是皖江地区内各个相对独立的区域主体人口来源、构成及人生定位千差万别。除安庆地区人口最初主要源于本土之外，其他区域的主体人口来源各有不同。芜湖地区的人口中有许多是皖南地区和苏浙附近地区及中国北方迁徙而来，人口构成比较复杂，马鞍山、铜陵等地人口中有许多则是因工业化建设需要，从全国各地而来。安庆地区的人口在太平天国以后也经历了一次较大幅度的减增，许多江西、湖北人迁移至此，改变了原有的人口来源。此外，历史上，皖江地区还是中国人口北南迁徙的过渡地区，许多暂居于此的人们并无长期久留的打算，所以人口流动相对较频繁，只是到了近代，这个趋势逐渐褪去。主体人口的来源不同和人口去留的不确定性，也是皖江地区各个小区域文化相互共存、相对独立的一个原因。三是皖江地区的自然条件相对优势，农业生产相对稳定，又有重视读书受教育的传统环境，少有人们为维持生存而不得不展开你死我活斗争的恶劣环境和历史传统。历史上，除了区域外来的太平天国运动外，在本地区内没有发生过大规模的所谓造反或疾风暴雨式的暴力革命，人文环境相对温和，这些或许也是皖江地区文化具有包容性、融合性特征的原因之一。

第三，皖江地区文化呈现开放性特征。长江古往今来就是中国水运交通要道，至近代，更凸显其重要性。交通运输必然需要开放性，否则就不能发展航运。皖江地区经济也正是因为长江及其支流航运的兴盛而受益。同时，历史上的皖江地区因为处在中国人口的北南迁徙过渡带，人口长期处于流动状态，文化自然地呈现出开放性，且逐渐形成传统。此外，至近代，由于地理区位的原因，自海江而来的西方文化对安徽的浸透，最初也是先到达皖江地区，尤其是首先登陆芜湖等通商口岸，然后再向地区外浸透。而皖江地区文化本身具有的多样性、包容性特征使外来的西方文化并未受到比较大规模的暴力抵抗，相对顺利地浸入皖江地区并逐渐生存下来。从文化的本质要素和皖江地区文化展示出的自信力上探究，容忍外来文化的浸入实际上也是一种文化的开放性。

第四，皖江地区文化中所包含的教育要素比较明显，且经日积月累，形成传统。这从近代以来的皖江地区教育发展史上可见一斑。民国初年，安徽兴办的第一所近代大学设在安庆，随后陆续有新式的大专学校建立于芜湖、安庆，还设有众多新式中学堂。这一史实一方面反映出地方政府重视近代教育，动用行政资源将学校兴建于省会安庆，而西方势力则主要在芜湖等通商口岸兴学助教。也就是说，皖江地区近代教育的扩张得益于地方政府行政手段的运用和相对便利的地理区位。另一方面，皖江地区的教育传统比较深厚，虽然较徽州地区，尚难比肩，但比淮河流域地区则要浓厚得多。正是受益于教育传统和近代教育的扩张，皖江地区文化才具有更强的活力和更持久的生命力。

上述对皖江地区文化特征的归纳或许缺乏逻辑，却是客观存在。这些特征展示着皖江地区文化的活力和持续性，正在推动文化的转型，并可由此走向创新期，从而与皖江地区经济率先崛起相匹配，推动整个皖江地区的社会现代化。

三、推动皖江率先崛起与文化转型创新

进入21世纪，皖江地区的经济发展迎来了大好机遇，确定皖江率先崛起目标及其相关政策措施的落实执行，都为皖江地区经济转型带来新的动力。

一般而言，所谓皖江地区率先崛起首先是指皖江地区的经济增长速度相比其他地区更先、更快，但是，若经济率先崛起没有社会的转型与文化提升相配合，将难以实现持续发展。况且，近代以来的皖江地区不仅经济增长忽上忽下，起伏曲折，处于增长与转型的双重变动期，社会转型和文化变革也未能完全定型或基本稳定，也处于变动期。经济、社会与文化三者间关系交错繁杂、密不可分。所以，皖江地区率先崛起必然还应当包括社会和文化方面。

皖江地区在社会转型方面取得了比安徽皖南、淮河地区更为明显的效果，这就是工业城市的兴起。皖江地区集中了安徽全省8个主要工业城市中的4个，加上新兴的池州和一些具有一定工业生产规模的县城，形成了沿江城市带。再有即将实施的皖江城市带承接产业转移示范区规划的两个集中区，皖江地区的城镇化进度和社会结构将进一步提高。城市经济兴起，表明整个皖江地区经济支柱及主导所在；城市人口的增加则反映出皖江地区人口结构的变化。传统的农业社会在经历数千年特别是百余年的近代化过程后，终于发生了重大的变化，向着工业社会转型的趋势已不可逆转。尽管这个转型过于漫长曲折，尽管这个转型还未完成，尽管整个地区的人口农村人口还占50%以上，但是，无论在非农经济所占比重、经济主导力和发展趋势方面，还是在社会主导价值观念、社会认同及社会整合趋向方面，皖江地区的社会转型确实向着良性方向发展。

皖江地区在文化转型和提升方面也取得了与经济增长及社会转型同样的效果。观察这一时期文化转型的发展过程，除了战乱和政治运动的破坏之外，大都是围绕着近代化、工业化而发生的。换句话说，就是传统的农业文化、农业文明向着近代文化、工业文明转型。例如，传统教育向近代教育的变革，皖江地区不仅是先行，而且最为成功。又如，传统观念向现代观念转变，皖江地区人也较准

河地区、徽州地区的人们更彻底，陈独秀等20世纪初的一批皖江文化名人即是其中的典型代表。

皖江地区的近代化历程说明，在一个特定地区的经济、社会和文化转型过程中，经济转型往往扮演先锋和突破的作用，社会转型则是经济转型的必然过程和必然结果，而文化转型则对经济转型起着或拖拽或促进的作用。所以，在皖江率先崛起的战略目标下，皖江地区文化如何加快实现转型，如何实现文化创新以适应皖江地区经济崛起，显得尤为重要。

仅从生活方式层面观察当前的皖江地区文化，总体应该处于工业文明的中期阶段，亦即相对成熟的工业文明阶段。工业文明对人们生活方式的衡量和要求与农业文明相比，存在有许多差异：第一，制度化、标准化，譬如，工业技术及运用的标准，生产分工的制度规范等等，农业文明则少有这个约束。第二，有序竞争，并以此促进生产提高。第三，交流与合作，包括产品的交换、人员流动等。第四，不断扩大的市场，等等。所有这些工业文明特征都会反映到或影响着人们日常生活中，从而逐渐改变整个社会人们的生活方式。

再从行为准则层面解读皖江地区文化中的工业文明要素，至少包括几个内容：第一，平等与自由的价值原则，即人与人之间是平等的，而不像农业社会人们之间存在依附关系。第二，效率意识，即对探索利用时、空的意识，对物质生产和利用的效率观。第三，规则及法律的价值，包括对法律至高无上地位的观念，对规则的平等协商与服从的观念等。第四，创新精神，包括探究未知事物的意识，发明创造的观念等。皖江地区文化或多或少地具备有这些要素，尤其是改革开放以来，工业文明所包含的行为准则随着皖江地区工业化、城市化进程，在其文化中得到了更快的培育和更多的体现。

因此，如果从生产力和生产方式角度划分社会文明，皖江地区在整体上应当已进入工业文明时期，其文化发展也处于工业文明的阶段，同时又不乏自身特征的传统文化诸要素，如多样性、包容性和开放性等。这些传统文化要素并未因工业文明的扩展、提升而淡化或消失。相反，两者之间呈现的是相互促进、相互合作的发展态势。

在皖江地区率先崛起的既定目标下，皖江地区的文化必须走文化转型与文化创新之路，从而配合并促进皖江率先崛起。否则，就会拖拽率先崛起的进程。

从区域文化的转型来看。皖江地区文化始终是在向着近代化、工业化的方向运行，尽管这一进程过于缓慢，过于曲折，但相比安徽其他两个地区，却是成效彰显。在中国工业化总体上进入中期阶段、信息化亦初见端倪的情势下，皖江地区文化应当加速转型的步伐。这里所谓的加速转型无非包括两个方面的含义。第一，将农业文明中的积极因素继承并浸入至有利于工业文明的进程中。例如，农业文明中强调的和谐理念，主张人与人之间、人与自然之间和人自身的和谐，这也是工业文明的应有之意。但是，农业文明的和谐是被动的、服从性的，工业文明所强调的和谐是主动的和理性的，也是主导性的，是在承继农业文明和谐价值理念基础上的升华。又如，农业文明中的诚信理念，主要以“义”为核心，没有法律的支撑，而工业文明强调的诚信是建立在法律基础上的、规范化的诚信。要将这些源自人性本质的文化价值理念继承、提升，服务于新的经济社会形态，服务于加速发展中的经济社会，这是皖江地区文化转型的意义所在。第二，将百余年来皖江地区文化的近代化（即工业化）要素以技术性强化、巩固。这是基于皖江地区的文化特征而言。皖江地区文化的多样性、包容性和开放性正是近代化和工业文明的应有之意，加快这一趋向的发展进程也就是加快工业文明的进程。例如包容性，既是皖江地区文化的特征之一，也是工业文明的必备要素。工业文明主张平等合作，不排斥任何人在法律约束下的潜能发挥。若能采取诸如人才培养、人才教育的技术性、政策性措施，构建人才辈出的文化氛围，皖江地区的文化包容性特征就更能够在推进工业化和经济崛起过程中显现出来。再如，皖江地区的文化开放性特征，也是工业化的必备要素，充分发挥和合理利用这一特征，必然有利于皖江地区经济率先崛起，同时也是强化和巩固皖江地区文化特征的技术性路径。

从区域文化的创新来看。实现皖江经济率先崛起没有文化创新是难以持续、甚至是难以支撑的。经济率先崛起的主要动力有两类，一是技术进步和发明创造，即生产工具的不断革新，二是支撑技术创新的新思想、新观念的不断涌现，即生存方式和生产方式的与时俱进。例如，交通工具在技术层面取得不断进步的同时，也是人们生存方式的拓展和生产方式的进步，更映衬着人们在思维和观念意识上的创新。此外，创新的一般逻辑是，首先发现问题，以触发人们去思考、去想办法解决，进而找到解决问题的新办法、新路径。从文化观念角度理解，这就是一种创新，是在原有文化观念上的进步。此外，文化创新不仅仅表现于经济层面，还反映于社会发展的层面。例如，皖江地区文化的多样性特征，并非仅仅表达着这个区域的社会状况，同时也意味着皖江地区社会发展具有更强的拓展力、创新力。因为，文化多样性存在的前提是社会具有平等竞争与合作的环境。在平等竞争的环境熏陶下，文化的生存发展只能也只有依靠不断地创新，否则，社会发展的多样性必然因文化多样性的淡化或退却而不复存在。从这个意义上说，文化创新是促进社会进步的不懈动力。

还要说明一点，如同工业文明不等于西方文明那样，文化创新不会削减区域文化的特征。皖江地区文化的源流和发展历程告诉我们，任何特定地区的文化，都是经历较长时间的积淀和聚合才可以形成特征。文化创新的作用和影响只是相辅相成于这一区域的经济发展和社会进步，原本的文化特征只会在这个过程中得到加强。

综上所述，在皖江地区率先崛起的既定目标下，结合皖江地区的文化特征，加快文化转型及文化创新，是皖江地区文化发展的必然选择和必由之路。

【参考文献】

[1] 王正林主编：《工业文化纵论》，安徽人民出版社2008年版

[2] 李良玉：《关于皖江文化》，《安徽师范大学学报（人文社会科学版）》2009年第3期

[3] 安徽年鉴社：《安徽年鉴》（2010）

[4] 谢同兴：《中国现代化区域研究——安徽省》，台湾中研院近代史所集刊

（课题组成员：洪永平　沈葵　周翔飞　黄中远　张晧淼　李井伍　许宝喜；执　笔：沈　葵　洪永平）

与南京发展同步：马鞍山加快旅游业发展的战略思考

陶用之

内容提要：旅游业是推动社会经济发展的重要支柱产业。马鞍山与南京发展旅游业有许多相通和借鉴之处，与南京同步发展旅游业面临着难得机遇，也有利于融入南京都市圈，进入长三角。本文从发展理念、旅游环境、旅游营销、旅游管理、青奥会体育旅游和工业旅游等方面提出马鞍山与南京同步发展旅游业的对策。

关键词：旅游业；支柱产业；同步发展；战略思考

马鞍山市和南京市同处中国经济发达、开放地区之一的华东，是长江中下游平原的重要城市，两市山水相连，近在咫尺，加快发展旅游业有许多相通和借鉴之处。

2009 年，南京市总人口 629.77 万人，旅游业总收入 822.1 亿元，马鞍山市总人口 128.61 万人，旅游业总收入 28.81 亿元，马鞍山市总人口为南京总人口的 20.42%，而旅游业总收入仅为南京市的 3.5%[①]，两者比较反差十分悬殊。马鞍山旅游资源丰富，与南京毗邻，又同属于南京都市圈，完全有条件做大做强旅游业。笔者以为，马鞍山旅游业与南京同步发展，增强旅游业的发展能力，是马鞍山旅游业发展的一个战略性问题。

一、与南京发展同步：从产业战略定位开始

南京旅游业发展迅速。2000 年南京旅游业总收入 155.99 亿元，2009 年达到 822.1 亿元，十年间增长 4.3 倍，平均每年增长 65 亿多元，特别是“十一五”的前四年，平均每年增长 110 亿多元。南京发展旅游业，最重要的是重视旅游业的定位，把旅游业作为南京国民经济的战略性支柱产业，营造环境，多方努力，

① 本文马鞍山和南京统计数据均见相关年份两市国民经济和社会发展情况公报。

力促发展。

南京在发展旅游业的过程中认识到，旅游业具有多种价值，是推动社会经济发展的重要支柱产业。

（一）旅游业具有强大的产业价值。旅游业是一个综合性、关联性很强的产业，带动效应大。旅游业的自身发展同时也带动了交通、房地产、餐饮、娱乐、商业、信息、文化等相关产业的发展，促进这些产业结构的调整，是第三产业中最具综合服务功能、最具带动能力的产业。据世界旅游组织测算，旅游收入每增加 1 元，带动相关行业增收 4.3 元。旅游业直接和间接带动的产业有 100 多个。旅游业的发展会引起社会经济、政治、文化等一系列的改善和提高。

（二）旅游业具有重要的社会价值。旅游业承担的社会责任体现在，一是旅游业是劳动密集型的产业，加快旅游业发展，可以大量提供不同层次的劳动力就业岗位，扩大和满足就业需求。据测算，旅游业每增加 1 个直接就业，社会就能增加 5 ~7 个就业。乡村旅游的发展对于农业劳动力就地转化、解决“三农”问题效果显著。二是发展旅游业带来大量资金，促进旅游业设施和相关基础设施的发展和完善。

（三）旅游业具有不可估量的环境价值。发展旅游业必须具备优美的环境、良好的生态，旅游业体现了科学发展、可持续发展的愿景，是典型的低碳经济、绿色经济，其环境价值不可估量。发展旅游业，还可避免、替代一些污染重、资源消耗大的传统产业，实现对自然资源的永续利用；对绿色旅游、生态旅游的倡导，更符合建设资源节约型、环境友好型社会的发展要求。

南京旅游业的定位是逐步深入形成的，经历了服务业、第三产业中的龙头产业、国民经济新的增长点、国民经济的支柱产业的产业发展认识和上升到生态经济、科学发展、可持续发展模式的认识，增强了旅游业发展的动力和能力，促进了旅游业的快速发展。马鞍山旅游业要与南京同步发展，是可以借鉴的。

二、与南京发展同步：差距、优势和机遇

马鞍山旅游业要做到与南京旅游业的同步发展，首先要正视自己的差距、看到已经具有的优势、抓住难得的发展机会。

（一）差距

马鞍山旅游业与南京相比（不是简单的数量对比，而是在相同资源条件下应该和可能达到的水平），确实存在较大的差距。马鞍山旅游业与南京的差距主要是产业规模小，产出率低。2009 年马鞍山旅游业总收入 28.81 亿元，是南京的 3.5%，人均旅游收入 2240 元，不到南京人均旅游收入 13054 元的五分之一。差距还表现在旅游业在国民经济中的地位。1997 年马鞍山旅游总收入占 GDP 的

比例是2.7%，2005年上升为3.3%，2009年上升为4.3%，同期南京分别达到13.3%、15.7%、19.4%，相比之下，差距很大。

其他如旅游产品结构、旅游资源开发程度、旅游形象设计与表达、旅游产业竞争力等也都存在一定的差距。

(二) 优势

马鞍山旅游业发展具有得天独厚的优势。一是旅游资源优势，马鞍山佳山丽水，风光优美，旅游资源十分丰富，具有一批独特的、知名的、有影响的旅游资源，遍布自然生态、历史文化、工业文明生态的名胜古迹有100多处。二是区位优势，突出体现在：马鞍山是泛长三角的重要城市，也是国家战略皖江城市带承接产业转移示范区的桥头堡；马鞍山是大皖南旅游区的重要城市，皖南国际旅游文化示范区，背靠黄山、九华山等一批世界级的旅游景点。天然、良好的区位优势为马鞍山旅游发展昭示着蓬勃的生机。

(三) 机遇

马鞍山旅游业与南京旅游业的同步发展面临着难得的机遇。

首先是国家发展战略深化带来的机遇。现在，旅游业已经上升为国家战略性的支柱产业。旅游业被理论界称为“朝阳产业”，改革开放30多年来，我国对旅游业的认识不断深化，从事业型的“民间外交”到经济型的“创汇产业”，从国民经济的“新的增长点”到国民经济的“战略性支柱产业”，每一个阶段的发展变化，旅游业都实现了一次大的发展、提升和跨越。旅游业是国民经济战略性支柱产业的明确提出，将使马鞍山旅游业的地位进一步得到巩固和提高，在全市产业结构转型与调整、后金融危机时代策略应对、新兴战略性产业发展中寻求到新的机遇。

其次是区域经济发展带来的机遇。区域经济发展给马鞍山旅游业与南京旅游业同步发展带来了重大的机遇。一方面，国家出台《皖江城市带承接产业转移示范区规划》，提出皖江城市带承接产业转移示范区是合作发展的先行区、科学发展的试验区、中部地区崛起的重要增长极、全国重要的先进制造业和现代服务业基地。规划顺应国内外产业转移的新趋势，将推动安徽又好又快发展。马鞍山是八百里皖江城市带接轨长三角的第一站，皖江城市带承接产业转移示范区规划的实施将给马鞍山旅游发展带来蓬勃的生机。另一方面，南京都市圈建立和发展带来的机遇。随着南京都市圈城市间合作、融入的日益深入，都市圈旅游生产力要素通过资源、产品、管理、政策等方面的合作，提高整体水平，形成系统开放、功能完整的旅游区域，南京都市圈正在成为国内首选旅游地区之一和世界级旅游目的地，成为商务会展旅游中心、旅游集散中心和服务中心。马鞍山要抓住这个难得的机遇，积极参与南京都市圈旅游产品市场化、旅游品牌多样化、旅游服务设施社会化、旅游企业运作一体化的发展规划，增强旅游业竞争力，提高旅游业的高知名度、高品位和高效益。

第三是2014年第二届青奥会带来的机遇。青奥会旨在聚集世界范围内所有的具有天赋的青年运动员，以组织一项具有高度竞技水平的赛事；同时青奥会还在奥林匹克精神旗帜下成为一项具有教育意义的项目，让青年们从运动中收获健康的生活方式。第二届夏季青奥会的成功申办使南京成为一个全球的热点城市，南京将以她独特的魅力吸引着越来越多的国内外游人。申办青奥会和举办青奥会，不仅能提升南京形象、扩大南京知名度、增强南京影响力，也给南京及其都市圈城市带来发展旅游业的机遇。北京2008年奥运会的成功举办为我国国际旅游的发展插上腾飞的翅膀，从申奥到举办奥运会，国际旅游收入年平均增长率达13%，海外游客达44万人。相信未来四年中，包括马鞍山在内的南京都市圈城市也会迎来旅游业的春天。

第四是经济发展转型带来的机遇。从根本上说，经济发展转型将给旅游业带来最大的发展机遇。无论应对金融经济危机还是谋划后危机时代经济发展，中国经济发展转型都势在必行。经济转型的核心是拉动内需。“拉动内需”将刺激旅游投入和消费。为了应对金融危机、刺激经济发展，国家已经和正在出台一系列拉动内需的政策，尤其是在扩张性财政政策下，国家对基础设施等方面的公共投资力度不断加大；此外，旅游业作为拉动内需的优势产业，也将获得国家和各级政府的大力支持，这些都将有助于提升和改善旅游基础设施，并带动旅游产品的开发，形成新的旅游热点和吸引力，刺激旅游需求的增长。

三、与南京发展同步：马鞍山旅游业发展的对策

马鞍山旅游业发展采取何种对策才能与南京旅游业发展同步？依据笔者的认识和理解，提出以下几点建议。

（一）发展理念与南京同步

发展理念与南京同步除文中前已提及的外，这里主要强调两点，一是马鞍山要建设世界一流旅游目的地，融入长三角；二是马鞍山旅游业要坚持创新。

马鞍山旅游业与南京旅游业同步发展，首先是明确发展方向和目标，联合南京，融入长三角。长三角是全国旅游快速发展的区域，是国内旅游和入境旅游的主要市场之一，2003—2007年长三角国内旅游收入和旅游外汇收入均超过全国的四分之一多，旅游业就业人数和旅游收入占全国的五分之一以上，旅游产业具有较强的活力和竞争力。马鞍山旅游业与长三角各个城市必须加强合作特别是与南京合作，从而大大加快旅游业发展，建设世界一流的旅游目的地。

马鞍山旅游业与南京同步发展理念要坚持创新。与南京同步发展、融入长

三角区域旅游的发展本身就是一种创新。从根本上来说，创新要靠制度的创新。与南京发展同步，不是简单的、短期的、临时性的做一两件合作或联合的事情，根本的、更多的是考虑与南京同步发展制度的建立和实行的问题，比如旅游基础交通设施共建与利用、旅游产品开发、客源互换、行业管理协调、旅游市场开发与营销、旅游信息交流与开发、旅游资源共享、旅游市场开放和人员交流培训等。

（二）营造与南京媲美的旅游环境

旅游环境是进行旅游活动的基础。对一个城市旅游环境的感知与评价直接影响旅游者的旅游体验及满意度，从而影响旅游城市的形象和声誉。旅游者的体验及满意度将影响其旅游后续行为，即是否再次旅游，进而影响到潜在旅游者的行为。因此，提高和完善城市的旅游环境，对马鞍山发展旅游业具有现实的意义。

旅游环境包括自然环境和人文环境。同南京一样，马鞍山发展旅游业的自然环境得天独厚，因而影响旅游发展的关键问题是人文环境。根据旅游的六大要素吃、住、行、游、购、娱，马鞍山的人文旅游环境可以分为餐饮环境、住宿环境、交通环境、（导游）服务环境、购物环境和娱乐环境。受篇幅所限，这里只讨论交通环境和娱乐环境。

马鞍山交通便利，基础较好，但是旅游要与南京同步发展，旅游交通环境仍有大量工作。比如，与南京等城市间的快速通道建设，城际铁路建设，水、陆、空立体交通形成，城际交通公交化；市内外交通网络的完善；市区至各景区干线公路等级，车站、码头的建设；3A 级以上旅游景区的干线公路（二级以上）的连接；高速公路、一级、二级公路及通向 3A 级以上旅游景区的道路公共信息图形符号的普及与规范；开辟水上旅游航线等。

娱乐环境的本质是文化，马鞍山和南京都有丰厚的历史文化底蕴，马鞍山发展旅游业要努力营造良好文化娱乐氛围，增加文化要素，提高文化含量，推动旅游与文化的融合；要大力提升旅游项目的文化创新、旅游商品的文化创意、旅游从业人员的文化素养，深入挖掘优秀历史文化、现代工业文化和民族民间文化资源，举办主题性文化活动，开发特色性文化产品，更好地用文化推动旅游产业的升级；加强文化资源整合，完善政策措施，大力发展演艺娱乐、休闲体育、博览会展、传媒影视等新兴产业，以文化产业的快速发展推动马鞍山旅游业与南京同步发展的步伐。

（三）借青奥会机遇开展体育旅游

与南京旅游业同步发展的大好时机是南京青奥会。2014 年南京将举办第二届青奥会，和奥运会等竞技体育不同，青奥会将充分体现文化教育与体育竞赛同等重要的理念，是使青年人在运动、教育与文化方面全面均衡发展的体育盛事，在奥林匹克运动范围内，激发年轻人积极、主动地参与体育运动、文化教育，进而增进人际交流、社会融合和国际友谊。围绕青奥会的举办，全世界的目光会聚焦南京。

马鞍山要紧紧抓住青奥会带来的旅游机遇：（1）吸引参加、观看青奥会的人员来马鞍山旅游。参加青奥会的除运动员、官员、志愿者外，大批的观众、游客也会来南京，据推测，保守的数字，南京的旅游业从现在起到2014年青奥会的四年间，会翻一番。2009年南京旅游业收入超过800亿元，翻一番将超过1500亿元，有人预计南京青奥会赢利会超过5亿元，青奥会确实隐藏着巨大的旅游业商机。马鞍山旅游业利用好青奥会机会，将是大有可为的。（2）争取比赛项目（场地）落户马鞍山。从体育旅游的角度，马鞍山旅游部门要联合体育等部门，积极与南京青奥会组委会和南京市相关部门联系、沟通，争取青奥会的比赛项目（场地）能够落户马鞍山，哪怕是一两场也是成功的。（3）联合南京举办与青奥会相关的青少年活动。青奥会全称是青少年奥林匹克运动会，目标是“让来自五大洲的青少年汇聚在五环之下”，首届青奥会在新加坡，四年后将轮到南京，南京青奥会首次在一个拥有13亿人口，其中包括近5亿30岁以下青年人口的发展中国家举办，必将有利于东西方文化交流，彰显奥林匹克精神，使奥林匹克运动更加充满生机和活力。不仅给举办城市，也将给中国乃至整个亚太地区的青年人留下宝贵的体育、文化和教育遗产。青奥会，将成为全世界不同语言、不同肤色青年人的节日，带给人们精彩独特而又历久弥新的感受。在这个健康、快乐、成长的舞台上，马鞍山如何吸引世界青年欢聚在奥林匹克价值的旗帜下，心手相连，感受来自世界各地的多元文化，是一篇不小的文章。

（四）发展极具潜力的工业旅游

工业旅游以参观、游览、体验工业生产过程、工厂风貌、工人工作生活场景、工业景观等构成，它不是工业和旅游的简单叠加，而是两种文化的交融，将现代工业的巨大魅力渗透到旅游的诸多要素中，展示工业文明。跟普通的观光旅游相比，工业旅游具有文化性、知识性、趣味性，具备现场感、动态感、体验感等独特魅力而深受旅游者青睐，能够最大限度地满足人们的好奇心和求知欲，让游客置身其间，亲眼见证一件件产品的生产过程，甚至还可以亲自上阵，参与到生产过程中去。近半个世纪以来，工业旅游在一些发达国家方兴未艾，被誉为“朝阳中的朝阳”产业，随着我国现代工业化的发展，人们在享受工业文明带来巨大成果的同时，对改变自己生活的工业产物充满了好奇，工业旅游越来越受到重视。

马鞍山发展工业旅游可以考虑：（1）与南京联合，开辟南京—马鞍山工业旅游专线。其依据是，第一，南京是我国近现代工业基地，近代如化学工业、近现代如电子信息技术产业等，在中国工业史上都有浓墨重彩；以马钢为代表的马鞍山工业既是新中国工业自主创新的突出典型、也是马鞍山城市发展的缩影。两市独特的工业旅游景观和丰富的工业文化内涵会吸引众多旅游者。第二，工业旅游丰富而深刻的科技知识、文化有很强的吸引力，南京及其长三角学校众多、学生云集，工业旅游作为第二课堂乃至于短期实习项目，有很大的空间。（2）开辟专题旅游。如钢铁工业旅游，马鞍山钢铁集团是全国工业旅游示范点，工业旅游资源十分丰富，旅游者通过游览参观，可以充分领略现代工业气息，直接在现场观看钢铁冶炼，可看到东南亚最大的火车车轮轮箍厂、全国四大露天铁矿之一的南山铁矿、我国自行设计安装的2500立方米大高炉和国际一流的热轧H型钢生产线。马钢与马鞍山城市建设同步，马钢的历史也是马鞍山城市的发展史，马钢旅游更能给旅游者留下深刻的印象和记忆。

（五）与南京联合旅游营销

马鞍山与南京旅游业同步发展，要进行旅游联合营销，通过建立两市旅游营销联盟合作机制，负责旅游营销筹划、旅游线路打造、旅游营销传播、旅游品牌推广、旅游产品促销等营销活动，以增强两市旅游市场开拓能力、共享两市旅游营销资源、提高两市旅游效益。

为此，要从以下方面努力：（1）树立“共赢”思想。旅游业经历了景点竞争、线路竞争、城市竞争三个阶段后，已经进入区域竞争的阶段，马鞍山与南京跨越城市界限联合旅游营销是区域旅游发展的必然选择，联合营销能降低营销成本，产生规模效益和“1+1>2”的综合优势。（2）建立旅游联合营销机制。由政府出面、职能部门出头、企业参加组织专门机构，建立旅游营销长效合作的机制。包括定期召开旅游联合营销联席会，通报情况，交流经验，研究旅游营销合作中亟待解决的问题，商讨对策；共同编制两市旅游战略发展规划，并积极推动实施，协力促进两市旅游产业的可持续发展；旅游信息交流和共享；支持旅游企业加强合作，鼓励大型旅游企业，著名旅游管理公司和知名旅游品牌实现跨市经营、连锁经营和品牌输出等。（3）努力打造旅游品牌。旅游品牌是赢得旅游市场的重要武器。品牌具有广泛的知名度、美誉度、忠诚度，其经济价值巨大，是赢得旅游市场的重要武器。21世纪是品牌的世纪，全世界的城市和旅游企业都在重视旅游品牌的建设和塑造。南京和马鞍山在联合旅游营销中应齐心协力，整合自身资源优势，针对旅游市场消费多样化、个性化、人性化的趋势，共同打造有特色的旅游品牌，并且利用各种大型的公关宣传、新闻报道、媒体广告等大力推广。

（六）加强管理促进南京同步发展

加强旅游管理是促进马鞍山旅游业与南京同步发展的根本保证。

首先，加强旅游管理是马鞍山旅游业与南京同步发展的共同要求。加快马鞍山旅游业与南京同步发展，只有加强科学管理，才能组织旅游要素围绕活动有效运行，发挥旅游企业的主体作用，实现旅游管理的决策、计划、组织、协调、控制功能，形成和谐的、相互促进的旅游关系，提高旅游工作效率，促进旅游业快速发展。

其次，马鞍山旅游业实现与南京同步发展还存在差距。马鞍山不缺乏旅游资源，与南京比旅游业存在不小的差距，其根本原因之一，是旅游管理的差距。比如，马鞍山到南京市和南京禄口机场，大约50公里，现在乘汽车很不方便，到南京（或者南京到马鞍山）公路在扩建，几个月半年没有什么进展，堵车要花不少时间。到禄口机场，费时费钱，也不方便。

【参考文献】

［1］金卫东．中国旅游产业“理性发展”刍议［J］．旅游学刊，2010（2）

［2］伍锋．论城市旅游品牌的塑造［J］．吉首大学学报（社会科学版），2010，31（3）

［3］查尔斯·R. 戈尔德耐，J.R. 不伦特·里奇，罗伯特 W. 麦金托什．旅游业教程：旅游业原理、方法和实践［M］．贾秀海译．大连：大连理工大学出版社，2003

［4］李佳佳，章锦河，王浩．南京都市圈视角下的马鞍山区域旅游合作分析［J］．云南地理环境研究，2008，20（2）

［5］禹有松，冯学钢，杨杰．安徽参与长三角区域旅游合作模式研究［J］．地域研究与开发，2008，27（3）

［6］李平华，朱未易．论基于宁合芜成长三角南京都市圈的构建［J］．南京社会科学，2006（5）

（作者为南京财经大学经济学院教授、江苏省数量经济与管理科学学会副会长）

长三角产业转移与皖江经济发展探讨

马克和

内容提要： 长三角经过近20年的发展，积聚了强大的经济与社会功能，却遇到了土地、人力、资源、环境等方面的严重制约，产业转移已是大势所趋。皖江地区在承接长三角产业转移方面具有得天独厚的优势。皖江城市带承接产业转移示范区规划，是全国唯一以产业转移为主题的区域发展规划。本文着重分析了长三角产业转移与皖江经济发展的可行性、发展的思路以及转移与发展过程中应该注意的问题。

关键词： 长三角；皖江产业转移；经济发展

一、引 言

近十几年来，安徽省经济发展迅速，具备了良好的基础设施和工业基础以及优良的投资环境，初步具备了区域竞争和发展的基础条件。长三角经过近30年的发展，积聚了强大的经济与社会功能。但其功能的发挥、释放与进一步提升，却遇到了土地、人力、资源、环境等方面的严重制约，产业梯度转移成为必然趋势。

安徽与长三角山水相连，与经济发展较快的长三角实现对接，承接长三角产业转移便成了安徽发展中关键的一环。自2005年安徽“东向战略”实施伊始，安徽从未有如现在这般与长三角联系密切。承接产业转移以及做长三角的“后花园”成为安徽进一步拓宽经济发展新渠道的重要思路。

其实承接长三角产业转移早已进行。数据显示，2009年1至10月份，安徽利用长三角地区资金1000万元以上项目共8821个，投资总额9282.6亿元，实际到位资金1912.0亿元，同比增长56.9%。近年来，苏浙沪企业大量涌入合肥、芜湖、马鞍山、铜陵等地投资创业，目前在皖浙商人数已超过50万，沪商在皖投资已过千亿元。近两年内，沪皖企业间项目对接超过110项，协议投资额达100多亿元。

皖江地处安徽东南，参与泛长三角合作，无论是从地理、历史、文化还是经济方面看，都具有得天独厚的条件。承接长三角产业转移，为皖江经济进一步发展提供了良好的机遇。因此，应积极鼓励皖江地区城际和区域间经济、科技、社会和文化领域的交流合作，特别是要加强同长三角地区的交流合作，通过承接产业转移，培育皖江产业发展所需要的各种要素和环境，选择适当的产业发展战略，积极扶持皖江产业发展的孕育、发展和壮大，致力于促进皖江的经济发展，提高皖江经济的核心竞争力。

2010 年 1 月 12 日，国务院正式批复《皖江城市带承接产业转移示范区规划》，安徽沿江城市带承接产业转移示范区建设纳入国家发展战略。这是迄今为止全国唯一以产业转移为主题的区域发展规划。在 1 月 22 日国务院新闻办举行的新闻发布会上，安徽省省长王三运指出，《规划》主题是承接，核心是转移，目标是示范。800 里皖江沿岸，即将成为承接长三角产业转移的主要载体。因此，皖江的经济发展应该抓住长三角地区产业加快转移的有利时机，充分发挥皖江的区位优势、自然资源优势和劳动力优势，以政府推动和政策协调为先导，以人员交流和交通对接为前提，以体制机制对接为重点，以产业关联和市场统一为目标，积极参与泛长三角区域发展分工，承接沿海地区产业转移，逐步形成与长三角一体化互动发展的格局。

二、皖江承接长三角产业转移的可行性分析

经过近年来的大力发展，皖江地区的经济已经初具规模。这一“带”是安徽较早对外开放的地区，工业门类齐全，仅一家奇瑞汽车，便在芜湖、马鞍山等地带动了 500 多家配套企业，其中 50% 以上是从长三角转移而来。承接长三角产业转移，皖江城市带已形成趋势并具备一定规模，具有不可替代的优势。其优势和可行性主要体现在以下方面：

第一，持续的快速经济增长，形成了一定的经济规模。皖江是开放最早的区域之一，自改革开放以来，特别是从 2006 年 4 月，发布《中共中央、国务院关于促进中部地区崛起的若干意见》（中发 10 号文件），将皖江城市带作为中部地区两个重点发展的城市群之一以来，皖江的经济取得了明显较快的持续发展，综合实力明显提升。这为皖江承接长三角产业转移提供了坚实的物质基础，不仅提供了广阔的市场需求，也提供了大量的可用资金。

第二，工业化与城镇化的推进，形成了良好的制造业基础。2006 年以来，皖江地区的工业化与城镇化步伐明显加快，形成了巨大的、多层次的区域市场，为产业承接提供了坚定的基石。伴随着城镇化的推进，农村劳动生产率的提高，农村剩余劳动力向城市转移，为承接产业转移准备了丰富的人力资源；伴随着工业化的推进，皖江的工业特别是制造业获得了巨大的发展，这将为长三角产业转移提供产业梯度。

第三，科技和人才优势。包括合肥在内的皖江地区具有大量的高等学校和科研院所，科研实力雄厚，众多的智力人才在这里集中，为承接产业转移提供了智力支持。

第四，资源丰富。皖江拥有丰富的矿产资源，农林牧渔也都相对发达，旅游资源更是丰富，拥有天下第一山黄山、佛教圣地九华山等，这些都将转化为产业转移中的竞争优势，为承接产业转移提供巨大的空间。

第五，产业基础雄厚。近年来，通过自身发展和招商引资，安徽形成了一批在全国范围内都具有竞争力的企业，如荣事达、美菱、西门子、海螺、奇瑞等。这批企业将为产业集群的发展产生很强的带动和辐射作用。

第六，区位和地理位置优越。目前，长三角地区的产业发展日趋饱和，土地、资金和劳动力的成本越来越高，产业必将向周围地区和中西部地区扩散。选择皖江城市带来承接产业转移，首先是考虑它的区位优势。它毗邻东部沿海地区，在产业转移方面具有天然的地理优势，在长三角的两小时经济圈之内，转移起来非常便捷。

第七，政策和制度资源。继2006年4月，中央发布《中共中央、国务院关于促进中部地区崛起的若干意见》（中发10号文件），将皖江城市带作为中部地区两个重点发展的城市群之一以后，2010年1月12日，国务院正式批复《皖江城市带承接产业转移示范区规划》，安徽沿江城市带承接产业转移示范区建设纳入国家发展战略。从中央到地方，一系列优惠和配套措施的出台，都积极为产业转移提供了丰富而良好的组织和制度资源。

三、承接长三角产业转移，促进皖江经济发展的思路

长三角的产业转移是大势所趋，皖江地区应抓住这一难得的机遇和契机，积极参与泛长三角区域合作分工，进一步加强区域间合作交流，积极承接产业转移，扩大招商引资，有力地推动了皖江经济又好又快的发展。皖江参与泛长三角合作，承接产业转移，促进经济发展的总体思路是：抓住长三角地区产业加快转移的有利时机，充分发挥安徽的区位优势、自然资源优势和劳动力优势，以政府推动和政策协调为先导，以人员交流和交通对接为前提，以体制机制对接为重点，以产业关联和市场统一为目标，积极参与泛长三角区域发展分工，承接沿海地区产业转移，逐步形成与长三角一体化互动发展的格局。具体来说：

（一）承接产业转移的关键是培植皖江优势产业

产业的承接不是简单的扩大产业的规模和增加产业种类，而在于利用产业转移的契机，培植皖江自身的优势产业，增强自身的竞争能力。皖江应以工业化为核心，以结构调整为主线，重点抓好运用高新技术和先进适用技术改造提升传统

产业，大力发展具有皖江特色和比较优势的高新技术产业。

为适应消费结构升级的趋势，皖江地区应将汽车作为着力抓好的第一大产业，以奇瑞、江汽、星马和昌河等四大企业为重点，增强研发能力，扩大生产规模，形成产品系列，同时积极发展配套产业，力争形成以轿车、商用车、改装车和微型车为主体、零部件配套产业较为发达、在全国市场具有较强竞争力的汽车产业体系。

在原材料产业基地建设方面，皖江地区应积极推进马钢、铜陵有色等企业产权改革和对外合作，加快发展后续深加工产品，使马钢钢材产量进入全国前列，铜陵有色电解铜产量保持全国第一，非金属矿深加工产业达到国内领先水平，水泥产量保持全国第一。

此外，皖江的经济发展还应集中力量，培育和建设合肥科学城、合肥软件、合肥生物医药等具有皖江特色和优势的六大高新技术产业基地，提高技术创新和产业化能力，力争高新技术产业增加值占全部工业增加值的比重达到25%以上。

在承接长三角的产业转移中，皖江的经济发展应以重大项目建设为核心，通过层层落实责任制、扩大招商引资等措施，大力推动项目建设，培植优势产业。若干年后，力争形成以汽车、工程机械、有色冶金、能源化工、建材、农产品深加工等为主的一批骨干产业和电子信息、生物技术等高新技术产业，培育马鞍山钢铁、铜陵有色、海螺建材、奇瑞轿车、江淮汽车、科大讯飞、安科医药等一批优势企业骨干，围绕“两山一湖”为中心，着力开发区域内的相关旅游资源包括森林、山岳、岩洞、水面、瀑布、温泉等自然景观，以及古建筑、纪念馆、博物馆等人文景观，打造世界级皖南旅游休闲胜地，同时发展现代农业和现代服务业。

（二）承接产业转移的重点是增强产业配套能力

产业发展不是几家工厂的简单集聚，而是产业配套体系的完善，或者说是一种产业网络的形成，这是成功实现产业承接的必要条件。因此，我们要更多地从产业配套体系及产业所需要的重要服务功能等方面来考虑如何实现产业的整体转移。

目前长三角产业转移的一大特点是以龙头企业和大企业为核心，实行组团式或产业链整体转移。东部地区的一些龙头企业和大企业基于降低成本、贴近市场等方面的考虑，对一个产业的上、中、下游各个阶段的产品进行整个产业链的大规模转移，同时将研发、采购、销售、物流、售后服务等各个营运环节也转移过来。由于龙头企业和大企业社会化协作程度高，一家龙头企业和大企业投资往往会带动和引导一批相关行业的大量投资，形成“龙头”带“配套”，“配套”引“龙头”的良性发展格局。这些年来，我们在承接长三角产业转移的过程中，一些种子企业和核心产业环节的进入，对皖江产业集群、产业集聚的形成起到了非常大的带动作用。但从总体上看，皖江地区产业整体实力仍然较弱，缺乏具有较强竞争力的产业集群，特别是在着力培育的电子信息、机械装备、生物医药、化学化工等产业，更是缺乏龙头企业的强劲带动、配套企业的相互衔接、关联企业的紧密对接。

（三）承接产业转移的基础是优化投资环境

皖江地区应充分认识到承接长三角产业转移，促进皖江经济发展的意义，进一步增强优化投资环境的紧迫感和责任感，把握机遇，采取有效措施，切实加强投资环境建设，增创投资环境新优势，努力营造低成本、高效率和诚实、守信、安全文明的投资环境，推动皖江地区持续快速健康发展。

承接产业转移，首先应完善基础设施建设，大力构建与长三角一体化发展的铁路、通路、江河等综合交通运输体系。努力推进“三网融合”，加快与长三角地区在电子政务、电子商务、信用建设等领域的对接。加强现代物流基础设施建设，引进、培育骨干物流企业，推动物流业与制造业联动发展。其次应加快园区扩容和转型升级，加强基础设施和能源、环保、物流、通关等公共配套和服务平台建设，推动各类要素向园区集聚，努力实现园区项目集中、产业集聚、资源集约、功能集成，为承接产业转移提供平台。三是拓宽投融资渠道，完善金融服务体系。

（四）承接产业转移的保障是政府职能转变

皖江各级政府应努力转变政府职能，促进政府自身的改革和完善，建立节约型、效率型、服务型和公正型的政府，为产业转移的承接提供有力保障。

具体来说，首先应深化投资项目审批制度改革。贯彻落实国家和省委省政府的有关规定，依法办理环境保护、土地使用、资源利用、安全生产、城市规划等许可手续和税费减免的确认手续。其次实行重大项目全程联系、跟踪服务责任制。继续实施“大公司进入，大项目带动”战略，重点引进一批实力强、信誉好的大公司、大企业集团来皖江投资发展。对投资亿元以上的重大投资项目，按项目备案、核准属地级次，组建相应的项目服务工作组，帮助协调解决项目建设和生产经营中的具体问题。三是全面推行阳光政务。认真贯彻落实《中共中央办公厅、国务院办公厅关于进一步推行政务公开的意见》，加快制定我省政务公开实施办法。各级行政机关以及具有管理社会公共事务职能的单位，都要把本机关制发的涉及公众权利义务关系的规范性文件，有关行政许可的事项、依据、条件、数量、程序、期限以及需要提交的全部材料的目录和申请书示范文本等，在政府网站、刊物等媒体上公开基本信息，便于公众查阅，提高政府依法行政的透明度。四是规范公务员服务行为。根据有关法律法规，制定公务员行政服务行为规范，使所有公务人员有章可循，做到工作规范化、服务标准化。在行政服务“窗口”单位，全面推行“首问负责、来函必复、一次告知、规范服务”制度，严禁出现办事推诿、拖延、扯皮、缺位现象。推行服务规范用语，提倡微笑服务，严禁有生硬、冷淡行为。恪守公务员职业道德，严禁发生吃、拿、卡、要行为。

四、承接长三角产业转移，促进皖江经济发展应注意的问题

皖江承接产业转移具有得天独厚的优势，然而在承接长三角的产业转移中，并不是“免费的午餐”，很可能带来一系列负面问题。在承接长三角产业转移，促进皖江崛起过程中，这一任务同样异常艰巨。

（一）生态和环境污染问题。在人们的印象中，发达地区的优势产业很少会大规模转移，需要搬迁的大多是即将淘汰的企业或劳动密集型企业。污染，也许是产业转移过程中不可避免的伴生物。事实上，已有先例发生。据报载，上海华谊集团原计划将一个煤基多联产精细化工项目从上海转移到芜湖，总投资达300多亿元，但芜湖市政府考虑到这个项目可能造成的环境破坏，毅然放弃。然而，这个项目却被同属皖江城市带的巢湖市无为县如获至宝地接纳，成为迄今皖沪合作的最大项目。无为县还描绘出了一个“三级跳”的发展蓝图：从一个投资项目，到煤化工基地，再到一座滨江化工新城。据了解，该项目投产后可实现年销售收入500亿元，税收60亿元。如何避免利益驱动，建立统一的环保标准，保护生态，保护白鳍豚已经成为我们必须面对的一个严峻问题。

（二）量的扩张和质的提升问题。皖江地区承接产业转移不能再走过去粗放经济的老路。承接产业的过程务必要达到两个目的：一个是量的扩张，一个是质的提高。如果光有量的增长没有质的提高，或者光有质的提高而没有量的增长，都不能达到预期的效果。皖江的经济发展要一开始就走内涵发展的路子，力争做到第一、二、三产业协调发展，实现与长三角分工合作、优势互补、使皖江成为中部地区崛起的重要增长极。

（三）承接转移与提高自身自主创新能力问题。创新能力被认为是区域竞争力的源泉。我省产业创新能力总体较低，主要通过低廉的劳动力、土地和大量的优惠政策吸引资本，尚未建立系统的、连贯的创新体系。在承接产业转移的过程中，本文认为可以从以下几个方面着手：一是依托大学和科研院所形成创新中心。要促进大学和科研院所的研究面向市场需求，增加和企业合作，推动技术的商品化和产业化，使知识迅速转化为生产力；二是培育创新型企业家。企业家是将创新与当地人力、资源相结合，成功商业化的实施者。通过创新型企业家的成功引起示范效应，引起更多人员模仿，加入创新行列，促进企业衍生和发展；三

是政府应营造一个健康有序、公平开放的创新环境，增进企业信任，促进企业合作，同时建立创新补偿机制，保护创新的积极性；四是大力发展金融、信息、技术、管理、咨询、培训等辅助产业，为创新提供生存空间；五是应加大承接高新技术产业，大力引进高新技术企业，为创新系统的构建提供适宜的土壤。

总之，承接产业转移、发展皖江经济在提高区域竞争力及促进区域经济发展等方面具有重大的战略地位。800里皖江沿岸，即将成为承接长三角产业转移的主要载体。作为泛长三角地区的重要组成部分，皖江地区是长江三角洲地区产业向中西部地区转移和辐射最接近的区域，在承接产业转移方面具有一系列的独到优势。按照科学的思路，采取切实可行的对策，皖江必将在新一轮的经济发展中成为区域经济中的“增长极”。当然，这并不是一蹴而就的，需要多方努力，共同扶持，才能给美丽的800里皖江带来惊喜的变化。

【参考文献】

[1] 郭永昌．产业升级、生态优化与经济发展——对皖江地区发展循环经济的思考［J］．生态经济（学术版），2009（2）

[2] 胡艳．加强泛长三角区域分工与合作 构建皖江城市带承接产业转移示范区——第一届泛长三角经济和社会发展高层学术研讨会会议综述［J］．江淮论坛，2009（5）

[3] 汪大正．皖江城市群经济发展问题研究［J］．安庆师范学院学报（社会科学版），2007（3）

[4] 刘定惠．陈晓华，朱超洪．皖江城市群产业结构动态变化及比较优势分析［J］．资源开发与市场，2009（2）

（作者为铜陵学院科研处处长、教授）

关于马鞍山积极参与长三角区域合作的思考

李 梅 孙 良 刘圣兰 刘明娟 甘志华

内容提要：继皖江城市带承接产业转移示范区获得国务院批准后，马鞍山市迎来了两大喜讯：2010 年 3 月 21 日，国务院办公厅复函安徽省人民政府，批准马鞍山经济开发区升级为国家级经济技术开发区；2010 年 3 月 26 日，备受关注的长三角城市经济协调会第十次市长联席会议在浙江省嘉兴市召开。会议宣布了马鞍山等 6 座城市成为长三角经济协调会正式成员。这些机遇的到来，为马鞍山市推进发展方式转变注入了强大的活力。本文对如何积极推进马鞍山参与长三角区域合作作了几点思考。

关键词：长三角；皖江城市带；区域合作

一、马鞍山积极参与长三角区域合作的主要优势

马鞍山与长三角地区在历史上渊源深厚，在地域空间上密不可分，在产业联系上分工协作，在发展速度上基本相当，实质上早已经成为长三角的有机组成部分。2008 年，马鞍山实现生产总值 636.3 亿元，同比增长 15.5%，增速连续 7 年超长三角城市平均水平，位居安徽前列；人均 GDP 突破 7000 美元，达 7118 美元，名列长三角城市第 12 位，安徽第 1 位。同年，《长江三角洲地区区域规划》的颁布实施，长三角纵深推进经济一体化的进程，伴随着杭州湾大桥、苏通大桥等重要基础设施的建设使其在空间上的特征愈加明显，其突破行政区划界限、带动力强、联系紧密的经济圈蓝图描绘全面提速。加之日前中央领导审时度势，为使中部崛起战略目标进一步加快实施，高瞻远瞩地提出了皖江城市带承接产业转移示范区的战略决策。这既为马鞍山带来新一轮合作发展的难得机遇，也使马鞍山在新一轮竞争发展中，面临着新的挑战。

1. 优越的区位条件。从地理位置看，马鞍山是安徽的东大门，毗邻南京，马鞍山地处安徽省最东部，位于长三角下游南岸，是八百里皖江与长三角接壤的第一站，在地理位置上与长三角地区无缝对接，是长三角连接中部地区的重要纽带。从交通关联度看，随着近年来对外交通条件的不断改善，马鞍山得天独厚的区位优势愈加明显。马鞍山地处长三角 16 城市的节点地带，与沪、杭、宁等城

市分别在三、二、一小时车程内。拥有国家对外开放的一类港口、长江十大港口之一——马鞍山港。沪宁、宁马芜高速公路穿城而过，宣杭、合巢芜高速也与马鞍山贯通。正在建设的马鞍山旅游大道只需半小时车程就可直达南京碌口机场（扩建新增投资14亿元）；已开工建设的马鞍山长江大桥将突破长江天然屏障，使马鞍山从以前的长三角江南通道向长三角江北通道扩展延伸，成为沟通长三角苏北、浙东南的重要交通节点；芜申运河马鞍山段整治有条不紊，宁宣城际铁路、宁铜铁路复线等工程正在紧锣密鼓地施工，还有在建的南京长江四桥……随着这些重大交通枢纽工程的完成，为马鞍山更好地接受长三角的辐射，承接其产业转移带来了具有战略性发展的重大机遇，这是皖江其他城市所没有的优势。

2. 悠久的经济交往。马鞍山与长三角地区有着悠久的广泛的经济交往。历史上，马鞍山与现在的南京、苏州、杭州等长三角城市本属同一地区，自古联系就非常紧密。新中国成立以后，又与长三角地区先后进行了三次大的融合：第一次是在解放初期到50年代后期，中央政府从上海等地抽调大批工程技术人员和产业工人支持新成立的马鞍山钢铁公司的建设和发展，一批企业也整体搬迁到马鞍山；第二次是在上世纪80年代，上海支持马鞍山建设了一批纺织企业，不仅填补了马鞍山的产业空白，而目输送了大量的资金、技术和人才；第三次是从上世纪90年代中后期至今，马鞍山适应区域经济一体化的新形势，主动融入南京都市圈，积极推进与长三角城市的交流和合作，促进经济和各项事业的全面发展。可以说，马鞍山与长三角地区自古亲情、商情不断。

3. 较好的产业基础。马鞍山的经济特色比较明显，马鞍山工业化水平较高，现已形成钢铁、汽车、电力、化工、机械、建材、纺织等多门类工业发展体系，拥有马钢、华菱重卡、山鹰造纸等一批在全国同行业具有较强影响力的本土企业，以及法国圣戈班、蒙牛乳业、雨润肉制等一批国内外知名的外来企业。随着马钢新区500万吨等一批重大项目的建成投产，经济增长的潜力将强劲释放。同时，马鞍山农业资源非常丰富，优质农副产品在长三角地区占有一定的市场份额；第三产业发展速度较快，是理想的旅游休闲度假目的地。马鞍山将是与长三角互动发展的现代加工制造业基地、绿色食品供应基地和休闲旅游基地。

4. 完善的配套功能。马鞍山城市草础设施完善，承载服务能力较强，自来水和天然气普及率、人均拥有电话数均处于华东地区中等城市前列。市内拥有三座大型火力发电厂，包括新建的大唐电厂，总装机容量达300万千瓦。土地、水、电、燃气资源丰富，综合商务成本只有长三角城市的2/3。科教资源丰富，劳动者整体素质较高，智力密集度居华东地区中等城市前列，还是国家“863计划”新材料成果产业化基地城市。同时，马鞍山人居环境优美，是国家卫生城市、国家园林城市、中国优秀旅游城市、国家环境保护模范城市，并获得“中国人居环境范例奖”、“迪拜国际改善居住环境良好范例奖”等荣誉称号。2009年2月马鞍山在全国文明城市表彰中，荣登喜榜。近年来，马鞍山还积极推进“平安马鞍山”建设，市民对治安状况的满意度较高。

5. 巨大的发展潜力。按照世界经济的发展规律，人均GDP突破3000美元，标志着经济社会将进入一个新的发展阶段和全面转型时期。在这一时期，城乡一体化步伐将明显加快；工业产业升级、结构调整面临重大变革和转型，以资本技术密集为特征的装备制造业、重化工产业、高新技术产业将迅速壮大；第三产业占比逐步提高；消费方式将从温饱型消费向宽裕型小康和体验精神文化消费发展。马鞍山在2005年人均GDP突破3000美元，达3027美元，开始步入经济转型发展时期。2006年至2008年马鞍山人均GDP连年新增1000多美元，年均增幅达17.1%，实现了“爬陡坡”式发展，在安徽堪称“速度马鞍山”。马鞍山只用了短短的四年时间成功地实现了经济社会转型发展，达到了长三角中等城市的发展水平，开始步入向更高水平的全面小康社会转型发展。经济社会的加速转型，使马鞍山积累了丰富的转型发展的成功经验，预示着马鞍山经济发展的基础、路径、动力和环境将发生新的更深更大的变化。

二、要更好地推动马鞍山参与长三角合作，必须全面认识其所面临的压力

在明晰优势的同时，我们也必须清醒地看到，马鞍山目前的发展还承受着四个方面的压力与挑战。

1. 经济增长速度减缓的压力。马鞍山作为安徽东向发展的最前沿，工业化与外贸依存度较高，受国际金融危机的冲击较早、较大。2008年下半年以来经济发展下行趋势明显。GDP增长速度上半年为18.3%，全年为15.5%。今年1至2月经济增长速度有所回升，但不可掉以轻心，仍需坚定信心，千方百计保率先、保增长，奋力推进率先建成全面小康社会进程不动摇。

2. 城市间竞争激烈的压力。随着长三角城市经济的扩张，安徽奋力崛起战略的全面推进，长三角城市间、皖江城市间，省内城市间竞相发展，竞争更加激烈。前有标兵，后有追兵。马鞍山在承接产业转移时的城市定位，面临新的选择。马鞍山必须在承接产业转移和城市间的竞争中发挥优势、准确定位、趋利避害、错位发展。

3. 资源要素供给趋紧的压力。土地、原材料等要素供给日趋紧张，很大程度上制约马鞍山未来经济发展，给承接产业转移带来困难。马鞍山必须牢固树立科学发展观，走全面、协调、可持续的科学发展道路。

4. 产业结构调整缓慢的压力。传统产业比重仍偏大，规模经济优势还不突

出，产业链经济还不发达。第三产业所占比重偏低，增长速度比第二产业偏慢，在安徽皖江城市中靠后，与马鞍山所处的区位不太相称，尤其是在国际金融危机的影响下更加突出。马鞍山必须采取多种有效措施，加快第三产业发展。

三、关于更好地推动马鞍山参与长三角合作的几点建议

马鞍山在长三角经济一体化进程与承接其产业转移中，必须坚持在安徽率先全面建成小康社会，率先基本实现现代化的目标，牢固树立科学发展观，全面审视面临的机遇与挑战，充分利用优势，找准发展突破口，在承接产业转移、产业互补、产业升级的竞争中，增创新优势，谋求新发展，实现新跨越。

1. 更好地推动马鞍山参与长三角合作，必须强化配套服务功能。进一步加快现代加工制造业基地建设。要以马鞍山现代加工制造业基地建设为重点，按照自主创新优先、主导产业配套、新兴产业共建、一般产业互补的发展思路，强化为长三角制造业配套服务功能。加强与上海、南京等地支柱产业的配套协作，在产业升级上，要立足现有产业基础，优化结构，提升竞争力，求产业结构趋同化的产品差异化、品质化，加强企业技术创新能力，带动整个产业升级。在产业发展上，要加快863新材料基地、三大软件和动漫园建设，大力加强以电子信息产业，现代传输业为主的新型电子元器件、光电子器件、通信设备、仪器仪表等技术密集型的配套加工业，以及马钢产品深加工、精加工、细加工的发展。加快港口临港型产业的发展。加大招商引资力度，引进一批带动能力强、产品科技含量高的大项目。在开发区经济发展上，要强力推进现有三个省级经济开发区错位发展，加快国家级开发区运作，筹建大桥经济开发区。在高级生产要素上，要进一步完善大学城功能建设，积极推进职业技术教育，力争逐步建成长三角技术人才、高素质劳动力培训和供应基地。

2. 更好地推动马鞍山参与长三角合作，必须强化“新型工业化城市”功能。进一步加快工业产业结构调整。当前全球金融危机和经济衰退的不期而至，使我国及马鞍山经济形势发生剧烈变化。马鞍山这座钢铁产业所占比重较大的城市，在安徽皖江城市中受到的冲击较大。2008年规模以上工业增加值当月同比增幅从7月份的27.9%下降到12月份的15.2%。下降的主要原因之一是马钢的生产与销售受到了国际金融危机的冲击，对全市经济总量的扩大和速度的提升产生了较大影响。所以，马鞍山在承接产业转移过程中，要更加注重新型工业化城市建设，坚持以信息化带动工业化，提升马鞍山工业化城市功能，实现新的跨越式发展。要加大工业产业结构调整力度。要在大力支持钢铁产业发展的同时，做大做强汽车产业，科学发展重化工产业，加快发展高新技术产业，培育和壮大企业技术创中心，为企业技术创新和发展增添新的动力，继续逐步减小马钢占全市工业

经济的比重，不断壮大开发区经济、县区经济，使马鞍山工业经济在今后的发展中结构更加协调、基础更加牢固、前景更加广阔，从而增强马鞍山抗击和抵御风险能力，促进马鞍山经济全面协调可持续发展。

3. 更好地推动马鞍山参与长三角合作，必须强化贴近服务功能。进一步加快第三产业发展。要正确理解“工业立市”内涵，更加注重一、二、三产业融合发展。工业立市倡导的是新型工业化。新型工业化道路是以高新技术产业为主导，基础产业和制造业为支撑，服务业全面发展的产业格局。在当前发展受土地、资金、原材料等资源要素制约的情况下，马鞍山更要注意一、二、三产的相互融合。2008 年马鞍山三次产业结构之比为 3.8∶68.0∶28.2；二、三产增加值的增幅分别为 19.6%、8.1%。第三产业的“短腿”现象，与马鞍山的区位优势不太相宜。所以，要立足马鞍山区位优势，注重挖掘这一赶超与缩小与长三角城市差距的潜力，在承接产业转移中主动贴近服务，努力打造以现代物流和大型专业市场为重点的区域服务中心。有重点、分层次地发展第三产业。要以服务长三角为目标，重点加快发展大型专业批发市场、现代物流、房地产业、职业技术教育、医疗康复、酒店会展等行业。要大力发展商贸流通业、信息服务业、金融保险业、中介服务业、社区服务业和社会事业。要加大休闲旅游基地建设推进力度，整合旅游资源，精心打造、逐步打响山水诗都、唐代诗仙、太白楼阁、东吴文化、江上草堂、长江首矶、采石风景、当涂民歌等旅游、文化品牌。同时要推进特色餐饮、健康洗浴等现代休闲业的发展。通过上述有效措施，争取第三产业增加值年均增长 13% 以上，占 GDP 比重年均提高 1 个百分点以上。

4. 更好地推动马鞍山参与长三角合作，必须强化农业生产服务功能。进一步加快绿色食品基地建设。要以城乡一体化综合配套改革为动力，适应现代消费需求的变化，加快农业结构调整，继续加大推进绿色食品基地建设，尽快形成为长三角、南京都市圈生产和服务的现代农业新格局。要结合马鞍山现有农业资源要素，促进高度规模特色农业加快发展，重点建设国家万亩水稻高产创建示范区和油菜生产试点示范项目，大力推进蔬菜瓜果、优质大米、特种水产、名优畜禽、花卉苗木等农业优势产业区（带）；实施产业化提升计划，大力发展农业龙头企业，创新农业产业化模式，重视农产品精深加工，提高其贮藏、保鲜、脱水、分割包装、熟食制品及配送等水平。利用马鞍山长江大桥的优势，全面启动开发江心洲，充分挖掘和县农业资源。要高度重视农产品安全体系建设，大力发展无公害、绿色、卫生安全农产品，由保障性供给向经济、生态、社会、休闲、文化等功能于一体的现代城市农业转变，力争马鞍山成为长三角和南京都市圈重要的区域性农业科技、信息交流、农产品加工、物流配送和休闲观光的基地之一。

5. 更好地推动马鞍山参与长三角合作，必须强化谋划协调功能。进一步加强组织制度层面接融。2008 年我国第一个跨行政区的区域发展规划《长江三角洲地区区域规划》正式发布，国务院《关于进一步推进长三角地区改革开放和经济社会发展的指导意见》正式出台，要求长三角地区实现科学发展、和谐发展、率先发展、一体化发展。这一国家层面的战略目标是，到 2020 年要把长三角地区建设成亚太地区重要的国际门户、全球重要的先进制造业基地、具有较强国际竞争力的世界级城市群。目前长三角一体化正在紧密有序地向纵深推进，市场的生产要素跨区域流动不断深化，开始形成地区间产业分工和转移的新格局。同时要切实加强与南京都市圈的联系与协调，发挥马鞍山核心城市作用，并以承接南京产业转移为突破口，实现承接发展、率先发展、科学发展、和谐发展。

【参考文献】

[1] Smith SLJ. Tourism Analysis-a Handbook [M]. Longman, 1989

[2] 许学强，周一星，宁越敏．城市地理学 [M]．北京：高等教育出版社，1997

[3] 谭成文，杨开忠，谭遂．中国首都圈的概念与划分 [J]．地理学与国土研究，2000

[4] 熊世伟．上海发展汽车装备制造业的战略思考 [J]．上海经济研究，2005

[5] 中国产业地图编委会．长江三角洲产业地图 2005 [M]．北京：复旦大学出版社，2005

[6] 傅为忠，侯静怡．马鞍山融入长三角主导产业选择对策．乡镇经济，2007

（作者李梅为马鞍山师专人文系讲师、市场营销教研室主任；孙良为马鞍山师专校长，教授，安徽师范大学硕导；刘圣兰为马鞍山师专人文系讲师，硕士；刘明娟为马鞍山师专人文系讲师，硕士；甘志华为马鞍山师专人文系讲师，硕士）

皖江城市带开拓旅游服务产业的路径探索

金泽虎　黄海月

内容提要：本文通过分析皖江城市带九大城市的旅游的现状，来讨论开拓皖江旅游服务产业的措施，同时以池州市九华山旅游风景区及芜湖方特欢乐世界为实例，对皖江城市带旅游服务贸易市场开拓问题进行探讨，得出了皖江城市带旅游服务贸易市场开拓的对策，应当以皖江文化推动皖江城市带旅游服务贸易市场的开拓，同时把握地域文化内涵，塑造皖江旅游品牌，树立皖江旅游形象。实现皖江旅游经济的可持续发展，并且开发具有特征性的旅游项目，以高科技手段促进旅游景区的发展，打造文化创意产业载体。同时在开发过程中注意旅游商品的创新，创造完全的自主知识产权，并迎合广大游客的需求和消费者感受。

关键词：皖江城市带；旅游服务产业；路径

皖江城市带是整个长江经济带的重要组成部分。2010 年皖江城市带承接产业转移示范区的正式设立，使安徽开发皖江从地方性战略上升为国家层面的发展战略，实现了新的飞跃。在这块承载了太多人热望与使命的热土上，将燃起安徽乃至中部地区经济腾飞的新希望。开拓皖江地区旅游服务贸易市场，是实现发展新跨越、加快中原崛起的必由之路。皖江城市带旅游产业的发展既有理论意义上的必要性，同时具备现实意义上的可行性。

一、皖江城市带旅游产业发展的必要性与可行性

旅游产业具有“一业兴百业旺”的特点，是实现新跨越新崛起的强大支撑。皖江地区要在相当长的时间内既保持较高的增长速度，又保持较高的发展质量，必须高度重视发挥旅游业的带动作用。

（一）开拓皖江地区旅游服务贸易市场，是转变发展方式、推动科学发展的内在要求，是经济社会全面协调可持续发展的重要抓手，是实现科学发展的生动实践。一是有利于优化结构，推动产业升级。二是有利于要素流动，促进城乡区域协调发展。

（二）开拓皖江地区旅游服务贸易市场，是应对危机、实现“三保”的现实需要。旅游业既是一个生命力强、弹性大的潜力产业，也是一个反应快、恢复周

期短的应急产业，具有“反周期调节”作用。首先，旅游业能够拉动内需。其次，旅游能够增加就业。其三，旅游能够促进稳定和谐。其四，旅游能够振奋人们精神。

（三）开拓皖江地区旅游服务贸易市场，是顺应发展规律、抢抓发展机遇的必然选择。随着人们收入和生活水平的不断提高，大众旅游消费结构正由观光旅游为主向观光、休闲、度假、健身旅游并重转型，新兴业态不断涌现，发展空间大大拓展，蕴藏着弯道超越和跨越发展的历史机遇。

随着国家对旅游业发展支持力度越来越大，旅游业发展的底气更足、动力更强。皖江地区主要城市的旅游资源富集，发展优势得天独厚。发展远景潜力无限。仅就名胜古迹和自然与文化景点而言。皖江各地区比比皆是，例如合肥就是一座具有2000多年历史的古城，素有“三国故地、包拯家乡”之称。现在的名胜古迹以教弩台、明教寺、逍遥津、包公祠等最为著名。市区公园环城走，碧水绕城流，是全国著名的园林城市、卫生城市、优秀旅游城市。再比如马鞍山。马鞍山是中国国家级园林城市和安徽省五大重点旅游城市之一，是1956年随着“马钢”的兴建而发展起来的新兴工业城市。马鞍山旅游资源丰富，翠螺山麓的采石矶，为“长江三大名矶”之首；太白楼与黄鹤楼、岳阳楼、滕王阁齐名，并称长江“三楼一阁”；“诗仙”李白长眠在当涂青山脚下，成为历代文人墨客仰慕之地。

当然还有铜陵，铜陵地阜物华，自然资源丰富，尤以矿产资源储量丰、矿种全而闻名。铜陵市旅游资源丰富。在二十几处人文和自然景观中，有全国重点文物保护单位1个、省级历史文化保护区1个、省级风景名胜区1个、省级森林公园1处。其中，铜文化特色尤为明显；铜陵牡丹（亦称“凤丹”）与洛阳、菏泽牡丹齐名。而历史文化古城安庆则有着悠久的历史、灿烂的文化，境内遍布名山秀水、名胜古迹。有国家级风景名胜区天柱山、国家重点文物保护单位薛家岗文化遗址、国家级自然保护区鹞落坪，另有省级风景名胜区6处、省级文物保护单位47处、省级历史文化名城3座；再有巢湖地区的“和县猿人”、“银山智人”揭示古人类起源与发展，凌家滩遗址考古发现标志着新石器时期人类进化过程的里程碑；“商汤放桀于南巢”、“楚霸王乌江自刎”、“伍子胥过昭关”亦发生于此。

更有滁州琅琊山、韭山洞、神山寺景致幽美，皇甫山是鸟类的王国。醉翁亭名列全国四大名亭之首，明代朱元璋创建的中都城和皇陵气度非凡。宣城人文胜迹遍布。临风怀古，谢朓楼与黄鹤楼、岳阳楼、滕王阁并称江南四大名楼；“兹山亘百里，合沓与云齐”的敬亭山为名副其实的“江南诗山”；现存敬亭山麓的广教寺双塔，以其对唐塔风格的继承与革新，成为全国仅存，因而被列为国家级保护文物；大文学家冯梦龙发现并称为“天下四绝”之一的太极洞，以其中空博大的气象成为溶洞奇观；泾县桃花潭不但因夹岸十里皆桃花而得名，更因李白一曲“桃花潭水深千尺，不及汪伦送我情”而名扬海内外，其精华却在碧如琼浆、绝无污染的一潭清波。这些数不胜数的名胜古迹和自然与文化景观无疑使皖江城市带旅游产业的大发展具备了内涵层面的可行性。

二、皖江城市带旅游服务贸易开发成功的两个范例

（一）九华山风景区旅游开发的方式

九华山风景区位于安徽省池州市境内，池州旅游资源十分丰富，山水洞俱全，省级风景名胜区齐山—秋浦仙境、大历山、溶洞群、大峡谷等自然景观和珍贵的贵池傩戏、杏花村等人文景观，各具特色，引人入胜。境内的国家级和省级自然保护区也正成为森林旅游、生态观光、漂流探险、科学考察的新热点。自然风光和人文景观交相辉映。闻名遐迩的九华山则更是国家级山岳型风景名胜区，西北隔长江与天柱山相望，东南越太平湖与黄山同辉，是安徽“两山一湖”黄金旅游区的北部主入口、主景区，为中国佛教四大名山之一，被尊崇为大愿地藏王菩萨应化道场，是世界一流旅游胜地、国际重要佛教道场。九华山风景区旅游开发的方式多样，特色鲜明。具体方式如下。

自然风光游。九华山境内奇峰峭拔，怪石嵯峨，幽谷深潭，涌泉飞瀑，风光旖旎，四季宜人。现已开辟八大景区、百余处景点，九华山风光游这一传统旅游项目，一直为世人所津津乐道。

参学朝圣游。九华山是驰名中外的地藏菩萨道场，历来佛事香火旺盛，消灾延寿、超度先人，是香客们在九华山最神圣的活动内容。佛教朝圣游符合信佛游人心愿，经久不衰。

民俗风情游。九华山自古以来僧俗共处，和睦友好，宗教习俗与民间习俗相融，道风严肃纯正，民风古朴奇特。如俗家先过“荤年”，除夕再与僧家过“素年”共庆新春。九华山中四季有节庆，月月有花灯。此外九华素斋和茶叶、冰姜、黄精等土特产品，价廉物美，久负盛名。游览九华山，考察民风民俗，评品风俗文化，可长知识、添游兴，是一项高档次的旅游项目。

徒步登山游。九华山海拔千米以上的高峰有30余座，奇峰峭壁，怪石峥嵘；景区开放之后新辟百余处景点。游人所到之处风景奇秀，璀璨斑斓。徒步登山实地观景，既可锻炼体力，又可磨炼意志。

文化考察游。在九华山中可进行古寺建筑、不腐肉身、古代遗址、地质地貌和名人游踪等各项考察。古老的九华山，天成地就，佛山融和；天人合一，奥妙无尽。考察九华文化，给人以悬念，教人得圆融。九华访古，自古即被誉为“高尚之行，神圣之举”。

（二）芜湖方特欢乐世界开发的项目及其特色

芜湖是一座滨江山水园林城市，全国优秀旅游城市，历史文化资源十分丰厚，有6家4A级景区，例如繁昌县“人字洞”，是古人类考古学上的重大发现，发现的远古人类制作的石器、骨器和品种多样的哺乳动物化石、时间断代约在距今200万至250万年之间，把人类在亚洲活动的历史上溯了四五十万年，引起世界瞩目。繁昌柯家村古窑址，繁昌平铺乡“万牛墩”和南陵吴越土墩墓，南陵大工山铜矿遗址，均为全国重点文物保护单位。

芜湖方特欢乐世界坐落于安徽省芜湖市芜湖长江大桥开发区，是中国目前规模最大的第四代主题公园，总面积约125万平方米，其中陆地面积约53万平方米，水面面积约72万平方米，由深圳华强集团投资兴建，总投资超过15亿元人民币，属于芜湖华强旅游城的一部分。方特欢乐世界采用当今最先进的理念和技术精心打造，堪称“国际一流”。方特欢乐世界开发的项目有其独到的特色。

（1）方特欢乐大道。方特欢乐大道占地面积1.5万平方米，是一个开放式的旅游商业区。整条街道由耀眼的外观建筑物组合而成，聚集了多家主题化的商店，有各式各样的餐厅、咖啡屋、冷饮小店以及可爱的礼品店。商业街的上方有一个巨形银幕，晚上将定时播放相关节目。（2）神秘河谷。该项目以古玛雅文明传说为背景，结合了Darkride、漂流和高空滑坠等技术。游客乘船漂流，经历各种险情，感受种种刺激，体验26米高空滑坠的刺激感觉。（3）恐龙半岛。该项目充分利用了当今国际顶级的大型4D Ride项目，利用现场实景、立体电影、现场特技、动感平台等技术，综合了巨幕、环幕4D电影，多自由度动感游览车，现场特技等多项高科技游乐技术，将由立体数码电影产生的立体影像与由特种装饰和现场特技装置所形成的真实场景结合得浑然一体。（4）海螺湾。这是一个结合多个播放立体影片的大型银幕、亦真亦幻的实物景观和大型机械动作模型的环境4D剧场。多种表演手段的运用，结合活动机模、烟雾、光电等多种特技，向观众展现一个发生在海螺湾的故事，充满卡通特色。

除了以上几个比较有特色的项目，还有水世界、苏维埃火山、火流星、儿童王国、阳光广场、渔人码头等等。

三、开拓皖江城市带旅游服务贸易市场的对策与思路

（一）以皖江文化推动皖江城市带旅游服务贸易市场的开拓

旅游文化应以地方区域文化为基础。皖江地域文化主要包括徽州文化、沿江文化、江淮文化和沿淮文化，它们各具特色，特别是徽州文化，与敦煌文化和藏文化共同构成中国三大地域文化。把握地域文化的内涵、特色、品位、本质和精髓，把它提高到物质文化和精神文化两个层面上来认识，揭示其旅游文化的内

涵，不仅可以促进地域文化的发展，而且可以提高旅游品位，增强美学价值的欣赏，促进物质文明和精神文明的发展。皖江地区的旅游文化丰富多彩，如马鞍山国际吟诗节、铜陵青铜文化节、九华山庙会、涂山禹王庙会，以及黄梅戏、庐剧、徽剧等，都充满地方民族气息和浓厚的文化底蕴。因此，挖掘、发扬、创新和渲染皖江地区的旅游文化是发展皖江旅游的重要内容。另外，皖江地区的名山大川蕴含着丰富的地质、生物和环境动态变化的信息，把这些自然景观提高到科学的角度和文化的层次上加以认识，可以增强自然景观的美学价值和为生产实践服务。同时，皖江的旅游文化，也要不断地从中外游客带进来的外来文化中汲取营养，不断地丰富和发展地方文化，使其更具有特色和生命力。

近年来，随着和谐社会的提倡，文化与经济、社会的关系越来越受到重视，地域文化的研究温度逐渐升高。我省由北向南形成了淮河文化、皖江文化、徽州文化三大文化圈，他们相互交融而又各具特色，共同构成我省源远流长的灿烂文化。相比而言，徽州文化研究成果丰硕，淮河文化研究方兴未艾，而皖江文化研究较为薄弱。以皖江文化引领皖江旅游带建设，其行动纲领就是：在行动方针上，以皖江文化为皖江旅游带的宣传大旗，皖江九市共同大力弘扬皖江文化；在旅游开发上，优先开发皖江文化旅游资源；在旅游营销上，联合推介皖江文化旅游产品；在战略目标上，共同培育皖江文化旅游品牌，壮大皖江旅游带的声势，实现皖江旅游带的跨越式发展。以皖江文化引领皖江旅游带建设，应该根据海内外旅游者的体验心理需求，以弘扬长江文明的博大气魄，尽快打造一批高品位、有影响、成系列的旅游产品，因此必须优先开发具有垄断性、特色性、典型性的文化旅游资源。

（二）把握地域文化内涵　树立皖江旅游品牌

皖江文化是世界级的优势资源，也是安徽省知名度最高、文化积淀最丰厚、文化遗存最多的人文资源，但其开发距离产业化还有漫漫长途，且在其旅游开发中要注意对环境的保护，防止过度开发和过度商业化的倾向，皖江地区的旅游资源多属非可再生资源，一旦破坏很难修复。

至于旅游业的合作化道路，则主要由各市旅游局牵头，做好省内省外的合作洽谈工作。省外主要是与华东旅游市场实现联动，省内可与黄山风景区、皖南地区合作，开发新的旅游线路。同时要做好与交通、餐饮、住宿、服务等行业的一体化运作，改变过去旅游收入主要依靠门票收入的状况，实现合作共赢，真正使旅游业成为皖江经济腾飞的龙头产业。

皖江城市带是安徽重点发展经济带，区内有钢城马鞍山、商贸旅游城市芜湖、铜城铜陵、江南重镇贵池市和石化城市安庆市。皖江城市带城市职能类型多样，旅游各具特色，形成不同的区域旅游品牌。特别是芜湖市，目前已形成中山路步行街、镜湖公园、鸠兹广场和赭山公园四位一体的旅游品牌，以及芜湖长江大桥、大桥游览专线和大桥“经济园”旅游品牌和会展旅游品牌，即将建成和可以建成的旅游品牌有：①以凤凰美食街为依托，以饮食文化博物馆为核心，把芜湖建成全国有名的美食城；②建立曹姑洲江上游乐中心；③修复扩建城隍庙文化区（基础是我国见诸于史料记载最早的城隍庙，建于三国东吴赤乌二年）；④建立滨江观光道；⑤开发繁昌“人字洞”古人类文化遗址，学术界认定“人字洞”遗址为亚欧大陆迄今发现的最早人类文化遗址，距今已有200~230万年，是中国乃至世界罕见的远古人类遗址。皖江城市带，在经济开发的同时，建立以芜湖为龙头的皖江综合旅游带，并与川、渝、鄂、宁、沪旅游带连成一片。

（三）树立皖江旅游形象　实现皖江旅游经济的可持续发展

一个地区的旅游形象是地区旅游业的旗帜，良好的形象能够吸引更多的游客，使旅游者获得更好的旅游享受，对旅游区留下深刻的印象，提高旅游质量。皖江地区山河壮丽，民风纯真，因此，应树立“谦慎、真诚、纯朴、热情、周到”的旅游形象，从多方位体现刚毅、优雅的精神。各市、县和旅游区可根据自身的优势和特点，树立自身的旅游形象，有条件的可建立形象标识，并开发出形象标识旅游纪念品系列。如芜湖市旅游形象标识可用鸠兹广场的中心雕塑“鸠顶泽瑞”表示，反映芜湖的历史和现状，可以此为体裁开发出芜湖的旅游纪念品。

目前，不少旅游区个体企业和摊贩，在旅游区入口处强拉硬磨，拉客强卖现象比较普遍，这不仅影响旅游区的形象，同时给工商管理和治安管理带来麻烦，有的甚至出现暴力事件。由此，作者建议，在旅游区门外建立两条艺术长廊，一条给农民摊点卖土特产品，一人一位，定点销售。另一条给个体饭店旅社经营，一户一个摊位，摊位的牌子注明企业名称、住宿餐饮类型价格、服务特色、离景区和车站码头距离等，由游客比较选择。这样做不仅改变了景区入口处的混乱局面，给工商和治安管理带来方便，而且会形成一条艳丽的风景线给游客留下深刻印象，从而树立皖江旅游区的良好形象。

皖江地区旅游形象还要以徽商的“仁、义、礼、智、信”的商德为标准，强调“仁、义、礼、智、信”的重要性，正确处理“义”与“利”的关系，营造好的社会环境和生态环境，不能时时处处以利为重，发扬安徽人淳朴诚实的优良传统，重其义而薄其利。使游客具有“宾至如归”的感觉，从而赢得更多的回头客和起着无形广告作用，营造皖江地区旅游的良好氛围，吸引更多的游客。良好的旅游形象是无形资产，任何旅游区都应逐步建立和形成与自身环境相适应的旅游形象，以此为旗帜推动旅游业的发展。

（四）开发具有特征性的旅游项目——鉴于九华山开发模式的启发

开发具有特征性的旅游项目对于皖江城市带旅游服务贸易市场的开拓具有重大的意义。所谓特征性的旅游项目即是具有地方特色的，比如：可充分利用开发景区的高品位的生态环境及周边地区淳朴的民风民俗，建设农业生态观光旅游基地，有针对性地开展生态家园、生态乡村、古民居、民俗文化体验等生态和文化旅游项目。或者是加强对所开发景区的文化、民歌、音乐等方面的研究和开发，同时加强与其他地区文化的交流合作，如九华山风景区的中韩书画艺术交流、金地藏学术研究交流、佛茶文化交流等，通过文化的交流，扩大所开发景区文化的影响力，从而推动该区旅游的发展。

（五）以高科技手段促进旅游景区的发展——鉴于方特开发模式的启发

科技是第一生产力，将高新技术手段运用到旅游项目的开发上，对于开拓皖江城市带旅游服务贸易市场有着极为重要的意义。当今时代，社会的各个方面都离不开高新科技手段，它是一种人才密集、知识密集、技术密集、资金密集、风险密集、信息密集、产业密集、竞争性和渗透性强，对人类社会的发展进步具有重大影响的前沿科学技术，是推动各行各业发展的关键因素之一。芜湖方特欢乐世界借鉴国外主题公园的成功经验，它将现代计算机、自动控制、数字模拟与仿真、数字影视、声光电等高科技手段与艺术的完美结合，并且将文化、科技、旅游从市场角度整合为一体，形成了以自主品牌、自主知识产权为核心的主题公园，为我国发展娱乐消费文化产业打造了一个平台，成为安徽省乃至“长三角”地区文化旅游市场的一大亮点。其高新科技打造的主题公园的模式带给游客们全新的体验。

（六）打造文化创意产业载体

文化创意产业是指依靠创意，人的智慧、技能和天赋，借助于高科技对文化资源进行创造与提升，通过知识产权的开发和运用，产生出高附加值产品，具有创造财富和就业潜力的产业。文化创意产业属于知识密集型新兴产业，它具有高知识性、高附加值、强融合性的特征，在带动相关产业的发展、推动区域经济发展的同时，还可以辐射到社会的各个方面，全面提升人民群众的文化素质。芜湖方特欢乐世界即是凭借全新的文化理念与高科技动漫特色相结合，开园伊始就受到了广大游客的热烈欢迎。它将新型的文化产业与旅游产业融合起来，通过高科技智能控制技术、数码影像技术和声光合成技术的使用，让游乐项目抓住游客心理，顺应了游客的需求。

四、皖江城市带旅游产业开发中应注意的事项

（一）旅游商品创新

旅游商品是旅游者游览活动的延伸与继续，是衡量一个地区旅游业发达程度高低的标志。旅游最直接的衍生物即是旅游特色商品，旅游商品的创新是促进皖江地区旅游产业的发展的催化剂。由于重视不够、投入不足，九华山旅游产品佛教文化产值不高，大量旅游纪念品、工艺品来自外地，这不仅淡化了佛教圣地文化特色，难以刺激游客的消费欲望，也不利于带动景区周边地区经济发展。鉴于九华山风景区开发中存在的问题，在往后的开发中，我们应加大组织力量、加大投入，搞好旅游商品建设。一方面，要结合旅游景区的文化特色，别出心裁，设计一批能体现自身特色的旅游纪念品；另一方面，把当地的土特产作为一项重要的旅游商品进行包装，要体现其生态性、保健性、文化性和便捷性特点。

（二）完全的自主知识产权

在开发过程中，应该大力发展文化创意和高新科技，大力发展文化产业，创造完全的自主知识产权和中国特色的旅游项目。芜湖方特从设计到制造，从软件到硬件，从管理到运营都是完全掌握在中国人手中的主题公园，是中国特色的文化创意。在打造自主产权的科技王国的同时，芜湖方特在运用高科技手段的创意中注重凸显“中国元素”，注重开发丰富的中国动漫资源。从一定意义上说，主题公园的主题本身就是文化命题，芜湖方特定位于“欢乐世界”，按照游客定位、市场需求尽力演绎属于中国的“欢乐”文化。在芜湖方特的项目中，无论是时尚还是经典的主题，几乎个个都可以看到“中国元素”。

（三）迎合广大游客的需求和消费者感受

在旅游景区开发过程中我们还应多进行市场调研，充分了解当个市场上消费者的需求跟感受，从而更好地促进皖江地区旅游服务贸易的发展。芜湖方特共有15个项目主题区，大大小小的游乐项目有100多个，到了节假日，种类繁多的特色活动更是让人赏心悦目、流连忘返，给不同年龄段的观众带来新奇愉悦的感受。其营销理念是要符合广大游客的需求，方特欢乐世界营销策划总监胡光华曾说过“不管是项目品质，还是欢乐的氛围，游客有什么样的需求，我们就会营造什么样的氛围来适应。”此外，在项目的设置上，也充分考虑到消费者的心理感受，强调“劳逸结合”，这样既丰富了游玩产品，又可以缓解游客在游玩过程中产生的疲劳感。

旅游产业具有“无烟产业”和“永远的朝阳产业”的美称，通过上述分析，我们认定皖江地区几大城市的旅游发展极具潜力，池州市九华山旅游风景区及芜湖方特欢乐世界就是例证，受这些成功例证的启发，结合我们的智慧与积极探索

的趋势，以旅游产业作为突破口，我们完全有条件也有能力成功实现皖江城市带经济社会的可持续发展甚至于后来居上。

【参考文献】

[1] 陈小军，齐炜．安徽旅游地质资源开发与保护建议［J］．旅游资源．2006（22）：494-496

[2] 李经龙．安徽旅游市场分析［J］．安徽师范大学学报（自然科学版）．2002（12）：382-387

[3] 王红宝，李小静．区域旅游商品深度开发探析［J］．改革与战略，2009（03）

[4] 何调霞．安徽旅游经济发展的制约因素分析与对策新探［J］．安徽农业大学学报（社会科学版），2005（03）

[5] 丁家云，金泽虎，许宗凤．皖江区域经济协调发展研究——以马芜铜宜四市为例［J］．安徽工业大学学报（社会科学版），2006（03）

[6] 汪大正．皖江城市群经济发展问题研究［J］．安庆师范学院学报（社会科学版），2007（03）

[7] 李恕宏．皖江城市带空间结构研究综述［J］．池州学院学报，2009（03）

[8] 汪大正．皖江城市群经济发展的 SWOT 分析［J］．合肥工业大学学报（社科版），2007（02）

[9] Erlet Cater & Gwen Lowman. Ecotourism－Asustainable option［M］. John Wiley & sons，2004，22：70

[10] Geoffery and Sasan Jellicoe，2001. The Landscape of Man，Thamesand hadson Inc

[11] Pamela A. Wight. North American Ecotourism Market：Motivations，preferences，and destinations［J］. Journal of Travel Research，Summer，2006：3-9

（作者金泽虎为铜陵学院经济贸易系主任、教授；作者黄海月为安徽师范大学传媒学院硕士研究生）

芜湖地域文化与经济社会发展关系研究

罗先奎

内容提要：伴随着知识经济的迅猛发展和文化产业的迅速壮大，深入开展地域文化与经济社会发展关系研究，已成为一个迫切而现实的重大课题。本文旨在通过对芜湖地域文化的深入研究，总结芜湖地域文化的内涵，提炼芜湖地域文化的特征，揭示芜湖地域文化与经济社会发展的关系，以期为政府决策提供可资借鉴的发展理念与科学依据，为实现芜湖的全面协调可持续发展贡献一份力量。

关键词：芜湖地域文化；经济社会发展；关系

胡锦涛同志在十七大报告中明确提出："当今时代，文化越来越成为民族凝聚力和创造力的重要源泉，越来越成为综合国力竞争的重要因素，丰富精神文化生活越来越成为我国人民的热切愿望。"报告还特别提到了加强社区和乡村文化设施建设，加快区域性特色文化产业群建设。这里所讲的"区域性特色文化"实际上就是地域文化。

当前，我国正处于经济、文化、社会全面转型期。党中央已确立了科学发展观和"五个统筹"的发展战略。其中，统筹经济社会发展既是顺应文化经济一体化的发展大势，也是对文化具有提升城市品位、提高商品附加值、挖掘人的经济品质、增强社会凝聚力等价值整合功能的科学认识。[①] 地域文化与区域经济协调发展是统筹经济社会发展的重要手段，地域文化与区域经济良性互动是统筹经济社会发展的重要目的。

一、文化与地域文化概念综述

(一) 文化

"概念是研究之母。"在汉语中，"文化"一词的演变比较复杂。[②] 秦汉时期，或者更早，中国就出现了"文化"这个词汇。当时，"文化"一词的范畴是指与"征伐"、"武力"相对的"教育"、"感化"的意思。我国自近代起用的

① 孟召宜：博士学位论文《文化经济协同演化研究——以江苏为例》，第3页。

② 详见王志刚：硕士学位论文《内蒙古地域文化与企业成长关系研究》，第5页。

"文化"一词，大约是在19世纪末从日文翻译过来的，而日文中的"文化"，又源于拉丁文。[①] 实际运用中，人们较多地从广义和狭义两个层面解释"文化"。如，《辞海》认为，"文化，从广义来说，指人类社会历史实践过程中所创造的物质财富和精神财富的总和"。狭义的文化则指精神文化，包括社会的意识形态以及与之相适应的制度和组织机构。

在西语中，culture一词，源于古罗马拉丁文cultura，意为"培养"、"种植"。17世纪出现的形容词cultive，其含义发展为"受过教育的、有教养的"。美国的人类学家A·L克鲁伯和克莱德·克拉克洪1952年在《文化：关于概念和定义的评论》中，通过广泛而深入的引证研究，共列举了161种关于文化的定义。[②] 经过半个多世纪的发展，这个数字已经突破了200个。1871年，英国历史学家和人类学家泰勒在《原始文化》一书中认为，"文化或文明，就其广泛的民族意义来说，乃是包括知识、信仰、艺术、道德、法律、习俗和任何人作为一名社会成员而获得的能力和习惯在内的复杂整体"。[③]

可见，文化是人类社会活动的产物，是人类思想的历史集成，是人类历史的积淀，是一个民族精神的血脉传承。

（二）地域文化

地域文化的概念，最早见于西方文化地理学派的著作，主要是用来说明人类文化的空间分布，研究人类文化与空间地域之间的互动关系及其规律。事实上，迄今为止，学界对"地域文化"概念的表述亦是见仁见智。归纳起来，主要观点有：在一定的地域范围内长期形成的历史遗存、文化形态、社会习俗、生产生活方式等；[④] 在一定地域环境内，具有共同的历史沉淀、生活风俗等特征的文化；[⑤] 在一定的地域范围内长期形成的自具特色、自成体系的历史文化；[⑥] 一定地理范围内所长期形成的，反映该地域社会生产和精神财富的人文精神及其载体；[⑦] 在一定范围内特定人群的行为模式和思维模式的总和；[⑧] 地域文化应当是以地域为基础，以历史为主线，以景物为载体，以现实为表象，在社会进程中发

---

① 解光云、陈恩虎主编：《西方文化概论》之导论，合肥工业大学出版社2006年12月第1版。

② Kroeber, A. & Kluckhohn C. Culture: A Critical Review of Concepts and Definitions. New York: Meridian Books, 1952.

③ 爱德华·泰勒：《原始文化》，广西师范大学出版社2005年版，第1页。

④ 郭鹏：《地域文化与地方志》。

⑤ 王志刚：硕士学位论文《内蒙古地域文化与企业成长关系研究》，第18页。

⑥ www.sina.com.cn 2004年12月17日：《做好"安徽地域文化"大文章》。

⑦ 五台山文化网，2009年6月1日：《地域文化研究的状况与启示》。

⑧ 张凤琦：《"地域文化"概念及其研究路径探析》，《浙江社会科学》2008年第4期。

挥作用的人文精神。[①]

笔者认为，地域文化是一个地区在长期社会生产实践中形成的特定群体意识、价值观念、精神风貌、文化形态、各种范式等因素的总和及其物质载体。它既包括反映地方特色的文化典籍、文学艺术、建筑风格、风俗习惯，也包括在长期历史积淀中形成的地方性社会意识、思维方式和行为方式。故而，笔者更倾向于唐永进的观点：地域文化是中华大地特定区域源远流长，独具特色，传承至今仍发挥作用的文化传统。[②] 如，安徽地域文化中的“徽州文化”、芜湖地域文化中的“铁画文化”等。

二、研究芜湖地域文化的意义

地域文化是区域的形象，决定着区域的知名度和美誉度，推动着区域经济社会的和谐发展。只有深入研究地域文化的历史和发展，才能真正认识本地域的过去和现在，才能真正继承和发扬优秀的传统文化，从而为本地区的经济社会发展提供持久的智力支持和精神支撑。研究地域文化是区域经济社会发展到一定历史阶段的内在要求。同时，在物流澎湃的浪潮中，众多心灵对精神家园的回归性寻找，也表现为对地域文化的强烈呼唤。

（一）总结芜湖地域文化的内涵

芜湖，无论是从历史地理、抑或自然人文的角度，地域文化都是渊深蕴藉、特色独具、内涵丰富的。

1. 灿烂的历史文化

芜湖古名鸠兹。春秋战国时期，鸠兹初为吴邑，后属越国、楚国。秦始皇统一全国后，鸠兹属于鄣郡的丹阳县。汉武帝于公元前109年改鄣郡为丹阳郡，芜湖是郡下设的十七个县之一。自此，鸠兹改名芜湖。宋《太平寰宇记》记载：“芜湖（水名），长七里，蓄水不深而多生芜藻，故曰芜湖，因此名县。”所以，自汉武帝建县以来，芜湖迄今已有两千多年的历史。

历史上的芜湖，人杰地灵、山清水秀，历代都有文人雅士涉足并留下了许多不朽的诗词歌赋。南朝梁元帝萧绎，唐朝诗人李白、刘秩，宋代文人苏东坡、苏辙、黄庭坚、林逋、梅尧臣、张孝祥等均留下诗词盛赞芜湖。汤显祖的《牡丹亭》就是在芜湖的雅积楼创作的。吴敬梓《儒林外史》中所描述的街景、风俗、人物都取材于芜湖。姑熟画派的创始人萧尺木生于芜湖。今存铁画创始人汤天池

---

① 李建平：《关于地域文化研究的几个问题》，人民网2006年3月14日。

② 唐永进：《繁荣地域文化，促进经济社会发展——“地域文化与经济社会发展研讨会”述要》，《天府新论》2004年第5期。

的铁画，都是根据萧尺木的画稿制成。[①]

1984 年，考古工作者于南陵大工山发现的我国目前规模最大、时间最早的古铜采挖、冶炼、铸造遗址群，被国务院列为全国重点文物保护单位。1998 年，考古工作者在繁昌县人字洞出土了迄今为止我国最早的人类文化遗物，距今约 200~240 万年。中国第一个炼钢遗址神山，是春秋战国时期干将莫邪夫妇炼就雌雄宝剑之地。芜湖文庙[②]庙址主体部分今为市老十二中校址，其《县学记》碑文为著名书法家米芾所书。江南最大的圩堤工程芜湖县万春圩修筑时，著名科学家沈括著有《万春圩图记》，为我国水利工程史上的宝贵文献。中江塔系芜湖市重点文物保护单位；赭山塔建于北宋，今为赭山的制高点。繁昌窑遗址为宋代窑址，在中国陶瓷史上占有重要地位。此外，儒林街、海关大楼、梅光迪故居[③]、萧云从墓、夫子庙大成殿、衙署前门、中国第一座城隍庙遗址、三山的商周遗址、楚王城遗址等古迹遗存，对研究长江下游地区的社会发展史具有十分重要的学术价值。

芜湖的民间文化也较为丰富，地方戏有“髦儿戏”、湖阴曲、“平安戏”（后称梨簧戏）。[④] 芜湖的民歌历史悠久，内容充满江南水乡的风味。杜牧《再过芜湖感旧》写道：“讴谣人扑地，鸡犬树连天。紫风起如电，青襟散似烟”，生动形象地记录了民间歌手载歌载舞的盛况。

2. 深厚的徽商文化

芜湖，东接勾吴，南连荆楚，历来是长江流域的商贸重镇和物资集散中心，有“江东首邑”之称。当年徽州商人从青弋江入长江，一度发展成为中国第一大商帮。芜湖是徽商的第一立足点、第一门户。他们沿江而下，在芜湖找到落脚点，青弋江边因此兴起了历数百年不衰的十里长街。芜湖大街小巷中融入了徽文化的内涵。由此，芜湖商贸功能得到充分发挥。明清时期，以长街为中心，芜湖商贾积聚，“市声若潮，至夕不休”。芜湖深受徽文化的浸润和熏染，《天工开物》记载：“织造尚松江，浆染尚芜湖”，资本主义生产关系较早萌芽，成为当时长江流域工商业重要发祥地之一。近代芜湖是长江下游地区的重要商埠，享有“长江巨埠、皖之中坚”的美誉。悠久的历史文化，众多的名胜古迹，古老的商埠孕育着无数动人的徽商传奇。徽商的盐商、缫丝印织、典铺银号、茶叶药材、文房四宝、酱业徽菜等都在芜湖占有重要地位。深受徽文化、徽商精神浸染的芜

---

① 汤天池是否为铁画创始人，学界目前尚存争论。

② 文庙，即古代官办的县学。

③ 梅光迪，南陵县弋江镇人，现代文化史上学衡派的代表人物。

④ 平安戏，黄钺曾加以注释：“上元龙灯，端午竞渡，罢则演剧，至秋又跨街为戏，以报秋社，谓之‘平安戏’。”

湖地域文化在起承转合间不断创新，写下了推动芜湖经济社会科学发展浓墨重彩的一笔。如今，在徽文化的催生下，以奇瑞公司、海螺集团等为代表的一大批新时代的徽商，雨后春笋般的在芜湖迅速崛起。

3. 厚重的红色文化

爱国词人张孝祥，自幼迁居芜湖升仙桥，[①] 后来捐田百亩，辟为陶塘，即今日之镜湖。元朝时，欧阳修的后代欧阳玄调至芜湖县尹。此人爱民如子，留下了官民鱼水情的经典素材，并有诗为证。南宋末年，文天祥受命于芜湖澛港督师抗元，写下“千古燕山恨，西风卷怒潮”的忧国之言。明嘉靖年间，芜湖县丞[②]陈一道父子，奋力抗倭，英勇牺牲，受到明政府表彰。

甲午战争后，汪孟邹[③]在芜湖创办科学图书社，李光炯在芜湖创办安徽公学，陈独秀等在芜湖建立秘密革命团体岳王会、主办《安徽俗话报》，宣传资产阶级革命思想。1912 年，孙中山在芜湖的重要讲话，极大地鼓舞了芜湖人民的革命斗志。今天，赭山之上的中山堂、焕然一新的中山路步行街在市场商潮的掩映之下仍透射出红色文化的因子。

“五四”运动爆发后，省立五中和第二农校的进步教师刘希平等人领导芜湖学生举行了声势浩大的爱国大游行。赭山之上的刘希平墓碑对此有翔实记载。1926 年，革命家、文学家阿英[④]在芜湖主编《苍茫》杂志。阿英一生著述极丰，70 余部著作连同收藏的 12000 余册珍贵书籍在其逝世后全部捐赠给了芜湖市图书馆。

1925 年，王稼祥在芜湖圣雅阁中学高中（芜湖市第十一中学前身）读书时即领导了芜湖反帝爱国运动。1986 年，经中共中央批准，在芜湖市第十一中学建立了王稼祥纪念园，1995 年，纪念园被批准确定为芜湖市和安徽省爱国主义教育基地，2001 年又被确定为全国爱国主义教育示范基地。

1931 年 4 月，由于叛徒出卖，安徽省委代理书记王步文在芜湖柳春园主持省委会议时不幸被捕，从容就义。芜湖市委市政府修建的步文亭成为又一个“红色之地”。

此外，白马山战役、三山保卫战、荻港保卫战、湾沚反攻战、官陡门袭击、繁昌保卫战等抗战遗址，赭山戴安澜烈士陵墓，繁昌县“渡江第一船”遗址，学生出身的轰炸机飞行员毕武斌、南陵县农民李家发在抗美援朝战场上谱写的英

① 后因张孝祥中了状元，升仙桥改名状元坊。

② 县丞，主管军事。

③ 安徽绩溪人，1903 年来芜湖中长街创办科学图书社，经营书刊。

④ 即钱杏邨，1900 年生于芜湖，1977 年逝世。

雄赞歌，革命先辈恽代英、蒋光慈在芜湖活动的旧址，神山公园烈士陵园，芜湖烈士纪念馆，王莹纪念馆等，都是很好的红色教育素材。

4. 浓郁的宗教文化

“金地藏玉菩萨”第一行宫广济寺建于唐朝，是全国重点寺庙和佛教文化圣地。吉祥寺于东晋时修建，寺名为宋仁宗所赐。荆山寺于明嘉靖年间修建，寺内“荆山寒壁”为历史上芜湖八景之一。清真寺初建于吉祥寺下首，后毁于兵火，清同治三年在北门外重建。

马仁奇峰主峰之下高达 9.9 米的“天下第一香炉”的铸造，让游客在纵情于马仁山水胜境的同时深受宗教文化氛围的熏染。

芜湖开埠通商后，法、英、美等国纷纷派遣传教士来芜传教。天主教堂位于吉和街 28 号，1887 年由法国人设计建造，成为外来宗教文化在芜湖的见证。次年，美传教士医生赫怀仁在弋矶山麓开创芜湖医院（即弋矶山医院）。1891 年，该院开办西医学堂，西医逐步在芜湖传播。可见，芜湖医院的发展史与宗教文化也有着深厚的联系。

5. 多姿的旅游文化

实际上，前文中的历史文化、红色文化当属广义概念的旅游文化范畴。

镜湖依赭山，傍弋水，以“环种杨柳芙蕖”[①] 而为“邑中风景最佳处”[②]。奎湖，为芜湖市最大的湖泊。此外，银湖、凤鸣湖等湖泊也是休闲游览的好去处。鸠兹广场“是承载芜湖市悠久文化历史内涵、反映芜湖市过去现在与未来最富艺术魅力与文化品位的城市‘客厅’”。[③] 整个广场与镜湖、中山路步行街相依相伴，组成了一个集观光、休闲、购物、娱乐于一体的城市中心旅游区。

赭山公园为4A 级景区。园内景点功能各异，名贵树木种类繁多；毛泽东塑像、戴安澜将军墓、屈原塑像等文化景点更使公园旅游价值倍增。汀棠公园是我国首家由农民集资兴办的公园。园内既有田园野趣，又有江南水乡风光。玩鞭亭以其幽远的历史文化典故引来无数文人骚客题诗作赋。此外，神山、滨江、镜湖、九莲塘等公园也以如画的风光与丰厚文化底蕴的有机融合而闪耀着旅游文化的光芒。

丫山花海石林旅游区因其独特的自然景观和人文资源，1987 年被列为省级风景名胜区，是我国长三角地区石林分布面积最大的喀斯特地貌景观。景区内的南山寺更彰显了佛教文化的源远流长。

---

① 民国《芜湖县志·古迹志·名胜》，第 122 页。

② 民国《芜湖县志·古迹志·名胜》，第 122 页。

③ 乔俊：《整合芜湖历史文化资源　促进旅游业深层次发展》，《芜湖职业技术学院学报》2007 年第 9 卷第 3 期，第 14 页。

论及芜湖旅游文化，自当不能忘却自然与人文相融成趣的“芜湖十景”：“临轩听雨数滴翠，登阁望晴歌缀嘉”的赭塔晴岚；“游丝袅袅齐摇浪，飘絮盈盈竞逐尘”的镜湖细柳；“一柄青锋平地起，万丛翠柏接天齐”的赤铸青锋；“满亭春色百花开，临水登高敞醉怀”的玩鞭春色；“共映夕阳荣宝塔，独擎彩笔绘今朝”的双江塔影；“一挽长河气不收，天门双柱扼吴洲”的天门烟浪；“千古南陵形胜地，西山美景袖珍藏”的西山灵石；“百丈神岩拥圣地，千年秀气孕奇峰”的马仁云壁；“鸠兹素以水乡誉，更有陶辛水韵殊”的陶辛水韵；“芜湖美景不胜看，欲览全城上褐山”的褐山览胜。

6. 朴实的茶文化

中国是种茶饮茶的故乡，茶文化博大精深。芜湖作为历史悠久的江南之城，茶文化以朴实见长。陆和村茶艺博物馆便是茶文化的缩影。该馆是以茶文化为主题，以古代艺术藏品为背景的大型茶艺馆。三层主楼以徽州建筑风格为主要基调，门楼和馆内的廊、桥、亭、照壁等均由徽州古建筑村落整体搬迁后在馆内重新复原，青砖黛瓦，飞檐翘壁，洋溢着古朴自然的幽古之情。游人一边品茗，一边可以欣赏中国古代文化的珍奇瑰宝，文化艺术氛围甚浓。

以“江南第一茶市”著称的芜湖市峨桥茶叶批发市场被中国茶叶流通协会授予“全国重点茶市”称号。在峨桥茶市的带动下，从2001年开始，芜湖先后举办了多届国际茶叶博览交易会，集中展示国内外名茶、茶文化旅游等。2002年9月，峨桥茶市被国家八部委批准为“绿色批发市场示范单位”，现已发展成为芜湖区域经济的一大特色。

（二）提炼芜湖地域文化的特征

对芜湖地域文化特征的提炼，有助于我们深入对芜湖地域文化从现象到本质的认识，具有重大的理论和现实意义。

1. 起源早

繁昌境内人字洞考古重大发现是迄今为止我国发现的最早人类文化遗址。这一发现充分证明了芜湖地域文化起源较早的特征，意味着亚洲人类活动的历史至少提前了30万年。

2. 多元性

芜湖地域文化绵延2000多年，不仅有以“青铜、古瓷、地藏、徽商”为代表的吴楚文化、江淮文化、宗教文化，还有开放性、兼容性较强的城市文化、工商文化，自古便是各种地域文化激荡交流的聚集之地。悠久的历史文化传承，丰富的近现代文化遗存和建国后文化事业的多年建设与发展，造就了芜湖发展文化事业和文化产业的重要基础和得天独厚的资源优势。前文中对芜湖地域文化内涵的六个方面的总结也为芜湖地域文化多元性的特征作出了理论注解。

3. 工商性

明朝中后期，芜湖由于农业、手工业的发展，商品经济日益活跃，加之优越的地理位置，遂使芜湖逐渐成为人口密集、贸易发达的工商业城市。商品经济的发展，促使手工业生产的规模越来越大，分工越来越细，从而使芜湖较早地萌芽并发展了资本主义生产关系，而这又进一步增强了芜湖地域文化的工商业性。“芜湖开埠后，皖江地区逐渐形成了以芜湖为中心的商业网络体系，芜湖成为皖江地区乃至整个安徽地区近代化的一个窗口。”① 芜湖工商业的繁荣，又与其“米市”的发展密不可分，“近代芜湖是因米粮贸易而兴起的商业城市”②。时至今日，芜湖作为工商业城市的烙印仍深然可见。源于深厚的工商业文化积淀，芜湖人血脉深处流淌着诚信创业的基因，骨子深处蕴含着勇于创新的精神。

4. 包容性

独特的区位优势、便利的交通条件以及传承悠久的文明历史，不仅带来了工商经济的繁荣，而且使芜湖更易与外界进行交流，吸收各种先进文明成果。各种文化在此融合、碰撞，造就了芜湖地域文化包容四方的丰厚底蕴。青弋江连接了古徽州的广大区域，雄踞中国商界三百多年的徽商在这里集结，走向全国。多元文化在此水乳交融，徽商精神在此浸染弘扬，形成了芜湖地域文化海纳百川的包容精神。滚滚东流的长江之水，孕育滋养了芜湖人民包容开放、开拓进取的品格。开埠通商后，芜湖实际上自觉不自觉地承担了东西文化碰撞交融的任务，逐渐养成了芜湖市民接纳西方文化的包容心态，将西方文化理念转化为芜湖的地域文化属性。天主教堂、驻芜英国领事署、芜湖海关、圣雅阁学校、弋矶山医院等都烙上了西方文化的印记，使芜湖地域文化浸润了国际元素。广济寺是唐朝时期朝鲜高僧金乔觉在此修炼之地。孙中山、胡适、张恨水、陈独秀、阿英等文化名人在此传授新知识，芜湖成为安徽新文化运动的中心。这一切都使芜湖地域文化的包容性更加清晰可见。

5. 开放性

“对于城市来说，开放是城市竞争力的核心，开放已成为当代衡量城市文化优劣的首要指标。”③ 其实，多元性、包容性本身就是开放的文化的一种表现。芜湖通江达海，连通南北，无论是西风东进，还是东风西进，在芜湖都留下了厚

---

① 张绪：《近三十年清代皖江流域经济史研究概况》，《中国社会经济史研究》2009 年第 3 期，第 104 页。

② 谢国权：《近代芜湖米市与芜湖城市的发展》，《中国经济社会史研究》1999 年第 3 期。转引自：张绪：《近三十年清代皖江流域经济史研究概况》，《中国社会经济史研究》2009 年第 3 期，第 103 页。

③ 董杰：硕士学位论文《青岛地域文化多元性对经济发展影响研究》，第 13 页。

重的烙印。民族的、世界的、东方的、西方的，在芜湖都可以找到印记。多元文化的碰撞成就了芜湖地域文化的通达与开放。可以说，芜湖就是开放的产物，尽管这种开放最初是被动的。芜湖的发展历程体现了开放，不断扩大开放成就了芜湖的今天。一种文化能吸收、融合外来文化的精华是发展进步的重要条件。在经济全球化背景下，这种文化观念尤为重要。通过文化的融合与创新，提高文化现代性，进而促进经济社会发展。

改革开放以来，特别是上世纪90年代以后，省委省政府提出以芜湖为重点和突破口，加快实施“呼应浦东，开发皖江”的开发开放战略，正是对芜湖地域文化开放性的极好发挥。如今，市委市政府从“镜湖文化”迈向“长江文化”的东向发展战略，走向长三角、走向全国、走向世界，更是弘扬芜湖文化开放性的鸿篇巨作。

6. 创新性

“创新精神是一个民族兴旺发达的动力之魂。所有的创新经济都根植于特定的文化土壤中。”[①] 创新是芜湖地域文化的灵魂，是芜湖城市的灵魂，在每一个发展阶段都凸显了强大的动力。作为首批国家级非物质文化遗产，铁画以锤为笔，以砧为砚，以铁为墨，锻造出了中国民间工艺美术中的一朵奇葩。铁画正是地域文化基因中创新性的真实写照。闻名全国的“傻子瓜子”，被誉为我国改革开放后民营经济复苏的第一枝“报春花”；如今，作为民族汽车工业旗帜的奇瑞汽车，更是城市创造力与徽商智慧的结晶。改革开放30周年之际，中央政策研究室在《全国十八个典型地区的调研综合报告》中指出，正是创新，使芜湖“探索出中西部地区发挥后发优势的成功道路”。另一个文化创新的产物——方特欢乐世界是目前亚洲规模最大的第四代主题公园，完全由中国人自主设计、建设。

多年以来，芜湖在继承传统文化精髓的同时，融入与时俱进、创新进取等时代特点，又进一步丰富了芜湖地域文化的创新性。比如，在对市区道路的重新命名中就较多地运用了徽商文化符号，这不仅丰富了地域文化内涵，体现了芜湖人的徽商情结，而且使政府决策的创新文化思维更开放、更灵活、更包容、更流动。2005年，芜湖市被列入安徽省文化体制改革首批试点城市。在文化体制改革的大潮中，芜湖市正在打造经济效益与社会效益同步增长的强大文化产业。作为芜湖城市精神的“开放、诚信、务实、创新”和芜湖城市名片的“皖江明珠、创新之城”则充分凸显了芜湖地域文化特征的升华。

---

① 孟召宜博士学位论文:《文化经济协同演化研究——以江苏为例》，第14页。

（三）揭示芜湖地域文化与经济社会发展的关系

“21 世纪经济与文化共生互动的机理在于经济是文化的基础而文化是经济发展的根本动力与源泉。”① “作为人类文明的两大车轮的经济与文化，虽然各自有着内在的动因和独立性，但它们保持着‘脐带关系’，即经济对文化具有奠基性，文化对经济具有前瞻性，文化对于未来经济、社会发展具有久远的明天意义。”②

1. 思想解放视域下的创新文化思维对芜湖经济社会发展的推动作用

从上世纪 90 年代以来，芜湖先后组织开展了“改革开放中的芜湖人”、“怎样做跨世纪大开放的芜湖人”、“怎样让芜湖成为投资兴业的热土”、“更快更好地融入长三角经济圈”、“创新文化”等一系列解放思想的大讨论，营造出鼓励创新、开放包容的人文环境。2005 年 9 月，芜湖又提出大力构建和弘扬“崇尚创新、宽容失败、支持冒险、鼓励冒尖”的创新文化，形成了“百姓创家业、能人创企业、干部创事业”的浓厚氛围。每一次大讨论，都成为芜湖新一轮思想解放的先声，新一轮大开放、大发展的前奏。创新文化孕育创新事业，创新事业激励创新文化。我们建设创新型国家，核心就是要坚持自主创新。而自主创新的关键是要在全社会大力弘扬创新文化。创新文化应当成为芜湖城市精神的核心内容。“为什么要弘扬创新文化，党的十六大报告已经讲得非常深刻，‘创新是一个民族进步的灵魂，是一个国家兴旺发达的不竭动力，也是一个政党永葆生机的源泉’……我们要推动各方面的创新，把芜湖的各项事业推向前进。”③ 从“镜湖文化”走向“长江文化”的战略决策就是创新文化的大胆尝试。在改革中不断追求创新、在创新中不断寻求突破，江城芜湖正逐步摆脱由小商品城市发展起来的历史包袱，展现出其独特的现代韵味和强劲的经济实力。上世纪 90 年代初，芜湖尚“在困境中苦苦挣扎”。短短 10 年，芜湖就以居安徽第 11 位的人口总量，创造了全省 GDP 排名第二的佳绩。“九五”以来，芜湖的工业产值、财政收入等增幅高居全省首位，与长三角主要城市和沿江同类城市相比，速度也胜出一筹。

2. 芜湖地域文化对经济社会发展的推动作用

长期以来，文化一直是一个被经济学研究所忽视的领域。近些年来，文化这

① 杨继瑞、郝康理等著：《文化经济论：基于成都市文化产业及文化事业对经济社会发展贡献的研究》，西南财经大学出版社 2007 年版，第 33 页。

② 王燕：《从经济文化一体化发展的新维度看文化对经济的影响》，《长白学刊》2000 年第 5 期，第 94-95 页。

③ 2005 年 9 月 8 日《芜湖日报》：《创新是一个城市兴旺发达的动力——原省委常委、市委书记詹夏来访谈录》。

个“非经济因素”[①] 才开始回归到经济学家的视野里。从文化人类学的意义上来说，人类的一切经济活动都具有文化意义。因为经济运行中的每一个主体都是在一定的文化背景下活动的。根据马克斯·韦伯等人的研究，文化对经济社会发展的主要作用在于它是形成区域性专用人力资本的基础，从而也是发展多种文化产业或者高附加值产业的基础要素。著名经济管理学家德鲁克指出：“今天，真正占主导地位的资源以及绝对具有决定意义的生产要素，既不是资本，也不是土地和劳动力，而是文化。”[②]

在当今经济文化一体化的趋势下，文化与经济联姻形成的经济文化耦合力，构成区域持续快速发展的深层动力。一方面，区域经济决定地域文化的形成和发展。另一方面，地域文化是区域经济发展的内驱力。地域文化不仅能为区域经济社会发展提供精神动力、智力支持和文化氛围，而且通过与区域经济的相互融合，形成文化经济，产生巨大的经济效益和社会效益，直接推动社会生产力发展。

在知识经济大发展的 21 世纪，看一个城市是否有吸引力、竞争力，最重要的是看它的文化资源、文化氛围、文化发展水平。芜湖地域文化有着丰富的内涵，也有着与众不同的精神特质，它首先影响着世代生息于斯的芜湖人民的文化心理和文化信念。芜湖地域文化的内涵和特质还始终潜移默化地影响着芜湖人的各种行为，包括经济行为，从而影响芜湖经济社会的发展。如，芜湖文化中的包容大度、开放创新有力地推动着芜湖实现跨越式发展，诞生了奇瑞、方特这样的大手笔；芜湖文化中的多元性在影响经济增长的过程中形成了强势的文化资本，产生了巨大的文化力量，从而造就了经济技术开发区的后发优势，加速了芜湖融入长三角和承接产业转移的步伐。

地域文化对本地企业的成长也有着重大的影响。战略理论中的文化学派认为：“战略形成是社会交互过程，建立在组织成员的共同信念和理解的基础上。”[③] 这里的“共同信念”即指地域文化因素。地域文化是企业文化存在、发展的基石，能够转化为企业所拥有的资源，形成企业能力，对企业的成长模式选择、产品、品牌战略有深刻的影响。创新文化思维的大讨论汇聚成的思想解放潮流有力地推动了芜湖企业的快速成长。因为创新文化能够激发企业的活力。芜湖企业在文化建设中充分汲取了地域文化中的精华，形成了既符合本企业具体情况

---

① Shweder, Richarvard Unive. Thinking Through Cultures: Expeditions in Cultural Psychology. 〔M〕 Harvard University Press , 1991: P497.

② 转引自欧人：《关于地域文化与区域经济发展问题的几点思考》，《经济经纬》2004 年第 5 期，第 27 页。

③ 亨利·明茨伯格：《战略历程》，机械工业出版社 2001 年版，第 182 页。

又兼具地域文化特征的企业文化体系，充分发挥了企业文化的导向、凝聚、激励、约束功能，从内部保证了企业战略的有效实施、员工队伍的高效稳定。“三流企业卖产品，二流企业卖服务，一流企业卖文化”已成共识。

芜湖，在挖掘自身历史文化内涵、整合文化资源、做强文化的形象功能上充分展示了自己的魅力。2007 年，芜湖市被央视“倾国倾城”栏目评为最具魅力的城市之一；2008 年，在中国社会科学院的城市综合竞争力报告中，芜湖在两岸四地 200 个城市中位居 31 位，列中西部地区非省会城市第一；2009 年年初，芜湖综合竞争力已跻身全国百强市。作为新兴产业之一的文化产业，已经在芜湖得到快速发展。2007 年，芜湖市被国家新闻出版总署批准建立国家动漫产业发展基地。随后，华强文化产业园、和瑞文化科技产业园、芜湖市动漫产业孵化中心等相继建成。同时，大型主题公园“方特欢乐世界”、“方特梦幻王国”的发展战略，展示了芜湖创意产业的美好前景。伴随着文化产业的强劲发展，芜湖由传统的经济投资吸引到全方位的要素集聚，优化了城市各种软实力要素的流动与重组，给芜湖的经济社会发展注入了全新的活力，使其成为对皖江周边地区具有吸引力、辐射力和带动力的区域性中心城市。

（四）为芜湖经济社会发展建言献策

地域文化已成为城市发展核心竞争力的重要因素，是城市之根、发展之魂；地域文化是城市的重要名片和形象载体，是城市发展不可或缺的软实力和巧实力。

笔者认为，在实现地域文化对加速推动芜湖经济社会发展的过程中可从如下方面着手谋划：

加大地域文化的研究性投入，成立以在芜高校为核心的地域文化研究机构，整合现有的分散于各系统及民间团体的地域文化研究资源，统筹研究。加大资金扶持，培养高水平专业人才，建设专业研究团队，改变地域文化研究人才青黄不接的局面，扭转研究人才老龄化态势。定量课题研究，创新研究方法、拓宽研究思路，加强深度性和综合性研究，加大成果宣介力度。如，可以考虑成立铁画研究会、鸠兹文化研究会、南陵青铜文化研究会等，设立奇瑞文化节、奇瑞汽车主题公园、自主创新文化日等。

同等重视物质文化和非物质文化形态，挖掘文化资源价值，加大宣传力度，做好包装工作，制作公益广告和公益宣传片，组织人力编撰大中小型图书，如《芜湖文化史》、《芜湖历史人物》等，在高校设置相关专业，力促地域文化进课堂、进头脑。

打造地域文化品牌，充分发挥品牌的整合效应，优化资源配置；发挥集聚效应，吸引人流、物流、资金流和信息流；发挥辐射效应，形成产业链条，催生市场主体；发挥放大效应，提高市场占有率，扩大地域文化的影响力和知名度。积极扶持一批文化娱乐旅游品牌、文化龙头骨干企业、文化产业特色园区、文化专业市场，塑造城市文化形象，建设文化品牌博物馆。

打造企业文化精品。先进的企业文化，必然导致先进的经营理念、职业道德、产品质量。当前，芜湖应着力打造以奇瑞、方特、铁画、高新技术等为龙头的企业文化精品，以提升企业的知名度，提高经济社会效益。

深度挖掘地名人名文化，发挥名人名地效应。历史上的地名人名虽已物非名非，但也并非只是书本上的一个符号。深挖其内涵，可为经济社会发展提供文化基础。如鸠兹文化，道路、街区、居民区等的命名。还可以考虑将地名人名文化引入到房地产开发当中来。

发挥地域文化在现代建筑中的作用，构建城市发展特色，避免城市建筑趋同化。地域建筑文化基因作为一种符号，集中分布于城市建筑空间中；作为一种外显形态的文化，又有很强的可识别性。建设旧城改造区、城市拆迁区原貌图片展览馆或数字展览馆。新建一批造型独特、设计精巧、融合历史古迹与现代艺术的标志性建筑、公共设施，使城市外在形象与文化品位相结合。整合芜湖近代西洋建筑资源。

建立芜湖地域文化自然保护区，形成多个开放互动的文化展示区，激活地域文化资源。保护历史文物古迹，开发具有历史文化底蕴的人文景观、名人故居、历史文化街区、风土民俗、老字号。恢复还原古景，开发建设新景。新建各类教育基地。以铁画锻制技艺、繁昌民歌、大桥民歌、梨簧戏、十兽灯、目连戏等的保护和传承为重点，争取更多项目列入国家和省非物质文化遗产名录。加强地域文化保护的法律法规建设。保护开发地域文化应遵循以下原则：加大保护力度，能保则保的原则；市区三县统筹规划、联动开发的原则；政府主导与民间力量共建的原则。

政府应切实转变职能，做好管理与服务工作。要摸清文化资源的家底，做好文化资源的宣传推介，督管利用好文化资源。在城市规划和建设中，融入地域文化内涵和元素，对城市景观、新农村建设、文化娱乐设施及文化产业发展进行统筹规划，写好“徽文章”和“水文章”，使地域文化形态化，形成芜湖特色的城市文化气派。

大力保护和开发旅游资源，发展红色旅游、商贸旅游、美食旅游、休闲旅游、生态旅游，打造精品旅游线路，提升旅游服务质量，营销芜湖山水、自然与人文精神。增加旅游商品的附加值，将文化内涵渗透到旅游商品开发的每一要素，为文化创意产业提供内驱力。注重开发旅游纪念品，提升其文化品位，力争实现一景一特色、一地一产品。美化“芜湖十景”的自然人文景观，完善配套基础设施，为滨江山水园林城市添加旅游经济推力。

在地域文化视角下开展文艺创作，探索地域文化创新模式。地域文化在一定程度上决定一个地区文艺创作的走向与风格，是文艺创作形成独特风格的母体。而地域文化必然内化为鲜明的艺术识别性。如，已经推出的歌曲《半城山半城水》、央视《古韵芜湖》、电视连续剧《一个女人的史诗》等作品便是如此。勇于创建以芜湖方言为基准的地方戏曲，繁荣文化事业。将深受地域文化熏染的芜湖人在语言、行为方式、价值观念等方面的共性上升为艺术形式搬上舞台。

挖掘江河桥梁文化内涵。芜湖具有得天独厚的自然地理特征，长江、青弋江浇开了芜湖的文明之花。芜湖长江大桥、临江桥、中江桥、中山桥横卧江面，其间的科技资源、旅游观光价值不容低估。

芜湖地方志的编纂与修改应深挖地域文化潜力。由于地方志涵盖范围的广泛性、内容的翔实性等特点，决定了地方志成为地域文化的重要载体，应在挖掘特色文化、挖掘历史遗存、注重杰出人物、捕捉新兴文化上大做文章。

加快芜湖铁画产业创新发展。鉴于让人担忧的铁画现状，很有必要重振铁画雄风。建议成立“芜湖铁画艺术集团公司”，引入市场机制，优化铁画产业内外发展环境，规范经营。与高职院校联姻，设置铁画专业，培养后备人才。努力招商引资，向全社会发布铁画创新科研课题，创新铁画功能效用、创新材质和制作工艺、创新内容和形式、创新品牌，形成规模效应。引进计算机技术研究开发机械人取代传统的“以锤作笔”，建设铁画工艺保护基地，建造铁画博物馆，设计铁画旅游纪念品，开发适合西方人审美观念的作品。

努力探寻芜湖地域文化与长三角地域文化的契合点，构建互动优势，实现一体化发展。芜湖相对优越的地理区位、与长三角一脉相承的历史文化、稳健快速的经济发展、与长三角日益紧密的经济文化联系都为这一“探寻”提供了有利条件。

弘扬芜湖城市精神，高举芜湖城市名片，将其引入经济社会发展的各个领域，让“开放、诚信、务实、创新”和“皖江明珠，创新之城”的花朵绽放得越发艳丽，从而更好地激发芜湖人民的建设热情，实现经济社会又好又快发展。

倾力打造“动漫之都”。作为国家动漫产业基地，芜湖应放眼全球，抢占动漫人才制高点，不断增强创新意识，以华强文化科技旅游城等为载体，建设集创意、设计、生产、研发、销售、人才培养为一体的产业园区，拓展产业容量，提高产品附加值，提升芜湖动漫的国际影响力，为加速芜湖崛起助推引航。

大力发展会展经济。会展业属于服务业，同时又是制造业的延伸。鼓励引进会展、创办会展，不求数量，但求质量。归纳、提炼会展的闪光点，围绕闪光点形成话题、产业链、附加值和规模效益。坚持走市场化道路，建立健全会展法律法规，加强行业自律，尽快与国际社会接轨，开展理论研究，培育会展专业人才。

加快地域文化中心建设。鼓励民间资本投入建设文化艺术中心、特色文化博物馆、图书馆、文化网络，营造城市文化氛围。

大力实施文化产业推进工程。文化产业、创意经济、文化经济作为朝阳产业越发显示出强劲的发展趋势。应不断推进重点文化产业项目建设，提升做优传统文化产业，培育发展新型文化产业，增强文化产业的竞争能力。

加快文化体制改革进程，建立健全统一开放、竞争有序的现代文化市场体系。

（五）经济视角之外的拓展性思考

地域文化研究应与区域经济发展紧密结合并服务于经济发展，但这种研究不能单纯理解为经济功能，它更体现在不断丰富人们的精神世界、增强人们的精神力量上。地域文化是社会主义先进文化多样化发展的重要载体，也是先进文化不断创新、不断交融、不断升华的根基所在和力量源泉。

地域文化是区域内文明进步的重要动力源泉，丰厚的地域文化是文明政治的土壤，地域文化中大量的积极成果和文明智慧，对于促进芜湖社会政治稳定，提升芜湖人的主人翁精神、民主意识有重要的借鉴作用。作为精神文明建设的重要内容，区域内优秀的传统文化本身就是一种催人奋进的精神力量。

加强地域文化研究，是弘扬民族精神和芜湖城市精神不可或缺的内容。挖掘地域文化的深刻内涵和优秀成分，就是对民族精神和城市精神内在积淀的个性解剖和继承发扬，为弘扬和培育民族精神和城市精神提供了历史文化素材。

当前，在社会主义市场经济深入发展的同时，道德失范、诚信缺失、假冒伪劣、欺骗欺诈活动有所蔓延，黄、赌、毒，黑社会等丑恶现象沉渣泛起，奢侈浪费、贪污受贿等腐败问题触目惊心。解决这些问题的关键之一，就是加强思想道德建设，而地域文化中的许多优秀传统，对于加强思想道德建设有着不可替代的作用。

从哲学观点看，地域文化属于上层建筑范畴，它反作用于经济基础。地域文化一旦形成较大氛围，必然会深刻影响芜湖人的思想，推动社会潮流滚滚向前，变革观念形态和思维方式。先进的地域文化一经人们接受便会转化为强大的精神力量，上升为文明与进步的思想动力和引领旗帜，必将对芜湖经济社会的可持续发展产生不可估量的积极影响。

研究芜湖地域文化，还是实施爱国主义教育的重要一环。爱国主义必须从热爱家乡、热爱故土做起。而地域文化中那些名胜古迹、文化景观、遗址文物、英雄烈士、乡贤学士及其作品与精神产品，都是开展爱国主义教育的绝好素材。

从应对全球化挑战，保持民族文化生命力和国家文化安全的需要来认识，研究地域文化也至关重要。要在当前经济全球化步伐日趋加快的背景下保持文化的多样性，地域文化工作者责无旁贷。

三、结　语

“随着文化产业的兴起和知识经济的出现，经济文化化与文化经济化，以及文化、经济的交织与互动产生的文化经济一体化，使得文化经济这一对某种文化适应的经济无论在理论层面，还是在实证层面都逐渐流行起来。”① 1998 年，联合国教科文组织在《文化政策促进发展行动纲要》中指出：“文化的创造性是人类进步的源泉，文化的多样性是人类最宝贵的财富……发展可以最终以文化概念来定义，文化的繁荣是发展的最高目标。”而区域作为时代经济和社会生活的基本单元，是文化和经济的发展空间与存在载体，因此，区域也是文化研究、经济探讨的基本视角和主要内容。正因如此，开展地域文化与经济社会发展关系研究已迫在眉睫。

地域文化也是生产力，地域文化就是明天的区域经济。

一方水土孕育一方文化，一方文化影响一方经济。地域文化作为区域经济社会发展的窗口和品牌，是招商引资、发展文化产业、创新文化业态的基础，是一个区域独有的宝贵财富。“只有深入开展地域文化研究，才能把握地域文化与经济社会发展的互动关系，充分发掘地域文化中的优秀因子，开发利用好地域文化资源，培育新的经济增长点，推动特定区域经济社会持续、快速、协调发展。”②

需要指出的是，地域文化建设是一项系统复杂的伟大工程，其对经济社会可持续发展的拉动效应有隐性和显性之分、有近期和远期之别。我们切不可急功近利，刻意追求短期效益，而应着眼未来、放眼长期。再者，在获取经济利益的同时，我们必须把地域文化的研究和发展提高到探索中国文化走向的高度，体察地域文化中蕴涵的人文价值观念，并在此基础上加以文化创新。

【参考文献】

[1] 鲍实：《芜湖县志》，民国八年（1919）重修本

[2] 嘉庆《芜湖县志》，台湾成文出版有限公司

---

① ChrisGibsonandLilyKong. Cultural economy：a critical review，Progress in Human Geography 29，5（2005）P541.

② 吴心福、赵德兴：《发挥地域文化资源优势，促进地区经济社会发展——谈地域文化资源的价值及其实现》，《陕西社会主义学院学报》2006 年第 2 期，第 6 页。

[3] 民国《芜湖县志·古迹志·名胜》

[4] 解光云主编:《世界文化史》, 安徽大学出版社 2004 年 1 月修订版

[5] 王涌, 沐昌根:《芜湖》, 安徽人民出版社 1982 年版

[6] 王鹤鸣编著:《安徽近代经济轨迹》, 安徽人民出版社 1991 年版

[7] 郭万清, 朱玉龙著:《皖江开发史》, 黄山书社 2001 年版

[8] 马克垚主编:《世界文明史》, 北京大学出版社 2004 年 1 月第 1 版

[9] Kroeber, A. & Kluckhohn C. Culture: A Critical Review of Concepts and Definitions. New York: Meridian Books, 1952

[10] Shweder, Richarvard Unive. Thinking Through Cultures: Expeditions in Cultural Psychology. 〔M〕 Harvard University Press , 1991

[11] ChrisGibsonandLilyKong. Cultural economy: a critical review, Progress in Human Geography

[12] Krugman P. Development, geography and economic theory [M] Cambridge: MITpress, 1995

[13] Nelson P R, Wniter S G. An evolutionary theory of economic change [M] . Cambridge M A and London The Belknap Press 1982

[14] James A 2003: Reginal culture , corporate strategy、and high tech innovation: Salt Lake City. Unpublished PHD dissertation, Department of Geograpy, University of Cambridge

[15] A S. The dialectic of culture and economy 〔A〕. Lee R and Wills J (eds) Geographies of Economies 〔C〕 London: Arnold 1997

(作者为芜湖信息技术职业学院自动化控制系学生科科长、评建办秘书, 讲师)

打造长江文化旅游岛，促进形成安徽文化旅游金三角

黄国雄

内容摘要：长江（含皖江）文化源远流长，应该成为旅游的重要内涵，但至今没有集中展示之地。其展示之地应是马鞍山江心洲。把江心洲打造成长江文化旅游岛，是因为她独具优越条件：一是区位特优，地处四大经济圈交汇处，旅游客源充足。二是特色独具，具有江水、细沙、大桥、景致等四绝。打造此岛的意义是优化安徽文化旅游产品结构、增添新的经济增长点，促进形成安徽文化旅游金三角。建议市、省将此项列入“十二五”规划，并批准设立长江文化旅游岛开发区（含采石、天门山）。

关键词：打造；长江文化旅游岛；促进形成；安徽文化旅游；金三角

正当各地政府都在研制“十二五”规划之际，我们在此聚会研讨长江（含皖江）文化旅游产业如何加速发展，实是一场及时雨。我们认为打造长江文化旅游产业最佳承接地就是马鞍山江心洲，建议将此项重大的创新项目列入安徽省“十二五”发展规划。

一、长江文化源远流长

长江，是世界著名的大江，流经八省市，总长6400公里，长江的伟大怎么说都不为过。

人类依水而居——长江水的灵气，为我们的祖先和世世代代提供生命的重要源泉，滋润着几亿亩农作物，产生大量的美味水产品。

经济依水而兴——长江是我国最重要的水上运输通道，相当于十几条铁路的运力，为工商业的发展提供充足的水源，得益于长江创造的GDP，恐怕经济学家、统计专家也说不清楚。

文化依水而荣——长江孕育出的伟人、文人墨客不知其数，因长江爆发出的思想火花、璀璨的文化，人们世世代代传诵。“朝辞白帝彩云间，千里江陵一日还，两岸猿声啼不住，轻舟已过万重山”，“故人西辞黄鹤楼，烟花三月下扬州，孤帆远影碧空尽，惟见长江天际流”（诗仙李白）。一代词人李清照当年站在长

江边遥望对江和县的霸王庙，心潮感慨，奋笔写下千古绝句：“生当作人杰，死亦为鬼雄，至今思项羽，不肯过江东。”

我国人民伟大的领袖毛泽东，对长江情有独钟，厚爱有加，在武汉三次畅游长江，写下著名诗句：“万里长江横渡，极目楚天舒……一桥飞架南北，天堑变通途。”话说长江文化，一代又一代，永远话不完、说不尽。文化是旅游的灵魂，旅游是文化的载体。丰厚的长江文化应该成为旅游的重要内涵，应该有一个集中展示的地方，这个地方的最佳选择就是马鞍山的江心洲。

二、掀起长江宝岛江心洲的盖头

马鞍山市是中国优秀旅游城市，其实也是历史文化城市。马鞍山（含当涂县），“旅游资源丰富、品质优越”（国家建设部专家组评价），拥有几个“最”，即顶级的文化旅游资源，如有两个国宝资源——诗仙李白墓园（含太白楼）和东吴大将朱然墓园；宋代开国皇帝赵匡胤建造的长江第一桥（浮桥，从而打败了南唐后主李煜，建立宋朝）。陈友谅战太平后称帝为汉，就在采石。南宋时中书舍虞允文率领一万八千将士，在采石打败金国首领完颜亮的四十万军队，使宋朝延长100多年。大将军常遇春在采石的大捷，为明朝开国皇帝朱元璋奠定了南京帝业。常遇春大脚印的美丽传说，至今还留在采石矶的山崖上。国家建设部著名专家陈从周称赞道：“国中园林甚多，而借青山、借绝壁、借大江、借文化造园者，独采石矶也。”

领袖人物毛泽东、刘少奇、朱德、江泽民、李鹏等人也先后到此留下足迹墨宝；还有当代草圣林散之艺术馆，如此等等，都是别的地方不可复制的宝贵的文化资源。

时至今日，特别值得推出的就是江心洲，只要掀起她的红盖头，人们就会十分惊喜，认为这是建设长江文化旅游载体的最佳选择。

（一）江心洲的概况

万里长江有座宝岛江心洲，就在诗仙李白的千古绝句天门山旁，与国家4A级景区采石一衣带水，属于马鞍山市当涂县管辖，是一个乡建制，人口2.8万人，土地面积58平方公里（另有湿地20多平方公里），四周江水环抱，有小河、湖泊、庙宇，主要种植蔬菜、瓜果、花生、玉米、花卉，生态环境好，没有工业污染，林木茂盛，空气清新，盛夏时气温比城里低三四摄氏度。现有汽车轮渡与市、县相通。可以说是未开发的处女地。由于长江大桥在洲岛上飞架，投资者圈地者纷纷涌来。

（二）江心洲的优越条件

江心洲要建设成为长江文化旅游岛，她具有优越条件，完全可能。这可概括为八个字：区位特优，特色独具。

1. 区位特优：马鞍山地处中国的东中部两大经济区域交汇处、四大经济圈（长三角、南京、皖江示范区、大皖南国际文化旅游区）交汇处，这里的高速公路、铁路、水路、航空（禄口国际机场）都很便捷。正在施工兴建的马鞍山长江公路大桥，宁安（南京至安庆）城际高铁，以及通往禄口机场、江苏溧水、巢湖合肥的高速公路，将于2013年建成，届时交通上就是如虎添翼，一个半小时就可分别到达上海、杭州、合肥、安庆。这就是说游客、参会者不论从东南西北来，进出都很方便。这里气候条件比较好，冬无严寒、夏无酷暑（报上公布中国十大火炉城市没有南京）。马鞍山周边经济发达、人口众多、人民富裕，会议资源和旅游客源丰富充足，对文化活动、休闲旅游度假、会议、展览的需求旺盛。

2. 特色独具：世界旅游业界公认，开发旅游最重要的三个要素即"3S"——海水、沙滩、阳光。阳光是普遍有的，不必专门阐述。江心洲可以说有"四要素"（四绝）——"江水、细沙、大桥、景致"。

江水——四周长江水环抱，可开发环岛游。岛的左边是主航道，右边是非主航道（称右汊江），我会特别建议将非主航道作为城市内河来开发多种水上活动项目。

细沙——江心洲盛产黄沙、沙质好。挖地几尺就是沙土，就会出水，正是开辟天然大游泳场、开发激情冲浪项目的好地方。游泳广场周边就大搞沙滩，开发多种沙滩文化体育活动项目。并以创新精神，创办"中国游泳节"（节期长5~10个月）。

大桥——长江大桥在江心洲中间飞架。大桥有一下口下到地面，设立高速公路服务区。另江心洲南北两头非主航道上已规划另建两座桥，与采石景区和当涂县城联通。长江三座大桥的雄姿同在江心洲的几公里内和滨江大道上高高耸立，必将构成绝妙的一道风景线。（建议这两座桥应具有交通和旅游功能，设计上更美一点、艺术一点）

景致——江心洲四周都是国家4A级和省、市级的景区、景点。如采石矶、太白楼、翠螺山三台阁、林散之艺术馆、千年古镇、小九华佛教寺庙、黄山塔（比苏州虎丘塔还早）、天门山、太白墓园、甑山禅寺、甑山生态文化园以及对江的霸王祠、温泉等等。江心洲东、南、西三面有采石矶和东西梁山临江而起，三山峭壁耸立，整个景色堪称绝妙。度假的人就希望有夜景，当进入星夜时，迷人的景色就呈现在你眼前，三座大桥的彩灯好像天空中的三道彩虹，桥上汽车灯光穿梭，大江江水滔滔，轮船往来呜呜，滨江大道上观景人群的笑声……你一定会心旷神怡，遐想连连：李白的天门山诗句、李之仪的同饮一江水、李清照在此写下的千古绝句……（注：李之仪，当涂人“君住长江头，我住长江尾，日日思君不见君，共饮一江水。”）

总之，江心洲是长江的宝岛，安徽的宝贵，像江心洲这样同时具备上述条件和特色的，全省、全国还能找出第二个、第三个吗？这是我省打造长江文化旅游岛（或长江博鳌）最理想的地方。

三、怎样打造长江文化旅游岛

1. 兴建李白大鹏展翅塑像观光高塔（在长江大桥旁适当位置）：100 多米高，安装电梯，上设多功能旋转厅，可开展观景、茶座、婚礼、祝寿、商务等活动，高塔的外形就像李白大鹏展翅（因李白青年时代写了《大鹏赋》，晚年在当涂的诗作《临终歌》中又写到：“大鹏飞兮振八裔……”表述自己终生像振翅翱翔的大鹏），左右两肩（翅）可容纳 100～200 人，身躯内部可设一些饮食、文化、娱乐、休闲的服务设施。使游人登高塔眺望，领略中国诗歌城的“九山环一湖，翠螺出大江”的诗情画意；观赏长江大桥、百舸争流、采石矶、三台阁、太白楼、黄山塔、甑山禅寺、天门山景色；远眺古都南京、芜湖、霸王祠，感受帝王灵气，欣赏现代化大城市高层建筑雄姿，一定独具品位。

一位旅游专家评点说：“诗仙李白终老当涂，又有跳江捉月之说，在江心洲长江大桥旁竖立李白大鹏展翅塑像观光高塔的创意，是拓展采石矶旅游、深化李白文化游的点睛之笔，十分新颖、奇特，具有垄断性，全国唯一。”

天门山因李白的诗而扬名，东梁山在当涂与芜湖交界处，在长江边耸立，是开放的旅游景点。西梁山属和县，就在长江边，山上有寺庙、石刻、王羲之的“振衣濯足”的题词，还有渡江烈士纪念馆、亭阁，整山花木茂盛，景色宜人，与江心洲、采石矶依江东西相望。和县正在开发天门山景区。

2. 开发千人天然江心游泳广场并创办中国游泳节（见附件）：喜爱大江大海是人的天性。人们都喜欢游泳，但很难如愿，因为许多小的江、河、湖泊污染了，或被承包经营了：大江、大河、大湖又波涛汹涌水深莫测，望而生畏；游泳池不仅拥挤、价贵，更重要的是害怕传染病、性骚扰。把江心洲的湖泊加以整修，开辟成能容纳千人的天然的江心游泳广场（上游进新水，下游出脏水），开发众人欢腾的激情冲浪，用江心洲盛产的黄沙，铺在游泳广场四周，形成沙滩，开展沙滩、沙雕文体活动；春冬天，可供游人在沙滩上晒太阳，进行阳光浴。江水游泳+沙滩娱乐+阳光沐浴，三位一体，这种独特的旅游产品，安徽罕见。同时将右汊江开发为城市内河，与江心游泳广场结合起来，创办中国游泳节，就是个创新。

3. 打造长江（含皖江）文化博览园：浓缩万里长江文化精粹。突出开发诗人、伟人、奇人、仙女、才女，和到过皖江地区的几百位名人（如李白、杜牧、白居易、米芾、李清照、郭沫若等）的精品和有趣的故事。例如杜牧来此写的“胜败兵家事不期，包羞忍耻是男儿。江东子弟多才俊，卷土重来未可知”。爱国词人李清照在当涂，写的“生当作人杰，……”（注：天上有颗星以她命名）等等，开发为文化旅游产品，实现找故事、编故事、卖故事、吃故事。同时开发展示安徽非物质文化遗产，如徽雕、铁画（芜湖）、鸿宾丝画、布贴画（马鞍山）、麦秆画（安庆）、书法、绘画、美丽传说（如李白跳江捉月、“天仙配”等）、黄梅戏、当涂民歌（已列入国家非物质文化遗产，并到联合国演出，正在创办一台大戏）……

4. 打造台湾同胞休闲度假疗养中心：由于江心洲形状像台湾，争取台湾或其他财团来投资，浓缩几个重要的“台湾意象”（如布袋戏、日月潭、台湾美食街等），或摄影、沙盘展示，建成台湾同胞休闲度假疗养胜地。因为台商在东部较多，台湾同胞对台湾、南京有感情；台湾人均GDP已近两万美元，进入休闲时代。所以这种可能性是存在的，如能引进台湾大财团牵头，打造长江“小台湾”，则意义更大，这将是极大的创新，并具有统战意义。

5. 开发文化娱乐产业：主要是诗歌舞广场；沐浴文化中心（延伸“翠林”名牌产品）；文艺表演平台等。突出开发安徽省和当涂特色文艺，组建民营的民间文艺团体（当涂有民歌之海的美誉）。主体是本土文化，亦农亦艺，展示徽风皖韵的魅力。

6. 开发有特色的生态游、农村游：开发现代生态农业、观赏农业、花卉业，以及有特色的农家乐的产品（如特色菜肴和乡野风光），使游人一年四季都能享受到花果飘香、鲜活食品、健康长寿又增长知识的绿色环境。

7. 兴建会展度假场所：建造会议中心、休闲度假中心，以及展览、商务、宾馆等设施。争取成为某些国内国际重要会议、赛事举办地址。例如：中国诗歌论坛、安徽发展论坛、“徽商、苏商、浙商、台商”论坛、全国诗词民歌大赛……

8. 建造滨江栈道：在江心洲沿江地区（或湿地部分）建造有特色的栈道，设些茶亭、文化设施，让游人休闲、观光，领略大江浩瀚宽阔的胸襟、宏伟的气魄，体验“天门中断楚江开”、“唯见长江天际流”的诗境。

四、打造长江文化旅游岛的意义

1. 优化安徽文化旅游产品结构，增添新的旅游经济增长点

安徽文化的旅游产品主要是黄梅戏、民歌、工艺美术和名山、寺庙、奇松、牌坊、古民居，以及其他一些名胜古迹，这当然很好。但缺乏马鞍山江心洲的

“四绝”——水、沙、桥、景。把江心洲开发打造成为长江的文化旅游岛，就极大地增加了观赏性、欢乐性、参与性、度假性、商务性的产品，就能进一步完善我省文化旅游产品结构，弥补缺陷，增加一个新的旅游经济增长点。这在东、中部乃至全国都是一个亮点，是别的地方无法复制的，具有独特性、垄断性。

2. 促进形成安徽旅游金三角

如果长江文化旅游岛开发出来，来省参会者和游人从合肥到黄山，然后从黄山到马鞍山长江旅游岛再返回合肥，不走回头路，就游兴大增顺理成章，打造合肥—黄山—马鞍山这样的文化旅游金三角，对于实现省委省政府关于建设文化旅游大省、强省有积极意义。

五、我们向市、省的建议

开发打造长江文化旅游岛，是一项创新性重大工程项目，需要投入上百亿，为此，我们建议：

1. 请市委市政府和省委省政府将此列入市和省的“十二五”发展规划，在政策和资金上给予支持。

2. 根据国务院批准的《皖江城市带承接产业转移示范区规划》中提到的可以“先行先试”，“突颇行政区划界限，探索跨区域合作途径，适时调整行政区划”的精神，请批准将江心洲、采石、天门山组合在一起，设立长江文化旅游岛开发区。

以上粗浅见解，请各位指教。

【参考文献】

[1] 毛泽东诗词集［M］，中央文献出版社，1996
[2] 李清照集［M］. 中华书局出版社，1962

（作者为马鞍山市经济学会会长、研究员）

千年镜湖

——中国城市的一面镜子

周　飞

千年一画

很少有像芜湖这样的城市——市中心有一座山、一面湖，风景美透了，怎么看，都是一幅山水画。

伫立在赭山下、镜湖岸，不管是晴天看水，还是雨天望山，都会让你不自觉地吟着苏轼的那首《饮湖上初晴后雨》诗，一点也不觉得镜湖与西湖有什么区别——

水光滟潋晴方好
山色空濛雨也奇。

一个人行走在镜湖岸，不论是夏日观荷，还是秋天闻桂香，又会想起柳永的《望海潮》词——

烟柳画桥，
风帘翠幕，
参差十万人家……
重湖叠岳清嘉。
有三秋桂子，
十里荷花……

清明时节，走到一片草坪处，又宛然看到白居易的诗意画——

几处早莺争暖树，
谁家新燕啄春泥。
飞花渐欲迷人眼，
浅草才能没马蹄。

三月的天气，江南或许还有倒春寒，但湖岸的细柳已经轻拂，这明媚的初春时节，你怎么会不在心中涌出贺知章的诗句——

碧玉妆成一树高，
万丝垂下柳丝绦。
不知细叶谁裁出，
二月春风似剪刀。

漫步在迎宾阁的树林间，晏殊的词历历在目——

小园幽径独徘徊

转身于烟雨墩内，你会有欧阳修的感觉——

庭院深深深几许
……

四月人间天，就有了杜甫的名诗句——

颠狂柳絮随风舞，
轻薄桃花逐水流。

作为芜湖人，当然还要吟一吟张孝祥那首直接写镜湖的《蝶恋花·怀于湖》——

恰似杏花红一树，
捻指来时，结子青无数。
漠漠有缠柳絮，
一天风雨好春去。
春到家山须小住，
芍药樱桃，更是寻芳处。
绕院碧莲三百亩，
留春伴我春应许。

镜湖，就是这样一幅存在于城市中心的唐诗、宋词写意画！

千年一叹

如此美丽的镜湖，并不是上天赐给芜湖的，而是人工开挖出来的。而且，这个开挖者是一个著名的状元郎、一个爱国词人。这在湖网纵横、以水立城的芜湖，实在例外地有点突兀迷离、例外地美丽无限，更是例外地余韵无尽。

说到张孝祥捐田造湖，所有不了解详情的人，都会如是而想：这位春风得意的状元郎，一定是因为感谢芜湖的水养育了自己，从而在一朝高中状元，为了报答家乡，遂有此为。

然而，事实却是另一个样子，只要你略略知道这位状元的身世，你就会唏嘘不已、感叹不尽。

张孝祥出生于芜湖长江北岸的和县（宋时名乌江县），公元1132年，因金兵入侵，两岁的张孝祥随父亲迁到芜湖。因为众所周知，此前的五年，即公元1127年，中国历史上有一个著名的“靖康之变”，金兵杀入北宋首都开封，掳走了徽、钦二帝，康王赵构逃跑到南方，后来在杭州建立了偏安一隅的南宋朝廷。

孝祥少时，即聪明好学，读书不倦，过目不忘，下笔千言，锦绣满篇，十六岁就参加乡试，中了举人，而且是第一名。公元1154年，24岁的张孝祥进京参加廷试，一举考中第一名。本来，“十年寒窗无人问，一举成名天下知。”中状元，所谓“月中折桂、金榜题名”，是人生一件何等快乐、何等幸运的事！但这对张孝祥而言，却成了不幸的开端。估计这位少年得志的士子，骑着轻快的白马，还没看完首都杭州的花，灾难已经降临——父亲入狱，自己得不到任何官职。原因是什么呢？借用现在流行的一句歌词叫：都是状元惹的祸。原来，与他同科考试的有个士子叫秦埙，乃是当朝宰相秦桧的孙子，这孩子应该功底也不错，同榜中进士，而且考官本来定他为第一、孝祥第二。无奈“天子圣明”，在廷试时，把状元的桂冠加在了真才实学的张孝祥头上，秦埙只得了个第三。这让那位当权的爷爷很没面子，从而“恨恨不已”。祸不单行的是一个叫曹泳的权臣，要给新科状元提亲，而这位少年气盛的状元郎偏偏又不应承。秦、曹二人便联手诬陷了张孝祥的父亲，并问成谋反罪。我们知道，秦桧是办“诬案”的高手，他给张父办案的时候，已经是以“莫须有”的罪名害死岳飞的十二年后，所以对待张氏父子可谓是“驾轻就熟”。

芜湖的水哺育出来的状元郎，逋一出道，就尝到了封建官场的险恶。可怜的张孝祥一直到秦桧死后，才得到朝廷一个相当于“秘书”一类的职务。但不久，因他和主战派们站在一条线上，很快受到秦桧余党的陷害，再次丢官。新皇帝孝宗接位，他才被任命为抚州知州，之后又调回朝廷工作，但不久就被人弹劾“附金”，用今天的话说叫“受贿”，又一次被免职，后来查明真相，才给予复职。这时是公元1165年，张孝祥34岁。应该说，这样的年纪，正是为官的黄金年龄，而南宋的振兴，也正是亟须人才的时刻。同是二十四岁中进士的北宋大改革家王安石，直到三十八岁时，才入朝为官。但历经宦海风波的张孝祥，却早已有了“归隐”之意。

其实也好理解，在那样的社会，像他这样的人，只有三条路选择，一是随波逐流，同流合污，即学会溜须拍马，寻找靠山，不择手段地往上爬，用当年别人陷害自己的办法陷害别人；二是威武不屈，宁为玉碎，不为瓦全，最后像屈原一样投江而死；三是“归隐”。在过去三千多年正史记载中，中国官场中，第一种、第三种人，最多。因为儒家有句名言叫“达则兼济天下，穷则独善其身”，犯不着像屈原那样为那些昏君们而死。有良知的文人，自然是选择后一种生活方式。所以，34 岁的张孝祥开始为归隐做准备了，他看中的地方，正是他的家乡芜湖。

于是，他“捐田百亩，汇而成湖”，并名之为“陶塘”，“陶”者，大隐士陶渊明也。陶令只做了八十几天县长，并没有身遭什么打击迫害，只因为不愿向权贵弯一下腰，就辞官而归，而且是回家种田为生，并终身乐此不疲，陶然而乐，从来没有说过半句后悔的话。这样的人，怎么能不让后来者视为榜样呢！好在宋代为官薪俸较高，张孝祥能提前为自己归隐做好物质上的准备。他在陶塘边筑了一座“归去来堂”，用的仍然是陶渊明那篇著名文章的篇名。他一边准备，一边向朝廷提出辞职请求。

不要以为他准备归隐，为官就不作为，也不要以为他只会写文章、写诗填词。他在那四年的为官生涯里，还是“政声颇著”的，尤其是在他担任湖北路安抚使任上，筑荆江之堤、建万盈之仓、整顿吏治、抑制豪强、发展生产、扶贫济困，都是有口皆碑的，以至于在他离任时，“荆南人民哭送登舟，绘像于湘中驿”。如果朝廷重任他、如果没有奸臣当道、如果他生逢盛世、如果他锐意官场，那么，也未必不是一个大政治家，或至少是一个非常优秀的政治家。——然而，历史从来没有“如果”！

公元 1169 年的 3 月，他终于获准辞官，准备迎着春风，一路地驾起扁舟回到芜湖。如果用《诗经》里的句子，可以反过来写他的心情：昔我往矣，雨雪霏霏；今我来思，杨柳依依。

然而，天妒英才，张孝祥还没有回到镜湖边，没有能亲眼看到他栽下的荷花、种植的桂花，竟因中暑，死在归途的船中！

古人有“诗谶”之说，张孝祥要“留春伴我春应许”，无奈“一天风雨好春去”。真正是“一词成谶”。

芜湖人民是非常爱戴这位才冠当时的大才子的，他逝世时，“商贾为之罢市。两湖如失”。据说孝宗皇帝也十分痛惜，“有用才未尽之叹”，想想也是，张孝祥的词名与辛弃疾、陈亮等齐名，诗风也近，如果天假以寿，或在其上，也未可知。

十四年的官场生涯，十四年的辛酸泪，天若有情天亦老。他竟没有享受一天他在无奈之中所渴望的“归隐”生活，而且是英年早逝，每念及此，怎不让人潸然而涕下！

但：陶塘永存，孝祥之魂永存！

千年之泪

张孝祥选址开挖镜湖，还有一段美丽的传说故事。这个故事的女主人公，就是今天人们在镜湖那九曲桥边看到的那个亭亭玉立的莲花女。

现在有个流行词叫“韩流”，说的是韩国电视连续剧在中国特别流行，韩剧中那些清纯靓丽的女孩子形象也成为靓女。于是，人们发现，镜湖那个莲花女，宛然一副韩国女孩形象。

不错，她正是韩国的一位传奇女子，她和中国民间四大传说之一中的孟姜女一样，千里寻夫——不，她比孟姜女更辛苦，她是万里寻夫。从韩国一直追寻到中国。

她原来叫什么名字，已经不清楚了，但后来她叫“莲花”，却是人人皆知的。

故事发生在相当于我们大唐时代的公元9世纪，那时的朝鲜历史上为三国时代，其中星罗国有个王子叫金守忠，他少年时，受宫廷阴谋迫害，流落民间。这位金王子在一次迷途中，经过一个小村庄讨水喝，如同唐代诗人崔护一样，他经历了一个“人面桃花相映红”的艳遇，所不同的是，那里的金王子已经看破红尘，决意出家而入佛门。王子落难，风范不减，这位村姑在她父母双亡后，竟踏上了茫茫的寻找之路，而她寻找的人在她心灵中的记录档案是什么呢：一张菩萨似的脸、一双透彻的眸子、一个磁石般的声音。除此之外，她什么也不知道。但这于她就够了。这世界，能与宗教般崇拜相比肩的大约只有爱情。于是，金王子为了心中信仰，远涉他乡；小女子也为了心中的爱情，远涉他乡。伟大的理想支配着他们的共同路线，让他们相会在芜湖。

但这时，一个是佛门信徒，一个是人间尤物，他们已经处在两个世界，一个在情天，一个在恨海。一个是为度众生而青灯独伴的金地藏，一个是为情独立水边的纯情少女。可怜这位女孩，最终只在赭山的寺庙里随着香客远远地望着自己的心上人一眼，便回到山下，让泪一滴一滴地浸润着地上的土地，渐渐的，便成了一汪池水。天长日久，少女不知所终，人们便认为她化作了一朵水莲。

金菩萨当然知道这朵莲花是她的化身，好在投身佛门，便是投身于莲花世界，他用对莲花宝座的虔诚代替了对爱情的忠贞；用为芸芸众生造福的理想代替了对美好爱情的追求。从此，他对莲花情有独钟，在他离开芜湖时，他在赭山脚下种下了九朵莲花，此处便是今天的九莲塘。他后来选择的佛址是九华山，“九华”就是“九朵莲花”的意思，因为大诗人李白说，这山的九座峰如同“九芙蓉”。

宋代文人好谈佛，讲悟性，他们的“号”也多叫“某某居士”，如众所周知的欧阳修号六一居士，苏轼号东坡居士，我们这里的状元郎张孝祥号于湖居士。“在家信佛谓之居士”。

既然信佛，于湖居士选择莲花女的滴泪池，再捐田百亩、汇而成湖，也就是情理之中了。西湖边的一个仙女爱上一个凡人男子，镜湖边的一个凡人女孩爱上一个佛家弟子，阴阳有些颠倒，命运却是一致，正如那歌词里唱的：千年等一回——西湖的水，我的泪！

千年烟柳

伴随着镜湖之水并为之增色的是那无边的烟柳。

古人很喜欢用“烟柳”这个词来形容美好的城市春景，其中最有名的一首诗，当数唐代大文豪韩愈的“最是一年春好处，绝胜烟柳满皇都”。我一直不满意于各种书籍中对“烟柳”一词的解释。我以为，柳，是用来代指桃红柳绿的春景；烟，乃人烟、人间烟火之意，代指人气很旺的城市。所以，烟柳二字，合成一词，当指城市美丽的春景。皇都因为有“绝胜烟柳”，是因为在唐代，有八水绕长安，今天的西安，因为缺水、因为沙漠的逼近，即便春天来临，也没什么绝胜烟柳了。只有江南水乡，才有这样的胜景，比如杭州西湖，比如芜湖的镜湖。

把镜湖比西湖是有道理的，而镜湖之所以名气不够大，是因为张孝祥早逝，是因为再也没有出现过能与张孝祥比肩的文人。

我们或许可以这样设想，以张孝祥的才华，如果能尽天年，或者哪怕只再活十年，那么，隐居在秀丽的陶塘边，他会为我们留下多少锦绣篇章。陶塘会因此而增色多少！穷山恶水的柳州，因为有柳宗元的《八记》而吸引了古今中外无数的游人，更何况处在长江之滨的芜湖，它定然会因张孝祥的诗文，而名扬天下。

我们今天可以试想一下当年镜湖的风采——

那时的芜湖城，在镜湖的东面，沿着青弋江有一条十分繁华的商业大街，即“十里长街”。南唐时，这里已经是“楼台森列，市声如潮”，北宋时，以县衙和县学即夫子庙为中心的“宋城”，规模相当大，完全可归入历史上的“江南富庶地、市井繁华家”。城与江之间，是一片辽阔的湖网地，应该可以称之为“西郊”，张孝祥在这里选址，一是地理位置得天独厚：西接长江、北望赭山、东伴城区、南临弋江，不仅闹中取静，而且生活也方便；二是受杭州西湖的启发。西湖也在城之西，北望玉皇山，南临钱塘江，那时也处在“西郊”的位置。

没有被主人享受到的镜湖，后来却成为江城最有名的去处，无论是迎来送往的官员、熙熙攘攘的商人、进出夫子庙的莘莘学子还是城市居民，都来这里休闲、玩赏，特别是春和景明，我们完全可以想象出这里不逊色于西湖的景象。元代时芜湖县令欧阳玄将“镜湖细柳”定为“芜湖八景”之一。史载，那时湖滨还建有一座叫“来仙堂”的道观，道教活动十分活跃，这座道观在明清之际毁于战火，顺治年间重建，更名为全真宫，乾隆年间又增建真武殿，嘉庆年间将真武殿改扩建为孚佑宫。道教的繁盛表明人们把镜湖当做人间天堂。

明清之际，达官富豪来修建楼堂馆所、亭台桥园者，更不可胜数，其中最有名的当属留春园、柳春园、柳荫桥、留春桥、吴波亭、一角山房、镜湖画社等，如今都有遗址。

让镜湖大放异彩的是到了鸦片战争以后，根据1876年的烟台条约，芜湖辟为全国五大通商口岸，并在李鸿章的运作下，使芜湖成为“万商云集”的四大米市之首的时候。李鸿章的儿子李经方投巨资在镜湖修建了无数景点和建筑，最有名的有景春花园、大花园、藕香居、怡园、西花园、烟雨墩等，单听这些名字，就已经感受到了“绝胜烟柳”的景致。

1919年所修的《芜湖县志》里说：“清乾隆间，湖上林亭见诸名人题咏者，不可胜计。今则茶坊酒肆、梨园歌馆，饶堤而居。门巷栉比，车马喧阗，最为繁盛。湖中小艇，随处可唤渡。”

其实，就在这《县志》修成的前几年，中国共产党缔造者之一、首任领袖陈独秀，曾三过芜湖，其中有一次，就在镜湖的月色与莲荷的掩护下，在游船上与人商谈了一项革命要务。

共和国成立后，这里被辟为公园，依然是岸边杨柳青青，湖上游船点点，朝阳初出，这里是晨练的场所；华灯初放，这里是散步的去处。每至佳节，更是游人如织，摩肩接踵。

只可惜，城市的发展，把镜湖挤得越来越小。直到新世纪来临，政府作出了大手笔的决策：还地与民，将政府拆迁建造一座亲水广场，这里的烟柳再一次“绝胜”起来。

千年一梦

还是要说说那位李经方。

晚清政府，腐败无能，七十年历史，朝廷内外、举国上下，基本上是在挨打受辱、割地赔款中度过的。列强的坚船利炮，在蹂躏我山河的同时，也打开了千年关闭的国门，让少数开放了的城市，获得了一些异样的、畸形的繁华，比如，被誉为“东方巴黎”的上海、比如被誉为“小上海”的芜湖。

芜湖的繁华是因为那“堆则如山、销则如江”的大米之市，而其中最大的商家，竟是相当于朝廷宰相的李鸿章之子李经方。李大公子的地产，又主要建在镜湖边，并以烟雨墩上的洋房为代表。短短二十年，他在镜湖之滨所做的“南柯一梦”，竟成了晚清时代的一个缩影。

先说李鸿章，也是个“古今未有”之奇人，奇在其才其德。我当年在读梁启超《李鸿章传》时，曾为其人题下这样一句评词：“孔明经天纬地才、和绅搜天刮地贪。”他支撑了晚清政府多存活了三十年，但李氏家族也成了三十年中国最大的资产所有者，他弟弟在用国家财政创办的汉阳兵工厂里生产出的少而烂的哑弹，将他苦心经营号称世界第五、亚洲第一的北洋水师在中日甲午海战中毁于一旦；他举办洋务、力举开放，将镇江米市移到芜湖，让他家的亲戚一个个赚得盆满钵满；他竟然与哥哥一道，修建了位于他家乡合肥的中国最伟大的清官包拯祠——真是绝妙的讽刺！他在与列强的谈判桌上为国家为民族实际上把损失降到了最低限度，但后来的历史书却将他定为卖国贼。

他的儿子虽无乃父之才，却有乃父之范。最有意思的是，李经方将芜湖所建的房地产取名为“李漱兰堂”，李者，李经方也；堂者，房产也。这都好明白。但：漱者，清白也；兰者，高洁也！一个依靠家父权力，靠官商勾结发财致富的人，却自称“清白高洁”，可见中国文字被他们糟蹋成什么样子了！唯其如此，镜湖之水，也因此而受到糟蹋，便顺理成章。

我们先看看著名的文学家李宝嘉在被鲁迅誉为“晚清最好的讽刺小说”《官场现形记》第五十回所描写的一段文字——

其时，正有一位大员的少爷在芜湖买了一大片地基，仿上海的样子造了许多弄堂，弄堂里全是住宅，也有三楼三底的，也有五楼五底的……而且这片房子的里头，有戏园、有大菜馆、有窑子，真要算第一个热闹的所在。

这个“第一个热闹的所在”就是位于镜湖西南岸的“大花园”，记得我小时候还听过一句老芜湖人说的民谣：“芜湖有个大花园，火车在里面跑三年。”

一本叫《皖人轶事》的野史里说：“至 1948 年，李漱兰堂在芜湖共有房屋 276 幢，一万多间，建筑面积 22 万平方米，分布 28 条街道，还有典当行、磨坊、砖瓦厂等。”

当年作为张孝祥归隐的幽静之地，已经完全变成乱世里纸醉金迷的欢乐场。李大公子及其亲朋狗友们，就在这里经营他们的“发国难财、享神仙福”的繁华梦。辛亥的枪声没有惊醒他们、北伐的脚步没有惊醒他们、日寇的铁蹄也没有惊醒他们，直到渡江战役的炮火，才让他们的梦和他们的财富一同灰飞烟灭！

李家所有的旧建筑，都被现代化的商业和商住楼所替代，经过乱世洗礼后的镜湖，依然一脸的纯洁。烟雨墩为藏书楼所替代，这真是一个绝妙的时代变迁——金粉之家变成书香门第，风烟人烟散复聚，春雨秋雨去还来。乱世里的帝王、在文学史上也占一席之地的曹丕，在享尽了人间宝贵之后，说出了一句至理名言：这世间能不朽的，只有文字！

千年史鉴

唐太宗有一句名言说：以铜为鉴，可以正衣冠；以史为鉴，可以知兴衰；以人为鉴，可以知得失。

其实，镜湖就是芜湖城市九百年发展历史的一面镜子。

芜湖的文明史，可以划分为三个大的时期。第一是汉武帝元封二年，即公元108年芜湖设县制以前，那时的芜湖称鸠兹，城址在现在的横岗。第二个时期是从三国到南唐，其中以周瑜在现芜湖城鸡毛山一带筑城，形成了芜湖城的雏形，而南唐以后，由于政治、经济中心南移，芜湖因优越的地理位置、便捷的水陆交通而显得越来越繁华。第三个时期即北宋时期到现在，北宋时在现在芜湖古城处，建成了颇具规模的城市，而且北宋时，芜湖设县制，衙署、县学、街市、监狱等齐全，城墙完好，这一个时期，可谓芜湖城建史最完全的时期。

此一时期，又可分为三个时期。第一是宋元明时期，长达八百年，有衰有落，其中在明朝，由于流氓无产者出身的开国皇帝朱元璋及其僚属们不懂城市的意义、不懂商业的重要性，而使芜湖在明初时大大衰退，但随着江南工商业的兴起、市民文化的发展，在明中期后，芜湖城市进一步繁华起来，直到乾嘉年间，达到鼎盛，并不亚于吴越一带。第二个时期为晚清时代，特别是1876年，芜湖被辟为通商口岸，又成为四大米市之首，商业的繁荣达到一个高峰。此一状况，一直持续到民国初，在30年代，曾再次出现畸形繁华时期，直至被日寇占领，方才日益萧条。第三个时期为中华人民共和国建国后直到今天。

1949年之后，又可以分为三个小阶段，即改革开放前发展阶段，90年代前后旧城改造阶段和1998年以后的大发展阶段。

在如此大、中、小三个阶段，镜湖出现在第三个大阶段之初，实际上是芜湖城真正成熟以后的时期，由此，它正好见证了芜湖城的“全部沧桑”。

我们可以想象，在汉代以前，现在的芜湖城所在地，是一片湖网密布的沼泽地，每天都有一群美丽的鸠鸟在水心洲上关关而鸣，当然，还有一群群渔家和农家健壮的小伙子和漂亮的姑娘们在水边劳动。镜湖，正湮没在这一片水网之中。

公元108年，我们可以想象，这里开始有军队在湖塘中、芦花荡里操练，渐渐的，这里变得热闹起来，居民开始增多，官府已经开始指导百姓们围湖造田了。

到了北宋时期，一座可称为中等城市的芜湖城崛起了。在这座城与长江之间，即以镜湖为中心的地带，成了城市人喜欢光顾的西郊。那时的镜湖，还没有诞生，她可能是水塘，也可能已经是一些农田了，因为在北宋熙宁年间，造田的规模非常大。

北宋灭亡，朝廷南迁，为江南地区带来繁荣。芜湖那时应该称为小杭州了，所以，张孝祥在西郊让陶塘出世了。

从这个时期起，也就是大约在公元1164年的左右，镜湖眼睁睁地参与了芜湖城的一系列变化，而且成为芜湖城变化的见证者、缩影，也完全可以说，成为此后近九百年中国城市发展史的缩影！

这一点，不容你不信——

宋朝重文重儒重学，县学里的学子们一定来镜湖边吟风弄月、踏清休闲；元朝空前大一统，欧阳县令来品题芜湖八景，把镜湖细柳列为第二，免不了有许多达官贵人、士子秀才们来此品题；明初城市萎缩，镜湖少不了也受到很多的冷落；乾嘉盛世，这里便歌馆楼台林立，显然一派“秦淮人家”风情；芜湖开埠后，这里完全是上海“十里洋场”的风范。

镜湖，就这样成了一千年城市历史的一面镜子！

千年一变

现代化的芜湖城崛起，镜湖成为市中心——

风景上，它是城市一双明亮的眼睛；

生态上，它是城市的一对绿肺；

休闲上，它是城市的一个大天井；

商业上，它是市民购物的天堂。

社会效益、生态效益、经济效益，都彰显毕现，无与伦比。从这一点上看，芜湖出的状元郎，为家乡打造的镜湖，历史功绩太大。

而镜湖变得如此美丽、如此辉煌、如此耀眼，全在新千年钟声敲响的那一时刻。因为——

可以与北京王府井、上海南京西路相比肩的全国十大步行街之一的中山路步行街开街；

气势磅礴、绚丽多姿的亲水广场建成了；

不断更新的水源工程开通了，镜湖从而因为“为有源头活水来”而“清如许”、而“天光云影共徘徊”；

一系列各具特色的建筑开始拱卫着她。

镜湖，已经不是郊区的胜景，而是城区的天井。

镜湖，正向人们诉说着芜湖城的变迁。

其中，特别是关于镜湖文化。

镜湖文化是清秀的，有青弋江汇集而来的皖南秀美山川的灵气，徽文化的博大精深。

镜湖文化是深厚的，有从诗经开始沉淀下来的底蕴。

镜湖文化是常新的，有历朝历代的变迁，而且总是走在时代的前列。

最重要的是，镜湖的千年一变，让镜湖文化走向了长江文化，走向了海洋文化。

这一变，芜湖迈开了趋向世界、走向未来的刚健之步！

远在他乡的赤子，当你举头望明月之际，可曾想到，明月的光辉正洒拂在那千年的镜湖水上。

（作者为中共芜湖市委宣传部副部长）

整合资源，塑造“与诗仙李白同游皖江”旅游品牌

王 平

内容提要：李白是超越时空的文化明星。李白对皖江特别钟情，给这片土地留下近200篇诗文和众多的文化遗存。这些诗文是我们最为珍贵的文化资源。旅游可以开阔胸襟，启迪智慧，与“读书”一样重要，已成为共识。旅游作为文化产业已成为国民经济新的增长点。建议整合李白各类文化资源，塑造“与诗仙李白同游皖江”旅游品牌，促进八百里皖江成为旅游目的地。促进社会、经济、文化的和谐发展，促进人的全面发展。

关键词：李白资源；塑造；同游皖江；旅游品牌

长江是中华民族的母亲河。浩浩荡荡的长江一泻千里，穿山越岭，流至安徽境内，成为一条真正的诗歌之江。

李白是超越时空的文化明星，是一位把汉字表达功能发挥到极致的“千载独步”的全才诗人，至今无人超越。可以推断，我们都是从诵读李白的诗歌开始，逐步领略中华文化的魅力的。李白还是一位终生期待“乘风破浪”、“直挂云帆”，实现“安社稷”、“济苍生”宏伟理想的爱国者，他对玄宗皇帝的情怀，折射着中国文人对君王的忠诚和为官做宦的向往之情。

李白不仅仅属于中国，他属于全世界。2001年李白诞辰1300周年时，欧美有近百个乐团同时上演根据李白的四首诗歌和王维、孟浩然的四首诗歌谱写的大型交响乐《大地之歌》，以纪念李白。

李白与长江有缘。他在上游四川度过了少年时代，25岁离开故土，一直沿江徘徊，尤其对八百里皖江特别衷情，最后选择了马鞍山当涂作为终老之地，将“十之存一”的诗文托付给当涂县令李阳冰编纂成《草堂集》。李白选择当涂是他一生中最重要的决策。我们要感谢李白！感谢当涂人民和李阳冰！李白如果不选择当涂，如果李阳冰不接受李白的托付，李白的诗文就可能散失于民间，这将是中华文化多大的损失！李白给皖江留下近200篇诗文。这些诗文，是中华文化宝库中的瑰宝，是李白留给我们最为珍贵的文化遗产。

旅游可以开阔胸襟，启迪智慧，与“读书”一样重要，已成为共识。旅游

已成为一种大众消费的行为。旅游作为文化产业已成为国民经济新的增长点。我们应整合李白关于皖江的文化资源，塑造“与诗仙李白同游皖江”的旅游品牌，促进皖江地区优美的自然景观与人文景观的完美结合，使八百里皖江成为旅游目的地，促进社会、经济和文化的和谐发展，促进人的全面发展，这也是实施国务院批复的《皖江城市带承接产业转移示范区规划》的题中应有之义。

一、整合资源，提升价值

李白各类资源的整合是项系统工程。目前皖江地区各市、县这方面的工作差异较大，有的高度重视，起步较早，已初具规模；但有的市许多资源仍然散落在青山绿水之间或深藏在文化典籍之内，没有转化为经济效益和社会效益。这种现象应引起广泛注意。

关于李白文化的资源，大致可分为以下几类。

（一）李白关于皖江的诗文

李白创作的诗文难计其数。李阳冰在《草堂集序》中说“十丧其九”，广西人民出版社出版的《李白大辞典》共收李白诗 1084 首，其他各类文章 66 篇，另以补遗的形式收诗、词、碑文等 59 篇。李白在安徽写的诗歌和各类文章有近 200 篇之多。这些诗文，大体可以归纳为：

（1）对政治理想的执著追求；

（2）对山水人文的深情赞美；

（3）对劳动人民的普遍关注；

（4）对污浊社会的无情鞭挞；

（5）对珍贵生命的无限眷恋。

目前，人民教育出版社出版的小学语文教材共收李白诗歌 6 首，其中的《望天门山》、《赠汪伦》和《独坐静亭山》都写于皖江地区。

（二）关于李白在皖江的遗存

李白究竟几次到皖江是个很难回答的问题，因为“专程前来”和“顺道路过”是两个概念，但是无论是前者还是后者，他的足迹都已到达皖江。根据李白现存诗文，一般认为李白曾经到过皖北的亳州，皖中的庐州、和州，皖西的舒州和皖南的宣州、池州、徽州等地区，也就是说，现在的巢湖、马鞍山、芜湖、铜陵等沿江城市和合肥、黄山、宿州、亳州等市都有李白的足迹，这些地方的山山水水，如九华山、敬亭山、采石、青山、姑溪河、秋浦河等都是李白流连往返之地。李白足迹所到之处，都有李白的遗存。这些遗存是发展旅游业极为重要的资源。

（三）李白之后著名诗人关于李白的诗文

李白长眠于青山之后，孟浩然、刘禹锡、白居易、苏轼、王安石、李之仪……一直到当代的郭沫若、林散之等著名诗人，像雁阵般的来到皖江地区拜谒李白并留下难以计数的华章佳句。这些诗文是中国文化宝库中璀璨的珍珠。

（四）李白题写的碑刻

李白不仅仅是诗仙，还应该是盛唐时期著名的书法家。学术界公认的李白书法为《上阳台》“山高水長　物象千萬　非有老笔　清壮可穷　十八日　上阳台书　太白”，书法家评论这25个字是“字体丰腴”、“笔锋稳健”，蕴藏着李白特有的“一泻千里、天马行空”的诗情，读之有“摆脱尘凡，飘飘乎有仙气”之感。更为可贵的是，这幅作品有宋徽宗赵佶、清乾隆皇帝和黄庭坚等人的题签和鉴藏印，可谓传承有序。也因为有这些内容，可以确信是李白的真迹无疑。这幅字是张伯驹先生的藏品。上世纪50年代，张先生将这幅字赠送给毛泽东主席，毛主席转交给故宫博物院收藏。

还有一幅李白的《送贺八归越》，因有董其昌“其真迹也”的题跋，一些学者认为是李白所书，但是也有一些学者持不同意见。

除上述以外，近几年，皖江地区陆续发现李白题写的“金沙泉”、“聪明泉”和“石门”等石刻。这些石刻对进一步确认李白为书法家具有重要意义。

（五）关于李白的民间传说

皖江各市均有关于李白的民间传说，如李白应泾县豪士汪伦之邀，赏“十里桃花”和饮“万家酒店”的传说；宣州皇姑坟的传说；黄山“洗杯泉”和“梦笔生花”的传说，马鞍山采石李白醉酒捉月、堕江骑鲸升天的传说等等，这些传说极为神奇，寄托着人们对李白的崇敬之情，是极为珍贵的非物质文化遗产。

二、七大项目　构建品牌

品牌是由项目构成的。“与诗仙李白同游皖江”品牌可由下列项目构成：

（一）李白文化园

以全国重点文物保护单位李白墓、采石太白楼和采石河畔的节庆广场为基地，建李白文化园。该园新建的主要项目为：（1）李白博物馆。重点展示李白生平、李白游踪、李白的诗歌成就和在中国诗歌发展史上的独特地位。（2）李白石像群。该石像共四组，其主题分别为少年苦读经典，青年壮志远游，中年一飞冲天，晚年情归江东，以综合反映李白一生的主要经历。（3）李白书法园。将李白书法作品《上阳台》和石门、金沙泉、聪明泉、壮观等题刻复制，让人们领略书法家李白的风采。（4）李白诗文碑苑。请当代著名书法家书写李白诗文刻石建苑。(5) 李白诗意画廊。征集李白诗意画，建设专门画廊，帮助游客理解李白诗文的独特意境。(6) 李白华夏游踪地。李白一生"好入名山游"，足迹遍布华夏大地。在翠螺山、荷包山、小九华山选择佳地，修建李白所到之处的名山大川和美景。(7) 赛歌台。在节庆广场建适合赛歌的广场和舞台，定期举办诗歌朗诵和吟诵比赛，评选声情并茂的表演者。(8) 在马鞍山当涂龙山恢复建设李白草堂和李白初葬的龙山墓地。

(二) 太白书院

据媒体报道，目前全球共有近500所孔子学院（课堂)。这些学院（课堂)，对普及汉语知识，传播博大精深的中华文化，起到"一两拨千斤"的效果。皖江各市可借鉴孔子学院（课堂）的办学模式和经验，建立太白书院，普及诗歌文化，推动诗歌创作和诗歌理论研究。

(三) 李白故居

根据李白诗文和其他文献资料，李白在马鞍山的龙山、石门、谷家村，在芜湖南陵的寨山，在宣州的宛溪，均长期生活过，这些地方理所当然有其故居。各地可根据具体情况借鉴成都杜甫草堂和河南南阳武侯祠的成功经验，复建李白故居，展示唐时民间生活风貌。其他各市李白游踪地，也可根据李白诗文和民间传说创造性地建设。

(四) 大型歌舞剧《李白与皖江》

整合皖江各市文化力量，共同创作大型歌舞剧《李白与皖江》。该剧可分为五章：第一章《天门为君开》，以李白首次到皖江留下的诗句《望天门山》和《天门山铭》为基本元素，表现青年李白的豪情壮志；第二章《秋浦知我心》，展示李白对秋浦河壮美景色的热爱和对冶炼工人的情感；第三章《浪漫去长安》，李白自南陵去长安是他政治生涯中的重大事件，本章着重再现李白"仰天大笑出门去"长安的勃发英姿和李白在长安任翰林侍诏的经历以及"天子呼来不上船"的诗仙、酒仙禀性；第四章《诗魂留青山》，叙述李白晚年在马鞍山当涂的生活经历以及李阳冰编纂《草堂集》的过程，展示马鞍山人民对李白的深情厚谊和马鞍山人民对传承李白文化所作出的特殊贡献；第五章《诗仙永不朽》，重点展示皖江人民自唐代以来在传承李白诗歌方面的成果。

(五) 办好李白诗歌节

马鞍山市的诗歌节庆活动已成为一张亮丽的文化名片。该市自1989年开始举办国际吟诗节，2005年承办第一届中国诗歌节，从2006年起举办李白诗歌节。从以上节日活动的名称来看，马鞍山市已自觉地把这一诗歌节庆活动主题定准在"李白"上。2009年马鞍山市文化工作者主创的李白诗歌节开幕式大型文艺演出《永远的李白》，充分展示了李白诗歌的魅力和当地诗歌文化建设成就，受到观众和媒体的一致好评。李白诗歌节作为一项精品工程，必须强调其文化魅力和诗歌品位，着力推动诗歌知识的普及和当代诗歌创作，扩大城市影响力。要认真总结21年的办节经验，赋予这一活动更多的现代意义和时代气息，不断注入新的文化产业元素。

（六）公祭李白

中国历来有公祭始祖和名人的传统，如公祭黄帝、舜帝、炎帝、大禹、孔子、屈原、华佗……这些公祭活动对凝聚人心，激发爱国热情，意义重大。公祭李白是当代诗人的共同心愿。此项目既可单独举行，也可以作为李白诗歌节开幕式上的重点项目之一。

（七）加强李白文化遗产保护

有关李白诗歌的各种文化形态，在八百里皖江如此集中，这种文化现象极为罕见，这是历史给我们的馈赠。各市应充分认识这些文化遗产的科学价值、历史价值、文化价值和经济价值，切实保护好这些可遇不可求的资源。建议各市创造条件，将各类李白文化资源独立申报重点文物保护单位，申报非物质文化遗产名录；建议以李白诗文为根据，有计划地恢复建设一些湮灭的景点，创造性地依据文献资料建设一些有文化价值的景点，为适时申报“世界文化遗产”打下基础。申报李白文化资源为世界文化遗产是一项具有全局性意义的系统工程，对促进当地的社会、经济、文化和谐发展，对扩大中华诗歌文化的影响力，对凝聚全球华人的力量和智慧，具有其他任何行为无法代替的作用。

三、凝聚力量，共同推动

“与诗仙李白同游皖江”是安徽文化旅游产业的重大项目，是一项规模宏大的系统工程。由于涉及皖江各市，尤其需要高层次强有力的组织协调，需要皖江各市决策者们共同的价值观念、战略眼光和文化情怀以及无私的配合。

（一）组建机构

建议由省委宣传部牵头，皖江各市市委宣传部和省文化厅、省旅游局、省建设厅以及社会科学研究等部门参加的领导小组。该组织侧重编制规划、制定政策、统筹基础设施和对外宣传，协调内部关系。

（二）修通道路

这一项目的特点决定了道路畅通的特殊意义。快速建设沿江城际高铁和高速公路是当务之急。云南是旅游大省，游过云南的人都感慨，昆明、丽江、大理、西双版纳等景点那么遥远，但游客总是源源不绝，除了统筹宣传、推介外，当地的空中、铁路、公路畅通，显然起到了重要的促进作用。

皖江段的水上旅游交通建设也应大力发展。皖江水上游览具有独特的文化魅力，尤其是翠螺山至天门山段，在湍急的江水中领略“孤帆一片日边来”的深远意境，令人荡气回肠。

（三）深化研究

在理论支撑下的项目才有获得社会效益与经济效益双丰收的保障，才会具有强大的生命力。中国李白研究会秘书处设在马鞍山。目前，该会共有中、外籍会员260多人，袁行霈、李从军、詹福瑞、薛天玮等学术权威分布在全国25个省、市的高等院校和党政机关。俄罗斯、吉尔吉斯斯坦、日本、韩国、台湾等11个国家和地区也有30多位专家学者积极参加李白研究会的各种活动。至目前为止，中国李白研究会共出版了李白研究成果近千万字，编辑出版近800万字的资料，建立了100多位李白研究专家的学术档案，建立了“中国李白”网站。今后，中国李白研究会要侧重于应用性理论研究和科研成果的产业化转化。

（四）筹措资金

该项目的资金可由公共财政、文化基金、资本市场三部分组成。公共财政主要用于基础设施建设、制定规划和奖励等。文化基金主要用于策划项目和对外宣传。资本市场则直接用于项目开发、市场开拓和经营活动。此外，也可按照“谁投资谁受益”的原则，广泛吸收民间资本参与具体项目建设。

（作者为中共马鞍山市委宣传部副部长、副教授）

充分挖掘马鞍山地区的“武”文化，让马鞍山变成“能文能武”的城市

万亚平

内容提要：马鞍山不但扼长江渡口，而且是“六朝京畿之天然屏障”，在古代战略地位十分重要，因此成为兵家必争之地，曾发生在这里的影响历史进程的战争不下十余次，采石矶被称为天然的战争博物馆。要充分挖掘这些军事文化资源，丰富马鞍山市的文化底蕴。

关键词：挖掘；军事文化资源；城市文化底蕴

作为“江东第一城”的马鞍山市，历来重视城市文化的影响力，并把它当成促进社会发展、提升城市形象的重要途径。经过多年努力，以“诗仙”李白文化为核心的诗歌文化被挖掘出来，马鞍山已经成为有名的山水诗城。但马鞍山还有其他许多丰富的历史文化资源，尤其是“武”文化资源，却没有得到很好的发掘。马鞍山何以会有丰富的“武”文化资源？有哪些“武”文化资源需要我们去挖掘？怎样去用好这些资源？这些都是需要我们去探讨的问题。

一、独特的战略要地铸就了丰富的“武”文化资源

所谓战略要地，一般是指水陆交通线的交叉口，或者连接两个区的隘口。在古代，马鞍山的采石矶就处在这样一个位置。

1. 扼长江渡口

采石矶壁立江流，以险被称为江中“巨鳌”，其南面与东、西梁山鼎足，北与金陵三山矶一水相牵，西与和州横江古渡隔江相对，人称“左天门，右牛诸，铁瓮直其东，石头枕其北”，处于长江水道的咽喉之地。采石矶又是大江南北重要的古渡口。与武昌、宣化、瓜州同称“锁钥东南、江山易主”的军事要地。

南方在长江沿线置列有一系列军事重镇，扼守长江的几处要点。古代长江下游易渡之处有二，一是采石渡，一是瓜州渡，分处建康的上下游。江北之敌欲渡江攻建康者多出此两处。建康方面也加强对这两处渡口的防守，在这两处渡口的南岸，置兵戍守，立为重镇，这就是京口（今镇江）和采石。与此二地隔江相对的，东面是广陵（今扬州），西面是历阳（今和县），北方铁骑南下，往往东

抵广陵，西抵历阳，故亦立重镇以守之。

京口与采石虽同扼长江渡口，但在唐以前，采石的重要性有过于京口。采石附近，江面较窄，京口一带，江面较宽，且京口以北，河湖密布，北骑驱驰不易；采石以北，隔淮西而直面中原，敌骑驱驰，容易抵达。北骑南来，趋采石较趋京口为易。故前人有言："古来江南有事，从采石渡者十之九，从京口渡者十之一。"①

2. "六朝京畿之天然屏障"

采石除去扼长江渡口外，还与姑孰、东梁山一道起着阻遏上游来敌、屏护建康的作用。唐以后，形势稍有变化，一方面由于泥沙冲积，瓜州一带江面稍稍变窄，另一方面，随着大运河的开凿和政治重心的东移，这里是运河与长江、北方政治重心与南方经济重心联系的衔接地带，因而地位有所上升。

姑孰即今之当涂，地处建康上游，控御采石和东梁山二处险要，翼蔽建康。东晋南朝侨立豫州（或南豫州）于此，号为南州，与北府京口、西府历阳一道拱卫建康。顾祖禹称姑孰"控据江山，密迩畿邑，自上游来者，则梁山当其要害；自横江渡者，则采石扼其咽喉。金陵有事，姑孰为必争之地。"②

正如旧志所载：采石之险甲于东南，其地南控楚疆，东络吴会，扼三江之襟要，溃江淮之腹心，一向是群雄征战的战略要地。马鞍山地区历史上兵争迭起，战事连绵。特殊的地理环境，造就了其底蕴浑厚的军事文化。

二、采石矶——比赤壁更伟大的古战场，天然的战争博物馆

通过上面的分析得知，马鞍山是古代兵家必争之地。历史上有多少战事曾在这里上演呢？据史料记载，在这里曾经发生过的，决定双方命运的战争不下十次。

（一）公元前525年吴楚长岸之战

这是中国历史上第一次水战，战争的发起者是吴国，楚国令尹子瑕让卜者预测战事，结果是"不吉"，司马子鱼让卜者再卜，结论是"鲂（即司马子鱼）也以其属死，楚师继之，尚大克之，吉。"战局正是如此，吴楚战于长岸，子鱼战死，但楚军最终大败吴师。长岸的具体地点，据今人考证在采石矶一带。

（二）公元195年孙策破袭刘繇牛渚营

这是孙策奠定江东基业的系列战役之一，采石矶古称牛渚矶。

---

① 《读史方舆纪要》卷十九，江南一。

② 《读史方舆纪要》卷二十七，江南九。

（三）公元281年晋灭吴之战

晋将王浑从采石矶渡江，吴丞相张悌督师迎击，于牛渚被晋军击败，张悌战死，吴国精锐损失殆尽，这一战敲响了吴国的丧钟。

（四）公元500年萧懿平定崔慧景叛乱之战

南齐大将崔慧景奉命率水师征讨裴叔业，出京数十里而返，围攻京师，欲废东昏侯萧宝卷。萧宝卷急召萧懿勤王。王命至，萧懿正在吃饭，投箸起，率数千士卒自采石矶渡江，一战平定崔慧景之乱。

（五）公元547年侯景之乱

侯景叛东魏投梁，梁武帝为侯景接济粮草，不料侯景乘机自采石矶渡江攻袭梁军，最终夺取了国都建康，梁武帝饿死台城。

（六）公元589年韩擒虎灭陈

开皇九年（589）正月初一，隋名将韩擒虎趁陈军疏于防范，率五百名精卒，自横江夜渡采石矶，继而率先攻入建康，为灭陈立下首功。

（七）公元880年黄巢北伐

黄巢率军从采石渡江北伐，随后势如破竹，横扫千军，最终攻陷长安。

（八）公元974年曹彬灭南唐

曹彬大破采石守军，生擒南唐主将杨收、孙震，获战马300余匹。又移石牌镇浮桥于采石矶，系缆3日而成，宋军渡江，南唐灭亡。于长江上搭浮桥，曾被李煜视为儿戏，却成为中国战争史上的一大壮举。

（九）公元1161年宋金采石之战

金主完颜亮亲率六十万大军，分四路南侵，连战连捷，直逼采石矶。南宋中书舍人虞允文受命阵前劳军，他临时组织残军一万八千余人，果断出击，大败金军，成为中国战争史上以少胜多的最经典的战例之一。

（十）公元1356年常遇春大破元军

朱元璋所率明军与元军相持不下，常遇春奉命进兵采石矶，与元将蛮子海牙率领的精锐水师决战，最终击败元军，俘敌万余，蛮子海牙败逃。此战打开了通往集庆（南京）的门户。

（十一）郑成功陈兵采石矶

民族英雄郑成功（1624—1662），在东征台湾之前，有过北伐驱清复明的壮举，为了攻打被清军占领的南京，曾在采石部署过重兵。

郑成功之父郑龙芝，原为南明唐王政权重臣，被封为“南安伯”，因不听郑成功劝阻，于清顺治三年降清。于是郑成功大义灭亲，举起“杀父报国”的大旗，在海上起兵，收数千人，占据南澳（今属广东）、鼓浪屿，附近义军及明朝旧臣多起而响应，遂奉隆武年号，进行抗清的战争。

顺治十六年（1659）三月二十一日，郑成功亲率大军进行第三次大规模北伐，他自浙江北进，然后向西折入长江，溯江而上。这次北伐的目的很明确，就是攻占南京，控制江南半壁河山，与清廷对峙，再图灭清复明大计。郑成功在率军前驱的同时，使张煌言担任先锋，率水师沿江西上，以断绝南京同上游的联系。郑成功差人遣书张煌言曰："芜湖上游门户，倘留都（南京）不能旦夕下，则江矶之援军日至。扼控要害，非公不可。"郑成功信中所说的"江矶"，指的就是长江三矶之一的采石矶。张煌言接到信后，即挥军向西进发。同年七月初，张煌言打下了和州（今和县），紧接着就渡江攻打了采石，并派重兵驻守，以实行郑成功提出的"扼控要害"的方略。无奈，虽然遭受到清军屠城的当地的百姓也倾向明军，但却中了孝庄皇太后以及顺治帝的"缓兵之计"，错失了继续北攻的良机，以致功败垂成。

（十二）太平军与湘军采石激战

太平天国定都天京以后，咸丰皇帝谕令全国10省43名在籍官僚为督办团练大臣，组织地主武装，镇压太平天国革命。

1853年，礼部左侍郎曾国藩，此时正在湖南湘乡居母丧。他很快组织起一支以同学、同乡、师生、亲友为主的军队，称作湘军。次年即发布《讨粤匪檄》，并率湘军拼力与太平军作战，成为太平天国不共戴天的死敌。

进攻天京的湘军，乘安庆之胜，顺江而下，气焰十分嚣张。太平天国在安庆陷落后，西边已无屏障，芜湖、采石即成为天京西南门户，由是太平天国设军于东、西梁山，阻止湘军东进。东、西梁山分立大江左右，如二虎蹲伏，俗称二虎山；在采石山上远眺，两山形如蛾眉，中开又似天门，故又称天门山。两山形势险要，有一夫当关、万夫莫开之势。当年太平军自武汉东进，曾于此重创清军。现在清军来攻，太平天国自然深知采石和东、西梁山战略地位的重要，故设置重兵，并遣爱王黄崇发在这一带指挥。

随后，太平军和湘军在此进行过激烈的争夺战。《当涂县乡土志》载："同治元年（1862）二月丙辰，兵部右侍郎彭玉麟督饬总兵李成谋等分路剿贼（按：太平军），击败伪爱王于东梁山。三月丁巳，李成谋会督水师，焚采石矶江口贼船，登陆，薄金柱关，垂克，以东梁山援贼至而还。"采石矶之战，是水师的再度交手，由于湘军使用的是巨舰洋炮，武器优于太平军，所以又占了上风。清军在采石江口将太平军战船放火烧毁，接着就登陆攻打金柱关，在即将得手之际，自东梁山退下来的太平军，又迅速聚集到金柱关，迫使李成谋军自金柱关撤走。

在此次战斗后约2个月，双方又进行了激烈的交战，太平军节节退败，导致了太平天国的毁灭，无疑，采石大战，是几近决定性的战役。

战争是残酷的，但历史是真实的，一幕幕金戈铁马、刀光剑影、惊心动魄的战争大片在采石矶上演，给采石矶蒙上神奇色彩，更给这座城市增添了丰富的军事文化内涵。

三、彰显“武”文化，丰富城市底蕴

马鞍山地区有如此丰富的军事文化资源，不好好加以利用实在可惜，也浪费历史文化资源。怎样去开发这些丰富的军事文化资源呢？笔者以为可以从以下几个方面入手：

1. 厘清古战场遗迹。曾经的战场现在怎么样了？在今天什么位置？还能看见哪些遗存和遗迹？这就需要我们下大力气去搞清楚。

第一，组织专家学者进行学术考证，考查清楚重大军事事件的指挥和作战地点及行军路线。目前比较紧迫的是考证清楚晋灭吴之战、韩擒虎灭陈、曹彬灭南唐三次统一之战和宋金采石之战的作战地点及行军路线，长岸之战和樊若水所建长江第一桥的具体位置。

第二，根据学者考证的结果，政府竖立明显标志。标志不仅要设在地面上，而且要画在地图上，尤其要画在马鞍山市交通旅游图上。那些惊心动魄的战争距今已有一两千年了，因风水侵蚀、泥沙淤积，原有的战场遗迹早已面目全非，只少数还留有残迹，大多已埋入几米深的地下。竖立标志，应分以下情况分别对待：（1）在事件发生地、名人出生地或主要活动地，若有遗迹存在，应尽量保留下来，进行仿古修复。（2）若遗迹不存，则可采取“意会”的办法，在事件发生地建立纪念碑亭、小纪念馆、小广场或园林小品等，诱发人们对历史的想象。（3）应以在采石矶上演的重大事件或历史名人来命名滨江开发区的某些街道或建筑，使其具有浓厚的军事文化气息。（4）某些建筑，可据文献资料进行原样重建。重建时要用当时的材料、当时的工艺，并体现当时的理念。

2. 建古战场遗址文化公园。马鞍山市虽然有如此丰富的军事文化资源，但现实仍然面临“有说头，没看头”的困境，因此，建以古战场遗址为主题的城市文化公园，增强吸引力和体验性。在采石矶、江心洲、金柱关等这些见证当年金戈铁马、刀光剑影的地方统一规划，建设古战场遗址公园，把马鞍山军事文化旅游办成一个全国性，乃至全球性的主题公园。让市民在休闲的同时，追思慕远，仰望这座城市曾经的不凡。

3. 加强与军事文化有关的文化创作，提升景区文化品位。文化创作对文化旅游有重大的促进作用，可丰富景区的文化资源，并使景区增加文化气息，提升文化品位。一部《少林寺》让少林寺名扬海外，一部《卧虎藏龙》让世人知道了黟县宏村，这些都是通过影视作品提高地区知名度的成功事例。因此，必须将军事文化旅游与文化创作密切联系起来，利用与军事文化有关的文化创作来促进军事文化旅游。具体不妨这样做：组织作家、诗人、记者、书画家、摄影家等，到采石矶文化景区体验生活，举办笔会，创作出版与赵文化有关的游记、诗集、画册和张贴画等；将名家创作的与军事文化有关的游记、解说词正式出版，并作为纪念品出售；组织剧团把演出舞台从剧场延伸到景区，开展定期不定期的演出，还可根据各地历史文化特点，编导一些雅俗共赏的与军事文化有关的短剧在景区演出，这些演出活动可刻录成光盘，作为纪念品出售；拍摄与军事文化有关的电影、电视剧在景区播放，优秀的可到省市甚至中央电视台播放。

我市作家戎林以公元1161年的南宋虞允文抗金为素材创作的《采石大战》已经被拍成电视剧，这为弘扬马鞍山市的军事文化开了一个好头。隋大将韩擒虎渡江拔牛渚灭陈朝；樊若水在采石矶前架设第一座横跨长江天险的浮桥，助北宋大将曹彬平南唐；元末朱元璋、常遇春三打采石矶等等，如此多的改变历史的战役，惊心动魄的战事，生动鲜活的历史英雄，演出了许多威武雄壮的历史剧，留下了许多可歌可泣的篇章。无一不值得我们去书写，去铭记。

4. 打军事文化旅游牌，丰富马鞍山市的旅游资源。“听景是基础，看景是结果。”马鞍山市的新闻媒体、出版部门、外宣部门、互联网等要加大对马鞍山军事文化的宣传力度，因为马鞍山不但是山水诗城，更是天然战争博物馆，借以提高马鞍山在全国，乃至国际上的知名度和吸引力，力争达到“河南少林、山西平遥”那样的宣传效应。

如果说李白诗歌文化赋予这座城市以诗性，那么战争历史文化给整个城市增添了几分豪气，诗城马鞍山文化的内涵应该是一文一武，有张有弛。

【参考文献】

[1]《马鞍山市志》马鞍山市地方志编纂委员会编，黄山书社1992年

[2]《马鞍山市志》(1988—2005年) 马鞍山市地方志编纂委员会编，安徽电子音像出版社2010年

[3]《当涂县志》当涂县志编纂委员会编纂，中华书局1996年

[4]《兵家必争之地（中国历史军事地理要览)》胡阿祥主编，海南出版社2007年

[5]《布局天下——中国古代军事地理大势》饶胜文著，解放军出版社2006年

[6]《当涂揽胜》晋松主编，黄山书社2001年

[7]《马鞍山历史大事记》马鞍山市地方志编纂委员会编，1990年

（作者为马鞍山市教育局局长、市历史学会会长）

马鞍山诗城品性与培育途径思考

程宏亮

内容提要：安徽马鞍山市具有丰厚的诗歌资源，尤以李白诗歌现象最为显著，马鞍山人民着力建设诗歌之城，当前已取得了可喜的成绩，然较之于“诗城”品牌的深刻内涵，尚存有一定的距离，其缺失表现在诗歌环境创造不足、诗城目标创建流于表层化等多方面。鉴于此，可创新建设思路，诸如提高民众对传统文化现实价值的自觉、建立城市建设团队、营造诗歌文化发荣滋长的环境、凝练诗歌因子并使之融入现代文化产业等，均为培育诗城品性的有效途径。

关键词：马鞍山；李白；诗城；品性；培育途径

文学理论普遍认为文学具有认识、教育和审美等功能，而诗歌作为中国文学的传统形式，其功能或如孔子《论语·阳货》所云：“诗可以兴，可以观，可以群，可以怨。”在当今经济社会建设中，诗歌的文化作用也得到人们不同程度的认同，中国诗歌精神，诸如爱众为公、自强不息、张扬想象、孝亲尊长、厚德载物、求是务实、和谐天人等品性，业已融进经济社会创新发展的进程中，并发挥着强大的文化软实力功能。马鞍山市是中国古典诗歌天才——李白的终老之地，诗仙的神光异彩穿越历史的时空，泽润着古人、今人的事业，对于今天马鞍山市的建设与发展，无疑具有助推作用，马鞍山人乐以诗城自任，并积极举措以塑造诗城形象。本文认为马鞍山市具有丰厚的诗歌资源，通过长期的开发和利用，已使诗歌因子融入到城市品格之中，然较之于“诗城”品牌的深刻内涵，尚存有一定的距离，但通过主动培育，可使诗城形象得到确立。下面从现有资源、建设得失、培育途径三个方面予以阐释。

一、诗歌资源

马鞍山地区（今马鞍山市，含当涂县），自古以来诗歌资源十分丰富，且颇具影响。六朝时期，该地域文化活动异常活跃，宗教、歌舞名声远扬，南朝著名诗人谢朓则开拓了该地域诗歌之源，其任宣城太守期间，筑室于大青山，赋有《游山》、《治宅》等诗歌佳作，由此打下了地域诗歌发展的基础。至唐宋时，该地区文学创作局面繁荣，尤以诗词创作最为瞩目，其发展原因也很明晰。唐宋时，当涂县稳定的政治、繁荣的经济和富庶的生活，为士大夫们前来观光游览、憩息幽居或为官治政提供了丰厚的物质条件，文士才俊汇聚当涂，因此带动了本地域文学创作的发展。唐时首推李白，他与当涂结下不解之缘，或因为江山形胜的美丽，或因为风俗民情的迷人，或因为谢朓的诗歌魅力，或因为族叔的礼遇与帮扶，或兼而有之，李白多次涉足这块土地，终病逝于此。期间，李白写于当涂的诗歌有五十多首，其《草堂集》也由李阳冰辑成于当涂。李白其人、其作在中国文学史上具有突出地位，研究其写于当涂、或身处外地而指向当涂的诗文，对于促进当代城市文化发展具有重要理论和实用价值。李白之后，或因凭吊诗仙，或因仕宦行旅，一些重要诗人，如白居易、刘禹锡（曾任和州刺史）、贾岛、姚合、杜牧、杜荀鹤、许浑（曾为当涂令）等，都来过当涂，纵笔抒情，为马鞍山地区增添了华美诗章。宋代，当涂属太平州（治当涂）的一部分，该地出现了文学史上颇有声誉的本土诗人——郭祥正，其被誉为“李白后身”①，有《青山集》三十卷存世，其中不少作品的题材取自当涂人事与风光。北宋中后期，多有名流诗家往来于当涂，如梅尧臣、张伯玉（知太平州）、曾巩（曾任太平州司法参军）、王安石（居于江宁时日较长，多徜徉太平山水）、沈括、苏轼、黄庭坚（徽宗时，曾起知太平州，至州九日而罢）、贺铸（建中靖国元年移太平州，管勾亳州明道宫）等，他们均有佳作呈现。而元祐时期的李之仪编管太平州，隐居姑孰历时最长，其有《姑溪居士文集》五十卷、《后集》二十卷存世。南宋时期，张孝祥（历阳乌江人）、陆游、杨万里、洪迈（曾为官当涂）、周紫芝、吴芾（乾道三年，知太平州，有《当涂小集》八卷）、文天祥等，均借当涂灵山秀水和人杰风物，创作出不少灵动的诗作。

元明清时代，当涂地域诗歌作品琳琅满目。其中，取道当涂祭拜诗仙的文人创作占有较大的成分，有一百多位诗人吟咏谪仙的诗作存留于当涂方志而传承至今，凭吊者中不乏知名文士，或如元之赵孟頫、萨都剌等；明之高启、杨士奇、李东阳、王守仁、梁辰鱼、袁中道、王世贞、汤显祖等；清之施润章、袁枚、屈大均、姚鼐、汪中、洪亮吉、黄景仁、彭玉麟等。该时期，不少诗歌作品也出自本土名家之手，如姑孰画派创始人萧云从、清廷重臣黄钺、江南学者徐文靖、饮誉海内的女诗人吴山等。

中国现当代时期，马鞍山地域诗歌创作，沿袭传统而代有英杰。20 世纪著名诗人郭沫若江东之行，为马鞍山再铺诗采，其《采石漫题》《水调歌头》摇起了新一轮诗仙拜谒之情；当代草圣林散之自以诗为务，其诗歌作品今多存于此；

① 梅尧臣：《赠功甫》。

老舍、李准、黄亚洲等知名作家都曾涉足马鞍山，为城市文化的发展注入了诸多活性因子，一本名为《诗仙捞月升天处》[①] 的诗歌散文集，或能帮助人们更多地了解当代作家的马鞍山文学之旅。新中国成立后在党的文艺政策指引下，马鞍山地方诗歌创作氛围浓厚，文艺创作者和文化传播者们积极致力诗歌事业，创作了不少既歌颂江南风物，也吟诵时代新声的作品，其中《1949—2009 马鞍山诗歌选》[②]，辑录了122 位作者的诗歌作品，这些作品虽良莠不齐，然大致反映了此阶段马鞍山的诗歌创作情况，对于倡导人本中心，对于延伸诗歌之脉，对于丰富地方文化发展均有重要贡献。另外如《马鞍山市志·艺文》[③] 等也辑录了一些今人所写诗歌，从一定的角度讴歌、传递了城市的灵光和奋进的声讯。要之，马鞍山地域历来诗歌创作兴盛，诗歌资源丰富，尤因李白的涉足而充满诗情，这些均为创建诗城品牌，构筑了坚实的物质基础。

二、创建“诗城”品牌的收获与缺失

“诗城”是继“钢城”之后，马鞍山人民企盼的又一建设目标，近几年来，“诗城”这一名词已在市内外广泛传播，然究其实质，当前马鞍山城市诗歌品性尚不丰富，“诗城”特征并不明朗。下面重点考察马鞍山创建“诗城”的所得与缺失，以此为后文探索建设途径张本。

（一）马鞍山诗城建设的收获

1. 资源建设与保护富有成效。马鞍山诗歌资源主要包括：李白作品，历代凭吊、缅怀诗仙的诗作，以及与之相关的文献整理、理论研究成果等；围绕诗人诗作而出现的诗人遗迹，以及前人与今人所建纪念胜迹等。20 世纪 80 年代中期后，马鞍山在诗歌资源建设与保护方面用力颇多。文化工作者们发掘资料、考订事实、辑录文献，出版了不少与李白及其诗歌相关的著作，有力保护了遗产资源，同时传播了文化宝藏。一般认为自唐李白以后至清末民国初，马鞍山地区已积存了咏赞李白及其胜迹的诗词歌赋1100 余首，楹联130 余副[④]，而这些作品则由《李白与当涂》、《李白诗魂系青山》、《李白安徽诗文校笺》、《李白马鞍山诗文赏析》等地方书籍予以辑录，这些书籍的出版，对保存古人作品贡献颇多。在文献整理和理论研究方面，所做工作不少，也不乏可圈可点之处，而其突出亮

① 远方出版社 2005 年版。

② 大众文艺出版社 2009 年版。

③ 黄山书社 2009 年版。

④ 皖内部图书 2002—035 号《马鞍山市文化志》，黄山书社 2009 年版《马鞍山市志》均如是说。

点则体现于出版了《李翰林集》（当涂本）[①]，该文献使宋以后李太白文集的传播在新时代得以延续；至于理论成果的整理，主要在于编辑了李白研究论文集约二十种[②]，而最具学术影响力的则为《20世纪李白研究论文精选集》，该书总结了20世纪李白研究的重要成果，同时给予新世纪李白研究和李白文化的弘扬以重要启示。作为资源保护，李白遗留于马鞍山区域的22处遗迹，受到了市民们的关注，不少遗迹得到重修或新建，逐渐形成了10处颇有规模的纪念胜迹。诸如太白楼、李白墓园、李白大鹏雕像等已饮誉海内外，尤其是马鞍山人民政府十分重视文物保护和申报工作，积极修缮旧体、改造陈规、创构新制，曾以太白楼和李白墓园极力申报全国重点文物保护单位，令人欣喜的是李白墓园于2007年成为第六批全国重点文物保护单位，这是诗城建设的重要创获，为安顿人们的心灵、弘扬诗仙的文化遗泽筑起了有形的载体。另外，李白诗文中提及的以及与李白生平传说相关的遗迹（主要散布于马鞍山境内采石、青山、横山和市郊），诸如牛渚矶、望夫山、白壁山、慈姥山、横江馆、联壁台、李白衣冠冢、暮云亭、唐李公青莲祠、青山、龙山、谢公宅、谢公池、太白祠、丹阳湖、横山、灵虚山、石门、姑孰溪、黄山、白纻山、天门山、化城寺、清风亭、凌歊台、桓公井等，均不同程度地得到了重视，有些已予以保护和再建。

2. 创办“国”字牌学术组织、举办诗歌节富有影响。李白客死当涂，后人踏访仙迹络绎不绝，吟咏之作长盛不衰，而本地域的文献整理和学术研究也时有景观，北宋嘉祐年间的宋敏求，曾知太平州，他搜集资料辑成分类《李太白文集》（这是宋人对李白集的第二次增订），后之曾巩曾为太平州司法参军，基于宋敏求本，他以时间为序对李太白文集予以重新编排，由此《李白集》大致编成为定本（当时未予刊印），曾巩编辑史实是否发生于当涂，暂无史料可稽，但当涂地域给予曾巩的识见及由此引发的仰慕诗仙之情当是肯定的。后之明清，对于李白研究有过贡献，然均无太大影响。新中国成立以来，最具影响力的时期当推上世纪末后十几年和本世纪初的五六年时间，此间最值得称道的事是创建了“国”字牌学术组织机构。1987年11月，为纪念李白逝世1225周年，全国李白研究学者云集马鞍山，倡议成立“中国李白学会”，由此揭开了申办国家级学术研究组织的序幕；1990年6月经文化部审议批准，“中国李白研究会”正式成立，研究会常规事务由马鞍山市人民政府代为管理。此组织的成立和运行，对于发掘以李白为主线的地域诗歌文化，对于推进学术研究和弘扬诗歌精神，对于提

---

① 黄山书社2004年版。

② 自1989年始，开始出版《李白学刊》，1991年出版时更名为《中国李白研究》，一般1至2年出版一期。

升城市的形象和当代知名度，均具有重大意义。马鞍山创建了全国性的学术组织机构，也即获取了一种文化建设资源，于是每年秋季马鞍山人民政府均举办中国国际吟诗节，近几年，又以李白之名举办春季旅游节，这些着力创建的载体对于丰富城市诗歌文化内容，无疑具有推助作用。而最值得一提的是，2005 年 10 月马鞍山市取得了首届中国诗歌节的承办权（由国家文化部、中国作协和安徽省政府共同主办），马鞍山人民开展了系列以诗歌为主题的活动，赢得了国内外各界与会朋友的好评，该诗歌节成为马鞍山诗城建设道路上的一座丰碑。

除上述两点外，自 1958 年马鞍山建市以来，马鞍山人民即采取积极的举措保护、开发和传播李白诗歌文化，建立了“马鞍山李白纪念馆”，成立了“马鞍山太白诗社”、“安徽省太白楼诗词学会”、“牛渚诗词研究会”等诗词组织，这些组织积极开展活动，倡导诗歌文化，当前业已使创建“诗城”品牌的理想成为众望所归，此为诗城建设的又一重要收获。（限于篇幅，此处不展开论述）

（二）马鞍山诗城建设的缺失

1. 诗学研究滞后，难以发挥理论引导作用。虽然中国李白研究会的秘书处设于马鞍山，虽然李白研究所、相关部门和高等院校均在理论研究方面作出过有益的探索，也形成了一批研究结果，从数量上说，甚至相当可观，然整体而言，水平不高，视野不宽，厚度不足，理论与实际相结合的应用成果缺乏，在学科与应用领域缺乏社会影响力，这些均有碍诗歌的有效传播与发展。

2. 诗歌的现代价值缺乏普遍认同。建设诗城，不能满足于“诗城”这一名词口头上的时髦流传，当深入领会诗歌在经济社会中的作用，比如，诗歌之于不同年龄人的功用就得不到人们的深刻理解。以李白诗歌为例，对于青少年学生来说至少具有激发热情和语言示范作用，对中年人来说至少具有道德启示和扩张想象力作用，对老年人来说至少具有涵养性情、充实生活而抑制悲观、消除寂寞的作用。凡此种种，或均为传统诗歌资源的现代价值，当前，市民群体对此缺乏深入认识，需要进行有效引导。

3. 诗歌环境创造微不足道。虽然“诗城”一词已为广大市民所熟悉，但其应具有的品格和内容并没有引起民众的普遍知觉，此原因或在于诗歌的建设和传播环境并没有引起人们的重视，笔者以为当前马鞍山市在舆论与媒体环境、人居环境、广告环境、教育普及环境等方面都缺乏诗歌气象，没有将“诗城”建设目标落到实处。此当为“诗城”目标尚未实现的重要依据。

4. 诗城目标创建流于表层化，未能与城市建设深度契合。当前马鞍山城市发展虽声称推重诗歌文化，甚而至于谈诗论道已成为本市文化修养高雅一族的身份标志，但无论在经济切入、文化产业发展，还是公民道德精神建设中，均存在着视诗歌为装饰的现象，事实上，并不能深入开发诗歌资源而使之在城市文明建设中发挥文化之功，诸如诗歌与旅游业、与文化产业、与精神生活的培育等方面，均被搁浅于表层化的黏合状态，未能达到浑融化的深度契合程度。

三、现代诗城理念与培育途径

（一）诗城理念

诗城，是一个包蕴丰富的名词，在城市化快速发展的当下，建设诗城的前提是基于地域文化背景和经济社会发展景况而确立现代诗城理念，其内涵，可以从多方面予以阐述。首先，诗城当是诗歌发育之城，其发育状况优良，则表示该城市具有丰富的诗歌资源，从历史而言，诗歌积累深厚，群众参与面广（含创作和传播两方面），并具有杰出人物可以光照特定的时代，且对后来者具有感召引领作用，而其特定地域的诗歌发展对特定时期的社会心理和文化结构均具有强大的冲击力；就现实来说，历史诗歌资源在现代文化解读中能够以多种方式得到复现，能够在多层面得到普及且能带动当下古今体诗歌创作，并使之出现热点，且表现为多方面景观，或本土才人辈出、创作繁荣，或民众熟知经典而引以为豪，或国内外名家流连驻足、即兴赋作，或由此引发学术研究产生新的增长点，或兼而具之。其次，诗城当是诗性通融之城。诗歌的功能和精神鲜明地表现出热情力、想象力、自足性、开放性、美感度、纯洁度、和谐度以及本真意识等，撇开一座城市的具体诗歌文本而言，作为现代诗城，其物质具象和精神意识中当流贯着浓厚的诗性气息，也即城市的经济社会发展和自然山水美化均需呈现浓厚的诗化性格和品质。因此，现代诗城物质、文化与环境建设中当融通着诗性，内蕴和彰显着热情力、想象力、开放性、和谐度等如诗般的品格与精神。另外，作为诗城，当能够开发和利用古今诗歌资源，以充分发挥诗歌文化的软实力，使之服务于现代产业和社会精神文明建设，因此，诗城亦当是诗力迁移之城。

（二）培育途径

基于良好的诗城建设基础，笔者认为创建诗城品牌，在以下几个方面着力或可大有作为：

1. 提高民众对传统文化现实价值的自觉。任何一个民族的发展都离不开传统文化的哺育，作为一方地域，其现实生产与生活也受到本土传统文化的影响，文化传统的思维方式、价值取向、行为准则、教育理念等内容，均为开创现实大业的渊源。诗歌是文化的一部分，其认识功能、教育功能、美感娱乐等功能对于人们的现实生活均起到“以文化之”的牵引作用。创建“诗城”品牌，进而将其精华凝练为重要的城市精神，需要建立系统的创建体制与机制，而其首要任务是解决市民的认识问题，唤起市民对传统文化价值、对诗歌艺术的现实功用的自觉意识，使市民主流能够认同“诗城”品牌的创建意义，而不仅仅是少数民众追赶时髦的简单附和，如此，则品牌创建即拥有了厚实的群众思想基础，此当是推进创建工作的重要保证。如何提高自觉认识，有赖于城市决策层面的认识趋同、思想解放和顶层设计；有赖于理论与宣传阵地的积极引领，有赖于广大民众设置载体以相互带动。

2. 提高市民鉴赏诗歌的水平和传播诗歌的兴趣。引导市民广泛认同诗歌的现实价值，只是解决了参与意识问题，而要提高市民主动创建、积极作为的自觉性，则需要解决行为习惯问题，就是说，要使民众具有参与的能力，进而使之产生浓厚的兴趣，如此则创建工作就会深入民心，就会引发市民的自觉行动，理想的“诗城”蓝图则不会遥远，尤其是建设过程本身即会使人们感受到诗歌的魅力和美好的诗化生活。笔者以为，采取多种途径广泛提高市民鉴赏诗歌的水平，使诗歌成为人们生活中的重要精神食粮，则创建的关键环节即会得到落实。

3. 建立传播与建设诗歌文化的城市团队。任何项目建设均需建立一支骨干队伍，更何况是关涉一个城市文化与精神走向的宏伟工程，结合上文所述马鞍山在诗城建设方面的得与失，马鞍山诗城建设，要建立一个综合型的骨干团队，该团队的结构当有多种支组织构成。其中学术理论组织乃是核心枢纽，理论指导实践才能发挥诗歌文化的现实生产力，理论科学才能保证文化解读和诗歌创作的正确方向，理论成果丰富才能为城市决策机构提供坚实的理论依据，理论结合实际才能适合市民的需求而随之形成创建的驱动力；而整合诗城资源和引导诗城建设的领导决策组织至关重要，自古至今，富有影响的文化建设行动均需要统治层面的正确引领和充足的人财物支持，在当今党政协调统领的管理体制下，权力机构积极应对、科学指挥，不仅可以使诗城建设少走弯路，而且能使诸多积极的举措得以实现，尤其值得注意的是，在诗歌建设方面，具有一定形制、体量的物质载体和大型活动没有政府资金的支撑是无法实现的，因此，一支出自党政领导群体中的诗城创建领导团队显得尤为必要，而提高该队伍的文化素质和认识水平乃是关键之处；另外，建立诗歌创作团队、建立诗歌普及教育团队，以及媒体传播团队均是诗城建设不可或缺的内容。

4. 营造诗歌文化发荣滋长的环境。基于诗城创建思想的指导，建设团队当着力于引导广大市民创建具体的个性化诗意环境。针对马鞍山市诗城建设的缺失，笔者以为当在人居、广告、宣传、教育等环境中培育诗歌文化，使城市充满诗情画意。具体言之，马鞍山的社区物化环境多具有江南城市优雅、秀美的色调，或体现于园林景致，或体现于曲水风趣，但过于趋同，缺乏个性化特征，鉴于创建诗城的目标，在人居环境建设中，可以设置一些倡导诗歌文化的物化内容，诸如以诗人、诗作为内容的雕塑、长廊、碑石，以及以诗歌为素材的社区活动；广告是商业化发展的典型表现，当前城市街道、小区、公交站点以及各类建筑物均是广告的空间附着点，马鞍山如其他城市一样，五光十色的广告色彩与内容充斥人们的视野（甚至让人腻烦），然而遍观城市大街小巷，少见张扬诗城个性的公益广告，连城市着力建设的以“太白”、“青莲”等命名的城市大道，也只是趋同性的景观道路而已，很难体现城市文化建设所需要的诗仙色彩，鉴于此，诗城建设的顶层设计团队，当以普及为原则，注重在广告环境中凸显诗歌文化个性；宣传是凝结和提升城市精神的重要渠道，当前马鞍山市的主要报刊、主流媒体、各家网站，以及多样出版物，虽然或多或少涉及诗歌创作、诗学理论以及与诗歌文化相关联的人和事，然而声音低微，没有形成强大的社会辐射力，有些着意打造的视听点，也由于缺乏行家的指点而不免捉襟见肘，甚或臆测曲解而误导受众，因此，创建诗城品牌要大力开发宣传阵地，同时要尊重事实，科学解读和再造文化；教育环境是最具传播力，也是最有深刻影响力的区域，马鞍山教育界在近二十年以来，虽然开展过不少以弘扬李白诗歌为主题的活动，诸如“李白诗歌知识竞赛”、必读“李白诗百首”、“诗歌朗诵会”、“读李白诗统考”等，但缺乏连续性，缺乏广泛的参与度，组织单位多以之为装点，而非着意植城市文化之根，本世纪以来，教育环境中诗歌活动景况尤不景气，此与诗城建设的方向相去甚远，此种景况值得深思，而欲普及诗歌教育并不为难，诸如开发校本诗歌课程、设计广泛参与度的校园诗歌活动、创设校园与宣传文化等部门的联动平台等，均为培育发荣滋长诗歌环境的重要教育途径。

5. 凝练诗歌因子并使之融入现代文化事业及其产业发展领域。传统诗歌内容及其精神对当前文化事业发展具有应用价值，就马鞍山创建诗城目标而言，宜将诗歌资源，尤其是当前普遍认同的古典和现当代诗歌资源，转化为文化事业发展视野下的有机质料。以诗为媒、以诗为体、以诗润物等均为发挥诗歌现实功能的重要途径。多年来，通过举办马鞍山中国李白诗歌节和李白旅游节，已发挥了以李白文化资源为载体的媒介作用，实现了文化搭台、经济唱戏，以及保护遗产等多重经济与社会功能，此可谓以诗为媒，从当前城市宏观创构与作为而言，以诗为媒已成路数，然微观的积极行动尚不够活跃，可通过举办诗歌笔会、诗歌朗诵会、名家名作学术研讨等多种活动，有效搭建以诗会友、催进经济交流的平台。在全国大力推进文化体制改革和文化产业化发展的当下，将诗歌资源作为产品开发具有良好的发展前景，诸如以诗人诗作为题材的动漫产品、艺术作品、各类图书与影像制品、表演作品等，均为现代文化产业的素材来源，此可谓以诗为体。另外，通过发掘诗歌资源，可以开发旅游产品（如景点、旅游商品等），开发以名人名作为线索的旅游观光线（如以李白、杜牧、刘禹锡、欧阳修、王安石、陆游等名家为牵引的皖江城市带山水旅游线），这些均有利于促进旅游业的发展；通过固化诗歌资源形象，诸如建造李白作品公园、李白作品碑林、李白笔下的中华山水缩微公园、诗歌主题街道等，可以有效发挥诗歌的诸多功能，可以充分助推城市和谐文化的建构，同时，若倾力建造，或可带动旅游、影视等经济产业的发展，此类举措实为挖掘诗歌资源之辅物助势功能，或可名之为以诗润物。要之，通过多种途径有效创造利用诗歌资源的渠道，当能以诗歌之石，攻经济之玉、磨社会和谐发展之珠玑。

综上，本文着力考察了马鞍山诗歌资源现状、马鞍山诗城建设的得与失，认为马鞍山具有创建诗城品牌的潜在资质，但当前与诗城目标尚存在一定的距离；同时结合当前城市化的个性发展趋向，阐释了现代诗城理念，认为马鞍山诗城建设当在承绍前功的前提下，与时俱进，积极创新诗歌文化发展的体制与机制，并且积极探索培育的思路、途径与方法，如此，则会创建出一座内涵丰富的现代化诗歌之城。以马鞍山诗城创建为研究对象，基于文献和现实景况所作的分析和思考，或能对当前国内城市特色创建和城市文化研究给予一定的启示。

【参考文献】

[1]《全宋文》，曾枣庄、刘琳主编，上海辞书出版社、安徽教育出版社2006年版

[2]《中国文学家大辞典·唐五代卷》，周祖譔主编，中华书局1992年版

[3]《中国文学家大辞典·宋代卷》，曾枣庄主编，中华书局2004年版

[4]《中国文学家大辞典·清代卷》，钱仲联主编，中华书局1996年版

[5]《中国文化通论》，陈书禄主编，南京师范大学出版社2003年版

[6]《文学概论》，姚文放主编，南京大学出版社2000年版

[7]《马鞍山市志》，马鞍山市地方志编纂委员会，黄山书社2009年版

（作者为马鞍山师范高等专科学校人文系教授、博士）

芜湖市文化创意产业发展现状与对策

董金权

内容摘要：芜湖市发展文化创意产业拥有独特的区位优势、重要的战略地位、坚实的经济支撑、丰富的文化资源以及良好的发展平台等诸多优势，且当前文化体制改革取得明显成效，文化创意产业的目标任务和总体框架也基本明晰，产业规模不断扩大，发展空间得以拓展，积极性高涨，但芜湖市要实现文化创意产业进一步又好又快地发展，必须建立完整的政策支撑体系，加速群集化发展以及加快人才培育与开发。

关键词：芜湖市；文化创意产业；现状；对策

近年来，芜湖市文化创意产业发展取得明显成效，但要实现文化创意产业进一步又好又快地发展，我们还须认真分析芜湖市文化创意产业发展的优势以及存在的问题，探讨有针对性的措施。

一、芜湖市文化创意产业发展成就

1. 有利于文化创意产业发展的文化体制改革取得成效

作为安徽省文化体制改革首批试点城市，芜湖市成立了市文化体制改革和文化产业发展领导小组，健全了领导体制和工作机制，全力着手有利于文化创意产业发展的文化体制改革，2009 年 8 月，芜湖市获得“全国文化体制改革先进地区”荣誉称号。深入的文化体制改革营造了浓厚的创新氛围，提高了全市发展文化创意产业的积极性。2008 年，芜湖文化产业实现增加值 23.17 亿元，较文化体制改革前增长了 1.58 倍，年均增长 26.7%，占 GDP 的比重达 3.09%；文化产业从业人员达 2.85 万人。

2. 文化创意产业的目标任务和总体框架基本明晰

《中共芜湖市委芜湖市人民政府关于推动社会主义文化大发展大繁荣的实施意见》明确提出，到 2012 年，全市文化产业增加值高于地区生产总值增幅，文化产业增加值占 GDP 的比重处于全省领先水平。芜湖市确立了以“两城”、“两园”、“两基地”建设为重点，提高规模化、集约化、专业化发展水平的战略思路。2009 年 8 月，《芜湖市文化创意产业发展规划》通过了专家评审。该规划进一步明确了芜湖市文化创意产业的产业定位、产业细分、发展模式及技术路线。明确要着力打造具有芜湖特色的文化创意产业，形成以动漫展示、工业设计等为主导的文化创意产业，以方特欢乐世界为核心的动漫文化集聚区和具有历史文化内涵的芜湖古城历史文化创意集聚区，形成工业设计创意等五大产业发展板块。力争在未来的一段时期内，芜湖市文化创意产业增加值超过100亿元，年增长率为30%，文化创意产业占GDP的总量超过5%，占三产比例近20%。从而，芜湖市文化创意产业发展的目标任务和总体框架得以明晰。

3. 文化产业规模不断扩大，集群化发展成效初显

芜湖市通过突出重点，培育龙头企业引领文化创意产业发展，重点发展数字动漫、创意设计、演艺演出、影视传媒和文化旅游等文化创意五大主导产业，实施重大项目带动战略，推进产业的聚集式、规模化发展。继芜湖方特欢乐世界建成并取得巨额经济效益后，华强文化科技产业园新华958文化创意产业园、安徽广电文化产业园和瑞动漫科技产业园、戏曲文化公园、星光灿烂大剧院等一批科技含量高、牵动性强、市场影响大的项目也已经建成或正在推进和建设中。以产业聚集的形态大力扶持的金鼎文化创意园、银波艺术产业园、铁画创意园等各具特色的文化创意产业园项目，也都在紧锣密鼓地开展前期准备。芜湖市初步形成了以动漫产业为主导、相关产业联动发展的文化产业体系，规模化、集约化发展初见成效。

4. 历史文化资源得以进一步挖掘，文化创意产业发展空间得以拓展

芜湖古城是芜湖市古文化沉淀最深，历史古迹最为集中的区域。目前，芜湖市开始对这一历史文化资源进行充分挖掘，芜湖古城改造工程正式启动。根据芜湖市的规划，芜湖古城将本着修旧如旧、建新如旧的原则，建成展示芜湖历史文化底蕴，又保留原汁原味，并且涵盖吃、住、行、游、购、娱的“古代名城”。恢复宋代城门，重点对大成殿、城隍庙、周瑜点将台、南正街等文物古迹、传统商业步行街进行修建，建设全国风味小吃一条街、茶商贸茶文化一条街、土特产一条街等特色街，并使之体现道教文化、佛教文化、徽商文化、皖南民俗文化和古战争文化，集芜湖历史文化之大成，使之成为旅游、购物、居住于一体，具有浓郁江南古城特色的地区级标志性的商贸旅游街区。建成集文物保护、文化旅游、文化创意、休闲娱乐、影视制作为一体的多功能文化旅游基地。若这一计划得以顺利实施，则芜湖市文化产业发展将会得到巨大的延伸空间。

5. 文化创意产业获得政策扶持，发展文化创意产业的积极性高涨

近年来，芜湖市出台了《芜湖市关于鼓励扶持动漫产业发展暂行规定》、《芜湖市动漫产业发展专项资金管理暂行办法》、《关于促进扶持文化创意产业发展的有关规定》等一系列扶持发展文化创意产业的政策措施。对拥有自主知识

产权、有望形成爆发性增长的、具有龙头带动作用的重大文化创意产业项目，实行一事一议、特事特办。加快建设合芜蚌自主创新综合配套改革试验区，大力实施“三产兴市”战略，把文化创意产业作为新的三大支柱产业进行培育。为了提高社会资本参与文化体制改革、投入文化产业的积极性，芜湖市积极引导民资、外资等投资文化产业项目，制定并公布文化产业投资目录，在规划、用地、税收等方面推行国民待遇，营造良好的投资环境。编制了文化产业重点项目招商手册。建立了全市文化产业推进会制度。自2007年始，设立了每年1000万元的动漫产业专项发展基金。在政策扶持下，全市发展文化创意产业的积极性高涨。目前，全市共有文化创意经营单位2400多家。

二、芜湖市文化创意产业发展优势与存在的问题

（一）芜湖市文化创意产业发展优势

1. 独特的区位优势

芜湖位于安徽东部，脉连黄山、九华山，素为“皖南的门户”。孙中山先生就曾称芜湖为“长江巨埠，皖之中坚”，早在1876年就是对外通商口岸，素有安徽“小上海”之称。芜湖市毗邻长江，接壤长三角。作为长江中下游地区重要的综合交通枢纽城市，交通十分便捷。淮南、宁铜、皖赣铁路在芜交汇，芜湖距南京禄口国际机场、合肥骆岗机场均仅1小时车程。拥有72.5公里的长江岸线优势。为以芜湖为中心，4小时陆路交通半径内，拥有46座大中城市、3亿多人口的巨大消费市场。这些为芜湖市发展文化创意产业提供了便利的交通条件、开放的城市环境、对外合作交流的空间优势以及巨大的文化创意产品消费市场潜力。

2. 重要的战略地位

芜湖是长江中下游重要的交通枢纽，国务院批准的沿江开放城市，芜湖与长三角其他城市经济互补性强，与长三角连接的立体化快速交通网络基本形成，正积极融入和参与泛长三角的分工合作。作为安徽省的区域中心，芜湖是安徽省委、省政府确定的“一线两点”发展战略的重点和突破口；是合芜蚌自主创新综合配套改革试验区；是安徽省文化体制改革首批试点城市；在国务院批复的《皖江城市带承接产业转移示范区规划》中，芜湖市又被确定为承接产业转移示范区双核心城市之一。重要的战略地位为芜湖市文化创意产业获得省委省政府以及国家政策扶持创造了更多的机遇。

3. 坚实的经济支撑

在中国社会科学院2008年城市综合竞争力报告中，芜湖城市综合竞争力位居两岸四地200个城市中第31位，列中西部地区非省会城市第1，其中企业管

理竞争力、制度竞争力、政府服务及创新能力均居前列。据芜湖市统计局数据显示，2009 年，芜湖实现地区生产总值 902 亿元，现价比 2008 年增长 20%，可比价增长 15.4%，总量及增速均列全省第 2 位。2009 年芜湖市 GDP 增幅分别高于全国、全省 6.7 和 2.5 个百分点；财政收入增幅分别高于全国、全省 7.6 和 2.3 个百分点。经济的快速增长为文化创意产业发展夯实了基础，也提供了向科技创新、高技术产业和服务产业转换的主要动力。

4. 丰富的文化资源

芜湖历史悠久，文脉绵延 3000 年，是我国著名的“四大米市”之一，以“青铜、古瓷、地藏、徽商”为重要代表，在宗教文化、民间艺术、诗文戏曲、工艺美术、名人遗存等方面都有深厚的历史积淀。境内有 240 万年前亚欧人类活动遗址“人字洞”、全国重点文物保护单位——中国青铜文化发祥地“大工山古铜冶遗址”、全国重点寺庙“广济寺”、中国第一座城隍庙遗址等名胜古迹。芜湖现为国家级开放城市，是中国优秀旅游城市，有马仁奇峰旅游区、丫山花海石林旅游区、陆和村茶艺博物馆、赭山公园、汀棠公园、广济寺、安徽第一名人藏馆和陶辛水韵等景区，王稼祥纪念馆则为红色经典。芜湖周边地区的徽州文化和芜湖本地的鸠兹文化、长江水文化等都有着悠久的历史和深厚的文化渊源。国家商务部还把奇瑞汽车公司列为工业旅游的试点企业。丰富的历史文化资源和工业旅游资源为芜湖市发展文化创意产业提供了得天独厚的文化土壤。

5. 良好的发展平台

2007 年，国家新闻出版总署批准在芜湖建设国家动漫产业发展基地。在芜湖软件园建设了动漫产业孵化中心，为动漫产业发展构建了良好的创新平台。还积极借助徽商大会、文博会、动漫交易会等平台，开展招商招展活动。继 2008 年成功举办首届中国国际动漫创意产业交易会后，2009 年又成功举办了第二届中国国际动漫创意产业交易会，来自海内外 500 余家动漫机构和企业参展参会，现场签约项目 93 个，投资交易额 92 亿元，涵盖动漫播出、出版、原创、网游、教育培训和衍生产品各大种类，成为动漫产业链相关行业的合作交易平台，以及动漫产业原创、产权交易的服务平台。

（二）芜湖市文化创意产业发展存在的主要问题

1. 政策支撑体系力度不够

近年来，芜湖市委、市政府把大力发展文化创意产业提上了重要议事日程，采取了实际步骤并出台了一系列政策措施，为芜湖市文化创意产业创造了前所未有的有利条件。但针对整个文化创意产业的一整套政策体系还未见出台。诸如缺乏综合性、权威性的协调机制，难以形成合力；以行业发展基金为引导的资金扶持政策，以行业协会为主体的行业市场规划等支撑产业政策体系还有欠缺乏；文化创意产业的投融资渠道不够通畅；调动非公有制文化创意企业通过产权交易、共同投资、联合开发等形式参与文化创意风险投资积极性的相关政策不够；对文化创意产业的知识产权保护政策不够系统化；对文化创意产业发展与管理的关系上有呈现“重发展轻管理”的苗头等，这些都在相当程度上制约了芜湖市文化创意产业的健康发展。

2. 产业集群化发展程度不高

近年来，芜湖市实施重大项目带动战略，在推进产业的聚集式、规模化发展上取得了一定成效。但与北京、上海、长沙、杭州等一些城市相比，芜湖市文化创意产业集群化发展还存在一些差距。一方面存在产业规模较小，中小企业占相当大的比例，市场集中度低，大企业少、小企业多的现象。另一方面，在一些产业集聚区又存在“集而不群”的现象，比如空间集聚基本形成，清晰产业链条尚未形成；大部分集聚区内的企业没有明确的定位；上中下游企业没有明确分工；大部分企业所在行业趋同性明显；产品和业务上高度的雷同和类似性等。

3. 人才核心要素欠缺

芜湖文化产业人才拥有量不大，文化从业人员不足 3 万人，远远低于北京、上海、杭州等地；从文化人员的素质结构来看，人才总体素质偏低，多数从业人员只受过初、中等教育，受过正规高等教育的人较少；从专业结构来看，从业人员集中在生产、销售领域，文化管理经营人才严重缺乏，没有形成一个产业人才群；从人才的利用情况来看，人才浪费和人才缺乏并存，造成“有用人才引不进，拔尖人才留不住，过剩人才流不出”的局面。驻芜高校文化创意相关专业毕业生有向东部沿海地区流失的倾向。笔者对安徽工程大学动漫专业的大学生进行过抽样访谈，结果发现，这些大学生毕业后倾向于到沿海地区城市比如上海、杭州等地去从事创意产业。由于人才和机制的制约，芜湖市文化产业创新能力贫弱。

三、芜湖市文化创意产业发展对策

（一）建立文化创意产业发展的政策支撑体系

研究表明，文化创意产业发展较好的城市，无论国外的纽约、伦敦、多伦多的昆士兰，还是国内的北京、上海等地，无一例外都运用了政策组合工具来推动创意产业的形成与发展，并建立了与之相适应的公共服务体系。显然，芜湖市文化创意产业要得到又好又快地发展，必须建立一套完整的政策体系。

1. 建立文化创意产业四角支撑政策体系

针对芜湖市文化创意产业发展的实际情况，笔者认为，现阶段芜湖可重点构建以宏观战略发展的产业政策为主导，以法律法规为保障，以行业发展基金为引导的资金扶持政策，以行业协会为主体建构行业市场规划的四角支撑产业政策体系。其中，文化创意产业发展基金为创意企业提供融资服务，按照非营利的基本原则，为新办文化创意企业贷款，提供政府贴息，使中小创意企业及时得到发展资金的支持，顺利进行创意的研发和生产经营活动。通过创意产业发展引导基金，扶持符合区域发展定位及特色的创意产业，塑造知名品牌，支持创意企业做大做强。行业协会则负责根据本行业的特点，制定文化创意产业各行业的市场规则，防止无序竞争，加强行业自律，规范行业发展。

2. 完善以知识产权保护为核心的创意产业法律法规支撑体系

文化创意产品创作难、投入大，但复制很容易、成本极低，特别是复制、传播技术飞速发展的今天，上述特征更为显著，使得文化创意产业随时面临着被侵害的高风险。因此只有对创意进行版权保护，通过保护创意创作者的权益，才能够保护创作者的创作动力。目前我国关于创意产业知识产权保护的法律不够系统化，且法律条文尚不够具体，这为地方制定文化创意产业知识产权法律法规留下了空间。政府应在国家法律的框架内，有针对性地健全芜湖市地方性知识产权保护体系。与此同时，要改变传统的版权行政保护仍然处于行政救济领域的局面，更多更主动地去发挥行政管理职能。如北京市版权局联合华旗资讯等一些高新企业开发的“数字作品版权登记平台”来对数字作品进行版权登记和数字水印加密等，就是一个全新的尝试。这样在数字作品的版权保护上变被动为主动，化解了长期困扰在数字作品版权保护中的权利认定问题。

3. 完善支持文化创意产业发展的金融政策支撑体系

市政府应考虑针对文化创意产业的特点，制定特殊的融资政策和风险投资机制，与金融机构合作开展无形资产质押贷款试点，重点扶持1~2家商业银行专项从事文化创意产业贷款，探索知识产权、无形资产等质押方式，建立并推出“芜湖市文化创意产业贷款担保工作机制”，解决文化创意企业抵押难问题。加大直接融资比例，加强资本市场支持，可探索建立“芜湖市文化创意产业评估中心”等机构，对拟进行融资的企业的行业前景、自主知识产权拥有水平、发展潜力、信用水平等指标进行动态权威监测与评估，鼓励社会资本向评估等级高的企业注资。允许和鼓励资信状况良好、具备较强竞争实力的文化企业上市融资等。针对文化创意产业多为风险投资产业的特点，市财政应设立和筹措风险投资专项基金，并制定较为优惠的税收政策，如对需要重点扶持的新兴文化创意产业实行抵免企业所得税70%的优惠，对新办文化企业实行“三免三减半”企业所得税优惠等，鼓励社会资本投入文化创意产业，调动非公有制文化企业通过产权交易、共同投资、联合开发等形式参与文化风险投资的积极性。

（二）大力推进芜湖市文化创意产业的集群发展

在集群形成阶段，政府或非政府机构在集群发展过程中起着重要的作用，政府的政策对集群的形成、发展模式和发展周期都有重要的影响。芜湖市政府在文化创意产业集群的发展过程中应该尽力发挥其合理规划、政策扶持、法律保护等方面的职责，助推芜湖市文化创意产业通过集群发展从优势产业转换成为支柱产业。首先，政府应该明确文化创意产业集群的发展方向，通过发布指导目录，优化文化创意产业集群发展结构。目前芜湖市创意集群的发展存在争热点项目、重复投资、布点分散、缺乏总体规划等现象。建议政府结合各区县的实际情况，严格按照《文化创意产业招商引资规划》和《文化创意产业发展指导目录》发展文化创意产业。从进一步调整和优化文化创意产业集群结构的角度出发，对能补充目前产业链中不足的行业给予特别支持，包括给予一定的优惠条件，对过度发展发展或重复建设严重的行业，提出限制条件。其次，加大投入对文化创意产业集聚区基础设施建设的投入，提高基础设施的服务水平。在基础设施建设方面，也要结合各地区的实际情况按需开展。同时，各企业应有较为明确的分工，在产业链条上找到自己的位置，避免企业走入低成本、价格战的泥潭，实现集群的共同繁荣和发展，形成功能协助、优势互补、结构合理的文化产业集群。

（三）加快文化创意产业人才开发与培育

文化创意产业的发展离不开有价值的创意，更离不开能够将艺术、技术、市场融为一体的复合型文化创意人才，芜湖市文化创意产业的发展，人才是关键。

1. 建立驻芜高校对文化创意产业人才的长效供给机制

芜湖拥有高教园区和职教园区，有安徽师范大学、安徽工程大学等9所高等院校，在校大学生近10万人，动漫、美术、计算机专业的在校生近万人。这些驻芜高校要尽快承担起培养创意人才以及发展创造性教育、创新教育和创业教育的重任，加强对人才市场紧缺的文化创意设计等原创策划高端人才的培养，并能根据市场变化及时调整，培养具备多方面能力的创意产品的经营（市场研发和运作等）类的创意执行人才，以确保创意人才链的各环节的完整性。可以采用“学士前定位培养”与“学士后综合实训”相结合的模式。“学士前定位培养”可通过建立各种联合办学方式，比如安徽工程大学现有动漫、艺术设计本科专业，还有艺术设计硕士点以及艺术设计研究所，具有培养文化创意人才的优势。建议通过向教育主管部门申请，在安徽工程大学开设“文化创意独立学院”，人才培养主要以芜湖市文化创意企业人才需求的“订单”为导向。“学士后综合实训”的设想是：让文化创意相关专业的大中专院校的学生在毕业前一年时间直接深入用人单位，进入实验实训教学、见习实习教学和专业社会实践活动。如浙江传媒学院近年来在“产学研一体化”的办学思路下进行的一系列较好尝试就为强化学生的创新能力提供了良好平台。为激发驻芜高校培养文化创意人才的积极性，政府与相关企业激励政策，比如构建高校文化创意科研成果参与利益分配的机制。

2. 打造创新型文化创意产业人才的“孵化器”

建立文化创意产业基地，打造创意产业“孵化器”，发展创意产业园区已成为一种将新技术、新发现和原创思想有效结合的生产力转化机制和实现的过程。如2004年在上海揭牌的我国第一家文化科技创意产业园区浦东张江高科技园区和曾获2007年中国企业创意产业最佳园区奖的大连创意孵化园，都引进相关文化艺术创意设计方面的众多企业，提供吸引创意产业人才的文化氛围和舒适自然的工作生活配套区域，形成融合的集群效应和多种创意人才互补聚合的优势。这样一个创业“孵化园”，有利于创意产业需要的大量复合型专业人才的建设与良性成长，对高端原创人才的创意成果的成熟孵化起到积极作用，同时为创意人才搭建了一个直接面向和参与市场竞争的“实验场”。通过这一产业“孵化器”为我国文化产业创意型人才与团队带头人的培养提供了高端平台。目前在上海、北京地等高度集聚的城市空间里得以发展起来的“创意生活圈”，以及带动形成的“创意专业群”、“创意社区”，通过营造适宜创意产业发展的硬件环境和宏观政策环境来强化创意人才的集聚效应也是另一形式的产业“孵化器”。芜湖市应借鉴上海、北京等地的做法，加快园区和城市“孵化”机制的运作，使孵化器的辐射功能继续扩大，以此来保障对芜湖市文化创意产业的建设和发展提供源源不断的人才资源和智力资源。与此同时，还要完善人才评判标准及使用机制，形成激励人才发挥创意才智的氛围。建立创意教育和人才认证体系，要建立培养、引进、招揽文化创意人才的体制机制，构建重视文化创意人才的良好氛围。

（作者为安徽工程大学人文学院副教授、硕士生导师）

从出土文物论皖江地区新石器时代经济形态

李艳红

内容提要：皖江地区新石器时代文化丰富，遗址数量多，凌家滩遗址、薛家岗文化的发现备受关注。发现遗迹有大量的房址、灰坑、墓葬以及大规模的祭坛，出土器物有玉器、石器、陶器等，包括生活用具、生产工具和精美的仪式用品。考古发掘中出土的遗迹遗物对于探讨皖江地区新石器时代的经济形态问题具有很重要的意义和价值。

关键词：皖江地区；新石器时代；经济形态

皖江地区是指长江流域安徽段两岸地区，历史悠久，早在新石器时期文化就相当发达，遗址数量很多，迄今已发掘或试掘的有潜山薛家岗遗址①、天宁寨遗址②、含山凌家滩遗址③、大成墩遗址④、芜湖月堰遗址⑤、望江汪洋庙遗址⑥、黄家堰遗址⑦、汪家山遗址⑧、麻圆墩遗址⑨、宿松黄鳝嘴遗址⑩、安庆夫子城遗址⑪、张四墩遗址⑫、怀宁黄龙遗址⑬等。目前对此区域远古时期经济形态作系统探讨的论文和著作尚不多见。本文拟从考古发掘资料入手，结合相关学者的研究对于皖江地区新石器时代的经济形态问题作初步探讨。

---

① 安徽省文物考古研究所．潜山薛家岗［M］．北京：文物出版社，2004.

② 安徽省文物考古研究所．安徽潜山县天宁寨新石器时代遗址［J］．考古，1987（11）.

③ 安徽省文物考古研究所．凌家滩遗址发掘报告［M］．北京：文物出版社，2006.

④ 安徽省文物考古研究所．安徽含山大成墩遗址发掘报告［J］．考古学集刊，1998（6）.

⑤ 安徽省文物考古研究所．安徽芜湖月堰遗址新石器时代墓葬发掘简报［J］．文物，2009（8）.

⑥ 安徽省文物考古研究所．望江汪洋庙新石器时代遗址［J］．考古学报，1986（1）.

⑦ 安徽省文物考古研究所．望江黄家堰发掘成果丰硕［N］．中国文物报，1998-5-10（1）.

⑧ 宋康年．安徽望江汪家山发现新石器时代遗址［J］．考古，1992（10）.

⑨ 阚绪杭．望江县赛口新石器时代遗址调查与麻圆墩遗址的试掘［J］．文物研究，1998（11）.

⑩ 安徽省文物考古研究所．宿松黄鳝嘴新石器时代遗址［J］．考古学报，1987（4）.

⑪ 安徽省文物考古研究所．安徽安庆市夫子城新石器时代遗址的发掘［J］．考古，2002（2）.

⑫ 北京大学考古学系，安徽省文物考古研究所．安徽安庆市张四墩遗址试掘简报［J］．考古，2004（1）.

⑬ 许闻．怀宁黄龙新石器时代遗址试掘简报［J］．文物研究，1986（2）.

一、原始农业经济

判断一种古代社会形态是否属于农业经济类型，一般从农业生产工具、谷物遗存、动物骨骸以及定居村落的出现等方面加以考察。

皖江地区新石器时代遗址中出土了大量的生产工具，有石刀、石铲、石斧、石锛等，器形较大，形制规整，制作精致，刃口锋利。石铲宽大扁平，刃口锋利，可大大提高掘土效率。薛家岗遗址中出现了多孔石刀，对于这类石刀的用途，专家们解释不一，有人认为是收割工具，有人认为是砍伐工具，更有人认为是织布用的打纬刀[①]。石刀均宽而薄，厚度在0.4~0.6米之间，刃口锋利。靠近脊背处有钻孔，孔数不同，但均为奇数，有一、三、五、七、九、十一、十三，部分石刀在孔眼周围绘有花纹（图一），每孔下有一个荸荠形果实，旁以钩叶纹相抱，双实与钩叶纹之间有粗叶状纹。在孔的上方也有花瓣纹，果实与钩叶纹间填以白彩，红白相映，十分艳丽。凌家滩遗址除了石质生产工具外，还有精美的玉质生产工具出土。

凌家滩遗址废弃建筑的红烧土块中发现用稻壳、稻草作掺合料的现象，薛家岗遗址房址红烧土块中也发现有稻壳的印痕，表明凌家滩和薛家岗的先人从事稻作农业。薛家岗遗址有精美的花果纹石刀和石钺（图二）出土，精致异常，未见使用痕迹，推测这种石刀和石钺不是农业生产实用工具，而是古人用以祈祷农业丰产的仪式用具[②]，表明原始农业在人们生产生活中占据很重要地位。更重要的是，凌家滩遗址发现了精美的玉龟和玉版，玉龟由背甲和腹甲两部分组成，中间夹着玉版，玉版上刻一大圆，内有小圆，小圆内有神秘的八角星纹。有学者认为玉版是当时人类用以测量时节从而指导农业生产的用具，古人认为玉龟是灵通的，因而用此来占卜今后的吉凶[③]。这表明当时的原始农业已有一定发展，古人已注意到季节、气候与农作物的关系，并运用这些知识来指导农业生产。而此时新出现的用于储存粮食的大陶缸，陶杯、陶盉等饮酒器皿，则说明当时已有多余的粮食来储存并用之酿酒，这也间接反映了当时的粮食收获量较之以前大有提高[④]。

家畜家禽的饲养已较为普遍。凌家滩、薛家岗、黄家堰等遗址内都有用猪下

---

① 卢茂村．浅议薛家岗遗址出土石刀［J］．农业考古，1995（3）．

② 李艳红，张居中．浅析新石器时代生产工具中的“仪式用斧”问题——兼论生产工具功能的分化［J］．东南文化，2009（1）．

③ 李修松．试论凌家滩玉龙、玉鹰、玉龟、玉版的文化内涵［J］．安徽大学学报，2001（6）．

④ 任启坤，张居中．安徽史前稻作农业研究的回顾与展望［J］．农业考古，2005（1）．

颚骨随葬的现象，杨立新先生认为这种现象反映了当时家猪饲养量已经很大[①]。凌家滩遗址第五次发掘时出土了一件大型“玉猪”，重达 88 公斤，堪称中国第一玉猪。雕刻手法粗犷、写意，突出表现了猪的吻部、鼻孔和獠牙，同时眼睛和耳朵等细部也清晰可见。伸出的一对獠牙和突耸的脊背表明其原型为一野猪，表现了当时人类对于猪的图腾崇拜。汪洋庙遗址出土过一件陶塑牛头，夹砂红陶，仅存头部，张口，有角质纹，应为水牛[②]。此类题材的作品，在中国新石器时代原始艺术中十分罕见。凌家滩遗址出土了一件别具特色的鸡形器，泥质灰陶，通体肥胖，器口象征鸡头，腹部两侧有一对泥突装饰，意为变体翅膀[③]。栩栩如生，艺术表现手法简明，是我国史前遗址中年代较早的一件“老母鸡”造型。新石器时代皖江流域自然条件优越，水域宽广，资源丰富。从大墓出土的大量石锛、石铲、石凿等农具看，当时领导阶层比较重视农业，可能有时也亲躬农事，农产品的富余为饲养家畜家禽提供了先决条件[④]，当时家畜家禽的饲养具有一定的规模。

随着农业的产生和发展，人类过着比较稳定的定居生活，开始形成大规模的聚落，聚落的外围往往有壕沟或其他防护设施。皖江地区新石器时代遗址中发现了大量的房址、墓葬、灰坑和祭坛、祭祀坑遗迹等。住宅有半地穴式和平地起建式两种，采用烧烤地面或铺垫红烧土。薛家岗遗址器物在种类和器型上，早期和晚期有很大区别，反映出古人在此地生活的连续性，定居村落已经出现，人类在此世代繁衍延续。

二、渔猎采集经济

虽然农业经济在新石器时代的皖江地区占据主导地位，但渔猎和采集活动在古人生产生活中仍扮演着重要角色。作为大自然的赋予，人们仍然从中摄取食物作为氏族经济的补充，丰富食物链。

古代皖江地区水资源丰富，河流交错纵横，各遗址周边都有比较宽阔的水域，水产十分丰富，有鱼、龟、鳖、贝类等，利于捕捞活动。遗址中普遍发现了石制、陶制网坠等捕捞工具。狩猎主要是男子从事的活动，一般集体围猎较大和较凶猛的野兽，主要工具有弹丸、陶球、石球、石镞等。不过相对于生产工具的数量来说，渔猎和采集工具的数量较少，表明渔猎采集经济此时已不据主导地

① 杨立新．江淮地区史前文明化进行初探［J］．中国社会科学院古代文明研究中心通讯，2003（5）．

② 安徽省文物考古研究所．望江汪洋庙新石器时代遗址［J］．考古学报，1986（1）．

③ 何长风．安徽新石器时代艺术考古综述［J］．华夏考古，1998（3）．

④ 朱华东．凌家滩新发现玉猪三题［J］．巢湖学院学报，2008（2）．

位。由于受土壤条件的限制，遗址中的动物骨骼和植物遗存很难保存，不过从凌家滩遗址的出土玉龟、玉猪、玉鹰等，薛家岗遗址出土的夹有蚌末陶片来看，渔猎和采集活动在当时人类的生活中占据一定的地位，是农业经济的有利补充。

三、手工业经济

手工业生产主要包括制石、制玉、制陶和纺织业等。此时手工业生产中的一些专业技术开始由氏族内部长期从事、积累了一定经验的成员掌握，不过这些专业分工尚不十分明确和规范。

制石业主要是制作石质生产工具。磨制石器的工具是砺石，在薛家岗、凌家滩等文化遗存中都发现有砺石工具，使用痕迹明显，有的留有很深的磨槽。薛家岗的石刀、石钺等大型石器，棱角分明，体大扁薄，造型规整，尤其是多孔石刀，孔距分布均匀，孔眼大小一致，有的孔眼处还绘有花果形图案，需要极高工艺水平。凌家滩遗址中发现 1 件石钻，钻头的螺丝纹和柄一次加工而成，在显微镜下观察发现螺丝纹旋转的曲线非常流畅①。石器的制作需要经过选料、裁割、砍削、成型、砥磨、抛光、钻孔等繁杂工序，因此制作一件精致石器，必须有技术熟练的能工巧匠来担任，当时氏族中应有专门人员来从事此项工作。

皖江地区新石器时代遗址出土玉器较多，几乎每个遗址都有玉器出土，出土数量较多的有凌家滩遗址、薛家岗遗址和黄家堰遗址等。薛家岗遗址玉器种类有铲、环、璜、管、琮等。通体精磨，造型规整，切割工艺和钻孔技术已达到成熟阶段。玉环、玉铲等器物，从表面切割痕看，有的漩切三次，有的漩切四次而成，最后钻孔琢磨。钻孔技术较为发达，有两面对钻和单面钻孔，小件器物如玉扣形饰等，钻孔很细，仅可容置一针尖。凌家滩遗址出土了大批精美的玉器，数量多，品种丰富，玉质精美，制作精细，造型独特，纹饰神秘。器类有钺、斧、戈、璧、环、璜、人、龙、鹰、龟、猪等。在工艺上采用了阴刻、抛光、浮雕、圆雕、透雕、钻、线切、砣机旋磨、管钻等技术，并运用简单的旋转机械工具来琢磨复杂的器形和花纹，这需要熟练的专业劳动者才能完成。凌家滩遗址 M20 随葬玉芯、石芯 111 枚，碎玉料数十块；M18 有玉芯 10 枚，碎玉料 10 块；M9 玉芯 1 枚，碎玉料 20 块。玉芯和碎玉料一般属于治玉中的废弃物，在凌家滩却被珍藏并用来随葬，推测这类墓葬有可能是治玉工匠之墓，属于当时的“玉人”②。

制陶业主要指生产陶质炊具、盛食器、水器以及少量的生产工具，如鼎、

① 李海燕．安徽沿淮及江淮地区新石器时代文化［D］：［硕士］．合肥：安徽大学．

② 杨立新．安徽地区史前玉器的发现与研究［J］．文物研究，1999（12）．

釜、盆、碗、钵、盘、豆、罐、纺轮等。此时陶器的制作技术在泥条盘筑法的基础上，发展为慢轮修整，甚至发明轮制技术，陶器胎壁厚薄均匀，器物种类丰富，造型规范。陶器的产量也大大提高。器身花纹很多，有玄纹、镂孔、刻划纹、锥刺纹、戳印纹、捺窝纹、附加堆纹等。在薛家岗、凌家滩、天宁寨、夫子城等遗址都发现彩绘陶片，表明当时的制陶技术水平较高。

陶纺轮在各遗址中都有发现，数量多。薛家岗遗址出土的一件陶壶上饰有编织席纹图案，编织与织布工艺相通，由此看来，当时应该有了纺织技术。薛家岗遗址的有孔石刀就有学者认为是织布用的打纬刀。

皖江地区新石器时代手工业生产有一定的发展，技术水平较高。这时有部分氏族成员脱离农业生产劳动，专门从事手工业生产活动。不过，当时商品经济还没有产生，只是以物易物的方式进行交换，手工业的分工为商品经济的产生和发展打下基础。

四、结语

皖江地区历史悠远，新石器时期经济已有较大发展。当时人类过着相对稳定的定居生活，原始农业经济占据主导地位，稻作农业有一定发展，家畜家禽饲养较为普遍。渔猎和采集仍占有一席之地，成为人们生产生活的有力补充。手工业生产如制石、制玉、制陶等水平普遍较高，专业技术开始为一些人所掌握，在此基础上手工业经济逐渐诞生。经济基础决定上层建筑和文化发展方向，皖江地区原始经济的发展为皖江远古文化的繁荣奠定了基础，这对于探讨中华文明的起源和发展具有重要的意义。

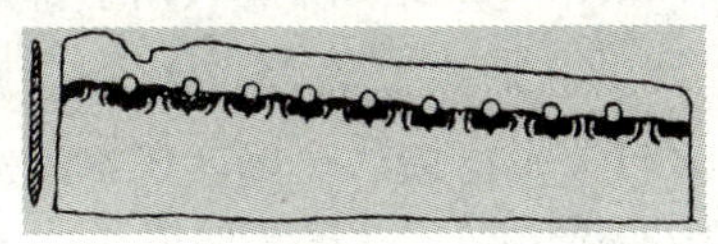

图一　安徽薛家岗遗址石刀（M58：3）

图二　安徽薛家岗遗址石钺（M58：8）

（作者为安徽省博物馆保管部馆员、中国科技大学科技史与科技考古系硕士）

唐代皖江流域的经济发展

周怀宇　李晓秋

内容提要： 唐代中国社会经济重心出现向南转移的巨大变化。长江流域是社会经济崛起和发展的主要经济区。安徽境内“皖江流域”经济区发展尤为突出。其发展的规律是，航运交通率先开发与发展，带动农业产品、手工业产品的交易兴盛。颈联皖江流域的扬州大都市，向皖江流域的经济辐射，带动皖江流域城市群的发展，出现了瞩目全国的皖江沿江六大明珠城市，促进了皖江流域经济兴盛和社会发展。为两宋和明清时期皖江流域的社会发展奠定了基础。

关键词： 皖江航运；皖江城市群；唐代经济

长江在安徽境内流长 401 公里，流域面积达到 6.6 万平方公里。皖江流域在隋唐时期，社会经济有了较大的发展，属于当时的富庶的“东南八道”地区。这里经济之所以发展，重要原因之一，即是交通方面的开发，带动商业、手工业乃至社会经济崛起。

一、皖江流域天然航运线路的开发

唐代，长江干流流入舒州宿松县桑落洲，即流入今安徽境内。江面豁然开阔，水流平缓，依次流经舒州、池州、庐州、和州、宣州、滁州六州，都属于今安徽境内。其安徽境内的长江干流流长 401 公里，沿途支流遍及上述六州数十县，随着唐代航运事业的发展，皖江流域沿线的支流水运线路也深化发展。根据《元和郡县图志》记载，沿江支流、湖泊，相继被开凿、疏浚，形成了十六个水运系统；港埠不断发育增生，形成了皖江流域的航运网，皖江航运呈现一片繁荣。下面由西向东，简述这皖江流域的十六个航运系统。

皖水，舒州境内，通航于本州怀宁县（今潜山、怀宁、岳西等地），航道二百四十里，至皖口入大江；

大雷池水，舒州境内，通航于宿松、望江二县，东南积水为池，经望江县城流入长江，可以通航；

枞阳水，舒州境内，通航同安县（今桐城县），东南连接长江；

濡须水，庐州、和州境内，北通巢湖，南通长江，是连结长江、巢湖、淮河的重要水道；

横江，和州历阳县东南二十六里直抵江南采石矶渡，通航长江；[①]

巢湖，庐州境内，其支流濡须水连结长江，成为沟通江淮的鸡鸣冈水道的重要水路。汇入巢湖的十余条支流，也经巢湖、濡须水通航长江。长江航运网络由此辐射庐州境内各地；

运漕河，和州境内，通航含山县，连结濡须水通航长江；

滁水，流经庐州、滁州、和州，东向流入长江，通航长江；[②]

贵池水，流经秋浦县，通航长江。贵池水入江水口，成为长江航运停泊的优良港埠。代宗时期，长江航运迅速发展，贵池港埠越来越兴盛，析分宣州秋浦县建置池州，取水名为州名；

秋浦水，贯通池州境内，通航长江；

青弋江，宣州境内，流经太平县、泾县、南陵县，至芜湖县境内沟通芜湖水，通航长江；

泾水，宣州境内，通航泾县，二百五十里航道直至境内的徽岭山，北通青弋江，由青弋江转通长江；

芜湖水，宣州当涂县境内，东连丹阳湖，西入长江；

姑熟水，宣州当涂县境内，东连丹阳湖，西入长江；

五湖水，宣州宁国县境内，通航本地山区；

桐汭水，宣州绥安县（今广德县境内），连接丹阳湖，转通长江，通航于本地。

上述16条长江支流，分布沿江各地，连接各地支流细水，扩大了通航的范围，促进皖江航运向内地深化发展。其著名港埠不断增生，池州，即是长江著名的港埠。唐代宗以前，池州属于宣州下辖的秋浦县贵池水运码头，由于航运事业的发展，升格建置池州。巢湖西，有申港，由于巢湖漕运的发展，漕船进出量很大，申港著称于史。史载：巢湖的漕船出申港，入新妇江，转运长江。[③] 和州乌江县境内有韦游沟，引长江水15里，通舟、溉田。[④] 凡此之类，不胜枚举。有唐一代，长江水运系统日益发达，日趋兴盛。

---

① 《元和郡县图志阙卷逸文》卷2《滁州》转引《舆地纪胜·和州》。

② 《元和郡县图志阙卷逸文》卷2《滁州》转引《舆地纪胜·滁州》。

③ 陈鸿《庐州同食馆记》，《全唐文》卷612。

④ 《新唐书》卷41《地理志五》："乌江，上。东南二里有韦游沟，引江至郭十五里，溉田五百顷，开元中，丞韦尹开，贞元十六年，令游重彦又治之，民享其利，以姓名沟。"

二、皖江流域航运率先兴盛的局面

隋唐以前南北政治分裂，经济交流受到阻碍。隋唐统一，修通了贯连全国五大水系的人工运河，沟通了长江、淮河、黄河等主要交通动脉，皖江流域航运以此为契机，逐步发展。唐代，皖江流域共计有寿、舒、濠、滁、和、庐、宣、歙、池9州，下辖34县。地域广袤，土地肥沃，物产丰富。交通事业，尤其是水上航运与社会经济相辅相成，空前发展。

1. 沿江港埠应时剧增

长江的皖江段，属于长江下游，水面宽阔，水势平缓，为长江的最佳水运段。历史上，凡是水运活跃的河段，都形成许多自然水港。在重要的水港，官府设立管理机构，并且任命专职官吏管理。因此，港埠设置多少、机构大小，是水运交通事业的一个重要标志。唐代，皖江两岸港埠迅速增加，大大小小的港、津、坞、浦、镇、渡、埠等，计有10处。其中，有许多是发达的著名水港。如：

“采石坞”，位于宣州当涂县（今安徽马鞍山当涂县）。

“横江度”，位于和州历阳县（今安徽和县），与采石坞隔江相对。两港之间水面比较，下游京口（今江苏省镇江市）的江面窄，有利于两岸之间过渡。“古来江南有事，从采渡者十之九，从京口渡者十之一。”① 成为江上要道。李白往返江上两港，曾经写下《横江词》六首，其中有“横江欲渡风波恶”、“横江西望阻西秦”、“横江馆前津吏迎”、“人道横江好，侬道横江恶”等句，② 即记述了当时横江渡馆驿、津吏的设置及其港运情况。晚唐杜牧有诗《初春雨中舟次和州横江》、《题横江馆》两诗，③ 说明直至晚唐时期，横江渡一直是南北重要通道。

“安阳渡”、“乌江浦”，④ 位于横江渡下游不远处，属于乌江县（今安徽和县境内）长江港口，与横江渡同为当时江北三港。

“濡须坞”，位于含山县濡须水长江入口（今安徽无为县泥汊镇境内）。早在三国时期，建安十六年（211）孙权“作濡须坞”，⑤ 命大将吕蒙守濡须，“夹水筑坞，形如偃月”。⑥ 濡须坞距离芜湖不远，《三国志注》引《献帝春秋》云：“芜湖近濡须。”唐代，江淮漕运发展，这里成为沟通巢湖流域和长江水上运输

① 《读史方舆纪要》卷19。

② 《全唐诗》第166卷。袁林电子版。

③ 《全唐诗》第523卷。

④ （唐）李吉甫：《元和郡县图志·阙卷逸文》卷2。

⑤ 《三国志》卷47《吴书二》。

⑥ （唐）李吉甫：《元和郡县图志·阙卷逸文》卷2。

的重要水港。

“雷池口”，位于舒州望江县大雷池的长江入水口（今安徽望江县华阳河口）。早在东晋时期，王敦即在此设置“大雷戍”，[①] 这里成了当时的军港。唐代，这里成了舒州连接长江的重要交通港口。

“皖口”，位于怀宁县皖水入长江的水口，[②] 港运十分繁荣。

“鹊头镇”，位于宣州南陵县江岸（今属安徽铜陵市）。自鹊头镇港沿江而下八十里，有“鹊尾洲”港（今属安徽繁昌县三山），鹊头、鹊尾之间的江岸被称为“鹊岸”，是当时良好的天然港埠。唐代咸通六年（865），置鹊头镇，设兵驻守。鹊头镇有“利国山”产铜，即今安徽铜陵市矿区。附近又有“铜井山”、“战鸟山”，皆濒“临大江”，[③] 蕴藏丰富的铜矿。唐政府开采冶铸，置港运出。李白有诗曰：铜井“炎炉敲九天”，即反映这里冶铸业的繁荣，同时也说明发达的皖江水运和鹊头、鹊岸等港对地方冶铸业的促进。

2. 水运网的扩大

隋唐时期，随着皖江干流水运的发展，各支流水道都得到整治，迅速扩大了通舟范围。根据有关历史文献统计，经过整治可供通航的支流水路，如皖水、大雷池水、枞阳水、濡须水、肥水、运漕河、横江、泾水、滁水、贵池水、秋浦水、青弋水、芜湖水、姑熟水、桐汭（ruì）水共15条。这些水路，连接沿江各州县的支流细渎，形成庞大的皖江水运网。有些州县还在境内修凿了许多小型的人工运河和水港，以满足当地水运的需要。如和州即开挖了人工运河“韦游沟”长15里，由乌江浦港通长江，可供境内舟船进出；[④] 巢湖出现“中港”，[⑤] 当地漕船及各类运输船只可聚散于申港，由申港入“新妇江”，转通长江。随着地方经济的发展，这个水运网也不断向纵深发展，通舟范围不断扩大。

3. 设置江上“游弋”巡航队

随着皖江水运事业的发展，唐政府的水运管理机制也逐步健全。除了重要水口设有馆驿和津吏以外，自唐玄宗开始，设置“江淮转运使”，皖江水运便隶属于其下。此外，朝廷派驻各地的节度使及驻军也担负保护当地水运的责任。唐后期，政府还设置专门的“游弋”船队，保护江上水运船只不受阻截，同时负责查看长江河道的各种异常情况。当时皖江共有两支“游弋”船队，分段巡查。

① （唐）李吉甫：《元和郡县图志·阙卷逸文》卷2。

② （唐）李吉甫：《元和郡县图志·阙卷逸文》卷2。

③ （唐）李吉甫：《元和郡县图志》卷28。

④ 《新唐书》卷41。

⑤ 《全唐文》卷612，陈鸿《庐州同食馆记》。

“淮南游弋至池州界首，浙西游弋至宣州界首。”[①] 当时的游弋军素质较高，要求挑选善“解弓弩及谙江路者”组成。“每一百人置游弋将一人，须清白干强稍有会见者充。”每队有“船五十只，一百人分两番”，轮流巡逻。[②] 由此可见，当时的“游弋”既是皖江水运系统管理机制加强的体现，也反映了皖江水运事业发展的阶段性变化。

三、沿江工商业的发展

唐代皖江流域水运事业的迅速发展，为促进社会经济发展发挥了重要作用，它带来了沿江工商业都会繁荣。

唐代，皖江以北的庐、滁、和、舒等州由于水运事业活跃很快繁荣起来。

庐州，州治合肥。北有淮水，南有巢湖。长江、淝水、施水沟通南北，交通便利，成为四方物产交易的中心。庐州出产的花纱、交梭丝布被列为上交国家的“土贡”[③]，其余如茶叶、蜡、酥、鹿脯、生石斛等，也都作为地方上的名产。[④] 其下辖庐江县的櫺（líng）山、白茅山产铜，[⑤] 可以开采冶铸外运。

舒州，下辖五县，其中怀宁、望江、宿松三县濒临长江，水运兴盛。境内出产火麻，生产紵（zhù）布，流向市场。酒器、铁器等手工业制品及石斛等产物还作为贡品上输朝廷。[⑥]

滁州，濒临长江与滁水，水运交通开发以后，促进纺织业的兴盛。生产赀（zī）布、丝布、紵、練、麻等各种纺织品，广泛交流市场。并且作为当地特产上贡朝廷。[⑦] 当地冶铸业也迅速兴起，“有铜坑二”，属于国家控制的开采点。其出产的赀布质量在全国列为第三等。[⑧]

和州，境内水网纵横，沿长江有三大港口，港运发达。境内农产品、纺织品广泛对外交易。出产的纻布列为贡品。赀布出产量大，质量也高。据《唐六典》卷20大府条注，和州盛产赀布，与庐州生产的赀布同被列为全国第二等，交易全国。

据《唐六典》卷20《太府寺》记载：全国各地生产的丝绸和布匹质量有

① 李德裕：《会昌一品集》卷12。
② 李德裕：《会昌一品集》卷12。
③ 《新唐书》卷41。
④ 《新唐书》卷41。
⑤ 《新唐书》卷41。
⑥ 《新唐书》卷41。
⑦ 《新唐书》卷41。
⑧ 《唐六典》卷20大府条注。

“精粗，绢分为八等，布分为九等”。在这一记载下的注释说：宣州生产的火麻，第一等。舒州的火麻，庐州、和州生产的赀布，并第二等。庐州的火麻、滁州的赀布，并第三等。庐州的纻，第四等。歙州的纻，第七等。《唐六典注释》是宰相李林甫奉命撰写。李林甫将全国的纺织品区分“八等”“九等”，目的是向地方搜刮更多的物资，但也等于向全国宣传了各地的优质产品。当时的皖江地带这些产品质量大都居于全国前列，除了上贡朝廷，也广泛交易全国，在商业贸易中引人瞩目。

随着皖江水运事业的发展，皖江南岸的宣州、池州，经济也日趋活跃。成为两个新兴的工商业城市。

宣州，汉代为丹阳郡治，晋武帝改置为宣城郡，唐代改置宣州。唐代肃宗乾元年间设置宣歙观察使，宣州成为总管府。下辖宣、歙二州，后来又增加池州，共计20个县。宣州因此成为皖南地区政治、经济、文化中心。玄宗时期，著名的漕运改革家裴耀卿任宣州刺史，目睹宣州及东南诸州经济发展的趋势，敏锐地提出了具有重大意义的漕运改革方案，改善和加强了皖江水运管理，加强了宣州与全国经济交流与联系，宣州的社会经济，包括商业经济随之繁荣起来。李白有诗歌咏宣州：“鱼盐满市井，布帛如云烟。”① 宣州有富饶的资源，物产众多，可以通过皖江交流全国。辖境南陵、当涂二县，皆濒临大江。水运便利。南陵县的利国山、铜井山（均属于今安徽铜陵市）出产铜矿；凤凰山出产银矿；宁国、当涂也出产银矿，其赤金山“出好铜与金类，《淮南子》《食货志》所谓丹阳铜也”②。这些地区的矿产，在唐代都得到广泛开采和冶铸。唐朝官府在这里设有宛陵监和梅陵监，为朝廷冶铸钱币每年达五万贯由皖江运出。③ 唐玄宗时期，全国共计有99个铸钱炉，宣州占10个。“每炉岁铸钱三千三百缗”，④ 另有铅冶和铜矿冶，每年向国家上交的“土贡”都以银和铜为首类。当时，“天下岁铸三十二万七千缗”，宣州宛陵监、梅陵监岁出五万贯，几乎占全国六分之一。铜铁是制造军用器械的重要物资。宣州的军械作坊由此兴起，为国家提供大量的军用器械。⑤ 元锡为宣州观察使时，曾经一次向国家“进助军绫绢一万匹，弓箭器械共五万二千事”，⑥ 王遂为宣歙观察使，“进助军钱三万四千二百贯”。⑦ 宣州的纸、

① 《全唐诗》卷171李白《赠宣城宇文太守兼呈崔侍御》。
② （唐）李吉甫：《元和郡县图志》卷28。
③ （唐）李吉甫：《元和郡县图志》卷28。
④ 《新唐书》卷53。
⑤ 《全唐文》卷612。
⑥ 《册府元龟》卷485《邦计部·济军输财济军》。
⑦ 《册府元龟》卷485《邦计部·济军输财济军》。

笔与歙州的墨、砚，合为“文房四宝”，作为当时的特殊手工业品享誉全国。如宣州出产的毛笔以紫毫笔为最佳。白居易诗曰：“紫毫笔，尖如锥兮利如刀。江南石上有老兔，吃竹饮泉生紫毫。宣城之人采为笔，千万毛中拣一毫。毫虽轻，功甚重。管勒工名充岁贡，……每岁宣城进笔时，紫毫之价如金贵。”① 当时宣州陈氏笔最有名，唐代书法家柳公权求陈氏笔，仅得两枝。宣州的其他物产也都大量外运交易。如“绮、白纻、丝头红毯、兔褐、簟、署预、黄连、碌青”等等，② 都列入贡品而运往京师，或者作为精品运销各地。丝头红毯，又名红线毯，是当时负有盛名的纺织品，供宫女舞蹈用。白居易在《新乐府·红线毯》中详细描写了红线毯的具体制作工序、种类、质量，在社会上产生很大的影响。

四、唐代皖江流域开发的社会意义

唐代皖江水运交通发展并非偶然，其区域经济的发展和优良的天然条件以及全局发展的需求，带来了皖江流域社会发展广阔前途。

其一，扬州为龙头的长三角经济区形成。

唐代的长江流域，长三角地区率先崛起，出现了全国闻名的大都市“扬州”，其各种手工业、商业、金融、国际贸易等跻身全国先进行列，成为长江流域乃至南方地区的社会经济辐辏的中心，同时扬州也以巨大能量向四周辐射，带动长江流域城市带迅速发展。“扬州富庶甲天下，時人称‘扬一益二’。”所谓“扬一益二”，即“言扬州居一，益州为次也。”（《资治通鉴》卷 259）

其二，“楚江”地位凸显。

颈连扬州的长江段，即今皖江流域。唐人文献中称之为“楚江”。诗人李白在《望天门山（当涂）》七绝中留下了描写“楚江”的雄浑诗句：“天門中断楚江开，碧水东流直北（一曰‘至此’）迴。两岸青山相对出，孤帆一片日边来。”楚江上的“天门”，即是夹江相对的两座青山，东岸博望山，又称梁山，位于今马鞍山市当涂县境内；西岸梁山，隔江与博望山相对，位于今巢湖市和县境内。两山夹江而立，形似“天门”。③ 诗人抓住“天门”这一标志性视点，指明了长江的重要特征，至此转折北流，形成南北流向，穿越今安徽腹地。春秋战国时期，这里属于楚国，故李白称之为“楚江”。两岸的地望也发生了较大的变化，称之谓“江东”“江西”“江左”“江右”，而非“江南”“江北”。南北流向的

---

① 《全唐诗》卷 427，白居易：《紫毫笔》。

② 《新唐书》卷 41《地理志五》。

③ （宋）祝穆：《方舆胜览》卷 15：“天門山，在當塗西南三十里，又名蛾眉山。夾大江，東曰博望，西曰梁山。”

变化，有利于南方物资北运，在长江航运以及全国航运中具有沟通南北航运水运交通的重要意义。

其三，优良的黄金水道。

皖江的河道也发生了重大变化，长江穿越今安徽境内，沿途丘陵与平原相接，地势平缓，江面开阔，碧波浩瀚，形成航运的黄金水道。皖江两岸的支流湖泊密布，形成了以皖江为主干道的航运网，为本土资源的开发与集散提供了良好的天然条件。唐玄宗时期宣城太守裴耀卿谙熟这一区域的社会特征，观察国情，以皖江“黄金水道”为元素，提出了改革国家“漕运”的航运方案。宣城太守裴耀卿的奏疏得到唐玄宗的赏识，擢拔裴耀卿为计相，委以江淮、河南转运都使，主持江淮漕运，皖江流域的航运资源率先开发，带动皖江乃至东南社会经济迅速发展。

（作者周怀宇为安徽大学历史系教授；作者李晓秋为马鞍山市职业技术学院办公室主任、副研究馆员）

蒙元统治下的芜湖商业发展摭谈

宫 超

内容提要：蒙元统治时期的芜湖商业在历经了兵火的洗礼之后，借助大一统的外部环境以及独特的交通区位优势，迅速地恢复元气并发展起来。元代芜湖商业的发展成就主要体现在物资的集散流通以及市镇的繁华上面。芜湖商业在元代的成功，为芜湖日后的稻米市场的发展和皖江商业枢纽的形成奠定了基础，也为明清直至近代的芜湖成为长江巨埠开创了道路。

关键词：元代；芜湖；商业发展

一、鼎革之际 时遘兵燹

13世纪初，蒙古铁骑崛起于漠北草原，在成吉思汗及其继任者的领导下，以摧枯拉朽之势横扫整个欧亚大陆。我国境内的西夏、金、大理、吐蕃等各个地方政权先后被纳入蒙古统治者的管辖范围之内，而此时南宋政权却处在纸醉金迷的腐朽状态之中，一代奸相贾似道专权误国，对外屈膝求和，对内大肆搜刮，致使国内民生凋敝、经济混乱不堪。这一时代环境损害了元代芜湖以及全国商业的正常发展。

公元1275年，元世祖忽必烈派丞相伯颜率军大举进攻南宋，元军自长江中游顺流东下，沿江州县望风而降。南宋政权匆忙组织了水陆13万大军、战舰2500艘于芜湖附近江面阻挡元军，并派奸相贾似道前往芜湖澛港统一指挥，但贾似道惧敌怯战，一心求和，疏于战备，宋朝水师败溃于澛港上游的丁家洲，此即历史上著名的“丁家洲溃师”。随后，伯颜挥师东进，当时驻守芜湖的南宋江东转运判官、知太平州孟之缙以城降，芜湖等地被划归元朝江浙行省统辖。

蒙元统治者本是漠北草原上的游牧民族，处在奴隶制时代，凭恃兵强马壮，趁周边诸政权腐朽没落之际入主中原、君临天下。他们在征服各民族，尤其是征服汉族的过程中，逐渐采纳和保持汉地原有的封建社会制度，但同时又沿用一些落后的统治制度和方法，对蒙汉及其他各族人民实行着残酷的阶级压迫。如推行臭名昭著的四等人制度，即把各民族按照族别和归顺先后顺序划分为四个等级：一等蒙古人，二等色目人（即西域各族），三等汉人（北方汉人和契丹、女真人），四等南人（南宋统治下的江南各族人民）。当时的芜湖和江南地区的人民，都属于地位最低下的“南人”等级，受到的压迫也最为深重。“南人”的权利极其有限，甚至夜间点灯及行走也被禁止，私有财产更得不到保障，政府可以随时括取他们的马匹牲畜。在这种人身自由和私有财产难以得到保障的条件下，芜湖的商业发展可谓是步履维艰。

元朝政府的财政收入，十分之七取自芜湖所在的江浙行省。元初，丞相阿合马委派大批财赋官来到江浙，他们唯利是征，茶、盐、酒、醋等税，节节攀增，较前高十倍以上。又加上料民、括马、钩考等手段，花样翻新，大肆剥削。来到江南的地方官答鲁花赤，又多不谙经济、治民之道，以牟财取利为能事。如两淮转运使阿剌瓦丁贪污官钞达21500百锭，盗取和卖马344匹。他还擅自把官吏的符牌给家奴经商贸易，与色目商人一起垄断市场，欺压汉族商人。[①] 忽必烈连续发动对外侵略战争，责令江南行省大造海船，昏暴的地方官根据人户数字摊派造船，征收工料。为了打造海船，大批工匠背井离乡，被征服役，辛苦万状，冻死病死者不计其数。芜湖同样受供亿之烦，据《芜湖县志》载，为了供给东征日本，“市民百辈操舟冒雨渡淮”[②]。

元朝消灭南宋，并未给江南百姓带来安居乐业的生活，反而使他们遭受到更加残酷的压迫和剥削，各地反元斗争遂风起云涌。元世祖至元二十年（1283），刑部尚书崔彧奏报说：“江南盗贼，相延而起，凡二百余所，皆由拘刷水手与造海船，民不聊生，激而成变。”[③] 至元二十四年（1287），尚书右丞畏兀儿人桑哥也说：“江南归附十年，盗贼迄今未靖”[④]。而在芜湖，从至元十九年（1282）到至元二十七年（1290），八年间便有徐汝安、孙惟俊等人领导的两次大规模的武装反抗活动。[⑤] 元朝军队镇压起义时，大肆劫掠，至元二十七年（1290），御史台言，“江南盗起，讨贼官利其剽掠，复以生口充赠遗”[⑥]，造成“大州小邑。四民子弟，无少长悉为人俘虏，流离播迁之余，可矜可哀。”[⑦] 这使原本残破的经济雪上加霜，曾经繁华的芜湖“时遘兵燹”，经济残破，港口冷落，商业萧条。

民族压迫、经济剥削、频繁战乱，使芜湖商业一度陷入低谷，甚至较宋代要倒退许多。但是，元代建立之后，在经济复苏的背景下，芜湖的商业也逐步复

---

① 宋濂：《元史》卷11，《世祖八》，北京：中华书局，1976年版（下同）。

② 余谊密、鲍实：《芜湖县志》卷44，《名宦志》，民国八年石印本（下同）。

③ 柯劭忞：《新元史》卷284，《崔彧》，长春：吉林人民出版社（下同）。

④ 宋濂：《元史》卷14，《世祖十一》。

⑤ 苏天爵编：《元文类》卷53，《平章政事张公墓志铭》；柯劭忞：《新元史》卷12，《世祖本纪》。

⑥ 宋濂：《元史》卷16，《世祖十二》。

⑦ 同恕：《榘庵集》卷9，《故张君彦谌墓志铭》，文渊阁四库全书本。

兴，贸易趋向活跃，市场走向兴旺。

二、政通人和 经济复苏

元代芜湖商业的发展，尽管受到上述诸多不利因素的限制，但同时又具备一些有利条件。首先，蒙元时期，国家空前统一，对外关系日益开拓，水陆交通更为便捷，形成“适千里者如在户庭，之万里者如出邻家”[①] 的商业环境；其次，蒙古贵族及上层色目人本来就重视商品经济，商人的社会地位也有所提高；再次，纸币正式作为法定货币，与白银等一起在全国流通，甚至征收赋税也要缴纳一定数量的钞币和白银，耕织之家只好以农产品和手工业品“贸易白银，以供官赋”。[②] 这些都有利于商业和商业经济的发展。

宋元更替之际，芜湖地区曾是双方冲突和战争的地区，经济受到打击和破坏，但程度并不非常严重，有两个原因：一是太平、芜湖等州县主动投降，免遭屠城的厄运；二是元世祖忽必烈征讨策略有所改变，并且开始重视对江南财赋地区的保护。忽必烈曾告诫将士“毋得妄加杀掠”[③]，在元军进入长江中游时又“诏谕江、黄、鄂、岳、汉阳、安庆等处，归附官吏、士民、军匠、僧道人等，令农者就耒，商者就途，士庶缁黄，各安已业，如或镇守官吏妄有骚扰，诣行中书省陈告”[④]。这种征伐策略上的变化，显然对芜湖等地的商业复兴大有好处，使“商者就途”，“各安已业”，发展商业。

元初，芜湖地区的确发生过反元起义，但旋起旋灭，持续时间不长，破坏不是太大。很快，统治者又调整政策，任用贤吏，重视生产。如世祖至元后期的芜湖县尹张祯、臧源，仁宗延祐年间“善决疑狱、征赋及时”的县尹欧阳玄以及泰定帝时期“均差役”、“用官米赈灾民而不取值”的县尹浦源，他们都很有才干，造福一方，对芜湖地区经济恢复和发展作出了较大贡献。[⑤] 此外，元政府还颁布《修陂塘诏》，号召各地兴修农田水利，发展农业生产。至元二十一年（1284）诏令司农司制定屯田法，由官府提供种子、耕牛和农具，并免征徭役6年，用以招募江南百姓垦种荒田。此外，忽必烈免除了一些前代的杂税，“凡故宋繁冗科差、圣节上供、经总制钱等百有余件，悉除免之”[⑥]，使人民的负担有所减轻，生产积极性有所提高，农业生产发展起来，人口、丁口也迅速增长。据

---

① 王礼：《麟原文集》前集卷6，《义冢记》，文渊阁四库全书本。

② 郝经：《陵川集》卷32，《河东罪言》，文渊阁四库全书本。

③ 宋濂：《元史》卷8，《世祖五》。

④ 宋濂：《元史》卷8，《世祖五》。

⑤ 余谊密、鲍实：《芜湖县志》卷44，《名宦志》。

⑥ 宋濂：《元史》卷8，《世祖五》。

《芜湖县志·政事志》记载，元代芜湖的丁口最多时达到48250口，远多于宋代的12250口。[①]

生产的迅速复苏、人丁的大量增加，都促进商业的恢复和发展。元代芜湖人汪泽民的《浦侯去思碑记》记载："芜湖，古鸠兹，今壮县，当南北之冲，邮传、商贾、舟车之所集，民聚以番。"[②] 这通碑记，一方面指出芜湖地处南北要冲，是水陆交通的枢纽；另一方面指出芜湖商业的繁荣景象，四方商贾齐聚于此，人口日益增加。至正年间，芜湖举人黄礼曾说："芜湖附河距麓，舟车之多，货殖之富，殆与州郡埒。"[③] 可见，一个县治的商业繁华程度，可以与州城媲美。

三、市场一统　商品流通

由于全国性统一市场的形成，加之京杭大运河全线贯通以及从渤海湾至长江口海运航线的开辟，更便于各地物资的交流，也促使芜湖港口成为一座可以进行江河、江海联运的枢纽港口，两淮的食盐、上江的米粮、皖南的竹木茶叶等物资都在这里集散转运。

芜湖是皖江地区重要的食盐转运地。食盐是人类的生活必需品，但产地分布不均，需要互通有无，食盐贸易在我国古代很早就开始了。食盐主要供人食用，买卖的兴盛直接与区域人口的多少直接相关。据统计，元代南方的苏南、皖南、浙江、江西、湖南的人口总量占当时全国总人口的60%[④]。而当时主要的盐场又在扬州附近地区，于是大批商人贩盐于长江沿岸地区。芜湖地处水陆交通枢纽，南有青弋江可通宣、徽，北有裕溪河直达巢、庐，优越的地理位置使它成为长江中游的一个食盐转运站。早在宋代，洪迈的《夷坚志》有徽州商人贩运食盐，途经芜湖的记载。元代诗人朱晞颜在《经芜湖》诗中写道："古县接通津"，"鱼盐通远贾"[⑤]，反映了芜湖交通的地位和盐业的兴旺。当时，由扬州运往皖南地区的食盐一般走水路，在芜湖纳税后再转运贩卖给当地盐商。著名诗人贡师泰曾搭乘这种盐船返回宣城故里，诗云："扬州觅得卖盐船，夜来泊向蟂矶边。"[⑥]

当时芜湖地区的私盐贩卖也很猖獗。元代商人与官府勾结，垄断贸易，赚取高额利润，致使中、小商人经营困难，甚至破产，不得不铤而走险贩卖私盐。据

---

① 余谊密、鲍实：《芜湖县志》卷26，《政事志》。

② 余谊密、鲍实：《芜湖县志》卷50，《艺文志》。

③ 余谊密、鲍实：《芜湖县志》卷8，《地理志》。

④ 陈代光：《中国历史地理》，广东高等教育出版社1997年版，第218页。

⑤ 朱晞颜：《瓢泉吟稿》卷2，《经芜湖》，文渊阁四库全书本。

⑥ 贡师泰：《玩斋集》卷2，《分题得芜湖月送宋显夫赴山南签宪》，明嘉靖刻本（下同）。

贡师泰《芜湖》诗中的“雨隐巡盐鼓，风腥挂网舟”① 句可知，当时芜湖江面有专门稽查私盐贸易的巡逻船只和官员，也反映出芜湖地区私盐贸易的猖獗。

芜湖也是皖江地区重要的米粮聚集地。在宋代，芜湖已建有大型仓库用来储存粮食，又因江南圩田的大规模兴建，稻米生产和贸易日益发展，芜湖几乎出现了早期米市的雏形。元朝定都于大都（今北京），但大都的财政和粮食却要依靠东南。在每年征收的1211多万石税粮中，靠近大都的腹里（主要是山东、山西、河北等华北地区）只占18%，而芜湖所在的江浙行省（主要包括今皖南、苏南、浙江、福建等地）却占37%。② 所以，《元史·食货志》称：“元都燕京，去江南极远，而百司庶府之繁，卫士编民之众，无不仰给江南。”③ 据赵世延的《大元海运记》记载，元代湖广、江西的米粮先运抵芜湖，会同芜湖仓征收购买的附近各县米粮，一起装入海船运往大都。这些官粮的收购与运输并非完全是政府行为，而是政府把收购与贩运的承包权转卖给商人，于是，长江中上游地区的商人纷纷把米粮运送到芜湖，出售给溯江而上的下游商人，芜湖也就成了重要的商品粮交易地。④

芜湖还是重要的茶叶、竹木集散地。我国茶叶产地多分布在南方的丘陵山区，但茶叶销售市场遍布全国各地，于是茶商以及茶叶转运销售也就出现了。元代的茶叶实行政府专卖制度，商人要贩卖茶叶，必须先购买茶引，茶引规定了茶叶购买和运销的数量及地点，商人必须在规定的区域内购销茶叶。据《元典章》记载，当时长江中下游的茶叶交易都归江西等处榷茶都转运司管辖，它辖有15处茶提举司（即在产茶地区征收赋税的机构），还有两个重要的茶批引所，一个设在真州（今镇江），另一个在芜湖。⑤ 茶批引所是专门印卖茶引的机构，拥有这机构的城市，必是茶商聚集、茶叶贸易兴盛的地方。如前面宋代部分所述，芜湖及附近的宣州、徽州、池州等地均是盛产茶叶的地方，且芜湖又有交通之便，茶商们在芜湖购买茶引之后，前往附近各州的茶场购买茶叶，运回芜湖，然后或转手卖出，或远销各处。无疑，芜湖茶批引所促进了本地茶叶市场的繁荣，也推动了芜湖城市商业的发展，至明代中期，芜湖便成为“幅五方而府万货”的商业都会。

元朝建都于燕京，大造宫殿楼阁，需要大量优质木材，但北方地区木材资源不太丰富，再加长期战乱，已难以满足京都的需要，统治者转而求诸于交通便利

① 贡师泰：《玩斋集》卷3，《芜湖》。

② 参见郑学檬：《简明中国经济通史》，北京：人民出版社，2005年版，第685页。

③ 宋濂：《元史》卷93，《食货一》。

④ 参见赵世延：《大元海运记》卷下。

⑤ 参见佚名：《元典章》吏部卷3《典章九》。

的南方山区。皖南地区多山而又近水，据记载，早在宋代便有商人将徽州的竹木贩运至太湖流域。到了元代，更是有一批徽州商人借助青弋江便利的水运，将皖南山区的竹木贩运至芜湖，再沿长江、运河转运至北方。为了招徕远贾，地方官府主动为商人提供贩卖竹木的市场。据《芜湖县志》载：“炮台在县西滨江……其下滩地为徽、临两郡木商贩木箱之所”①，史称“芜湖关工税，向以木排为大宗”②，可以想见芜湖竹木市场之繁荣。

元代芜湖，商业区位优势突出，不仅有土著商人，还有大量外来客商，并且客商占有较大的比例，芜湖应是一座较早具有开放性的城市。芜湖地区农业生产条件好，农作物产量高，农民种植水稻“有获必倍于他邑”，本地人一般安于现状、安土重迁，不愿意长途经商，多为坐贾，且以小商小贩居多，比如经营碾米作坊的小商人就基本上全是芜湖土著。③ 由于芜湖交通便利，地理位置重要，“四方水陆商贾日经其地”④，外地商人纷至沓来，经商的气魄也很大。元末芜湖举人黄礼曾指出：“居厚实，操缓急，以利权成富者，多旁郡县人。土著仅小小兴贩，无西贾秦翟，北贾燕代之俗。”⑤ 在芜湖众多的外地客商中，早期的徽州商人对芜湖商业发展和城市繁荣作出过重要贡献。

一般认为，徽州商帮最终形成于明代中叶，但早在唐代，徽州商人已经四出经商，宋代徽州盐商及木材商人来到芜湖。至元代，徽州商人已经涉足盐、粮、茶、木等诸多商业领域。徽州诸县处于皖南山区的崇山峻岭之中，山货较多，但耕地很少，人们只好经商营生。徽州既没有区域优势，也无交通之便，同时，两淮的盐利、中原地区的广阔市场、长江的便利水运等都吸引着徽州商人的目光。他们要想北上经商，就必须经过芜湖或以芜湖为商业据点。芜湖与徽州早有道路相通，据淳熙《新安志》载，北宋时期自歙县至汴京的道路是“出东门，指绩溪，由宁国县入其府（即今宣城），济黄池，入太平州，渡采石江”⑥，然后北上。可知早在唐宋时期，由徽州经宣城至芜湖的道路就已经畅通无阻了。据《新安名族志》载，元代歙县岩镇人汪德兴，贩盐于淮南，途经芜湖。后来，芜湖已是长江流域商业的大码头，明清时期在芜的徽商很多。明代徽州人汪道昆在《太函集》中说：“吾乡（指徽州）去芜阴（即芜湖）400 里近，乡人贾者，往

① 梁启让、陈春华：嘉庆《芜湖县志》卷 6《地理志》，民国二年影印本。

② 彭泽溢：《中国近代手工业史资料》第 1 卷，北京：中华书局，1984 年版。

③ 余谊密、鲍实：《芜湖县志》卷 8，《地理志》。

④ 姚逢年：《芜湖县志·序》。

⑤ 余谊密、鲍实：《芜湖县志》卷 8，《地理志》。

⑥ 罗愿：淳熙《新安志》卷 1，《道路》，清嘉庆十七年刻本。

往居芜阴。”[①]清初人赵吉士也说：“徽之富民，尽家于仪、扬、苏、松、淮安、芜湖诸郡。”[②]可见，徽商足迹遍及大江南北，但芜湖是他们的主要经商城市之一，对芜湖商业的发展作出了重大贡献。

四、城市繁华 商业兴盛

元代中叶，芜湖已是皖江流域重要的物资集散地，米粮、盐茶、竹木等商品交易十分活跃，县城内外一片繁荣景象。元末举人黄礼说：“今城中外，市廛鳞次，百物翔集，文彩、布帛、鱼盐襁至而辐辏，市声若潮，至夕不得休。”[③]可见，各类商店鳞次栉比，商品琳琅满目，两淮的食盐、江西的瓷器、松江的棉布、本地的铁制品、长江的水产都汇集于此；大街上人群摩肩接踵、熙熙攘攘，有叫卖土产日杂的小贩，有行色匆匆的客商，还有芜湖周边的普通劳动者，他们把自己生产的粮食、布帛等农业、手工业品拿到市集上出售，然后再购回生活必需品。元朝政府为了维持国家机器的正常运转，往往在一些重要城镇及交通要冲设立税务机构，征收商税，芜湖便有这种机构，设有税提领（官名），负责征收商税。

元代芜湖城市商业的繁华形成两个特点：

一是市集的范围由城中扩展到了城外，甚至很多商品交易活动就在码头上进行，如黄礼说：“今城中外，市廛鳞次”，元人汪泽民的《浦侯去思碑记》中也提到江西商人在码头贩卖过陶瓷用品，可见当时商业经营的地点较为自由，范围扩大，不再“城中为市”了。

二是商品交易的时间也较为自由，不再是传统上“日中为市”，商业活动从早到晚，直至深夜，正如黄礼所谓的“至夕不得休”。在我国古代，政府为了防御盗贼，常会下令城中入夜宵禁，不准百姓随便走动，更别谈进行商业活动。元世祖至元十七年（1280），颍州人张祯任芜湖县尹，他十分关心民间疾苦，曾亲自前往淮东，将数百东征日本的芜湖民夫设法带回。当时，他看到城中宵禁，阻碍了商业活动，便“宽夜禁以便民生理”。[④]这一改变不仅顺应民意，有助民生，而且大大促进了芜湖商业的发展。

到元仁宗延祐年间（1314—1321），著名历史学家欧阳玄主政芜湖时，芜湖及其附近的商业已是一片繁荣景象：长江上征帆片片、货船联航；青弋江中帆樯

---

① 汪道昆：《太函集》卷10《寿程处士序》，合肥：黄山书社，2004年版。

② 丁廷楗、赵吉士：康熙《徽州府志》卷2。

③ 余谊密、鲍实：《芜湖县志》卷8，《地理志》。

④ 余谊密、鲍实：《芜湖县志》卷44，《名宦志》。

林立，南来北往的大小船只穿梭来往；城南码头上，大批搬运工不停地装卸货物，暮色已沉，仍有商船前来，喧闹之声持续至深夜；华灯初上，城中各大酒楼茶馆便已爆满，人们在这里洽谈生意、畅叙情谊，品味美酒香茶，正如朱晞颜《经芜湖》诗云："酒色澄江雨，茶香客焙春。"① 而县尹欧阳玄在《登赭山》中，也有诗句描写这一景象："晚渡喧商旅，严城沸鼓笳。"②

除芜湖县城外，澛港是一个镇市，它的街市和商业也是一派繁荣景象。澛港本是长江边的一座小渔港，后因芜湖驿馆从城北弋矶山下搬迁至城南十五里的澛港江边，于是官吏和商贾都要在此停舟休息，澛港遂成为"商旅骈集"的"汛防要地"。③ 而贾似道澛港溃师的历史悲歌、萨都剌和贯云石澛港诗的文坛佳话，又使澛港小镇的社会知名度大大提高，文人墨客多喜欢来此凭吊，催生出澛港的酒馆、客栈等服务行业。元人吴师道《澛港》诗说："津鼓迎过船，客子暂休馆。萧瑟芦苇丛，酒家亦相唤。"④ 可见，澛港有客栈可以投宿，也有酒家可以休闲。又有元人许有壬，在《夜至澛港》诗中写道⑤：

听语渔村近，连航水驿通。
不才惭传食，鲑菜足为供。

这反映澛港的酒馆饭店，生意非常兴隆，芜湖的市镇商业与城市商业一同繁兴。

从以上四个方面的考察来看，芜湖商业在元代的成功，应该是历史机遇与现实条件、全国市场与地方经济相结合的必然结果。发展商业，没有什么超现实的条件，也没有多少超常规的发展，必须要有历史的智慧和现实的态度。否则，可能就是一个个商业发展的神话！这也是蒙元统治时期芜湖商业发展留给人们的启示。当然，芜湖商业在元代的成功，为芜湖日后的稻米市场的发展和皖江商业枢纽的形成奠定了基础，也为明清直至近代的芜湖成为长江巨埠开创了道路。

（作者为安徽师范大学社会学院中国古代史硕士）

① 朱晞颜：《瓢泉吟稿》卷2，《经芜湖》，文渊阁四库全书本。

② 曹雪佺：《石仓历代诗选》卷377，欧阳玄《登赭山》，文渊阁四库全书本。

③ 余谊密、鲍实：《芜湖县志》卷5，《地理志》。

④ 吴师道：《礼部集》卷2《澛港》，文渊阁四库全书本。

⑤ 许有壬：《圭塘小稿》卷3《夜至澛港》，文渊阁四库全书本。

近代日本对皖江地区铁矿的控制

马陵合

内容提要：近代皖江地区各铁矿公司从营业之初，基本上都是依靠日本提供的售砂借款进行生产运营，并与日本结成复杂的债务关系。日本通过提供贷款，大量掠夺了安徽的铁矿资源。债务纠纷不断成为安徽近代铁矿业发展中的重要特点，也制约了安徽借助资源优势发展实业的进程。

关键词：日本；皖江地区；铁矿；借款

近代皖江地区铁矿蕴藏丰富。民国初年，在繁昌、当涂等地出现一批商办的铁矿公司。但是，由于受到资金和市场的制约，各铁矿公司从营业之初，就在不同程度上受到日本的控制，所采的铁矿石也基本输往日本。皖江地区成为日本铁矿石的重要供应地之一。由于在资金、价格上受制于日本，这些铁矿公司大都举步维艰，发展缓慢。它们无法在安徽近代工矿业发展起到应有的作用。丰富的铁矿资源并未拉动安徽近代经济的发展。本文拟对此作一粗略梳理，以期丰富安徽近代经济史的研究内容。

一、日本对皖江地区铁矿掠夺概述

自从甲午战争之后，日本就一直觊觎中国丰富的矿产资源，希望将中国作为日本发展重工业和军事工业的主要原料产地。早在1898年秋，日本政府就根据驻上海总领事小田切的建议，主动向中国政府提出，由日本提供贷款白银200万两，作为汉阳铁政局和大冶铁矿的周转资金，以此来取得对汉阳铁政局和大冶铁矿的管理权。汉阳铁政局和大冶铁矿位于长江中下游地区，属于英国势力范围，英国政府绝不愿看到日本势力插手这一地区，因此表示强烈抗议。迫于英国的反对，日本被迫放弃该计划。

1917年至1918年，日本临时产业调查局第二部部长崎川才四郎着手组织了由技师、技手参加的五个调查班，到江苏、湖北、湖南、江西、山东、山西、安徽等广大地区调查中国的矿产资源。其中，技师小林仪一郎带领下的调查第一班于1917年7月至1918年3月，在安徽、江苏两省调查了9个月。调查第一班在当涂姑山地区，先后勘察了大姑山、钟山、小姑山、钓鱼山几个主要铁矿山。小林仪一郎回国后，撰写《支那江苏、安徽两省铁矿和煤矿调查报告》，发表在《大正六年度海外矿物调查报告》上。1918 年 10 月至 1919 年 1 月，日本农商务技师渡边久吉，再次调查江苏、安徽两省及扬子江沿岸铁矿山，在当涂县重点勘察了梼栳山铁矿，并著有《江苏、安徽两省扬子江沿岸铁山调查报告》。1929 年，日本三井物产指派松冈辨治郎调查了当涂县境内的铁矿山，勘查钟山、和睦山、观音山、钓鱼山、大小姑山，后出版地志专著《安徽太平铁矿山调查报告》。所以，有人总结说，“觊觎皖铁，日人较英人为尤甚，势惑利诱，由来已久。”①

安徽铁矿主要集中当涂、繁昌沿江一带。这里铁矿蕴藏丰富，矿质显于山巅，宜于露天开采，且又位于长江南岸，运输便利，安徽商办铁矿多集中于此。民国以后，安徽铁矿相对来说发展更为快速。第一次世界大战前，安徽的铁矿仅有铜陵、泾县的泾铜公司一家，到 1919 年，注册领矿的铁矿公司增加到 15 家，领有矿区 28 处，面积达 17837 亩。正式投产的铁矿有宝兴公司、益新公司、福利民公司和裕繁公司（即桃冲铁矿）四家。其中产量较大的是裕繁公司、宝兴公司。这一时期的安徽铁矿公司因为资金短缺和国内炼铁业发展有限而受日本的控制。铁矿主要资金来源是日本的预购货款，铁矿公司只能将全部铁砂销往日本。这 4 家公司均被日本以贷款预购的方式控制住。大量的铁矿砂以低贱的价格源源输入日本。自民国初年至抗日战争爆发 20 年间，日本从安徽掠夺的铁矿石根据芜湖海关历年出口的数量统计，共达 668 万吨、价值 1941.68 万两白银，平均每年销往日本铁矿石 31.8 万吨。这些铁矿石成为日本东洋制铁所、三井、三菱会社等钢铁企业冶炼钢铁的重要原料。1934 年，芜湖海关输往日本铁矿石 47.2 万吨，约占是年日本进口铁矿石总量的 22%。1936 年，芜湖海关输往日本铁矿石 71.3 万吨，约占是年日本进口铁矿石总量的 19%②。

表 1　福利民、宝兴、益华公司输日矿石表　（单位：吨）

年度	福利民	宝兴	益华	合计
1929		145000	14908	159908
1930	16000	107950	26993	150943
1931	58470	37650	16597	112717
1932	25800	33710	—	59510
1933	119000	—	—	119000

资料来源：王鹤鸣、施立业编著《安徽近代经济轨迹》，安徽人民出版社 1991 年版，第 473 页。

① 《矿业周报》第 27 期，1928 年 12 月。

② 《芜湖海关十年报告》，民国十一年至二十年。

表2 裕繁铁矿早期铁矿输至日本概况 （单位：吨）

年份	1916	1919	1920	1921	1922	1929	1930
数量	24321	114461	81810	160720	141160	257800	186457
年份	1931	1940	1941	1942	1943	1944	1945
数量	92147	24776	88090	74958	101497	73456	2451

资料来源：殷之龙关于裕繁公司与日伪合作的报告（1946 年 8 月），《马鞍山市志资料》第 2 辑，第 102 页；陈筱南：《安徽实业概况》，《实业统计》第 3 卷第 6 号；《桃冲矿业所事业概况》（1945 年 12 月 17 日），《马鞍山市志资料》第 2 辑，第 269 页。

二、积重难返的铁矿公司售砂借款

日本通过提供借款，控制皖江地区铁矿，始于 1912 年。1912 年，安徽省政府与日本三井洋行谈判借款事宜，商定以铜官山矿为抵押，从三井洋行借款 20 万元，以发展铜官山矿业。由于皖人反对，改为出售铜官山铁矿石给日本三井洋行，三井洋行预缴 20 万元，如两年后铜官山铁矿不能开采，仍由安徽将这 20 万元作为借款还给日本。然而这次所借日款，全被军阀挪作他用，并未用于泾铜公司。泾铜公司因乏于资金陷入困境。两年后，铜官山铁矿未能开采，日本三井洋行借机向中国索债，甚至扬言要占据铜官山铁矿以抵债，北京政府声称，“债务由皖省自行料理”。由于政治动乱、经费不足等原因，铜官山铁矿此后一直未曾开工。此后，由于中国政局动荡，安徽地方政权屡屡更替，日本借泾铜公司债务为由夺取铜官山矿控制权的目的并没能实现①。

民初成立的裕繁公司是日本通过贷款控制沿江铁矿资料的典型。裕繁公司是 1911 年由广东商人霍守华创办的。共 90 名股东，集资 100 万银元，其中霍守华入股 384 份，股金 69600 银元，为最大股东。是年 7 月，裕繁公司领到皖都督府第一号勘矿执照。次年 7 月购得山地 600 余亩，划定矿区，正式呈文南京第三区矿务监督署。9 月，在农商部注册，领得采矿执照。1916 年，裕繁公司又领到农商部执照，增购山地 800 亩，扩大矿区。总公司设在上海广东路 36 号，分公司设在芜湖市洋街。

建矿初期，由于缺乏技术装备，只能使用土法开采，效益低下。日本三井洋行经理森恪通过考察，认为长龙山铁矿地质条件优良，交通便利，即与霍守华秘密达成协议，预付 20 万日元开矿资金。1914 年 10 月，双方签订销砂合同。合

① 《民国外债档案史料》第 5 卷，第 561 页。

同共12款，规定以40年为期，裕繁所采矿石“不得卖与他方”、“矿石之品位其含有量定为50%以上”，裕繁所借日方资金按年6厘利息支还等。合同第二款还规定，裕繁聘请湖北汉阳铁厂一技师，计划投资2万元，建成小熔矿炉1座、热风炉2座，计划日出铁5~6吨。1914年3月，国民政府颁布新矿业条例，明确铁矿国有的政策，“非经政府特许，不能领照。”上述草约与新法相违，双方遂策划改由中日合办的中日实业有限公司取代三井洋行①。

此后，裕繁公司在获取日本提供的资金过程中，历经波折，霍守华也因其广东人的身份受到了“资本受之于外人，即利益亦操之于外人”的围剿，皖省会议甚至还作出了撤销裕繁矿权的议案。中日实业公司的特殊身份在起初并没有成为被攻击的对象，“安徽绅士反对陡起，声言专拍霍商，决不侵害本公司（指中日实业公司）之利益。”② 在京皖人孙多森“以铁山利权委诸广东人霍守华一派之手，心有未甘。遂运动政府要路，买言论机关，煽动省民，图设立所谓通惠公司（与中日公司同一目的），以移利权。一时当路者为动，民意激昂，中日实业与裕繁公司之关系几濒绝境。”③ 1915年，中日实业公司通过日本驻华代理公使小幡施加压力，迫使北京政府同意此前确定提供贷款，获取矿砂的垄断性的权利④。

1916年1月22日，霍守华代表裕繁公司，李士伟、森恪代表中日实业公司，重新签订了售砂合同，将原12款合并为10项，合同主要内容是裕繁公司在40年间应向日方供应品位50%以上的矿石；矿石价格俟交货时视成色议定。中日实业公司向裕繁公司提供年息6厘的贷款120万日元（先预付20万日元），并可提供其他经营资金的贷款等条款。与草约相比，实质内容未变，仅是由日本独资的三井洋行换成中日合办的中日实业公司。同年霍守华以月资2000银元的高薪聘请日本人森恪为顾问，高桥雄治为技师。除缴纳出井税与关税外，再按每吨四角缴纳地方公益捐（特别砂捐），以消解地方势力的抵制⑤。

合同签订后，安徽地方仍有强烈抵制情绪。省议会称裕繁铁矿“名为自办，实为外人所利用；名为买卖性质，实为代外人承办之替身。影射诡谲，丧失矿权，其情节尤为离奇，其始农商部曾一再批驳，既而为其所蒙，轻于核准。”并

---

① 丁文江：《一八七二至一九二一年中国矿业》，载中国人民解放军政治学院党史教研室编：《中共党史参考资料》第1册，1979年内部版，第59页。

② 中国社会科学院近代史研究所，中国第二历史档案馆史料编辑部编：《五四爱国运动档案资料》，中国社会科学出版社1980年版，第70页。

③ 《桃冲裕繁公司之历年对日关系》，《马鞍山市志资料》第2辑，1984年内部版，第69-70页。

④ 《桃冲裕繁公司之历年对日关系》，《马鞍山市志资料》第2辑，1984年内部版，第69-70页。

⑤ 陈仲衡：《裕繁铁矿公司之调查》，《矿业周报》第11号，1928年8月14日。

将草约与正式合同作了比对，确定其“奸商卖砂”的性质。正式合同中虽然将第二款“自行建筑日销费矿石250吨以内之制铁所”、第三款“于限期内该矿不得与第三者订立何种性质之合同”两条删去，但其余十款改动有限。第一款之“每日一千吨，限以四十年”，依然如此，又改正之第四款即原订之第六款“净得之利每一吨限以规元银一两，其公司办事费及间接费不得过洋一元”，改正后第八款，即原订之第十款，“按照预算甲所筑造采运矿石铁道，码头及开采矿石各机件等所需经费，得由甲请乙预付矿价以资应用。即此一端，可见该奸商全无资本之铁证。”在其议案中得出的结论是，“该奸商既全无资本，所需悉依赖外人，聘用技师、助手修筑，工程师全又系外人，订立合同，种种限制又悉操之外人。是则卖铁质矿砂者其名，而卖矿权者乃其实也。”安徽省议会通过一项决议，谴责裕繁铁矿公司出卖国家矿权，要求废除非法合同，并饬令繁昌县知事禁止该公司开采、修路等事，将霍守华等饬提到案，按例处罚，送交法院惩治，“以戢奸民而保矿权”①。霍守华在“汉奸商人”的舆论高压之下，在《申报》刊登启事，称“各股东以本公司办理一切均依国家法律，售砂合同亦系政府修订……对本公司营业动用其雷霆万钧之势，以相迫压，守华不足恤，将来更何人敢从事实业乎?”②

然而，北京政府最终屈从于日本压力，无视安徽民众、省议会的正义要求，由农商部核准了日本控制的中日实业公司与裕繁铁矿公司订立的合同。裕繁公司在筑轻便铁路时，又向中日实业公司预支砂价30万元，并聘用日人羽生庚午郎为铁路工程师③。

根据上述合同，中日实业公司不仅完全垄断了裕繁铁矿公司的矿石出口，决定着铁矿石出口价格，并且通过提供矿山经营所需费用，在事实上控制了裕繁公司。中日实业公司副总裁仓知吉曾发表谈话，声称桃冲铁矿的“开采当由本社援助，且建筑搬运该矿之铁道，亦由本社承办，则对于矿山当然与有借款契约者无异”④。

1916年2月至1919年2月，森恪、日本千代田号舰舰长、海军大佐上田吉次、日本驻华公使林权助、日本驻汉口陆军少将神头、大冶铁矿铁务长西海等先后频繁来到桃冲矿山，察看矿山资源及开采情况。1918年裕繁公司铁矿石开始

---

① 《皖省会议撤裕繁矿权》，《申报》1916年12月12日。

② 《申报》1917年5月21日。

③ 陈真等:《中国近代工业史资料》第2辑，三联书店1958年版，第705页。

④ 胡治坤:《日本对安徽矿产资源的劫掠》，载周乾主编《涉外史事》，安徽人民出版社1899年版，第67页。

运输日本，经日方化验，其品位平均达60%以上，含硫低，自熔性好，“在中国铁山中为最优秀者”，年产量占当时日本铁矿石总需量的37.8%，在日本冶铁业中占有重要地位。日本在获得桃冲矿矿石后，即在福冈县户烟市新建东洋制铁株式会社，建造250吨、300吨熔矿炉各一座。三菱、八幡、、浅野、伦西等制铁所也有了可靠的原料供应。中日实业公司副总裁日本人仓知铁吉曾说：“该矿矿量自山顶至山麓约两千万吨，合之表现在地上者，当在四千万吨以上，即使有年额五十万吨之制铁所出现，亦可供给四十年之久……桃冲铁矿之于日本，实日本制铁事业之福音也。”至1924年，裕繁铁矿生产的铁矿砂为34万吨，约占全国铁矿砂总产值三分之一，全公司职工达2700余人，在全国铁矿中名列前茅。自裕繁开办到1936年的18年中，输往日本廉价矿石345.49万吨。日本的制铁公司、钢管公司、三井公司、三菱公司等钢铁厂，均用安徽各地的铁矿石。然而，在“中日商办、股份合营”的幌子下，裕繁公司一直被日本资方掌握了控制权。早期裕繁公司高级顾问为森恪，此后，日本人益田达民、安部四方主持矿山的重要事务，裕繁公司驻东京办事处的全权代表也是日本人藤井元一①。

为发展钢铁生产，政府与商界均有在安徽自建钢铁厂的意愿。国民政府曾筹划在马鞍山兴建钢铁厂，1932年6月，安徽省建设厅派员赴马鞍山一带测勘，选择兴建钢铁厂厂址②。但是至抗战前，安徽始终未能建立钢铁企业。这虽有种种原因，但是，与铁矿石销售受制于日本有密切关系。安徽的铁矿企业经营状况完全取决于世界市场对铁路矿砂的需求。一战期间，钢铁需求激增，牛铁价格，每吨曾涨至300元以上。巨额利润刺激下，安徽的铁矿公司大都是在这一时期呈请执照开采的。但是，安徽铁矿“仅以供给日本为惟一之销路，甚至砂商非先与日人设立合同，不敢从事开采”③。进入20年代以后，由于铁矿石价格下跌，市场萎缩，铁矿业纷纷经营不振，自办钢铁业更显得力所不能及。

由于价格受制于日本，且开采技术落后，使得裕繁公司陷入严重的债务危机。1916年合同签订后，东洋制铁会社营建工程迟缓，1919年才投产，当时日本钢铁业正陷入困境，因此东洋制铁会社生产量很少，无法达到原定计划，自然也就无法授受预定桃冲铁矿石30万吨购买量。而当时裕繁公司已借日债224万元。如不能按预定售出铁矿石，就面临破产局面。为了避免丧失桃冲铁矿厂的独占购买权，同时开辟新的铁矿石供应，补充大冶铁矿石供给不足，八幡制铁所于

---

① 张家康、郭珍仁：《从“裕繁”至桃矿——桃冲铁矿山七十年风云录》，载政协繁昌县文史资料委员会编：《繁昌文史集粹》，1993年版，第112页。

② 陈筱南：《安徽实业概况》，《实业统计》第3卷第6号。

③ 《安徽之矿冶》，《中国建设》第11卷第4期。

1920年向日本政府提出购买桃冲铁路石的要求。经日本大藏、农商务两省协议，决定由大藏省存款部提供资金，经正金银行，由中日实业会社贷款给裕繁公司；裕繁公司每年运交八幡制铁所20万吨铁矿石，贷款本息由运交的铁矿石抵还。1920年12月，日本大藏省存款部以120万日元经横滨正金银行、中日实业会社贷给裕繁公司。此后，桃冲铁路石开始输往日本八幡制铁所。这样，日本采用类似汉冶萍借款办法，由八幡制铁所继承了桃冲铁路矿石的独立购买权。桃冲铁矿在日本金融控制下成为日本制铁原料的又一个重要供应者①。“对开采安徽省桃冲铁矿的裕繁公司，也通过中日实业公司贷予了七百余万元。由于这种投资所取得的铁矿原料，是确立日本重工业的基础，是成为明治中叶以来日本资本主义的存在和发展的重要因素。”② 此外，日本横滨正金银行也多次贷款给裕繁公司。

表3　日本横滨正金银行对裕繁公司借款概况　　（单位：日元）

年月	数额	收回数额	存留额
1920年12月	1500000	239104	1260896
1923年2月	400000	44618	353182
1923年3月	2850000	319329	2530671
合计	4750000	603251	4146749

资料来源：陈真《中国近代工业史资料》第2辑，第391页。

从1923年起，长龙山露天采储量逐渐减少，剥离量增大，矿质下降，又加之采取采富弃贫的开采方法，矿体遭到毁坏，导致年产逐年下降，矿石成本由3.9元/吨增至5.1元/吨，而日本仍按原价4.24元/吨计算，以致裕繁连年亏损。1925年以后，日本对华矿业借款基本停止，但裕繁铁矿由于长期无法还债，利上加利，所欠利息额远超借款本额③。1926年，霍守华被迫去日本求援。“闻其结果为每吨增价三四角。”④ 1927年，霍守华增购部分机器，试图由露采转入井下开采，在长龙山东北两端同时开掘巷道200余米，终因资金不足和技术力量薄弱，又告失败。继又与邻近的昌华铁矿公司签订“双包”合同，强行进入昌华矿区开采，企图挽救危机，但经营状况仍无多大起色。据日本人核算，至

① 郭予庆：《近代日本银行在华金融活动——横滨正金银行（1894—1919）》，人民出版社2007年版，第266-267页。

② 通口弘：《日本对华投资》，商务印书馆1960年版，第208页。

③ 杜恂诚：《日本在旧中国的投资》，上海社会科学院出版社1986年版，第160页。

④ 《安徽繁昌县之裕繁铁矿公司》，《马鞍山市志资料》第1辑，1984年内部版，第73页。

1936年欠日债多达1508.6万元，企业已陷入绝境[①]。据1940年华中矿务公司的核查，裕繁公司的债务主要包括下列三项：（1）正金银行债款本利合计6100076.72元；（2）中日实业公司债款本利金6130203.38元；（3）对浙江银行的债款，本利金2970333.94元[②]。这一数额远远超过裕繁公司的自身资产。

马寅初曾将裕繁借日资与汉冶萍被日资控制相提并论，“债权者为中日实业公司，实则无异于日本实业公司。”“各种铁矿，因有借贷关系，铁砂之供给自由权，即受束缚，时期又长，则今后中国兴办钢铁厂，铁砂原料，势必无所取资，平时可以仰给外海，战时即有断绝之虞。惟自铁矿公司方面观之，以国内炼厂过少，矿砂若无销路，势不能以铁路砂售于外人，否则有矿而无厂，何贵乎有矿？故矿商之售砂借款，自有苦衷，虽民国三年有铁路为国有之政策，亦不能实行。惟售砂契约，束缚过严，于中国之前途，不无隐患耳。……其中得利最大者，厥为日本，利用不正当之手段亦最甚。”[③]

其他铁矿虽没有像裕繁与日本关系之深，但也因为定金关系，受到日本的控制。如福利民公司与小柴商会订有售砂合同。按合同规定，福种民公司自1919年起，至1923年止，五年间要向日商交售铁矿90万吨，日本先期预付90万元。如果不能兑现合同，既要受罚款，定金还得增长利息。福利民公司由于勘探运输方面的原因，直到1930年，才正式向日商交货。是年4月7日，农矿部部长易培基签发了准予福利民公司向日本出售90万吨矿石的文件，并通知芜湖海关监督放行。此时，与合同规定期限已相差十一年，这就使定金款因生息而大增。到1938年11月，加上利息在内，福利民公司欠日商的债务达2101110元[④]。当涂宝兴公司在第一次世界大战时，售给日本的铁矿每吨日币11.78元。进入20年代，每吨售价仅4.2元，宝兴公司因此从一个盈利企业变成一个债台高筑的亏损企业。桃冲铁矿的亏损更为严重，20年代中期欠日债达700万两银。日本通过签订合同、贷款预购、压价收购等手段，劫走安徽绝大部分铁矿石，不仅影响安徽采矿业的发展，而且直接制约安徽钢铁工业机械工业的发展[⑤]。

为发展钢铁生产，国民政府曾筹划在马鞍山兴建钢铁厂，1932年6月，省建设厅派员赴马鞍山一带测勘，选择兴建钢铁厂厂址[⑥]。但是至抗战前，安徽始终未能建立钢铁企业。安徽的铁矿企业经营状况完全取决于世界市场对铁路矿砂

① 凌运舟：《裕繁铁矿公司兴衰史话》，《马鞍山文史》第4辑，1986年内部版，第25页。
② 《马鞍山市志资料》第2辑，1984年内部版，第233页。
③ 马寅初：《中国经济改造》，《马寅初全集》第八卷，第338-339页。
④ 《近代实业家徐静仁》，第46页。
⑤ 洪文侠：《马鞍山铁矿的由来与发展》，《工商史迹》，第78-79页。
⑥ 陈筱南：《安徽实业概况》，《实业统计》第3卷第6号。

的需求。一战期间，钢铁需求激增，生铁价格，每吨曾涨至300元以上。安徽的铁矿公司大都是在这一时期呈请执照开采的。但是，安徽铁矿“仅以供给日本为惟一之销路，甚至砂商非先与日人设立合同，不敢从事开采。”[①] 进入20年代以后，由于铁矿石价格下跌，市场萎缩，铁矿业纷纷经营不振，自办钢铁业更显得力所不能及。

三、抗战时期日本对铁矿的掠夺

抗战爆发后，日军占领了安徽的大部分地区。《华中铁矿股份公司设立纲要》中规定公司以开发及统制华中方面之铁矿为目的，公司资本金1000万元，其中25.5万元由华方出资。在纲要中对中方权限也没有作任何说明，只是含混地声称：“在矿山作为现物出资时，华方当可推荐副董事长及其他职员。”[②] 华中铁矿公司成立后，日方立即着手对安徽当涂县境内的南山等铁矿进行修复作业，并于10月份开始出矿，当年就向日本国内运去了9万吨铁矿石。1938年11月，为适应全面开发掠夺华中矿产资源的需要，兴亚院华中联络部将华中铁矿公司改组为华中矿业公司。华中矿业公司成立后，总部设在安徽当涂，在上海、南京、长沙设立了支社，下辖十个矿业所，其中包括繁昌桃冲矿业所。1938年2月24日，繁昌陷落，不久，桃冲矿区全部落入敌手。1938年9月，日军派遣随军地质人员尾崎博对桃冲铁矿进行了长达半年的地质调查。因为华中地区的铁矿资源是日方重点掠夺的对象之一，所以，日军占领南京后不久，就将堆存于马鞍山开源码头的2万吨矿石悉数运往日本。但是，能够直接掠夺的铁矿石远远不能满足日本扩大战时生产所需的原料供应，日方“痛感必须开采占领区所蕴藏的铁矿石，向日本供应”。[③] 扩大铁矿开采规模是日本对皖南地区经济侵略的主要内容。

1939年1月，华中矿业公司开始着手修复桃冲铁矿。桃冲铁铁矿在战时遭受破坏严重，日方着手修复工作一年后，开始局部出矿，1940年的矿石采掘量为24776吨，1943年达10万余吨[④]。

在桃冲被日军占领之初，霍守华与日方接触频繁，意欲将矿山产权及设备出售给日方，或以此作为股份加入。华中矿业公司鉴于与霍守华有长期交往，答应除每月付给霍守华3000元外，设备转让款全部抵冲旧债，并单方面拟定了“桃

① 《安徽之矿冶》，《中国建设》第11卷第4期。

② 黄美真、张云编：《汪精卫国民政府成立》，上海人民出版社1984年版，第429页。

③ 华中矿业株式会社：《华中国防资源开发意见书》上海档案馆馆藏档案，转引自黄美真主编，《日伪对华中沦陷区经济的掠夺与统制》，社会科学文献出版社2005年版，第317页。

④ 安徽省档案馆编：《日本侵华安徽罪行史料》，安徽人民出版社1998年版，第122、123页。

冲铁矿山处理要领”及“契约案”。但此案提交日本东京兴亚院时，该院“强调其军事占领优势，拒绝审议此案”①。

当时日本政府所以拒绝，原因在于“裕繁公司对日本大藏省负有前述莫大之债务，苟切离此债务。而今桃冲铁山作出现物之出资，则该山将无债务偿还之方法，从而亦非大藏省之所能承认者，且以事业会社为立场之华中矿业公司，如接受负巨额之债务桃冲铁山现物出资，则在经理上乃至底所不能。故华中矿业公司设立时，虽预想桃冲铁山乃当然应开采之处，但以权利关系，遂将该项出资作为将来问题而延长之，将桃冲铁山由现物出资除外。”② 战后，华中矿业公司负责人细木盛枝称，因为裕繁公司借款迁延多年，利息屡加。“若以该公司之区区设备作价，自不能偿还该项借款之几分之一。”③

在日本占领期间，日本除对该矿进行掠夺性开采外，对桃冲矿山历年投资总额据他们自称为7884189.90元。日本除修复利用裕繁留存的生产设施外，还建有发电厂和洗矿厂等④。1940年恢复生产，产量渐增，至1943年采矿量达10.1万余吨。该矿1940年至1945年，共开采铁矿砂36.5228万吨。而日本投降后，接收实数为10万吨，其余26.5228万吨当系运往日本或他处熔炼⑤。

抗战期间，铜官山一带也为日军占领。1940年1月，华中矿业公司在对铜官山铁矿系统地勘察和研究后，制订了铜官山铁矿开发计划。日本有关专家在这项计划中估计，铜官山铁矿的蕴藏量为700万吨，主要是磁铁矿、赤铁矿和褐铁矿，为含铁50%~65%的富铁矿，认为开采后可形成50万吨的年生产能力。尽管日本侵华当局制订了这个雄心勃勃的开采计划，但是当付实施时，日本立即发现出产的铁矿石的品位并不像勘探时那样高，而且难以冶炼，加上日本国内无法提供所需的大量资金，因此很快就中止了对铜官山铁矿开采，所开采的少量矿石则全部运往日本。1943年初，日本再次对铜官山矿床进行勘探，发现了蕴藏丰富的铜矿。

抗日战争时期，益华公司被迫以矿山作价，加入伪华中矿业公司股份。当时益华公司主要是以铁路估价作股的形式加入华中矿业股份有限公司，以矿石现物

---

① 张家康，郭珍仁：《从“裕繁”至桃矿——桃冲铁矿山七十年风云录》，政协繁昌县文史资料委员会编：《繁昌文史集粹》，1993年版，第112页。

② “裕繁公司与华中矿业公司之关系并贷借状况报告”，《马鞍山市志资料》第1辑，第264-265页。

③ 《留用日员细木盛枝、安部四方治关于裕繁公司与日关系的报告》（1946年8月15日），《马鞍山市志资料》第2辑，1984年内部版，第98页。

④ 凌运舟：《裕繁铁矿公司兴衰史话》，《马鞍山文史》第4辑，1986年内部版，第26页。

⑤ “华中矿务局筹备处主任于瑞年1946年12月16日关于接收情形的呈文”，安徽省档案馆馆藏，转引自毕长春、汪平慕：《日军对安徽矿产和粮食资源的掠夺》，《党史纵横》2005年第7期。

出资部分为估计矿藏量为15200吨，每吨50钱，估计合76000元日元，折抵普通股1520股，与宝兴、福利民公司合资的铁道作价20万日元，占4000股①。

此后，倪炳文运动伪实业部，将前农矿部处分倪产股份发还，擅改民营，由倪氏私人收领敌伪股息②。据华中矿业公司第八次营业报告所列股东，益华铁矿公司代表赵文起普通股、新股1520股，每股50日元③。战后，倪氏家族要求发还益华股份，但是，资源委员会加以拒绝，理由是益华公司“与敌伪有合作情形，事实俱在，按照法令规定，自应收归国营范围，划归本会经营。所有发还一节，依法未便成立”④。

1939年2月20日，福利民公司的债主三井矿山股份有限公司董事长川岛三郎委任中岛东助“行使福利民矿山公司所属太平府全部铁矿矿业权”。当时福利民作价日金2720750元，占54415股。由于福利民公司欠三井矿山株式会社的债，因此，该公司的股票收益由徐国安领取交三井代理人中岛东助。1938年至1943年，日本从福利民掠夺矿石2332671吨，这批矿石并没有填平日本债主的欲壑。1945年1月15日，中岛东助给徐国安的信“他本人自华中矿业公司领到（属于福利民归还）日金937858.81元。因此，贵公司之债务为由日本金2101110元中减去前项金额，尚欠日本金1163256.19元。”⑤ 徐国安等人辛苦33年，面临永远还不清的债务。抗战结束后，福利民因作为敌伪产业被全部没收，并停产⑥。

总之，皖江地区各铁矿公司从营业之初，基本上都是不断依靠日本提供的售砂借款进行生产运营，并与日本结成复杂的债务关系。日本通过提供贷款，大量掠夺了安徽的铁矿资源。债务纠纷不断成为安徽近代铁矿业发展中的重要特点，也制约了安徽借助资源优势发展实业的进程。

（作者为安徽师范大学经济管理学院院长、教授、博士生导师）

---

① 《日本侵华在安徽罪行》，第105页。

② 华中矿务局请资委会将益华等铁矿与日伪合作的调查资料转呈行政院核办，以便早日结案，《马鞍山市志资料》，第2辑，第59页。

③ 《马鞍山市志资料》，第2辑，第61页。

④ 《马鞍山市志资料》，第2辑，第61页。

⑤ 《马鞍山市志资料》，第2辑，第125页。

⑥ 翟景云：《得地利而失天时的福利民公司》，《马鞍山文史》第4辑，第52-57页。

思想与文化研究

陈独秀民族国家思想探析

董根明

内容提要：作为中国近代著名的思想家，陈独秀的民族国家思想是颇具先导性、前瞻性和启蒙性的。陈独秀对近代民族关系和民族矛盾以及国家与政府关系的认识常有自己独到见解。他主张域内各民族一律平等，不排满。他警惕“日患”，坚定抗战胜利之信心。他认为国家应为人民谋福利，否定“政府即国家”观念。

关键词：陈独秀；民族；国家；思想

从参与辛亥革命到创办《新青年》，从发起五四新文化运动到创建中国共产党，从领导大革命到宣传抗战，陈独秀发表了大量涉及民族和国家问题的言论，其思考是深刻的，其影响是久远的。作为中国近代著名的思想家，陈独秀的民族国家思想是颇具先导性、前瞻性和启蒙性的。

一、先导性：主张域内各民族一律平等，不排满

辛亥革命时期，陈独秀反对清朝封建专制统治，提倡民主共和，但不排满。在主张域内各民族一律平等的前提下，陈独秀特别强调帝国主义侵略给中华民族带来的灾难。

20世纪初，伴随着《辛丑条约》的签订，中国已经完全沦为半殖民地半封建社会的深渊。挽狂澜于既倒，拯国难于水火，这是有识之士的共识，但在当时，如何救亡，人们的看法又不尽相同。以孙中山为代表的资产阶级革命家开始认识到只有推翻清王朝的专制统治，才是中国的唯一出路。然而也有一些革命党人完全将清朝统治等同于“异族”统治，站在大汉族的立场上，认为“易姓改号谓之亡国”，因而极力“排满”。甚至中国同盟会这样全国规模的资产阶级革命组织在其创始之时也曾以“驱除鞑虏”号召民众。对此，陈独秀有不同的看法，他认为满族是中华大国里的一员，反封建专制不等于排满，并且认为当前最迫切的任务是反帝国主义列强的侵略，唤起民众，救亡图存。

早在1904年9月，陈独秀就在《安徽俗话报》上撰写《本国大略》一文，指出：“全国人种分为四族，一曰汉族，……一曰通古斯族，人数有五百万，从

前住在满洲地方，现在的朝廷就是此族。"[①] 在同年发表的《亡国篇》一文中，他分析道："我们中国人，不懂得国字和朝廷的分别，历代换了一姓做皇帝，就称做亡国，殊不知一国里，换了一姓做皇帝，这国还是国，并未亡了，这只可称做'换朝'，不可称做'亡国'。必定这国让外国人做了皇帝，或土地主权，被外国占去，这才算是'亡国'。不但亡国和换朝不同，而且亡国还不必换朝。只要这国的土地、权利、主权，被外国占夺去了，也不必要外国人来做皇帝，并且朝廷官吏，依然不换，而国却真是亡了。"[②] 显然，陈独秀在这里已经运用了资产阶级政治学说中关于国家的理论，把土地、主权和国民看做是构成国家的基本要素，从而摒弃了狭隘的大汉族观念。正是基于这样的认识，陈独秀对同盟会以"排满"号召民众的做法保留了自己的意见。据郭湛波在20世纪30年代所著的《近五十年中国思想史》一书中介绍，陈独秀"初留学于日本，时中山正组织同盟会，但他首先反对兴汉灭清的狭隘民族主义，未参加。"[③] 赤光在《陈独秀底生平及其政治主张》一文中也分析道："其时中山正组织同盟会，主张狭隘的民族主义，以'兴汉灭清'为口号，他即表示反对，他不赞成这种'民族残杀政策'。"[④] 今天，虽然我们不能断言陈独秀没有参加中国同盟会的是与非或利与弊，但这件事从一个侧面说明了陈独秀对于满族是中华大国里的一员，还是有着比较清醒的认识。

20年后，陈独秀在回顾辛亥革命失败的原因时，撰写了《辛亥革命与国民党》一文，在这篇文章里陈独秀明确指出：辛亥革命失败的原因之一就是误用了不能贯彻革命宗旨的口号——"排满"。"当时民众真实的物质要求，是对外收回权利（矿山、铁路等），是对内反对中央官有企业（浙路、川路等），革命党人忽略了这种适合国民革命之真实的物质要求，而专事感情的排满运动，当时的党人，信仰三民主义而加入同盟会的几等于零，囿于满清虐政之直觉，以为清倒则万事自好而加入革命的党人居最大多数，因此清帝一退位，革命党便失了革命运动的机能，不但首先叛党之章炳麟、刘师培公然宣言只知排满不知共和，大部分革命党人都减少了革命的热忱，即革命的领袖们也真无法解释一般民众'反对清室退位后继续战争'的谬误心理，因为当时只有排满的呼声占领了全社会。而且在这单调的呼声中，竟将民众真实的物质要求，即反抗外国侵略的呼声掩住了，使帝国主义者安然以巨款援助袁世凯解散革命的势力。当时党人的理

---

① 任建树：《陈独秀大传》，上海人民出版社1999年版，第75页。

② 陈独秀：《亡国篇》，《陈独秀著作选编》第一卷，上海人民出版社2009年版，第54页。

③ 郭湛波：《近五十年中国思想史》，山东人民出版社1997年版，第81页。

④ 陈东晓编：《陈独秀评论》，北京东亚书局印行1933年3月版，第178页。

论，未尝不是由推倒满清而革新自强，由革新自强而挽回权利；然而这种转弯的想象，不如直接反抗帝国主义的侵略能够号召民众，当时直接鼓动民众革命情绪的只是推倒满清，所以‘满清倒而革命运动即应停止’，在当时民众心理上，竟成了一个合理的逻辑。”①

事实上，中国同盟会很多会员都具有“兴汉灭清”的思想，如果说辛亥革命的反封建旗帜是很鲜明的，那么，相对而言，辛亥革命的反帝旗帜就比较黯淡，陈独秀的上述见解，特别是对辛亥革命失败原因的分析是很切中要害的。虽然这种分析不能说明陈独秀在辛亥革命时期就具有这种深刻的认识，但在当时他已经超越了狭隘的民族观念，站在包括满族同胞在内的中华民族整体利益上，号召各族人民联合起来，反对帝国主义的侵略，这一点是毋庸置疑的。因此，陈独秀认为国家是全国人的大家，人人都有尽力于这大家的大义，“一国的盛衰荣辱，全国的人都是一样消受。”② 辛亥时期，陈独秀发起反对沙皇俄国侵占东三省的演说大会，创办《安徽俗话报》，其目的就是开启民智，唤醒民众，从思想文化角度拯救民族的灾难。应该说，陈独秀的这种认识，在辛亥革命时期是很有深度的。它不仅直接表现为五四时期陈独秀启蒙思想之滥觞，而且深刻地影响着陈独秀对民族和国家问题的具体认识。

二、前瞻性：警惕“日患”，坚定抗战胜利之信心

在中国近代的民族独立和解放运动中，陈独秀不仅表现出了作为一个爱国者的强烈的民族忧患意识，而且还经常以启蒙思想家的身份呼唤“国人其速醒”③，对“日患”尤为警惕。全面抗战爆发后，他积极宣传抗战，认为中国抗战必定取得最后的胜利。

目前，我们能够看到的最早由陈独秀撰写的文章是1897年的《扬子江形势论略》。陈独秀之所以写这篇纵论长江军事布防的文章以“引领于我国政府”，是因为他痛感“时事日非，不堪设想，”“近时敌鼾卧榻，谋堕神州，俄营蒙满，法伺黔滇，德人染指青齐，日本觊觎闽越，英据香澳，且急急欲垄断长江，以通川藏印度之道路，管辖东南七省之利权。”他对国家面临瓜分的情势深感忧心忡忡，若“万一不测，则工商裹足，漕运税饷在艰难，上而天府之运输，下而小

---

① 陈独秀：《辛亥革命与国民党》，《陈独秀著作选编》第三卷，上海人民出版社2009年版，第375页。

② 陈独秀：《说国家》，《陈独秀著作选编》第一卷，上海人民出版社2009年版，第44页。

③ 陈独秀：《今日中国之政治问题》，《陈独秀著作选编》第一卷，上海人民出版社2009年版，第417页。

民之生计，何以措之。”[①] 在这篇长达七千多字的文章中，陈独秀纵论自荆襄至吴淞口的长江形势和战略地位，广征博引历代战争的得失，希望清政府能够加强江防建设，以期有效抵抗列强进一步的侵略。1903 年 5 月 17 日，安徽爱国人士在安庆藏书楼举行拒俄大会，陈独秀发表《安徽爱国会演说》，希望能“将众人脑筋中爱国机关拨动！”[②]

陈独秀认为中华民族独立和解放的最大危险来自日本。日俄战争后，日本就将其势力扩张至我国的东三省，1919 年初，由英、法、美、意、日五强所把持的巴黎和会又强行将战败德国原在山东的特权全部转交与日本。这引起了陈独秀的警觉，他认为“现在还是强盗世界！”“日本侵害了我们的东三省，不算事，又要侵害我们的山东，这是我们国民全体的存亡问题，应该发挥民族自卫的精神，无论是学界、政客、商人、劳工、农夫、警察、当兵的、做官的、议员、乞丐、新闻记者，都出来反对日本及亲日派才是。万万不能把山东问题当做山东一省人的存亡问题。”[③]

陈独秀认为万一“我们中国若免不得亡国的运命，宁可亡在欧美列国手里，不愿亡在日本手里。”什么“联合亚洲的黄人，持抗欧美白人的鬼话，我们绝对不相信。因为黄人待黄人，比白人待黄人还要残狠十倍。”[④]“在人类共同生活的大义说起来，日本人若真心实行中日亲善主义，不占据中国土地，不侵害中国主权，不垄断中国的交通机关和矿山，破坏中国民族生存的基础，至于相当的工商业的和平发展，我们不但不反对，并且觉得有相互的利益。”“所以我要奉劝日本国民，若求日本民族在中国真实的稳健的发展，应当用和平的工商主义，不应当用强迫的侵略主义。”[⑤]

“九一八”事变后，陈独秀积极主张抗日，以托派中央的名义起草发表了《为日本帝国主义侵占满洲告民众书》，在托派刊物《火花》、《校内生活》上发表一系列文章，宣传抗日。为了扩大影响，他于 1931 年 12 月 5 日又创办了自任主编的《热潮》周刊，作为宣传抗日的阵地。陈独秀公开声讨日本帝国主义的侵略罪行，揭露英美等国操纵国联袒护日本、欺压中国的阴谋，谴责国民党政府的不抵抗政策。他主张武装抗日，抵制日货，对日绝交；抨击蒋介石对日妥协，

① 陈独秀：《扬子江形势论略》，《陈独秀著作选编》第一卷，上海人民出版社 2009 年版，第 8 页。

② 陈独秀：《安徽爱国会演说》，《陈独秀著作选编》第一卷，上海人民出版社 2009 年版，第 11 页。

③ 陈独秀：《为山东问题敬告各方面》，《陈独秀著作选编》第二卷，上海人民出版社 2009 年版，第 98-99 页。

④ 陈独秀：《公同管理》，《陈独秀著作选编》第二卷，上海人民出版社 2009 年版，第 90 页。

⑤ 陈独秀：《为山东问题敬告各方面》，《陈独秀著作选编》第二卷，上海人民出版社 2009 年版，第 99 页。

出卖民族利益比袁世凯更甚，号召抗日反蒋。1932 年 10 月国民党以“危害民国”及“叛国”罪将陈独秀逮捕入狱。在法庭上，陈独秀申述反对国民党的三个理由：一是人民不自由，二是贪官污吏横行，三是政府不能彻底抗日。在自撰数千言的《辩诉状》中，陈独秀猛烈抨击国民党对日本侵略的不抵抗政策，“国民党竭全国人力膏脂以养兵，拥全国军队以搜刮人民杀戮异己，对日本侵占国土，始终无诚意抵抗。”①

1937 年 7 月抗日战争全面爆发，在中国共产党和全国人民“释放全部政治犯”的要求下，陈独秀被释放出狱。当时正值国共第二次合作、抗日民族统一战线初建立之时，各阶级、各阶层、各党派都纷纷提出各自抗日救国的主张。这种局势对一向关心抗战的陈独秀产生了深刻影响，何去何从，他面临着新的抉择。陈独秀出狱后，各种政治势力都想拉拢他，胡适要他去美国写自传，后又拉他进“国防参议会”，都被拒绝。“八一三”淞沪抗战，国民党政府表现出了坚定的抗日态度与决心，陈独秀摒弃前嫌，转而拥护曾经关押过自己的国民党政府领导抗日。他先后在南京、武汉多次发表演说，撰写文章，积极宣传抗战，表示拥护抗战。1937 年 10 月 6 日，陈独秀在武昌华中大学就“抗日战争之意义”发表演讲，他开门见山地指出：“为什么要抗战？一般的说法，是因为日本欺压我们太厉害。这话固然不错，可是，未免过于肤浅了，一般民众尤其是知识分子，应该明瞭更深一点的意义，抗战不是基于一时的感情，而有深长的历史意义。”“我们在抗日战争中，首先必须深刻的了解抗战之真实意义，才会有始终坚决不挠的意志。”“此次抗日战争，不是基于一时的感情，也不是由于民族的复仇，更不是为了正义、人道、和平，这些好听的空洞名词，而是被压迫的民族反抗帝国主义压迫束缚的革命战争。”陈独秀还从近代中国的民族解放和近代化的过程来分析和看待此次抗日战争，他认为这次抗日战争是从经济上摆脱帝国主义的奴役，实现中国从农业国走向工业国的关键。他认为“此次对日战争，乃六七十年来改革与革命的大运动之继续，第一次李鸿章改革，第二次戊戌维新，第三次辛亥革命，第四次北伐运动，今日的抗战乃是第五次，到了对帝国主义武装冲突阶段，也就是民族解放运动的最尖锐阶段。”他指出：此次“战争之历史意义，乃是脱离帝国主义之压迫与束缚，以完成中国独立与统一，由半殖民地的工业进到民族工业，使中国的政治经济获得不断的自由发展之机会。”②

抗战时期，陈独秀不仅满腔热情地宣传抗战，呼吁“有钱者出钱有力者出

① 陈独秀：《辩诉状》，《陈独秀著作选编》第五卷，上海人民出版社 2009 年版，第 63 页。

② 陈独秀：《抗日战争之意义》，《陈独秀著作选编》第五卷，上海人民出版社 2009 年版，第 176-180 页。

力”，“抗战到底”，而且对抗日战争的胜利前途充满信心。这种乐观态度，我们从陈独秀当年很多演讲的标题中就能十分强烈地感受到，诸如“抗战到底”，“为自由而战”，“我们断然有救”，“打倒消极先生”，“言和即汉奸”，“准备战败后的对日作战”等等。陈独秀认为中国抗战之所以能够取得最后的胜利就在于我们“明知必败而战!”陈独秀凭借着中国知识分子的一种强烈的使命感，以“明知不可为而为之”的悲壮来面对当时国破家亡的现实，这实际上就是我们几千年绵延不息的民族文化在生与死的关键时刻所表现出来的那样一种精神力量，是中华民族深厚的文化底蕴在生死攸关的历史时刻所迸发的最具韧性的生命之光。陈独秀说：“我半生所做的事业，似乎大半失败了，然而我并不承认失败，只有自己承认失败而屈服，这才是真正的最后失败，我对于此次抗日战争，也作如是观。”[①] 陈独秀以自己的人格力量和人生信念来看待这场战争的前途，他坚信这场置中国于死地的战争最终会激发出中华民族宁死不屈的精神，“所以中国对日抗战，并不止是要收复失地，而是要争取整个的民族自由。”如果中国一天不得自由，就要抗战一天，绝不中途妥协。陈独秀认为“所谓抗战到底，不是空空洞洞的无目的而战，乃是要脱离奴隶的地位，得到真正自由独立的地位”[②]。

三、启蒙性：认为国家应为人民谋福利，否定“政府即国家”观念

陈独秀是一位有着深厚民族情感的爱国者，他的一生都在致力于探索中华民族的独立和解放。作为“五四”以来有着广泛社会影响的启蒙思想家，他始终严格区分“国家”和“政府”这两个不同政治实体和概念，用以反对国民政府的误国政策和专制统治。可以说，陈独秀的一生是爱国而不爱政府的一生。陈独秀的爱国思想是理性而深刻的，他对国家和政府关系的认识体现了一个民主主义者对民生的关切。

陈独秀不仅认识到朝廷与国家的不同，国家与政府的区别，而且还从学理上系统阐述了应该不应该爱国以及爱什么样的国的问题。他认为“惟中国人之视国家也，与社稷齐观，斯其释爱国也，与忠君同义。”[③]“我们中华民族，自古闭关，独霸东洋，和欧美日本通商立约以前，只有天下观念，没有国家观念。所以爱国思想，在我们普遍的国民性上，印象十分浅薄。”其实，“国家不过是人民集合对外抵抗别人压迫的组织，对内调和人民纷争的机关。善人利用他可以抵抗

---

① 陈独秀：《准备战败后的对日抗战》，《陈独秀著作选编》第五卷，上海人民出版社 2009 年版，第 223 页。

② 陈独秀：《为自由而战》，《陈独秀著作选编》第五卷，上海人民出版社 2009 年版，第 228 页。

③ 陈独秀：《爱国心与自觉心》，《陈独秀著作选编》第一卷，上海人民出版社 2009 年版，第 146 页。

异族压迫，调和国内纷争。恶人利用他可以外而压迫异族，内而压迫人民。”因此，“我们爱的是人民拿出爱国心抵抗被人压迫的国家，不是政府利用人民爱国心压迫别人的国家。我们爱的是国家为人谋幸福的国家，不是人民为国家做牺牲的国家。”①

陈独秀之所以要强调我们究竟应当不应当爱国，主要是因为当时的北洋军阀和国民政府都执行对外妥协和对内镇压的误国政策。中国在巴黎和会上的外交失败，陈独秀认为“曹、陆、章等亲日派固然有相当的罪恶，但是他们不过是造成罪恶的一种机械。”“国民发挥爱国心做政府的后援，这是国家的最大幸事。我们中国现在有什么力量抵抗外人？全靠国民团结一致的爱国心，或者可以唤起列国的同情帮我们说点公道话。人心已死的中国，国民向来没有团结一致的爱国心，这是外国人顶看不起中国人的地方，这是中国顶可伤心的现象。现在可怜只有一部分学生团体，稍微发出一点人心还未死尽的一线生机。仅此一线生机，政府还要将他斩尽杀绝，说他们不应该干涉政治，把他们送交法庭讯办。象这样办法，是要中国人心死尽，是要国民没丝毫爱国心，是要无论外国怎样欺压中国，政府外交无论怎样失败，国民都应当哑口无言。”他气愤地指出，为了“山东问题”国民集会抗议日本的欺压行为，“做政府的后盾，政府却拿武力来殴逐国民，不许集会，满街军警，断绝交通，好象对敌开战一般。日本人看了岂不活活笑死！”② 陈独秀认为对日外交的根本罪恶是政府的误国政策，因此，民众反对政府的误国政策与其爱国思想和行为是并行不悖的。

“九一八”事变后，国民政府执行“攘外必先安内”的政策，1932 年却以所谓“危害民国”和“叛国”罪起诉陈独秀。为此，陈独秀在《辩诉状》中对“政府即国家”观念进行了辛辣的批判和讽刺。“民国者何？民主共和国之谓也，亦即别于君主专制之称。”“‘危害民国’者何？共和政府剥夺人民之自由，剥夺人民之参政权，乃由共和到帝制之先声，罗马历史，十九世纪法兰西及中华民国初年的历史均遗同样教训于吾人。”“若认为政府与国家无分，掌握政权者即国家，则法王路易十四‘朕即国家’之说，即不必为近代国法学者所摈弃矣。若认为在野党反抗不忠于国家或侵害人民自由权利的政府党，而主张推翻其政权，即属‘叛国’，则古今中外的革命政党，无一非曾经‘叛国’，即国民党亦曾‘叛国’矣。袁世凯曾称孙、黄为‘国贼’，岂笃论乎？”日本侵占东北，国民党

---

① 陈独秀：《我们究竟应当不应当爱国》，《陈独秀著作选编》第二卷，上海人民出版社 2009 年版，第 114-115 页。

② 陈独秀：《对日外交的根本罪恶》，《陈独秀著作选编》第二卷，上海人民出版社 2009 年版，第 95-97 页。

不抵抗，“且制止人民抵抗，摧毁人民组织，钳制人民口舌，使之‘镇静’，使之‘沉着应付’，即使之驯羊般在国民党指挥之下，向帝国主义屈服，宁至全国沦亡，亦不容人有异词，家有异说，而予则主张由人民自己扩大组织与武装，对帝国主义进行解放战争，以解决东北问题，以完成国家独立，试问谁为‘叛国’?”[①] 陈独秀运用西方的启蒙思想和国家学说，对国民党政府无视国家利益的误国政策进行了辛辣的嘲讽，这对中国几千年来封建统治者所宣传的“朕即国家”、“朝廷即国家”的传统观念，无疑是一次前所未有的颠覆。

陈独秀以人民有无独立自由人格作为区分封建专制国家与资产阶级民主国家的标准。在封建专制国家中，只有少数君主与贵族有独立自由的人格，大多数人民则毫无权利自由可言，他们附属于特权者。陈独秀宣称这种国家是执政者的私产，以执政者为主人，以人民为奴隶，是“伪国家”。而在资产阶级民主国家里，人民权力，载在宪章，国家被看做是为国人共谋安宁幸福之团体。这种国家以人民为主人，以执政者为公仆，是民主国家，是“真国家”。早在17世纪，英国著名思想家约翰·洛克就在《政府论》中指出：“在参加政治社会时，人们主动放弃了他们在自然状态中所享有的平等、自由和执行权，把它们交给政治社会，……这一切，都只是出于各人为了更好地保护自身及自己的自由和财产的动机。不可想象，一个有理性的动物改变他的现有状态，是为了必现在生活得更差。”“这一切不为别的，只是为了人民的和平、安全和公共福利。”[②] 在这里，陈独秀实际上是用中国式的话语宣传了约翰·洛克在《政府论》中所提倡的基本价值观，他认为“真国家者，牺牲个人一部分之权利，以保全体国民之权利也。伪国家者，牺牲全体国民之权利，以奉一人也”。他说：“民主国家，真国家也，国民之公产也，以人民为主人，以执政为公仆者也。”[③] 陈独秀认为民主共和与君主专制有着本质的区别，“民主共和的国家组织社会制度伦理观念，和君主专制的国家组织社会制度伦理观念全然相反，一个重在平等精神，一个重在尊卑阶级，万万不能调和的。”[④] 而且，民主共和国家注重法治，可以做到“法律面前，人人平等，绝无尊卑贵贱之殊。”[⑤] 陈独秀认为“法律上之平等人权，伦理上之独立人格，学术上之破除迷信，思想自由：此三者为欧美文明进化之根本原因。”[⑥] 陈独秀断言：“愚固迷信共和，以为政治之极则。政治之有共和，学

① 陈独秀：《辩诉状》，《陈独秀著作选编》第五卷，上海人民出版社2009年版，第62-63页。
② 约翰·洛克：《政府论》，北京出版社2007年版，第115-116页。
③ 陈独秀：《今日之教育方针》，《陈独秀著作选编》第一卷，上海人民出版社2009年版，第173页。
④ 陈独秀：《旧思想与国体问题》，《陈独秀著作选编》第一卷，上海人民出版社2009年版，第334页。
⑤ 陈独秀：《宪法与孔教》，《陈独秀著作选编》第一卷，上海人民出版社2009年版，第250页。
⑥ 陈独秀：《袁世凯复活》，《陈独秀著作选编》第一卷，上海人民出版社2009年版，第271页。

术之有科学，乃近代文明之二大鸿宝也。”[1] 由此可见，陈独秀之所以提倡民主共和，反对专制独裁，并从学理上严格区分“国家”与“政府”这两个不同的政治实体和概念，是源于他对民主和科学思想的恪守。

（作者系安庆师范学院教授）

① 陈独秀：《时局杂感》，《陈独秀著作选编》第一卷，上海人民出版社2009年版，第352页。

论陈独秀早期的“开民智”思想

万 师

内容提要：19世纪末20世纪初，中国社会的救亡图存时代主题成为仁人志士为之奋斗的目标，为了使灾难深重的中华民族走向自由、民主、独立、富强的道路，陈独秀早期通过出国留学，接触到西方文化，反思中国社会存在的一些不合理现象，意识到只有开通民智，即注重民众的文化启蒙，培养民众的自觉意志，增强民众的参政意识，来达到教育民众，唤起民众，不断地探究救国救民的道理，才能有利于中华民族的发展。

关键词：陈独秀；早期；“开民智”；思想

“陈独秀是五四运动的总司令，他领导的文化革命是彻底的反对封建文化的运动，自有中国历史以来，还没有过这样伟大而彻底的文化革命。”① 同时，陈独秀还是中国共产党的早期创始人之一，他在中国共产党早期革命实践中发挥着无以替代的作用。陈独秀从小深受中国传统文化的洗礼，有着厚实的传统文化底蕴，这为他后来领导中国革命打好了深厚的文化基础。从小的古文的熏陶，五次东京之行，成就了他的中西文化的独特影响，他从中西文化的发展对比中，特别是从自己对中国革命的不断追求与探索中，深深地体会到中国民众知识水平不高，对革命的期望值很高，由于有限的能力妨碍了他们积极性的充分发挥，势必对中国革命造成不利影响，因此，开通民智，提高民众的智力水平，从而增加中国的民众对自由、科学、民主的理解，上下求索，不断地探究救国救民的道理，才能有利于中华民族救亡图存事业的发展。

被誉为“皖城名士”② 陈独秀饱尝了科举考试痛苦的煎熬，特别是出国留学后对中国与日本的民众生存与发展状况的观察，他深刻剖析中国当时的实际社会现象，即“眼见得几千年故国将亡，四万万同胞坐困”③，正是因为当时民众受教育的机会很少，民德颓落，民智低下，造成他们的地位长期难以提高，导致他

① 《毛泽东选集》（第二卷），人民出版社1967年版，第59页。

② 沈寂著：《陈独秀传论》，安徽大学出版社2007年版，第229页。

③ 任建树主编：《陈独秀著作选》（第一卷），上海人民出版社1993年版，第30页。

们“（1）不关心国事。（2）听天由命。（3）缺乏抵抗力。”① 因此，就必然会出现社会混乱，极贫极弱；道德沦丧，人心不古的不合理的社会现象，如何去拯救处在危难中的中华民族，首要的任务就必须要开通民智，改造国民性，使民众普遍地觉悟起来，唤起他们的爱国激情，使中华民族从帝国主义列强的蹂躏中解放出来，自由、平等地发展。

所谓“开民智，是为了使人民能够符合世界潮流的知识和眼光，因此，束缚文人达千年之久的八股文必须废除，而另外西学开拓人民的智慧。”② 因此，“开民智”，从狭义上说就是提高民众的聪明智慧。因为智慧既是人们认识事物的能力，也是对宇宙、人生真理性洞见的体现；知识侧重的是对象的条理、规律，智慧注重的是宇宙、人生的整体把握。知识要求分辨真假，智慧力争“穷究会通”。所谓“穷究”，就是找寻物体发生的根源；所谓“会通”，就是寻找天人、物我融合的方法。智慧就是将“穷究”与“会通”融合起来，达到对事物的认识。从严格意义上说，“开民智”思想具体含义是指通过思想启蒙教育活动，大力推进民众的自我意识的觉醒，使他们从传统思想的束缚中解放出来，通过自己不断修养，吸收西方近代的学术文化思想，自觉地改变自身的思维方式，树立独立思考问题的文化意识。

一、注重民众的文化启蒙

19 世纪末 20 世纪初，当时中国民众“（1）缺乏爱国的政治道德意识；（2）无独立自主之道德人格；（3）缺乏抵抗力的道德精神；（4）以升官发财为目标的人生观；（5）不讲诚信的道德品德；（6）缺乏科学指导的伦理生活。”③ 因此，“所谓德行，归根结蒂，就是要一个人彻底去掉一身的私欲，不贪财，不盗窃，不欺诈，不慕虚名，心地纯洁，为了诚，可以舍弃自己生命的意思，也就是所谓的牺牲精神。”④ 同时，德行与智力两者关系密切，缺一不可，相辅相成，没有智力作为内涵的德行，就等于没有德行。“智慧不仅能增加道德的光辉，而且还能够保护道德，消灭罪恶。”⑤ 陈独秀在注重民众的道德修养的过程中，加强开通民智，将两者有机地结合起来。

首先，创办报刊启民智。1903 年，陈独秀在上海与章士钊、张继一起，共

---

① 万师著：《陈独秀早期自由思想初探》，《内蒙古农业大学学报》（社科版）2008 年第 3 期（总第 39 期），第 287-288 页。

② 林保淳著：《严复——中国近代思想的启蒙者》，（台湾）幼狮文化事业公司印行，1987 年版，第 33 页。

③ 金焕玲著：《陈独秀伦理思想研究》，中国社会出版社 2009 年版，第 69-76 页。

④ （日）福泽谕吉：《文明论概略》，九州出版社 2008 年版，第 138 页。

⑤ （日）福泽谕吉：《文明论概略》，九州出版社 2008 年版，第 151 页。

同创办了《国民日日报》，当时被誉为《苏报》第二。1904 年 1 月，陈独秀在安徽的芜湖市创办《安徽俗话报》，这是他独立主编的第一份刊物，开始传播民权、自由、科学与民主的思想，为后来他创办闻名全国、对中国几代人产生巨大影响的《新青年》做了准备，成为《新青年》的先声。这份刊物是一份通俗性的读物，表面上是在于“懂得点学问”、“通达些时事”、“长点见识”[①]，让民众不仅能够增加知识，也能够有点觉悟，不能够就整天无所事事，或者稀里糊涂、浑浑噩噩地生活。它实际上配合刊登《亡国篇》、《说国家》、《说爱国》、《恶俗篇》等政论性文章，既揭露了帝国主义列强对我国人民赤裸裸的欺侮、侵略的事实，也批判封建社会诸种不合理的陋习，提倡男女平等、婚姻自由、排除迷信。它既是犀利的战斗武器，也是一本学习文化的大众化、通俗化的读物，对于启发民众觉醒、开启民众的智力起着重要的作用，这是陈独秀开通民智思想的初级表现形式，即在当时大多数民众多是文盲的前提下，让他们懂得一点文化的重要性，只有在此基础上，才能谈得上其他形式的开展，它尽力做到“若能广运长舌，将众人脑筋中爱国机关振动。”[②] 因此，《安徽俗话报》是“表面普及常识，暗中鼓吹革命的工作”[③]。1915 年 9 月，陈独秀为了教育青年、维护共和，创办《青年杂志》（第二期改名为《新青年》），其主旨在于开启民智、致力于思想启蒙，“奋其智能，力排陈腐朽者以去，视之若仇敌，若洪水猛兽，而不可与为邻，而不为其菌毒所传染也。”[④] 因此，在民主与科学的大旗下，提倡个人解放，批判旧伦理，揭开了新文化运动的序幕，有利于广大民众对科学知识的探索，为马克思主义在中国广泛地传播扫清了障碍。

其次，兴办教育促民智。19 世纪末 20 世纪初，中国社会的时代主题仍然是探索“中国向何处去?”的道路问题。为了使灾难深重的中华民族走向自由、民主、独立、富强的道路，近代社会的仁人志士从器物、制度、文化诸领域来寻找出路，提出了许多方案，企图使中华民族摆脱危机，走向复兴。因此，启蒙与救亡成为当时的主要任务，这两者之间也是相辅相成的，启蒙也以救亡为目的，而救亡必离不开启蒙，在救亡的各个环节上，启蒙工作甚至更重要，更带有决定性的作用。要对当时的民众开展启蒙活动，首先应该从教育开始，陈独秀认为，教育不仅能够启发民众的智能，因为它是智慧的源泉，而且还能开发民众的思想。“人的智慧可分为三种：第一种，凭借自身的智力就可理解；第二种，能够通过

① 任建树主编:《陈独秀著作选》（第一卷），上海人民出版社 1993 年版，第 22-23 页。
② 任建树主编:《陈独秀著作选》（第一卷），上海人民出版社 1993 年版，第 15 页。
③ 沈寂著:《陈独秀传论》，安徽大学出版社 2007 年版，第 36 页。
④ 任建树主编:《陈独秀著作选》（第一卷），上海人民出版社 1993 年版，第 129 页。

别人的解释进行体会；第三种，不能凭借自己的理解，也不能通过别人的解释来理解。”[①] 而当时的中国普通民众就属于这第三种，其原因就在于他们连基本的生存条件都很难得到满足，那里还有闲暇去就学呢？因此，通过兴办教育来增加民众的智能就弥足珍贵了。陈独秀认为，教育的目的在于“第一当了解人生之真相，第二当了解国家之意义，第三当了解个人与社会之关系，第四当了解未来责任之艰巨。”[②] 因此，“未受教育的人，好象生材；已受教育的人，好象做成的器具。”[③] 1902 年，陈独秀编译了《小学万国地理新编》；1913 年，他编辑了《新体英文教科书》（4 卷本）；1913—1914 年，他编写了《字义类例》等书，对民众的启蒙教育起到了重要影响。同时，他不仅在安徽的芜湖、广州等地办学，还在浙江、北京大学任教，通过这些努力，突出了学校不仅是增进知识、开发智力的场所，也是提高民众思想觉悟的阵地，使教育与社会、实际相结合，根据教育独特影响和民众知识结构层次差异性，他提出了因材施教、学以致用的方法，扩大了民众接受教育的范围，为开“民智”奠定了基础。

再次，提倡“西学”励民智。所谓“西学”，它是指既包括从西方传来的自然科学（即格致之学），又包括有关西方历史、地理、政治等社会、人文科学知识。陈独秀所倡导的“西学”，它主要包括：（1）西方的学者及其观点（或论述）。德国哲学家尼采的两种道德，即独立心的贵族道德和谦逊服从的奴隶道德；法国哲学家柏格森的创造进化论；法国的人权宣言；达尔文的进化论；马克斯（即马克思）的资本学说；梅特尼廓甫的长生说、道德意见；阿斯特瓦尔特的幸福公式、经历原则、效率论；马尔萨斯的人口论等，其目的在于增进我国青年的知识积累，培养他们的自主、进步、进取等精神。（2）西方的学说或流派。古典主义与理想主义，自然主义与现实主义，人权说，进化论，社会主义等，这些知识从一定层面上改进了中国传统文化所带来的负面影响，增加了民众的世界知识，开拓了他们的眼界，启迪了他们的理论思维，从而为民众的智力发展开启了一面窗口，促进了东西方文化的有机发展，也有利于民众的思维与智能的健康发展。因此，伴随着进化论和自由思想的传入，经过几代启蒙思想家的努力，对当时民众的思维方式和文化观念起到了一定程度的影响，使他们逐步认识到自然科学和社会科学在西方的社会发展中所起到的积极作用，他们通过一定形式或方式，开始学习与引进西方文化，促进了西方文化的大量传入，更有利于民众的知识更新与思想解放。虽然当时中国社会的沉重压力严重地减慢了前进的步伐，但

① （意）马基雅维利：《君主论》（张亚勇编译），北京出版社 2007 年版，第 128 页。

② 任建树主编：《陈独秀著作选》（第一卷），上海人民出版社 1993 年版，第 142 页。

③ 任建树主编：《陈独秀著作选》（第一卷），上海人民出版社 1993 年版，第 322 页。

并没有阻碍中国人民继续向前的脚步。特别是在陈独秀为主要发起人之一所领导下的新文化运动，要求“科学”与“民主”的呼声震撼着中华民族的大地，这种趋势就更加锐不可当。

二、培养民众的自觉意志

“洎乎二百年来，民智益开，教化大进，奋其智勇，经略全球。”① 当民众的智能得到发展时，他们就自觉地运用其智能，去战胜人世间的不合理的现象。因此，“自觉者何？自觉其新鲜之价值与责任，而自视不可卑也。”② 也就是说，民众的自觉意识在于发展全新的观点或理念，这主要表现在：

第一，懂得人生真义。陈独秀认为，宗教家把现实的世界看成是虚幻的，不论是西方的基督教，还是东方的佛教，其目的就是希望来世享乐或者升入天堂；哲学家不论是孔孟，还是老庄，他们的目的不是把做天下的道德家作为己任，就是以知足常乐、顺应自然为目标；科学家相信自然是物质的，人类的发展是靠世世代代的日积月累而创造的，他们的目标是着眼于人类未来的发展，而不是每个个体的生命，即使每个个体不存在了，但他们所创造的财富永远还存在着，成为后来者继续前进的基础，人类就是这样一步一步推动社会不断发展着。那么，我们当下的民众的人生真义是什么呢？他说：“个体生存的时候，当努力造成幸福，享受幸福；并且留在社会上，后来的个人也能够享受。”③ 因此，人生真义就在于，不仅每个个人能够享受幸福，而且其他的人也同样享受着幸福。这种幸福具体表现在五个方面，即“一曰毕生幸福，悉于青年时代造其因；二曰幸福内容，以强健之身体正当职业称实之名誉为最要，而发财不与焉；三曰不以个人幸福损害国家社会；四曰自身幸福，应以自立造之，不可依赖他人；五曰不以现在暂时之幸福，易将来永久之痛苦。”④

第二，畅想现代生活。陈独秀说：“现代生活，以经济为之命脉，而个人独立主义，乃为经济学生活之大则，其影响遂及于伦理学。”⑤ 他在当时情况下，根据欧美人民的生活状况，逐步规划着我国民众的未来的生活情况，其动机一方面在于反对孔教，即将孔子作为法律、政治、文化、意识等方面的主宰，完全否定了当时民众以全新的生活标准来生存的主动权，让孔子成为人们一切的主宰，

---

① 王栻主编：《严复集·保教余义》（第一卷），中华书局1986年版，第86页。
② 任建树主编：《陈独秀著作选》（第一卷），上海人民出版社1993年版，第129页。
③ 任建树主编：《陈独秀著作选》（第一卷），上海人民出版社1993年版，第347页。
④ 任建树主编：《陈独秀著作选》（第一卷），上海人民出版社1993年版，第186页。
⑤ 任建树主编：《陈独秀著作选》（第一卷），上海人民出版社1993年版，第232页。

从而剥夺了民众生活的自主权；另一方面，通过对西方的现代物质文明的介绍，对当时的中国民众具有开阔眼界的作用，从而有利于民众自觉去追求自身素质的提高，从而推动社会的进步。当然，在当时的社会条件下，陈独秀提出“现代生活”的构想，对于下层的民众无疑不过只是画饼充饥而已，很难达到预想的目的；不过作为思想启蒙者的陈独秀来说，通过这种方式，为民众创造了一条了解西方社会的途径，给衰微的社会注入了一针强心剂，让病态的社会看到了可能被治愈的希望，引起民众起来拯救之。

第三，追求全新发展。民众不仅要知道自己人生的目的，更要知道自己人生的归宿。这样，才能有的放矢地去更好地追求自己全新的发展。这种发展既要讲求自主的完善意识，又要追求进步的发展理念，“苟日新，日日新，又日新。”①人们只有不断地求新促变，事业才会日新月异，社会才会蒸蒸日上。因此，“天行健，君子以自强不息。”② 品德高尚、有所作为的人们，不可妄自菲薄，既要像苍天那样刚健有力，周而复始的运行；又要面对困难，不断进取，永不停息，才能担负起时代赋予的历史使命。当然，这种全新的发展，还在于民德的提高，民力的鼓足。严复说：“盖生民之大要三，而强弱存亡莫不视此：一曰血气体力之强，二曰聪明智虑之强，三曰德行仁义之强。是以西洋观化言治之家，莫不以民力、民智、民德三者断民种之高下，未有三者备而民生不优，亦未有三者备而国威不奋者也。”③ 人的全面发展可以从三个方面考虑，国家强弱存亡依赖它。同时，尊重个人独立自主的人格，增强自己的政治觉悟和伦理觉悟。

三、增强民众的参政意识

随着民众智能的开启，民众对自觉意志的追求逐渐增长，他们积极要求参政的意识就会增高，而真正能够增强他们的参政意识，除了智能的开启、个体意识的增长之外，其关键还在于民众的政治觉悟的提高。

首先，培养民众的国家观念。我国封建社会是专制政体，“人民除纳税诉讼外，与政府无交涉。国家何物，政治何事，所不知也。”④ 由于统治者长期压制民众政治参与意识，民众在政治生活中处于无权的地位，生活无法得到保障，更没有自己支配自己的权利，其人生的权利都得不到应有的尊重，他们对国家的事情自然漠不关心。“中国自秦以来，无所谓天下也，无所谓国也，皆家而已。一

---

① （宋）朱熹著：《四书集注·大学章句》，岳麓书社 1987 年版，第 9 页。

② 楼宇烈校释：《王弼集校释·周易注》，中华书局 1980 年版，第 213 页。

③ 王栻主编：《严复集·原强修订稿》（第一卷），中华书局 1986 年版，第 18 页。

④ 任建树主编：《陈独秀著作选》（第一卷），上海人民出版社 1993 年版，第 177 页。

姓之兴，则亿兆为之臣妾。其兴也，此一家之兴也；其亡也，此一家之亡也。天子之一身，兼宪法、国家、王者三大物，其家亡，则一切与之俱亡，而民人特奴婢之易主者耳，乌有所谓长存者乎!"[①] 在"家天下"的专制体系中，君主就是国家，国家是君主的私有财产，君主身兼法律、政治、军事于一身，独揽大权于手中。普通民众只知道有家，不知道有国，对家庭、家族的事情特别关心。他们"个个人一生的希望，不外成家立业，讨老婆，生儿子，发财，做官这几件事。"[②] 他们做官也是为了自己升官发财，买田制地，光宗耀祖，"至于国家怎样才能够兴旺，怎样才可以比世界各国还要强盛，怎样才可以为民除害，怎样才可以为国兴利，这些事他们做梦也想不到的。"[③] "若和他说起国家的事，他总说国事有皇帝官府作主，和我等小百姓何干呢！越是有钱的世家，越发只知道保守家产，越发不关心国事。"[④] 因此，提高民众对"国家"概念的认识，是增强他们参政意识重要方面，陈独秀说："国家者、保障人民之权利，谋益人民之幸福也。"[⑤] 他是从国家的本质及其职能来论及国家权利内涵，国家就是人民权利的保护者、人民利益的维护者。这样，国家与个人之间的关系被准确表述出来。"国际法意义的国家的形成必须具有四个要素：永久的人口；确定的领土；政府；主权。"[⑥] 陈独秀认为，作为国家的构成要素有三个，即"一定的土地"、"一定的人民"、"一定的主权"[⑦]，他在某种程度上比较接近现代对"国家"概念的理解，这是难能可贵的。

其次，增进民众的法律意志。在当时的社会中，一般下层民众由于缺少文化，只是注重自己的生存，对社会中采取什么方式，根本不关心；而一些有文化的读书人只是知道一味地以孔子的言论作为处理事情、评判是非的标准，却不知"孔子生在封建时代，所提倡之道德，封建时代之道德也；所垂示之礼教，即生活状态，封建时代之礼教，封建时代之生活状态也；所主张之政治，封建时代之政治也。"[⑧] 他们把西方的资本主义的立法，等同于中国古代的立法，这就混淆了两者的本质的区别。中国古代立法，就其内容而言，只是那个时代统治者的意识的反映，它只是落后、保守的集中体现。近代的立法，也是时代的折射，它包

① 严复著：《孟德斯鸠·法意·案语》，商务印书馆1981年版，第71页。

② 任建树主编：《陈独秀著作选》（第一卷），上海人民出版社1993年版，第81页。

③ 任建树主编：《陈独秀著作选》（第一卷），上海人民出版社1993年版，第81页。

④ 任建树主编：《陈独秀著作选》（第一卷），上海人民出版社1993年版，第81页。

⑤ 任建树主编：《陈独秀著作选》（第一卷），上海人民出版社1993年版，第118页。

⑥ 梁淑英著：《国际法学案例教程》，知识出版社2003年版，第18页。

⑦ 任建树主编：《陈独秀著作选》（第一卷），上海人民出版社1993年版，第56-57页。

⑧ 任建树主编：《陈独秀著作选》（第一卷），上海人民出版社1993年版，第235页。

含自由、平等的因子，具有进步的特征。陈独秀认为，法律是为了保障现代的文明，"盖宪法者，全国人民权利之保证书也，决不可杂以优待一族一教一党一派人之作用。"① "西洋所谓法治国者，其最大精神，乃为法律面前，人人平等，绝无尊卑贵贱之殊。"② 因此，只有向民众普及有关的法律知识，增强他们的法律意识，让他们运用法律维护国家、个人的权利。

再次，提高民众的政治觉悟。陈独秀说："爱国心，情之属也；自觉心，智之属也。爱国者何？爱其为保障吾人权利，谋益吾人幸福之团体也。自觉者何？觉其国家之目的与情势也。"③ 由于民众的智谋与力量的提高，他们的参与意识开始觉醒。只有参与意识的逐步形成，民众的爱国心才能增强。严复认为"制无美恶，期于适时；变无迟速，要在当可。"④ 一种政治制度并没有好坏的分别，只要适应当时社会的需要，满足于人民的渴求，就是好的制度；一场改革并没有快慢的区分，只要变革的措施适当，反映民众的愿望，就是完美的变法。这表明，无论采用什么政治制度，无论进行怎样的社会变革，只要符合时代的要求，符合人民的利益，就是完美的制度，就是完善的变革。陈独秀说："盖一国人民之智力，不能建设共和，亦未必宜于君主立宪，以其为代议之制则一也。"⑤ 如果一个国家不能够实行民主共和制，也不适应于立宪政体。因此，严复说："始知世间一切法，举皆有弊，而福利多寡，仍民德民智高下为归。"⑥ 判断一种政治制度，或者社会改革是否正确的标准，以是否能够推动民众的道德的提高、民众的智力的发展作为评判的准则。

总之，"民智"是一个国家民众建立独立人格的必要条件，也是用来衡量民众的素质的高低的重要尺度。而"民智"的开发与提高依赖于民众在国家中的自由的空间与平等的地位。只有这些条件具备了，民众在平等的竞争中，就能够充分地发展自身的智力水平。要创造这些条件，在于思想启蒙者的宣传与鼓动，创造出良好的氛围，这样才能提高民众的智力水平，有利于社会的发展与进步。

【参考文献】

[1]《毛泽东选集》（第二卷），人民出版社1967年版

[2] 任建树主编《陈独秀著作选》，上海人民出版社1993年版

---

① 任建树主编:《陈独秀著作选》（第一卷），上海人民出版社1993年版，第226页。

② 任建树主编:《陈独秀著作选》（第一卷），上海人民出版社1993年版，第226页。

③ 任建树主编:《陈独秀著作选》（第一卷），上海人民出版社1993年版，第114页。

④ 王栻主编:《严复集·宪法大义》（第一卷），中华书局1986年版，第240页。

⑤ 任建树主编:《陈独秀著作选》（第一卷），上海人民出版社1993年版，第117页。

⑥ 王栻主编:《严复集·与陈宝琛书》（第一卷），中华书局1986年版，第504页。

[3] 王栻主编《严复集·宪法大义》，中华书局1986年版
[4] 梁淑英著《国际法学案例教程》，知识出版社2003年版
[5] 严复著《孟德斯鸠·法意》，商务印书馆1981年版
[6]（宋）朱熹著《四书集注·大学章句》，岳麓书社1987年版
[7] 楼宇烈校释《王弼集校释·周易注》，中华书局1980年版
[8]（意）马基雅维利《君主论》（张亚勇编译），北京出版社2007年版
[9] 金焕玲著《陈独秀伦理思想研究》，中国社会出版社2009年版
[10]（日）福泽谕吉《文明论概略》，九州出版社2008年版
[11] 沈寂著《陈独秀传论》，安徽大学出版社2007年版
[12] 林保淳著《严复——中国近代思想的启蒙者》，（台湾）幼狮文化事业公司印行，1987年版

（作者为中共马鞍山市委党校哲学讲师）

皖江文化精神反思

——以方以智"三教会通"思想为中心

程 曦

内容提要： 明清之际皖江学者方以智一生出入三教，其"三教会通"思想的特点是"批判式融通"，其在三教关系思想史上占有特殊的地位，也构成了皖江文化"包容性"的哲学基础。这种"批判式融通"的积极性在于它对一切学说都保持一种批判的否定和勇敢的肯定的态度，其消极性则在于缺乏宗旨而不能坚持。

关键词： 皖江文化；三教会通；方以智；包容性

关于皖江文化的精神，学者们提炼出来有包容性、开放性、和谐性、创新性等等特征，不少学者还就如何发扬皖江文化精神、促进皖江地区社会经济发展提出了具体的建议和主张，这些对我们都有很好的启发作用。但深入到皖江文化史上的某一具体命题进行细致的分析，并进而对其可能的局限性加以反思，从而更有利于皖江地区的现代化建设，这方面的工作还要加强。本文拟以对皖江历史上重要的思想家方以智的"三教会通"思想的解析为中心，揭示皖江文化"包容性"的内涵，反思其得失，以利于更好地发扬传统、服务现实。

一、方以智出入三教

方以智生于明万历三十九年（1611），卒于清康熙十年（1671），安徽桐城人，字密之，号曼公，又号鹿起，逃禅以后名无可、五老、弦智、愚者、墨历、木立、药地、极丸、浮庐等。

方以智的一生出入三教，他早期接受传统了儒学的教育，中年流离失所，晚期则身入佛门，同时又潜心学术，写出了大量儒释道的理论著作。

方以智青年时代的活动地点主要是南京和桐城，也间或至江浙各地，最后去北京。这段时间，他所学所读的是儒书，评判世事是非的标准也是儒理。

崇祯初年，方以智在桐城他父亲所建泽园中，成立"泽社"。社中有方以智的堂叔方文（字尔止）、妹夫孙临（字克咸）以及钱秉镫（又名澄之）、周岐（字农父）等人。同传统的儒生、读书人一样，方以智或赋诗作文，或读经、史，又关心“万物之理”，随时札记，积累了丰富知识，奠定了学术基础。

泽社中人，“处泽园，好悲歌……每好言当世之务，言之辄慷慨不能自止。”① 对朝中人物臧否，忠奸分明。其时，桐城阮大铖是魏忠贤余党，崇祯初即被列入“逆案”名单。方的同学钱澄之曾加入阮大铖退居养晦时所创建的江社，经方以智劝阻后，又退出江社。《钱田间年谱》崇祯五年（1632）条下记载了这件事：

“方密之吴游回，与府君（即钱澄之）言曰：吴下事与朝局相表里，先辨气类，凡阉党皆在所摈。吾辈奈何奉为盟主？曷早自异诸！”

“吴下事”指张溥、张采成立复社的事。“辨气类”就是要分清东林、复社与阉党的界限。这样一来，钱澄之转而参加泽社的文课，凡江社的会期都辞谢不赴。而作为“乡先辈”的阮大铖开始对方产生仇隙。

崇祯七年（1634），桐城“民变”，方以智移居南京。这时阮大铖也寄居南京，谈兵说剑，联络各方，希图再起。崇祯十二年（1639）陈贞慧与吴应箕共同起草驱逐阮大铖的宣言《留都防乱公揭》。公揭以东林创始人顾宪成之孙顾杲以及黄宗羲为首署名，共计一百四十人。阮大铖迫于压力，隐藏到城外牛首山，不敢进城。尽管方以智这年春天回桐城，秋后重来南京应试，未曾在揭帖上署名。而阮大铖联系江社往事，仍认为公揭出于方以智主谋，因此怨毒更深。清顺治二年（1645），弘光在南京即位，阮大铖夤缘通过关系成为兵部尚书，对大批东林后人以及复社成员进行了报复。

崇祯十七年（1644）李自成入北京，方以智被困起义军郭营，不久乘机逃到南京。这时阮大铖当权，修复旧怨，借口方以智在李自成入京后没有“殉节”，而把方列入“从逆六等”中的第五等，处理方法是“宜徒拟赎”。方以智在南都不能久留，由陈子龙介绍，经过浙江、福建辗转到达广州避难，结束了早年时代生活。

方以智之结仇阮大铖，纯然出于传统的道义论。这一时期，他在政治上也服膺儒学而主张“公”和“明”。《通雅》卷首中说：“治在君、相，人在师教，学在实讲，公、明而已。”《中涓议》中又引证了朱熹的“惟公惟明，相道毕矣”。他认为“公”就是没有偏见，“明”就是“能好能恶”。

在广州，方以智颠沛流离，其间虽也曾试图为永历朝廷出力，但终究因政治过于黑暗，还是选择了隐居的生活，他重新整理了《通雅》旧稿，并撰写剧本《锦缠玉》、诗集《瞻旻》。

---

① （明）方以智：《浮山文集前编》卷二《稽古堂二集·孙武公集序》。

顺治七年（1650）清兵入广西桂林，随后方以智为清兵搜出。清帅马蛟麟反复逼降无效，最后听任方以智方僧。他于是去梧州，在梧州云盖寺居住两年。至顺治九年（1652）八月，同施闰章（宣城人，号愚山）至庐山，同年年底回桐城省亲。他的哲学著作《东西均》的开章即写于到达庐山之时。

顺治十年（1653）元旦，方以智回到桐城浮山白鹿湖见到父亲方孔炤。他在《象环寤记》中说："以祇支（袈裟，表示为僧）为退路，即为归路。"一般人只知道"归路"为回家之路，不知其也有生命意义归属的哲学意蕴，所以在安徽地方官要奏用他时，他说："匹夫不可夺志，出世人安往（往何处）不得涅槃也?"

就在这年，他重去离别十年的金陵，皈依天界寺的觉浪道盛法师，"闭关"于金陵高座寺的看竹轩，潜心写哲学著作。作为曹洞宗的一个法门弟子，佛教对他有一定影响。即他的撰写《药地炮庄》以佛理诠庄子，也是受其师之托。

陈贞慧的儿子，清初著名词人陈其年（名维崧）在方中德（方以智长子）的诗序中，对方以智早年豪华与此时的枯寂，作了描述：

"当时秣陵全盛时……密之先生衣纨縠，饰驺骑，鸣笳叠吹，闲雅甚都。……堂下蓄怒马，桀黠之奴带刀剑自卫者，出入常数十百人，俯仰顾盼甚豪也。曾几何时，而先生已僧服矣。崧再过竹关，而先生念故人子，必强饭之。饭皆粗粝，半杂以糠秕；蔬菜尤俭恶，为贫沙门所不堪者，而先生坐啖自若，饭辄尽七八器。回思金陵时，时移物换，忽忽如隔世。"①

《浮山此藏轩别集》中有方以智《自题游山小影》两则，当也作于这一时期：

"自来自往，一叶指掌，浑身苍苍，日出眉上。踏碎青天，众山自响，何不归欤？问臃肿杖。"

"奇不奇，痴不痴，大地无寸土，曳杖何所之……游戏还登临，老病路险巇。不如一笔扫落五岳十洲之烟云。"

这些著作及自述反映了方以智晚年因家国之破灭而观照世界之变迁真相，并最终以充满禅意的豪情而宣言自己的解脱。这其中经历的生活磨难及艰苦的心路历程，正如李世熊在方中通《数度衍》序中所说："密之先生遭变出世，忍人所不能忍，行人所不能行，乃集三世大成，仔肩圣学，继往开来，俾益方世，岂偶然哉。"

施闰章在《无可大师六十序》中说："无可大师，儒者也，尝官翰林，显名

① （清）陈其年：《湖海楼全集》文集卷2《方田伯诗序》。

公卿间。去而学佛，始自粤西，遭乱弃官，白刃交颈，有托而逃者也。后归事天界浪公闭关高座数年。刳心濯骨，涣然冰释于性命之旨，叹曰‘吾不罹九死，几负一生，古之闻道者，或由恶疾，或以患难，类如此矣。’盖其先父廷尉公湛深周易之学，父中丞公继之，与吴观我太史上下羲、文，讨究折衷，师少闻而好之。至是研求，遂废眠食、忘死生。以为易理通乎佛氏，又通乎老庄。每语人曰：‘教无所谓三也。一而三，三而一者也。譬之大宅然，虽有堂奥楼阁之分，其实一也，门径相殊，而通相为用者也。’”① 这一段话讲述了方以智晚年会通儒释道的过程，认为方以智的学佛是由于遭遇九死一生的患难，但在逃禅以后，把早年家传的周易象数之学与佛、道思想综合起来，“通相为用”，形成了“三教会通”思想。

顺治十二年（1655）方孔炤在桐城去世，方以智破关奔丧，按照儒家礼节，“衰绖成服，受吊如仪”，而且结庐墓侧，称为栾庐。这时方以智编定了方孔炤的《周易时论》十五卷，方以智同时自著《周易图象几表》八卷。两书合称《周易时论合编》共二十三卷，著录于《四库提要·易类存目二》。《周易时论》一书对方以智思想体系的形成起了主要作用。

从顺治十年至十七年（1653—1660），方以智写成《药地炮庄》。因吉安人士和庐陵县令于藻的邀请，方以智从1664年起，任吉安青原山净居寺主持，一直到康熙十年（1671）因粤难去世，在青原山度过了最后的七年。这时期曾著《禅乐府》，并有《愚者智禅师语录》，而主要的成就是继续啸峰大然编成《青原志略》。这些禅语、佛志中处处见佛、处处见道、处处见儒。

钱澄之曾说方以智“其所著书，好作禅语，而会通以庄、易之旨，学者骤读之多不可解”（《通雅》序）。正是方以智出入三教，会通三教的结果。

二、出入三教情形多

历史上，像方以智这样出入三教的哲人其实不少，其中虽然也有站在某一家立场指斥他家的，但主张会通的仍占绝大多数，三教会通的学说，大约有以下几类（这里以儒佛两者的关系为考察点）：

（一）功能说。功能说是说儒佛分主外内，儒佛在治世、治人方面各司其能之意，它包括两方面的内容：一、儒释皆劝人为善，功能相同；二、儒佛分治外内，分别为世出世间之学，分管人间神界等等。

（二）判教说。判教说由佛教提出。佛经为释迦牟尼说法的记载，据佛教徒

① （清）施愚山：《施愚山集》，黄山书社1992年版。

解释，因为佛陀根据时、地、听众的不同而宣教有异，所以会出现不同的经中说法相异甚至似乎矛盾的情况，后世读者不免产生孰是孰非的疑问。判教原是为解决此问题的。但由于各人对佛学的理解的差异，实际在判教时人们往往根据自己的观点，将佛经判定为义理有浅深、说时有先后、对机有利顿等方面，将后世所传的佛教各部分，加以剖析分类。后世也有将儒学、佛学按判教的方法加以分析的。

（三）同根说。同根说是说儒佛两家的基础相同。儒佛同根之说由来已久，但究其所以同者，则各异，或谓同于“理”，或谓同于“心”，大约程朱学盛时，主前者多，阳明学兴时，主后者多。

（四）不二说。不二法门乃佛家重要的方法论，指泯绝差别对待，悟入平等一如的境地。后世学者也有站在平等观的立场上论儒佛一如不二的。

在不同的理论指导下，出入三教的情形也便不同。这里不再分类列出其人，只举不同时代的几个例子：

南朝齐梁时期的儒者张融遗嘱，他死后入殓，须左手执《孝经》、《老子》，右手执《小品》、《法华》。他主张要读的三经，《孝经》是儒家的，《道德经》是道家的，《心经》是佛家的。

傅大士（497—569），南朝时人，姓傅名翕。梁武帝时，帝诏请大士进京，一日大士顶（道）冠披（僧）衲靸（儒）履，武帝看到问：“是僧吗?”士以手指冠。帝问：“是道吗?”士以手指靸履。帝问：“是俗人?”士以手指衲衣。后南怀瑾先生说：“傅大士以道冠、僧服、儒履的表相，表示中国禅的法相，是以‘儒行为基，道学为首，佛法为中心’的真正精神，配上他一生的行径，等于是以身设教，亲自写出一篇三教合一的绝妙好文。”宋朝王安石的厅堂里挂了一幅傅大士的画像，上面题有佛印禅师的一首赞诗：“道冠儒履佛袈裟，和会三家作一家。忘却兜率天上路，双林痴坐待龙华。”至今在山西双林寺还有头顶道冠、身着袈裟、足登靸履的大士塑像。傅大士有一不可思议的偈颂，遍传丛林，也极耐人寻味，曰：“空手把锄头，步行骑水牛。人从桥上过，桥流水不流。”

颜真卿（709—785）是书法家，而且是那种最被宣扬为“字如其人”的突出代表，人们说：颜真卿为人刚正不阿，临危不惧，他的字也刚劲雄健，结体严谨，法度完备，“望之知为盛德君子也”，让人感受到一种浩然正气，故颜真卿是典型的儒家。但同时他和道家很有渊源，《太平广记·颜真卿传》将其列为“神仙”之列。《太平广记·颜真卿传》记载，说颜真卿被李希烈害死，叛贼被平定之后，颜真卿家把颜真卿迁葬上京，打开棺材一看，棺材朽烂了，但是他的躯体还是原来那样，肌肉像活人，手脚很柔软，胡须头发青黑，拳握着，手指甲透过手背。远近的人都感到惊奇。走在半路上，感到棺木越来越轻。后来到了下葬的地方，打开一看，是一口空棺而已。人们说，颜真卿尸解得道了。颜真卿对佛教也很同情，他的传世书法作品，如《多宝塔碑》、《放生池碑铭》、《宝应寺翻经台记》、《东林寺题名》、《西林寺题名》等都宣扬佛教。北宋末年的著名金石学家赵明诚说："予观鲁公使李希烈时，见危受命，非深入二氏之说者不能。夫富贵不淫，贫贱不移，威武不屈，二氏之教与吾儒同也。"①

韩愈（768—824）是个大儒。他以儒学为正统，斥佛老为异端，独尊孔子之道，正是他在《原道》和《重答张籍书》中，提出了一个儒家的道统，并把自己与道统联系起来。他在《与孟简尚书书》中说："使其道由愈而粗传，虽灭死万万无恨。"但另一方面，今人也发现他也与佛道有缘。韩愈与道教的关系颇深②。其辟佛是很有名的，他被贬到潮州当刺史，就是因为写了"谏迎佛骨表"，斥佛为夷狄，触怒了对佛教虔诚信仰的皇帝。但仍有学者写文章问："韩愈真的反对佛教吗？"人们也确实找到了韩愈与僧人大颠禅师亲密交往的证据，也有学者找到了韩愈文学与佛教的关系。

朱熹（1130—1200）是南宋大儒。但他对道家下过很深的功夫，他的诗中"晨兴香火罢，入室披仙经"（《寄山中旧知》），"清夜眠斋宇，终朝观道书"（《读道书作六首》）等记述屡见。他还化名空同道士邹䜣写了《周易参同契考异》一卷。至于佛学，我们甚至可以说朱熹早期信佛过于信儒，据说朱熹考试前，书包中只放了一本参考书，就是宋代临济宗高僧大慧宗杲的《语录》；朱熹出佛入儒的转机应是在见到其师李侗之后。初见李侗于南平，李侗便指出儒佛之不同，评价朱熹所学落于悬空，朱熹再三辩驳，但李侗却没有给予更多的回答，"只教看圣贤言语"，于是朱熹便"将那禅来权倚阁起。意中道，禅亦自在，且将圣人书来读。读来读去，一日复一日，觉得圣贤言语渐渐有味。"③ 因此朱熹再访李侗时，便相谈甚契，后便拜李侗为师，后朱熹于西林寺题诗："古寺重来感慨深，小轩仍是旧窥临。向来妙处今遗恨，万古长空一片心。"其中"向来妙处今遗恨"一语说明朱熹已开始由佛转儒，完成将生命价值安顿于儒家的抉择。虽然朱熹转向了儒学，并开始批评佛学，但实际上他对佛教的态度有两面性，既反对、排斥佛教，又吸收、溶摄佛教有关思想，朱子思想中有很深的华严宗、禅宗、天台宗影响。

以上诸人都是既是儒又是佛又是道，显示的会通基本上是立于一家而取他家为我所用；同时，还有一批人，自称既不是儒又不是佛又不是道，他们却想说自

---

① （清）陈鸿墀：《全唐文纪事》卷24，引《金石后录·麻姑仙坛记》。

② 成守勇："韩愈与道教——兼论其对现代道教发展的意义"，《宗教学研究》2007年第2期。

③ （宋）朱熹，黎靖德编：《朱子语类》卷104，中华书局1994年版。

已可以随意地根据功能的需要时而儒时而佛时而道。

唐代诗人白居易“池上闲吟二首”之一云：“非道非僧非俗吏，褐裘乌帽闭门居。梦游信意宁殊蝶，心乐身闲便是鱼。虽未定知生与死，其间胜负两何如。”

金代全真教谭处端（1123—1185）《太常引》云：“非僧非俗亦非仙，茅屋两三椽。白石与清泉，更谁问，桃源洞天。一炉宝篆，一瓯春雪，浇灌净三田。闲想谷神篇，不觉松枝月圆。”

宋代正觉和尚偈：“不是心，不是物。非天非人，非僧非俗。南北东西莫我寻，长短方圆莫我测。牛饮星河，兔眠月窟，彻底灵明破昏塞。末山超拔兮顶相不形，铁磨变通兮舌头无骨。”在佛教角度，非×非×，也是一种描述方式，称为“遮诠”，即从反面来说明事理；如从正面讲，叫“表诠”。道家也有这种方式，如《老子》“大白若辱，大方无隅，大器晚成，大音希声，大象无形”等说法，意思是：最白的东西好像是污浊的，宏大的方正（形象）一般看不出棱角，宏大的（人）材（物）器一般成熟较晚，宏大的音律听上去往往声响稀薄，宏大的气势景象似乎没有一定之形。“大象无形”可以理解为：世界上最伟大恢宏、崇高壮丽的气派和境界，往往并不拘泥于一定的事物和格局，而是表现出“气象万千”的面貌和场景。

所以前人往往用“非×非×”来表示自己是不能被限定的。明代文人屠隆认为人生最理想的生活是：“家在半村半郭”、“人称非僧非俗”，就是一种自由、无限定的状态。

以上例子基本上都在明代的王阳明之前，其中所谓的儒佛会通，无非是站在某一家的立场上，取另一家的某些养分来补充自家的不足，所以对于韩愈、朱熹，我们可以肯定地说他们是儒家；傅大士，则是佛家。所以，这种融通，还是拼盘菜，古人常说“以儒治世，以道修身，以佛养心”，而没有感到为难别扭，就是因为融通是功能上的互补。

但儒佛的融通，到了王阳明，情况有了点变化。这种变化不容忽视。

王阳明（1472—1529）是明代大儒，但他与佛道的关系也不浅。他曾自称与道教打了三十年的交道，《王阳明年谱》中不乏他寻访道士问道的记载，更有趣的是，王阳明十七岁时到江西南昌迎娶诸氏。在新婚之日，王阳明“偶闲行入铁柱宫，遇道士趺坐一榻，即而叩之，因闻养生之说，遂相与对坐忘归。”这位新郎官直到第二天早上，才被人找了回去。王阳明儒学被称为心学，其受佛学影响、其中佛学的印记，常被更传统的儒家作为批评心学的借口，可见心学与佛学脱不了干系，以至于有人说：心学是“坐在禅床上骂佛”。

王阳明曾用四句话来表述自己思想的核心精神，人们称之为“四句教”，这四句话是："无善无恶心之体，有善有恶意之动，知善知恶是良知，为善去恶是格物。"儒家说心性，孟子说性善，荀子说性恶，孟子性善论是从根本性上讲人有为善的可能性，所以要发挥根本，存性扩充；荀子主要从经验看现实中人性多恶，所以要"化性起伪"，发挥教化之功。而从本体论上看，所有儒家都认同宇宙中天道的至善，所以《大学》说："大学之道，在明明德，在亲民，在止于至善"，"至善"就是"天理"，就是"天命之谓性"。《大学》里讲格物、致知、诚意、正心、修身、齐家、治国、平天下，四句中的"为善去恶"就是格物；"知善知恶"就是致知；心的本体晶莹纯洁、无善无恶；但意念一经产生，善恶也随之而来。说心的本体"无善无恶"，最高的善是"无善无恶"，这有点匪夷所思，确实不是儒家原有的思想方式，与佛学思维很深，这种佛学思维有种流行的说法，叫"离四句，绝百非"，所谓"离四句"的"四句"是："有"一句，"无"一句，"亦有亦无"一句，以及"非有非无"一句，归结起来，常说"是×非×"。王阳明以后还有许多高人也在三教中进进出出，也讲三教融通，但这些高人都说：我是僧是儒，我非僧非儒。方以智也这样说。

明代四大高僧之一的蕅益智旭（1599—1655），其《八不道人传（灵峰蕅益大师自传）》称："八不道人，震旦之逸民也。古者有儒、有禅、有律、有教，道人既蹴然不敢。今亦有儒、有禅、有律、有教，道人又艴然不屑。故名八不也。"

"八不"一词来自印度龙树《中论》。其篇首说："不生亦不灭，不常亦不断，不一亦不异，不来亦不出。能说是因缘，善灭诸戏论：我稽首礼佛，诸说中第一"，这就是所谓的"八不中道"。生、灭、常、断、一、异、来、出，八种概念，是就缘起诸法的假相立名，都和离一切妄见戏论不可得的中道实相不相应，而众生把它执著作实在，堕于无因邪因断常等诸见中。所以龙树论师对于缘起诸法说"不生不灭，不常不断，不一不异，不来不出"八不，否定这些实在论的见解。

方以智说："今而后，儒之，释之，老之，皆不任受也，皆不阂受也。"（《东西均·神迹》）实际上就是说"我是儒是释是老，我非儒非释非老"。

三、方以智"三教会通"的实质

方以智的"是儒是释是老，非儒非释非老"虽然类似佛家的中道观，但其中又有不同，他的"三教会通"除了与佛学近似的不执著于某家某派的意思外，还有这三家在相互的批判中各自确立自身存在的价值并相互融通的意思，即他所说的"相夺互通"，这是一种"批判式融通"。

首先，方以智好以"药"喻学术，他的三教好像一味中药药剂。儒释道之间的相生相克好比药剂中的各种药的配伍生克。

他说："自弦拨之指、点睛之笔，以至鲁共之壁、灵山之花，皆迷药也。而皋比座、曲录床，一据不可复舍，迷药尤毒！"（《东西均·开章》——本部分引文凡不出书名者均来自《东西均》）

弦拨之指，指玄学；点睛之笔，指佛教；鲁共之壁，指儒学；灵山之花，指禅宗；皋比座，指理学；曲录床，亦指禅学。这段话是说，执著于玄学、佛教、儒学等某一门学问，以为其最高明，就会如人食迷药一样糊涂。

又说："有人即病，病亦是药，增药增病，不以增病而废药；有法即弊，弊亦是法，无法即弊，而有无法之法。"（《反因》）

此段明显以"药"喻"法"（学术），这段话是说，任何学术施之于人，都会产生副作用，但我们不能因此而废弃这种学术。

他说："惟我独尊之弊，可以知白守黑之药柔之，是谓以老救释。"（《神迹》）

这是说，道家之学可以救佛学之偏颇。

"世无非病，病亦是药。以药治药，岂能无病？犯病合治药之药，诚非得已。"（《开章》）

这段话是说，世界上的一切，包括各种学术，都有其偏颇，因而总是病态。而方以智本人采取将各种"药"（学说）熔为一炉，通过"药"之间的相生相克（学术之间的相互批判）来治病，也是不得已而为之的办法。

"惟我独尊之弊，可以知白守黑之药柔之，是谓以老救释。"（《神迹》）

这是说，道家之学可以救佛学之偏颇。

与"药"喻相关的还有所谓"救"和"毒"，这两个字也是"医治"的意思。

如："以凿救凿"（《三征》、《神迹》），"相救相胜而相成也"（《反因》），"以用救用"（《颠倒》），"人生过偏于此，故过偏于彼救之。"（《全偏》）"禅宗以机迫直心，诱疑激顿，能救颂习之汗漫。""以老救释"、"以释救老"（《神迹》），"以错救错"，"孟子留庄子以相救"，"两间无不相反、相胜而相救也。"（《容遁》）"以名救名"、"虚以救实，实以救虚"（《名教》）等等。又如："学固轮尊毒毒药之毒也"（《开章》），"禅宗正用其权以行其毒"（《兹燚黈》）等。

故在方以智看来，儒释道三教皆有存在的价值，而作为统摄三教的"三教教主"式的人物，他是儒是释是道，正像各种药物的相生，他非儒非释非道，正像各种药物的相克。

其次，以"集智"为"会通"。

方以智借用中医"药"喻，认为单独地看，以上那些学派都是"偏"，都是"毒"。这些学说若单独使用，必定害人慧命，正如中医单独使用一种药治人，必定戕人性命。他因此极力反对一门之“偏”，他追求的是“全”，是“公”。

所谓“全”，所谓“公”，是“容专门之自精，而合并统之，是曰公全”（《全偏》），他要“合并诸偏”（《全偏》），“合并为公”（《容遁》），如果能这样，则“偏亦不偏矣”（《全偏》）。他的理想是“惟全者能容偏，惟大全者能容小全”（《开章》），“一切不相坏而大成集之”（《颠倒》）。

也就是说，只有在各家学说共存、共同发挥作用的前提下，各家学术的价值才能体现出来，也才能发挥传统学术作为一个整体，共同承担改造世道人心的重任。

《东西均》说：“教之立也，杀三赦一；教之行也，杀一赦三；充类致尽，则全杀全赦。圣人知全杀即全赦之不可训又不必言也，故明公理以教之。”（《颠倒》）就是说，在建立理论的时候，要一门深入；但在实践中，要兼容并蓄；最高的境界是最为精深又最为博大。这就叫做“公理”。所以我们就能理解方以智多次说到自己要“集智”，也能理解他所讲的“好学”的意义，他说“以天下万世为心，毋自欺而好学，则在药病中，风吹不着矣。”（《奇庸》）说“不如迷学”（《开章》），又说“一切皆病，一切皆药，学正‘回习还天’之药。”（《道艺》）都是讲要“集智”。

但方以智的“集智”并非对所有学问的博杂，而是“会通”，他认为“集也者正集古今之迅利，而代错以为激扬也。”所谓“代错”，是从时间的纵的角度言的；所谓“激扬”，是从空间的横的角度言的。这无非是说各种学说都是“药”，他们在相互攻治中彰显“大全”。这种方法论正是方以智从中医的理论与实践中提取来的，他的“药”喻实即“中药”之喻，把握方氏之学与中医学的关系，才能真正准确地理解他的“集大成”思想的特质，领会其思想的创造性和强烈的批判性精神所在。

四、反 思

对于方以智的“三教会通”，从积极性方面看，其“批判式融通”观有以下几点值得借鉴：第一点，“批判式融通”尊重非主流思想的价值（“偏”）；第二点，“批判式融通”在哲学的高度肯定了个性（“专精”）；第三点，“批判式融通”指向更高的理想（“全”、“大成”）；第四点，“批判式融通”预留了创造的空间。总而言之，方以智的批判式“集大成思想”对一切学说都保持一种批判的否定和勇敢的肯定的态度。

从消极的方面看，“批判式融通”观有以下几点教训值得反思：第一点，丢失神圣性之源，造成思想无“根”；第二点，并列各家，缺乏分析；第三点，易于流入东方式的博学，缺乏宗旨。

正像皖江文化以其包容性而自豪，方以智思想也以其开放性而引人注目。如当时西学刚入中国，方以智即能加以研习并引用于其《物理小识》。后来近代西学东渐时，也是皖江地区的陈独秀等率先举起科学民主的大旗。两人均能得风气之先，然而方以智之《通雅》类如博物学，陈独秀之学问学术得之西方。人们常说皖江文化具有创新精神，但实际上历史上的皖江哲人表现出的是对新生事物的开放，而非新立宗旨开新学派。

皖江地区善于吸纳新生事物，故每能于事物初起时，鼓之舞之，导夫先路；但往往见异思迁，不能坚持其初衷。究其深层原因，正在于其包容性自身的特点。不像西方社会之宽容精神，一方面承认别人有思想的权利，另一方面总是鼓励自己去发现真理；皖江文化的包容性，虽然为新事物争取了地盘，但却紧接着放弃了对旧事物的进攻，而是微笑着容纳新旧事物于一炉，到最后就既失去为新事物寻一颠扑不破基础的决心，也渐失去为新旧事物是非之辩而一战的意志。这是皖江地区的人民和学者所当引以为戒的思想史的教训。

（作者为滁州学院副院长，教授、博士）

《千字文》刍议

冯金城

内容提要：《千字文》是我国古代语文教育中一部非常重要的教材，它以其丰富的内容和独特的体例，开创了我国蒙学教育史上的先河，影响了后世诸多蒙学教材的创作。近年来，国内研究蒙学的风气甚浓，但关注《千字文》的甚少，而且还停留在对《千字文》书法艺术的研究上。笔者仅希望通过对《千字文》的一些粗浅探究，抛砖引玉，引起大家对它更多的关注，尤其是能从教学思想方面去研究它，真正领会其意蕴，实现其现代价值。

关键词：《千字文》蒙学教材；纵论；古代语文教育；国内研究；书法艺术；教学思想

《千字文》是我国古代流行的蒙学教材“三、百、千”中成书最早、流行时间最长的一种。

《千字文》作者周兴嗣，字思纂，南朝齐梁时姑孰人（今安徽马鞍山人）。“年十三，游学京师，积十余载，遂博通记传，善属文”，成了著名文章家。周在南齐做过桂阳郡丞。萧衍代齐为梁武帝，十分赏识他的文章。《梁书》周兴嗣传说：“自是《铜表铭》，《栅塘碣》、《北伐檄》、《次韵王羲之书千字》，并使兴嗣为文，每奏，高祖辄称善，加赐金帛。”

传中所说《次韵王羲之书千字》即《千字文》。今所见《千字文》各种版本于题下皆署为周兴嗣“次韵”。

关于周兴嗣作《千字文》的缘起和《千字文》的流向社会，还有一段故事。见于唐人李倬《尚书故实》：“梁武教诸王书。令殷铁石于大王（按指王羲之）书中搨一千字不重者，每字片纸，杂碎无序。武帝召兴嗣谓曰：‘卿有才思，为我韵之。’兴嗣一夕编缀进上，鬓发皆白，而赏赐甚厚。右军孙智永禅师，自临八百本散与人间，江南诸寺各留一本。”这段故事，或谓传说不足为信。根据上引《梁书》所记梁武帝对周十分赏识，每嘱为文的情形来看，故事所言之事是有可能发生的。《梁书》还说，周在南梁官为员外散骑侍郎、给事中，为梁武帝近臣，关系十分亲近。周病，“高祖抚其手，嗟曰：‘斯人也而有斯疾也！’手疏治疽方以赐之。其见惜如此。”

另《梁书》所说《次韵王羲之书千字》乃梁武帝“使”兴嗣为文，周作毕上奏的，亦与故事情节相合。即使抛开故事情节不论，《尚书故实》这段文字，至少也告诉我们，及至于唐，人们是相信周兴嗣作《千字文》的。他所次韵的是王羲之书，也是没有疑问的。

明清以来，关于《千字文》的作者及所次韵之书产生了争论。除周兴嗣撰之说，又有萧子范撰一说，还有说《千字文》本有周撰及萧撰两种的。关于所次韵之书，有据《梁书》说是王羲之的，也有根据《宋史》以为钟繇的。此外，日本存有一本李逻注的《千字文》，其序称：原有钟繇撰《千字文》，晋末播迁，载书遇雨，几至糜烂，《千字文》亦在其中。于是命王羲之重为编缀缮写。但是文理、音韵不顺，至梁武帝乃命周兴嗣重为次韵。该书无刊刻年号，李逻也不知何许人。其序文像是照顾争论各方意见，编了一个圆满周到的传奇故事。

关于《千字文》的作者，虽有过争论，但历来多以为是周兴嗣，几成定论。《梁书》乃正史，又是有关《千字文》最早的记录。它说周兴嗣撰《次韵王羲之书千字》，又有距离南北朝不远的唐人记载以为佐证，是可以相信的。与周兴嗣作《千字文》同时，先后编出的千字文，《隋书·经籍志》、《旧唐书·艺文志》著录有五六种。但是流行开来，流传千余年至今的《千字文》，乃周兴嗣所著，而他本《千字文》皆未能流传下来，是可以肯定的。

《千字文》用不重复的一千个字，以四字韵语联缀成文。它的每句话都表达了一定的意义，全文涉及宇宙、自然、社会、历史和日常生活等多方面的内容，并非简单地文字堆砌。《千字文》一编出来，就在社会上流传开来，历经唐、宋、元、明、清诸朝，在1000多年的时间里始终盛行不衰。不但用做蒙学识字教材，而且受到社会欢迎，可说是老少咸宜、雅俗共赏。《千字文》在我国的传播，达到了家喻户晓，深入人心，并用之于日常生活的程度。

据载，唐时《千字文》已经广泛流行，深入人心。《唐摭言》说：“顾蒙，宛陵人，博览经史，慕燕许刀尺，亦一时之杰……甲辰淮浙荒乱，避地至广州，人不能知，困于旅食，以至书《千字文》授于聋俗，以换斗筲之资。未几，遘疾而终。”《唐语林》记载，薛涛随客饮酒，行《千字文》令，带“禽鱼鸟兽”四字。《太平广记》引唐人侯白《启颜录》的记载说，有人用《千字文》里的话戏作乞社：“敬白：社官三老等，切闻政本于农，当须务兹稼穑。若不云腾致雨，何以税熟贡新。”（句中“政本于农”等引者加点的话，皆出自《千字文》）

宋元以降，新出《百家姓》、《三字经》风行于世，可是没有影响《千字文》的继续传播。宋人项安世所著《项氏家说》说：“古人教童子多用韵语，如今《蒙求》、《千字文》、《太公家教》、《三字训》之类。”可知《千字文》在宋代仍是普遍使用的蒙学教材。明人杨继盛所著《澹斋外言》说：“仲俊读《千字文》有所悟，盖‘心动神疲’四字也。以是平生遇事未尝动心，至老而不衰。夫《千字文》谁不童而习之，仲俊竟用四字得力。”其中“《千字文》谁不童而习之”的话告诉我们《千字文》在明代盛行的情况。清人唐鉴为何桂珍新编《训蒙千字文》作序，极力贬斥周兴嗣原本《千字文》，然而序文也透露出它在清代广泛流传的情况：“如周氏《千字文》者，不过《凡将》、《急就》之末流，一时习俗之所好而已，是亦文字之至小者矣。然而俗习好之，则将家弦户诵，所为灌溉乎童幼者，几乎天下皆然。”顾炎武也说《千字文》“至今为小学家恒用之书”。

《千字文》不但用做蒙学教材，而且在社会上广泛流行，用到了千家万户的日常生活中。明清时科举考棚及试卷编号、商家账簿的编号，甚至一些大部头书如《知不足斋丛书》卷册的编号，都采用《千字文》字序，从“天地玄黄”开始，依次编排。由此可见《千字文》社会影响之巨大。

《千字文》从编出到清末民初，在长达一千多年的时间里，能够盛行不衰，深入人心，是同它在内容上和编写上的优点分不开的。从内容上说，它适应蒙学识字教学的需要，符合我国人民文化和心理上的要求。从编写上说，它继承我国蒙学教材的优良传统，又有新的发展。《千字文》的这些特点，在它代替《急就篇》的地位、战胜各种新编本，以及同《三字经》《百家姓》互相配合这样三个历史问题上，表现得尤为突出。

《千字文》行文流畅，气势磅礴，辞藻华丽。但由于时代久远，内容已不易理解。依据清代学者汪啸尹、孙谦益的考证，《千字文》分为四个部分，称之为四章。

第一句“天地玄黄”至第三十六句“赖及万方”为第一部分。先从天地开辟讲起。有了天地，就有了日月、星辰、云雨、霜雾和四时寒暑的变化，也就有了孕生于大地的金玉，铁器（剑）、珍宝、果品、菜蔬，以及江河湖海、飞鸟游鱼，天地之间也就出现了人和时代的变迁。此外，还讲述了人类的早期历史和商汤、周武王时期的盛世表现，即文中所说的“坐朝问道，垂拱平章。爱育黎首，臣伏戎羌。遐迩一体，率宾归王。鸣凤在竹，白驹食场。化被草木，赖及万方”。

第二部分从第三十七句“盖此身发”至第一百零二句“好爵自縻”，重在讲述人的修养标准和原则，也就是修身的功夫。指出人要孝亲，珍惜父母给予的身段，“恭惟鞠养，岂敢毁伤”；做人要“知过必改”，讲信用，保持纯真本色，树立良好的形象和信誉。“信使可覆，器欲难量。墨悲丝染，诗赞羔羊”讲的就是这个意思。接着文中对忠、孝和人的言谈举止、交友、保真等方面进行了深入的阐述。

第一百零三句“都邑华夏”至第一百六十二句“岩岫杳冥”为第三部分，主要讲述与统治有关的各方面问题。此章首言京城形胜，极力描绘都邑之壮丽，“宫殿盘郁，楼观飞惊”。接着叙述京城之中汇集的丰富典籍和大批英才，“既集坟典，亦聚群英”，重在表现上层社会的豪华生活和他们的文治武功。最后描述了国家疆域的广阔和风景的秀美：“九州禹迹，百郡秦并……旷远绵邈，岩岫杳冥。”

第四部分自第一百六十三句“治本于农”至第二百四十八句“愚蒙等诮”，主要描述恬淡的田园生活，赞美那些甘于寂寞、不为名利羁绊的人，对民间温馨的人情向往之至。汪啸尹、孙谦益的《千字文释义》认为这部分是讲“君子治家处身之道”，其观点有一定道理，但略显牵强。《千字文》第三部分讲述上层社会，第四部分讲述民间生活，在层次上是清楚的，完全不必从“治家处身”的角度去理解。

最后，还有两句“谓语助者，焉哉乎也”，是作者自谦之词，没有特别含义，单列出来而已。

《千字文》作为中国古代流传最广的蒙学教材，体例上独具特色，具备以往蒙学教材没有的优势。具体来说，有如下特点：

四字为句，句法整齐。中国古代早期的很多经典作品，像《诗经》、《楚辞》等，在句法上都采用杂言的方式，兼用四言、五言、六言、七言等句式。《千字文》则一改以往的行文特点，以整齐划一的句法，开创了中国古代蒙学教材的先河，为后世蒙学教材的建设提供了典范。以至后来出现的《百家姓》、《三字经》等，在句法特点上均受其影响。这种句法的优势在于便于阅读，便于记忆，形式上错落有致，阅读时朗朗上口，抑扬顿挫尽在其中。

注重押韵，讲究声律。每两句为一组，每组双句押韵。开头和最后一组也押韵，全文押韵的字有127个。不但如此，《千字文》还注意到了平仄问题。这种对声律的追求，和律诗、骈文极为相似。

讲究对仗。全文125组，对偶句有85组，占全文总量的68%，而且多数都是组内两句对偶，如：金生丽水，玉出昆冈；剑号巨阙，珠称夜光等。当然，也有两组互为对偶，如：推位让国，有虞陶唐；吊民伐罪，周发殷汤。

强调用典使事，创造大量成语。文中使用典故的地方极多，且应用得恰到好处。如第三部分中晋楚更霸、赵魏困横、假途灭虢、践土会盟、九州禹迹、百郡秦并、岳宗泰岱、禅主云亭等所用的典故，论述了古来圣人的丰功伟绩，渲染出一种激荡澎湃的气氛。再如第四部分所用孟轲敦素、史鱼秉直、布射僚丸、嵇琴阮啸、恬笔伦纸、钧巧任钓等典故，表明了作者向往恬淡生活的理想。

《千字文》还自创了大量成语，如：寒来暑往、川流不息、夫唱妇随、孤陋寡闻、矫手顿足……这种创造性地使用文字，对后世产生了深远的影响。

文采华丽，辞藻丰厚。如：园莽抽条、枇杷晚翠、落叶飘摇、凌摩绛霄等，在这里就不一一列举了。也正是因为《千字文》具有这样文质兼美的特点，才享有经久不衰的地位。

《千字文》作为我国古代使用时间最长、流传范围最广的蒙学教材，无论是从内容体例，还是从行文特点上看，都不失为中国古代蒙学教育史上的一座丰碑。如今虽已时过境迁，非同古代，但就《千字文》所蕴涵的教学思想而言，对现今仍有重要借鉴意义。

重视早期阅读　《千字文》蕴涵了注重早期阅读的教育思想。古代语文教育的第一个重点是读。因为阅读是感悟的前提，是理解的过程，也是继承的开端和写作的基础。事实证明，早期阅读对培养儿童注意力、理解力、形象思维能力、逻辑思维能力、阅读习惯、气质、人格，以及文化底蕴方面均具有十分重要的作用。《千字文》虽诞生于封建社会，但就教育方面来说，却蕴涵了重视早期阅读的教学思想，充分体现了我国古代语文教育发展到南北朝时期，已经具备了相当高的水平。

重视文史结合　《千字文》内容涉及天文岁时，上古历史，伦理道德，封建纲常，抒写了一批历史人物的丰功伟绩和我国名山大川的壮丽辉煌，采用了文史结合的叙述方法，使全文既洋溢着华丽的文采，又荡漾着历史文化的气息，让人读了倍感亲切，又颇有深意。

在中国古代，文史是不分家的，因而此前出现的蒙学教材，也都体现了这一创作思想，但尚未形成一定的体例和规、格律，因此不便记忆。《千字文》巧妙地运用文法和辞章，把文史结合的教育思想孕育其中，为后世蒙学教材作出了典范，也使这一思想从中国古代流传至今。

重视书法的育人功能　书法艺术历来被看做中华瑰宝，它的美是汉字特有的。《千字文》乃作者集“书圣”王羲之1000字而成，这就决定它从诞生之初就与书法艺术结下了不解之缘。后世历代书法家对《千字文》的书法也更加说明了这一点。书法在中国古代教育中占有十分重要的地位，一方面是书法的魅力吸引了众多学子，另一方面以书取仕的科举制度，又使每个有志仕途的文人首先必须练好书法。书法教育作为提高人的素质较为理想的教育手段之一，具有育德、益智、健体、审美、博学等全方位的育人功能。《千字文》在传承中国教育重视书法的育人功能方面，可以说是典范。

重视传统文化精神　《千字文》作为中国古代具有代表性的蒙学教材，在成书和内容设置上，都体现了我国古代的传统文化精神，其中核心是人本精神和自强不息的拼搏精神。中国先哲认为：人在自然界中具有崇高地位，其存在具有他物不可比拟的意义和价值。中国传统文化中，自强不息的拼搏精神，是中华民族负重前行的精神力量，也是中国文化的优良传统。这种精神在《千字文》中有很好的反映。如第一部分以天地为背景，以开天辟地的气势追述历史，体现了国人自强不息的拼搏精神；第二部分讲述人的修养标准和原则，强调人的作用，体现了人本精神。

从以上内容简介可知，《千字文》之“亦有义理”，主要是讲了人生学问，包括人伦关系、品德培养、人生经验、人生态度和追求等。其中有儒家思想，也有道家言论。这是魏晋南北朝时期儒、道、佛三教并存，日渐走向融合的反映。值得注意的是在佛教盛行的南北朝时期产生的《千字文》，却丝毫没有佛家积善修行、消极人生的内容。“南朝四百八十寺，多少楼台烟雨中?”

梁武帝佞佛，竟四次舍身入寺被赎了回来。而奉武帝之命次韵的《千字文》竟然找不到佛的痕迹，坚持了我国教育非宗教化的历史传统，这是十分可贵的。《千字文》中反映的道家思想，是经过了玄学的发展，开始融进儒家思想，新时期里的道家思想。它的积极意义是把自然与名教结合起来，表现出珍惜人生、热爱自然、追求美好生活的态度。《千字文》把事物都写得那么美好，处处流露出欢快明朗的情绪，正是这种人生态度的反映。《千字文》也有封建思想道德教条，但是主要的倾向还是以情动人，给人以美的享受和对人生问题的启发。

我国传统文化以儒家思想为主干，又以道家思想为重要的补充。在阳刚与阴柔、进取与退守、群体与个体等许多问题上都形成儒道互补的观点。很多知识分子在台上是儒家，在台下时又成了道家。我国文化发展的这种性质造成人们的共同心理，是《千字文》能够为社会所接受的原因。《千字文》的美学成就，使人乐于接受它所宣传的人生道理。它所介绍的为人处世经验，都比较实在，受到人们重视。

《千字文》的内容得到社会的承认和欢迎。但是对于初入蒙学的七八岁的儿童来说，却是难以理解的。那么为什么它又在长时期里用做蒙学识字教材，成为“三、百、千”的组成部分呢?原因是蒙学集中识字阶段的教学，只要求能认字、背书，并不要求懂得多少内容。七八岁儿童把《千字文》背熟，往往终生难忘。那么在他们以后的成长过程中将会逐渐理解其内容，反复加以体味。《千字文》远不如《三字经》通俗，却能与之并驾齐驱，既有《千字文》历史悠久方面的原因，更得力于文人、知识、分子对它的大力赞扬和提倡。

《千字文》在我国蒙学识字教材的发展上，起着承前启后的作用。进一步加强对《于字文》的研究是十分必要的。

（作者为千字文碑帖陈列馆馆长）

明代桐城理学发展及其特色

李 波

内容提要：明代桐城理学的发展主要以方以智家学为代表，大体经历了四个阶段，始于方学渐，兴于方大镇、吴应宾（方以智外祖）、王宣（方以智老师）等人，到方孔炤、方以智时达到了高潮，盛极一时。而方中德、方中通、方中履兄弟等人则对明代桐城理学作了一个较好的收结。他们饱读诗书，以儒为业，崇尚气节，深究性命之学，但不尚空谈，而是崇实黜虚，形成了桐城的主流文化。

关键词：桐城；理学；实学；科学

明代时期，桐城出现了像方氏、张氏、左氏、钱氏、姚氏等具有一定经济实力的望族。这些家族的普遍特点是重视家风、学风，以学术互相砥砺，由是桐城讲学日盛，著述立说蔚然成风。博学硕儒、文人学者代不乏人。受明代理学思潮影响，桐城学者大都终生恪守宋明理学，形成了理学兴乡的局面。他们饱读诗书，以儒为业，崇尚气节，深究性命之学，但不尚空谈，而是崇实黜虚，内外兼修。特别是以方学渐为代表的方氏家族"累叶敦儒，濯于忠节"①，"绵延数百年而未艾"②，是典型的理学世家，代表了桐城的主流文化。桐城理学大体经过了四个阶段：始于方学渐，兴于方大镇、吴应宾（方以智外祖）、王宣（方以智老师）等人，到方孔炤、方以智时达到了高潮，盛极一时。而方中德、方中通、方中履兄弟等人则对明代桐城理学作了一个较好的收结。

一、桐城理学的兴起

桐城理学的创始人物是方学渐。方学渐（1540—1615）字达卿，号本庵，十岁能属文，以布衣为诸生祭酒二十余年，创桐川会馆，讲学不辍，门人谥号明善先生。其著作主要有《心学宗》、《性善绎》、《桐川语录》、《方子庸言》、《孝经绎》、《南游记》、《北游记》、《东游记》等。

方学渐是桐城学风的开创者和启蒙者，在桐城学术史上具有开风气之先的作

① 方昌翰编：《桐城方氏七代遗书序》，光绪本。

② 方昌瀚：《刻方氏七代遗书缘起》，光绪本。

用。张英说："明善先生以布衣振风教，食其泽者代有传人，至于砥砺名节，讲贯文学，子弟孝友仁睦，流风余韵，皆先生之谷诒也。"朱彝尊《静志居诗话》曰："方氏门才之盛，甲于皖口，明善先生实浚其源东南学者推为帜志焉。"方学渐毕生倾心于理学，是桐城理学的奠基人。他曾漫游江南，与当时很多著名的理学家皆有往来，尤受东林党人顾宪成等人的推崇。黄宗羲《明儒学案》列《明经方本庵先生学渐》一案，序其学术渊源曰："先生受学于张甑山、耿楚倥，在泰州一派，别出一机轴矣。"但方学渐与泰州学派的主张又不尽相同，他主要继承了王阳明的"致良知"之学，终生宣扬"性至善"之说，"揭性善以明宗，究良知而归实。"（叶灿《方明善先生行状》）其理学思想大致如下：

首先，他从王阳明"心即理"的观点出发，认为"心外无性，心外无天"，倡导理在心而在不物，尽心即可见性知天。如《心学宗》曰："孟子指理义根于心，而后之人曰'在物为理，处物为义'，此异说所由起也。""或问物理者何？曰：物在外，物之理在心，提吾心则能物物，是理在心而不在物也。心出于理则放，心入于理则存，求放心者常存仁义而已。心外无性，心外无天，一时尽心则一时见性天，一事尽心则一事见性天，无时无处不尽心，则无时无处不见性天，存之养之常尽心而已矣。"[①] 这无疑是王阳明心学的进一步发挥。其次，倡导"性至善"说。认为人心之本体是至善的，人之性亦至善，性善是与生俱来的，不假丝毫外力之为。"太极者，善之至极而无加也。阴阳一太极，阴阳一善也；五行一太极，五行一善也。万物各具一太极，万物之性无不善也。太极在天曰命，在人曰性，宁有不善之性命乎？""一阴一阳之谓道，继之者善，成之者性。流行为道，纯粹为善，各具为性，一物而三名。继善，天道也；成性，人道也。天人一善也，此孔子之道性善也。"又说："善者，心之本体，止于至善。"[②] 太极、道与性是三位一体的，异名同实，三者都是善的。再次，他认为人性之善不管怎样变化，总有充实的内容，即儒家的仁义礼智等伦理道德规范。故他崇尚实学，黜虚求实，表现出了经世致用的精神。"君子所性，仁义礼智根于心。仁义礼智非善乎？恻隐善恶辞让是非性乎？知能之良，非性之乎？"方中通说："先高祖以明善为宗，以躬行为本，以崇实为教。……崇实所以救天下之虚无也。"[③] 方学渐终生力排佛老的虚空说和性无善无恶之说，可谓不遗余力。如他在《桐川语录》中说：

释氏见心之空，不见空之所有，故于人道一切扫而空之；老氏见心之虚，不

① 黄宗羲：《明儒学案·明经方本庵先生学渐》，四库全书本。

② 《性善绎》，四库全书本。

③ 《心学宗续编》卷二，清康熙继声堂刻本，四库存目丛书，子部一二。

见虚之所含，故推天下国家而外之。譬之天儒见天之全，空虚是天，四时百物皆是天；释老但知天为空虚，遂以四时百物为幻妄，所见固不同也。性则心之所具之理，儒言性善，是见性之本原。性本善，故位育总归于善。释以空为性，虽谓山河大地皆佛性，其意悉归之空；老氏炼神还虚，则又以气之清虚者为性，见益浅矣。儒所谓一者，理也；释所谓一者，空也；老氏守一则守中耳。守一滞于气，归一溺于空，总着一偏孰，若一理贯通万事，变化不测而无所偏乎？阳明曰："循理之谓静，从欲之谓动。"儒之静主于理，释之静则寂灭而枯槁，老之静则专气致柔、反矫天理而去之。然则三家之言虽均之心性，均之一，均之静，而其旨则霄壤矣。[①]

在他看来，释、老虽然同样言心言性，但宗旨与儒家有天壤之别，水火不容。方学渐的"性至善"说和"黜虚求实"的心学思想揭开了桐城理学的序幕，为桐学理学的发展打下了基础，方氏后学基本上是沿着方学渐的求实思想向前发展，并将其心学思想不断完善丰富起来的。

二、桐城理学的勃兴

此一时期的主要人物有方大镇、吴应宾、王宣等。这一阶段的桐城理学打破了一家之说，开始兼收并蓄，三教会通，崇尚实学，为桐城理学的辉煌打下了基础。

方大镇，方学渐之子，字君静，号鲁岳，自号野同，万历己丑进士，授大明推官。先后做过江西道御史、大理寺臣等职，晚年居家。大镇性至孝，母殁，哀毁庐墓，过伤而卒，年七十。门人私谥文孝先生。其著作颇丰，有《田居乙记》、《荷薪义》、《野同语》、《诗意》、《礼说》、《性论》、《至善讲义》、《易意》、《正蒙述赞》、《宁澹语》、《方大镇集》等。方大镇是继方学渐之后又一位保持着纯儒本色的桐城理学家，"尚风节，崇理学。""每言性善，征诸仁义，仁义根于无为而为之心，此为至善，此为良知，此为穷理居敬，作《论》六篇，力排异学。"（陈理生《方大理传》）[②] 方大镇的理学思想主要是继承了其父的学说。《四库提要·荷薪义》曰："大镇追述父训，及与同社诸人问答之语，诠次成帙，名曰《荷薪》。盖亦不忘继述之意。其大旨在辟良知之说，于儒释分别，辨论极详。"诚然，方大镇一生秉承其家学，高举其父"性至善"之大旗，黜虚空之说。刘洪谟在《宁澹语序》中对其学术进行了很好的总结，曰："首提至善

① 黄宗羲：《明儒学案》引，四库全书本。

② 方昌翰编：《桐城方氏七世遗书·系传》，光绪本。

为宗，谓至善无所为而为不是至善，有所为而为，以此明义利公私，即以学术邪正分儒禅，以治术诚伪判王霸，録拙序、严理欲之辨为证，脉络贵醇，宗旨贵正，不欲毫发搀和。精心合读，以义理为性命，不以精气为性命，以道义为世界，即事是乐，不以苦海为世界，必欲空之。谈生不谈死，谈人不谈鬼，谈义理不谈报应，谈礼教不谈彝俗，深言无我，以天下归仁，不以天下归空为无我，深言无贪无执，不以偏空成贪空，以偏无成执无，此先生辨儒禅最精语。……先生取象山，不取其徒慈湖，谓为禅习；取阳明不取其徒龙溪，谓是禅宗，此自特见，不喜晚年定论，深恶诋及朱子，不喜摭释搀儒，纲罗百氏，更恶醉心儒术，诋孟及孔，此尤归一正见。”方以智总结说：“以念庵（罗洪行）砺，完新建（王守仁）致，陆（九渊）燧朱（熹）炊，饮食万世，有物有则，即无声臭，善贯有无，诚明之究。”（《合山栾庐占·慕述》）虽然方大镇的思想还囿于家学之中，但这种调和诸儒的学术理路对方氏后学的治学方法产生了重要影响。

吴应宾，方以智外祖，字尚之，号观我，别号三一老人，万历十四年进士，选翰林院庶吉士，授编修。后以目疾告归，“居乡四十载，惟闭门著述，深究性命之旨，为文数万言。”[①] 门人私谥宗一先生。吴应宾也是桐城一位重要的理学家，其著作主要有《古本大学释论》、《中庸释论》、《性善解》、《悟真篇》、《学易斋集》等。袁中道曾对吴氏学术理路作过评价说：“先生乘理洞彻，直接龙溪、近溪之脉。”（《寄吴观我太史》）[②] 吴观我曾师事憨山大师释德清，故受其影响，不仅嗜好而且精通佛学，故援佛入儒，力主佛释道三教合一。他特别强调宗一论，认为儒释道三家皆宗于一。“先外祖吴观我先生好参究，合三教而一之。”（方以智《虚舟先生传》）马其昶在《吴观我先生传弟三十四》中论其学曰：

其学则通儒释，贯天人，宗一以为归。以谓山蹊之不可胜由矣，向墙之户不可胜入矣，不离于宗。宗者，宗其可为圣也。儒与释之无我，老之无身，惟一之训于书旨矣哉。不知者知圣不知一也，其知者知圣之各一其一，不知共一其一也。故其论性不出于无我之一言。曰无我者，至善之体相，有我者不善之依止。尧舜之善用其性之才，以致其无我而已矣；桀纣之不善用其性之才，以致其有我而已矣。因着《宗一圣论》十篇，畅扬其旨。[③]

可见，吴氏之宗一即归于无我，三教统于无我，此即其宗一圆三之学。因此，在他看来，无我才是至善。“吾谓生而善者性，彼亦谓生而恶者性，惟原其

---

① 《桐城续修县志》卷之十四，民国本。

② 袁中道：《珂雪斋集》卷二十五，四库全书本。

③ 《桐城耆旧传》。

初之无我，然后知善之为顺性，恶之为拂性也，而性善之说伸矣。吾谓习于恶非性，彼亦谓习于善者非性，惟要共归于无我，然后知至善之为尽性，穷恶之为贼性也，而为善之说伸矣。深几极之无我者，无始之性，至善之体相也。”① 作为桐城第一个援佛入儒的理学家，吴应宾强调心、性、理、物的不同，强调“性不可不亲见。”“真见性者，止有一事”（方以智《药地炮庄》引），故他强调后天之学和性的外在表现。“其致用者原用物以为事，明物之则，乃能因物用物，而我无心焉。性无为，心有觉，心能尽性，性不能拣心。……通而随举，心之皆心也，性之皆性也，理之皆理也，物之皆物也。”② “致良知，醍醐也。恃良知而废学，即酖毒矣。性者，君也。心者，六官也。气者，土地、人民、政事也。将使六官者，弃其土地，舍其人民，废其政事，坐啸画诺，而曰吾以事其君子，是以庄子之蘧庐为告子之桮棬也。”吴氏这种将心与性分离，特别重视后天学习和外在事功的观点比方大镇父子更为进步，无疑推动了桐城实学的发展。吴应宾援释入儒的治学方法与学渐父子那种“四体肃然”（方以智语）为儒独尊的治学风格是很难调和的，因此在他们之间展开了一场持续二十几年的辩论③，辩论双方你来我往，“门庭各别，入主出奴”（方以智《滕寓信笔》），互不相让。这场论辩在桐城学术史上意义非凡，它使桐城学术开始打破一家之说，兼容并蓄，推动了桐城学术的融合，影响了方孔炤、方以智父子等几代桐城学人的学术风格，为桐城学术的辉煌创造了条件。故方以智评其学术特点曰：“圆三宗一，代错弥伦，集大成，破群疑。”（《金谷葬吴观我太史公致香语》，《冬灰录》卷首）无疑，吴应宾是桐城新学风的开创者，他为桐城学术注入了新的活力，对桐城文化的发展影响很大。

王宣，字化卿，别号虚舟子，江西金溪人，生于桐城。师从方学渐，又为方以智之师。其人少负才不羁，“迈志好古，为诗歌文词，凌轹晋唐，上轧周秦。”（方以智《虚舟先生传》）科举失败后，“遂弃举子业，傥然高蹈，自号虚舟子。”（《虚舟先生传》）④ 其著作主要有《物理所》与《风姬易溯》等。王宣师从方学渐学易，晚年穷《河》、《洛》，是桐城象数易学的提倡者，对桐城易学的发展作出了很大贡献，方孔炤、方以智等的易学都深受其影响。从现有资料来看，王宣的理学思想主要表现在格物致知，认为尽性在于知物理，性命之理必以象数为征。

道无在无不在也。天有日月岁时，地有山川草木，人有五官八骸，其至虚者

---

① 方以智：《药地炮庄·总论下》引，浮山此藏轩刊本。

② 《青原志略》卷三，四库全书本。

③ 《药地炮庄发凡》曰：“皖桐方野同廷尉公与吴观我宫论公激扬二十年。”

④ 《浮山文集后编》卷之一。

即至实者也。天地一物也，心一物也，惟心能通天地万物，知其原即尽其性矣。董子曰：天地之间若虚而实。故性命之理必以象数为征，未形则无可言，一形则上道下器分而合者也。庄子言虚无，然归于极物而止，则曰以有形者象无形者而定矣。圣人与民折中，日用使之中节而已。其格致研极之精旨皆具于《易》，谁固达而知乎？……言动象占，见其物宜，俯仰远近，极事通变，此学而不厌者，真绝学也。本末源流，知则善于统御，舍物则理亦无所得矣，又何格哉？[①]

在他看来，虚中有实，至虚者至实，故理在物中，舍物无理，性命之理需求之象数。这是桐城学术求实精神的一大发展。其所著《物理所》，是桐城自然科学的奠基之作，对桐城自然科学的发展作出了重要贡献。其次，王宣亦援佛入儒，会通儒释道。这主要表现在他对庄子的阐释上。王宣是桐城学术史上一位兼收并蓄、承上启下的人物。桐城学者左锐（藏一）曰："吾桐方廷尉野同先生（方大镇）与吴宫论观我先生（吴应宾）激扬二十年，而王虚舟先生（王宣）合之廷慰，本诸本庵先生（方学渐），传之中丞潜夫先生（方孔炤），三世研极，遍征百家，而愚者大师（方以智）承之。"王宣在桐城学术史上的地位可见一斑。

三、桐城理学的成熟

主要人物是方孔炤、方以智等人。经过几代人的努力，桐城理学逐渐走向了成熟，创立了一套哲学与科学紧密结合的学说，形成了桐城独具特色的学术风格，出现了像方以智这样一位百科全书式的哲人和伟大的科学家，对中国哲学思想和科学思想的发展作出了卓越的贡献。

方孔炤（1591—1655），大镇子，以智父。字仁植，号潜夫。万历四十四年进士，做过嘉定知州、福宁知州等，后擢升为职方员外郎，因忤魏忠贤而遭削职。复官后任右佥都御史巡抚湖广，在镇压张献忠农民起义中被杨嗣昌诋毁而下狱，后因其子以智孝心感动崇祯帝得以赦免，晚年归隐桐城白鹿山。门人私谥贞述先生，或称鹿湖老人。其著作流传下来的主要有《周易时论》、《全边略记》、《抚楚疏稿》、《知生或问》、《刍荛小言》、《职方旧草》、《西库随笔》、《尚书世论》、《春秋窃论》等。方孔炤学识渊博，用力经训，颇重事功，其孙方中发说："公少好读书，老而弥笃。每临大事、决大疑，辄引《春秋》为断；而时行时止，神明无方，则一体乎《易》。虽于五经皆有论述，惟《易》与《春秋》，尤矜独得焉。"[②] 方学渐的理学思想更加偏向于经学，主要表现出了以下特点：其

① 方以智：《物理小识》引，四库全书本。

② 方中发：《环中堂诗集序》。

一，发挥了其父有无一贯的思想，提出了无我备物之说，如曰：“以我视我，一我而已矣，以物视物，一物而已矣。无我无物而后备万物，无我无物而后育万物。”① 这也是方大镇对桐城学术的一种总结，桐城学者大都以无通有，贯通有无，这也是桐城学术之所以能够不拘泥于自我而走向博大精深的一个重要原因。其二，大力发展了实学精神。方孔炤对西方自然科学很感兴趣，因此格外重视物理。“言义理，言经济，言文章，言律历，言性命，言物理，各各专科，然物理在一切中，而《易》以象数端几格通之，即性命、生死、鬼神祇一大物理也。舍心无物，舍物无心，其冒耳。苟不明两间实际，则物既惑我，而析物扫物者又惑我，何能不恶赜动而弥纶条理耶？物格而随物，佑神知至，而以知还物，尚何言哉？又何不可就物言物哉？”② 认为一切学问皆存物理，并以其《易》学“象数端几”思想来会通之，其实学思想已包含了丰富的辩证法理论。他的《崇祯历书约》就是当时一部重要的历书著作，是其实学思想的充分体现，推动了桐城自然科学的发展。此外，方孔炤已具有了朴素的学科分类方法，它将学问分为“质论”与“通论”两种，颇具科学价值。“旧言阴阳为位，刚柔往来居之为质，此一端也。圣人因权变常度之难明，恐高者荡之，拘者泥之，故前常曰‘通’，此特言‘质’。吾故分一切语皆有质论、通论，隐论、费论，时乘之变，适其度，即此时此物而宜之矣。”③ 方孔炤的实学思想对方以智科学思想的形成影响甚大。其三，他继承并发展了家传的《易》学。方以智说：“家君子自辛未庐墓白鹿三年，广先曾王父《易蠡》、先王父《易意》而阐之，名曰《时论》。”④ 又《物理小识总论》方中通按：“（先祖中丞潜夫公）五经皆有述，独精于《易》。”其《周易时论》是方氏易学的一部扛鼎之作。从这部著作中，我们可以看到其易学思想充分吸收了邵庸和朱熹等人的易学思想，提出了很多辩证观点，哲学思辨性较强，方以智的易学就是在其父易学思想的基础上发展而来的。（具体另文阐述，兹不展开）

方以智（1611—1671），方学渐之子，字密之，号曼公，别号浮山愚者等。以智从小受到家学师学影响，“十二诵六经，长益博学，遍览史传，负笈从师，下惟山中，通阴阳象数、天官望气之学，穷律吕之源，讲兵法之要。”⑤ 青年时他遍游大江南北，拜访过各地名流俊贤，名噪一时，与侯方域、皋冒襄、陈贞慧并称

---

① 方中通：《心学宗续编》引，四库全书存目丛书，齐鲁书社 1995 年。

② 方以智：《物理小识》引，四库全书本。

③ 《周易时论合编》卷十二。

④ 方以智：《周易时论后跋》，四库全书存目丛书，齐鲁书社 1995 年。

⑤ 《浮山文集前编》卷二《七解》。

"明季四公子"。崇祯十三年（1640），考中进士，授翰林院检讨。其间因父被杨嗣昌诋毁下狱，以智怀血书膝行，号泣长安门外凡两载，崇祯受其感动，其父因乃得救。但不久，李自成攻克北京，以智从义军手中侥幸得脱，千里奔投南明朝廷，为阮大铖等人所陷，遂流亡浙江、岭南一带。清军南下后，以智不得已出家为僧，从此开始了浮屠生活。顺治十年，于南京高座寺拜当时明遗民精神领袖觉浪道盛为师，更名弘智，字无可，别号药地。后又有竹关、行远、五老、药地、墨历、木立、浮庭、浮庐、极丸学人、极丸老人、易贡、浮愚者、愚者大师、浮渡智、青原曼老人等别号。顺治十二年，其父病故，以智破关回家奔丧，于合明山下庐墓三年，其间著书不辍。后入驻江西青原山，主法席七年，讲三教归一之学。康熙三年，因"奥案"牵连被捕，是年冬十月十七日晚，在被押赴岭南的途中，舟行至万安惶恐滩，因疽病发于背而卒（一说为晚节而投江自尽，见余英时《方以智晚节考》增订本），葬于桐城（今枞阳县）浮山下，门人私谥文忠先生。方以智一生虽颠沛流离，又避身佛门，但著述甚勤，代表著作主要有《物理小识》、《通雅》、《东西均》、《药地炮庄》、《一贯问答》、《禅乐府》、《性故》、《易馀》、《膝园信笔》、《象环寤记》、《浮山文集前编》、《浮山文集后编》、《浮山此藏轩别集》、《愚者智禅师语录》等等。方以智是明清之际一位集大成的哲学家与思想家。他以"坐集千古之智，折中其间"（《通雅考古通论》）、"且劈古今薪，冷灶自烧煮"（《愚者智禅师语录》卷一）的治学精神，在家学与师学的基础上批判地吸收了前人的学术成果，创立了一套博大精深的集心学、哲学与科学于一体的桐城方氏学术体系。并以此为指导，会通古今中外，在理学、经学、史学、物理、化学、医学、小学、文章等多学科领域皆有所建树，履践了其"备天地万物古今之数，明经论史，核世变之故，求名山而藏之"的学术理想，其成就超过了前人和同时代的学者，成为了中国学术史上一位百科全书式的哲人，成就卓著。徐珂《清稗类钞·隐逸传》曰："密之于书无不读，学兼汉、宋，旁及诸子百家，天算、舆地、方伎、杂艺，无不通贯。"张英曰："海内宗密之先生盖五十余年，博闻大雅，高风亮节，为近代人文之冠。"① 方以智的影响可见一斑。

作为桐城理学史上最有成就的一个，方以智的理学思想与传统的理学家有所不同，他在家学的基础上，兼容并包，批判地吸收了众家之说，建立了一套融合各家之长的理学体系。正如其子方中通所说："先君以无我为过关，以毋自欺为薪火，以不耻衣食、不忘沟壑为操履，以秩序变化、寂历同时为统宗，以代明错行、悱三竭两为藏用，以古今为茶饭，而其学本时中，直接孟子，集三世家学之

① 方昌翰编：《桐城方氏七世遗书》，光绪本。

大成，集程朱邵蔡之大成，集古今来诸子之大成，从未有如此其阐明者也。”首先，方以智继承了家传的心学，认为心即天即性，尽心即可见性。“太极者，先天地万物，后天地万物，终之始之，而实泯天地万物，不分先后、终始者也；生两而四八，盖一时具足者也。自古及今，无时不存，无处不有，即天也，即性也，即命也，即心也。”（《东西均·三征》）“但肯尽心，自然见性。”（《东西均·公符》）但以智又不囿于家学，他充分吸收了外祖父吴观我的思想，力主儒释道三教合一。“太极也，精一也，时中也，混成也，环中也，真如也，圆相也，皆一心也，皆一宗也，因时设施异耳。”（《东西均·扩信》）出家后，方以智“出世还传救世方”，师事道盛，仍主三教合一之说。其好友宣城施闰章评其曰：“无可大师儒者也，尝官翰林，显名公卿间，去而学佛，始自粤西，遭乱弃官，白刃交颈，有托而逃者也。后归事天界浪公，闭关高座数年，刳心濯骨，涣然冰释于性命之旨。叹曰吾不罹九死，几负一生。古之闻道者或由恶疾，或以患难，类如此矣。盖其先大父廷尉公湛深《周易》之学，父中丞公继之，与吴观我太史上下羲文，讨究折衷。师少闻而好之，至是研求，遂废眠食，忘死生，以为易理通乎佛氏，又通乎老庄，每语人曰教无所谓三也，一而三，三而一者也。譬之大宅然，虽有堂奥楼阁之区分，其实一宅也。”（《寿序无可大师六十序》）① 但方以智“三而一”的思想并不是对三教的全盘接受，而是进行了批判地吸收。他认为三教各有利弊，应该取长补短，他主张要以禅激理学，以理学激禅，以老救释，以释救老（《东西均·神迹》）。在此基础上，方以智吸收了各家的学说，对其家传的“性至善”之说进行了改造，赋予了“至善”以新的内容：

新建曰：“无善无恶心之体，有善有恶意之动。”或驳之，非也。无善恶可言者，善至矣。京山曰：“继善成性，非有次第先后也，强分疏之示人耳！”性与善非二也，犹乎理也：于穆不已，无声无臭，未发之中，称之为善可也；元者善之长，曰明善，曰止至善，皆性也。善之浑然即无，无之粹然即善。空中之色，色可无，空可无乎？至善岂有对待乎？言本体者，犹言本色也。本色者，素也；……谓本体为善，犹本色为素也。

无必不能不有，始乎善必卒乎恶，无善则无恶。曰无者至矣，抑知始乎无善无恶，必卒乎有善有恶，不如张尊善化恶之号令，乃所以运真无善恶之璇玑。是以断断然表其从天地未分前来者，曰性善。尊德性者，尊阳也，尊始也，尊先也。榜之曰善，犹榜之曰无也。……下地之时，善在恶中，理在欲中，前喻素彩是也。当知素在彩先，而有彩之后，素亦在彩中矣。故曰：第一念是善，第二即

① 施闰章：《学余堂文集》卷九，四库全书本。

恶；仁一，而甲拆之芽即二。（以上皆引自《东西均·公符》）

在他看来，无善无恶是至善，人性既有善的一面又有恶的一面。善与恶是二而一、一而二的关系，但善统恶，性以善为主。显然，方以智众家兼济，与其曾祖、祖父那样的纯儒已经有所不同了。故马其昶于《桐城耆旧传》曰："方氏自先生曾祖明善先生为纯儒，其后廷尉、中丞笃守前矩，至先生乃一变为宏通赅博。"是为确论。其次，方以智将家学的实学精神发展成了科学思想。他自觉地以哲学来指导科学，以泰西为郯子，中西会通，建立了一套辩证唯物主义的科学哲学思想，发展了物理、化学、医学等多种自然科学。我们知道，17世纪，随着一些西方传教士的来华，国外一些近代自然科学开始传入中国。受其影响，我国传统科学文化中出现了一批像《本草纲目》、《天工开物》等较有成就的自然科学著作。桐城学者本来就有注重实学精神的传统，在这风气之下，自然科学亦迅速发展起来，如王宣著有《物理所》、方孔炤著有《崇祯历书约》等。方以智从小受其家学的熏陶，特别是受其师王宣的影响，对实学产生了浓厚的兴趣，"顾自小而好此，因虚舟师《物理所》随闻随决，随时录之，以俟后日之会通云耳。"（《物理小识自序》）后来又多次向西方传教士学习，中西会通，成了一名伟大的科学家，著成了对后世产生深远影响的《通雅》、《物理小识》等科学名著。具体来说，方以智在科学方面的主要贡献有：其一，他将哲学与科学结合起来创立了一种崭新的"通几质测"之学。在方以智看来，天下学问可分为"质测之学"与"通几之学"。"通观天地，天地一物也。推而至于不可知，转以可知者摄之，以费知隐，重元一，实是物物神神之深几也。寂感之蕴，深究其所自来，是曰通几。物有其故，实考究之，大而元会，小而草木蠢蠕，类其性情，征其好恶，推其常变，是曰质测。"（《物理小识自序》）其"质测"与"通几"即类似于今天的自然科学与哲学，这种分类法在当时无疑具有进步意义。他特别强调二者之间的辩证统一，认为二者不可偏废，互为表里。"质测即藏通几者也。有竟扫质测而冒举通几，以显其宥密之神者，其流遗物，谁是合外内贯一多而神明者乎？"（同上）对那些离开具体事物而空谈心性的理学家进行了批评。同时他又不迷信西学，认为西学"详于质测而拙于言通几。"（同上）主张二者应该相辅相成，缺一不可。"或质测，或通几，不相坏也。"（《物理小识总论》）其二，方以智大大发展了质测之学。中年时的方以智曾有一个伟大的宏业："得世资，当建草堂，养天下之贤才，删古今之书而统类之。经解、性理、物理、文章、经济、小学、方伎、律历、医药之故，各用其所长、各精其极致，编其要面详其事，百卷可举。"虽然因时变而终未能竟，但其《通雅》与《物理小识》二书已粗具规模，展现了方以智学识的渊博。《四库提要》总结其《物理小识》一书曰："《通雅》之绪馀也。首为总论，中分天类、历类、风雷雨旸类、地类、占候类、人身类、鬼神方术类、异事类、医药类、饮食类、衣服类、金石类、器用类、草木类、禽兽类凡十五门。”可见，两书包括了天文、地理、光学、数学、生物、化学、医学、语言文字、文学艺术等中国古代各方面的知识以及西方的自然科学知识，考据精核，“成为具有时代特色的科学、学术成果的总汇集”（罗炽语）[①]，充分展示了方以智对各种学科的精通，真可谓“穷百家之书，工百家之艺。”（方中通《陪诗》语）方以智以自己的学识对传统理学家空谈心性的弊端进行了很好地批判。在他的影响之下，桐城掀起了一股研究自然科学的热潮，出现了一批自然科学研究者，像他的儿孙、弟子等都有此方面的专著，这在中国地域文化史上是极为罕见的。再次，方以智大力发展了家传之《易》学。易学是桐城学术的一面旗帜，也是方氏家族哲学理论体系的重要基石。方以智在继承了其父方孔炤易学思想的基础上，充分吸收了其师王宣的象数易学，将象数与义理结合起来，创立了三教归《易》的哲学体系，亦将象数易学推向了一个新的高度，在中国易学史上可谓独树一帜。详见易学一节。

四、桐城理学的收结

代表人物是方以智的三个儿子方中德、中通、中履。虽然三人生活在明清之际，且大半生是在清代度过的，但由于其父在世时，三人经常轮流侍奉左右，受其父思想影响非常之大，三人的学术代表作都是在其父的指导下完成的，父殁后，皆以遗民身份自居，绝意仕进，隐居乡里。三人治学各有所长，与其父学术风格一脉相承，对明代桐城理学作了一个很好的收结。

方中德，密之长子，字田伯，号依岩，禀性纯性，十三岁时效父讼祖父冤情，“挝登闻鼓，讼父冤。”[②] 其父闭关高座寺后，遂绝意仁进，锐志著书。所著有《古事比》、《尚论》、《读史指掌》、《易爻拟论》、《性理指归》、《经学撮抄》等，可惜大多没有流传下来。中德三兄弟主要继承并发挥了其父的学问，各有所长。方中通曰：“余与伯氏、季氏析吾君子之学。伯氏论史，季氏博物，余惟象数、物理、音韵、六书之学。”（《陪古》卷三，《陪翁训子语》）作为兄长，中德受其父影响，学问也较为渊博，如其二弟所说，他较为用力于治史，主要继承了其父史学的特点，他自己也说：“仲爱质测，季喜考核，而父惝然自失。谬陈其愚，欲管窥于史学之万一。”（《古事比自序》）《古事比》一书是其代表作，此书被录入《四库全书存目丛书》，《四库提要》评之曰：“征引虽博，挂漏实多。”成就不是太高。其子方正玉，后因刻《南山集》并为之作序而被祸。

① 罗炽：《方以智评传》第四章《质测之学与通几之论》，南京大学出版社2006年版，第111页。

② 《清史稿·方以智传》。

方中通，方以智仲子，字位白，号陪翁，法名兴磐（《青原愚者智禅师语录》）。以智入主青原山后，中通以出家弟子的身份侍奉左右。一生勤于著述立说，以弘扬家学为志业，尤精通算术。代表作有《数度衍》、《几何约》、《音韵切衍》、《篆隶辨从》、《心学宗续编》、《陪集》等。方中通的学术成就主要表现在两个方面：一是发展了家传的心学。他辑录了从方学渐到方以智四世以来的心学材料汇编而成《心学宗续编》，“惟是家学相传自明善先生至先君文忠先生四世理学。先君栾庐合山时，通得侍杖履，逮后青原主席，通复随侍三年，稍稍得闻四世之学，四世皆有书行世，今兹举其概，使学者便于披读，附于《心学宗》之后，曰《心学宗续编》。”（《心学宗续编序》）方中通对四世家学能够融会贯通，颇有自己的心得：“好学不欺，因物善用，此吾家四世简易平正之学也。好学始能无我，无我自然不欺。因物始能用物，用物在乎善用，盖用物即所以无我也。”（《心学宗续编》）可谓确论。在此基础上，他又对家学进行了创造性地发挥，认为圣人之经济不外乎性学，将经济纳入了理学的范畴，使理学与实学得到了很好的统一。他说：“明德者，内圣也；亲民者，外王也。合外内之道也。故以经济藏于理学，由理学发为经济，方是尧、舜、禹、汤、文周、孔孟之学。”（同上）这种说法在当时无疑具有相当大的进步意义。其二，发展了家传的实学，尤其是其父的质测之学。中通认为，经史百家之学，多识草木鸟兽之名，只可谓博学，不可谓实学，“实学者何，内而性命，外而经济。有典礼制度之学，有象数律历之学，有音韵六书之学，有医药物理之学，凡有资于身心家国者，举而谓之实学。而一字一义，无裨之聚讼、考辩不与为。夫岂登徒袭纸上之陈言，比于糟粕鞶帨乎？由内而谈道，寓于器，不惑虚无。舍知而言行，舍上达而言下学，必合尼山，正示鹫岭，大过漆园旁击，而一归于河洛之大符。由外而论，儒者耻一事不知。”[①] 反映了其黜虚崇实、经世致用的学术精神。由于长期侍奉其父，深受其父质测之学的影响，中通尤其喜欢天文、质测、象数之学，他说：“昆季中予最鲁，读书百遍不熟，熟不移时即忘。舍之去，专事象数、物理，觉稍稍有入，故好泰西诸书，及律历、音韵、九数、六书之学。”（《古今释疑·仲序》）中通并与外国传教士有交往，曾向他们学习西方自然科学，“少嗜象数，初讯授时于汤子（圣弘），既与薛子（仪甫）游泰西穆（尼阁）先生所，适刊其《天步真原》成，语通，喜而交焉。”（《陪古》卷一《中西算学通》序）从现在资料来看，中通质测之学的主要成就体现在数学上，他花了十年工夫，完成了《数度衍》一书。“自笑十年忘寝食，宁夸两手画方园。收将今日东西学，编

① 方中履：《古今释疑·仲序》，四库全书存目丛书。

作前人内外篇。”(《辛丑〈数度衍〉成》,《陪诗》卷三)方中德曰:“方弟之著是书,独处一室,废寝食而寒暑不辍,故宜其探迹索隐,钩深致远,莫不具也。”《数度衍》是中国古代数学发展史上的一部集大成之作,对数学上的各种算法都有所涉及,受到了时人的高度评价。其兄方中德在《数度衍序》中曰:“弟之研极者十馀年矣。初,大人庐墓合山,重编《时论》,时衍《极数》,以示德等。弟退即变数十图以进。大人甚喜,因命精数。弟遂发明勾股出于《河图》,加减乘除出于《洛书》。既而玩泰西诸书,乃合笔、筹、珠之三法,而穷差别于《九章》。”其弟方中履曰:“方园纵横,穷尽其变,距非三千年之一书欤。”(《数度衍》方中履序)此书被收入《四库存目丛书》,《四库提要》评曰:“有《数原》、《律衍》、《几何约》、《珠算》、《笔算》、《筹算》、《尺算》诸法。复条列古《九章》名目,引《御制数理精蕴》,推阐其义。”这部书不仅具有较为精密的数学算法,而且也是方氏科学哲学思想的又一次具体体现。今人严敦杰先生评论说:“《数度衍》是当时一部数学上的百科全书,这是方以智《通雅》算数部份的补编,……《数度衍》的内容贯彻这书的中心思想,基本上和他父亲的著作是一个体系的。”[①] 这部典型的自然科学著作,不仅发展了方氏家学,亦将桐城实学向前推进了一步。中通次子方正珠,通数学,著有《乘除新法》。

方中履,密之季子,字素白,一曰素北,素伯,号合山,又号小愚、合山逸民、龙眠小愚等。中履七岁代父诣狱,九岁随母追随其父,跋涉闽奥,后以儒服侍父左右。为了侍奉双亲,常常奔走于江西与桐城之间。父殁后筑稻花斋,以遗民之志奉母隐居。晚年以著书名道为己任。学者称文逸先生。[②] 主要著作有《古今释疑》和《汗青阁文集》等。中履的成就在于继承了其父博物的一面,对经学、天文、象数、地理、制度等都有所涉猎。其兄方中通曰:“季弟素北负姿迈人于世,纷华之事一无所深嗜,惟好读书。尝键一户寝处其中,寒暑不辍《古今释疑》,盖其弱冠时辑所闻见者。其于天人、象数、事制、沿革、诸儒辨论,爰参稽而会通之,迨历久而后成,非一朝一夕之功也。”(《古今释疑》序)张英亦曰:“方子合山为密之先生少子,自束发受书以来,即不为制举业所羁靽,沉酣于六经诸史百家之书,寝食沐浴其中者三十余年,于天文、历数、律吕之精奥,经史之源流异同,疆域之沿革,郊丘庙祀之分合,文物制度之损益,旁及于字学、算术、医药、方术之说,靡不殚究。博采昔人之众论而条分缕析,权衡其可否,审定其从违,著为一书,名之曰《古今释疑》。”(《古今释疑》序)。可见,方中履也是一位博通古今中外的学者。《古今释疑》一书极好地体现了他学

① 严敦杰:《方中通〈数度衍〉评述》,《安徽史学》1960年第1期。

② 生平见于《七代遗书系传·文逸公家传》。

问之渊博，也充分体现了其家学之风格。《古今释疑》这部书涉及多种学科，其特点也重在考据。四库提要说：“此书皆考证之文。一卷至三卷皆论经籍，四卷至九卷皆论礼制，十卷论氏族姓名，十一卷论乐，十二、十三卷论天文推步，十四卷论地理，十五卷论医药，十六至十八卷论小学、算术，各标题而为之说。中履名父之子，学有渊源，故持论皆不弇陋。”此书虽不及其父《通雅》之精核，但又有其独到之处。清人李慈铭曰：“自经籍至算法衡度，凡分一百七十五目，目为一篇，辨论纵横，取材颇博。……《提要》谓中履传其家学，自非弇陋，而引书不载出处，近于策略，不及其父《通雅》之淹博，所论亦中其病。然本原通贯，自为可取，其肊决逞辩，亦密之家法也。所论人身脉理、骨节、方药及音韵、反切皆甚详，大恉本于《通雅》之说。其论姓氏一篇，独为明晳。论日月、交食及彗孛、奔星、雷电、霜雪、风雨之理，多取西人熊三拔所言，犹西说之近理者。”（《越缦堂读书记》）可见，中履亦极为重视质测之学，很好地发扬了其家学传统，亦对桐城实学的发展作出了重要贡献。中履子方正瑗，雍正举人，著有《方斋补庄》一书。

由于朝代更替和个人遭际的原因，方中德、中通、中履一代学人虽隐没不闻，名不见经传，但亦能秉承家学，既做人又问学，尤尚气节，将道德学问很好地结合在了一起，为明代桐城理学画上了一个圆满的句号。但桐城学人的脚步并没有因此而停止。面对变化了的新形势，桐城后人经过短暂的歇息与调整，继续在这一块具有浓厚文化氛围的土地上耕耘劳作，即使身被南山之祸，亦没有阻止他们前进的脚步。桐城派的兴起，继往开来，为桐城文化掀开了新的一页。

以上可见，明代桐城理学的特点大致可以总结如下：理学兴乡，桐城学者大都是理学家，都自觉高扬了方学渐提出的性善之学，又不断地加以丰富和发展，黜虚求实，使其理学思想与时俱进，走在了时代的前沿；儒道并重，强调学问的会通，特别注重对道家尤其对庄子的研究，形成了研究庄子的风气。其庄子学思想更多地表现为以儒解庄、以《易》解庄，注重对庄子思想的批判和改造，并发挥了庄子思想的批判现实的精神；注重对经学的研究，强调依经释道，尤喜《易》学，形成了一支研究易学的强大队伍，易文化也成为桐城最具有代表性的文化之一。桐城易学将宋易义理学与象数易学很好地融合在了一起，最终建立了一套以象数端几格通一切学问，儒释道三家归《易》的哲学思想体系；桐城学者注重实学，强调理在物中，主张格物致知，在充分吸收西方科学知识的基础上，将自然科学与社会科学很好地结合在了一起，他们在医药、物理、化学、数学、历法等方面都作出了重要的贡献，推动了中国自然科学的发展。

（作者为安庆师范学院文学院副教授）

池州区域文化的阴阳学论

——兼论九华文化的基本内涵

丁希勤

内容提要：古代池州的区域建制、九华山文化的形成、少昊与九华山和青阳县的关系、金地藏与九华山和至德县的关系、昭明太子与九华山和贵池县的关系以及九华文化的基本内涵等都深受阴阳学的影响。从阴阳学的角度可以正确揭示古代池州区域文化的本质和将来池州区域文化的前进方向。

关键词：池州；区域文化；阴阳学；九华文化

阴阳学是我国历史上流传最广、影响最大的一个学派，《史记》“论六家要旨”将阴阳学列为首位，“天下一致而百虑，同归而殊途，夫阴阳、儒、墨、名、法、道德，此务为治者也。”阴阳学包括阴阳五行、八卦易经、天干地支等方面，内容涉及天文历法、风水地理、命运占测等众多领域，其可取之处是对事物之间的联系有着独特的理解，往往可以正确指呈不同事物之间的利害关系，因而在我国古代地方上影响很大。池州区域文化的形成深受阴阳学的影响，拙文拟从池州的区域建制、九华山文化的形成、九华文化的基本内涵等方面去分析古代阴阳学对池州的影响。

一、池州区域建制深受阴阳学的影响

（一）池州区域建制的基本情况

历史上池州下领六县，池州和六县是在唐朝和五代时形成的，到宋朝时才形成一府六县的格局。

据宋欧阳忞的《舆地广记》记载，池州和六县的建制情况如下：

池州：春秋属吴，战国属越，后属楚，秦属鄣郡，二汉属丹阳郡，晋属宣城郡，宋齐梁陈隋因之，唐武德四年（辛巳年）析宣州置池州，贞观元年州废，永泰元年（乙巳年）复置，后曰池阳郡，宋朝因之，今县六。

贵池县：本石城县地，二汉属丹阳郡，晋以后属宣城郡，隋平陈县废，开皇十九年（己未年）置秋浦县，属宣州，唐分置池州，五代时改秋浦为贵池，有乌石山、贵池。

青阳县：本临城县，吴置，晋属宣城郡，宋齐梁陈因之，隋省入南陵，唐天宝元年（壬午年）析置青阳县，属宣州，后属池州，有九华山。

石埭县：唐永泰中析青阳、秋浦置治，又石埭城，属池州。1965年更名石台县。

至德县：唐至德二年（丁酉年）析鄱阳秋浦置，属江州，乾元元年属饶州，永泰元年属池州，五代时省，后复置，改为建德，有石门山、阑溪。

东流县：五代时置，属江州，皇朝太平兴国三年来属。

铜陵县：本南陵县地，唐析置义安县，又废义安为铜官，五代时置铜陵县，属江宁府，皇朝开宝八年来属，有梅根山、利国山。①

公元1959年，东流县和至德县合并成东至县。

据上可知，池州最早建制于唐武德四年（辛巳年），后复置于永泰元年（乙巳年），并于此年将至德县归属池州。在阴阳学上，辛属金，土生金，金生水，有“金生于巳”、“金生丽水”等说法，巳即是土。因而，池州的建制与金相关，其建立年代和取名是取“土生金”和“金生丽水”之义。

（二）池州区域建制深受阴阳学的影响

贵池县、青阳县、石埭县和东流县的建制深受阴阳学中的五行和贵生观念的影响。五行如东木、南火、西金、北水，中土。五行相生，如土生金，金生水，水生木，木生火，火生土。五行贵生，如贵池县在北，北为水，水有岸，是为池，水是生命之源，以养鳜鱼而出名，故曰贵池。青阳县在东，东为木，木青色，木生阳火，故称青阳。石埭县在南，南为火，火生土，土硬为石，是为“石埭”之由来。东流县在西，西为金，金生丽水，古有“天倾西北，地陷东南”之说，故水东流。东流县又称菊邑，以陶渊明在此种菊而得名，菊花开在秋天，秋位于西方等。

铜陵县的建制深受阴阳学中的艮卦和丑金观念的影响。铜陵县在池州东北，位于阴阳八卦中的艮卦。八卦各有表象：乾为天，坤为地，艮为山，震为雷，坎为水，离为火，巽为木，兑为泽。艮卦在地支上位于丑、寅之位，丑在天干地支上为金库。铜在古代又称金，陵即山之义。因而铜陵的建制反映了阴阳学中的艮卦和丑金观念。

至德县的建制深受阴阳学中的坤卦和申金观念的影响。至德县在池州西南，位于八卦中的坤卦，取《易经》坤卦中“地势坤，君子以厚德载物”和《易经》说卦中“致（至）役乎坤”而取名至德。坤卦在地支上位于未、申之位，

① （宋）欧阳忞撰：《舆地广记》卷二十四“江南东路”，文渊阁四库全书本。

申为金临官之地[①]，又取坤土生金之义。

至德县的建立还与金地藏有关。至德县建于唐至德二年，是年为金地藏圆寂后显圣、起塔、造寺之年[②]，留存至今的金地藏的铜质方印和玉质方印上面均刻有“唐至德二年”的字样，说明此年意义非同寻常。至德县建立于此年，实是为了纪念金地藏。建在池州的西南方位，一是与金地藏的圆寂日期有关。据民国《九华山志》记载，金地藏圆寂是在贞元十九年[③]，是年为癸未年，第二年为甲申年，未、申即至德县所在地支之位置。二是与金地藏的金氏有关。在天干地支上，金禄在申，冠带于未，临官于申，帝旺于酉，申为阳金，酉为阴金。至德二年是丁酉年，是年阴金帝旺，帝旺含有帝王之义，暗示金地藏死后为阴间教主，故民国《九华山志》谓此年为“显圣”之年。古代正月建寅，寅一、卯二、辰三、巳四、午五、未六、申七。申通于身[④]，申七即身七，符合金地藏身长“七尺成躯”之数，因而建于申位。申为阳金，又暗合金地藏的男性身份。另外，至德县建在西南坤卦上，还有一层意思，即取“坤土生金”和“金生丽水”之义。水在北方，道教谓地狱在北，建于西南象征了金地藏死后获得重生、为地狱教主。由此不难看出，至德县的建制完全是附会金地藏临终大义的一种做法，反映了古代池州人的阴阳学水平和对死亡意义的认识，从中也可窥见池州民间临终法仪之一斑。

至于池州的由来，上面已经讲过，其建立年代和取名均与金有关，而池州的建制规模又与《易经》系辞上“天一生水，地六成之”有关。池州多水，“天一生水”即池州，而“地六成之”即池州下领六县，二者如人之六腑以化精液。对池州而言，金与天有着密切的联系，金与天的组合即成“地四生金，天九成之”，化身为金天氏少昊、九华山、金地藏等（见下文）。可见，池州一府六县格局的形成与阴阳五行、八卦易经、天干地支以及金等密切相关，是多种阴阳学

---

① （明）万民英撰：《三命通会》卷二“论五行旺相休囚死并寄生十二宫”曰：“五行寄生十二宫，一曰受气又曰绝曰胞，二曰受胎，三曰成形，四曰长生，五曰沐浴又曰败，六曰冠带，七曰临官，八曰帝旺，九曰衰，十曰病，十一曰死，十二曰墓又曰库。”又曰：“古以胎生旺库为四贵，死绝病败为四忌。”卷一“论纳音取象”曰：“金死于子，墓于丑，……临官申，帝旺酉，……养于辰，生于巳，……午为火旺之地，火旺则金败，未为火衰之地，火衰则金冠带，……绝于寅，胎于卯，……至戌而衰，至亥而病。”乾隆《钦定协纪辨方书》卷三十三“补龙古课”曰：“金生巳，旺酉，墓丑，临官申。”文渊阁四库全书本。

② （民国）释印光重修：《九华山志》卷一引《神僧传》云：“菩萨入定二十年，至至德二年七月三十日，显圣，起塔，至今成大道场。”又曰“至德二年造寺”。上海国光印书局，民国二十七年（1938）铅印本。

③ 金地藏圆寂的日期据民国《九华山志》载，有贞元十年（甲戌）夏、贞元十九年（癸未）和开元十六年（戊辰）三说。若根据“金成于（戌）九”之说，则贞元十年（甲戌）夏比较可靠，若根据至德县的建制是为纪念金地藏之说，则贞元十九年比较可靠。至于开元十六年（戊辰）可以排除。

④ （明）万民英撰：《三命通会》卷一“论十二支名字之义”曰：“申，身也，言物体皆成。”

说综合应用的结果。

二、九华山文化的形成深受阴阳学的影响

九华山为何取名九？金地藏与九华山究属何种关系？这些在地方志和正史中均无从考证，只有通过阴阳学的解读才能得以澄清。

青阳和九华山在池州的东南面。其中，青阳在池州正东，九华山在池州的东南，在青阳的西南。道家认为东方有九气青天，南方有三气丹田，西方有七气素天，北方有五气玄天，中央有一气大罗天①，青阳和九华山的取名最初可能与东方的九气青天有关。东方属木，木以金为官，而金生于巳，九华山恰处于辰巳之位，表明九华山与金官之间存在一种阴阳学上的联系。这一联系在少昊和金地藏身上得到了充分的验证。

青阳和九华山的封主最初据说是少昊。如光绪《青阳县志》曰："青阳山自黄山来，洪荒万古少昊开"；"青阳感怀"曰："金天故国九华开，地割宣州一角来。"② 民国《九华山志》曰："云浮黄海，轩辕既白日龙飞，土肺青阳，少皞启金天凤纪"，注曰："黄山以黄帝得名，九华从黄山来，少皞乃黄帝之子，初封青阳。"③

少昊是东夷部族的一位首领。《云笈七籤》曰："少昊，名挚，字青阳，即帝位，号金天氏。"④《太平御览》曰："少昊帝，名挚，字青阳，姬姓也。"⑤ 宋胡宏撰《皇王大纪》曰："青阳挚之生，螺祖感大星如虹，下临华渚之祥，黄帝之时，降居江水，为己姓，以金德王，故号曰金天氏，能修太昊之法，象日月之明，故曰少昊氏。"⑥ 说明少昊字青阳，姬姓，生于水边，号金天氏。这里面隐藏着重要的阴阳学信息，主要有以下几层：一、少昊字青阳，为何又号金天氏，两者之间有何关系？在五行中，青阳在东为木，金在西克木，在命学上，相克为官，金克木为官，故《雲笈七籤》曰"即帝位，号金天氏"，"即帝位"即是为官之义。二、为何降居江水？这有二义，一是"螺祖感大星如虹"，星在天上，含"天一生水"之义；二是少昊号金天氏，金生水，故曰"降居江水"。三、少

---

① （齐）严东，（唐）薛幽栖、李少微、成玄英注，（宋）陈景先集《元始无量度人上品妙经四注》卷二"三十二天"曰："此四方之天即东方九气青天，南方三气丹天，西方七气素天，北方五气玄天。"《正统道藏》第2册，文物出版社1987年影印本。

② （清）华椿荣修：《青阳县志》卷十一"少昊故宫"，光绪十七年（1891）活字影印本。

③ （民国）释印光重修：《九华山志》卷首"附图记"。

④ （宋）张君房撰：《云笈七籤》卷一百"轩辕本纪"，文渊阁四库全书本。

⑤ （宋）李昉等撰：《太平御览》卷七十九"少昊金天氏"，文渊阁四库全书本。

⑥ （宋）胡宏撰：《皇王大纪》卷二"青阳少昊氏"，文渊阁四库全书本。

昊本姓姬，为何宋胡宏的《皇王大纪》称其“为己姓”，而《辞源》“少昊”条也引诸家之说称其为“己姓”，由姬到己的变化说明了什么？少昊号金，在阴阳学中，金生于巳，巳与己通用，故后人改姬为己，显然是受阴阳学的影响。

金乔觉，朝鲜人，唐朝时来九华山修行，素被认为是佛教中地藏菩萨的化身，故而人称金地藏，而九华山相应也成为地藏菩萨的应化道场。金地藏与少昊的金氏相同，出生方位也相同，均处于池州的东北方向，同样也都入主九华山。据记载，少昊寿一百①，而九华山有百岁宫，金地藏寿九十九，而九华山有九十九峰。《史记》曰：“金天氏有裔子曰昧为玄冥师”②，而金地藏号称幽冥教主。青阳封主为少昊，九华开山为金地藏，青阳和九华山在地支上为卯和辰巳方位，金胎于卯，养于辰。而据上文可知，少昊又姓己，己与巳通，金生于巳。按此逻辑，金地藏应来源于少昊，而且二人都与九华山有着特殊的联系。这一联系即《易经》系辞上所说的“地四生金，天九成之”。“天九成之”是九华山取九的原因。其实九华山远不止九山，九十九峰、九十九岁、九十九石阶、九子泉、九子古松、九死还魂草等，或许都取此义。

那么，“地四生金，天九成之”何解？在五行中，火生土，土生金。在天干地支上，火生于寅，临官于巳，巳中有戊土生金，由寅到巳正好四数，故曰“地四生金”。“天九成之”是说从寅到戌正好九数，申七、酉八、戌九同属于西金，至亥为北水。“成”即“戊”字下面加“亅”，“亅”是金刀，故曰金成于九，亦即“天九成之”之义。金地藏卓锡九华是对“金成于九”的最好例释。民国《九华山志》曰：释地藏“邂逅至池阳，睹九子山焉，心什乐之，乃径造其峰，得谷中之地。”③ 即后来的化成寺。“化城二字，本法华经喻语，而此处，则以象形称，盖自山麓直上十余里，拓一平地，东岩西岭，环抱如城，故名。”④ 金地藏栖处其中，便成“地四生金”之象，而周围的九子山即是“天九成之”了。“地四生金”倒过来便是金地藏。据民国《九华山志》记载，金地藏于“唐高宗永徽四年（653）二十四岁，祝发，携白犬善听，航海而来，至江南池洲东青阳县九华山。”⑤ 据此推算，金地藏应生于公元629年，629年是己丑年，653年是癸丑年，丑在干支上为金之墓库，则金地藏的生辰及到九华山之年均与地中金有关，地中金亦即金地藏，是他的佛号。

---

① （清）乾隆：《御批资治通鉴纲目》前编卷首“少昊金天氏”曰：“在位八十四年崩”，注曰：“寿百歳，葬于云阳，故后世又曰云阳氏。”文渊阁四库全书本。

② （宋）裴骃撰：《史记集解》卷四十二“郑世家第十二”，文渊阁四库全书本。

③ （民国）释印光重修：《九华山志》卷一“圣迹门第一”之“六应化”。

④ （民国）释印光重修：《九华山志》卷首“图说”。

⑤ （民国）释印光重修：《九华山志》卷一引《神僧传》。

不仅如此，被尊为贵池土主的昭明太子也与金有密切的关系。据明嘉靖《池州府志》记载，昭明太子萧统吃贵池出产的鱼而赞美其味，后人因将原秋浦县改名贵池县，并尊昭明为贵池土主，这是金地藏之后五代时期的事情。昭明太子生于公元501年，是年为辛巳年，是池州建立的纪年，可视为池州建在照明太子的生辰上，死于公元531年，是年为辛亥年，而贵池位于亥子，可视为昭明太子的归宿。辛巳、辛亥纳音皆为金，而昭明太子的生月也属金。据贵池民间传说，农历八月十四日是昭明太子的诞辰，如清人朗遂《杏花村志》曰："池故事，八月十五日为梁昭明千秋。"[①] 嘉靖《池州府志》亦曰："今俗八月十二日迎神至祝圣寺享之，十八日送神还庙，俗传中秋日太子诞也。"[②] 故明清时每年农历八月贵池都要祭祀昭明太子。农历八月在地支上为酉，酉配天干为辛，辛禄在酉。可见，昭明太子的生年、生月乃至忌辰都与辛金有关，从中亦可看出他与池州、少昊和金地藏之间的关系，亦即上文所说的"金生于巳"。昭明太子在贵池民间又称"太子菩萨"、"案（暗）菩萨"，为何称菩萨？金乔觉又为何称幽冥教主？联系到《史记》有金天子曰玄冥，再联系到贵池民间对昭明的称谓，则可以说：金天氏有幽冥子曰金地藏，而金地藏有太子菩萨曰昭明。前面说过，至德县是为纪念金地藏之死而建，至德县在申位，而昭明太子死于亥位，申为金临官之地，亥为水临官之地，阴阳学上有"水生于申"之说，换句话即是，对昭明太子的祭祀源于对金地藏的祭祀。

因而，贵池选择昭明太子作为土主，除了与昭明太子的金命可以上承金天氏和金地藏之外，还与昭明太子的忌辰有关。昭明太子死于亥年，而贵池正好坐于亥子。在地支上，亥为六阴之终，子为一阳来复，亥子是阴阳交接之地，故有农历有"登明亥"之谓，而"昭明"的封号也正体现了亥的这一阴阳交接和登明的性质。此外，亥为天河，《三命通会》曰："天倾西北，亥为出水之方，地陷东南，辰为纳水之府。"[③] 又曰："十月建亥，亥乃纯阴，司令壬禄，到亥当权，死水泛滥。"[④] 贵池坐亥，难免有死水泛滥之虞，而通过祭祀昭明太子可以达到禳灾免患之目的。

综上所述，少昊、金地藏和昭明太子都与金有关。金生于巳，天九成之，这是九华山命名的由来。九华山的金文化发轫于少昊，形成于金地藏，而成熟于昭

---

① （清）朗遂：《杏花村志》卷五"池州昭明会记"，《中国地方志集成》乡镇志专辑27，江苏古籍出版社1992年版。

② （明）王崇纂修：《池州府志》卷五"祀典"，嘉靖二十四年（1545）本。

③ （明）万民英撰：《三命通会》卷一"水"。

④ （明）万民英撰：《三命通会》卷二"论河图及洪范五行"。

明太子，并扩及整个池州区域，使得青阳县成为少昊的封地，至德县成为金地藏的封地，贵池县成为昭明太子的封地，乃至东流县的陶渊明、铜陵县的孝娥[①]、石台县的舒姑[②]等各成为该县的领主或封神，亦无一不与金文化有关。

三、九华文化的基本内涵

今天，池州市政府将九华文化作为重要的发展战略，提出“打好九华牌、做好佛文章”的口号。那么，九华文化究竟有哪些内涵呢？

九华文化是以九华山文化为主体的一种池州区域文化。九华山坐东、面西、向北，俯视整个池州，因而是池州的地脉所在。民国《九华山志》曰：“九华，东为背，西为面。”[③]“北为五溪，渐入秋浦县境。故称九华者，谓天台为首，化城为腹，五溪为足也。”[④]“五溪之水，源出九华，北流梅根，入大江。”[⑤]梅根在贵池境内，贵池和秋浦古代均是池州府治所在，故九华之水是池州的来源活水，符合《易经》“天一生水，地六成之”之说。池州下领六县，由六县上至五溪，如人之五脏六腑，上至九华，如人头之有九宫[⑥]。天有九天，地有九州，池有九华。池州上戴九宫，下履五脏六腑，譬如一个血肉之躯生活在一个小周天

① （明）王崇纂修：《池州府志》卷五“祀典”有孝娥庙，“在城东北四十五里濒江，明朝庠生胡应祥曰：‘考之娥能以身全父，其于脱伤槐之禁、释河津之诛，与夫流血自伏、投江出尸同一孝心，奋激有出于烈丈夫之所难为者。而颓簷腐栋，将覆于寒烟衰草之中，何以称邦人崇祀之音？因吊以诗：烟锁寒炉几百秋，孝娥遗庙傍江流。上虞尚有同心者，好结香魂一处游。’”另据《太平寰宇記》卷一百五“孝娥庙”，“在县北四十里，吴大帝时孝娥父为铁官冶，遇秽铁不流，女忧父刑，遂投炉中，铁乃涌溢流注入江，娥所蹑履浮出于铁，时人号圣姑，遂立庙焉。”考此处“城东北四十五里”、“铁官冶”等皆与古铜陵有关，孝娥可视为铜陵的保护神。嘉靖二十四年（1545）本。

② （清）张士范修：《池州府志》卷十八“秩祀”有舒姑庙，“在石埭县南二十里古涎溪之旁，旧传盖山舒氏女仙化于此，故祠之。宋绍兴十七年赐庙额显济，明洪武五年知县尹安迁于金城山麓，有司以九月九日致祭。宋邦辅《舒姑庙》云：‘雷声隐隐逐轻舟，羽客相依问十洲。古殿画阴环佩冷，石坛风静薜萝幽。鄂君绣被违青翰，神女铢衣挂玉楼。忆昔相携金跳脱，何年得共采真游。’”嘉靖《池州府志》卷九“仙释”有舒姑三圣，“世传前汉盖山舒氏三女，挟药遇桃，姊妹分食之，及溪而浴化为赤鲤。其母寻至溪滨，但见赤鲤游泳若迎母状。母谓人曰：吾女平日好音乐。乃弦歌水上，鲤果周旋应节，遂成仙而去。”民国《九华山志》卷首“附图记”有“感弦歌于朱鲤，舒姑本秋水为神。”考此处“金城山”、“九月九日”、“金跳脱”、“本秋水为神”等皆与金有关。乾隆四十三年（1778）本。

③ （民国）释印光重修：《九华山志》卷首“附考证”。

④ （民国）释印光重修：《九华山志》卷首“图说”。

⑤ （民国）释印光重修：《九华山志》卷五“建五溪桥亭楼坊记”。

⑥ 古代人脑有九宫之说，如道家《无上秘要》卷五“身神品”曰：“两眉间直上却入三分为守寸双田宫，却入一寸为明堂宫，却入二寸为洞房宫，却入三寸为丹田宫，却入四寸为流珠宫，却入五寸为玉帝宫，明堂上一寸为天庭宫，洞房上一寸为极真宫，丹田上一寸为玄丹宫，流珠上一寸为太皇宫，一头中有九宫。”《正统道藏》第25册，文物出版社1987年影印本。

里。这个周天里的一切都是按照阴阳学的观念进行布局，如六县之建制、少昊、金地藏与九华山之关系、昭明太子与贵池之关系、九华山的命名等。因而可以说，九华文化的本质是一种阴阳文化。

其次，九华文化的表征是一种宗教文化，主要是佛教文化。九华的佛教文化因金乔觉而著名，传说金乔觉是佛教中的地藏菩萨，而九华山是其应化道场。金乔觉的形象并不是一个人，而是三个人，至今九华山地藏菩萨像边是左道明、右让和，道明实际上是道教之象征，让和是儒教之象征。因而九华文化的表征是以佛教为主、融合道教和儒教的一种宗教文化。这一宗教文化还包括了葛洪、陶渊明、李白、王阳明、杨文会等著名人物。

再者，池州区域的阴阳学特点决定了九华文化的命运与发展方向。九华山在地支上为辰巳，而池州的府治在贵池，贵池在北，在地支上为亥子，在天干上为壬癸，贵池与九华山的组合构成壬辰运和癸巳运，两者均为贵格。壬辰运，《三命通会》曰："阳水叠逢辰位，是壬骑龙背之乡。此格以壬日坐辰，壬以丁为财，己为官，壬用支辰暗冲戌中丁、戊，壬日得财官之贵。柱中须辰多方能冲起，再得一寅字合住财官为妙。不宜财官显露，喜行身旺及伤官、食神运，忌南方财官之地。"这段话大意是说壬辰运在寅、辰方位，壬以辰为主，以寅为援，寅、辰即东方。此格南方不利，西北不利，尤忌北方。南方不利是因为南方有丙丁戊己，西北不利是因为西北有戌，二者均显露，违背了辰暗冲的原则，故曰"阳水逢辰见戊巳，灾临难避"，"壬骑龙背，见戌无情"。忌北方亥子运，是因为亥子为水，申、子、辰三者起水局[①]，破坏了辰暗冲戌中丁、戊起火土财官之局，故曰"若柱中全见申子，当以润下格论"，已非"壬骑龙背"之格了。实际情况也是如此，贵池往北是长江拦路，故曰"忌北方亥子运"，亥子即水或长江故也。由此可见，"壬骑龙背"格始终以辰为主，以寅为援。辰为九华山，寅为铜陵，壬为贵池，如此三者之间的关系昭然若揭，如格中所言："阳水多逢辰字乡，壬骑龙背贵非常，柱中俱有寅辰字，富贵双全在庙堂"，"壬骑龙背，见戌无情，寅多则富，辰多则荣。"[②] 若以寅为主，则构成另外一格叫"六壬趋艮"，乃财富之象征。《三命通会》曰："此格乃六壬日見甲寅時，合出亥中壬禄，即暗禄格，明禄不如暗禄是也。"又曰："壬寅、壬辰二日为正，見寅字多者大富，以寅中甲木食神生丙火長生之財，財旺生官，故美。"说明池州以铜陵为主则富，以九华山为主则贵。

癸与巳构成一格为日贵。《三命通会》曰："日贵者，自坐天乙是也。此格

---

① 命学上以申子辰为水局、亥卯未为木局、寅午戌为火局、巳酉丑为金局，此处子、辰构成水局。

② （明）万民英撰：《三命通会》卷六"壬骑龙背"，是八字格局之一。

止有四日：丁酉、丁亥、癸巳、癸卯，主为人纯粹，有仁德，有姿色，不傲物气高，贵气聚于日。”巳为九华山，卯为青阳，癸巳、癸卯说明九华山、青阳与贵池构成贵格。另外，贵池在子位，与九华山之巳尚构成一格曰“子遥巳禄”，也是贵格。《三命通会》曰：“此格以甲子日甲子时，甲以辛为官，二子中癸水能遥合巳中戊土，戊来合癸，畏子上甲木克制，不敢来合，戊与丙同居巳宫，丙戊为父子，戊动丙亦动，丙却与酉中辛相合来克甲木，甲日得官星，戊方得合癸，是谓巳酉丑三合会起官星局。年月大怕有午冲子、丑绊子，不能遥矣。”① 甲为木，在东方，甲子象征了池州的发展方向，而“子遥巳禄”则象征了池州以九华山为龙头的发展战略。“午冲子、丑绊子”，午为石台，丑为铜陵，两者均以矿藏出名。矿藏古代曰金，然此金非金地藏之金，故以“冲”、“绊”为喻，表明池州在九华山与铜陵之间必须有所选择，所谓鱼和熊掌不可兼得故也。

此外，壬癸与午未申酉戌等其他地支还可构成多种命格。如壬午，以午中有火、土冲子中癸水为财官双美。癸未、癸丑，坐下官印，壬申、癸酉，坐下亦印，但贵池本水，金生丽水，过旺犹不及，物极必反也。总之，壬癸与地支虽能构成多种命格，但一般以壬辰和癸巳为贵。壬癸即池州的府治贵池，辰巳即九华山，二者的组合决定了池州命运的基本格局，即以九华山牌为基本战略、以东向发展为基本方向。这一方向对贵池具有重要的作用，因为东面为乙，乙与子构成“六乙鼠贵”②，鼠即子，亦即贵池。这一格局还重视其四角的发展，如辰巳的九华山、丑寅的铜陵、未申的至德以及上面所讲的为壬辰所暗冲的戌和昭明太子的忌辰亥，都是池州的四角之地，在一起构成“四位纯全”之格③，主人聪明富贵。

以上分析了九华文化的基本内涵，即阴阳文化是其本质、宗教文化是其表征、东向发展是其方向、九华山牌是其战略，由内之外之走向，基本上代表了九华文化的价值取向。从中可以看出，阴阳文化是九华文化的基本特质。这一特质尚有多处表现。一是九华文化的地理环境呈东南高、西北低、天罗与地网对峙的格局。池州东南地势较高，西北地势较低。东南为九华山，位于辰巳方位，西北为东至、贵池，位于戌亥方位。在命学上，戌亥为天罗，辰巳为地网，戌为河

① （明）万民英撰：《三命通会》卷六“子遥巳禄”，是八字格局之一。

② 是八字格局之一。万民英的《三命通会》卷六引《喜忌篇》云：“阴木独遇子时，为六乙贵人之地。”阴木，即乙木，此言乙木日生，时支逢子即为六乙鼠贵格的人格八字。六十甲子中由乙木所配而成者有乙丑、乙亥、乙酉、乙未、乙巳、乙卯六对，故称六乙。在诸神煞中，乙见子为贵人，而十二生肖又以子属鼠，故此格命之以六乙鼠贵。

③ 是八字格局之一。命学以柱中全见寅、申、巳、亥，或子、午、卯、酉，或辰、戌、丑、未者为四柱纯全格的人格八字，主人聪明富贵。

魁，辰为天罡，二者互相对峙，乃阴阳灭绝之地。九华山是金地藏的道场，金地藏号称幽冥教主，符合辰巳为阳灭阴生的地网和天罡之义。二是九华文化中的佛教文化呈东西对峙、阴阳对立的二元化特征，表现为九华山地藏菩萨的地狱信仰和东至杨文会的人间佛教思想之间的对立与统一。三是九华文化中的其他文化也呈现阴阳对立的二元化特征，如贵池傩戏面具的假面与真面之间的对立与统一。贵池傩戏以戴面具表演为其特色，面具是阳神，却是假面，假面背后是真面，却是阴面。表演时，真假二面同时登台演出，二者之间的张力与合力是贵池傩戏的魅力及其价值所在。此外还有许多其他的表现，如池州的青阳腔、目连戏、方言等都浸含有阴阳学的影子。这些统是池州区域文化长期受阴阳学影响的结果。

（作者为池州学院历史与社会学系讲师，博士，皖南民俗文化研究中心专职研究员）

太湖县佛教文化初探

查道懂

内容提要：太湖县文化颇具特色，尤其佛教文化，值得研究。本文力从太湖县的地理与人文之佛缘性研究入手，阐述佛教在太湖县自晋之初现，至南北朝隋唐之光大，于两宋之巅峰，迄明清而之式微的发展简史，总结了佛教在太湖县发展过程中，前中期渐盛，后期衰落的现象，以及自晋代始，至清代时，虽千年相继，却终未成佛教之圣地的特点及其成因。进而从民风好佛、官方借佛设教、地方文化深藏佛性等方面，分析了太湖县佛教对当地产生了极深远的影响。

关键词：皖江文化；太湖县；佛教

一、太湖县的佛缘特性

佛教但说一个“缘”字，佛教在太湖能够发展一千五百余年连绵不绝，可谓“缘”。万事之缘始于“因”，其“因”当归于太湖之地、之人，自有佛“缘”。

（一）地理的佛缘性

览历处佛教名山，近如九华，远如普陀、五台，无一不是风景幽胜之地。而太湖县中枕山怀水，景物幽绝，正符合了这一条件，具有天然的佛缘。

太湖县山多水众，山巍峨幽深，水萦洄妩媚，景色绝美，向来为历代文人所吟咏、赞叹。其地之内有山、有崖、有洞、有冲、有河、有潭，皆自成风景，游人、典故如织。其潭之美者如龙潭，“川流逆折，为众水汇”，“知县罗汝芳游此时，有双鲤跃出，命舟人取之，系以金环。每至，则鱼浮出。”[①] 又有锡杖潭，相传神光禅师投锡杖于此，故名。有西风洞，“巨石森列，洞口阔五尺八，内渐狭，风从上出，暑月无蚊。有梵宇、石厨、一线天、锡杖峰、凤凰石、飞来石、仙桥诸胜。”[②] 有独皋山，“峻峭秀丽，上多石刻，漫灭不可读。李白尝避地于此，悬溜可愈热疾。白居易尝寓于此，后人遂以名山。又相传高真人修炼此地，

① 乾隆《太湖县志·舆地志·山川》。

② 乾隆《太湖县志·舆地志·山川》。

石床丹灶，其迹尚存。省志载：是山本名百药，后以乐天改今名。”[①] 嵯峨山，“峥嵘多石，错出若芙蓉。土人云：其上有果老道场，石迹尚在。”香茗山，“中峰特出若莲花，俗名莲花尖。左曰小茗山，汉·梅福、唐·罗隐尝居此。……右曰大茗山，与小茗山东西相向，上有朱砂，每雷雨暝晦则见。有洞可容数十人，有泉甘而洌。”[②] 故，明代兵科给事中湖广人吴国伦诗有“青山看不尽，落日太湖阴”[③] 之句。而众山之尤美，且历代为浮屠所钟、为文人所爱者，则数白云山、四面山、龙山、司空山。李白《避地司空山言怀》有“雪霁万里月，云开九江春”之句。明朝太湖县编修、河阳人童承叙《翁明府辟亭龙山秋日招游有作》云：“龙山郁岧峣，琳宇通幽靓……川忆桃园深，地讶武彝［夷］胜。顾匪烟霞姿，颇负邱［丘］壑性。”县令王庭作《四面山》：“环熙多名山，兹峰更耸秀。一望凌层霄，隐隐见灵鹫。……僧志不妨闲，焚香消永昼。日暮归来迟，白云满襟袖。”元朝进士、蒙古人萨天锡《司空山隐居图》有“童子抱琴随白鹤，仙人看竹借篮舆”之想。明朝安抚使、奉天人李日芃作《江上望司空山》云：“江上晴云四望开，遥怜山色镜中来。烟霞百尺湖天迥，壁垒三秋楚岫回。”[④] 其山水、诗文、古迹之多，不可胜数。

另一方面，太湖县地处皖西崇山峻岭之中。六皖之西，远离历代政治中心；山峭川险，僻远静谧。这又使太湖县避免了西晋之后直至明朝一千余年诡谲跌宕的政权斗争和频繁纷扰的战火硝烟，安宁地躲过了诸次灭佛运动，延续了千年不绝的佛法香火。至南朝宋时，太湖方建县治，且为左县，可见其之僻远轻微。至于宋代，太湖县尚为化外之地，其民悭吝、好斗、多讼，未曾被儒家文化濡染成礼仪之邦，地方官对其治理如管牛羊。时舒州守黄庭坚云：“土风其于秦，不可借釜鬲”；“一钱气不直，白梃及父兄”；“讼端汹汹来，谕去稍听从”；“向来豪杰吏，治之以牛羊”。[⑤] 直至明朝后期，太湖县得益于历任地方官之教化，方有诗书礼仪之见。正是太湖的避远宁谧，使得佛教能够在此不受政治干扰，不断发展壮大，绵延千余年。

总而言之，从自然地理与政治地理上看，太湖县既深幽秀美，又僻远静谧，具有地理上的佛缘性，适合佛教的发展延续。

（二）人文的佛缘性

太湖县在自然地理和政治地理上都处于宁谧的僻远地带，有利于佛教在长期

① 乾隆《太湖县志·舆地志·山川》。

② 乾隆《太湖县志·舆地志·山川》。

③ 乾隆《太湖县志·艺文志·诗赋》。

④ 乾隆《太湖县志·艺文志·诗赋》。

⑤ 《过太湖僧寺得宗汝为书寄山蓣白酒长韵寄》、《宿观音院》，乾隆《太湖县志·艺文志·诗赋》。

的历史发展中不受迫害，有佛缘。另一方面，其在人文传统上，自西晋以降直至宋代，由于地方幽僻，也不曾受儒家文化的深入渗透。其地人性刚强，风气果决，从某种程度上更易于佛教文化的传播、发展，可以说，也具有深深的佛缘。自元而降，至于明清，佛教文化已经深入民俗，太湖遍地无山无佛迹，无水无佛音，故而佛教在太湖的发展依旧能够继续。

除了因政治需要而为朝廷所扶植这一因素致使佛教名胜身处政治中心外，佛教名山更多的是在偏远的深山之中。一方面深山之中远离世俗，更易于修道得法；另一方面偏远山中，经济多不发达，人文处于原始、质朴的状态，更利于佛教不受干扰地发展。而西晋至宋朝的太湖县，正具备了这一特点。

太湖于南朝宋时方才设县治，名为“左县”，其偏僻落后可想而知。至隋朝之时，太湖县经济不发达，人文尚处于质朴的原初状态，还没有被儒家文化渗入。时，太湖县属同安郡，《隋书》云：（同安郡）“人性刚强，风气果决，其旧风然也。自平陈后，俗颇变，尚淳质，好俭约，丧犯婚姻，率渐于礼。”[①] 平陈之后，同安郡风俗渐变，民渐于礼。但太湖处同安郡之穷乡僻壤，并不曾在人文上有此渐变。经过唐、五代的连续发展，至宋朝之际，太湖县才得以渐变，民好俭约。而同时又为经济所制，俭约而近悭吝，且刚强、果决的风气仍有遗留，好斗、多讼，儒家文化其实并未深入渗透。黄庭坚在任舒州太守时，详细描述了太湖风俗。其经济无节余，“户户无积藏”；人民悭吝，“土风其于秦，不可借釜甗。”其人刚强、果决、好斗，“一钱气不直，白梃及父兄”。又好讼，所谓“讼端汹汹来”。强宗把持乡野，政事难为，“龃龉其强宗，彼乃可使令”，“向来豪杰吏，治之以牛羊”。[②] 可见，黄庭坚时代的太湖县还是一个非常落后、野蛮的地域，尚未为儒家传统文化所渗透，处于自发的、初始的文化状态之中。这种真空的人文状态非常易于佛教文化的扎根与发展。而事实也正如此，自西晋佛图澄建寺塔直至宋代，佛教大师在太湖出入频频，建寺纷纷，传法遍地。太湖县已俨然为宗教之基地。

至明朝时，随着太湖经济的逐步发达，以及朝廷儒家文化的渐次推进，太湖县的人文也渐渐发展起来。地方官非常重视教育教化，如萧复阳、王大谟、徐必达、顾慥、李廷森、胡崇宾等人，连续性地加大教育力度；同春、正学两所书院也相继建成。这些都极大地改善了太湖一地的人文风俗。所以，到了明朝后期之时，太湖风俗为之大变。“明庆、历间，寰阓修整、士励姱修，民尚醇谨。”[③] 儒

① 乾隆《太湖县志·舆地志·风俗》。

② 乾隆《太湖县志·艺文志·诗赋》。

③ 乾隆《太湖县志·舆地志·乡镇》。

家文化既已于明朝登入太湖之堂室，便从此扎根，不再被取代。到清朝中期时，经过太湖历任地方官与邑人的努力，恢复了明清兵寇所带来的残破经济，也重振太湖的人文风俗，“士励姱修，民习勤俭”①。虽然儒家文化已经渗入，却不影响佛教文化以其惯性的、固有的脚步在太湖继续发展传播。佛教文化已然深渗入太湖县的民风民俗之中，再也不会消失，哪怕一直到清末、到民国，甚至到当今中国。

总之，太湖县地处皖西山区，僻远幽深，景色绝伦；又远离政权中心，不受政治波动；加之人物淳质，未曾受到经济繁荣的负面熏染。可以说，无论在自然地理、政治地理乃至传统人文方面，都具有深广的佛缘，自然成为佛道修行佳处。

二、太湖县佛教之发展

太湖县佛法之传最早始自西晋佛图澄，降以南朝慧可大师，唐宋时期继以各大禅师，直至于元明清，一直不曾断绝。

（一）晋之初现

佛教自东汉开始，渐渐传入中国。至西晋时，为中国佛教之肇始时期。至东晋之释道安，佛教始盛。“自西晋末，迄宋元嘉间，北地有五胡十六国之乱，仅江南半壁，为东晋所统一。而在佛教，则自东渐以来，至东晋之弥天道安而盛。而道安者，佛图澄之弟子也。由澄而得安，安之门，有庐山慧远，此三大士，与鸠摩罗什，共为当时佛教之泰山北斗。”佛图澄何许人也？“佛图澄，西域人，本姓帛氏，以五胡侵入之初期，即晋怀帝永嘉四年，来洛阳，弘宣佛法。”“妙解深经，并通世论，其说止标宗致，使始末文言，照然可了。慕其德望而追随受业者，常数百人。”所谓“道化既行，民多奉佛，相竞出家”②。又为后赵石勒、石虎父子所崇信。

佛图澄在中国传法的足迹也留在了太湖。他在太湖建寺造塔，让佛法开始在深山僻壤之中扎根生长。其所建之寺与塔，直至清末尚存。县志记载：“佛图寺，县此四十里，晋佛图澄建，有石塔。”③ 佛图澄在佛图寺传法的盛况虽然早已不可知，但“道化既行，民多奉佛”，太湖邑人从此开始接受佛光之普照。

（二）南北朝隋唐之光大

南北朝是中国佛教广为传播时期，此时南印度僧人达摩亦将禅宗传入中国，

---

① 民国《太湖县志·舆地志·乡区》。

② 黄忏华：《中国佛教史》，第21、22页，《民国丛书》（第一编8），上海：上海书店，1989年。

③ 民国《太湖县志·舆地志·寺观》。

其亦因此被推为禅宗初祖。后达摩传法于慧可，即神光，此为禅宗二祖。虽然南北朝时期开放的状态与动荡的时局有利于佛教的传播，但仍有不利因素阻挡佛教发展，如北魏太武帝与北周武帝两次灭佛之事。北魏太武帝拓跋焘于太平真君七年（446）下诏灭佛，废除所有佛教寺院，焚烧佛教典籍与佛缘，不分老幼，坑埋沙门。北周武帝宇文邕于建德三年（574）下诏灭佛，没收所有寺庙，焚经书、拆佛像，强令三百余万僧侣还俗。此次法难迫使二祖慧可隐遁南朝，来至太湖司空山中，并最终在此传法嗣于在司空山隐居的三祖僧璨。僧璨，《景德传灯录》记："僧璨大师，不知何许人也。初以白衣谒二祖，既受度传法，隐于舒州之皖公山。原后周武帝破灭佛法，往来太湖县司空山，居无常处，积十余载，时人无知者。"[①] 只因慧可居于司空山，故僧璨十余年往来皖公山与司空山之间。最后，在司空山得慧可法嗣之真传。

初时，慧可来太湖传法，广建寺庙，遗迹遍山。太湖县志，所谓"建刹司空山"。慧可在县中建有观音寺、石溪寺、上生寺、二祖寺，并在山中留下传衣石、葫芦石、濯锡潭寺遗迹。[②] 传衣石，"二祖慧可传衣于三祖处"；葫芦石，"相传二祖秘记焉"；濯锡潭，"二祖洗锡处"。[③]

关于僧璨，县志云：（僧璨）"初得法于神光，隐皖山。会后周武帝破灭佛法，往来司空山十余载，遂传衣钵于四祖。"[④] 此时已至隋朝。

隋唐之际，文化政策开明，其间虽有唐武宗灭佛，但从总体上看，佛教实是更广大地发展了。三祖僧璨传法嗣于四祖道信，四祖道信又传法嗣于五祖弘忍。弘忍两大弟子神秀与慧能分别创立了北宗与南宗。自此，禅宗分裂为南、北二宗。南宗主张顿悟，修行方法简单，深得士人所欢迎，最终压倒北宗，至唐朝后期，盖过所有宗派的光芒。

自五祖弘忍佛教一开传法嗣于多人的先河。六祖慧能即传法嗣于多人，其中之一为本净禅师。大本净禅师，又是一名在太湖传法的大德高僧。唐朝天宝二年（743），本净禅师受唐玄宗之诏入京。天宝三年，与名僧硕学论道，深得唐玄宗赞誉。后，蒙赐还山，大兴土木，扩建无相寺。县志记载："本净禅师，绛州人，居司空山无相寺。天宝三年，遣中使杨廷光入山采常春藤，因造丈室问佛道。……光还朝以闻。帝召至京，赴内道场禅扬佛理。词辨倾注，四众称善。"[⑤]

---

① 民国《太湖县志·舆地志·寺观》。
② 乾隆《太湖县志·杂类志·仙释》。
③ 乾隆《太湖县志·杂类志·古迹》。
④ 乾隆《太湖县志·杂类志·仙释》。
⑤ 乾隆《太湖县志·杂类志·仙释》。

无相寺经本净禅师扩建成两处：一在县西南四十里，一在县北百二十里司空山绝顶。

除此一脉之外，唐代在太湖修寺传法的佛僧还有金张二祖师、牧庵禅师、法智禅师与梼杌禅师。

约在贞观年间（627—649）前后，金张二祖师在县中广为传法，建有诸多寺庙。县志所记有弥陀寺、相山寺、圣迹寺、三千寺。弥陀寺建于贞观年间，三千寺有上、中、下三所。可想见金张二祖师当时传法之盛。约在天宝年间（742—756）前后，牧庵祖师在太湖县中建寺传法，所建寺庙有觉严寺与玄法寺，寺中都有殿有塔。约于大历年间（766—799）前后，法智禅师在县中传法，建有四面寺，上有塔院，下有洞通龙山崖。[①] 此时，太湖县佛教已颇有名望，俨然已是名山。唐宣宗李忱曾游四面山，并作题瀑布诗："穿山度石不辞劳，到底还他地步高。溪间岂能留得往，终归大海作波涛。"[②] 相传李忱尚未即位为光王时，为避宫廷之祸，削发为僧，曾隐居于太湖县四面寺中。即位后年号大中，于大中十三年赐刚建成的四面山大中寺十二根汉白玉石柱。[③] 此时还有梼杌禅师在山中传法，建有真乘寺及塔。

（三）两宋之巅峰

宋代诸帝大力提倡佛教，派遣僧人往印度求经，创建了规模宏大的译经院，官方开刻经书之先河。佛教发展至鼎盛时期，各宗本身都得以进一步发展，尤其禅宗。而禅宗中的曹洞和临济两家更是影响广泛，至元代之时已发展成为各家中最大的两家。临济宗八世杨岐方会亲授临济正脉于白云守端，为临济宗首座法嗣，自此，临济宗开始了在太湖县的佛缘。黄忏华《中国佛教史》云："临济宗临济义玄下，兴化存奖——南院慧禺——风穴延沼——首山省念——汾阳善昭，(——) 石霜楚圆，次第相承。楚圆，往石霜崇胜寺，行化，其门下黄龙慧南，杨岐方会，最著。……方会，嗣法楚圆后，住袁州杨岐山，盛举唱宗乘。其下出白云守端，保守仁勇。门叶繁茂，遂与慧南之黄龙派对峙，成杨岐一派。守端下，有五祖法演。"[④] 蒋维乔《中国佛教史》又云："杨岐方会，入寂于仁宗庆历六年嗣法者凡十二人；白云守端为其上首，为圆通居讷所推选，历主承天、圆通二寺；后迁法华、龙门、兴化、海会诸寺；所至归依者众，有如云集。入寂于

① 民国《太湖县志·舆地志·寺观》。

② 民国《太湖县志·舆地志·寺观》。

③ 周磊：《晋熙佛教文化》，第30-34页，内部资料。

④ 黄忏华：《中国佛教史》。

熙宁五年蕲州五祖之法演，嗣其法，……慧勤居舒州之太平寺；清远住舒州之龙门寺。"①

白云守端禅师不仅在太湖海会寺、法华寺、龙门寺、千佛寺等寺中广为弘法，还在海会寺内传法嗣于五祖（山）法演。法演禅师亦如其师，在太湖海会寺、四面寺、龙门寺、大中寺、千佛寺等寺中广为弘法，并建安乐寺。法演有三杰弟子：清远（佛眼）、慧勤、克勤。其中清远继承师祖，主持太湖县龙门寺，直至圆寂，塔葬于山中灵光台。

太湖县志记载："端演禅师，住锡白云山海会寺。""海会寺，白去山麓，宋淮西佥宪干王论题曰'淮西第三禅刹'。端演禅师禅道于此。""千佛寺，县东北十五里，宋白云端禅师建。"② 可见白云守端禅师主持时的海会寺规格与名望已是颇高。同时，白云守端又在其他寺中禅道，如其所建的千佛寺。其弟子法演禅师亦随其师。"法演，遍参名宿，最后依白云端师，一见即问南泉摩尼珠话。端叱之，遂大悟。"③ 从此在太湖弘法，建有安乐寺。"安乐寺，县东南四十里，宋崇宁演禅师建。"④ 法演弟子清远居太湖龙门寺弘法，直至圆寂。"清远禅师，号佛眼，居龙门山寺。宣和二年冬至前一日趺坐，谓众曰：'诸方老宿临终必留偈辞世，世可辞耶？'将安往？乃合掌怡然而化。其选建塔本山灵光台前。"⑤

除以上诸位名宿之外，宋朝时在太湖山中建寺弘法的还有伏虎禅师、菩瑞禅师。据县志所记，伏虎禅师所建之寺有八所——安定寺、普照寺、石羊寺、南册寺、高格寺、光山寺、崇板寺、长林寺；菩瑞禅师于元丰年间建得云寺。⑥ 可见宋代之时，太湖县佛教发展到了一个巅峰时期，不仅佛教寺院广泛兴建，各禅师广为弘法，更主要的是禅宗中最有影响力的临济正脉几代都在太湖县山中弘法传嗣。

（四）明清之式微

明太祖原是皇觉寺僧人，皇觉寺属禅宗；成祖起事有禅僧道衍决策之功，所以，明代一向采取保护佛教的政策。同时，也延续了元朝保护喇嘛教的政策。故而，佛教尤其禅宗在明代得到了一定的发展。"有明代，喇嘛教、禅宗盛行。"⑦

---

① 蒋维乔：《中国佛教史》（卷三），第93页，《民国丛书》（第一编8），上海：上海书店，1989年。

② 乾隆《太湖县志·杂类志·古迹》。

③ 乾隆《太湖县志·杂类志·仙释》。

④ 乾隆《太湖县志·杂类志·古迹》。

⑤ 乾隆《太湖县志·杂类志·仙释》。

⑥ 乾隆《太湖县志·杂类志·古迹》

⑦ 黄忏华：《中国佛教史》，第346页。

满清入关之前喇嘛教便为其国教，故清朝累代保护喇嘛教。而于佛教，清世祖尝皈依禅宗；世宗颇支持佛教，同时又主张三教并行、禅净调和、（禅宗）五家一味。自世祖以后，佛教便受到严格控制，难再兴盛。“然世祖以下诸帝，咸对于佛道二教，严加禁约。与古代帝王之外护比较，颇异其撰。”① 所以，佛教本身发展并不能如唐宋之盛传流播。《五灯会元续略·凡例》中论云：“临济宗，……阅元而明，人宗大匠，所在都有，而韬光敛瑞，民莫得传。惟是天童、馨山、车溪三派，鼎峙支那，学者依为尘世梯航。”② 明清之际，众宗之中，唯禅宗最盛；禅宗之内，又临济最众。临济一宗之发展仅仅如此，可见佛教发展之衰微。

明清时期，全国佛教发展之形势大不如前，太湖县佛教发展亦是如此。有朝廷扶植控制，传播规模和影响力已大为缩减，“人宗大匠，所在都有，而韬光敛瑞，民莫得传。”明代时，官方不断，修寺补庙，以维系其发展。至清之时，官方虽仍与民间共同修葺寺庙，其目的已然与明代官方大有不同，其发展也更加式微，从明清时期太湖县寺庙修建情况就可以明显看出。

据民国《太湖县志·舆地志·寺观》所载，明清时期全县寺庙修建情况如下表：

明清时期太湖县寺庙建情况表③

	寺名	始建情况	明代修建情况	清代修建情况
1.	真乘寺	唐梼栳禅师建	明洪武间重修	崇祯十五年冬寇火毁，康熙十六年募化重修正殿；咸丰六年寺火毁于寇，同治四年僧承安募修观音阁
2.	回龙寺	明万历间知县徐必达、顾慥相继建成	岁以倾圮。嘉庆二十三年县人张世瑚倡修	咸丰四年寇火毁，同治六年住持僧筑革舍二间
3.	独阜寺	宋清远禅师建		道光二十年从九、方美砚捐修中重东岳殿及西廊；咸丰九年寇火毁
4.	普照寺	宋伏虎禅师建		顺治间刘仲启户倡建

① 黄忏华：《中国佛教史》，第352页。

② 黄忏华：《中国佛教史》，第353页。

③ 据民国《太湖县志·舆地志·寺观》。

（续表）

	寺名	始建情况	明代修建情况	清代修建情况
5.	观音寺	二祖禅师建		光绪年间杨伦才募化重建
6.	安乐寺	唐大本净禅师建	明正德间圮于水，徒置东南三里	
7.	石溪寺	二祖禅师建		咸丰七年火毁于寇，同治三年僧法宗、方绿等募建后殿
8.	金井寺			孝廉方正李声浩①重修，咸丰六年毁于寇，仅存正屋二重
9.	金渡寺	清顺治间余真五户建		
10.	圣帝寺	清康熙五十年徐义生兄弟捐建		
11.	法华寺			乾隆二十年知县吴易峰仍旧基复建；道光三十年监生张永禄等倡捐重修；咸丰年寇毁，光绪二十四年知县许崇贵邀集绅商于此门外里许仍旧基复建
12.	海会寺			康熙四十年重修；乾隆二十四年知县吴易峰同绅士廷谒等重修；道光六年僧松隐募建大殿；同治四年监生马平声、殷贻琚倡捐重建祖师殿；光绪四年住持僧醉安重修殿宇，增设廊坊
13.	四面寺	唐庆历间法智禅师建		同治十一年四面保各户捐资复建；光绪二十五年邑绅刘子云倡捐，众姓助资，添建庙前花桥

① 注：李声浩，嘉庆六年丙辰保举孝廉方正，据民国《太湖县志·选举志·荐辟》。

（续表）

	寺名	始建情况	明代修建情况	清代修建情况
14.	佛图寺	晋佛图澄建	明嘉靖间知县罗汝芳、王嘉宾，隆庆间知县詹贞吉相继捐廉置田；万历间知县顾慥给僧禅院，篆照永免编徭，不属僧会管辖	
15.	解院寺	宋开禧初六祖禅师建		同治二年知县文翰罚邑人刘武三户赔修，年余未克；（同治八年至十三年）后知县符兆鹏谕解院保绅耆重建

从上表可知，明清时期，新建的寺庙有两座，重建的寺庙有十三座。新建的两座寺庙——金渡寺、圣帝寺，并非僧人所建，而是乡民捐建。十三座被重修的寺庙，重建次数为23次（其中万历年间知县顾慥给佛图寺僧禅院算做一次；明嘉靖、隆庆间知县捐谦置田未算做重修，清同治二年知县文翰罚邑人赔修解院寺未算做重修，不计入内）。这23次中，是僧人募建的有6次（真乘寺于康熙十六年“募化重修正殿”，算做寺僧募化）；为官方倡建的有5次；为乡绅邑人倡建的有9次；另有3次不可考其倡募方。由此可见，寺院修建的情形已与唐宋时大相径庭。僧人无力大为修寺建院，寺院之修建得力于官方和民间，尤其靠邑人乡绅们出钱、出田、出力修建或新建寺院。

太湖县还有很多寺庙经过兵寇水火之后，并不能如上述十三所寺庙一样有机会再得重建。如宋朝伏虎禅师所建的觉严寺，“咸丰六年寇毁，仅存僧舍数间”；同为宋代伏虎禅师所建的石羊寺，“咸丰五年寇毁，仅存中重屋数间。”宋朝元丰间菩瑞禅师所建的得云寺，“咸丰五年寇毁。”[①] 八百余年的古寺被毁，无人重建，这在太湖县有很多。那些依赖官、民重建的寺院，虽然重建一二，也是难以恢复往昔景象。太湖县佛教之衰微由此可见一斑。

另一方面，更凸显了佛教的衰微的是寺庙僧人本身已经渐趋腐化了。此时很多的僧众不再以弘法救世为己任，反而糜烂腐化，荡败院田，已非复唐宋之时。

---

① 民国《太湖县志·舆地志·寺观》。

如佛图寺，“乾隆嘉庆间，田被僧鹤侪荡败。”①

总之，明清时期，不论从佛教寺庙情况，或是从佛教僧徒本身来看，已大不如以前，太湖佛教之发展呈衰落趋势。官方扶持虽有一定力度，却未能真正振兴佛教。佛教的发展，主要靠民间信奉支持，已无关佛门中是否有大德高僧弘法了。支撑佛教发展力量源自佛教之外，而非复佛教本身，故其发展亦不可能强劲有力。佛教之发展可谓式微矣，虽然“人宗大匠，所在都有，而韬光敛瑞，民莫得传”。

自晋而始传入，至南北朝隋唐而光大，于唐宋而至巅峰，迄明清而式微，太湖佛教之发展与全国形势一致。虽曰式微，而其影响仍然惯性地存在着。

三、太湖县佛教发展之特点与成因

（一）前中期渐盛，后期衰落

自晋佛图澄前建寺塔，将佛法传入太湖。至南北朝、隋、唐，禅宗二祖慧可、三祖僧璨、大本净禅师以及金张二祖师、牧庵禅师、法知禅师等相继建寺，广为弘法，佛教得以广大。宋朝之时，临济宗九世白云守端禅师、法演禅师、清远禅师三代相继住守山寺广传佛法，伏虎禅师、菩瑞禅师亦广建寺庙弘扬佛法，佛教至此发展到巅峰。明清时期，人宗大匠，韬光敛瑞，佛法靠平常寺僧已难再弘扬。而值此之际，朝廷对佛教的扶植以及民间对佛教传统的信仰与支持，成为支撑佛门发展的主要力量。但来自外部的支撑终究无法使佛教更上层楼，甚至不能保持原有的发展势头。佛教于明清时期已然式微。

具体而言，表现在以下几个方面。

1. 前中期高僧弘法，后期寺僧守院

从晋佛图澄而下，二祖慧可、大本净禅师、金张二祖师、牧庵禅师、法智禅师、白云守端禅师、法演禅师、清远禅师、伏虎禅师、菩瑞禅师，无一不是以弘法为己任，大建寺庙，广弘佛法，以度众生。禅宗二祖、本净、临济宗白云守端、法演、清远等几代，都已经以太湖为其基地弘法，并传法嗣。

至明清时期，已失大师建寺弘法的局面。寺中僧人，也只能守寺护院，无力广弘佛法。即便简单的守院职责，也不是所有寺僧都能完成，很多的寺院渐渐圮废，寺田渐渐流失，更有甚者，寺僧已然颓腐，荡尽寺产。如县中最古老的佛图寺，在明代万历之时，官方优遇之，免其编徭，且独立于僧会之外。至乾隆、嘉庆间，田产竟然被寺僧败尽。“万历间知县顾慥给僧禅院，篆照永免编徭，不属

① 民国《太湖县志·舆地志·寺观》。

僧会管辖。乾隆嘉庆间，田被僧鹤侪荡败。”① 又如四面寺，乾隆早期寺僧不仅不再以弘法为业，反而滋生邪心贪念，以致香火渐歇。县令吴易峰《四面上寺废兴纪略》云：“四面寺，古刹也，一山之中分上下焉。其上寺有败僧盗树私逃，下寺僧贿邑人阴图其产。予廉得之。不许也，因以其田归法华寺。越数年，香火歇，屋具颓矣。”② 若有寺僧能募化重建寺院某处，便是难得，县志必载。这与宋代之前高僧集一人之力建寺修塔、广为弘法相较，已是天差地别。

2. 前中期寺庙广建，后期寺庙渐凋

据民国《太湖县志·舆地·寺观》记载，太湖县有寺44 所，其中建于宋代及其以前的31 所，建于元代的1 所，明代的1 所，建于清代的2 所，其余9 处所建年代不可考。而明清新建的三处——回龙寺、金渡寺与圣帝寺，并非僧人所建。回龙寺，为明代万历年间两任知县徐必达与顾慥相继建成。而清代新建两所，“金渡寺，县北银河保。顺治间余真五户建。”“圣帝寺，县北南庄保，康熙五十四年徐义生兄弟捐建。”③ 回观建于明朝前之诸寺，凡可考者，皆为佛僧所建。而至于明清时期，太湖已无僧人新建寺院。

明清两朝太湖县寺院修葺情况也同样表明了太湖佛教发展的凋落。从《明清时期太湖寺庙修建情况表》中统计，在13 座寺庙可考的20 次修建中仅有6 次是靠寺僧倡募修建的。而即便寺院得以修建，大多数已经难以恢复旧观，其不论从规模或院产上都无法与明清之前相提并论。如真乘寺，在毁之后，经过长期零零落落的重建方才有所改观。“崇祯十五年冬寇会，康熙十六年募化重修正殿。僧慧元募置观音，……咸丰六年寺毁于寇，同治四年永安募修观音阁。”回龙寺，“咸丰四年寇毁。同治六年住持僧筑草舍二间，存香灯田二十二亩。”重修后的回龙寺仅剩二间草舍和二十二亩田了。石溪寺，“咸丰七年毁于寇。同治三年，僧法宗、方禄等募建后殿。”④

另外，并非所有的寺庙在经水火兵灾之后都有机会被重建。有一些寺庙日久灾多，渐圮渐废，也都一直未被修建。

3. 前中期发展依赖自身，后期维系依赖俗世

前中期，佛教由初现至光大，直至巅峰，其发展之力量源于佛教本身，依赖高僧弘法，广泛感应，建寺兴佛。至明清之时，佛门已无弘法之力，其发展多系之于俗世之力：一为官方扶持之力；二为民间助捐之力。

---

① 民国《太湖县志·舆地志·寺观》。

② 乾隆《太湖县志·艺文志·杂著》。

③ 民国《太湖县志·舆地志·寺观》。

④ 民国《太湖县志·舆地志·寺观》。

前中期之时，自佛图澄建寺宣佛始，太湖高僧一直弘法不断。著名的如大本净禅师佛法为唐玄宗赏识，得赐后回太湖扩建无相寺，广宣佛法。白云守端、法演、清远师徒三代在海会寺、千佛寺、龙门寺、四面寺等诸多寺院中开法论禅，广普众生。金张二祖师在太湖建寺四座——弥陀、相山、圣迹、三千，以弘佛法。伏虎禅师更是感应广远，建寺八座以弘佛法。当唐宋之时，太湖已俨然成佛教名山，弘法盛地。当此之时，佛教之发展完全依靠高僧本人弘法之力。

至明清之时，形势大变。“人宗大匠，所在都有，而韬光敛瑞，民莫得传。”平常寺僧已无广为弘法的力量。佛教发展更多依赖的是俗世力量——民间与官方。明代朝廷扶持佛教，清代朝廷意图掌控佛教，故而明清官方支持佛教的发展，为之修庙建寺。如回龙寺，即为明代官方所建。历史最久的佛图寺，明代万历间官给禅院，并定永免编徭，不属僧会管辖。廨院寺，为邑人乘乱拆毁，被官方罚赔修，最后官方又出面谕廨院保绅耆重建。但官方对佛教的支持毕竟有限，佛教于明清之时的发展更多的是靠民间力量。由《明清时期太湖县寺庙修建情况表》可知，在十三座寺庙的可考的20次修建里，官方倡建5次，邑人倡建9次。其中官方倡建或寺僧募修的，也多赖邑人捐献。另外，明清新建的三座寺院——回龙、金渡、圣帝三寺中，有两座——金渡寺与圣帝寺是民间所建。不仅修建寺庙，邑人乡绅还不断捐田产等给寺院，如海会寺在道光六年重建时，“绅士李清捐四斗，殷马氏捐田四斗，为香火费。”真乘寺于康熙十六年募化重修时，“周北垣公捐寺西学堂基二片，李良臣捐南门外地一片，徐亨林捐秦梅山一片，朱晋方捐五羊坂田一斗五升，石盈魁捐妙法田一石。”[①] 可知，明清时期，佛教之发展所赖最多的还是民间邑人之力。

总之，至于明清，太湖佛教之发展已然式微，寺僧无力弘法，寺庙渐趋圮废，佛门自身力量已不能支持发展下去，唯借民间、官方两方俗世之力才能维系。此时已然完全不见前中期兴盛之景。这与全国佛教发展趋势相一致。佛教自东汉魏晋时东渐而来，唐宋为光大之时，至元明清，迫于其他多方面因素，诸如宗教渐多、政治压迫以及佛教本身等众多因素，致其发展不再如前，虽亦有大德高僧，却不能广为弘法，佛教之式微时代至也。

（二）虽千年相继，终无缘圣地

太湖佛教之发展自晋代始，至清代时，已历经一千五百余年不曾断绝。其间不乏名祖高僧，却终究未成佛教之圣地。

魏晋南北朝至于唐宋，佛图澄、二祖慧可、本净禅师、金张二祖师、牧庵禅

① 民国《太湖县志·舆地志·寺观》。

师、法智禅师、白云守端、法演、清元禅师、伏虎禅师、菩瑞禅师相继弘法于太湖县。此时禅宗在太湖以及周边山区频频弘法，其范围较广。太湖仅作为其中之一部分，未能凸显于其中。至于宋朝，虽然临济宗三代师徒在太湖弘法，盛事一时，惜其自清远之后，无高僧相继。故而太湖未能成为禅宗或临济宗的基地。另外，如金张二祖师、牧庵禅师、法智禅师、伏虎禅师之际，虽大建寺院，广为弘法，却后继无人，盛时一过，便沦平庸。总之，前中期的太湖佛教未能一脉相承地延续发展下去，是其不能跻身圣地的最大原因。

至明清时期，全国佛教一片退隐颓唐景象，人宗大匠，韬光敛瑞，民莫得传。而太湖之佛教更是衰落，寺僧难守基业，寺院不能常存，佛教已失去力量持续发展，更莫说成为圣地。

四、太湖县佛教对当地的影响

太湖县虽非佛门圣地，但其一千五百余年的延续发展，对当地产生了极深远的影响。

（一）民风好佛

一千五百余年来，太湖县中香火缭绕，佛音不绝，其对民间渐熏渐渗，使得民风民俗之中亦渐染佛教文化。太湖县民间已将佛节作为正式节日合家庆之，如佛教之浴佛日。“四月八日，谓浴佛日，俗以为节。采楝叶染米作饭，曰乌饭，举家食之。”①

民间好佛之风普遍，常往寺庙祝福祈愿，或于家中吃斋念佛。一旦佛门有活动，便自发参加或布施。如明清修建寺庙，可考的 20 次之中，民间自发捐奉修建的有 9 次。同时为官方或寺僧倡建的，也多是民间共捐而成。另外，邑人还常向寺院捐奉田地以为寺院香火钱。至明清时期，正是民间的力量最大地支撑了太湖佛教的发展。

除寺庙之外，民间还常修建庵堂，据民国《太湖县志》记载，太湖县中有庵堂 93 座，凡可考的，基本上都是民间自发修建。“茅庵，县北七十里黄□保。明季乡人供佛于茅舍，故名。清初移建马家河打鼓石下，并捐金，置田种一石为常年香灯费。”“白衣庵，县南十五里何家保章姓倡建。道光丙戌年众姓重修。章姓捐田二斗，公置田产六斗。后、左、右山场，菜园、共地均章姓捐助。”②由于两晋南北朝唐代之时，太湖县尚未被儒家文化渗透，邑人淳质。故佛教文化袭来，很容易渗入乡人的生活风俗之中。至明清儒家文化渐强，也无力改变已有

① 乾隆《太湖县志·舆地志·风俗》。

② 民国《太湖县志·舆地志·寺观》。

的崇佛局面。故而是儒、佛共存共生。佛教文化在太湖民风民俗之中已然扎根，这甚至影响到太湖地方官的一些个人举措，他们也被太湖佛教文化与民间风俗所熏染。如知县章时化曾为亡儿建义举庵，知县李世洽也为亡妻建智果庵。[①]

（二）官方借佛设教

明清时期，太湖官方扶持佛教发展，除因朝廷政策这一因素之外，还有一个同样重要的因素，即太湖佛教遍及全县，渗入乡人生活与风俗之中。官方不得不顺应民情，扶持佛教。

明清两代，太湖县官方常倡修寺庙，可考的20次修建中有5次为官方倡修。对历史悠久或有所贡献的寺庙实行优待政策。享受永免编徭，不受僧会管辖的寺庙有海会寺与龙门寺两所。而真乘寺被官方表彰，赐“尚义禅门”。

因为邑人信佛，相信狮子庵所供的观音大士最灵，在顺治年间大旱之际，知县李世洽百般无奈之下竟率众官员一起至狮子庵中祷雨。“狮子庵，即西风洞，县北十五里。祀大士，最灵感。顺治壬辰大旱，知县李世洽率僚属祷雨其上，题诗石壁间，曰《旱忧行》，载‘艺文’。”[②] 太湖县志中亦录有知县李世洽的《西风洞大士庵再祈雨文》。地方官之所以行此种种，无非顺民情以教民，所谓“藉神道以设教”[③] 是也。

（三）地方文化深藏佛性

太湖县一千五百余年的佛教传播中，留下了大量的佛门遗迹和佛教文学作品，同时也产生了大量的后人追慕、赞叹佛教的诗文，姑且称之为“慕佛文学”。

太湖县遍地寺庵。据民国《太湖县志》记载，太湖有寺44座，庵93座，留有很多处的“古迹”。如传衣石，祖慧可传衣与三祖处；葫芦石，相传二祖秘记所；濯锡潭，二祖洗锡处；焚身台，僧法宝祷雨焚身处；佛图寺后巨石；前天就门；左石壁；法华寺方竹；二祖禅堂；止泓亭等等。都是佛教流传的“古迹”。

佛教遗迹遍布太湖县山中，而佛教典故与文学也不少于遗迹。凡佛僧、佛寺、佛山、佛门、古迹皆有传说留下。如常春藤，传说在司空山中，唐天宝年间有帝使杨廷光来采，因而谒本净禅师，于是有杨廷光与本净的一段禅对语。“天宝三年，遣中使杨廷光入山采常春藤，因造丈室问佛道。云：何曰若欲求佛，即心是佛；若欲会道，无心是道。”又问如何即心是佛。师曰：“道本无心，无心

---

① 民国《太湖县志·舆地志·寺观》。

② 民国《太湖县志·舆地志·寺观》。

③ 刘光阁：《重建法华寺赋》，乾隆《太湖县志·艺文志·诗赋》。

名道；若了无心，无心即道。”[①] 又如白云守端、法演、清远三代禅师都留有许多禅诗、禅偈。白云守端作《初住白云作》（太湖白云山）：“白云归老称平生，古屋低低分外清。薜荔苔阶增野性，潺湲绕院益闲清。何妨乞食消寒暑，虽是当途少送迎。首侣不须重问祖，已将布袋为君倾。”法演禅师作《谒白云端师》：“山前一片闲田地，叉手叮咛问祖翁。几度卖来还自买，为怜松竹引清风。”[②] 清远禅师，“宣和二年冬至前一日趺坐，谓众曰：诸方老宿临终必留偈辞世，也可辞耶？将安往?”乃合掌怡然而在。[③]

凡佛教之寺庙、山川、古迹，留后世则皆成名胜，为历代游人邑士所歌咏不止。其山如司空、四面、白云、龙山等，其洞有西风、观音、罗汉等，其潭有锡杖、龙潭等，其古迹传衣石、佛图寺前后等，其寺更是多不胜举。故因其山川秀丽、佛迹遍地而代有诗文出。唐代李白作《避地司空山言怀》，元朝萨天锡作《司空山隐居图》，宋安抚张德兴作《朝天宫成纪怀》，宋黄庭坚作《过太湖僧寺》、《宿观音院》诗，等等。至明清，游人更多，诗作更是不胜枚举。如县令王大谟（广济人）作有《佛图寺》诗，云：“山僧东土来，颇理西方帙。说法如来巅，焚香招提窟。”明通判谢明（番禺人）作《宿无相寺》云：“松花细嚼蒲团月，春茗新烹老衲蹊。”明朝县令翁溥（诸暨人）作《龙门寺》云：“何处山房可醉翁，龙门钟鼓白云中。……田父壶餮来古刹，野僧芋栗献秋风。”清代庠生鲁笔（望江人）有作《龙山》诗等等。[④]

太湖县人吟咏佛门山寺之诗更是多不胜数。如庠生马方城《宿西风洞赠履先上人》云：“野月虚窗台，禅灯古殿明。”儒隐汪应鲤作《司空山即景》诗，云：“春池崖峻泉飞瀑，祖刹堂深径有花。今古游人同怅望，好山幽处欲为家。”鲁之裕作《白乐山赋》，毕琪光作《异香洞赋》，等等。[⑤] 另外，由于佛教文化的长期浸润，使邑人与诗多有禅味。如赵文楷作《游西风洞夜宿狮子庵》：“古寺云深处，扪萝问牧童。乌盘秋色外，人语暮烟中。厨盖千年石，岩呼半夜风。暂抛尘梦去，禅榻一灯红。”[⑥] 又如李振钧《堂梨宫题壁》：“棠梨花发鸟关关，野竹青青寺后山。深院无人长昼静，白云让与老僧闲。”[⑦] 深得王维之韵。

总之，太湖佛门之山寺、古迹、传说、文学众多，后人的慕佛文学亦随之世

---

① 乾隆《太湖县志·杂类志·仙释》。

② 周磊：《晋熙佛教文化》，第52、58页，内部资料。

③ 乾隆《太湖县志·杂类志·仙释》。

④ 乾隆《太湖县志·艺文志》。

⑤ 乾隆《太湖县志·艺文志》。

⑥ 太湖县文联编：《晋熙诗徵录》，第39页，内部资料。

⑦ 太湖县文联编：《晋熙诗徵录》，第42页，内部资料。

积代累，更是多不胜数。

作者后记：从当今学术史上看，对太湖县佛教历史文化已经有学者初探其径，惜其研究并不能广泛、深入。从理论上看，对太湖县佛教文化的研究对皖江地区历史文化研究具有一定的补充价值。从实际角度来看，对太湖县佛教文化的研究则可以在一定程度上促进太湖县佛教事业和旅游业的发展。

【参考文献】

一、古籍文献

[1]《中国地方志集成·安徽府县志辑10·康熙安庆府志》，南京：江苏古籍出版社1998年

[2]《中国地方志集成·安徽府县志辑16·民国太湖县志》，南京：江苏古籍出版社1998年

[3] 乾隆《太湖县志》，安徽省地质印刷厂，2006年1月

[4] 民国《太湖县志》，内部资料

二、近人及今人研究著作

[1] 太湖县文联编：《晋熙诗徵录》，内部资料

[2] 周磊：《晋熙佛教文化》，内部资料

[3] 赵国余：《太湖县赵氏简考》，内部资料

[4] 太湖县政协文史资料研究会编：《太湖文史资料》，第一、二、三、五、六、九辑，内部资料

[5] 李琳琦：《徽商与明清徽州教育》，湖北教育出版社2003年1月

[6] 宋元强：《清朝的状元》，吉林文史出版社1992年版

[7] 徐杨杰：《中国家族制度史》，人民出版社1992年7月

[8] 丁钢主编：《近世中国经济生活与宗族教育》，上海教育出版社1996年12月

[9] 吴仁安：《明清江南望族与社会经济文化》，上海人民出版社2001年12月

[10] 张杰：《清代科举家族》，社会科学文献出版社2003年7月

[11] 周振鹤：《中国历史文化区域研究》，上海：复旦大学出版社，1997年

[12] 张舜徽：《清人文集别录》、《清人笔记条辨》，武汉：华中师范大学出版社，2004年

[13] 黄季耕：《安徽文化名人世家》，合肥：安徽教育出版社，2005年

[14] 彭林：《清代经学与文化》，北京：北京大学出版社，2005年

[15] 汪军：《皖江文化与近世中国》，合肥：合肥工业大学出版社，2004年

三、今人研究论文

[1] 汪同元:《中国禅宗“成熟阶段”浅论——司空山在中国禅宗史上的地位》,《佛教文化》2007 年第 4 期

[2] 赵国余:《赵朴初家族渊源简考》,《赵朴初研究动态》2007 年第 3-4 期

[3] 余松祥:《禅宗祖庭司空山》,《佛教文化》2007 年第 4 期

[4] 米诗:《山乡藏胜地造化说弥陀》,《佛教文化》1999 年第 1 期

[5] 林仁寅:《卓锡一泓云浸影花开五叶地生春——浅谈慧可和司空山在禅宗发展史上的重要地位》,《佛教文化》2007 年第 4 期

[6] 李晖:《诗人·状元·使者——记赵文楷》,《江淮文史》1995 年第 2 期

[7] 张宪华:《安徽太湖赵氏四世翰林述略》,《安徽师范大学学报》(人文社科版)1999 年第 4 期

[8] 傅朗:《清嘉庆朝赵文楷使琉球的影响与贡献》,《福建师范大学学报》(哲学社会科学版)2001 年第 1 期

[9] 李传玺:《皖籍状元旧事》(三),《江淮文史》2007 年第 4 期

[10] 李伯重:《八股之外:明清江南的教育及其对经济的影响》,《清史研究》2004 年第 1 期

[11] 常建华:《二十世纪的中国宗族研究》,来源:国史探微网站

[12] 许水涛:《从桐城望族的兴盛看明清时期的宗族制度》,《谱牒学研究》第 1 辑,书目文献出版社 1989 年版

[13] 吴霓:《明清南方地区家族教育考察》,《中国史研究》1997 年第 3 期

[14] 陈瑞:《论明清徽州望族的衡量标准及其类型》,《安徽史学》2001 年第 3 期

[15] 冯尔康:《清代宗族、村落与自治问题》,《河南师范大学学报》(哲社版)2005 年第 6 期

[16] 巴根:《明清绅士研究综述》,《清史研究》1996 年第 3 期

[17] 谢俊贵:《中国绅士研究述评》,《史学月刊》2002 年第 7 期

(作者为铜陵学院团委书记、副研究馆员)

明清皖江流域学术文化地理变迁

周运中

内容提要：本文首先统计明清时期皖江流域各府州县进士数量，并对各地区的学术地位进行排序。再结合方志、文集等，研究明清时期皖江流域学术地理的成因。本文认为，明清的安徽省形成了两大学术文化重心区：徽州府和安庆府，前者的核心是歙县、休宁，后者的核心是桐城。在休歙、桐枞、南京这三大文化中心的辐射下，不仅清代的府内其他县的学术比明代有很大发展，而且毗邻的宁国府、太平府、庐州府等地也有不少进步。

关键词：皖江；桐城；安庆；宁国

本文所说的明清皖江流域指安徽中部和南部长江流域、钱塘江流域庐州府（不含清代从庐州府析置的六安州）、安庆府、和州、滁州、池州府、太平府、宁国府、广德州这5府3州地区，只有徽州府在钱塘江流域，其他地区都在长江流域，即皖江文化地区。

皖江地区明清时期分县文进士数目表如下，明代数字据吴宣德先生统计，① 清代数字据《安徽省志》，但是前者截止到光绪三年（1877），② 因此本文根据地方志对部分县的数字作了修正，未加＊为修正的完整数字。

表1　明清皖中南各地进士数表

	明	清
安庆府总计	155	
怀宁	42	57
桐城	81	154

① 吴宣德：《明代进士的地理分布》，香港中文大学出版社2009年，第258-259页。原表统计分为多项，本文只取反映当代情况的“籍总计”。

② 安徽省地方志编纂委员会：《安徽省志》第54册《教育志》，方志出版社1999年，第40页。唐力行等著：《苏州与徽州——16—20世纪两地互动与社会变迁的比较研究》，商务印书馆（北京）2007年，第335-336页。

（续表）

	明	清
潜山	11	11
太湖	11	50
望江	5	14 *
宿松	5	21
太平府总计	86	
当涂	57	25 *
芜湖	14	27
繁昌	15	9 *
池州府总计	67	
贵池	21	8 *
青阳	20	10 *
铜陵	4	5 *
石埭	6	3 *
建德	13	4 *
东流	3	1 *
宁国府总计	140	
宣城	62	35 *
南陵	10	13
泾	40	64
宁国	7	9
旌德	8	25 *
太平	13	17 *
广德州总计	32	
广德	22	9
建平（今郎溪）	10	4 *
庐州府（不含六安州）总计	94	
合肥	39	48 *
庐江	9	25
舒城	19	16
巢	9	7 *
无为	18	9 *

（续表）

	明	清
滁州总计	34	
滁州	16	5
全椒	11	35 *
来安	7	5 *
和州总计	16	
和州	13	18
含山	3	18 *

从表上不难看出，皖江地区进士最多地区依次为安庆府、宁国府、庐州府、太平府、池州府、滁州、广德州、和州。但是太平府的县均水平高于庐州府，广德州的县均水平高于滁州，所以长江以南总体水平高于江北。长江以南的地区是东高、西低，宁国、太平二府高于池州府。江北正好相反，从安庆往和州、滁州，越往东越低。谢国兴先生指出，萧一山统计的清代安徽学者籍贯分布表也可以印证各地文教发达程度，大体文教特盛之地多未经济发达之区，或为政治中心。①

徽州、安庆二府的内部差距很大，宁国、庐州二府的内部差距较小。关于这些府州的差异和内部差异的原因，前人论述不多。

一、和州、滁州、庐州府

《正统和州志》说："国朝为畿甸之地，圣化所被，四民各安其业，而儒雅之风尤盛，非曩时之比也。"② 和州接近南京，受到其文化辐射，但是毕竟在江北，所以进士数量仍然不多。明江浦县人庄昶《六合县科第题名碑记》说：

应天府之属邑七，其五邑皆江南，而吾江浦暨六合者，则独于江之北也。人才之多，往往称五邑。而吾江浦自有国迄于今，登进士者才七人，乡贡士亦不过三四十人，六合亦然。抑何少也！世常以扶舆清淑之气锺，而为人故灵。而吾两邑者山穷而地僻，故其人多卤裂而不知学，科第则视他邑为独后。嗟乎，此果谓之何哉！③

① 谢国兴：《中国现代化的区域研究：安徽省，1860—1937》，中央研究院近代史研究所，1991年，第58-59页。

② 《正统和州志》，《中国方志丛书》华中地方第640号，1985年，第61页。

③ （明）庄昶：《定山集》，《影印文渊阁四库全书》第1254册。

江浦县是明初才析置的，和六合二县在江北，因为山区多，穷困而偏僻，民风粗犷，庄昶也批评本地人不知学习，所以进士的人很少。属于南京的六合、江浦尚且如此，和县的情况当然也差不多。

《光绪滁州志》卷二《风俗》说："大乱之后，土著十不存三四。大率光州、安庆之人，挈室而来，开垦荒土。赋额渐复，系客民之力，然良莠不齐，亦因以多故焉。土俗妇女尤善力作，胜于健男子。向无蚕事，乱后养蚕颇多，每年可出茧四千觔。不谙纺织率购布于他方，光州人来，皆男子织布，俗谓之侉布，南人呼北人为侉也。女子好着红裳，虽力田不弛，固彬彬有礼矣。"① 滁州作为州治，明代进士和全椒县仿佛，而清代下降显著，显然和地处要冲、战火较多有关。太平天国起义战乱后，滁州移民很多，虽然经济得到恢复，但是文化却不可能很快振兴。

《民国全椒县志》卷四《风俗》："明杨令之言曰，有南之华而不靡，有北之朴而不俚，非虚语也。咸丰乱后，客商星散。土著什不存三四，田多而人少。故数十年来邻县如合肥、潜山等客民，多侵入其间，或佃田，或垦山，颇获厚利。而土民愚拙，间有舍本逐末者，虽生计之饶裕，民俗之敦庞视昔稍逊，然力作重迁，能耐守以补其不足。妇女尤善操作，性端洁而不流于淫佚，亦有足多。"② 全椒县的移民来源和滁州不同，但是两地移民都比土著精明。

明蒋臣说："庐处江淮之间，地广而民瘠，俗鸷而赋繁，讼狱滋多，号称难治。"③ 从这个描述看庐江的情况和皖北差不多，但是《雍正庐江县志》卷十《风俗》说："明季遭兵燹，比户流离，入国朝以来，休养生息，乘及百年，元气渐复。然而居民鲜少，每行百里仅得一村，盖终不能无土满之患也。地近凤阳，凤民皆习为花鼓、秧歌，营生于外，即合肥之俗犹不免焉。而庐则妇织夫耕，足迹不离畎亩，此固民风之最胜于邻邑者。"④ 这里说庐江的情况不仅不同于凤阳府，而且连合肥都沾染了凤阳的习俗，但是庐江却没有。庐江南邻桐城，清代进士增长幅度为庐州府之最。

二、太平府、池州府

《嘉靖铜陵县志》卷一《风俗》："按旧志，士风清和，民俗淳厚，士笃于学，农力于耕，尚礼义，厌浮华，此风俗之美者也。而近年来经生学士，文雅彬

① 《光绪滁州志》，《中国方志丛书》华中地方第688号，1985年，第171页。

② 《民国全椒县志》，《中国方志丛书》华中地方第225号，1974年，第240页。

③ （明）蒋臣：《无他技堂遗稿》卷十三祭文《庐州司李简公诔》，《四库禁毁书丛刊》集部第72册，第611页。

④ 《雍正庐江县志》，《中国方志丛书》华中地方第728号，1983年，第781-782页。

彬，科第特出，则人文又将渐盛矣。”[①] 当涂县，清代芜湖县进士数量比明代几乎翻倍，这是因为清代芜湖商业发展迅猛。但是繁昌县的进士还只能过十，到了池州府的铜陵就又少了。宣城县人梅守箕说：“姑孰与余郡接壤而密，乃鲜有称诗者。称诗则泾阳张大来、当涂倪长卿及余家禹金最着，然两人者皆折服长卿以为畏友云。”[②] 他说当涂和宣城接壤，来往密切，但是当涂很少有著名诗人，太平府文风确实不如宁国府。

《乾隆池州府志》卷五《风土志》说道：

土著之民，惮远行，不事贸迁。耻贱役，甘心贫窭。以故六邑利权，半归寄客。百家末艺，尽出游民……（府旧志）……池在大江之滨，民以耕渔为业。家鲜蓄积，市无巨商（明王颐：池州役徂佥议）

昔称嚣顽，今颇礼让，文学渐兴，科第稍振（青阳志）士多敦气节，工词章，文采风流，视昔稍振（青阳志）

壤地褊小，无诸物产之饶。其民自农亩外，未尝有商易于四者。故岁给常或不舒，即名巨家亦无厚蓄（明赵锦：铜陵新城记）

吾埭介于万山间，无舟车往来，无商贾交易。小民惟种稻麦，勤力啬，用以自给。岁少不登，辄苦乏食。其争讼皆起于户婚忿斗，求平而止，非有豪贵侠客雄奸者，敢厕其间。盖僻而贫，且小也（明毕锵：石埭叶侯祠记）

士尚气节，氓知廉耻，左尚豫章之敦朴，右袭吴越之文采……（建旧德志）婚士夫家相较门第，富而非敌，不屑也（建德志）

民业耕渔，地未尽利（东流志）其人类野而近淳，其俗务本而崇俭（明陈良器：东流修学记）地狭而瘠，其民寡而贫，其风俗多啬而，褊野而近淳，其学校不甚茂而宏，其科目不甚属而显，故其好尚务疾耕力食，而以弦诵为缓（明宋邦辅：东流县志序）东流士类，素称古处，不尚浮夸，民耕渔之外，别无经营……（东流志）[③]

池州的六县中，铜陵、石埭和东流比较相近，地狭民贫，甚至有人说东流县“地狭，民甚瘠”，[④] 以农业为生，很多地方还未开发（地未尽利），很多人以渔猎为业，所以文风不振。《乾隆东流县志》卷七《风俗》引前志云：“江左之俗大约相同，而东流近江右。故士类素称古处，不尚浮夸。民耕渔之外，别无经

① 《嘉靖铜陵县志》，《天一阁藏明代方志选刊》第25册，上海古籍书店1982年。

② （明）梅守箕：《梅季豹居诸二集》卷九《倪长卿茸芷斋集序》，《四库未收书辑刊》第6辑第24册，第581页。

③ 《乾隆池州府志》，《中国方志丛书》华中地方第636号，1985年。

④ （清）金之俊：《金文通公集》卷四《送倪玉如宰东流序》，《续修四库全书》第1393册，第5页。

营。妇女机杼自劳，服饰綦缟，日出必弗，夜行以烛。岁时伏腊，家祀其先。乡里中老少燕集，犹有蜡祭息民之遗焉。国朝百余年来涵濡休养，生齿殷繁，舟车辐輳，渐至丰饶。而士则秉礼守义，大雅不群，俗则乐善急公，翕然向化。”①所谓国朝以来的变化，多是夸辞，东流文风在清代看不出有多大进步。

贵池、建德和青阳三县较大，《道光建德县志》卷二《风俗》说：“大姓必建宗祠，祠必宏敞开，合祭则于祠竭诚备物，岁或再三，或五六举，盖以报祖功，敦族谊也。”② 建德县东邻徽州，和徽州一样重视宗族，婚嫁看重门第而非财富，而且是池赣要冲，所以虽然不靠长江，但是进士数量仅次于贵池、青阳。贵池虽是府治，但是三县进士数量相差不大。

青阳县不是府治，但是进士数量和贵池相当，可见青阳学风之盛，明陈子龙《青阳何生许稿序》说：

> 青阳何子寡所嗜好，而独好为诗以为古者。文章之士必求助于山川也，遂游齐鲁、燕赵之墟，入京师，交其贤士大夫。已又溯河洛，历关陕，冯秦汉之故都。则诗益进，归而读书于九华之山者数年，则诗又进。然而未能自信，又浮吴会，涉淞江，以问于陈子。③

青阳县何生不仅好古诗，而且遍游山东、河北、陕西、河南，回家后在九华山读书数年，学力大增，但是仍然不很自信，又到江南，亲自去松江府问学于陈子龙，这是青阳县人好学的一个例子。

三、宁国府

明清之际金声说：“宣、歙二州地相接，歙地陋，民啬，与饶连风气，亦近豫章。宣人文采跌宕，居然吴越也。”④ 当时的宁国府（宣州）是吴语区，而徽州（歙州）则是徽语区，这是两地的显著差别。但是宁国府靠近徽州府，所以受到徽州影响很大。明汤宾尹说：“吴芝房氏某者，歙名宿士也。宣界歙而都，风英流美，以蚤得承问为快。”⑤ 这里说宁国府（宣）因为在徽州府（歙）边上，所以各种进步的文化，得以先睹为快。明宣城人梅鼎祚《金阊杂感十首》

① 《乾隆东流县志》，《中国方志丛书》华中地方第608号，1985年，第608页。

② 《道光建德县志》，《中国方志丛书》华中地方第657号，1984年，第230页。

③ （明）陈子龙：《安雅堂稿》卷二，《续修四库全书》第1387册，第689页。

④ （明）金声：《金正希先生文集》卷七《寿张年嫂裘孺人序辛巳》，《四库禁毁书丛刊》集部第50册，第605页。

⑤ （明）汤宾尹：《睡庵稿》文集卷十二《吴母杜太孺人七十寿序》，《四库禁毁书丛刊》集部第63册第191页。

诗云："大半交游歙与吴，酒坛诗社各追呼。"① 他在苏州的交游多数是徽州和苏州人，可见两地人往来密切。宣城县人梅守箕说："余往年从金陵道姑孰，与新安程仲权俱，遂得交。"② 因为徽州和宁国二府的人都往来于南京和太平府（姑孰），所以容易结识。徽州和宁国府人在外地经常联合成立徽宁会馆，这也反映两地人关系密切。

清戴名世《南山集》卷三《梅文常稿序》：

吾江南文学礼义之邦，推宣城为最。其士大夫多崇礼让，敦实行，以清风高节砥砺末俗，而士人读书为文章不肯雷同诡随，以趋时俗之所好。居常被服，古人闇然自晦不求人知，盖犹有先民之遗风焉。往者余得交于梅氏二君子，曰定九，曰雪坪，皆粹然儒者也……吾叹宣州之多贤如此，乃自公而外，皆沉冥寂寞，相与啸歌于山之巅、水之涯，世未有知殷勤郑重过而顾之者。

彼夫吴会之间，士相与饰虚声以自炫耀，奔走逢迎于贵人之门以钓高位，而取厚资，而沉沦掩遏，顾在于抱残守缺，冥心孤诣之人。岂不可叹也哉！文常以其所作近艺示我，大抵多作于慕园与刘氏诸子及元佩次云共为商榷者也。诣深而造微，较余曩者之所见，意境若有不同焉。而数子者，久为有司之所斥弗收。余叹制科之不足以得士，而犹幸先民之遗，独存于宣州君子之处。③

这里说宣城士人比较淳朴，不像江南的士人结党营私，互相吹捧，奔走权贵，堕落腐化。明冯琦也说：

今天下诸郡国惟吴最剧，士有文而佻，民仰机智以食，工最巧，衣最华，用最侈，盖已成俗，且浸寻被于天下矣……宁国吴地也，而比吴诸郡稍简，士之文、民之智、工之巧、衣之华、用之侈，皆出诸郡下，而自古称民安上阜，风俗和柔，则独出诸郡上。④

这里说吴地即所有的吴语区中，只有宁国府风俗比较俭朴，不像世人印象中的吴地那样浮华。

当然，宁国府因为比较偏僻，也有很多陋习。明黄尊素《书宛上事》：宛固积悍地也，其人权谋错出，凌弱暴寡，视为故常。守令俛首从之，得无事。稍欲自立，辄罢去。问诸父老及博士弟子，皆云此风二十年间成之。有巨公实作俑

① （明）梅鼎祚：《鹿裘石室集》卷二十四，《四库禁毁书丛刊》第58册，第139页。

② （明）梅守箕：《梅季豹居诸二集》卷九《程会父青山诗草序》，《四库未收书辑刊》第6辑第24册，第563页。

③ （清）戴名世：《南山集》卷九，《四库禁毁书丛刊》补编第82册，第583页。

④ （明）冯琦：《宗伯集》卷十《送萧汉颢守宁国序》，《四库禁毁书丛刊》集部第15册，第148页。

云。[①] 这里说明末宁国府地方豪强势力很大，鱼肉百姓，居然习以为常。清初宣城人吴肃公《街南文集》卷十三《储长人夫妇六十寿序》：“予宣士民，绳趋墨守，习家人生产为扃鐍。”[②] 这里说宣城人比较保守，眼界狭窄。

《万历宁国府志》卷六《方舆志》在五县山川之后叙述风俗说：

按宣城，境介山水，三面皆山，唯北为水乡尔。民生其间者，性质不齐，习俗繇异。大率瘠土之民刚而尚质，沃上之民柔而好夸。市廛之民佻而善诳，其居使之然也。至务耕织、薄商贩、严别男女、道无笄黛、士人修弦诵、明道术、雅重气节、民惧宪章而不轻犯于有司，是则同矣。若所云嗜斗喜讼，为有司病，谓荒阶少争辞岂其然者，毋亦未察夫风草之义乎？

按南陵，水十之六，山得十四。北通长江，西阻崇阜，奸宄蘖窟，其间时时窃发，颇为化梗。其民勤树艺，早敛获，亦鲜商贾。士修文业，视宣、泾少让。其恬于执利，则有足多者。故尝以讼牒纠纷，胁持官吏，见为民病。迩且柔和易治，非昔之敝矣。

按泾，山川盘错，风气攸凝，所在丹崖翠巘，佳气浮空，方舟游泳，则清溪泚泚，凌波击汰，盖有桐江怀玉之胜焉。故其人性慧有知，能任刚使气。贤者范砺以成其材，善文艺，科第称盛。薄进取者则崇乡正学，修饬名检，亦往往可观。至桀黠劲悍，喜为讦斫，或逋逃渊薮，剽掠山谷，为有司病者，抑亦不能无尔。

按宁国，冈峦四塞，风气淳庞。其民力食乐生，故称怵法畏吏。自好者多饬廉隅，尊慕儒术。虽重厚少文，亦犹有古之风焉。迩道悁忿冥顽，甘心蹈宪，颇为骩治观风者病之。若文华冠盖，则稍振于昔矣。岂由凿混沌之窍，散太朴之真乎？

按太平，僻在万山，生计自足。宋令孙觉谓其民大啬，而嗜利喜诈，贪得而尤轻犯法，良民间亦自重，然不知儒，而莫之学一也。今去孙令数百载，而纤啬性成俗，罔丕变。山利入厚，亦缘之讦讼纷拏，薄于自奉，至尚气争胜，则贿用弗赀。抑何蔽已！巨族子弟多习徘优，游食为常俗，若朝歌，最为敝恶。独服儒奖学，彬彬齿于东序，则有过昔焉。[③]

宁国、太平在南部山区，北部三县平原较多，所以北部三县的文风比较昌盛。但是南陵县的文风比宣城、泾县要弱，因为南陵县不在交通要道，而宣城、泾两县处在南北交通要道，徽州府人来往长江流域必经二县。

① （明）黄尊素：《黄忠端公集》卷二，《四库禁毁书丛刊》集部第185册，第42页。

② （清）吴肃公：《街南文集》卷十一，《四库禁毁书丛刊》集部第148册，第220页。

③ 《万历宁国府志》，《中国方志丛书》华中地方第691号，1984年，第600–650页。

汤宾尹说：

宣于我明不为鄙邑矣，然及第一人，前此未有也。父子进士，前此亦未有也。岂天若有所啬以偏有所待耶？自君典先生举万历丁丑（五年，1577）状元，又三十四年其子士范成庚戌进士，而宣之阙事待先生父子以完。士子以制科为荣遇，制科以及第为极选，然状元三年间物耳。①

这里说宣城虽然以前也不是荒僻的地方，但是明末的宣城才出现科举盛事，万历年间出现了父子状元。

《嘉靖泾县志》卷二《风俗》说："今嘉靖以来士风特盛，衣冠相望。近士君子于水西立会，讲明正学，六邑士子及近地士人俱会讲焉。二十九年大司成东郭邹公及同年龙溪王君畿、绪山钱君德洪，先后讲学于兹。三十年冬督学翠岩黄公游水西，集多士而设教焉。又选地为精舍，以为会讲之所，一时士人翕然骎骎乎，慕邹鲁之风。力行古道，以为风俗之倡，深有望于君子焉。"② 泾县的进士数量仅次于府治宣城县，水西讲会还是全府的学术中心，和以上诸人的提倡有关。

泾县的进士明显集中在一些家族，如下表：

表2　明清泾县进士分姓氏表

	明代	清代	总计
胡	0	15	15
吴	1	10	11
翟	3	7	10
查	3	6	9
朱	1	7	8
赵	6	4	10
董	4	0	4
左	4	2	6
王	3	4	7
郑	3	0	3

① （明）汤宾尹：《睡庵稿》文集卷十一《沈母王太孺人寿序》，《四库禁毁书丛刊》集部第63册第180页。

② 《嘉靖泾县志》，《天一阁藏明代方志选刊续编》第36册，上海古籍书店，第79页。

（续表）

	明代	清代	总计
洪	1	1	2
萧	4	0	4
刘	1	0	1
沈	2	0	2
童	1	0	1
徐	1	0	1
张	1	0	1
章	1	1	2
叶	1	2	3
倪	1	0	1
潘	0	1	1
舒	0	1	1
马	0	1	1
共计	42	64	

清代泾县的进士在宗族内部进一步集中了，明代的42个进士分散在19个姓氏，[①] 清代缩小到14个姓氏，虽然增加了4个新的姓氏，但是仍然有10个是明代旧姓。在淘汰的8个明代姓氏中，5个（倪、张、徐、童、刘）只有1个进士，1个（沈）是2个进士，1个（郑）是3个进士，1个（董）是4个进士，显然小姓最先被淘汰。还有一些姓氏，如王氏、左氏，南宋就已经有一些进士，明清一直保持中等状态。

清代势头最猛的是新兴的胡氏，占了近1/4。但是乾隆朝及以前的胡氏进士，占了胡氏进士总数的2/3，占了进士总数的2/5，显然清代后期的进士比前期在氏族间稍微平均。清代后期崛起的代表是朱氏、吴氏，这两族在明代只有1个进士，乾隆朝及以前分别只有1个、2个进士，几乎都是乾隆朝以后出现的。而一直处在中等级别的查、左两族也是在乾隆朝以后才复兴的，清代新出现的3

① 此处总数和前引吴宣德统计稍异，据泾县地方志编纂委员会编《泾县志》，方志出版社1996年，第629-631页。

个姓氏都在乾隆朝以后。

不管是衰落的家族，还是新兴的家族，都很重视家族教育事业。清泾县人胡承珙《文德堂文会记》说：

中村董氏，故吾泾望族，前明中丞万英公、大理卿万纪公兄弟以学问经济辉映一时，是后其族人多读书能文章者。至于今不衰，岁时合族于始祖某公之庙为文会，以课其子弟之秀者，法至善也。其别有文德堂文会者，则其支祖文仁公后裔之所立也。文仁公于中丞、大理为从兄弟，其后嗣尤繁衍，多俊秀。乾隆己酉共醵金若干两，为会于文仁公之庙。别于其始祖以下，而名之曰文德堂文会。岁时有课试于乡及礼部者，有赆获隽者，有赉邑之义举关于学校者，皆有助……今天下有书院课其境内之秀者，所以佐学校之所不及也。而东南诸郡类多世家巨族，则往往各有文会以自课其子弟，又所以佐书院之所不及……今之书院大率名存而实亡矣，惟文会则皆其本宗之人，情亲而易敦，业同而易习。父师之教必诚，子弟之帅必谨，厚风俗而储人材，盖莫先乎?①

董氏在明代相当辉煌，但是清代衰落了，所以族内以祠堂为依托，建立了文会。虽然胡承珙盛赞这种制度补充了学校、书院的不足，但是董氏的文会效果不理想，所以清代董氏没有进士。

清绩溪人胡培翚《朱氏耕云庄祭田记》说：

泾邑朱义斋封翁，本先世积善之遗笃于内，行乐尚施，恤事详翁叔兰坡先生所撰行略内，殆所谓德宜世祀者。今令嗣宗蔼、宗干、廷杰、廷熊四人，图谋久远，乃于泾之北乡官田湖及马头镇置田二百十余亩，又于南陵官田湖置田五百八十余亩，以为封翁祭田。岁收其入，供祭之需，有余则以资后进读书膏火。既请于两邑人令，出示勒石，永禁私鬻侵争矣，而廷杰复来泾川讲院属记于余。②

朱兰坡即朱珔，泾县朱氏第一代、第二个进士（嘉庆壬戌，1802），朱氏高祖朱纶乾隆二十七年（1762）就建立藏书楼培风阁，朱珔发展为十余万卷藏书。③ 朱氏藏书甚丰，又大置田产供后进读书，比董氏的文会要实用得多，难怪清代后期成功地出了多名进士。

值得注意的是泾县胡氏、朱氏都说自己迁自婺源，朱氏称在两宋之际，胡氏称在南宋时，胡承珙说：

---

① （清）胡承珙：《求是堂文集》卷五，《续修四库全书》第1500册，第292页。

② （清）胡培翚：《研六室文钞》卷八，《续修四库全书》第1507册，第459页。

③ 李雄飞：《泾川朱氏及其家谱、藏书楼》，中国文献研究会、安徽省古籍整理出版办公室编《明清安徽典籍研究》，黄山书社2005年。

吾胡氏自南宋后，由婺源迁泾，世耕且读。国朝以来起家进士者已十有三人，君其一也。君讳世琦，自号曰玉樵，少岸。异为文，落落有奇气。弱冠举于乡娄，上春官不第。以写书国史馆，议叙当得知县，弃弗就。益闭户，肆力经史，间出与当世通人游。如桐城姚郎中鼐、歙程征君瑶田、阳湖洪编修亮吉、金坛段大令玉裁，皆尝奉手有所受。故其学欲从文字、声音、训诂以会通其旨趣，不区章句与义理而二之。其诗亦能自运绳墨，不徒以才气相驰骛。嘉庆十九年甲戌中礼部试。①

不管是否真实，他们都和徽州人联宗了，所以胡培翚称胡承珙为宗兄。② 对于这种现象，我们当然不能以家族基因的唯心主义宿命论去解释，毕竟千百年异地繁衍，即使同根共祖又有多少相似点？徽州同姓有所成就的激励作用，以及两地人的密切交往，才是泾县胡氏、朱氏在清代发展的原因。

《嘉庆太平县志》卷三《风俗》说：

祭礼，族必有祠，自始祖而下，统萃于兹。族之大者，又有支祠。祠置田以供祭享……俗重报本，征之祀事益信。

太平在万山之中，土瘠民淳，冠盖文绣之所不冲。大贾重装之所不凑，纷华盛丽之诱微，贞一淳固之习胜。盖士大夫谈道而嗜义者，彬彬也。其妇女以节烈著者，不可缕数（焦纮《贞烈祠记》）

太平固古山邑也。士生其间，类多尚悃愊，而厌纷华。即世家巨族其子若弟，亦恂恂然布衣疏食，绝不作世俗软媚态。盖所谓质而愿、忠而悫者也。其为文亦因之（张廷榜《校艺序》）

宁太僻阻，饶山利。其人质，木罕交游。其朴近淳，其啬近野。太之妇女，犹以节烈相竞（施闰章旧志）

太邑罗近溪、王龙溪、钱绪山诸先生常主教其地，而乡贤周给谏怡、杜文学质俱面领微言，以故后之学者蒸蒸蔚起，莫不家周邵、户程朱（康熙旧志）③

太平县（今黄山市黄山区）在黄山北麓，所以这里不仅地貌和徽州类似，宗族发达、理学盛行、烈女众多等也和徽州相仿，学风仅次于宣、泾二县。但是太平和宣、泾差距太大，所以有时也和宁国县并论，这两个山区县被认为过于质朴。

---

① （清）胡承珙：《求是堂文集》卷六《诰授奉政大夫山东曹县知县胡君墓志铭》，《续修四库全书》第1500册，第305页。

② （清）胡培翚：《研六室文钞》卷六《求是堂文集序》，《续修四库全书》第1507册，第433页。

③ 《嘉庆太平县志》，《中国方志丛书》华中地方第611号，1985年，第243页。

四、安庆府

《嘉靖安庆府志》卷五《地理志》说："怀宁、桐城、望江，文若胜于其质，潜山、太湖、宿松，质若胜于其文。或曰怀宁澹乎？桐城史乎？望江略乎？潜山野乎？太湖矫乎？宿松放乎？予曰非也，怀宁易，桐城达，望江悫，潜山毅，太湖净，宿松直，大抵江北风气近厚，故其习尚多类中州云。"① 安庆有两大文化区，东部的怀宁、桐城、望江文化发达，西部的潜山、太湖、宿松则比较古朴。《民国宿松县志》卷八《风俗》说："宿松滨湖，居民多习游泳，入水不溺，山居樵采者，立竿于百步外，以石投之，中者胜，负者罚薪若干。壮者常为举棍角力之戏，有尚武之风焉。"② 说明一直到民国时期，宿松县人还比较尚武。清宿松人朱书《杜溪文稿》卷二《宝相寺记》："松田瘠而赋重，安庆属县六，宿松次五，其广轮不及怀宁、桐城远甚。怀宁、桐城田皆三千余顷，宿田则至四千四百余顷。志称明令屠叔芳虚增亩额，求媚上官，后不良于死。宿松之未已也，他邑田皆恒产，独松田惧为累民，所以贫困而不可救。田既为累，故逃亡恒多。力川者恒少，农事不修，率以惰废为常。夫有田而不力，田岁赐其复，无益也。况重赋乎，宜乎宿松之贫且困也。"③ 这里说宿松因为明代官员谄媚上级，夸大政绩，所以田赋太重，百姓贫困。

清戴名世《南山集》卷二序《郭生诗序》说："江淮之间，士之好为诗者，莫多于桐。余桐人也，而不遑为之，乃生吮笔和墨，以从事于其间，其犹有桐之风也欤。夫山川潆洄，蜿蜒其中，必有秀出者，岂得龙舒之山无人乎哉？"这里说桐城县的文风是江淮之冠，桐城文风比府治怀宁还要昌盛，前人有五种原因说：(1) 客户安居乐业；(2) 明初建都南京，先得科举风气；(3) 商业交通发达；(4) 重视兴办教育；(5) 民众有读书风气。④ 也有学者总结桐城派形成的原因有六说：(1) 政治需求说；(2) 地缘人文说；(3) 职业选择说；(4) 天才创造说；(5) 审美反映说；(6) 审美需求说。其中的地缘因素主要是自然环境优越、江南移民、尊师重教风气三点。⑤ 本文总结其主要原因三点：

1. 经济基础。桐城县地处安庆、池州、庐州三府之间，距离南京、合肥及府治较安庆其他地方近。桐城不像潜山、太湖那样多山，也不像宿松那样为湖泊

① 《嘉靖安庆府志》，《中国方志丛书》华中地方第632号，1985年，第153-154页。

② 《民国宿松县志》，《中国方志丛书》华中地方第671号，1984年，第588页。

③ (清) 朱书：《杜溪文稿》卷二《宝相寺记》，《四库禁毁书丛刊》集部第129册，第697页。

④ 童树桐：《桐城文化刍议》，《安徽广播电视大学学报》1999年第4期。

⑤ 程根荣：《桐城派形成原因六说》，安徽大学桐城派研究所编《桐城派与明清学术文化》，安徽大学出版社2008年。

阻隔，滨江平原广阔，地大物博。

姚鼐《刘海峰先生传》说：

刘海峰先生，名大櫆，字才甫，海峰其自号也。桐城东乡滨江地曰陈家洲，刘氏数百户居之，为农业，多富饶。独海峰生而好学，读古人文章即知其意而善效之。①

刘大櫆家在桐城江边的陈家洲（今枞阳县横埠镇周刚村刘家周庄）聚族而居，沿江平原，土壤肥沃，家用富足，这当然是他读书求学的经济基础。

2. 宗族兴盛。明蒋臣《无他技堂遗稿》卷六《黄华方氏重修族谱序》："吾桐盖多望族，而黄华之方其一也。江之西南多聚族而处，其它则否。独方氏之聚族黄华者，子孙逾数万指，其先自大鄣来迁，即受廛斯地。陵谷递变，未有他族。实偪处此，故其称黄华者，弥久亦弥著。"桐城县明清时期一直有发达的宗族组织，促进了举业的发达。姚鼐说："方氏与姚氏，自元来居桐城，略相先后，其相交好为婚媾二三百年。方氏明时多达人君子，自文忠以上名著海内，人知之矣，逮国朝英贤继踵。"② 桐城大族之间长期通婚，保证了财富的发展和学术的传承。

宗族的财富继承促进了后代的文化发展，刘大櫆《茧斋先生传》说：

茧斋先生姓左氏，明忠毅少保公之曾孙也。少为诸生，喜吟咏而不屑为科举时文之业。旧居县城东门内，与贵显子弟相聚饮酒无虚日。一日忽弃去城中宅，远至东乡百里之外，就其祖所遗产所谓荷庄者居焉。日率孙曾僮仆，相与艺圃，灌园植花竹，以乐其志而家亦日丰。先生为山人野服，数年不一至城市。而读书慕义，日孳孳焉。里中缙绅长者皆乐与交游往来荷庄者，率文学知名之士也。③

刘大櫆说左光斗的这个曾孙从小喜欢读书，但是不屑为科举时文。开始住在东门，和世家贵胄相聚饮酒。忽然一日到东乡百里之外，在祖上留下的田庄居住，多年不入城市。往来荷庄的，都是文学知名之士。虽然他没有在举业上光宗耀祖，但是对地方文化的繁荣有很大促进。

3. 文人学者之间的凝聚力极强，师友关系紧密，并且注重传播地方文献。清桐城人方东树说：

始吾读木崖潘氏《龙眠风雅》，固以叹桐城人文之盛矣，后又见王氏悔生《枞阳诗选》，暨吾门人文生汉光、戴生钧衡等《桐乡诗选》，不禁睪然高望远想，而

---

① （清）姚鼐：《惜抱轩文集》后集卷五，《续修四库全书》第1453册，第157页。

② （清）姚鼐：《惜抱轩文集》后集卷一《方氏文忠房支谱序》，《续修四库全书》第1453册，第132页。

③ （清）刘大櫆：《海峰文集》卷六，《续修四库全书》第1427册，第479页。

因以生其奓汏也。以为桐城山川灵淑之气，所孕于一方者，瑰异日新，殚所未见若是，其无尽藏焉！天下名都大邑蔚然以能诗箸望者有矣，求其以一乡一邑，其人至数百千之多、其诗至数百千篇之富，如兹数君子之所选者，亦可以观止耳矣！①

同卷上文《古桐乡诗选序》说："昔在康熙之世，乡先生潘蜀藻为《龙眠风雅》，逮嘉庆时王悔生灼为《枞阳诗选》，兹文生汉光、戴生钧衡又为《古桐乡诗选》。"《龙眠风雅》为潘江辑，这三部书是桐城诗歌选集。除此，清代还有姚觐闾编《桐城诗萃》、吴希庸编《桐山名媛诗钞》，道光年间徐璈编辑的《桐旧集》收录诗人1200多人、诗作7700多首。

其实，还有一部早期的桐城诗集，清桐城人方孝标《龙眠诗传序》说：

吾乡自有明三百余年来，诗人林立。其专稿选稿行世者多，而汇而集之则自《龙眠诗传》始。集将成，余适至芝城，姚子经三命予序之，予辞不敢。既而思之，诗曰：维桑与梓，必恭敬止；传曰：不有先者，谁与之挽，不有后者，谁与之推？夫推挽相须虽远在千里且然，而况父母之邦者乎？用是北面再拜，展函而观之，见其人则自吾祖断事公而下以迄列代之名儒硕辅为诗者，无不具载。而遗草散佚者，犹将博访以补未备。其诗人各为卷，卷首各载小传，以纪其行事之本末，或编年，或分体，粲然在纲，诚盛举也。

而余小子于此有三益焉，一以得先贤为学之实心也，一以窥吾乡诗学之原本也，一以见风俗之淳厚也……

而吾乡先集巍然能存，可不谓子孙之幸？而又得姚子经三辑之，于贫约诵读之日，梓之于簿书鞅掌之时，兢兢乎，恐一字一句之或失，此其存心淳厚，岂非风俗之积渐使然乎？②

许结先生引徐氏《桐旧集引》说："国初以来，搜辑遗逸，编录韵章，若钱田间、姚羹湖、潘蜀藻、王悔生诸先生诗传、诗选、龙眠诗、枞阳诗之类皆为总集佳本。"误以为钱澄之编辑《诗传》，③ 其实《龙眠诗传》是姚文燮编辑，姚氏字经三，号羹湖，方孝标、徐璈分别以其字号称。《龙眠诗传》不仅辑诗，还详述作者，方孝标说这本书有三个好处，一是学先贤的人品，二是可以学诗，三是见风俗的淳厚。他又说桐城县素来重视家庭教育，从小就开始训练音韵对偶，吟诗作文，所以连妇女小孩都能吟诗。

---

① （清）方东树：《考盘集文录》卷四《孙苏门诗序》，《续修四库全书》第1497册，第318页。

② （清）方孝标：《光启堂文集》，《续修四库全书》第1405册，第502页。

③ 许结：《〈桐旧集〉与桐城诗学》，程章灿编：《中国古代文学文献学国际学术研讨会论文集》，江苏古籍出版社2006年，第529页。

桐城县地方丛书的编辑也走在了苏皖两省各地的前列，江苏境内的郡邑丛书最早是1895年至1898年盛宣怀编辑的《常州先哲丛书》和1886年至1902年的太仓人缪朝荃编辑的《东仓书库丛刻初编》，江苏其他各地的郡邑丛书都在20世纪，但是嘉道时的桐城县人光聪谐就编辑了《龙眠丛书》70种（今存22种）。①

清潘江有诗曰："皖江岩邑松与桐，本朝作宰多巨公。"② 宿松、太湖、望江三县进士在清代的增长都是名列前茅，《康熙望江县志》卷二《风俗》："明季十数年来，沧桑兵火。而雷池一片土竟尔瓦全，岂造物独私，亦风气之淳朴有以致之也?"③ 望江等县在明清之际战争中受到打击较小，这是清代文教进步的原因之一，但这是短期原因，长期原因还是受到桐城、怀宁等县的影响。

桐城县学人不仅影响了周边数县，而且在皖江文化形成中起了主导作用。一般我们提及皖江文化的形成，总要提到清初朱书《杜溪文稿》卷三《告同郡征纂皖江文献书》，④ 朱书说：

《宋书》等白，吾安庆，古皖国也……然元以后至今，皖人非古皖人也。强半徙自江西，其徙自他省会考错焉。土著亡虑，才十一二耳。而皖人则亦惟元以后，至今为甚盛。三百年来，忠孝事业，文学讽议之迹，显闻天下不一……窃欲仿其义类，自成一书……敢告六邑同志之士，共为擘缀，或行状、事略、传记、谱牒、碑铭之文，乞赐邮寄，其有先贤奏疏、文集，并望借览钞录，纳还原本，不敢敝污，同襄盛举，以垂不朽，幸甚幸甚!

朱书说安庆府上古有皖国，皖江即指代安庆。朱书说安庆明初以来为新移民组建的社会，也就是明代以后安庆的名人辈出，他请求安庆六邑士子共同辑录文献，编辑安庆文献丛书。

今天的皖江远远大于安庆的皖江，其实明末的桐城县人就已经有了今日皖江文化认同的萌芽。方以智《采石文昌三台阁碑记》说：

采石上江之望地，而姑孰之水口也。形家者曰宣水环郡城而汇于江，由巽而乾。采石山颠，当建三层高阁，奉文昌其上，则人文蔚起、家给户足矣。曹光禄

① 上海图书馆编：《中国丛书综录》，中华书局（北京）1959年，第416-427页。《皖人书录》，第915页。前者列出《龙眠丛书》18种，后者所说较多。

② （清）潘江：《木厓集》卷十一《读宿松民颂德政歌为朱含英邑侯赋侯名维高（四川保宁人）》，《四库禁毁书丛刊》集部第132册，第139页。

③ 《康熙望江县志》，《稀见中国地方志汇刊》第20册，第851页。

④ 汪军：《皖江文化纵横谈——从朱书〈告同郡征纂皖江文献书〉说起》，收入汪军主编《皖江文化与近世中国》，合肥工业大学出版社2004年，又收入程必定、汪青松主编《皖江文化探微》，合肥工业大学出版社2005年。

根遂先生以为然，遂变产三千金，独力举之。阁成以三台名……犹记家君与张二无先生解逅采石，深谈天地之道，必托斯文……根遂先生上江之岳望也……①

这里说当涂县的采石矶是上江的望地，方以智的父亲曾经在这里和张二无（张玮）谈论天地之道，方以智认为当涂人曹根遂是上江岳望。所谓上江，指在南京上游，即后世的皖江。

五、结 论

明清的安徽省形成了两大学术文化重心区：徽州府和安庆府，前者的核心是歙县、休宁，后者的核心是桐城。南京虽然属于江苏省，但是紧邻安徽，至今和皖东文化紧密相连。在休歙、桐枞、上（元）江（宁）等县的辐射下，不仅清代的府内其他县的学术比明代有很大发展，而且毗邻的宁国府、太平府、庐州府南部等地也有不少进步。

有学者认为徽州和桐城文化有三点共同特征：一是区位独特，文化特点鲜明；二是尊儒重教，名人辈出；三是发达的氏族文化成为两地文化发展的重要载体。② 上文指出，池州、宁国二府和徽州府接壤的诸县也有很多和徽州相似的文化特征，这些特征是皖中南学术文化发展的社会原因。

还有学者指出桐城和徽州的文化差异十分明显，桐城是“典型的儒学价值文化”，至今高考升学仍居全省之首，而徽州的崇商文化“更加逼近现代文明”。③ 桐城派文人高扬宋学、首重义理，和清代流行的乾嘉汉学有很大差异，和常州学派接近，所以阳湖桐城派产生不是偶然。虽然有学者也指出桐城文化包括理学、汉学、诗、古文等诸多方面，④ 但是我们看到除了早期的方以智独树一帜，后来的桐城实学影响有限。而且王达敏先生指出，姚鼐之所以建构桐城派，目的就是对抗汉学。⑤ 所以桐城人吴汝纶说：“吾桐城能文诸老，率以经术道义相高。独湖南按察使姚公，自少以天下自任，所至延揽人才，四方贤士景附波属。”⑥ 吴汝纶说桐城文人都说以经术标榜，只有姚莹注意实学，此时已是晚清了。

（作者为华东师范大学历史系讲师）

---

① （清）方以智：《浮山集》文集前编卷五《曼寓草》中，《续修四库全书》第1398册，第241页。

② 江小角：《浅谈明清时期桐城文化和徽州文化的共同特征》，《安徽广播电视大学学报》2001年第3期。

③ 王列生：《桐城地域文化爬梳》，《东南文化》1991年第2期。

④ 徐天祥：《桐城文化论》，《安徽史学》1995年第1期。

⑤ 王达敏：《姚鼐与乾嘉学派》，学苑出版社2007年。

⑥ （清）吴汝纶：《桐城吴先生诗文集》文集卷二《姚公谈艺图记》，黄山书社2002年，第97页。

唐宋之际禅宗在安庆传播及其影响

陈　东

内容提要：安庆是中国禅宗的孕育地，在中国禅宗的发展史上占有重要的地位。唐宋之际，安庆境内的名山，皆被开辟为丛林，汇集了司空本净、天柱崇慧、投子大同、投子义青、浮山法远、白云守端、五祖法演等为数众多的名僧，他们在禅林影响重大，白云守端、五祖法演、投子义青等人更是对临济宗、曹洞宗法脉的延续发展起到了关键性的作用。唐宋之际，安庆实为当时禅宗一个重要的区域性中心。

关键词：唐宋之际；禅宗；安庆；传播；影响

中国禅宗孕育于南朝，完备于唐，盛于两宋。从南朝到宋，禅宗的孕育、发展乃至兴盛，在安庆呈现着清晰的脉络。在禅宗孕育阶段，二祖慧可在北周武帝灭佛期间，长期隐居在安庆司空山，长达15年之久。隋初，慧可将衣钵传给僧璨，是为三祖。僧璨长期隐居于安庆天柱山，并且在天柱山收道信为弟子，在经过9年的共同生活后，僧璨将衣钵传给了道信。道信即禅宗四祖。①

在禅宗兴盛中国的唐宋，安庆一地更是名山开创，高僧辈出，在中国禅宗的发展史上具有举足轻重的地位，其贡献和影响非他地所可比。

一、唐前中国禅宗在安庆孕育萌芽

中国禅宗至六祖慧能方才完全确立，此前二祖慧可、三祖僧璨时期为孕育期，四祖道信、五祖弘忍为基本形成期。南朝末年，安庆正处于二祖和三祖时期，同时向四祖时期过渡。这一时期对中国禅宗的形成至关重要，安庆的地理环境乃至思想环境都为禅宗的孕育准备了充分的阳光和土壤。

北周建德三年（574），北周武帝开始灭佛。慧可于是南下舒州（今安庆），隐身于司空山和天柱山一带修行。成书约公元8世纪的《历代法宝记》中载，

① （唐）释道宣《续高僧传》、释净觉《楞伽师资记》、杜朏《传法宝记》，（宋）释道元《景德传灯录》等书对慧可、僧璨在安庆司空山、天柱山的隐修均有记载。

慧可在“难起”之后，“入司空山隐”，并言其徒僧璨“隐舒州司空山”，后隐岘公山[①]。司空山地界在唐时隶属舒州；岘公山乃皖公山之误，即今安庆潜山县天柱山，与司空山临近。其二，唐代文学家独孤及于唐代宗大历七年（772）撰写的《隋故三祖镜智禅师碑铭并序》，其中有语曰：“按前志，禅师号僧璨，不知何许人也，出现于周隋间，传教于慧可大师。抠衣邺中，得道于司空山。”[②]由此看知，至唐尚存记载慧可于司空山传衣授法僧璨的史志。其三，《荷泽神会禅师语录》卷五一记载：“值周武帝灭佛法，（慧可）遂隐居舒州岘山。达摩灭后，经四十年外，重开法门，接引群品，于时璨禅师奉事，首尾经六年。”[③] 这些材料都有力地说明了慧可在北周灭佛后南下选择了安庆境内的山川作为自己的修行之所。

隋开皇二年（582），慧可在司空山传衣付法于僧璨，独自离开司空山，北返邺都涅槃偿债。僧璨是为中国禅宗三祖。唐净觉《楞伽师资记》记：“隋朝舒州思（司）空山粲禅师。承可禅师后。其粲禅师。罔知姓位。不测所生。按续高僧传曰。可后粲禅师。隐思空山。萧然净坐。不出文记。秘不传法。唯僧道信。奉事粲十二年。写器传灯。灯成就。粲印道信了了见佛性处。语信曰。法华经云。唯此一事。实无二。亦无三。故知圣道幽通。言诠之所不逮。法身空寂。见闻之所不及。即文字语言。徒劳施设也。大师云。余人皆贵坐终。叹为奇异。余今立化。生死自由。言讫遂以手攀树枝。奄然气尽。终于皖公山。”[④]

唐释道宣《续高僧传》在介绍道信时说：“又有二僧，莫知何来，入舒州皖公山，静修禅业。（道信）闻而往赴，便蒙授法。”[⑤] 而据《传法宝纪》，此皖公山二僧，即是僧璨和皖山神定[⑥]。僧璨传法于道信，是弘忍门下所公认的。这件在佛门甚为重要的事件，在弘忍住世时（602—675）一定已有所传，这才能成为历代相承的传统。在三四祖之间，传承者及被传承者是谁，道信肯定清楚。道信也一定会将这一史实告之弟子弘忍。弘忍（602—675）与道宣（596—667）是同一时代的人，道宣从弘忍处得知僧璨与道信之间的这一师承，是非常正常而且是不容怀疑的。

---

① 《历代法宝记》，蓝吉富主编《禅宗全书》第一册，北京图书馆出版社2004年版。

② （唐）独孤及：《隋故三祖镜智禅师碑铭并序》，载乌以风《天柱山志》，安徽教育出版社1983年版，第298页。

③ 石峻等编：《中国佛教思想资料选编》第二卷第四册《荷泽神会禅师语录》，中华书局1983年版，第84页。

④ （唐）释净觉：《楞伽师资记》第四条《隋朝舒州思空山粲禅师》。

⑤ （唐）释道宣：《续高僧传》卷二十六《释道信传》。

⑥ （唐）杜朏：《传法宝纪》，蓝吉富主编《禅宗全书》第一册，北京图书馆出版社2004年版。

道宣在《续高僧传》卷二十五“法冲传”中提到“可禅师后璨禅师”[①]，并且在“辩义传”中又提到一些有关僧璨的情况：

仁寿四年春末，辩义曾于庐州独山梁静寺起塔，“处既高敞，而恨水少，僧众汲难。本有一泉，乃是璨禅师烧香求水，因即奔注。至璨亡后，泉涸积年。及将拟置，一夜之间，枯泉还涌”[②]。

庐州独山，在皖公山东，与皖公山一脉相连。所以论地点，这位独山僧璨，即是隐居于皖公山内的后来禅宗三祖僧璨。

《景德传灯录》也记载，“唐河南尹李常，素仰宗风，深和玄旨。天宝乙酉岁（745）遇荷泽神会，问曰，三祖大师葬在何处？或闻入罗浮不回，或说终于山谷未知孰是？会曰，僧璨大师自罗浮山归山谷得月余方款灭，今舒州见有三祖墓。常未知信也。”说的是，唐代李常向高僧菏泽神会询问三祖的归踪，荷泽神会肯定了三祖的墓是在舒州山谷（即今天柱山三祖寺）。后来李常被谪为舒州（今安庆，治所在潜山）别驾。任职不久，他即到山谷寺探三祖之墓，竟得五色舍利三百多粒，从而证实了荷泽神会的说法。（景德传灯录）据说李常将其中的一百粒送往朝廷，一百粒送老家赵郡（今河北省赵县境内）供奉，一百粒塑入僧璨塑像内，并捐出俸禄为三祖建造舍利塔一座[③]。唐代宗大历五年（770）独孤及任舒州刺史，曾亲访山谷寺，长老比丘湛然等僧以及路经此地的嵩山比丘惠融等希望朝廷为僧璨赐谥号，建塔赐额。于是，淮南节度使、扬州大督都府长史兼御史大夫张延赏、独孤及将此事奏明朝廷，朝廷降诏赐僧璨“镜智”的谥号，赐塔以“觉寂”之额。大历七年（772），独孤及撰写了《舒州山谷寺觉寂塔隋故镜智禅师碑铭》、《舒州山谷寺上方禅门第三祖璨大师塔铭》。两篇铭文概要介绍了僧璨的禅法主张。根据碑文还可以知道，僧璨圆寂之后，隋朝内史侍郎河东薛道衡曾撰碑文；唐玄宗天宝五载（746）河南少尹赵郡李公在山谷寺起塔，相国刑部尚书赠太尉河南房琯又撰碑文。这些都是距三祖时不远的事，可信度很高。

此外，据乌以风《天柱山志》记载：“今合肥袭氏藏有僧璨皖公山塔记拓本砖一块。砖高四寸九分，广三寸六分，厚一寸二分。正面塔记五行，行六字，字径五分，有棋格，左侧记年一行八字，字径六分，阳文正书。砖顶刻五五泉二及回纹焦纹，右侧所刻属犍椎道具之类，不甚清晰，不可识。”但是阳文正书则清晰可见，“大隋开皇十二年七月僧璨大士隐化于舒之皖公山岫结塔供养道信为记

① （唐）释道宣：《续高僧传》卷三十九《释法冲传》。

② （唐）释道宣：《续高僧传》卷四《释辩义传》。

③ （宋）释道元：《景德传灯录》卷三《第三十祖僧璨大师》。

大隋开皇十二年作”[①]。1982年4月在浙江省杭州市出土一块铭文砖，左侧刻有："大隋开皇十二年七月，僧璨大士隐化于舒之皖公山岫，结塔供养。道信为记。"这块砖铭现藏于浙江省博物馆，它验证了乌以风的记载。这就更加无疑地说明，三祖僧璨长期隐于天柱山一带，而道信是其传法弟子。

四祖道信，《佛祖统纪》说他是“蕲州司马氏”[②]，《五灯会元》则说他“姓司马氏。世居河内，后徙于蕲州广济县”[③]。他在中国禅宗发展史上也是一个关键人物，他和他的弟子五祖弘忍创立了“东山法门”，中国禅宗从而基本形成。道信向三祖僧璨求法的事迹各类禅宗典籍都有记述。《五灯会元》“三祖”条记有，“至隋开皇十二年壬子岁，有沙弥道信，年始十四，来礼祖曰：‘愿和尚慈悲，乞与解脱法门。’祖曰：‘谁缚汝?’曰：‘无人缚。’祖曰：‘何更求解脱乎?’信于言下大悟。服劳九载，后于吉州受戒，侍奉尤谨。”[④] 这里可以得知，道信向僧璨求法时间是隋开皇十二年（592），其后他在僧璨身边学习了九年。地点承接“三祖”条前文，则可知是皖公山，即安庆天柱山。至今，天柱山下三祖寺里依然有“解缚”石刻。

二祖慧可、三祖僧璨时期是中国禅宗的孕育时期，他二人长期在安庆境内隐修。其后的四祖道信也在天柱山僧璨处修行多年。由于慧可及时传衣付法，致使禅宗不仅没有中断，反而深深扎根于南方，相继传至道信、弘忍、慧能，直至慧能，中国禅宗终于弘扬八荒，流传四海。慧可等人对中国禅宗的贡献，正如已故著名宗教领袖、中国佛教协会原会长赵朴初所说，“二祖是中国禅宗的初祖，达摩是印度人，慧可大师才是中国禅宗第一人，没有他就没有中国佛教禅宗今天的发展”[⑤]。同时，他还为安庆司空山题写“中国佛教禅宗第一山”。这些，都是对安庆在中国禅宗发展史上的高度评价，安庆实为中国禅宗的发祥地。

二、唐宋时期安庆是中国禅宗的一个区域中心

唐宋之际，安庆境内名山皆被开辟为丛林。唐开元年间，今桐城市建有投子寺，潜山县境新建了天柱寺、万安寺、甘露寺。天宝四年（745），山谷寺中建起三祖塔，唐肃宗时赐寺名“山谷乾元寺”，唐代宗改三祖塔为觉寂塔。天宝年间，宿松城郊孚玉山建福昌寺和殊胜寺；高僧马祖道一在小孤山建启秀寺，在韩文乡建灵隐寺；僧人金二祖师隘口乡建燃灯寺。大历三年，僧觉晓在望江县城建

① 乌以风：《天柱山志》，安徽教育出版社1984年版，第386页。

② （宋）僧志磐：《佛祖统纪》第二十九，《大正新修大藏经》第四十九册。

③ （宋）释普齐：《五灯会元》卷一《四祖道信》。

④ （宋）释普齐：《五灯会元》卷一《三祖僧璨》。

⑤ 《法音》，1994年第3期。

菩提寺；天佑二年（905），僧至祥在望江建太慈寺。太湖则建有真乘寺、海会寺与西风禅寺等[①]。据《太湖县志》记载，唐天宝二年（743）本净禅师在司空山建“无相禅寺”，造下院九庵四寺，“越五代至宋有相继正德、真际、圆通、清晓并拜国师，赦光祖庭，是时司空面目，气象万千，香客云集，名扬海宇”。[②]

宋代安庆一地，禅宗异常兴盛，所建寺院为历代之最。据各类地方志资料考证，今潜山县境内，“自庆历年起，先后在城内创建天宁寺；在县东创建广教寺、彰法寺、登高寺、延寿寺、云居寺（一名钓鱼寺）、登场寺、大通寺、祖登寺、金城寺；在县南创建上奉先寺、下奉先寺、永明寺、清凉寺；在县西创建西竺寺、云峰寺、求芝寺、兴化寺、演化寺；在县北创建观音寺、资福寺、吉祥寺、云溪寺、佛子寺、古佛寺、罗汉寺。合计26座，占历代创建佛寺总数的60%”[③]。今枞阳县境内，“宋代创建的有合明寺、护日庵、岩寺寺、查林寺、白云岩寺、灵山寺、白望寺、天真寺”[④]。望江县境则建有“褒隐、泉塘、土岗、永思、十里、法华、武洲、龙城、张山、南台、北台等寺”[⑤]。岳西的妙道山，在宋仁宗时有“国舅为避宫廷之乱，自称‘李三道人’，入境内妙道山依临济宗门下，寓居修禅，仁宗赐‘金璧禅林’匾额，敕建‘金璧寺’，下设24脚庵”[⑥]。

唐宋之际，安庆禅宗大放异彩，名僧辈出，在国内禅宗界产生广泛影响。

唐代司空本净、天柱崇慧、投子大同等，都是享誉国内的高僧。司空本净是南禅北上的先驱者，他是把南宗禅思想第一个带入皇宫的人。他在与京都名僧硕学的辩论中阐扬法理，尽显南禅思想，使众僧“闻语失色，逡巡避席”，扩大了安庆禅宗的影响。他的禅学思想得到唐玄宗的赏识，敕建“无相寺”殿宇，建下院九庵四寺，僧房5048间，拥有僧尼7000余人。钟鼓之声满司空，香客云集，游人跻踵，一时名誉海宇。

天柱崇慧，据《五灯会元》记述，崇慧大约是在唐乾元（758—759）初来到天柱山开山创寺的。永泰元年（765）他所开创的寺宇得到了朝廷的敕号，名“天柱寺”[⑦]，其寺坐落在天柱山的半山腰中，在当年三祖僧璨所开创的“乾元禅寺”北约二十华里。崇慧在这座他自己开创的寺宇里一住就是二十二年，最后

---

① 安庆市地方志编纂委员会编：《安庆地区志》，黄山书社1995年12月第一版，第1163页。

② 清康熙年间陈启源：《司空山见闻录》，《太湖县志》、《安庆府志》均有收录。

③ 潜山县地方志编纂委员会编：《潜山县志》，社会科学文献出版社1993年9月第一版。

④ 枞阳县地方志编纂委员会编：《枞阳县志》，黄山书社1998年6月第一版。

⑤ 望江县地方志编纂委员会编：《望江县志》，黄山书社1995年7月第一版。

⑥ 岳西县地方志编纂委员会编：《岳西县志》，黄山书社1996年3月第一版。

⑦ （宋）释普齐：《五灯会元》卷二“天柱崇慧”。

终老天柱山，“肉身不坏，数百年犹在”。[①] 崇慧久居天柱山，风景优美的天柱山给他带来的不仅仅是感官上的享受，更带来了不尽的禅思。《五灯会元》记有他和门人诸多问答，他的“答”基本上都是优美的诗句，呈现的是天柱山的大好山川，表达的却是一个禅者对世界、对宇宙形而上的体验。天柱崇慧开辟了以诗说禅的先河，他深厚的禅学思想再加上优美的诗句，呈现出极高的艺术境界、哲学境界，对后世禅诗产生重要影响。

投子大同，《五灯会元》记述他，“舒州投子山大同禅师，本州怀宁刘氏子。幼岁依洛下保唐满禅师出家。初习安般观，次阅华严教，发明性海。复谒翠微，顿悟宗旨。由是放意周游，后旋故土，隐投子山，结茅而居。”[②] 投子大同禅风高古，当时天下禅师无不闻其名前往请益，“师居投子山三十余载，往来激发，请益者常盈于室。”[③] 就连被尊为“古佛”的赵州从谂也闻名前往和他交过禅机，对大同的禅风称道不已，赞叹：“自尔同道闻天下，云水之侣竟奔凑!”[④] 此后，他还举荐僧人前往大同处解惑，“此去舒州，有投子和尚，汝往礼拜，问之，必为汝说。”[⑤] 当时禅林另一个高僧雪峰义存，与赵州从谂齐名，时称“北有赵州、南有雪峰”，在证悟前曾经慕名“三登投子”。《五灯会元》中记有五则大同接引雪峰的公案。雪峰后来成为一代高僧，虽然并不是在投子大同处得到开悟，但是从他后来的说法接人来看，许多处都能看见大同的影响。因为天下禅师竞相前往投子处祈求开悟，所以在《五灯会元》中记述他的言语也非常多，但记录者仍遗憾地说，“纵以无畏之辩，随问遽答，啐啄同时，微言颇多，今录少分而已”。[⑥]

宋代是禅宗的鼎盛时期，安庆禅宗更是盛极一时，不仅仅涌现了众多在禅林有影响的高僧，而且他们对中国禅宗的发展和延续都产生了极为重要的作用。

1. 投子义青延续曹洞宗法脉

投子义青在曹洞宗的传承史上是一个举足轻重的人物，在他接曹洞宗的衣钵之前，曹洞宗的法脉传承中断了40余年。

投子义青（1032—1083），俗姓李，因为长期驻锡桐城投子山，故称投子义青。他在浮山法远处得到开悟，从而成为一代高僧。[⑦]

---

① （宋）释本觉：《历代编年释氏通鉴》卷第九。
② （宋）释普齐：《五灯会元》卷四“投子大同”条。
③ （宋）释普齐：《五灯会元》卷四“投子大同禅师”。
④ 《安徽佛门龙象传》卷上之二，成文出版社有限公司印行。
⑤ （宋）释普齐：《五灯会元》卷四“赵州从谂禅师”。
⑥ （宋）释普齐：《五灯会元》卷四“投子大同禅师”。
⑦ （宋）释普齐：《五灯会元》卷十“投子义青禅师”。

浮山法远是临济宗高僧，投子义青由法远开悟，按禅林宗承，投子义青当算是法远的弟子。但是，事实是，义青继承的却是曹洞宗的衣钵。这在禅宗史上是一个奇特的传承现象。之所以如此，因为曹洞宗的上一代大阳警玄，觉得座下弟子难以担当承宗大任。也曾有过两个杰出弟子，严审承、兴阳清剖，但可惜这两人都早逝，“大阳盛时，有承剖两衲子，号称奇杰。卒至於不振”。[①] 因此，大阳警玄年老之时，于是委托了临济宗的第七代传人浮山法远代为寻觅曹洞宗的法嗣。

及年八十，深叹无可以继者。天禧（1017—1021）中汾阳（临济宗汾阳善昭禅师）令广照、圆鉴（即浮山法远）二人依师潜探宗旨，师以为可托，乃以平生所著及皮履、直裰示之。圆鉴曰：“当为持此衣履，求人付之如何?”师许之曰：“他日得人，当出吾偈为证。偈曰：杨广山头草，凭君待价焞，异苗蕃茂处，深密固灵根。”偈尾云：“得法者，潜众十年，方可阐扬。”圆鉴拜而受之。[②]

正是在大阳警玄的这一托付下，才有了浮山法远代觅投子义青，教之以续曹洞法脉的禅林奇事。

浮山法远得遇投子义青，《五灯会元》卷十四《投子义青》有记载，“浮山法远号圆鉴禅师，万年谢寺事居会圣岩，一夕，梦畜青色鹰，以为吉征”，次日即有义青来投。浮山令看外道问佛“不问有言，不问无言”话头，经3年法远令举所得，义青方欲开口，法远以手掩其口，“师（义青）了然开悟，遂礼拜”。这就是说，投子义青是在浮山法远处开悟的。义青开悟后，“鉴（法远号圆鉴禅师）时出洞下宗旨示之，悉皆妙契。付以大阳顶相（半身画像）、皮履、直裰，嘱曰：‘代吾续其宗风，无久滞此，宜善护持。’”[③] 这就是大阳警玄委托浮山法远代己立嗣的经过。法远则不负重托，在得到义青这个弟子后，没有收归临济宗，而是在教之临济宗和曹洞宗的法门后，交付其大阳警玄的信物，让其去续曹洞宗的法脉。

义青法嗣芙蓉道楷所编《舒州投子山妙续大师语录》、芙蓉道楷法嗣净因自觉所编《投子义青和尚语录》都记有义青祝国开堂语云：

此一瓣（香）大众还知来处么？非天地所产，威音已前，不落诸位，然灯之后，七佛传来，直至曹溪分派大夏。山僧向治平初在浮山，圆鉴禅师亲手传得，寄付其宗。颂委证明，慈旨云：“代吾续大阳宗风。”山僧虽不识大阳禅师，

① （宋）慧洪：《禅林僧宝传》卷十三“大阳延禅师”，见蓝吉富《禅宗全书》第四册。
② （宋）慧洪：《禅林僧宝传》卷十七“浮山远禅师”，见蓝吉富《禅宗全书》第四册。
③ （宋）释普齐：《五灯会元》卷十四“投子义青禅师”。

凭浮山宗法识人以为续嗣，如此便不违浮山圆鉴禅师法命付嘱之恩，恭为郢州大阳山明安和尚。何故？父母诸佛非亲，以法为亲。[①]

曹洞宗法脉延续和振兴的关键人物投子义青，由浮山法远代为传宗接脉的史实是不容置疑的。这个事件当时在禅林传为佳话，在千余年的禅宗史上也成了一件不朽的事迹，它既体现了大阳警玄的大智大勇和识人之明，也昭示了浮山法远无私而忠于事的精神。所以，《禅林僧宝传》的作者惠洪感慨地说，“微远录公、则洞上正脉、几於不续矣”。[②]

安庆，作为这件佳话的发生地，作为浮山法远和投子义青的长期弘法之地，也在曹洞宗乃至中国禅宗的发展史上留下了重重的一笔。

投子义青在浮山法远处开悟后，再度游方参禅。宋神宗熙宁六年（1073），他回到安庆，应知州之请住持太湖白云山海会禅院八年，此后又应请住持投子山胜因禅院。投子山寺原由唐代石头下三世大同禅师所创，是唐宋著名禅寺之一。《义青语录》后附《行状》描述义青日常生活和修行情景是：“唯破衲弊衣，寒槁冷默，忘缘寂照，坐卧如竹木，而家风萧条，无可趋向。”[③] 然而名声远扬，门下弟子很多，使长期处于沉寂局面的曹洞宗出现转机，并为曹洞宗在以后的传播奠定了基础。

2. 临济宗浮山法远誉满禅林

浮山法远，本姓王，郑州人，临济宗第七代高僧。因为长期驻锡在安庆浮山，因而世称浮山法远。

法远于北宋仁宗天圣年间（1023—1032），应淮南漕运使许式的邀请，于安庆太平兴国寺开堂接众。庆历三年（1043）又移居天柱山月华庵。庆历六年（1046）又应吕济叔邀请，住持浮山。在吕济叔的支持下，他重建殿宇，“废则必修……筑屋周列”，致使浮山寺庙林立，香客如云，逞一时之胜。他一生的主要活动都是在安庆，因为禅法高深，因而在安庆弘法期间，留下了许多有影响的事迹。前一节“义青”中所提及的代曹洞宗觅寻法脉就是其中很重要的一件。此外，还有他和欧阳修因棋说法、作《九带》禅理等事迹在禅林留下了不朽的印迹。

《五灯会元》、《禅林僧宝传》等书都记有他借棋对欧阳修说法的事迹。欧阳修听说法远禅法高深，前往浮山探个究竟。其间，欧阳修与客人下棋，法远则坐

① 芙蓉道楷编：《投子义青禅师语录》，收蓝吉富《禅宗全书》第四十册。

② （宋）慧洪：《禅林僧宝传》卷十三“大阳延禅师”，收蓝吉富《禅宗全书》第四册。

③ 《投子义青禅师行状》，收蓝吉富《禅宗全书》第四十册。

在一旁观看。忽然欧阳修收了棋，请法远因棋说法。“师即令挝鼓胞座，曰：‘若论此事，如两家着棋相似，何谓也？敌手知音，当机不让。若是缀五饶三，又通一路始得。有一般底，只解闭门作活，不会夺角凶关，硬节与虎口齐彰，局破后徒劳绰斡。所以道，肥边易得，瘦肚难求。思行则往往失粘，心粗而时时头撞。休夸国手，谩说神仙。赢局输筹即不问，且道黑白未分时，一着落在甚么处？’良久曰：‘从来十九路，迷悟几多人。’文忠加叹，从容谓同僚曰：‘修初疑禅语为虚诞，今日见此老机缘，所得所造，非悟明于心地，安能有此妙旨哉！’”①

法远晚年居浮山会圣岩，写了《九带》一文，对自己的禅学思想进行了总结，其目的在于叙佛祖教义、博采先德机语、参同印证。它主要包括“佛正法眼带，佛法藏带，理贯带，事贯带，理事纵横带，屈曲垂带，妙叶兼带，金针双锁带，平怀常实带”九个方面的内容，体现了华严与禅宗原理的融合。

浮山法远作为一代硕德，声名远播禅林，不断有禅师前来证悟。他以其独特的眼光和方式开悟了许多僧人。投子义青、五祖法演是其中的杰出代表。五祖法演后来是在白云守端处彻悟的，但他却是浮山法远推介到守端处的。《嘉泰普灯录》记述：“后谒浮山圆鉴禅师，鉴举如来有密语，迦叶不覆藏令究之。及期，一日谓曰：‘子来何晚，吾老矣，恐虚度子光阴，可往依白云。此老虽后生，吾未识面，但见渠颂临济三顿棒话，有过人处，必能了子大事’。”② 对于这段经历，他自己也说，“某十五年行脚，初参迁和尚得其毛，次于四海参见尊宿得其皮，又到浮山圆鉴（即法远）老处得其骨，后在白云端和尚处得其髓。方敢承受与人为师。”③ 这里既可见法远的禅学水平，又可见其识人之明，知道什么样的学生可从什么样的明师那里得到开悟。

法远后来在浮山会圣岩坐化，范仲淹为他撰写了塔铭：“呜呼远公，释子之雄。禅林百泽，法海真龙。寿龄有眼，慧命无穷。寒岩劲骨，千载清风。”④ 至今，浮山还留有法远的许多遗迹，“谈禅岩”、“会圣岩”、“因棋说法”、“九带遗踪”等石刻都是纪念他的，至今保存完好。

3. 白云守端继承临济宗杨岐法脉

禅宗在唐末五代分灯五宗，这五家发展并不均衡，沩仰、法眼两宗入宋以后就几乎不存在了；云门宗北宋中期有过一次中兴，但是到南宋也就消亡了。两宋

① （宋）释普齐：《五灯会元》卷十二“浮山法远禅师”。

② （南宋）雷庵正：《嘉泰普灯录》卷八“蕲州五祖法演禅师”，收蓝吉富《禅宗全书》第六册。

③ 惟庆编：《黄梅东山（法）演和尚语录》，收宋赜藏《古尊宿语录》卷二十二。

④ 《浮山》，浮山园林管理处编，1985 年 10 月。

期间，禅宗实际上只有临济宗和曹洞宗在发展。这两宗发展又不一样，曹洞一脉孤传，临济宗却遍布华夏。所以在禅宗界有“临天下，曹一角”的说法。这种情形一直到元明清，都是这样。

临济宗六传到石霜楚圆，临济宗的活动区域开始从中原向南方移动，楚圆的门弟子以黄龙慧南和杨岐方会最为杰出，分别形成了黄龙派和杨岐派，黄龙派经过四代传承，由于没有高僧继承发展已断绝了，而杨岐派得到了守端、法演以及“佛门三杰”（佛鉴慧勤、佛眼清远、佛果克勤）这些高僧的弘扬而发展壮大起来，使杨岐派由山林拓展到社会的各个阶层，并且一直延续至今，从而成为临济宗的正脉。宋道融在《丛林盛事》一书中，对黄龙派和杨岐派进行了客观公正的评价。

黄龙、杨岐二宗，皆出于石霜兹明，初，黄龙之道不振，子孙世之，皆般般不减大师之数，自直净四传而至涂毒。杨岐再世而得老演，演居海会，乃得南堂三佛以大其门户，故今天下多杨岐之派。①

杨岐一派法脉的传人白云守端、五祖法演等都是在安庆驻锡弘法的高僧，法演弟子“圆悟克勤、佛眼清远、佛鉴慧勤”“佛门三杰”又全部证悟于安庆海会寺。安庆一地，于临济宗乃至中国禅宗的发展兴盛，实在是功不可没。因为黄龙传派不远，临济宗遍及天下实际上是以杨岐派为主体的，所以，后世禅宗实为杨岐派的天下。而杨岐派最盛时期的白云守端、五祖法演以及众多著名弟子，都长期在安庆境内弘法。他们在使临济宗达到鼎盛的同时，也使安庆成为当时禅宗的传播中心。后世禅宗，大多是临济宗，而其中又多为杨岐派所传。杨岐派席卷天下，成为临济宗的正宗，实际上在安庆发展期间就初步形成了。

宋庆历八年（1046）临济宗杨岐方会将临济正脉传付白云守端，是为杨岐下一世。白云守端“历住承天、圆通二寺；后迁法华、龙门、兴化、海会诸寺；所至归依者众，有如云集”②。其中，安庆太湖县白云山海会寺为其长期弘法之地。海会寺这座唐代古刹在白云守端驻锡后得到空前的发展，形成“钟鼓振十里，骑马关山门”的宏大规模，享誉国内。在这里，他将杨岐法脉付与法演。

白云守端，俗姓葛，衡阳（在今湖南）人，因为长期驻锡安庆太湖白云山，故世称白云守端。守端在杨岐方会的引导下得到开悟，并成为杨岐派法脉的继承人。此后，他先后担任了九江承天寺、圆通寺住持。后来应舒州（今安庆）知州的邀请担任宿松县法华寺住持。因为守端誉满禅林，慕名前来参谒者很多，寺

---

① （宋）道融：《丛林盛事》，收蓝吉富《禅宗全书》第三十二册。

② 蒋维乔：《中国佛教史》第十六章《宋以后之佛教》，上海古籍出版社2007年版，第226页。

小难容；1054年，30岁的守端又迁住白云山（在今安庆太湖县城东）海会寺，以后就再没有离开海会寺。守端于宋神宗熙宁五年（1072）去世，年四十八岁，葬于海会寺前木鱼包。

白云守端大器利根，又在杨岐方会那里多有悟入，在海会寺期间，示众法语，皆高貌超绝。守端人品高洁，他的再传弟子慧勤禅师有记述："先师（指五祖法演）言，白云师翁平生疏通无城府，顾义有可为者，踊跃以身先之，好举拔贤能，不喜附离苟合，一榻萧然，危座终日。曾谓侍者曰：衲子本份，以穷达得失移其所守者，未可语道貌岸然也。"[①] 他的禅理平易简捷，对习禅的入处、出处、用处、了处都有开发，易于大众接受。弟子中以五祖法演最有名，后世临济宗杨岐派几乎全出自于他的法系。

4. 五祖法演光大临济杨岐派

五祖法演是白云守端的弟子，临济宗杨岐下二世。他在中国禅宗史上具有特殊的地位。宋代临济宗的黄龙、杨岐两派，从法演开始，杨岐派迅速超越于黄龙派而走上兴盛的道路。

法演，俗姓邓，绵州巴西（在今四川省绵阳市东）人；因晚年住持黄梅县五祖寺，被世人尊称为五祖法演。他前期出外四处游方，在15年间先后参谒过四位禅师，最后在舒州白云山守端禅师门下得悟。法演离开守端后，先后在安庆境内住持四面山寺、太平寺、白云海会寺，这段时间长达27年。他在安庆期间授徒无数，誉满禅林的"佛门三杰"就是最杰出的弟子。正是得以法演和佛鉴慧勤、佛眼清远、佛果克勤等人，临济宗杨岐派走出安庆，遍布全国，乃至传至海外。

法演圆寂后，他的门弟子将他的开示、偈颂编成《法演禅师语录》、《法演禅师广录》，吴郡朱元衬于北宋绍圣二年（1095）为之作序，"海会演师，昔行脚至白云峰顶，逢一善知识，据狮子座，现比丘身，为无所为，说无所说，有时拏云攫浪，游戏自如；有时斩钉截铁，纪干不可。诸方辐凑，四众景从。天人叶赞，自四面而住太平，由太平而来海会，随机答问，因事举扬，不假奇特，其徒簒集，请余为之序，欲传于世云"。[②] 这里对法演的禅法给予了高度评价。

5. 龙门清远等"佛门三杰"

法演弟子众多，据《联灯会要》载录主要弟子4人，稍后的《嘉泰普灯录》载录弟子18人，其中有传录者12人。《五灯会元》仅载录前书有传录的弟子就有12人。他们的传法中心分布于相当现在的安徽、河南、湖南、湖北、江西、

---

① 《禅林宝训》卷二，收蓝吉富《禅宗全书》第三十二册。

② 《法演禅师语录·附录序文》，收蓝吉富《禅宗全书》第四十册。

四川等地。在这12位弟子中，最著名并影响较大者有：曾在开封天宁寺传法的圆悟克勤、舒州龙门山佛眼清远、舒州太平寺佛鉴慧勤、潭州开福寺道宁、彭州大随山元静等人。至此，临济宗遍布天下，鼎盛一时。

圆悟克勤（1063—1135），俗姓骆，字无著，法名克勤。崇宁县（今成都郫县唐昌镇附近，北宋末年属彭州）人。证悟安庆海会寺，后来弘法于四川、湖北等地。[①] 一生南北七处传法，声名显赫丛林之间，就连皇帝也多次召其问法，并赐紫衣和“佛果禅师”之号，后又赐号“圆悟”，去世后谥号“真觉禅”。克勤的禅法荟萃各家精华，超宗越格，弟子满天下，为临济宗杨岐派的发展，奠定了雄厚的基础。

佛鉴慧勤（1059—1117），原作慧懃，或惠懃，安庆桐城人。出家受具足戒后，到安庆太平寺参谒法演禅师，与克勤二人是法演门下最有声望的弟子。后应知舒州知州张叔夜之请，出任太平寺住持，在此传法前后八年，“宗风大振”。[②]

清远（1067—1120），佛眼是号，因曾住持舒州龙门寺，也称龙门清远。俗姓李，四川临邛县（今邛崃县）人。他听说在安庆弘法的法演为海内“宗师第一流”，便前往投奔，在法演门下前后待了七年。证悟以后，先后担任了本地崇宁寺、龙门山寺的住持，传法十二年，扬名于丛林之间。[③] 来自四方的弟子云集于门下。清远的再传弟子，有编撰《古尊宿语录》的僧挺守赜和编撰禅宗僧传《僧宝正续传》的石室祖琇等，都是中国禅宗史上的重要人物。

佛鉴（慧勤）、佛眼（清远）、佛果（克勤）三佛被誉为“佛门三杰”，又称法演门下“二勤一远”。其中，慧勤长期驻锡安庆太平寺，清远长期驻锡安庆龙门寺。从白云守端，到五祖法演，再到慧勤、清远，他们长期弘法于安庆，国

① （宋）释普齐：《五灯会元》卷十九“昭觉克勤禅师”有记述，克勤第一次参法演，话不投机，愤然离走。后再度回法演处，在法演的接引下，以艳诗证悟，“呈偈曰：‘金鸭香销锦绣帏，笙歌丛里醉扶归。少年一段风流事，祇许佳人独自知。’祖曰：‘佛祖大事，非小根劣器所能造诣，吾助汝喜。’祖遍谓山中耆旧曰：‘我侍者参得禅也。’”

② （宋）释普齐：《五灯会元》卷十九“太平慧勤禅师”有记述，“悟遂领师同上方丈。祖才见，遽曰：‘勤兄，且喜大事了毕。’明年，命师为第一座。会太平灵源赴黄龙，其席既虚，源荐师于舒守孙鼎臣，遂命补处。五祖付法衣，师受而捧以示众曰：‘昔释迦文佛，以丈六金栏袈裟，披千尺弥勒佛身。佛身不长，袈裟不短。会么？即此样，无他样。’自是法道大播。”慧勤一生主要弘法于安庆。佛门著名的“法演四戒”即是法演给他的教诲，“佛鉴和尚初受舒州太平请，礼辞五祖，祖曰：‘大凡住院，为已戒者有四，第一势不可使尽，第二福不可受尽，第三规矩不可行尽，第四好语不可说尽。何故？好语说尽人必易之，规矩行尽人必繁之，福若受尽缘必孤，势若使尽福必至。’鉴再拜。服膺而退。”金代志明《禅苑蒙求》记有“法演四戒”，蓝吉富主编《禅宗全书》第四十册收有此书。

③ （宋）释普齐：《五灯会元》卷十九“龙门清远禅师”有记述，曾在五祖法演主持安庆太平寺和海会寺期间两度前往参拜，开悟后不久，“舒守王公涣之命师开法，次补龙门，道望尤振”。因长期住持龙门寺，故世称龙门清远。

内慕名前往安庆的僧人络绎不绝。在他们的门下得到证悟的弟子不可胜数，一时间，“在朝在野，都产生了极其巨大的影响，使杨岐派在中国禅林中形成席卷包举之势”。[①] 其中，仅克勤的法嗣就有七十五人，其法流以径山宗杲、虎丘绍隆二派为最大。径山一派更分为灵隐、北涧二派，虎丘一派也分为松源、破庵二派。杨岐一派盛极一时。随着黄龙派的法脉断绝，杨岐也恢复了临济旧称；所以临济后期的历史，也就是杨岐派的历史。杨岐派禅法在宋元两代传入日本，创行别派，在日本镰仓时代禅宗二十四派中，有二十派皆出于杨岐的法系。

唐宋之际，安庆作为禅宗的传播中心，从《五灯会元》、《景德传灯录》、《宋高僧传》等禅宗典籍也能够看出。这些书收录安庆一地的高僧有数十位，如宝月、舒州法照、牛头智严、舒州景诸、投子感温、天柱彻闻、天柱弘仁、白水山和尚、白水山玮、白水如新、琼和尚、大随法真、投子通、海会如新、法华全举、投子圆修、丰化令崇、四面山津、投子道宣、随州双泉郁、天柱山和尚、海会通禅师、投子法宗、三祖冲会、投子修颙、投子慧胜、王屋山崇福灯、三祖山法宗、龙牙智才、芙蓉道楷、嵇山章、天台山德韶、投子通、疏山证、投子淳等等。这样的规模是国内任何一地所不能比拟的，它充分说明了安庆禅宗的法席之盛。南宋张同之在知舒州时，曾留诗盛赞安庆的禅宗，“飞锡梁朝寺，传衣祖塔丘。石龛擎古木，山谷卧青牛。半夜朝风起，长年涧水流。禅林谁第一，此地冠南州”。[②] 至今，这首诗依然镶嵌在天柱山的石壁上。

三、安庆是曹洞、临济两宗法脉的融汇地

唐宋之际，僧人们为了参禅往往行脚全国各地。虽然禅宗有五家七宗之别，但是禅师们为达证悟的目的，往往是遍访各家高僧大德。在何人处悟道，则归为何家法嗣。这些派别虽然宗风各异，但是禅师们并不相互排斥，相反，为了让弟子证悟，他们甚至互相推荐弟子。僧人们遍访各家的这种现象不可避免地会带来各家禅学思想的互融。

宋代临济宗高僧浮山法远在证悟之前，曾访问天下禅林高僧70余人，这其中就有许多曹洞宗的高僧。《投子义青和尚语录》卷上记有法远对义青的话，“曹洞宗风实难绍举，吾参七十余员大善知识，无不投证。末后见郑州大阳明安禅师，凡数年方默契，而安以皮履直裰付嘱，然吾先有得处不敢昧初心，以实告明安，若老师尊年无人继嗣，即某甲当持此衣信，专淘择大器以为劫外种草，庶

① 赵嗣沧：《杨岐方会大师传》，佛光山文化事业有限公司2001年版，第364页。

② 《三祖寺志》，黄山书社1997年版。张同之，著名词人张孝祥之子，南宋绍熙年间知舒州，留诗刻石，石刻上并有时间“南宋绍熙二年十月”。

正宗密旨流化不绝。”[①] 从这里可以得知，法远也曾在大阳警玄处潜心学习曹洞得法。由于曹洞禅法玄深，他广参七十余员大善知识，虽不无投证而终未契入，最后在大阳门下数年始得契入；大阳感于曹洞宗风不振，希望法远继承自己的曹洞法脉，而法远“以先有得处不敢昧初心”婉拒了大阳警玄。因为法远已经在临济宗高僧叶县归省处得到证悟，算是临济宗的法嗣了。但法远深谙曹洞家法，又是临济宗传人，兼通两宗禅理，所以，大阳警玄委托法远为自己物色继承人，可以说是所托对人。

从大阳警玄委托浮山法远为其物色传人这段材料，我们可以看见，当时禅师们在“求学”时期交往频繁，无门户之见。在这种情形下，曹洞宗和临济宗在当时已经有所融合，很多高僧都深谙两家法旨。时隔40多年后，浮山法远终于为大阳警玄的曹洞宗淘得“大器”。“时浮山圆鉴禅师法远和尚居（浮山）会圣岩。因一夕梦见手畜青色鹰。尤为吉征。至旦师遂臻。远以礼迎之。”[②]“自此复经三年，鉴（法远）时出洞下宗旨示之，悉皆妙契。付以大阳顶相皮履直裰，嘱曰：‘代吾续其宗风，无久滞此。善宜护持。’”[③] 由是，投子义青承续起曹洞宗中断多年的法脉，挽曹洞宗于昧灭之中。对自己的师承，义青曾在与弟子的问答中也曾提及。

僧问：“师唱谁家曲？宗风嗣阿谁？”

师曰：“威音前一箭，射透两重山。”

曰：“如何是相传底事？”

师曰：“全因淮地月，得照郢阳春”。[④]

一箭“射透两重山”，是义青说自己以一空为心法而通曹洞、临济二宗之宗乘。“相传底事”，则是指浮山法远代付之曹洞禅法。义青于淮地（今枞阳浮山）得法远付法，学成后又在淮地（桐城投子山）开山说法，然而他所继承的却是曹洞法曲，嗣续的是郢地大阳家风，所以他说“全因淮地月，得照郢阳春”。

投子义青兼习临济曹洞禅法，其思维的清新生气给垂垂的曹洞宗注入了新鲜的血液。这正是大阳警玄壮士断腕所期望的结果。由于投子义青对曹洞、临济两家禅法的兼通，他给曹洞宗带来了勃勃生机，曹洞宗的传承开始有了转机。在投

① （宋）芙蓉道楷编：《投子义青禅师语录》，蓝吉富《禅宗全书》第四十册，北京图书馆出版社2004年版。

② （宋）芙蓉道楷编：《投子义青禅师语录》，蓝吉富《禅宗全书》第四十册，北京图书馆出版社2004年版。

③ （宋）释普齐：《五灯会元》卷十四《投子义青禅师》。

④ （宋）释普齐：《五灯会元》卷十四《投子义青禅师》。

子义青的带领下，曹洞宗以后的几代中人才辈出，气象一新，几为绝响的曹洞宗迎来昌盛的中兴时代。

曹洞、临济两宗在宋代的交融是一个普遍的现象，而这个融合会出现在安庆有其客观原因。这一时期临济宗、曹洞宗的法脉承续都在安庆，一面是浮山法远代传曹洞宗法脉，一面是白云守端、五祖法演等临济宗在传杨岐派法脉。宋代禅宗两大宗的法脉同时并存于安庆，这是他地所不曾有的。正是在这一背景下，安庆才成为临济曹洞两宗的融汇之地。而，浮山法远代曹洞宗觅寻投子义青为继承人这一史事，便是两宗开始融合的标志性事件。这是安庆在中国禅宗史上留下的又一笔浓墨重彩。

禅宗孕育于安庆，并且在安庆得到很好的发展、兴盛，清代桐城派大师姚鼐曾在文章中不无感慨地说，“夫黄舒之间，天下奇山水也，郁千余年，一方无数十人名于史传者。独浮屠之俊雄，自梁陈以来，不出二三百里，肩背交而声相应和也，其徒遍天下，奉之为宗。岂山川奇杰之气，有蕴而属之耶?”① 但是，作为安庆文化的一个重要部分，长期以来，学界对禅宗在安庆的发展尚缺少较为系统的研究。本文大胆对唐宋之际禅宗在安庆的传播进行一个初步的整理，分析其地位和影响，希望能起到抛砖引玉的作用。

（作者单位：安庆师范学院党委宣传部）

① 姚鼐：《刘海峰先生八十寿序》，《惜抱轩诗文集》，上海古籍出版社1992年版，第114页。

黄梅戏《天仙配》改编的文化美学问题*

方锡球 时新中

内容提要：黄梅戏的改革与传承应学习以往黄梅戏改革、改编的成功经验，在此基础上思考当下黄梅戏改革的路径和应有的价值取向、艺术表达方式。本文以《天仙配》为例，探讨其在改编和改革过程中的成功之处及其对当下黄梅戏发展的启示。

关键词：《天仙配》特征化；审美价值发现；民间情意；雅化

黄梅戏的改革与传承应学习以往黄梅戏改革的成功经验，目的是思考当下黄梅戏改革的路径和应有的价值取向、艺术表达方式。本文研究对象《天仙配》，指的是1954年9月参加华东区戏曲观摩演出大会的版本，1955年由上海海燕电影制片厂拍成电影，严凤英和王少舫主演，导演石挥，音乐时白林。

黄梅戏对《天仙配》改编之前，有十七个剧种演绎着大致相同的故事①，其题材是明代地方声腔形成以来各地方声腔、剧种的共享戏曲资源。黄梅戏与《天仙配》题材结缘，虽然在新中国成立前，但是，结下不解之缘却是在新中国成立后。严凤英曾谈到新中国成立前她演出《天仙配》的感受："演老《天仙配》时，我很为难，《路遇》里唱腔不多，这还不在话下，到底这个七仙女下凡来是干什么的呢？……为了糊口，我唱也唱，心里却不喜欢。"② 可见，整理、改编前的《天仙配》不在黄梅戏演出中占有地位，也还不是成熟的艺术话语体系。为什么改编后的《天仙配》却在全国范围内产生惊人的轰动效应，并在港台和海内外引起强烈反响呢？

一、黄梅戏《天仙配》对原有剧本的"特征化"审美提升

黄梅戏《天仙配》对原有剧本的审美提升，使之成为戏曲美学追求的典范。

在故事结构范式上，以特征性代替完整性，天才地运用了古典艺术意境的审

---

* 本文为国家社科基金艺术学项目《黄梅戏的改革与传承研究》的阶段性成果之一。

① 纪永贵：《董永遇仙传说研究》第80-81页，安徽大学出版社2006年版。

② 严凤英：《我演七仙女》，《中国电影》1956年第3期。

美优势，并对之进行了创造性的现代转化。与传统故事有头、有尾、有身的完整情节追求不同，《天仙配》选择那些最具特征性的细节，引导受众在传统联想的基础上，展开自己的联想和想象，观众不仅是欣赏者，而且参与着戏剧的创造，所以看《天仙配》，受众不知不觉地投入了全副神情，甚至用自己的生命去体验故事的奇妙境界，开拓着艺术的空间。《天仙配》通过特征化去实现整体性，获得了极大的成功。因为特征性是创作客体的本质属性。黑格尔曾称赞费希特为“现代一位最大的欣赏家”，原因就是费希特在《论艺术美》一文中提出“正确地评判艺术美和培养艺术鉴赏力的基础就在于特性的概念。”[①] 黑格尔认为“特性”就是“组成本质的那些个别标志”，是“艺术形象中个别细节把所要表现的内容突出地表现出来的那种妥帖性”。[②] 所以黑格尔把“特征化”当做艺术创作的重要原理加以提倡。就外延而言，特征可以是一个细节、一个场景、一句话、一个人物动作、一个事件、一种人物关系……就内涵来说，特征具有三层含义，一是其外在形象十分具体可感、真实生动、独特个别；二是这一形象所表达或暗示的意义和情致是极其丰富和深刻的；三是受众在感受艺术境界时的体验空间是可以拓展的。因此，在有限的感性形象中凝聚着无限的情意和生生不息的体验，是特征化的基本特征。艺术创作若是抓住了特征性的细节，就意味着能够创造出新鲜的艺术境界和具有独创性的文本。

《天仙配》就是以其“特征化”实现了对原有剧本或内容的重大审美提升。

从戏剧本身的改编看，虽然改编前演绎这一故事的剧种较多，但《天仙配》直接来源则是著名的青阳腔《槐荫记》，至今岳西高腔里还保存着“路遇”“织绢”“分别”数折，就是该戏的戏胆。青阳腔《槐荫记》有颇为细腻的描写，为黄梅戏积累了雄厚的基础。黄梅戏《天仙配》的整理上演始于1952年9月，为了赴华东地区演出，当时安庆军分区接到省军区政治部命令，抽王兆乾先生协助安庆市的黄梅戏作曲。从这时起他便与省文化局派来的余健民、李霍勤、郑立松以及安庆市的刘芳松、王圣伟、班友书、江理进等合作，天天在剧场和两个剧团的演员讨论和挑选剧本。从此，作为戏剧，《天仙配》的改编拉开了序幕。王兆乾先生回忆道：“演员一边演，我们坐在台下一边讨论，可以随时停下来。《天仙配》选的是‘路遇’一折，因为比较长，要写成剧本，就由班友书同志执笔。”[③]《天仙配·路遇》的修改，是“牵一发而动全局的”。首先，是对剧种主要人物的形象从内涵到外表进行改造，赋予较为丰富的审美蕴含。本来，董永是

① 黑格尔：《美学》第1卷第22页，商务印书馆1982年版。

② 黑格尔：《美学》第1卷第23页，商务印书馆1982年版。

③ 王兆乾：《〈天仙配〉和〈女驸马〉的发掘和改编》，《黄梅戏艺术》2000年第2期。

《二十四孝》中的一位孝子，他的孝行感天动地，玉帝命七女下凡百日以为褒奖。所以这个戏又名《百日缘》。传统戏董永是穿黑褶子，戴方巾，穷书生打扮。改稿将其定为农民。传统戏中农民多为丑扮，没有可取的服装式样，在设计时，刘芳松请王少舫设计，王少舫几天后穿上他设计的服装上台给大家看，得到一致称赞。从此董永的服装便定型，直至今日。其次是对故事情节内容的改造和文人化处理。班友书改七女奉玉帝之命下凡匹配百日姻缘为羡慕人间，同情爱怜董永，把戏剧的主题作了社会性和情感性的双重升华。若说董永的孝行感天动地，还处于传统的伦理层面，而七女因羡慕人间和同情董永，则是主动的情感反映，它展示的是人类美好的一面。而且，使得民间的情绪上升为典雅的文人之情、之境，有一个由俗到雅的改变。再次，在价值取向方面的改变。改书生董永为农民董永，一改传统戏对下层劳动者的歪曲，将善人傅员外改为为富不仁的地主，这虽然是向当时的时代精神靠拢，但从文化进化的角度看，则是一种人性化的处理。因此可以认为《路遇》改本为这个戏定下了基调，并使后来的《天仙配》成为黄梅戏乃至整个中国戏曲的典范之作。在戏剧语言层面，使其话语音声在雅俗之间游移。比如，那段风靡海内外的“树上的鸟儿成双对”的唱腔，也是1952年参加华东观摩演出时所定下来的。除后面的二重唱是后来增加的以外，旋律并未改动。班友书的改本和当时严凤英、王少舫、查瑞和的唱腔，1953年王兆乾收入《黄梅戏音乐》一书的“附录”。四是《天仙配》全本的内涵提升和形式改革，这主要表现在两方面，一是对各种版本的董永遇仙传说进行取舍，丰富原有的精神性内涵，使之富于时代性。二是在形式方面吸取其他剧种的优长，进行审美化提升。1953年，王兆乾和陆洪非、卜炎二去湖北、江西考察黄梅戏，当时陆洪非正着手整理《天仙配》的全本。根据王兆乾的回忆，当时陆洪非“手边摘录了《搜神记》和《孝感县志》的有关董永的记载，这些记载有的我是不曾见过的，不由钦佩之心油然而生，认为他工于考据。后来，回到安庆，班友书安排他住在文化馆，而我只好住在附近的一家小旅社，他与班友书曾议论过《天仙配》的改编，我记得他们谈话中有关于‘送子’一场戏的取舍问题”①。《天仙配》全本的排演地点在安庆，安庆和合肥的演员合作。在这期间，中央歌舞剧院以边军为首的几位表演家来安庆，其中有李倩影、王嘉祥两位歌剧演员和作曲家张定和。他们回北京也上演过《天仙配》，改名为《槐荫记》。是什么人编剧，就不得而知了。王嘉祥先生在临终前一个月，曾给王兆乾先生来信，回忆到这段历史。从这些史料看，黄梅戏《天仙配》的改革的确有一个对

① 王兆乾：《〈天仙配〉和〈女驸马〉的发掘和改编》，《黄梅戏艺术》2000年第2期。

原有剧本“特征化”审美提升的过程。这一提升，使《天仙配》从民间走向舞台，从乡村走向城市，从山野走进了大世界。在审美文化层面则是从俗文化层面上升到雅俗共赏的审美文化层面。

二、《天仙配》改编过程中对原有剧本的审美发现

黄梅戏艺术家们的艺术探索和审美发现，使得《天仙配》在当代审美领域被作为戏曲美学的典范文本，从而赢得十分广泛的赞誉和数以亿万计的受众。当我们把《天仙配》的改编放回到20世纪50年代的文化语境中进行考察，就会发现《天仙配》的审美发现是一个艰难的过程，这一过程是今天的戏剧艺术家难以做到的，特别值得学习。

首先是在价值选择的审美发现中表现出对人的取向和美学意蕴的强化。在强化人的力量、智慧和才能方面，进行审美升华。根据陆洪非先生的回忆，1952年他参加安徽省暑期艺人训练班学习，后又主持安庆地区艺人训练班。在业务学习时，为区别戏曲遗产中的神话与迷信，就组织学员演出了《天仙配》。七仙女由陈月环扮演，扮董永的是（戏改干部）杨璞，演出后，为便于讨论，还请老艺人胡玉庭口述了《天仙配》的演出本，同时又买到了安庆坤记书局印刷的《天仙配》木刻本。《天仙配》是黄梅戏“三十六大本”之一，像露天煤矿一样浮在地表，不要用大力去挖掘。但某些地区、某些有特色的脚本却是不容易发现的。胡玉庭的口述安排当时东流县文化馆干部黄莉华记录下来。在安排集体讨论之前，又去安庆市图书馆找到一些有关董永遇仙的古籍。讨论会中学习有关戏改政策和专家学者的论著，其中周扬在《改革和发民族戏曲艺术》中谈到的“神话传说与迷信故事”区别，引起大家的注意：“无论是神话或迷信，本来都是反映了古代人们对于世界的一种幼稚认识，一种对于超自然力量的信仰；但两者的意义却有不同。……这种区别最突出地表现在对命运的态度上面。神话往往表现人们不肯屈从命运，并在幻想形式中征服命运。与之相反的，迷信则恰恰是宣传宿命论，宣传因果报应，让人们相信一切皆由命定，只好在命运前低头。由于对看法不同，因而对于命运主宰的神采取了不同的态度。神话是敢于反抗神的权威的，如孙悟空的反抗玉皇大帝，牛郎织女的反抗王母娘娘……”① 这段史实说明，由于当时经过认真地学习、思考和讨论，不仅使《天仙配》具备鲜明的时代性，而且是在哲学层面解决了价值取向的问题，这就使《天仙配》的文本内蕴具有深刻性和形上性，理性消融于感性的形象之中，这不单是有深度和高度的

① 陆洪非：《〈天仙配〉的来龙去脉》，《黄梅戏艺术》2000年第2期。

问题，而是解决了当时文化语境与人类理想的永恒性的矛盾，这也是今天乃至今后《天仙配》都不至于被历史尘埃淹没的重要原因，更是其拥有较高文化素养的受众的最终缘由。

其次主体命运生成与话语结构上的审美发现。《天仙配》初改本经过审查修改，于1953年9月在安庆投入排练。导演是李力平、乔志良，查瑞饰董永，七仙女仍是陈月环。改本在安庆初排时，得到安庆文化馆馆长班友书先生的帮助。此前班改过《天仙配》，其中《路遇》一场由王少舫、潘璟琍排演，并于1952年11月间与丁紫臣、严凤英主演的《打猪草》等剧目一起参加了上海的观摩演出。《天仙配》初稿本在安庆排后公演，班友书主持召开座谈会，提出一些建议，既肯定了成绩，也指出不足的地方。他这次发言后来以《整理后的黄戏天仙配》为题，发表在1953年11月25日《安徽日报》的“影剧评介”专栏[①]。班友书说：“黄梅戏的本戏《天仙配》，经省文化局创作组理后，已由省黄梅戏剧团在安庆市正式演出了。这是我们黄梅戏改革工作乃至整个安徽省地方戏改工作中的一件喜事，它使我们认识到：‘在黄梅戏剧目中，确实存在不少富于人民性的东西，这些西经过反动统治阶级篡改，已经失去了原来的光泽，现在只要一经洗刷，它就会重新放出灿烂夺目光芒来。’”[②]

《天仙配》的改革是多方面的，今天看来，主要是对董永个性形成过程中其命运的改变。在各种董永遇仙传说当中，其故事模式基本是“孝感——遇仙——分别——得官——送子——寻母”[③] 先是玉帝被董永孝心感动，命七女下嫁，董永得了很多好处；接着董永得中状元，娶傅员外之女为妻。而经过改革的《天仙配》故事，则明显改变了主要人物的命运。主体命运的改变使《天仙配》“特征化”审美更加明显。

一是其外在形象是十分具体可感、真实生动、独特个别的。整理者对传统戏真正地做到了去芜存菁。原剧的七仙女和董永的“百日缘”，是抒发“善有善报”的宿命论的东西。经过整理后，改为七仙女爱怜董永的孝心和生活遭遇，也由于她不满在天宫过着犯人似的生活，为了追求幸福，并救助董永，瞒着天帝私自下凡。成为人民希望的幻想的抒情诗篇，但整理者保存了神话的特点和精华。由于戏剧情节的改动，整理者在剧情描绘，对话唱词上必然也有许多新的创作，而这新创作的部分，对人物性格和戏情戏理来说，都是具体真实动人的，并且是精工美丽的诗章。

---

① 陆洪非：《〈天仙配〉的来龙去脉》，《黄梅戏艺术》2000年第2期。

② 班友书：《整理后的黄戏天仙配》，《安徽日报》1953年11月25日。

③ 纪永贵：《董永遇仙传说研究》第83页，安徽大学出版社2006年版。

二是这一形象所表达或暗示的意义和情致是极其丰富和深刻的。虽然班友书先生曾言改编剧中的“问题是：董永、七仙女分别以后，高潮已过，没有什么戏可演了；更重要的是：它并不能给观众以多大的鼓舞和启发”①。其实改编后的结局使故事少了明确的结尾，似乎与传统接受习惯也有较大距离，但形象的暗示意义和情致的丰富性、深刻性则大大增强。董永遇仙结局在不同剧种、不同地区悲、喜各异。《天仙配》最早编入话本是宋元时期《董永遇仙传》，最早编成杂剧的是元代，现在仅留下《路遇》一套，载于明郭勋所编《雍熙乐府》。明代南方民间出现过多种董永戏文的演出本，当时的正统士人对之评价并不高，如胡应麟《少室山房笔丛》曾言“今传有所谓董永者，词极鄙陋。”吕天成《曲品》也提到《遇仙记》。评价不高的主要原因是两个，一是艺术意义不高；二是在话语范式上与传统经典文本，如诗歌、词曲文本有较大的差距。胡应麟和吕天成都是对古代诗歌别有会心的文士，以他们的欣赏眼光当然看不上流行于民间的、艺术性较差的董永故事。需要提出的是，胡应麟处在明代中晚期，当时“真诗在民间”的理念也十分深入人心。为什么对民间传唱的“董永”却有“词极鄙陋”的批评？这只能是艺术价值和话语范式出了问题。中国传统审美惯性是以形象的空白意义暗示话语内蕴的丰富、深刻性，《天仙配》改编从这里起步是十分合理的。

50年代初《天仙配》的改编，面对着十分丰富的材料。改编成功的关键是选择了青阳腔的剧本。虽然今天从历史旁观者的身份可以看出这一步的重要性，但在当时，其审美选择可以说是天才般的。因为，青阳腔已经对此前诸多此类故事进行了长期艺术化处理，黄梅戏在此基础上传承与改革，是十分有审美眼光的。董永故事与青阳腔关系最为密切的据传是顾觉宇的《织锦记》又名《织绢记》、《槐荫记》。此剧全本早已失传，只有《槐荫分别》作为戏胆分别载于明代有关青阳腔诸刻本，即《八能奏锦》、《乐府精华》、《秋夜月》、《乐府玉树英》、《乐府万象新》、《群音类选》、《时调青昆》。还有《仙姬天街送子》见于《大明春》，《董永遇仙》见于《群音类选》。保存最为完整的则为岳西高腔（即青阳腔）和湖口高腔《仙姬记》，惜湖本毁于“文化大革命”。岳西高腔现存三个整出——《槐荫会》、《上工织绢》、《分别归天》，用悲剧结束。其中最为精彩的则是“槐荫路遇”，次之则为“分别”和“织绢”。“路遇”的老本在《群音类选》中十分简单，比元人杂剧还要简单，曲白陈腔滥调，而且只是一生一旦两小戏，所以胡应麟偶然看到此戏，即言其“词极鄙陋”，可见不仅还谈不上有审

① 班友书：《整理后的黄戏天仙配》，《安徽日报》1953年11月25日。

美和文化意蕴，就是话语和结构，也缺少诗意的逻辑。青阳腔对此前的故事进行了由俗到雅的“雅化”，除唱词和声腔地方化、通俗化以外，强化了审美意蕴，拓展了戏剧审美空间。一是增加了大量的科白，约占全剧的五分之三，使台词与吟唱相得益彰，重要的是，台词具有语浅意深、言外之意的特点。潜台词的出现，不仅使青阳腔的面貌发生了改变，更重要的是，戏剧营造的结构和人物个性丰富了，这一审美提升，为后来黄梅戏从俚俗走向“雅正”提供借鉴，为今后从民间草台走向大舞台奠定了可能性。二是青阳腔的雅化不是毫无止境的，它在一定程度上保留了足够的民间审美特质。比如增加了人物——老末金星，一方面拓展了舞台审美空间，丰富了故事情节。但这一扩展不是随意的，戏里增加什么人，是为了塑造形象的需要，考虑受众审美期待和欣赏习惯。金星出现是为了强化民间的通俗、淳朴、风趣的喜剧色彩，其情节发展包括细节，又全都通过科白来表现。如七仙女站立槐树下等董永，董永一见女人就回走，一次是小路，二次是大路，都被仙女拦住。没办法只有互问名姓。仙女谎言无依无靠，愿与他配合夫妻。董永认为这违反律法。仙女怪他没礼貌，并趁董永还礼之机，拿去他的包裹雨盖，将扇子插于董永脑后。董永要包裹雨盖，二人相争，金星出现，仙女诡说二人有约，并有表记。董永不承认，金星要搜。双方言定搜得出就到官府，搜不出便罢。结果搜出扇子，问他是公和是私休，董永无奈，只好应允，但转身便溜，两次均被金星挡住，只好借口主婚不能为媒。金星要他向槐荫树大叫三声，如树说话，就结为夫妻。董永心想，莫说三声，就是三百声也没关系。不料槐树果然应声，董永吓蒙了，说“我的妈妈呀!”仙女高兴地说“我的婆婆呀!”于是结为夫妻。

黄梅戏《路遇》，在传承了青阳腔，复归到中国传统审美惯性的同时，还吸收了文学、话剧、昆曲、越剧的优长，以简约的话语结构和空白意义表现话语内蕴的丰富、深刻性，这场戏大家较熟悉，不再赘言。同样黄梅戏《槐荫分别》一场，充分发挥黄梅戏歌舞的审美特长，又吸收了话剧表演的技巧，汲取了京昆的声腔表现力和越剧抒情浓郁的造境风格，熔铸成中国现代戏曲的经典片段。不仅舞台美术较为完美，而且在结构上看，对白、音乐、唱腔、舞台动作程式化①、演员表情的生机性有机融汇，既贴近现实的真实情景，又是浪漫化的、主观化的，这种浪漫和抒情的篇章，还不仅是具体的感性的，它还营造了心灵的空间，而又蕴含着理性的深刻。董永在回家路上，兴高采烈，七仙女则暗中流泪，悲喜相衬，仙女乃以白扇诗句，又幻化鸳鸯鸟来打动董永。董永不解。然后直告

① 一般认为，黄梅戏还没有形成自己程式化的动作，但在《槐荫分别》一场，却成功吸收了其他剧种的程式化动作，使黄梅戏的节奏所蕴含的意义更加丰富，由此提升了黄梅戏的艺术境界。

董永，要他找太白金星、槐荫树，这些最感人肺腑的地方，青阳腔中均已形成，而将金星改为土地菩萨，使戏曲的生活更加贴近现实，贴近原生态的平民百姓的实际，贴近艺术世界的逻辑。一般而言，金星的能耐要大得多，无论是七仙女还是董永都不一定能够调动得了他，而改成土地公公，生活中的逻辑就在作品中增强了，因为土地公公与七仙女、董永更易于打成一片。由于这一段毕竟又是超现实的场景，其中的诗意和悲剧性融合在一起，使这一场《槐荫分别》让人感到格外动人心魄。“有真景物、真感情，谓之有境界”①，戏曲中营造诗意和悲情相结合的境界，使槐荫分别荡气惆怅的同时，也特别具有深味和生生不息的生命体验。《天仙配》改编的成功因素之一就是实现了悲剧性和诗性的融合，在遵守传统审美惯例的同时，将审美范式进行了符合地域和民族习惯的改造。

这与几代黄梅戏老艺人在移植青阳腔过程中孜孜不倦的艺术发现有关。一是将青阳腔中的精华，保存下来。二是将原曲牌联唱之曲词，全部改为板腔体的七字句。三是将青阳腔中乏味的语言，全部改为通俗的有生机活力的话语。如槐荫树说话后，青阳腔是用四句念白来表达，接着二人唱道：

生唱：深谢娘行美意，五百年前会佳期。

旦唱：妾身不比孟光，君家可比梁鸿。你我姻缘前世配合，此日里，偕伉俪。

生唱：打扮明日转回归，好似蓝田种玉。两意徘徊胜似桃源洞府来。使我心欢意美，（重）。万般愁眉只自知，秦楼一别无消息，始信朱陈会有期，（重）。

黄梅戏老本则改成这样：

（内唱仙腔）槐荫开口把话提，把话提，尊声董永听端的，你与娘子成婚配，槐荫与你做红媒。

（董永接唱）这件事情真跷蹊真跷蹊，槐荫树木把话提。对着槐荫施一礼，拜拜槐荫老红媒。公公请上受我一礼，有几句言语不便来提：上无片瓦遮身体，下无寸土度日饥。娘子跟我是好意，饥饿二字后悔迟！

最后董永才向七仙女吐出真情，青阳腔也是长短句，有些地方，陈旧不通，黄梅戏老本则改为：

（董永唱）唉，娘子呀！非是董永将你抛别，有几句知心话不好开言：卖身文约一人去，无挂无牵亦无室妻，今日娘子同我去，怕的是傅奶奶有些生嫌。倘若是傅员外将你看见，我心何忍你心何安!?

---

① 王国维：《人间词话》。

既亲切，又简洁。但黄梅戏老本，也有颇多不足之处，即它们在地方化过程中，为了迁就群众习惯，把剧本拉得过长，枝蔓横生，显得芜杂。如前面增加董永父病，舅家借银，自卖自身和神仙四值功曹上场中间增加了傅公子调戏仙女，仙女用雷神惊吓，又是傅员外同情董永，命小姐与仙女结伴，成了真正的傅善人，分别之后又增加了董永傅府招亲，进京得进宝状元，仙女送子等等。许多唱词，臃肿拖沓，这是我国民间戏曲的通病，并非《天仙配》独有。这一切，只有经过文人加工后，其面貌才能得到改变。

三、文人化：受众体验空间的拓展与民间情意的深化

而经过进一步改编的《天仙配》，无论是情节还是唱词、道白，都进行了深入的特征化，其方法是中国诗词曲通用的因简去繁，以简约的话语或话语结构造就生机蓬勃的话语世界，使得受众感受艺术境界时的体验空间得以尽可能大地拓展。

艺术体验空间进一步拓展，得益于文人的参与，文人化是《天仙配》成为经典范式的重要因素。我国戏剧史上的各大名剧，大多经过许多文人、艺人，甚至几代人的努力，从“墨本”到“台本”，再从“台本”回到“墨本”，这样反复实践之后才逐渐丰富起来的。《天仙配》从青阳腔到黄梅戏的发展，也说明了这个问题。《天仙配》台本从 1951 年起，是经过班友书、陆洪非和金芝三人不断改编、提炼，逐步得以完善的。在唱词之中，往往就是你中有我，我中有你。如《路遇》中班友书的对板为“树上的鸟儿喳喳叫，一路鲜花笑开颜”。到了华东会演时陆洪非先生则改成“树上鸟儿成双对，绿水青山笑开颜”。又如陆洪非先生《织绢》中董永唱的“一见锦绢色色新，娘子果然有才能，织出龙来龙现爪，织出凤来凤翻身，一夜织成十匹绞绢，莫非你是织女星。”再到金芝先生的台本中，此段词则改为“一见锦绢色色新，娘子果然有才能。织蝴蝶蝴蝶成双对，织鸳鸯鸳鸯不离分。娘子手艺好，娘子手艺精。莫非你是织女星。”这两处改动，意思虽然不变，都是兴奋喜悦中赞叹七仙女的才能，但上述两例的后者由于节奏和音响色泽有了变化，境界也有改变，所以唱词的格调更易于表达当时夫妻二人的神情。从受众的角度，体验空间朝着更为具体的方向拓展，因为“鸟儿喳喳叫”，“鲜花笑开颜”比“树上鸟儿成双对，绿水青山笑开颜”显得俚俗和生硬，空间也局狭些，而《织绢》的两个唱段，后者节奏自然、朴质，显得调纯语畅，生机律动，生动活泼许多，民间化的情意更加浓厚。

文人化还体现在故事内容空间的拓展方面。《天仙配》的版本曾根据中央“三改”精神，作了内容方面的改造。一是改宣扬迷信为神话剧。二是改为七仙女背着玉帝，下嫁董永，反映古代妇女争取婚姻自主权，有反封建的意义。三是

改秀才董永为雇农。四是董永和七仙女所追求的幸福生活，是小农经济基础上劳动人民对男耕女织理想生活向往的表现，其结果只能是悲剧。老抄本《路遇》《分别》两出又特别成熟，就基本未作修改。整理后的剧本还董永劳动人民身份，对原本斩头去尾，砍去前面父病、借银、卖身，和后面的傅府招亲、中进宝状元、送子，也挖去中间的调戏、结伴、傅员外的善人形象等情节。初步确立了全剧框架，即辞窑、鹊桥、路遇、上工、织绢、满工、分别等七场，对原有曲白适当地剔糟取精，荃繁去芜，尽量保存其原有民间戏曲语言风格，少数地方略加压缩。如老本七仙女降落人间，“父王天空把旨降，……”一连二十句仙腔，班友书浓缩成十句：

旦唱：驾起云头离仙境，飘飘荡荡到凡尘。一程来在当阳县境，睁开二目看得清。说不尽人间李新鲜得很，又只见一大哥啼哭伤心。只见他搬石块窑门码起，背包裹和雨伞所为何情？停下云头心测论：呼唤土地问分明。

又当七仙女与董永解除疑虑后，二人欢欢喜喜，同往傅府，最后一段唱词，老本是六句“手带娘子傅府往，二人同往傅家湾。山中百鸟齐喧叫，水内鱼儿把身翻。娘子妻金莲小行走得慢，不觉来到傅家湾。”班友书把它改成：

旦：树上的鸟儿喳喳叫，生：一路鲜花笑开颜。旦：夫到傅府为长工汉，生：妻到他家洗衣浆衫。旦：三年长工易得满，生：夫妻双双把家还。旦：你种田来我织布，生：恩爱夫妻永团圆。

不违反原本唱词语言及风格的前提下，使剧本所表现的内容，进一步雅化和民间化，更加贴近生活本来的样子。按照接受理论的观点，人们在自己熟悉的生活和自己熟悉的文化基础上，较为容易地展开联想与体验，这使得《天仙配》内容空间的拓展成为可能，也为全剧进一步修改奠定了基础。后来陆洪非先生继续改编《天仙配》全本，仍以悲剧结束，不是“送子”作为结局，虽然以《送子》结局会满足群众的善良愿望，但受众接受的空间就没有了。《鹊桥》这场戏陆洪非先生在原唱词基础上加以润色修饰，几段“赞”比原唱词优美得多，明显吸收了中国诗词意境的创造方式，境界的创造，也自然使艺术空间更为广阔。

在表演形式上，运用京昆中的简洁的舞蹈动作，动作不累赘，不繁琐，使动作的意蕴更加丰富，对原演出形式加以彻底改造，使之成为一出小型舞剧，这在黄梅戏传统表演中是没有的。如果七位仙女仍然站在桌子上，让渔、樵、耕、读四人过场，七人各唱一段赞词，就显得太“实”，就不能产生虚灵的空间效果，也就不能使这场戏获得新的生意。这样，《天仙配》这本戏除《路遇》、《织绢》、《分别》三大支柱外，又多了一条支柱。从此在黄梅戏中，《天仙配》全剧就从始至终在审美和文化两重层面上，都显得十分完美，从而确立了它的戏曲经典地位。

四、民间曲调与古典声律的雅化

改编的《天仙配》曲调中，仍然将民间唱腔文人化，使民间唱腔朝着文雅的方向改进，以表达丰富的情感和复杂的意绪。在最具代表性的唱段中，有“平词”、“彩腔”、“仙腔”、“八板”、“哭腔”等。《分别》一场，采用“仙腔”、“八板”、“哭腔”、“散板”。舞台上，董永昏倒在地，七仙女告别唱段中“董郎昏迷在荒郊，哭得七女泪如涛”，运用的是“散板”，与原来的唱腔相比，严凤英的唱词是彩腔，适合抒发难舍、悲戚和愤恨的复杂心情，更有利于使这时的复杂意绪表现出来，而且唱腔朝着优雅的表现方式表达出来。不仅如此，“彩腔”在刻画人物心理活动方面，也取得了意想不到的效果，似乎人物心理变化的曲线和音乐节奏的流动一致、同构并达到共鸣的效果。这不仅提高了唱腔的审美水平，而且使古典质朴的山野声律走向了大雅之堂。同样，后面接着的“你我夫妻多和好，我怎忍心将你丢抛”，用“仙腔”和“哭板”，在前面“彩腔”的基础上，将复杂激动的感情抒发得淋漓尽致的同时，又以平稳、缠绵的节奏风格整合上述富于变化的音律，表达她和董永的夫妻恩爱，使爱情主题进一步凸显。

民间曲律的雅化不仅表现在表达丰富的情感和复杂的意绪，还表现在表达富于变化的情感上。正是由于董永夫妻恩爱，其分别不单有着一般夫妻的黯然销魂，而且恩爱夫妻别离，显得格外让人悲伤哀痛：“为妻若不上天去，怕的是连累董郎命难逃。”别离的悲伤，加上来自天庭的压力、自己的苦衷和对爱人的无限牵挂，与对天庭的反抗、对董郎的深深眷恋融合在一起，构成情感的快速变化律动，这一变化节奏，和音乐唱腔的节律一致，为了表现这种快速的情感变化，下面紧接着运用“八板”，以更加快速的音律表达时间紧急、心情紧张、复杂、多端的情况下，撕罗裙咬破手指写血书的情景，这时，情感凝聚到顶点，剧中唱腔又变化为“新腔”和“双哭腔”：“来年春暖花开日，槐荫树下啊……董郎夫啊……把子来交，把子交！”这样的旋律成功地表现出人物心理和情感方面的变化，这与唱词曲调和整个表演系统的文人化或雅化是有密切关系的。一是天才地运用民间曲调表达民间最为熟悉、也最为动人的恩爱情感，并使这一情感增添浪漫温馨而又令人怅惘凄迷的色调。二是在舞台布景方面，古典艺术的意境创造方式天衣无缝地融合到戏曲表演和演员动作上，不仅做到情景交融，而且做到人物与情境、人物与音乐、舞台布景与表演有机协调，以最为简约的各种艺术符号和细节，表现异常丰富的情感和多姿多彩的民间生活图景，使艺术时空生机弥漫，真气永驻。三是唱词的诗化和情意化。唱词的诗化除了唱词本身和曲调的雅化以外，最为值得称道之处，是歌词和曲律两方面的情意化，《天仙配》的唱词在这方面有卓越的建树。

叙事唱词的“情意化”往往最为不易，但在《天仙配》中却收到令人意想不到的效果。《路遇》中七仙女向董永倾吐爱情，将民间的质朴深情和文人创造的情意融汇，使情意化的成果既质朴情深，又优雅动人，显得调纯气畅，生活气息浓郁：“大哥休要泪淋淋，我有一言奉劝君：你好比杨柳遭霜打，单等春来又发青。小女子我也有伤心事，你我都是苦根生……我本住在蓬莱村，千里迢迢来投亲。又谁知亲朋故旧无踪影，天涯沦落叹飘零。”我们仅仅从唱词内容就可看到民间审美特征与文人艺术追求的结合，若细加分析，情况就更为明显。这段唱词采用了“平词”和“彩腔”这两种曲调，平词里面有“起板”、“上下句”、“落板”。“大哥休要泪淋淋”是“起板”，平缓而富于变化，深情而质朴，曲调纡徐回旋，紧接着是“落板”：“你我都是苦根生”，从唱词内容看，伴随慰藉和将心比心的劝慰，体贴入微，把平缓、纡徐的曲调推向极致，“情意化”程度随着这种曲调和七仙女的动情话语，不断得以丰富，随之而来的是雅化的“彩腔”：“我本住在蓬莱村，千里迢迢来投亲。又谁知亲朋故旧无踪影，天涯沦落叹飘零。”这里对老调的雅化，使曲律与悲伤、欢快、慌张、害羞、大胆、爱董永等丰富复杂的情感或情绪一起，构成了隐藏着的多声部共鸣，在表面对话之外，其实还有看不见听不到的心灵的声音。大大提高了黄梅戏的审美品质，使之成为20世纪最有魅力的艺术形式之一。这也是《天仙配》改编后产生强烈反响和惊人的轰动效应的主要原因。

（作者方锡球为安庆师范学院文学院教授，硕士生导师，文学博士；作者时新中为安庆师范学院副院长）

方苞的文论思想及其散文创作特色

江小角

内容提要： 方苞作为桐城派的创始人，一生注重名节，身怀天下之志，主张经世致用，体察下情，关注民生，这些对桐城派中后期代表作家“经世致用”思想的形成，产生了十分重要的积极影响，也是桐城派之所以绵延几百年而不衰的主要原因之一。方苞“义法”说的文论思想，为桐城派文论的形成奠定了基石，内容丰富，内涵深刻，影响久远。方苞的散文创作实践，是以他自己创立的文论思想为指导，体现出文章结构严谨、讲究取材的多样性和典型性。其散文创作特色，主要表现为叙事简洁传神，说理透彻新颖，语言质朴雅洁，写人生动形象。因此，从方苞的创作实践来看，他也堪称为桐城文派之正宗与楷模，为后人树立了典范。

关键词： 方苞文论思想；清代散文；创作特色

方苞（1668—1749），字凤九，一字灵皋，晚年号望溪，安徽桐城人。世居金陵（今江苏南京）。姚鼐说：“望溪先生之古文，为我朝百余年文章之冠，天下论文者无异说也。”① 袁枚称方苞为“一代文宗”②。因此，他历来被认为是桐城派的创始人，他对桐城派的形成起了决定性的作用。所以人称“昔有方侍郎（方苞），今有刘先生（刘大櫆），天下文章，其出于桐城乎？”

方苞是明初四川断事方法的裔孙。曾祖象乾，官副使，避寇侨居江苏上元（今南京市）。祖帜，字汉树，号马溪，岁贡生，有文名，官至兴化县教谕。父仲舒，字南董，号逸巢，国子监生，诗人。赘于六合吴氏，故方苞生于六合留稼村。其时，方氏家境衰落，因此他说：“余家贫多事，吾父时拂郁，旦昼嗟吁，吾母疲痌间作。”“余先世家皖桐，世官达。自迁江宁，业尽落。宾祭而外，累月逾时，家人无肉食者，蔬食或不充。”③“家无仆婢，吾母逾五十，犹日夜从灶

① 《方苞集》附录二，《诸家评论》。

② 《随园诗话》卷二。

③ 《方苞集》卷十七，《亡妻蔡氏哀辞》。

上扫除，执苦身之役。”[①] 他在为胞弟椒涂写的墓志铭中，也道出了其童年时代的家庭环境，他说：“自迁金陵，……数岁不瘳，而贫无衣。有坏木委西阶下，每冬月，候曦光过檐下，辄大喜，相呼列坐木上，渐移就暄，至东墙下。日西夕，牵连入室，意常惨然。兄赴芜湖之后，家益困，旬月中屡不再食。”[②]

方苞很小就随父迁至上元城内土街。时黄冈杜睿、杜岕兄弟皆寓于江宁（今南京），桐城钱澄之、方文亦时往来，与仲舒常相唱和。方苞说他“仆少所交，多吴、越遗民，重文藻，喜事功，视宋儒为腐烂；用此年二十，目未尝涉宋儒书”[③]。方苞20岁左右，外出授徒，往来江淮河济。康熙二十八年（1689），方苞获岁试第一，补桐城县学弟子员，受知于学使高裔。23岁应乡试，即遭落榜。后随高裔去京师，游太学。其文章得到李光地等人的赏识，同时得交前辈学者、史学家万斯同，钻研经学。在刘言洁、刘拙修等人的影响下，读研宋儒之书，遂倾心程、朱之学。以至他在25岁时，与姜宸英、王源论行身祈向时说：“学行继程、朱之后，文章在韩、欧之间。”这也成为他一生中所崇奉的准绳。此后几年，他在涿郡、宝应等地开馆授经，曾两次参加顺天乡试，均遭落第而南归。康熙三十八年，在他32岁时，举江南乡试第一。次年至京师，后两次参加礼部考试，均未及第。在京城结交思想家李塨，并与李交谈，因学术观点不合，旋即南归。康熙四十五年，即其39岁时，再至京师，应礼部试，中进士，位列第四。就在将要参加殿试授官之际，方苞闻母病遽归，失去殿试夺魁的机会。

康熙五十年（1711），是方苞一生的转折点。这年冬十一月，左都御史赵申乔上奏康熙皇帝，以戴名世所著《南山集》中“语多狂悖”为由，弹劾戴名世。方苞因给该书作序，牵连被逮下狱。康熙五十二年，“《南山集》案”狱决，方苞被判死刑，只因“圣祖一日曰：汪霦死，无能古文者。”李光地等人极力营救，因此回答皇上说：“惟戴名世案内方苞能。”因而他蒙皇恩赦免释放，出狱隶籍汉军。三月二十三日，康熙皇帝谕旨：“戴名世案内方苞学问，天下莫不闻。下武英殿总管和素。”[④] 第二天，方苞被召入南书房，几天之内，先后撰写《湖南洞苗归化碑文》、《黄钟为万事根本论》、《时和年丰庆祝赋》等，每次呈奏康熙帝，都受到赞赏，以为“此即翰林中老辈兼旬就之，不能过也。”[⑤] 此后命以白衣（即无功名而替官府当差的人）入直南书房。但其家人因受“《南山集》案”的牵连，仍全部没入旗籍。

---

① 《方苞集》卷十七，《谢季云传》。

② 《方苞集》卷十七，《弟椒涂墓志铭》。

③ 《方苞集》卷六，《再与刘拙修书》。

④ 《方苞集》卷十八，《两朝圣恩恭纪》。

⑤ 同上。

从“《南山集》案”蒙皇恩赦宥，入直南书房，方苞开始了他30余年的官宦生涯。作为皇帝的文学侍臣，他移直蒙养斋，教授诸皇子，编校乐、律、历、算等书，潜心于《春秋》、《周官》研究，撰写《周官辨》、《春秋通论》、《周官析疑》、《容城孙征君年谱》等书。从康熙六十一年（1722）开始，他充任武英殿修书总裁等职达十年之久。

雍正皇帝即位后，以张廷玉为代表的桐城学人对其影响颇大，这也使方苞的政治处境较康熙朝有了进一步改善，方苞合族均被赦归原籍。雍正九年，方苞64岁，授詹事府左春坊左中允。后迁翰林院侍讲、翰林院侍讲学士，擢内阁学士兼礼部侍郎。充一统志馆总裁，奉命校订《春秋日讲》。雍正十三年正月，充皇清文颖副总裁。九月，高宗乾隆皇帝继位，有意大用先生。乾隆二年六月，擢礼部右侍郎，方苞仍以足疾辞。乾隆六年冬，《周官义疏》纂成，进呈皇上，留览兼旬，一无所更，下命刊刻。第二年，方苞年届75岁，以时患疾病，乞解书局之职，回家安度晚年，乾隆帝许之，并赐翰林院侍讲衔。乾隆十四年八月十八日，卒于上元里第，享年82岁。

方苞作为桐城派的创始人，一生注重名节，身怀天下之志，主张经世致用，体察下情，关注民生，这些对桐城派中后期代表作家“经世致用”思想的形成，产生了十分重要的积极影响，也是桐城派之所以绵延几百年而不衰的主要原因之一。他的文论思想，不仅对后世桐城派作家的创作指明了方向，而且给清初文坛注入了新的活力，产生了极大的影响。

一、以“义法”说为核心的文论思想

“义法”说是方苞文论思想的核心，也是桐城派文论形成的基石。他说：“《春秋》之制义法，自太史公发之。而后之深于文者亦具焉。义即《易》之所谓‘言有物’也；法即《易》之所谓‘言有序’也。义以为经而法纬之，然后为成体之文。”① 这里方苞把《易经》作为他“义法”说立论之本，这不仅抬高了“义法”说的地位，而且也明确指出了“义法”说中“义”与“法”的统一，“义以为经而法纬之”，即内容与形式要相符合。也就是说“义”包含在“法”之中，而“法”又是“义”的具体表现。因此方苞以“义法”论文，不仅注重文章的义理精当、深刻，而且要求作文必须遵循文章的体例和写作的规则，如对材料的取舍和安排以及遣词造句的要求等问题。所以说，方苞“义法”说的文论思想为桐城派文论的形成奠定了基石，内容丰富，内涵深刻，影响

① 《方苞集》卷二，《又书货殖列传后》。

久远。

第一，方苞“义法”说形成的历史背景。

首先，方苞“义法”说的产生，是匡正时代文风的需要。明末清初，是中国社会王朝更迭的动乱时期，也是中国文化学术思想开始剧变的时期。文人士大夫多半经过农民革命和满族入关的巨变，阶级矛盾和民族矛盾浪潮的冲击，迫使他们不得不面对现实，或奋起反抗；或归附于清；或削发为僧，隐迹山林，寄情山水。在文学创作方面表现为：一是重道轻文；二是空洞无物，无病呻吟，模仿之风越演越烈。有识之士或激烈抨击，或忧心忡忡，或无可奈何。如钱牧斋说：“今之人耳佣目僦，降而剽贼，如弇州四部之书充栋宇而汗牛马，即而视之，枵然无所有，则谓之无物而已矣。”① 黄梨洲哀叹：“世无文章也久矣！”古之文“奈何降为之臭腐乎?”② 戴名世对明末以来“文风坏乱”、“文妖叠出”的现象，认识得更加深刻。他说：“往者文章风气之趋于雷同，而先辈之文世所不好。”③“文体之坏也，是非工拙，世无能辨别，里巷穷贱无聊之士，皆学为应酬之文，以游诸公贵人之门。然必济之以狡谲谀佞，其文乃得售。不然，虽司马子长、韩退之复生，世皆熟视之若无睹。”④ 因此，戴名世以振兴古文为己任，决心“与世之学者左提右挈，共维挽风气于日盛也”。方苞针对当时的文风，更是提出自己的看法，他在训示门人沈廷芳时说：“南宋、元、明以来，古文义法不讲久矣。吴、越间遗老尤放恣，或杂小说，或沿翰林旧体，无一雅洁者。”⑤ 方苞在批评这个时期文坛怪异现象的同时，提出了自己作文的一套主张，即要“言有物”、“言有序”，并以此为基础，建立起自己的“义法”说，这是对清初文坛现象的一种拨乱反正，是代表时代和文学创作发展要求的，它的形成和发展是一种历史的必然。

其次，方苞的“义法”说是在吸收同时代进步之士文论主张基础上，加以升华、提炼形成的。戴名世、方苞为了振兴古文，在他们周围形成了一个作家群。戴名世说：“余年十七八时，即好交游，集里秀出之士凡二十人，置酒高会，相与砥砺以名行，商榷文章之事。”⑥ 他入京师后，广交宾朋，讨论文章得失。他常说：“余自入太学，居京师及游四方，与诸君子讨论文事，多能辅余所不逮。宗伯韩公折行辈与余交，而深惜余之不遇。同县方百川、灵皋、刘北固，

---

① 钱牧斋：《初学集》卷三十。

② 黄梨洲：《山翁禅师文集序》。

③ 戴名世：《戴名世集》卷四，《庆历文读本序》。

④ 戴名世：《戴名世集》卷十一，《北行日记序》。

⑤ 《方苞集》附录一，《方苞年谱》。

⑥ 戴名世：《戴名世集》卷三，《齐天霞稿序》。

长洲汪武曹，无锡刘言洁，江浦刘大山，德州孙子未，同郡朱字绿，此数人者，好余文特甚。”“灵皋年少于余，而经术湛深，每有所得，必以告余，余往往多推类而得之。”① 这里可以看出，方苞作文及文论思想的形成是与戴名世的点拨分不开的。

方苞“义法”说的立论根据就是《易》中的“言有物”、“言有序”。在方苞之前，戴名世就提出：“今夫立言之道，莫著于《易》，《家人》，《象》曰：‘君子以言有物而行有恒。’”② 这里可以看出，他们立论之源同是《易》。因此，“戴名世以‘言有物’为‘立言之道’，是方苞义法说的先导。”③

再次，万季野、程绵庄等人对方苞“义法”说的创立，也产生过积极的影响。万季野是明末清初著名的史学家，他曾告诫方苞说：“子诚欲以古文为事，则愿一意于斯，就吾所述，约以义法，而经纬其文，他日书成，记其后曰：‘此四明万氏所草创也。’则吾死不恨矣。”④ 程绵庄说：“古先圣贤之论文，大要以立诚为本。有物即诚也。言之中节则曰有序，如是则容体必安定，气象必清明，远乎鄙倍而文之至矣。古之立言者期至于是而止，故曰辞达而已矣。故为文之道本之以诚，施之以序，终之以达。”⑤ 因此，方苞“义法”说的理论，是在汲取同时代作家、学者文论成果的基础上创立的。方苞高人一筹之处，就在于他把前人的理论，予以全面总结，使其具体化、理论化，并在实践中广泛运用。

第二，方苞“义法”说的主要内容及其影响。

首先，“义法”是指文章体裁对写作内容的要求和限制。方苞从文学自身的主体性出发，在文章内容方面，强调“言有物”，在文章形式方面强调“言有序”，并且认为内容决定形式。他通过评析、考察前代作家的文学作品，得出各种文体在创作上的不同要求。他在《答乔介夫书》中说得非常清楚。他对写作侍讲公乔莱的表志或家传提出了自己的看法，他说：“以鄙意裁之，第可记开海口始末，而以侍讲公奏对车逻河事及四不可之议附焉，传志非所宜也。盖诸体之文，各有义法，表志尺幅甚狭，而详载本议，则臃肿而不中绳墨；若约略剪截，俾情事不详，则后之人无所取鉴，而当日忘身家以排廷议之义，亦不可得而见矣。”⑥ 他在文中还分别列举了《国语》、《春秋》中列传的例子，加以论述，认为在传志、家传等文体中，不能将奏议收录其中，“以是裁之，《车逻河议》必

① 戴名世：《戴名世集》卷四，《自订时文全集自序》。

② 戴名世：《戴名世集》卷一，《答赵少宰书》。

③ 周中明：《桐城派研究》，第 84 页。

④ 《方苞集》卷十二，《万季野墓表》。

⑤ 程绵庄：《青溪文集》卷十，《与家鱼门论古文书》。

⑥ 《方苞集》卷六，《答乔介夫书》。

附载开海口语中，以俟史氏之采择，于义法乃安。”[①] 所以方苞在评论前人作品时说：“记事之文，惟《左传》、《史记》各有义法”，每篇文章，脉相灌输，而不可增损。并且前后相应，或隐或现，或偏或全，变化随宜，“不主一道”。这就是说写作的内容必须符合文体要求，也就是方苞所说的“夫法之变，盖其义有不得不然者”[②]。根据这一“义法”说的要求，创作出来的文章就可以戒空戒浮，达到内容与形式的完美结合。

其次，“义法”是对文章选材以及材料取舍详略提出的要求。方苞在《与孙以宁书》中说：“古之晰于文律者，所载之事，必与其人之规模相称。太史公传陆贾，其分奴婢、装资、琐琐者皆载焉。若《萧曹世家》而条举其治绩，则文字虽增十倍，不可得而备矣。故尝见义于《留侯世家》曰：‘留侯所从容与上言天下事甚众，非天下所以存亡，故不著。’此明示后世缀文之士以虚实详略之权度也。”[③] 这里方苞明确指出文章材料的取舍以及安排，必须与人物的身份相符，“虚实详略”要因人而异，即由“义”来决定“法”。方苞在《书汉书霍光传后》中说：“《春秋》之义，常事不书，而后之良史取法焉。”还说：“其详略虚实措注，各有义法如此。”[④] 这里方苞明确指出文章体裁的选择以及材料的运用，都是“义法”所要讨论的范畴。方苞在《史记评语》中，也是从繁简详略方面来规范“义法”的。他说：“夫文未有繁而能工者，如煎金锡，粗矿去，然后黑浊之气竭而光润生。《史记》、《汉书》长篇，乃事之体本大，非按节而分寸之不遗也。”[⑤] 这里他显然是对《史记》、《汉书》中的长篇文章予以肯定，因为“事体之本大”，无需用长短去要求它们。他评《史记·项羽本纪》这一长文时，赞赏该文“先后详略，各有义法，所以能尽而不芜也。”[⑥] 他认为《项羽本纪》中对“高祖、留侯、项伯相语凡数百言，而以三语括之”。是因为“其事与言不可没，而与帝纪则不可详也。”[⑦] 再次说明作文宜详则详，当略则略，必须符合“义法”的法度。所以方苞说：“盖纪事之文，去取详略，措置各有宜也。”[⑧]

再次，“义法”要求作文追求言简、雅洁的文风。方苞说：“盖所记之事，必与其人之规模相称，乃得体要。子厚以洁称太史，非独辞无芜累也，明于义法，而

① 《方苞集》卷六，《答乔介夫书》。
② 《方苞集》卷二，《书五代史安重诲传后》。
③ 《方苞集》卷六，《与孙以宁书》。
④ 《方苞集》卷二，《书汉书霍光传后》。
⑤ 《方苞集》卷六，《与程若韩书》。
⑥ 《方苞集集外文补遗》卷二，《史记评语》。
⑦ 《方苞集·补遗》卷二，《读书笔记》。
⑧ 《方苞集集外文补遗》卷二，《史记评语》。

所载之事不杂，故其气体为最洁也。此意惟退之得之，欧、曾以下，不能与于斯矣。”[①] 这里方苞所言的洁，不仅指作文在语言文字方面要简练，而且要在义法的原则下，对文章所要表达的内容有所取舍，只有这样才能真正符合他所说的“气体最洁”。方苞特别称赞《史记》行文的雅洁，如在《书萧相国世家后》中说：“柳子厚称太史公书曰洁，非谓辞无芜累也，盖明于体要，而所载之事不杂，其气体最为洁耳。以固之才识，犹未足与于此，故韩、柳列数文章家，皆不及班氏。”[②] 他认为《史记》行文符合义法的准则，就能实现文风“雅洁”。因此他说《史记》“变化无方，各有义法，此史之所以能洁也”[③]。方苞常常以《史记》等文作为自己创作时的语言典范，旨在提倡典雅、古朴、简洁的文风。方苞在创作中力求实践自己的文论思想，写出了一系列的精美散文，如《左忠毅公逸事》等。

方苞“义法”说的文论思想强调作文在内容与形式方面达到完美统一，并对文学创作上的艺术表现手法提出了一些符合古代文学自身发展规律的具体要求，在我国文学理论发展史上颇具特色，具有一定的历史地位。由于他的文论思想偏重于对古文传统的继承，注重对我国古文创作经验进行全面科学的总结，评斥是非得失，使人们在创作实践过程中便于运用。因此，方苞以后，桐城派文论思想日臻完善，文风大振，作家云集，作品广为流传，一时倾倒朝野，这些与方苞“义法”说的理论容易被人们接受、符合时代发展需要是分不开的。因此后人称颂他有“能集古今文论之大成”的历史功绩。[④]

二、情真义挚寓意深远的散文创作特色

方苞的散文创作实践是以他自己创立的文论思想为指导。他的文章结构严谨，讲究取材的多样性和典型性。其散文创作特色，主要体现为叙事简洁传神，说理透彻新颖，语言质朴雅洁，写人生动形象。因此，从他的创作实践来看，方苞也堪称为桐城文派之正宗与楷模，为后人树立了典范。

首先，方苞的散文创作注重写实，强调详略得当。他说：“吾平生非久故相亲者，未尝假以文，惧吾言之不实也。”[⑤] “余谢以平生非相知久故，不为表志，非敢重要．惧所传之不实也；……君子之善善也，务求其实耳。”[⑥] 这说明方苞把创作的源泉，建立于真实生活的基础之上，文章的生命力就在于有丰富多彩的

① 《方苞集·补遗》卷二，《读书笔记》。
② 《方苞集》卷二，《书萧相国世家后》。
③ 《方苞集·补遗》卷二，《读书笔记》。
④ 郭绍虞：《中国文学批评史》。
⑤ 《方苞集》卷七，《送官庶常觐省序》。
⑥ 《方望溪遗集·碑传类》，《儒林郎梁君墓表》。

生活实践。如他在写《孙征君传》中，就很好地贯彻“所载之事，必与其人之规模相称”的创作要求。[①] 方苞在该文中，通过写孙奇逢为杨涟、左光斗等人的营葬，上书孙承宗，斥责魏忠贤，入清后誓不为仕等事例，将孙奇逢不阿权贵、疾恶如仇的高风亮节，表现得淋漓尽致，达到了“详者略，实者虚，而征君所蕴蓄，转似可得之意言之外”的效果。[②] 再如他撰写的《左忠毅公逸事》，突出重点地介绍左光斗与史可法交往中的几个片断，即初次相识、狱中探视、不忘师训等，表现出左光斗的识才之智、爱才之心、护才之行。同时，方苞的人物描写达到了出神入化、栩栩如生的境界。这也是他写的许多人物传记能被后人传诵的主要原因。他在写史可法打扮成清洁工，冒险入狱探望左光斗，看到他：“席地倚墙而坐，面额焦烂不可辨，左膝以下，筋骨尽脱矣。史前脆，抱公膝而呜咽。公辨其声，而目不可开，乃奋臂以指拨眥，目光如炬，怒曰：‘庸奴！此地何也？而汝来前。国家之事，縻烂至此。老夫已矣！汝复轻身而昧大义，天下事谁可支拄者？不速去，无俟奸人构陷，吾今即扑杀汝！’因摸地上刑械，作投击势。史噤不敢发声，趋而出。后常流涕述其事以语人曰：‘吾师肺肝，皆铁石所铸造也。’”这里方苞通过对左光斗、史可法两人形貌、动作、语言对话的描写，刻画出左光斗身陷囹圄，心系国家大事的爱国情怀。同时方苞也深刻揭示了人物内心的矛盾，左光斗为了国家利益，为了保护人才，让天下事有人来支撑，极力压抑师生之谊，读后令人肃然起敬，振奋不已。此外，他撰写的《田间先生墓表》、《明禹州兵备道李公城守死事状》、《石斋黄公逸事》、《狱中杂记》等文章，无不以形象生动的人物描写而取胜，这也是方苞文名震天下的原因之一。

其次，方苞的散文创作，寓论理于叙事之中。顾炎武在论述太史公作史笔法时说：“古人作史，有不待论断于叙事之中，即见其旨者，惟太史公能之。”方苞继承了太史公的笔法。他在撰写人物传记之类的作品时，往往在文章的结尾或文章中间，插入自己的议论，或加上他人的评述，有的以传赞的形式出现，有的言古道今，讽刺现实，抨击时弊；有的借题发挥，抒发个人情怀，畅言对社会及人生的感悟，或褒或贬，无不暗含作者心志。方苞的《左仁传》，写左忠毅公后代左仁，其祖患了传染病，家人害怕传染，没有一个人敢与之接近。其时左仁才只有十五岁，也知道此病有传染的危险，但为了燠祖足寒，陪居六年，终染病而歿，乡人以为“愚”，而方苞在文末却说：“呜呼！当明将亡而逆阉之炽也，如遭恶疾，近者必染焉。忠毅与同难诸君子皆明知为身灾，独不忍君父之寒而甘为

---

① 《方苞集》卷六，《与孙以宁书》。

② 《方苞集》卷六，《与孙以宁书》。

燠足者也。世多以仁之类为愚，此振古以来，国之所以有瘳者，鲜与!”[①] 方苞就是从家庭小事入题，小中见大，广而推及国家大事，从笃于亲人而推之为忠于君父，从而颂扬左忠毅公与同难诸君的孤忠大节和报国之志。又如他写的《辕马说》，文中说“马”，其实处处指人，所写的现象均为当时的社会现实。“呜呼！将车者，其慎哉!”[②] 旨在点出本意，敬告统治者识马用人，不可不慎重。有时在叙事过程中，插入人物对话或人物自白，对某事某人作出评价，点明旨意，起到一针见血的效果。如方苞撰写的《狱中杂记》就是用这种笔法，取得了非常好的效果，成为传世典范之作。

再次，方苞的散文创作，运用各种艺术手法，力求散文语言的形象、生动。方苞认为文之工致，不在辞繁言冗，而在于“情辞动人心目”，即以真情来打动人心。他写的《兄百川墓志铭》、《弟椒涂墓志铭》、《先母行略》、《书孙文正传后》、《亡妻蔡氏哀辞》、《王瑶峰哀辞》、《仆王兴哀辞》等文章，或讲述家境、叙述兄弟手足之情；或感慨先贤生不逢时，难有施展才华的用武之地。字里行间，或表达兄弟之情；或讲述母子之情；或颂扬爱国忧民之情；或怀念夫妻之情；或畅言朋友之情；或描述主仆之情，言语质朴，情真义挚，读之动人心魄，感人肺腑，回味无穷。

方苞在其写作的文章中，还经常运用修辞手法，以增强文章的活泼性和感染力。他在《书老子传后》里，为了讲述老子确有其人，从老子的姓氏、籍贯、官守到他的子孙后代的封爵、居住等情况，运用整齐的排比句式，不厌其烦，详细描述，旨在加深读者印象，张扬文章气势，增强说服力，同时让读者欣赏起来，有一种美的享受。有时他还在文章中插些比喻，通过形象而又生动的比喻，来阐明抽象深奥的道理。如他在《与程若韩书》中，反对行文繁琐冗长，认为“文未有繁而能工者，如煎金锡，粗矿去，然后黑浊之气竭而光润生”。[③] 可谓比喻生动贴切，寓意深刻明了。有的文章他还用比兴手法，如在《题舒文节探梅图说》中，以“芝兰之萎折”，喻舒公遭遇之不幸；以“西山之梅”，喻舒公的人品及其处世原则。又如在《与鄂张两相国论制驭西边书》中，以同样的手法，表达自己对国事的关心和焦虑，他说：“然古者国有大事，谋及庶人，……学先圣之道，仁义根于心，视民之病，犹吾兄弟之颠连焉；祖国之疵，犹吾父母之疾痛焉。”[④] 在上述文章中，方苞托物言志，喻人喻己，表现出他仰慕先贤、忧国

① 《方苞集》卷八，《左仁传》。

② 《方苞集》卷三，《辕马说》。

③ 《方苞集》卷六，《与程若韩书》。

④ 《方苞集集外文》卷五，《与鄂张两相国论制驭西边书》。

忧民的人格魅力。

方苞还在与友人书信作品中，夹杂一些对山水风光、自然景色的描写，让人读起来意韵深长、无枯燥之感，别有一番情趣。他在《与王崑绳书》中，就插入了精彩的山水风光描写，他在信中写到："苞以十月下旬至家，留八日，便饥驱宣、歙问，入泾河路，见左右高峰刺天，水清冷见底，崖岩参差万叠，风云往还，古木、奇藤、修篁郁盘有生气，聚落居人，貌甚闲暇。因念古者庄周、陶潜之徒，逍遥纵脱，岩居而川观，无一事系其心，天地日月山川之精，浸灌胸臆。"这里他既赞扬山水之美，又怀念古人隐迹山林的清闲生活，并生羡慕之情。他说："使苞于此间，得一亩之宫，数顷之田，耕且养，穷径而著书，胸中豁然，不为外物侵乱，其所成就未必遂后于古人。"① 这里他借景抒怀，怀古思贤，表现他热爱生活、热爱自然、与世无争的人生哲学。

总之，方苞以他简严精实的文风，在"义法"理论指导下，追求道与文并重，把古文写得清新雅洁、自然流畅，并富有极强的感染力，在清初文坛可谓独树一帜，开创了一代文章风气之先。尽管后世之人论及方苞文章，仁者见仁，智者见智，褒贬不一。讥之者谓其"文气拘束"，"重滞不起"，②"旨近端而有时歧，辞近醇而有时而窳"；③ 尊之者则谓其文为清代"百余年文章之冠"，④"源流极正"，⑤"宋以后，无此清深峻洁文心；唐以前，无此淳实精渊理路。"⑥ 实事求是地说，方苞的文章气势略显孱弱，文采略显贫乏，不能说不是其缺陷；然而他的文章精练平实，澄清淡雅，注重写实，忧国思民，关注民生，寓意深远，有很强的思想性和现实针对性，在当时可以说起到了矫正文风的作用。因此刘开评其文："丰于理而啬于辞，谨严精实则有余，雄奇变化则不足，亦能醇不能肆之故也。"⑦ 此论是颇为精当的。（本文系教育部人文社会科学研究项目基金资助，项目编号09YJA751002；安徽大学211三期"桐城派研究"及"学术创新团队"项目阶段性成果。）

（作者为安徽大学历史系教授）

① 《方苞集集外文》卷五，《与王崑绳书》。

② 方东树：《书望溪先生集后》。

③ 恽敬：《大云山房初集·上曹俪笙侍郎书》。

④ 姚鼐：《方望溪集外文序》，见《方苞集》附录，《诸家评论》。

⑤ 《四库提要·望溪集》。

⑥ 《方苞集》附录，《诸家评论》。

⑦ 刘开：《与阮芸台宫保论文书》。

皖江地区传统音乐艺术的历史形成及其传承保护研究

王安潮

内容提要：皖江地区民间传统音乐具有悠久而有影响力的历史，在其历史进程中逐渐形成了其融汇多元音乐艺术的风格。而在非遗的保护举措中，要遵循乐种自身规律，才能切实解决其“失语”的境遇。正是由于它们在历史价值方面的引人注目，才促使人们去认识其内在的文化精髓与品格并探寻在经济快速发展之时如何保护之，这一论题在经济日益腾飞的当下具有全国性的意义。

关键词：皖江音乐；非物资文化遗产；安徽音乐史；安徽传统音乐；音乐文化品格

引 言

据考古发现，早在200多万年前，在今安徽繁昌境内就有古人类活动，它是古人类长江文明的历史见证。皖江地区在远古时期就有音乐文化的发生与繁衍，如：庐江出土的西周铜铙、肥西出土的商代铜铃、青阳出土的编钟等就是历史的见证。中华文明的孕育和发展呈自北向南的推进态势，但地处南北交冲之地的古皖地区早在春秋、战国时期就有诸侯小国存在。但从公元前606年楚庄王北伐开始，楚文化长期统治皖江地区。而公元前506年开始的吴军向楚国发动战争，公元前473年越国灭吴称霸，公元前447年楚国灭蔡称霸，安徽文化经历了楚文化东渐、吴越文化西进的文化冲击。由此，皖江地区音乐文化经历楚、吴、越、中原及本土文化的冲击而发生融合，中国南北文化的聚合与传播成为这一地区文化的历史表征。东晋时期，随着徽商的崛起，徽文化逐渐成为了皖江地区的主流文化，它在明清时期达到顶峰。而魏晋时期正是说唱音乐开始滥觞的重要时期，明清是戏曲音乐开始成为主流音乐艺术的时期。马鞍山出土的三国名将朱然墓中的一件漆案描绘的一幅豪门盛宴场景就是当时说唱艺术的见证。明中叶，安徽青阳诞生的青阳腔是古代戏曲的发轫，它所引发的中国戏曲变革使中国戏曲由萌发向现代戏曲的嬗变成为可能，清末相继发展而起黄梅戏、皖南花鼓戏等就是其文化血脉的延续。

皖江经济区（或城市带）是国务院于2010年1月12日批建的安徽沿江城市带产业专业示范区，这一建立于国家发展战略基础之上的全国唯一产业主题的区域发展规划，对促进区域协调发展，推进安徽参与泛长三角区域发展分工，探索中西部地区产业发展新模式，具有不可估量的经济作用。这一地区包括合肥、芜湖、马鞍山、铜陵、安庆、池州、巢湖、滁州、宣城九市，以及六安市的金安区和舒城县，共59个县（市、区）[见下图]。它对推动安徽经济具有巨大的冲击作用，但也对保护和发展民间传统音乐艺术提出了新的要求。因为这一地区的音乐艺术具有悠久的历史和丰富的蕴藏，在新的经济大潮中必将面临新的抉择。

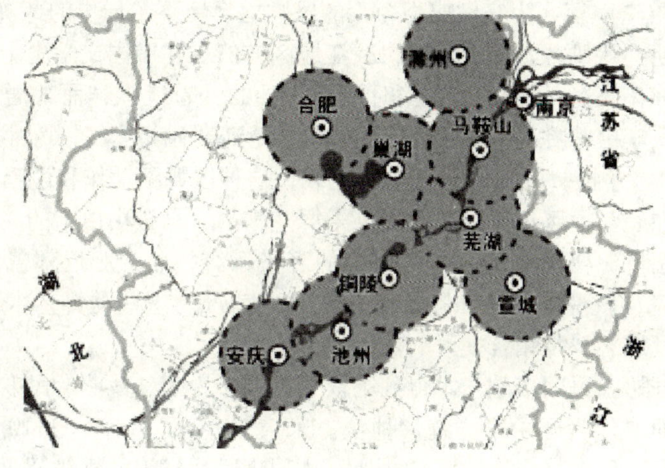

图：皖江城市带

一、皖江地区音乐艺术的历史形成及其特点

皖江地区的音乐艺术一直与中国历史发展中的音乐步调一致，呈现出鲜明的历史性态，但也彰显出地域文化中某些个性特点。就发展历程阶段而言，可分为远古音乐萌芽、先秦钟鼓祭乐、中古歌舞伎乐、近古俗乐戏曲等时期。

远古时期的皖江地区音乐文明在考古发现中可见早期石磬、龠等乐器，围绕于此而存在的乐舞、民歌亦有记载。如依据皋陶发明龠而创作的乐舞《夏龠》曾是大禹时代的重要乐舞之一。而民间祭祀乐舞中模仿鸟兽、征战、宗教的舞蹈在《淮南子》等书的记载中有所反映。从全国范围内有关这一时期的音乐发展看，皖江地区的音乐发展较为晚浅，反映在乐器上是较为粗制的形制，反映在乐舞作品上则是以小制的形式，内容也主要以民间生活为主。与中原黄河文明中产生于9000年前的骨笛等乐器、产生于黄帝时代的《云门大卷》祭祀乐舞相比，皖江音乐成熟较。但皖江地区音乐在吸纳其他地区上有着较为开放的视野，如

《淮南子》中记载的那样，远古时期的五部大型乐舞在此也被大量选用。

先秦时期，皖江身处楚、吴、越等诸侯国的辖制下，以钟鼓祭祀音乐为主体的音乐文化在此也有所表现。如出土的这一时期的青铜乐器：合肥的商代铜铃、青阳的编钟等。围绕于钟鼓之乐的乐舞艺术在这一时期得到了较大发展，如出土于合肥的战国玉雕舞人，身着长袍，袖窄而长，双臂舞动呈前驱状，左手高高扬起而将袖甩起飘落于身后，右手曲肘将长袖挽动飘卷于后侧①。这一乐舞图显示了先秦时期皖江舞蹈的技艺与风格，以婀娜多姿的身段和飘逸潇洒的风格使其在中国先秦的乐舞中留下绚丽乐章。民歌方面，居于楚都陵阳9年之久的屈原完成了《九歌·招魂》篇，为安徽成为今天的民歌之乡留下了历史的踪迹。

中古时期的歌舞艺术得到发展，皖江地区亦然。在中国文学史中占有重要地位的《孔雀东南飞》反映的是建安时期庐江县的一首民歌；而久居马鞍山等地的唐代大诗人李白曾在其作《赠汪伦》诗中提到“踏歌”之声。说唱音乐中，《百戏》中的《角抵》在望江县志中有记载，这种以舞蹈动作和说唱结合来演绎故事的形式在皖江地区也得到了发展。乐舞艺术中，马鞍山出土的漆器中所绘制的宴乐歌舞图可比曹植《箜篌引》篇中的奢华舞容，而合肥近郊曾流行有“筝笛浦”的传说，叙说了曹操和歌伎宴乐歌舞的盛况。这些歌舞艺术与汉唐歌舞伎乐的旺盛发展态势是相合一致的。

自宋代开始，民间俗乐艺术得到了很大发展，说唱、戏曲、民歌逐渐走到了艺术的前沿而取代宫廷乐舞的统治地位。宋大观年间（1107—1110）开始出现了傩舞曾流行于芜湖、当涂、繁昌等地，这种将民间祭祀歌舞普及化发展的民间艺术从此开启了历史的诗篇，成为戏曲而发展至今，它已被认为是中国古代戏曲的活化石。明前期的南戏弋阳、余姚、海盐、昆山诸腔开始在皖江地区流行，从而刺激了该地区戏曲的发展，并在万历年间形成新安、皖上两个曲派。明代中叶还产生了目连戏，出现了一大批戏曲作家如郑之珍等。明中叶徽班已开始出现在苏州等大都市演出，徽剧的发展与成熟刺激了京剧等戏曲艺术的产生，潜山艺人程长庚在这其中发挥了极大的作用。清末，随着地方戏曲艺术的个性得到发展，皖江地区出现了以黄梅戏为代表的地方性戏曲剧种，其中有庐剧、皖南花鼓戏、梨簧戏等以其鲜活的民间音乐形态而得到了广大人民群众的喜爱。民歌中，以冯梦龙《山歌》所记载的《时兴歌》等曲目可知，有一批皖江地区的民歌得到了音乐文学家们的青睐。使巢湖、繁昌等地的民歌艺术得到了历史的高度评价。而民间歌舞也在这一时期得到了前所未有的发展，可分为祭祀类、民俗类、模仿鸟

① 《中国历代舞姿》，第183页。

兽类、征战类、狩猎类、宗教类、传说类及不易归类的等多种题材[①]，从中可以看出民间俗乐艺术得到张扬的艺术思潮之体现。

民国时期，随着救亡运动、解放战争的需要，皖江地区成为革命的重要根据地，配合战事需要，这期间革命民歌被得到极大发展，而民间传统音乐各种体裁也结合战争需要进行了题材创作的发展，产生了时代风貌的革命曲艺、戏曲等新发展。新中国的成立使皖江地区的传统音乐艺术得到了快速发展，民间音乐得到了前所未有的重视，民间艺人的社会地位得到尊重，出现了巢湖、繁昌民歌走进了中南海演出的待遇。这时期最重要的举措是开始有意识地进行了传统音乐遗产的保护与发展。如以黄梅戏等戏曲现代化的发展为中心带动了皖江地方戏曲艺术的变革，以当涂、繁昌民歌为名录的民歌整理、保护得到了新的开拓，展现了皖江民间音乐的旺盛艺术生命力。

由上述的音乐艺术形成的历史进程可见，皖江地区的音乐艺术与中国音乐史发展历程是相协步的，展现了历史文化的既往成就。但它也表现出一定的地域个性特点，从文化的多元属性上看，皖江音乐具有吴越文化的表现形态，如在旋律线条装饰上的繁复回绕；同时在内容上具有楚文化“尚巫”、“尚悲”的倾向。在隋唐以前，皖江音乐艺术体现出“淮夷”的边缘化地位，音乐艺术发展较滞后，表现在乐种上也就较匮乏，只有少数作品进入史家或文学家的视野。而宋以后，随着市民音乐艺术的兴盛，善歌舞、长戏剧的皖江音乐在徽文化渐兴的文化背景下逐渐彰显出旺盛的发展势头。融和南北、西东的音乐风格，一些音乐品种已得到全国性的影响，使某些戏曲、民歌走向全国。但这种南北兼容的音乐风格也使其个性不明，在现今的民间音乐大家庭中难使人产生过耳不忘的印象。

二、皖江地区音乐艺术的传承现状及保护举措

新中国建立前，皖江音乐艺术的传承与发展基本处于自然状况下而优胜劣汰，新乐种的兴起和老乐种的消亡只在音乐自身发展规律的制约下进行。表现在对民间音乐的记载较少；有记载的多是歌词，乐谱的遗存更是少见；只有在某些文学家的作品中记载有少量音乐踪迹可辨，但要具有相当的音乐学理论功底才能认识到。理论成果方面，主要体现在对古代音乐理论的总结，如凌廷堪的《燕乐考原》等；再有就是对古代戏曲的理论总结，如陈独秀的戏剧理论总结与改良。

新中国建立后，皖江地区响应全国音乐集成化、图书馆化整理的号召，对本地区的音乐进行了全面的搜集与整理，已经出版的有民歌、戏曲、曲艺、器乐曲

---

① 《安徽文化史》，南京大学出版社 2000 年版，第 1430-1441 页。

等各安徽卷本的“集成”和“志书”，加上不定期的各地民歌、戏曲、曲艺、器乐曲曲集的出版和音乐考古成果的不断出现及其研究，较丰富地保存了皖江地区音乐文化的遗产。

在图书馆化、博物馆化进程的同时，民间音乐的土壤也在急剧“恶化”，即原来民间音乐赖以生存的田间、地头、茶园等场所逐渐现代化，使以往多人劳动的工作现在只要很少人就可完成，有些地方的城市化进程也使土地逐渐减少；劳作之余的聚会也因新的媒体出现而不复存在；土地上的青壮年涌入城市，使民间音乐发展中的“人”的要素也因此缺失。由此，土壤和人为要素的破坏使建立在此基础上的民间音乐只能在一些有限的空间残存。

可喜的是，近年来非物质文化遗产名录的搜集与整理，使皖江地区传统音乐衰微趋势得到了一定的喘息，使人们认识到民间音乐社会价值的重要性，促使其有意识地加入到民间保护与发展的队伍中来。如巢湖、繁昌等地的民歌通过非遗策略的激励又重新焕发出青春活力，农活期间或农闲集会开始出现政府组织的歌会①；一些商家组织的龙舟赛歌会。非物质文化遗产的举措以“活态”保护方法弥补了“集成”、“志书”等保存方法之不足，应该是大力提倡并发展的。但非遗也有很大的不足，那就是它所涵盖的面非常之小，得到眷顾的困难只是皖江民间音乐的极少数。且近年来又有专家指出其保护措施容易诱发保护的变异性，如：缺乏专业指导的随意性、领导指挥的盲目性、执行过程中的偏向等。

就宏观环境而言，大众休闲媒体的极大丰富，尤其是年轻一代群体对民间音乐的冷淡，现代教育对民间音乐教育的排斥与阻隔，最主要的是民间音乐赖以生存的土地的城市化、现代化发展，使皖江地区这一安徽省现代化发展最发达的地区更趋加重了民间音乐的衰亡速度。尤其当现代审美意趣与民间音乐审美表现方式不能契合时，随着极少量的老艺人的老去，民间音乐的衰亡只是时间的问题了。

由此可见，不管是图书馆化、博物馆化的纸质保存，还是力图“活态”的非物质文化遗产保护，都只是解决了皖江民间传统音乐的一时之急，为求较彻底地改观民间皖江音乐衰亡的颓势，还必须从内在发展上探索可行性之路。

如何才能从加大内功上解决皖江民间音乐发展的动力？近年来的一些探索或许可以提供一些思路或启示。

一是将现代化文化建构于皖江传统音乐之上，使皖江民间音乐的丰富转变为现代化文化建构的多彩。如：皖江地区依托经济发展，将文化建构置于其中，使

① 《民歌悠扬清芬四溢——第八届“巢湖歌会”揽胜》，http://www.ahwh.gov.cn/dt2111111128.asp.

企业文化发展与民间音乐保护在发展方向上步调统一；在企业中组织起以展现企业风貌的歌会，挖掘民间音乐中的现代表现形式，并以符合现代人审美标准的方式进行展演，舞台化、广场化、视觉化、多媒体化等多元现代艺术手段不再是民间音乐艺术审美呈现的阻隔，而是将民间音乐插上了腾飞的翅膀。

二是扩大皖江民间音乐的现代受众面。为使皖江传统音乐得到更大、更普遍的传播与发展，精品策略并不是最好的方法。近年来，芜湖市文化馆以“民间音乐进社区”等多种形式，把散落在各街区、村落的民间音乐表演团队进行整合，加强组织引导，促进了民间音乐传播的普及化发展。一些专业院团还以专业化的编创使民间音乐符合现代大众视听，如安徽师范大学音乐学院对芜湖地区的民歌进行了符合现代人审美意趣的重新编创；还有一些市县级的文化部门开始对民间传统音乐进行定期的不同主题的推演，以发展战略推进民间现代化发展的文化“长征”之旅，他们不拘一格、不限形式、灵活机动地切实推进皖江民间在现代社会多元文化背景下的生存形态。

三是通过建构皖江民间音乐的“活态”环境提升其生存发展的空间。皖江经济的腾飞不能是阻碍传统音乐文化发展的羁绊，可以通过加强音乐集会，为音乐提供展示的场所及集会。这种集会可以是以家庭院落为单位的极小空间，也可以是地区性的民歌、戏曲、曲艺、器乐曲集会，并且不限时间、地点、规模，使之在现代网格化的生活空间现状中辟出一块皖江民间音乐的“活态”空间，真正实现可持续健康发展。

三、皖江音乐艺术的历史价值及其现实文化品格

皖江经济带的规划为其现代化发展提供了空间，也将为保护研究皖江音乐历史文化遗产、发展民间传统音乐文化提供有力的现代化空间。在进行如上理论探析之前，有必要对皖江地区音乐艺术的历史价值及其文化品格进行理论分析。

皖江地带既是现在的行政、经济区划，也是具有音乐历史发展价值的文化举措。皖江地区从古至今一直有着文化指导下的音乐发展进程。

从历史的阶段性而言，皖江音乐具有鲜明的时代感，总能跟上当时音乐风尚。如：先秦时期，周王朝崇尚礼乐，致力于国之重器“钟鼓之乐”的建构，皖江地区乐人也以青铜乐器如编钟为其张显艺术审美取向，虽然远离政治中心，但它以文化为基础追求周王室的音乐文化；汉唐之际，中外音乐文化的交流，歌舞艺术得到繁荣，皖江音乐以其善歌的线条美感、灵动鲜活的节奏律动、婀娜的舞姿、飘逸的袖身展现了自身艺术美的同时，也合拍于文化大环境；宋以后的市民音乐需求，使说唱、戏曲、器乐、民歌发展成为时代需求，皖江地区的音乐也随之作出回应，从角抵等说唱、傩等戏曲的发展可以看出其艺术手法的时代感，

而明清的戏曲中，皖江音乐更是借助徽文化的衍射而占得了全国的先机，以青阳腔为龙头，徽剧为后继，推动了中国戏曲艺术的繁荣，于清乾隆年间达到中国戏曲音乐史的第一次高峰。由此可见，皖江音乐的历史价值不仅在于它追求了时代的先锋审美标准，还在某些时候达到领先的地位并由此推动全国音乐艺术的新发展。

从历史的选择来看，皖江音乐具有鲜活的艺术生命力，因为它紧紧抓住民间艺术的精髓，繁音促节、鲜活生动、韵味醇厚。也是远离政治中心的缘故，皖江传统音乐在追随国家标准的同时，总有自己的审美取舍空间。如：即使在礼乐兴邦的制度下，先秦的皖江音乐依然保留有“玉舞人”等注重音乐本体美感的实践，使礼乐重器背景下的皖江先秦音乐气韵生动；再如宋代戏曲萌芽之初，皖江音乐从祭神礼俗中找到了灵感，将“歌舞演故事”发展为具有戏剧情张力的戏曲，傩戏、目连戏的发展就是很好的例证；而在京剧盛行的时代，地方戏曲难有空间，但皖江戏曲从民歌小调中汲取的艺术内涵，并将之发展为具有灵活性的地方性戏曲，如梨簧戏、皖南花鼓戏等就是见证。由上可知，在历史的选择中，皖江音乐以其注重音乐本体的审美需求来发展适合于老百姓需要的优秀艺术，即使它远离政治中心，也不在文化上偏离或失意于国家方向，并发展而来其内在的鲜活力。

从历史的地位上看，皖江音乐在兄弟区域音乐中始终占有领先地位。在先秦楚文化、吴文化、越文化相继统辖本地区之际，如上的“高文化”并未将“淮夷”的“低文化”同化甚至吞噬，反而为其所用，发展了楚文化中音乐的“尚巫”、“伤悲”审美特质，借用了吴越文化鲜活灵动的线条美感，在自身灵动律动取向中植入新的音乐元素，使皖江音乐的地位反而更为突出。而汉魏时期，流行全国的相和歌使房中之乐得到快速发展，而居于此背景下的皖江音乐从音乐叙事中发展出长篇，《孔雀东南飞》不仅是对封建社会爱情、礼教的先锋艺术批判，更是音乐长大结构、长线条叙事的时代凯歌，其地位在歌舞之乐的中古时期是值得大书一笔的。明清的戏曲中，更加不乏皖江音乐艺术的创新，由此更为集中地展现皖江音乐的历史地位。

由上述分析可以看出皖江音乐历史价值的突出。但经历了清末的战乱、抗日与解放战争后的皖江音乐受到了巨大冲击，个性风格的迷失，乐种题材的不断消失，使其在新的现代化的进程中精神不再。

从现实境遇来看，皖江音乐每年在以数十种体裁的消亡速度渐趋远离同类经济区的发展。一些曾经的辉煌的乐种至今已经连本土乐人都不再知晓，如梨簧戏、皖南花鼓戏、繁昌民歌远离了中小学甚至大学的专业课堂，国际化的追求是其中最重要的原因之一，“崇外扁内”的思想是又一个戕害皖南音乐的现实杀手。

从现实话语权来看，皖江音乐已经到了自惭形秽的地步。记得一次笔者曾向一位专业的梨簧戏专家索要资料，准备以此为素材进行创作，但他面露羞涩，极力说梨簧戏非常不好听，不值得进一步编创！其实，这是他在饱受话语权失去后长期形成的话语自谦性格。包括梨簧戏在内的很多皖江民间音乐在话语权失去后面临解散的趋势，笔者曾调查了皖江地区的部分乐种，很多都是理论上存在的状况，甚至连查找一些简单的乐谱或音响都极其艰难。

皖江传统音乐的现实文化品格并未丢失，它依然是同类音乐中的佼佼者，值得重新认识，而这对于重建并发展其音乐是至关重要的。文化品格是其内在精髓的反映，是它区别它类并具有存在价值的关键。就皖江民间传统音乐的现今文化品格而言，有宏观、中观和微观三个层面。

就宏观而言，皖江民间传统音乐具有涵容并举的艺术视野。它以自身音乐元素为基础，不断吸纳周围或外围的音乐元素为其所用，并始终能根据外部环境的变化来取舍艺术构成成分。如：芜湖民歌，它将北方民歌的豪爽、南方民歌的细腻融合为用，展现出融通南北风格的特点。可举之例如《打一锤来哼一声》，这首“舂米号子”运用北方民歌中常用的切分节奏增加音乐的力量质感，运用南方民歌音阶性“级进”旋律手法来增加旋律线条的绵柔顺滑，结合自己本土语音语调特点（见例1），发展为风格变化丰富的涵容品格。

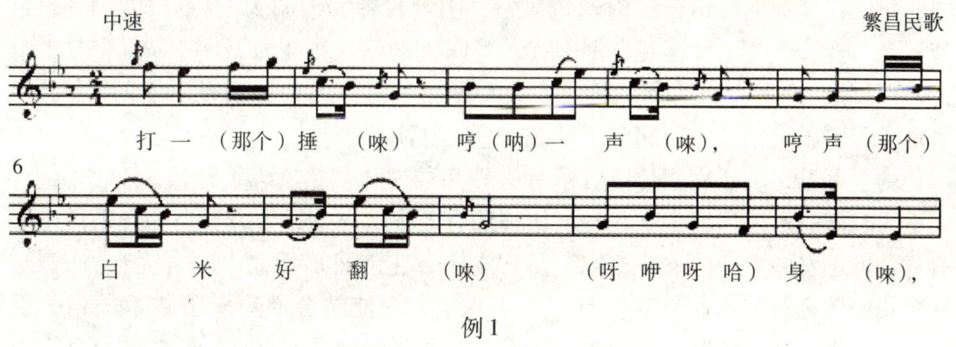

例1

就中观而言，皖江民间传统音乐不断从相关文化中汲取营养，从自身的元素中发现契机，开创出自身发展的新景观。如芜湖曲艺“滩簧”，它从清嘉庆年间在芜湖盛行的昆曲中易调改词，又吸收芜湖本地流行的滩簧、泥簧和二黄；同治年间，依托芜湖米市之便成立“乡乐研究社”，演活了该曲艺；民国八年，鲍筱斋编修“芜湖县志”对滩簧再行润色，取唐诗雅词意韵，润色文辞，考订音律，结集出版①，由此形成既非本土二黄也非江浙滩簧、昆曲的芜湖曲艺滩簧（见例

① 《中国曲艺志——安徽卷》，中国ISBN中心2001年版，第93-94页。

2）。这样就将昆曲的古韵和本土民间音乐进行了有机结合，从自身的土著文化中获得了创新灵感，创造出新的曲艺“滩簧”。

例2

就微观而言，皖江民间传统音乐从自身细节的不断完善入手，发展了旋律的清新悦耳，唱腔的字正腔圆、腔随字走，并善于与方言字调结合，注重尾韵，而在配上不同唱词后，演员也会因自己的喜好合理增删不同的装饰音，使“死曲活唱”，形成个性风格与流派；而在有伴奏的部分，则会充分利用乐队的映衬作用，做到“繁简相间”、“此消彼长”的呼应性艺术微妙变化，还会根据艺人间的默契配合进行自由加花即兴，提高了民间音乐艺术活力。如梨簧戏，根据方言将“家住在”唱成“嘎（ga）居（ju）在”，还在强调四声阴阳声调上进行旋律的变化。在伴奏上，结合江南丝竹风格，唱者自弹，编制为正弓二胡（1、5定弦）、点鼓（形似体育器械之铁饼），若四人的话，则再加反弓二胡（5、2定弦）、月琴，六人再加琵琶、扬琴，八人再加笙箫，还有加低音乐器的。① 这样从自身需要出发，较好地起到了托腔润色的功用。

由上可见，皖江民间传统音乐具有较高的文化品格。它们注重境界的追求，从不同时期的审美意趣中寻找现实语境的有效表达方式，结合自身的音乐规律探索符合音乐发展方向的文化追求。从宏观上，它能将多元艺术融合为自身需要，从而获得较多的艺术起点、优点。从中观上，它能结合周边兄弟艺术或相关题材、体裁进行合理借鉴，从而提升自己的品位。从微观上看，它们注重自身旋法的发展，能结合本土艺术，发展符合于大众审美需求的音乐形式和风格，而自身细节的完善也从根本上提升了音乐文化的层次。

四、小 结

从皖江地区音乐历史线索入手，本文进而对其在当下的发展进行了可行性探析，尤其在皖江这一经济快速发展区域如何眷顾与音乐文化的协调发展，提供了

① 《中国曲艺志——安徽卷》，中国ISBN中心2001年版，第235页。

有价值的理论参考。

以历史的发展来看，皖江民间传统音乐有着较为悠久的历史，而其在不同时期的作用也彰显出它自身的艺术和社会价值，从其历史上的发展也可以管窥出它们所存在的现实意义。

在现行的皖江民间传统音乐的保护举措中可见，博物馆化、图书馆化抑或是“活态”化，都有其不同程度的局限性。本文提出基于乐种本体发展规律的可行性之法，其中加强它与现实生产生活的联系、扩大受众面、提供宽广的“活态”环境或空间等措施，才是解决其“窘境”的切实之路。

在历史价值和文化品格上，本文认为，正是因为皖江民间传统音乐在历史上曾有的成就和影响，它在现实语境中的“失语”才值得重视并解决，当然也才有解决的可能性。如何解决，透析其内在文化精髓是很有必要的。我们也从其文化品格的表现角度——宏观、中观、微观——上看到了皖江音乐发展方向和具体举措的新思路，为保护文化资源，装饰经济环境，保存传统遗产，皖江音乐面临新抉择。

（作者为安徽师范大学音乐学院教授，中央音乐学院博士后）

论张恨水作品民俗描写旅游价值

谢家顺

内容提要：张恨水笔下的民俗描写属于文艺民俗学范畴，这些民俗内容丰富、门类齐全，形象地反映了20世纪初中国社会某些地域特有的生活类型，着力刻画描写了社会前进中中国某些地域特有的民俗生活波澜，显示出了中国人民独特的形象性格和风貌气派。挖掘、研究张恨水作品中民俗，不仅能给当代通俗文学创作提供借鉴，而且具有民俗文化旅游价值。

关键词：张恨水；文艺民俗；民俗文化；旅游价值

张恨水先生在近五十年的创作生涯中，足迹曾踏遍江西、安徽、南京、北京、上海、重庆、陕西、甘肃等地，他曾经说过，“文艺是生活的反映”，“小说有两种境界，一种是叙述人生，一种是幻想人生。大概我的写作，总是取径于叙述人生的。”“其间以社会为经，言情为纬者多。”① 因之，张恨水小说和散文艺术形象地反映了20世纪初中国社会某些地域特有的生活类型，着力刻画描写了社会前进中中国某些地域特有的民俗生活波澜，显示出了中国人民独特的形象性格和风貌气派。挖掘、研究张恨水作品中的民俗，不仅具有文化价值，同时也极具旅游价值。

一、孪生子：文艺民俗与旅游文化

现代民俗理论认为，民俗是人生的一种永恒伴侣，在群体生活里的每一个人，其语言、行为、心理均不可避免地打上民俗的烙印。因此，民俗常常以人们生活中司空见惯的不成文的规范，如风一般的流在现实社会的各个领域，制约、影响人们的语言、心理和行动，成为某一地域群体集体程式化的生活相。文艺作品要描写一定社会中的人，所要表现人的情感，具有一定结构层次，而伴随人生的蕴量丰富的民俗文化就是支撑其生命的内核。② “文艺作品中的民俗描写和民俗心理的描写，它有别于民俗工作者对民俗的研究，文艺民俗研究的是进入作品

① 张恨水：《写作生涯回忆》，山西北岳文艺出版社1993年1月第1版。

② 陈勤建：《文艺民俗学导论》，上海文艺出版社1991年10月第1版。

中的诸种民俗现象。”[①] 其范围包括经济风俗、个人风俗、岁时风俗、礼仪风俗和文娱风俗等，因而也就具有历史传承性、时代变异性和地域鲜明性特征。如果从文化的角度去审视它，则我们可以称其为“文艺民俗文化”。

旅游是人们奉行的一种高尚的文化生活，而作为民俗文化一部分的文艺民俗文化所显示的特征与内容，又往往成为某一民族或某一地域重要的甚至是不可或缺的旅游资源。世界上许多国家和民族的旅游业与旅游界，无不立足于此。问题是，旅游作为一种经济的开发，如何发掘、使用文艺民俗中那些有价值的民俗素材；怎样利用旅游来展示民俗、吸引游客，宣传、扩大地域文化，从而给游客以知识和愉悦。就文艺民俗与旅游二者关系而言，它们应是一对孪生子。

其一，民俗旅游可以增强人们对文化与生态的保护意识，从而加强对自然遗产、文化遗产以及民间遗产的养护。

其二，民俗处于一种流变状态。这种流变过程，在可能丢失一些的同时，也会在流变中增添某些新的东西。文艺民俗则恰恰是这一流变过程的中介——一种形象化的，反映某一特定时代、特定区域富有感情的人类民俗活动。因此，旅游文化活动若从文艺民俗角度，开掘作家作品彼时彼地人物所固有生存环境的民俗事象，则会使旅游文化锦上添花。

其三，通常的，以民俗文化作为旅游资源，这种旅游区应建立在民俗的原产地，即在原地开辟旅游景区和旅游项目。而文艺民俗却可以以某位作家的故乡、工作地为立足点，以作品中所反映的民俗特色为内容，建立民俗文化旅游。这样，不仅能让旅游者体会到山水之乐、民俗之流的形象展现，更能使旅游者体味出与山水融为一体的作家风采、作品之意趣，自然、山水、人文景观，相映成趣，相得益彰，给游客以美的享受。

其四，从学术研究的角度看，民俗研究包括两个方面，一个是基础研究，一个是应用研究。作为应用学科和分支学科的旅游民俗学研究，通过文艺民俗应用研究，如何把文艺民俗中可利用的资源应用于旅游业，从科学的、美学的角度提出可行性建议，就此而言，这种研究更具现实意义。

二、民俗描写：丰富而独特的旅游文化资源

文化是旅游的灵魂。内涵厚重、多姿多彩的张恨水作品所蕴涵的民俗文化，为张恨水故乡精心打造的“山（天柱山）水（张恨水）”旅游品牌，提供了丰富的民俗资源。

张恨水，潜山人，曾先后在安徽、江西、北京、南京、重庆等地生活和工作

---

① 宋德魔：《文艺民俗学纵横谈》，《延边大学学报》1984 年第 4 期。

过，由于从事记者工作，养成了其思想敏锐的职业习惯和认真严谨勤奋的工作态度，使得张恨水无论是散文写作，还是小说、诗词创作，均深深地烙上了鲜明的民俗色彩，成为人们认识和了解20世纪初中国社会的一扇重要窗口，就此而言，张恨水不愧为一位“民俗学专家”。

具体来说，张恨水作品涉及的民俗资源，大体可分为七类。

（一）岁时节日之俗

张恨水作品中写到的岁时节日，有元宵节、立春、小阳春、清明节、芒种节、端阳节、中秋节、重阳节、除夕、过年等。这些岁时节日是中国古代历法和季节气候变化相结合而排定的节气时令，自古以来世代相传，成为一种民俗事象。这些民俗事象，主要表现在张恨水散文《山窗小品》，诗词《剪愁集》，小说《春明外史》、《金粉世家》、《巴山夜雨》、《现代青年》等之中。这些岁时节日风俗，或抒发作家自己主观情怀，或是作家写景状物、烘托环境的手段，或刻画作品主人公言行，推动着故事情节发展。

（二）衣食住行之俗

衣食住行是人类赖以生存的物质条件，是人类的本能需要。张恨水作品所反映社会生活面非常广，上至达官贵人，下至平民百姓，这些人物生活在20世纪初的中国社会，正是新旧、中西文化交替之时。因此，作品中各阶层人物在衣食住行方面均深深地印上了当时时代特征。人物的穿衣吃饭、居住行走，也无不折射出20世纪初中国社会结构错动社会转型期的世风民情。如《巴山夜雨》，小说通过抗日战争时期陪都重庆战时生活的描述，不仅着力刻画了主人公李南泉形象，同时描绘了刘副官、黄副官、奚太太、方公馆少爷小姐的衣着、言行，无不体现出了战时特色。同是避难，人生却显示出百态来：有村氓老妇汲汲于生计，有达官贵人挥霍无度。作者浓郁的思想感情、出色的形象描绘能力，无不通过小说人物南温泉生活的人情世故、衣食住行和四时景象传达了出来。

与此小说素材相关的《山窗小品》，其中所描述的“国难房子”：山村虽美，家居却十分清贫。上面是茅草，四壁是竹片糊泥，倘用手一拍墙壁，全屋颇动不已，大风一吹，茅草随风而去，只好“卧看牵牛织女星”……其自题“待漏斋”，当中寓意不言自明。

再如，同是以重庆为题材的抗战小说《魍魉世界》，以一个刚正不阿、饱读诗书的穷知识分子区庄正和一位投机取巧、挂着心理学博士幌子而实际是掮客的西门德夫妇为主次线索，交织描述，展示了不同社会阶层人们的生活情景和生活状态——

“打摆子”的病轿夫：“我们都是卖力气的人。这一程子，天气不好，打摆子，轿子抬不动，家私也搬不动，在家里歇梢……保长太婆儿过生日，没有送他的礼。保上有了事，当摊我自然是摊我，不当摊我也是我……"

边四平住在重庆城里的贫民窟，这是一幢木板竹片支架的三层楼。这三楼，恰和屋后的悬岩相并，悬岩上搁了两块木板子，正好通到他的卧室门口。而悬岩突出去的一部分，三层楼上的住户便利用了它，用竹片支架了作厨房。那屋梁上悬着一盏瓦壶儿植物油灯，风吹着，烟焰吐出来有上尺长。那屋子周围不过丈余见方，只有一张旧方桌，三只竹凳，一副铺板搭的床；此外是旧箱子，破网篮，乱塞在床下和床角，旧报纸书本，乱堆在桌子上；泥夹壁上落了石灰，用报纸补着；另有个断脚茶几，塞在床角，也堆满了破烂东西。到底是知识分子，桌上也有一只盛泡菜的白助瓦罐子，插了一束鲜花。

战时重庆下层人民的辛酸，描写如此细腻，若没有切肤之痛难以表现得如此深刻。这正是当时重庆社会世俗相的真实写照。

（三）婚丧嫁娶之俗

这种风俗，着重表现在张恨水小说中。这种表现南北方不同，各阶层人家有别，别具特色。如表现安徽安庆婚嫁状况的小说《现代青年》，其中主人公计春与菊芬的定亲过程，则打破了当地婚嫁习俗的庚帖、三媒六聘、过礼等繁琐的议亲订婚礼节，简单朴素，非常符合计春、菊芬这种特定环境下家庭的状况，看似简单，却描写细腻，场面亲切感人。再如小说《金粉世家》，围绕金栓丧事，全过程展现了京城豪门家族处理大丧事所显示出的大面子、大排场，其场面的豪华与铺张，令人叹为观止。

（四）人生家庭礼仪之俗

人生礼仪实际上从人一出生即已开始。张恨水小说中写到的晨昏定省是家庭，尤其是贵族家庭中不可缺少的礼节，客来上茶和相见时的引见、抱拳、握手、道福，是民国时期不同阶层人们的见面礼节。此外，如送门礼、主节礼、压岁礼、三朝等，都属于人生家庭礼仪。张恨水小说写出了中国南方、北方，上层、下层众多的不同类型人物，从出生到成年订婚、结婚这一礼仪全过程，并且写出了特点。

另外，张恨水小说中人物命名取号，家庭日常生活劳作时所使用的锄头、农具，磨坊、家具，衣着、特产、挑米等，均富有特色且予以细致刻画，处处散发着浓郁的乡土气息和特定的时代特征。如《丹凤街》里杨大个子、王狗子、田佗子，《啼笑因缘》里胡狗子、王二秃子等；如《天河配》中玉和与桂英被迫来到潜山乡下，与哥嫂一起劳动时农村耕作习俗描写；如《山窗小品》中"忆车水人"篇等。

（五）宗教信仰之俗

张恨水作品中宗教信仰民俗事象，或梦境，或斋戒、诵经，或念咒，或跪香拜佛，或打卦算命，或祭宗祠拜影，或做阴寿等。关于这些，小说《啼笑因缘》、《春明外史》、《秘密谷》中均有表现，成为人物思想和作品主题展示的直接载体。

（六）游艺娱乐之俗

张恨水小说选材广泛，不同阶层、不同身份人物因所处环境不同、文化素养有别，因而对娱乐消闲呈现出不同特点。诸如：踏青、下棋、抹骨牌、打麻将、看戏、看电影、逛天桥、逛妓院、跳舞、上酒馆、上茶馆、逛书店、求签、吸鸦片、押宝、逛公园、买花、养花、结社吟诗等。这些游艺活动，平常已多，节日更甚。特别是《啼笑因缘》，味道十足地描写了素以平民娱乐场著称的北京天桥。其人、其景、其艺、其场面简直“把北京的风物，介绍得活了。描画天桥，特别生动，直至今天，还有读过这部小说的南方人，到北京来必访天桥”。[①] 如今这种描写完全可以看做“文化化石”了。

（七）语言之俗

张恨水作品除写下大量诗词、对联外，还有谜语、谚语、俗语、歇后语、褐语，歌谣、行业语、方言土语等，如《八十一梦》中的“一切都是外甥打灯笼——照旧（舅）”；《春明外史》中“揭开天窗——说亮话”，等等。这些语言民俗事象在作品中主要是通过语言手段表现人物思想、愿望与要求的。

三、文艺民俗：民俗文化资源旅游功能与开发意义

以上所展示的张恨水作品中七类民俗事象，是文艺民俗文化资源的客体部分，是张恨水留给我们的关于20世纪初中国社会部分地区人们生活、行为的轨迹，并曾为张恨水塑造人物、建构故事情节提供了丰富素材，正如法国著名文艺理论家丹纳指出的，“要了解一件艺术品，一个艺术家，一群艺术家，必须正确地设想他们所属的时代精神和风俗概况。这是艺术品最后的解释，也是决定一切的基本原因。”“某种艺术是和某些时代精神和风俗情况同时出现，同时消灭的”，“作品的产生取决于时代精神和周围的风俗”。[②] 这一见解，是丹纳对著称于世的古希腊、罗马文艺及文艺复兴运动中涌现出的大量精湛文艺作品进行纵横分析后得出的结论，肯定了“某些时代精神和风俗”，是完成艺术品的创作或者解开成型作品之谜的一把钥匙。张恨水作品中所显示的这些民俗，是文学创作的载体，是民俗文化的积淀。挖掘、整理并有效地开发这一资源，能满足旅游主体（旅游者）对文艺作品以及民俗文化认同的需求，具有当然的旅游功能。

---

① 张友鸾：《章回小说大家张恨水》，《新文学史料》1982年第1期。

② （法）丹纳：《艺术哲学》第7、8、32页，人民文学出版社1981年版。

（一）客体文艺民俗文化资源的旅游功能

1. 文艺民俗文化资源基本功能和作用

一个地区优秀文化往往构成该地区旅游的基本特征和重要优势。从总体上看，一个地区旅游资源的丰富程度、品位高低和特色如何，最主要表现是其文化性。这对人文旅游而言，是不言而喻的；而对自然与人文旅游资源来说，其审美价值和吸引力如何，无不融合了区城民俗文化的内涵与特色。如著名的国家级风景名胜区天柱山，之所以可纳入一流品位的山水景观，并不单纯因其纯自然的美，更因其融合了自汉朝以来古皖历史文化的内涵与特色和当地独特的民俗风情，化入了天柱山的肌体风骨，提升了天柱山的价值、品位，增强了天柱山的吸引力。任何自然景观都是处在一定的区域发展的背景下和一定的社会环境中。越是久负盛名的风景名胜，其文化内涵和特色就越丰富。因此，天柱山旅游在继续创建“山水”文化旅游品牌时，要进一步认识张恨水作品中民俗文化在天柱山旅游中的作用，挖掘、整理这些民俗，并将其进行民俗文化定位。因为没有自己特色与深刻文化品位的旅游往往没有长久、旺盛生命力。

2. 类别民俗文化资源的功能和作用

旅游文化资源具有历史的积淀性、区域的文化性和时代的精神性，具体表现在张恨水作品所涉及的文艺民俗文化资源上又具有不同特点。（1）历史古迹类文化旅游资源。张恨水作品涉及这类历史类的题材很多，这里仅举二例说明。就张恨水小说描写的历史故事和历史事件，有历史小说《孔雀东南飞》——在描述汉末庐江郡曾发生的焦仲卿、刘兰枝爱情悲剧时，对汉代民风民俗的展现，从中可以看出古皖文化对张恨水的熏染；有小说《天明寨》——以清末太平天国起义为背景、以张恨水故乡人事物理为素材创作，从中可以发现清代潜山乡间风貌，等等。这些历史故事和历史事件，是几千年以来积淀的灿烂文明不可或缺的组成部分，是古皖社会历史发展的真实写照，是区域历史文化演变的真实凝聚，特别是经过张恨水那生花的妙笔描绘，与张恨水的名字一起，更成为文艺民俗独特景观美学的形象展示，是天柱山人文景观中最具吸引力的部分。（2）宗教信仰类旅游资源。宗教信仰旅游资源作为一种特殊的文化形态，能够满足游客对宗教知识的需求，为游客提供宗教艺术的美感享受，满足游客对宗教仪式的猎奇心理以及一些人宗教式的情感需求。天柱山旅游在开发过程中，注意到了道教（道观）与佛教（佛寺）景观的建设。但在创立“山水”品牌的过程中，却忽视了张恨水众多作品中所渗透的宗教思想，这些宗教思想在张恨水世界观及其小说创作中起了非常重要的作用。如《金粉世家》、《春明外史》人物的佛教思想；如《秘密谷》所显现的道家思想等。可以想象，如果在开发过程中注意到这一点，则“山水”品牌的创立，内涵会显得更丰富。（3）社会风情类旅游资源。

张恨水笔下的民俗由于多与故事情节，与人物刻画融为一体，而且地域跨度大，因此，使这种民俗不仅具有丰富性，而且呈现出历史性和传承性。怎样使这些民俗能立体、形象地展现在游客面前，这是摆在我们面前的又一课题。其原因是，这些文艺民俗旅游资源具有弘扬民族文化艺术和民族性格，增强民族自豪感和自信心的作用；能激起旅游者兴趣，满足猎奇心理和丰富文化知识的需要。同时，旅游是最让人贴近大自然，达到人与自然的完善和谐与统一的活动。张恨水作品是其“心物交融”的结晶，本身就具有旅游审美功能——一种“美景”、“传景”和“造景”功能。笔者认为，“山水”品牌的创立，正是这种功能的体现。它可以使名山美景增色，声名远播，增强吸引力，可称其为“景以文美”、“景以文传”；也可以使某些景观因张恨水作品描绘的渲染而成为旅游热点，我们姑且叫做“景以文生”。

（二）张恨水作品文艺民俗旅游文化资源特点

张恨水作品文艺民俗旅游文化资源有四个比较突出的特点：

1. 内容丰富，门类齐全，自成体系。旅游民俗学是民俗研究的应用学科和分支学科，民俗旅游正方兴未艾，随着人们文化素质的提高及其对文化品位的追求，其前景十分看好。目前，文艺民俗在旅游文化中的应用事实业已存在（如山东曲阜孔子文化旅游，浙江绍兴鲁迅作品中的“咸亨酒店”等），而学术界对文艺民俗在旅游文化中地位和作用的理论研究尚处于探讨阶段，尚未形成系统的理论。如前所述，张恨水作品尤其小说中的民俗已经囊括了民俗学中的所有民俗种类，并且地域广，几乎张恨水足迹所至之处，在其笔端均有流露，有些甚至为民俗学家所叹服。若勾其概要，取其精华，结合天柱山旅游景点予以系统开发，则展现在游客面前的一定是一幅人文交融、浮雕式、立体的“山水”旅游品牌。

2. 与自然资源相伴相生，珠联璧合。综观我国所有著名风景名胜区，其历史人文景观大都建在自然景观秀丽之地，无不和谐地与周围大自然的美景交织在一起。天柱山旅游已将“张恨水故居”列为一个人文景点并予以重点推出，这应该说是一大手笔。记得笔者曾在《张恨水对联艺术论稿》一书“后记”中说过这样的话：“然家乡人所创的‘山水’品牌，将张恨水先生与天柱山相提并论，一人文、一自然，多有诗意！以致令我产生如下联想：如果说恨水先生试比天柱山高，则其创作的三千万多字的作品和人们对其作品的研究，就分别如天柱山下潜河、皖河之水，汩汩流淌，奔流不息，汇入长江，终归大海。”[①] 然仅此还不够，依笔者愚见，能否在天柱山风景主景区内，以张恨水小《秘密谷》中

① 谢家顺、林斗山、葛便南：《张恨水对联艺术论稿》，第281-282页，香港新闻出版社2001年12月第1版。

所反映的天柱山民俗内容为素材，设立一个人文景点呢？以真正体现“山水”品牌创意的内涵。

3. 区域分布广而又相对集中。张恨水作品所反映的民俗主要涉及江西、安徽、南京、北京、陕西、甘肃、重庆等地。从地域上看，南北均有；从内容上考查，都是张恨水在认真体验生活基础上的艺术反映，是作家人生经历的总结。若我们能以适当的方式把这些民俗加以提炼进而熔铸于天柱山自然景观之中，则天柱山旅游所带给游客的不仅仅是一种大自然的愉悦，而更是一种“作家解读—作品欣赏—民俗文化”的整体熏染。

4. 地方区域气息明显，传统文化特色浓郁。张恨水的作品，立足于中国传统文化土壤，他“并未能完全逃脱这种旧式教育（指20世纪初皖中一带内陆地区信息闭塞、文化封闭而形成的教育内容与教育体制——笔者注）的阴影，他不可能摆脱那些融化到古典小说和诗词中的思想文化价值观的无形牵制，将自己的思想文化意识直接升越到与现代意识接轨的高度民主。潜移默化之中，他毫无设防地走进了传统思想文化磁场，受到了强烈的‘磁化’……”。而这也正是张恨水之所以区别于中国现代文学史上其他作家的重要标志之一。这之中的民俗文化，除去北京、重庆、南京等地外，最典型、突出的应算张恨水对其故乡安庆潜山风俗民情的描绘了，如小说《皖江潮》、《前线的安徽，安徽的前线》、《天明寨》、《天河配》、《潜山血》、《秘密谷》、《玉交枝》，散文《山窗小品》、《潜岳引见记》，诗词《潜山春节》，等等，均充分反映了张恨水的故乡情怀。像这些文艺民俗只有走出书籍，与天柱山旅游景点有机结合，才能更好地展示“山水”文化旅游品牌的内在生命力。

四、文艺民俗：构筑天柱山“山水”品牌文化旅游特色

张恨水，一位从天柱山走出的安徽历史文化名人，像天柱山一样，已经揭开了神秘的面纱，正在并将永远焕发着迷人的光彩，为世人所瞩目；作为中国现代文学史上一位通俗文学大师，经过几十年的风雨，他的创作业绩已被写进中国现代文学史，其文学史地位已经确立；作为对张恨水及其作品的学术研究则永远也没有穷尽。然作为“山水”文化旅游品牌的天柱山旅游，其内涵却大有挖掘的潜力。笔者因高校现代文学教学和研究的需要，近一年来，试图从民俗学角度对张恨水作品进行研究，积累了一点心得。笔者不揣浅陋，在此提出几点不成熟的看法。

（一）文艺民俗旅游文化资源开发原则

就某一地区而言，文艺民俗旅游文化资源是一种由作家作品描述、特定的地理范围内的区域文化产物。开发张恨水作品中民俗资源实际上是张恨水及其作品

所蕴涵文化因素的延伸、应用与发展。因此，要严格遵守它的规律和原则。

1. 文艺民俗文化挖掘、开发和保护原则。众所周知，人类生存环境包括自然生态环境和社会文化生态环境，所以人类宝贵遗产分为自然遗产和文化遗产。文艺民俗文化是一种特殊的文化遗产，是文化遗产的重要组成部分。然而人们还没有像重视自然生态那样来挖掘、保护文艺民俗文化。这些文艺民俗文化资源是一个时代的符号记录和文化积淀，这种因作家作品而存在的社会独特区域的非物质文化，随着时代的发展将愈加显其珍贵。因此挖掘、开发，认真保护文艺民俗文化，应是旅游文化资源开发利用时一个不可忽视的前提。

2. 旅游“三大要素”统筹原则。现代旅游学理论认为，旅游文化一般说即是旅游主体（游客）、旅游客体（资源）和旅游媒体（旅行社等企业）三种要素相互作用的结果。① 所以，文艺民俗旅游文化经济的动因有两个：（1）内在动因（基本动因），是旅游“三大要素”的能动作用，即旅游主体的文化、情趣的潜在需求，旅游客体的文化内涵、成分、价值存在着能动的反作用，旅游媒体借助于文艺民俗文化社会价值的经营意识，三者构成了富有活力的文艺民俗旅游文化市场；（2）外在动因，即经贸、文化等各个领域和地方为发展本行业或本地的强烈愿望和“打牌”、“搭车”、“唱戏”行为的推动。两大动因的交互作用将推动着文艺民俗旅游文化的迅速发展和日益兴旺。从“三大要素”统筹角度分析，必须把文艺民俗文化渗透到旅游活动的全过程。一是要充分考虑旅游主体的文化需求、兴趣和市场情况进行民俗文化旅游客体的规划、设计，开发出能体现地方特点和特色的高品位张恨本作品民俗旅游文化景点；二是要全方位开发文艺民俗旅游客体资源，把有限的文艺民俗文化资源尽可能地融合到“行、游、住、食、购、娱”六要素中去，转化到旅游产品和商品中，增加文艺民俗文化的附加值；三是要提高旅游媒体的民俗文化（如导游人员必须对张恨水及其作品相关的民俗背景资料有所了解等）意识和素质，能够为游客提供与文艺民俗旅游文化产品相匹配的服务。从旅游的产业关联带动功能来看，还可以认真研究文艺民俗旅游文化与相关领域及地方的文化经济联系，从中寻找融汇点，互动配合，推动发展。

3. 文艺民俗文化环境原则。事实已经证明，旅游的开发建设项目都必须考虑文化定位和环境谐调问题。文艺民俗文化的开发建设也不例外。（1）文艺民俗人文景观的开发，要注意景观周围环境氛围的恢复、再现与谐调问题。（2）这种景观的开发，要理清文脉。在评估其文化内涵、价值和特色的基础上，对景

① 吴延平：《旅游学概论》，台湾鹅湖出版社 1991 年 2 月第 1 版。

区景点位置的选择、建筑的风格、游览的方式等均要进行系统的文化定位。

4. 文艺民俗旅游文化属性原则。旅游业是一个具有高度文化属性的产业。因此，文艺民俗旅游文化项目是展示民俗文化的载体，理应是传播、交流和弘扬文艺民俗文化的重要窗口。

（二）总观点

在天柱山自然景观中融入张恨水作品民俗成分，充实“山水”品牌内涵，提升“山水”品牌文化品位。

（三）几点建议

1. 组织相关专家（如张恨水研究专家、民俗学专家、旅游学研究专家等）进行论证，提出可行性报告。

2. 组织专人对张恨水作品中的民俗进行梳理、归类研究，从中提炼出适于表现天柱山旅游的民俗。

3. 目前的“张恨水陈列馆”显得单调，应在陈列观中开设张恨水作品“民俗展厅”，或图片，或实物模型（如蜡像），或音像资料，或学者对其研究的资料等，如小说《啼笑因缘》中20世纪20年代北京天桥的民俗，便可用蜡像或音像资料形式展示。

4. 在张恨水故乡潜山县城文化活动相对集中之地或某所学校设立张恨水塑像，也可以与城市雕塑（如“孔雀东南飞”雕像）融为一体，还可以以张恨水名字命名街道，以增加旅游城市文化氛围。

5. 在天柱山马祖庵以上的主景区设立以张恨水小说《秘密谷》中涉及的天柱山区民俗为内容的新景点，使游人游览时能够自然、人文景观共赏。

6. 由张恨水研究会秘书处牵头，以安徽省内高校学者为骨干研究力量，组织申报国家、安徽省社会科学基金研究课题，一方面进一步搜集、整理出版《张恨水全集》百卷本；一方面整理20世纪以来有关张恨水研究的成果并汇集成册。多渠道、有计划地推出成果，这也是新世纪张恨水研究所面临的迫切任务，此项工作利在当代，功在千秋。

（作者为池州学院党委宣传部副部长、中文系教授）

当代文学批评中的“张恨水现象”

郑炎贵 朱显亮

内容提要：张恨水是自古洎今罕见的高产通俗文学大家。他特立独行于现代文坛，亦被冷落于现代文学批评。真正学术性的张恨水研究奠基升温于当代新时期之后。本文通过对新时期张恨水研究三阶段的总结与分析，从一个侧面反映着当代文学批评前进的轨迹与精神风貌。

关键词：张恨水；当代文学批评；回归；反思；深化

如果说“文艺是发明的事业，批评是发见的事业”① 那么，笔者以为当代文学批评中有一极具典型意义之所为，就是发见了“张恨水现象”。

张恨水（1895—1967），安徽潜山人，是我国现代文学史上当之无愧的高产通俗文学大师、著名报人，平生创作了中长篇小说一百二十余部，加上散文、诗词和文论等，总计不下三千万言，被喻为一座文学和文化的金字塔。

张恨水的小说描述了辛亥革命到抗日战争后这段风云变幻的社会历史风貌，刻画的人物，举凡官僚政客、军阀流氓、豪绅富商、优伶侠客、少男淑女、将士兵勇，构成了我国现代文学史上一组极具个性的形象画廊。他的许多著作，如《金粉世家》、《春明外史》、《啼笑因缘》、《八十一梦》等等，深受各阶层尤其是广大市民读者喜爱，达到了妇孺皆知、脍炙人口的广度和深度。他的小说创作数量之多、流传之广、读者之众、影响之大，几乎达到了那个时代的巅峰，在当时就形成了世所瞩目的“张恨水现象”。

然而，由于文学界长期盛行一种偏见，人们总是把张氏为代表的通俗文学创作视为旧文学或封建文学之残余，大规模地批判旧派小说和鸳蝴派文学的高潮及其余波一直成为对张恨水这位现代通俗文学大家价值发见的一种遮蔽，导致文学批评界一直来不及认清他由旧文学向现代性的新文学过渡、最终融入新文学并成为新文学内部的现代通俗文学大师的正面形象，即使在新中国成立后的前三十年，张恨水及其通俗文学研究依然处于被冷落的边隅。

---

① 郭沫若：《批评与梦》，见《沫若文集》卷十，人民文学出版社1959年版，第118页。

值得当代文艺界庆幸的是在三中全会为我国社会带来全新变革的背景下，文艺评论的春风也拂去了掩盖在包括张恨水在内的许多文艺名人身上的尘埃，还其历史的本来面目。在解放思想、实事求是和百花齐放、百家争鸣的时代转型潮流中，当代文学批评界重新认识和关注张恨水，形成了张恨水研究的集聚现象，安徽省张恨水研究会随即应运而生，研究会纵向三级所有，县为基础，上联国家现代文学研究的权威层面，下联养育张氏成长的根基底层；横及文艺、新闻、教育、学术科研机构，成为广泛联络沟通海内外专家学者的桥梁与纽带，为他们提供了学术思想撞击与创新的重要平台，有力地助推着张恨水研究的不断进展。如果说张恨水研究现象是当代文学批评潮流中的一朵浪花，那么通过对它的透视，或许亦能折射反映当代文学批评的进步与曲折的某些轨迹，让人们从中受到启迪，汲取教益。

一、跨时代的文学大师——张恨水与现当代文学的关系

虽然张恨水的绝大部分创作成就属现代文学范畴，但通过对其创作历程的考察，我们不难得出这样的结论：张恨水是一位跨时代的作家。根据张氏写作和作品发表时间，学界已将张氏创作划分为四个时期：1919 年以前为习作期，1920—1935 年为成名期，1936—1949 年为成熟期，1949—1967 年为衰退期。

那么，作为一个跨时代的文学大师，张恨水与当代文学至少有三方面的关系：

1. 张氏晚期作品是当代文学的组成部分

1949 年以后，张恨水受文艺政治化、通俗文学受压抑的环境影响，同时受身体疾病的困扰，创作进入了衰退期。作为一个写作者，他不写作“比不吃饭都难受”，因此不等病好，就又开始从事写作。鉴于自己写作能力的衰退，于是便改长篇为中短篇，改创作为再创作，从他以为较为稳妥的中国古代戏曲和民间故事中觅取题材，创作了《梁山伯与祝英台》、《秋江》、《白蛇传》、《孟姜女》、《孔雀东南飞》、《磨镜记》、《牛郎织女》、《凤求凰》等作品，并试着写了一个长篇《记者外传》，可惜终因精力不济而中止。除此而外，还有一些文论、散文和古体诗词。从时间上来看，他的这部分作品，无疑应是当代文学的组成部分。

这部分作品，虽然与张氏前期鸿篇巨制相比，思想与艺术水准上存在着落差，但也不能抹杀他敢于涉足传统民间戏曲的改旧编新这一般作家望而却步的领域并取得较大成功的事实。从情节构造、人物刻画等方面，依然显示出张氏可贵的创新精神，一方面他借鉴传奇、误会、悲喜交替等戏曲式的情节建构原则而加以发挥，同时又能在传统戏曲原有情节基础上进行巨大的变更充实与调整，发挥小说叙事灵活多变与写实等特长，用以弥补戏曲追求写意而难免虚化的缺陷，从

而兼得戏曲情节的精致与小说情节的容量；在人物塑造方面亦汲取两种文体之长，较好地融合了语言、动作和心理描写以及在情节推动中体现人物性格发展的艺术手法。张恨水的这一文学实践的价值在于他打破了以往戏曲创作自我封闭的结构，在改变传统戏曲的基础上创作了一批有着一定品位的通俗小说文本，这在50年代文学作品较少、质量不高、题材较为单调的情况下无疑是十分宝贵的，不仅拓展了小说题材视野，也丰富了小说的审美表现，为传承祖国优秀文化传统，提升民族道德文化素养作出了力所能及的贡献。

2. 张恨水作品的当代传播，是当代文学中的一道亮丽的风景

新时期以来，张恨水作品在当代形成了一个又一个传播热潮。其一是作品的再版，除各种单行本外，尤以安徽文艺出版社的《张恨水散文》和山西北岳出版社的《张恨水全集》最为引人注目。其次是当代艺术家对其作品的再创作，即影视剧和戏曲的改编，借助影像传媒广为传播。仅就大陆而言，先后搬上荧屏的有《现代青年》（更名为《秋潮》）、《秦淮世家》、《夜深沉》、《金粉世家》、《啼笑因缘》、《满江红》（更名为《红粉世家》）、《纸醉金迷》等等。这些作品的当代传播，为满足当代大众的精神文化需求作出了积极的贡献。

3. 张恨水研究是当代文学批评中的一大热门

张恨水一个人就抵得上一个流派。这是因其作品题材的丰富性、主题的复杂性与代表性、体裁形式的多样性所决定的。在长达半个多世纪的岁月里，张氏以超越党派、富有良知的知识分子和平民市民心态观照了从辛亥革命以来的政治风云变化和人间世事沧桑，通过对传统章回小说的改造，向人们呈现出百科全书式的全景文学作品，塑造的人物形象除了缺少产业工人和无产阶级革命者，几乎包罗万象，笔触所及覆盖各个领域，成为反映中国现代社会的多棱镜，具有巨大的认识价值。

关于张氏的研究却是在沉寂了半个多世纪之后，即在三中全会之后才迅速升温且持续发展的。据张恨水研究会的统计表明，自上世纪20年代至70年代，张氏研究文章约有172篇，年平均不到十篇，其中有不少属极“左”时代产物而成为历史垃圾。自70年代末改革开放以来，张恨水研究会先后组织了七次大的研讨会，联络海内外专家学者三百多人，集中交流论文368篇，计266万字，直接或间接催生专著26部，785万字，还影响诞生了一大批硕士与博士论文。每次大会论文综述都在国家权威学术杂志发表。张氏研究会在它萌芽之时就受到现代文学学科开创者之一的王瑶先生的关注，如今已以二十年坚持不懈的实践赢得了省级先进学术团体的表彰。张恨水研究会建立的资料中心、网站以及张恨水陈列馆均已成为人们访问参观的热点门户；张恨水文化园已被列入安徽省861重点项目。

二、科学多维解读与反刍——"张恨水现象"的当代文学批评

如前所述，真正学术性的张恨水研究是直至新时期才重新奠定基础的。回顾改革开放以来张恨水研究的历程，其实就是由意识形态化逐渐学术化的过程，也是张恨水的文学史、文化史意义逐渐呈现的过程。从安徽省张恨水研究会掌握的情况看，其历程大体可分为三个阶段：辩诬、定位、深化。

1. 揭去尘封、荡除迷雾

由于"左"的思想的影响，自《春明外史》问世至"文化大革命"中，张恨水不断受到新文学阵营的贬低、轻视乃至批判、声讨，直至上世纪70年代末才有学者以科学民主的态度正视张恨水及其创作成就，尤其是1988年10月在张恨水故乡召开的首次张恨水学术研讨会，终于揭去尘封，荡除迷雾，拂去了强加于张恨水身上的种种不实之词，为其正名平反。

（1）关于"鸳鸯蝴蝶派"

学界梳理了"鸳蝴派"的产生、流变及其发展过程，深入研究"鸳蝴派"的界定（特定的地域、人员和时间范围）、活动阵地、组织形式等之后，认为该派小说虽缺乏思想、远离生活，但在其特定的历史时期也发挥了一定的娱乐和教化功能，并且也随着时代不断进步，发挥了一种特定形态艺术生产价值，因此应克服"左"的思想的影响，科学公允地对其进行评判。

关于张恨水与鸳蝴派的关系，学者们尽管意见不尽相同，但也形成了两点共识：

其一，张恨水早期的确受到过鸳蝴派的影响，张氏本人曾承认自己在没有开始写作以前已造成了一个"礼拜六派的胚子"，[①] 故而在其最初的小说创作上的确存在一种才子佳人模式。并且由于他以文谋生，故而创作上较为偏重消遣趣味，作品中不乏凑趣调侃之笔，《旧新娘》《桃花劫》等小说有模仿《花月痕》套路的明显痕迹。

其二，张氏是一个带有旧意识烙印但逐渐走向新文学、现代化的通俗作家。尽管早期作品与鸳蝴派有某些相似之处，但主导方面与该派还是有着质的分别的。鸳蝴派小说的要点，如作品缺乏思想灵魂，远离生活，舍平实而追逐奇巧等特征，均不为张氏小说所具有。张氏从不以香艳色情引逗读者，特别是30年代之后叙述人生为主的创作，再到"七七"事变后为抗战服务的创作，往往在言情的帷幕下能够真实地展示人物命运，反映爱国民主的审美情绪，因此张恨水走

---

① 张恨水：《写作生涯回忆》，见张占国、魏守忠《张恨水研究资料》，天津人民出版社1986年10月第1版，第15页。

的是一条既有别于鸳蝴派又不同于“左”翼作家的独特路子。

(2) 关于“言情”和“通俗”

首先，学界对过去受一律化思想观念取向支配，在界定中国现代文学概念上表现为“左”的、单一的、排他的倾向进行了深刻的批判与反思，认为过去囿于传统偏见，一味强调以政治标准来判断一切，使视野始终局限在“五四”以来新文学社团及其代表作家作品之中。新时期随着通俗文学的勃兴，应该科学界定其独特的审判标准和规范，全面认识其历史文化价值和独特审美价值，由此形成共识：应该将近现代通俗文学摄入当代文学研究视野，高雅文学和通俗文学是文学的双翼。

其次，与会专家从本体论的角度论证了通俗文学及“言情”存在的合理性。文学即人学，人性人情应该是文学极力开掘的最重要的母题，因此文学反映的内容就不可能完全是与粗俗绝缘的内心体验，俗文学与雅文学各有其客观的规律，并且能在取长补短中携手发展。

在以上认识的基础上，学者们从背景分析入手，讨论了张恨水在新的冲突中崛起的主、客观因素，指出：五四新文学家在批判旧文学时，忽视了对传统文艺内容与形式的改造，导致了轻视群众、蔑视通俗文学的失误。张恨水通过对章回小说这种旧形式的改良，弥补了这一空白，他以一时还看不懂新文学作品的普通民众为服务对象，运用老百姓喜闻乐见的形式，引人入胜的故事，鞭挞黑暗，伸张正义，赢得了多层面的读者，成为推进文艺大众化获得很大成功的实践者，同时，他对传统形式的改良和坚持现实主义的创作思想，使通俗文学焕发出新的生命力，为其现代化作出了独特的贡献。

2. 还原历史，科学定位

当代文学批评中的张恨水研究活动进入第二阶段，是以 1994 年召开的第二次张恨水学术研讨会和 1997 年在北京召开的“张恨水与中国通俗文学研讨会”为标志的。这时，学界已超越了“辩诬”的讨论范畴，使文学批评回归于实践的品性，从共时与历时两个方面探讨张恨水在现代文学坐标系上的定位，以充分发掘他作为现代通俗文学大师的价值。从横向上看，张恨水通俗小说产量最高，成就最辉煌，在同时代通俗文学家中技压群芳；从纵向看，当代通俗小说家金庸、梁羽生、琼瑶等的文学成就在许多方面仍然无法企及张恨水。学界开始把张恨水研究与中国通俗文学理论工程建设及创作实践紧密结合起来，从更为广阔的背景下，对张恨水其人其作进行全面、立体、系统的审视。

(1) 关于“张恨水思想文化精神”

张恨水最重视民族气节和爱国爱民的大德。“五四”时期在芜湖率领《皖江日报》员工上街游行，向日本帝国主义示威；1928 年济南惨案发生时即在北京

《世界日报》发表政论，声讨日本侵略者的罪行；亲身参加北平民众抗日救亡的集会，断然拒绝汉奸的威胁利诱；“一·二八”事变后自费出版《弯弓集》，大量发表抗日御侮的国难小说；抗战爆发后张氏不惜毁家纾难、只身入川，主持《新民报》，“最后关头”，义无反顾地对日寇口诛笔伐，坚忍不拔地与侵略者及其走狗汉奸在精神文化战场上血战了八年。

更加难能可贵的是，在反帝的同时，他一以贯之地坚持反封建的事业，在北洋军阀统治下，他利用文学作品，勇敢而又巧妙地揭露军阀和政客们的倒行逆施与荒淫无耻；在国民党新军阀的残暴统治和特务政治的淫威下，他继承和发扬了鲁迅先生的战斗传统，又发挥了自己的特长，以超党派的民众代言人的姿态为民请命，以“中间偏左，遇礁即避”为战斗方略，或大声疾呼地直抒胸臆，或隐讳曲折地借古讽今、指桑骂槐。面对反人民的政治势力的威压与利诱，张恨水表现了贫贱不移、富贵不淫、威武不屈的大丈夫气概，决不同流合污，决不改行当官上贼船，“莫教堕入闲樵斧，一束柴薪值几钱”，[①] 既是劝友，亦是自励，几十年如一日坚持流自己的汗，吃自己的饭，“卖文卖得头将白，未用人间造孽钱”。[②]

在文学职业道德方面，张恨水有着不同寻常的敬业精神和严肃认真的劳动态度，既体现了他对文学事业终身的热爱和虔诚，也反映了他对读者负责、重视社会责任的情操。为了不使连载小说中断，他常常不顾劳累和厌倦，甚至带病超负荷执笔，年复一年地每天工作十几个小时，写几千字，真是罕见的“徽骆驼”！为了读者，他曾强忍丧失爱女慰儿和康儿的极度悲痛，坚持把《金粉世家》写完。为了保证作品的正面效果，他坚决反对鸳鸯蝴蝶派末流宣扬色情和暴力、迷信和怪诞的行为，坚持作品内容的纯洁性的统一，坚持作品对读者至少无害、最好有益的原则，坚持通俗易懂、雅俗共赏的风格。为了讲真话、报道真实的消息，他尽了新闻记者的天职，有时还甘冒一定的政治风险。在发表敏感的政论、杂文、诗词和讽刺性小说的过程中，他常常表现出强烈的正义感和公而忘私、置个人得失安危于不顾的勇气。

（2）关于张恨水在文学乃至文化上的独特贡献及其地位

首先，在世界文化的总体格局和庞大网络中，张恨水作品是中西文化大交融的积极产物。张恨水逐步自觉地和比较成功地实践了鲁迅先生首倡的“拿来主义”，敢于大胆拿来西方文化中有价值而又适用于现时中国国情的东西，从而不

① 张友鸾：《老大哥张恨水》，见张占国、魏守忠《张恨水研究资料》，天津人民出版社 1986 年 10 月第 1 版，第 103 页。

② 张友鸾：《老大哥张恨水》，见张占国、魏守忠《张恨水研究资料》，天津人民出版社 1986 年 10 月第 1 版，第 103 页。

亢不卑、不激不随地达成了中西文化的比较、交流和互动，建构了一个奇特而又合理的以中为主、中西合璧的文化开放体系。重视中西文化冷静比较后择善而从的主张，既不一味守中拒西，也不一味据西批中。他在论文、序跋和为数众多的杂文中，坚持科学文化与人文文化的统一而反对偏废偏枯；既弘扬孔孟之道中积极入世、爱国崇文、民本主义的精华，又接纳已成世界潮流的自由平等博爱的民治主义思想。

其次，在经历了“五四”新文化与新文学运动强大冲击波的洗礼之后，在“打倒”旧文化的潮流中，张恨水作品在历史的坐标上找到了自己特殊的立足之点，那便是新旧之交的不败之地。他在长期摸索的实践中踏上了贯通今古、调和新旧、兼收并蓄、转益多师的正确途径。他超越了新旧文学营垒彼此仇视的意识和营垒内部宗派林立互相攻击谩骂的门户之见，把全部精力集中用于默默耕耘和不懈的探索。在承前启后、沟通新旧文学、融汇新旧文学方面作出了独特贡献。

再次，在社会文化与文学多元多层次的立体结构中，张恨水作品矗立在雅俗之交的广阔天地里，引人注目。他的绝大多数作品或引雅入俗或化俗为雅，写言情不做淫声，写社会平实而不低俗，汇通俗与文雅于一体，达到了雅俗共赏的境界。

总之，张恨水是杰出爱国文化名人，是现当代文学史上作品和读者最多，正义感人民性强、文化内涵最丰富的现代通俗文学大师，卓越的平民小说大家，同时也是一位散文大家和诗词大家。

(3) 关于“双峰并秀”论

著名作家邓友梅说鲁迅是纯文学大师，张恨水是通俗文学大师，他们“如双峰对峙，似二水分流”。安徽大学徐传礼教授进一步慎思地发挥和完善了这一观点。认为两位大师各自代表着通俗文学和纯文学的高峰和潮流，但是这两座高峰海拔相差较大，无法并肩或对峙，无论就思想深度、艺术水平或二者的完美结合看，张恨水都不足以和鲁迅相提并论；就创作道路的过程看，张恨水所代表的通俗文学潮流是渐向纯文学靠拢以至合流的；只强调二水分流也不够全面，结合当代通俗文学的现状和趋势，我们更应该强调和提倡纯文学与通俗文学的互相学习、共同提高，也就是强调分中有合、合中又有分的文学辩证法。就此他得出了这样的结论：张恨水和鲁迅分别是20世纪中国通俗文学与纯文学的大师，各有千秋又互有长短，但总的看来，他们二位是“双峰高下相望，二水分合长流”。

苏州大学范伯群教授对以上观点又作了进一步的阐述和扬弃，认为在纯文学作家中，鲁迅是高峰，在通俗文学作家中，张恨水是高峰；如果将这种说法理解为鲁迅与张恨水是“双翼”——不同文学领域中的“双翼”，应该是一种“双峰并秀”的关系，纯文学与通俗文学本来就应该是一种“并存”和“互补”的关系。

从“双峰对峙，二水分流”到“双峰高下相望，二水分合长流”，再到“双峰并秀”论，其间历经十多年的社会实践之检验，得到学界的赞同。它不是某些学者的主观妄断，而是客观存在的事实。

3. 多元维度，深化拓展

从1997年第三次张恨水学术研讨会后至今，是张恨水研究的第三阶段，即多元剖析、深化拓展阶段。这期间共召开了四次张恨水学术研讨会：2000年在潜山召开的第四次学术研讨会，2002年召开的“张恨水天柱山 旅游文化”研讨会，2005年在合肥召开的“张恨水抗战作品研讨会”，2008年在芜湖召开的“张恨水与中国传统文化”学术研讨会。这些研讨活动，不仅深化了对张氏的总体研究，而且在分体研究、比较研究、现实研究等方面取得了纵深入微的进展；研究方法也有新的尝试，如细读文本的新批评、研究读者心理对作者影响的接受美学方法运用等，不少专家还从文化学、社会学、民俗学、新闻学等多视角去发掘张恨水这座蕴藏量极高的富矿，张恨水研究呈现出向新的领域拓展和多元剖析的可喜局面，如张恨水小说与中国通俗文学走向关系的探讨，张恨水与狄更斯、老舍、赵树理、金庸的比较，张恨水创作中的消闲性、趣味性的研究，张恨水小说中女性问题的探讨，张恨水报人角色的剖析，张恨水作品中旅游文化的发掘，张恨水诗词联及散文的探讨，张恨水语言艺术的鉴赏，儒、佛、道文化和地域文化对张恨水创作影响的探讨等等，可谓是多维切入，议论风生，硕果累累。尤其是张恨水抗战作品研讨和张恨水与中国传统文化的研讨成果最为瞩目，也更具深远意义。

（1）关于张恨水抗战作品的研讨

学界充分肯定了张恨水抗战作品独到的价值和意义。张恨水不仅是抗战文艺的先驱，而且在国家观念的建设上，对抗战文学具有思想上的贡献；张氏还创新了抗战文学的叙述手法，表现出相对自由和多样的状态，并带动整个通俗文学走向蜕变，使传统的通俗小说走向现代化。

张恨水是中国“抗战小说”创作量最多的作家，是中国现代文学史上“国家意识”最为鲜明的作家之一。他的抗战小说完成了中国的“抗战小说”由“难”转向“战”的提升。

张恨水的抗战小说以作家敏感、细腻与新闻工作者平实、客观相结合的独特视角，对重大的历史事件与大量的生活细节进行筛选，写出了跨越十几年的民众苦难史和抗争史，为后人留下了一份珍贵的战争记忆，展现了一部内容浩繁但通俗易读的国难史、悲情的生活史和感性的心灵史。

新时期以来文学史对抗战文学作品的取舍有偏重于讽刺暴露题材而弱化正面战场题材的倾向。事实上，抗战时期的正面战场与敌后战场是相辅相成的，举国协同作战，方才赢得抗战的伟大胜利。近年来，文学界正在逐渐正视和关注表现抗战正面战场的作品，对张恨水率先倾注心血描写正面战场作品的行为予以了充分的肯定，对张氏的《大江东去》、《虎贲万岁》等作品的解读，正可为正面战场的历史复归与准确评价提供新的契机。

（2）关于张恨水与中国传统文化的研讨

围绕张恨水与中国传统文化这一主题的研讨，既有从宏观层面进行综合考察的成果，又有通过某一具体文本透视传统文化对张恨水的影响的成果，不仅考察了张恨水在多大程度上接受中国传统文化的影响，还从艺术反映能动性角度考察了张恨水在多大层面上影响中国传统文化的延续。

首先，学者从微观上探讨了儒、佛、道、地域文化、民俗文化、俗文化、戏曲文化等传统文化因子在张恨水作品中的体现及其对张恨水创作的影响，以此为基础，大家认为：张恨水是实现中国传统优秀文化现代化观念的确立者，他的数以千万计的通俗文学作品正是以建立传统文化现代化为思想前提的。他在传承中国文学传统中，将新的元素渗入传统章回小说的文本，建立了说故事、写人物的新模式，使章回小说具有了新的艺术色彩和新的思想含量，同时注意到新文学过于浓郁的欧化倾向教训，努力打造代表传统文化精髓的本土化语言，以符合中国人的阅读习惯，满足当时的市场要求，从而通过其作品的传播，使传统文化的优秀因素得以走向大众、启蒙大众，达到了弘扬与发展中国传统文化的题旨。

其次，学者们从不虚美、不隐恶的原则立场剖析了张恨水受传统文化负面影响而带来创作上的某些缺失，譬如张恨水才子气里明显有一种中庸人格倾向，体现在作品中即为崇尚人治，比较缺乏现代性法制启蒙思想；对女性解放持否定态度，不乏大男子观念；讲究忠孝固然有合理成分，但因抱有正宗的国家民族意识而把无产阶级革命者形象排斥在外就有失公允。这种在传统与现代之间游走的结果是：中国传统文化在成就了张恨水的同时又限制了张恨水。

三、现、当代文学的观照与互动
——“张恨水批评现象”对当代文学的影响

张恨水是中国通俗文学的一面旗帜，我们研究张恨水，不能为研究张恨水而研究，不仅要洞穿历史，还要着眼现实，放眼未来，从根本上说，我们研究张恨水的目的是推动、促进当代通俗文学的发展和繁荣。根据我们的体认，就此谈几点看法：

1. 张恨水是一位富有强烈的社会责任感和时代使命感的作家，这是他创作高品位作品的真正原因。尽管张恨水把满足人们的消遣与娱乐的需要看得很重，但他却有着严肃的创作态度。张恨水在总结他创作过程与思想的《总答谢》一文中真诚地表明了他写章回小说是为了用民族大众喜爱的文学形式来反映现代生活内容，是出于一种社会责任感，也就是立志写作为人民大众的作品。这种社会责任感与张氏坚守正义的知识分子品格、不断追随时代前进、把握言情与社会写实关系的创作思想是相辅相成的。张氏这种负责任地“为人民大众而写作”的自觉至为可贵。我们今天有许多作家诗人却恰恰缺少恨水先生的这种责任感和自觉，他们标榜写诗作文是为了“表现自我”，他们从西方现代派文学拾来某些连自己也不懂的东西，装腔作势，借以吓人；他们热衷于躲进象牙之塔，做不识人间是非冷暖的精神贵族；而千百万人民群众对他们的大作高论并不买账致使许多作品只在极小的范围内流传。因此，张恨水执意为“习惯读中国书，说中国话的普通民众”写作的自觉意识和“不作淫声，也不作飞剑斩人头的事”的创作精神对于今天的文学创作确有广泛的借鉴意义，张氏小说与时下某些打着通俗文学旗号行诲淫诲盗之实的有害作品更是不可同日而语。

2. 张恨水“引俗入雅”的创作道路昭示了通俗文学的发展方向。张恨水以自己的创作实践为后来的通俗文学创作探索出一条前景看好的道路，它代表了通俗文学的发展方向。经过历史反复而又深刻的检验，证明了张恨水小说不仅深植于中华民族审美基因的地层，不仅对文学审美本性有着过人的深度把握，而且对中华民族传统艺术成规进行了恰到好处的、卓有成效的同化更新；不仅在中国现代文学史上有足够的美学力量问鼎于“五四”载道文学和“五四”纯美文学，而且在中国——包括港台地区——现、当代通俗文学中一枝独秀，至今尚无人能与之比肩。因而，张恨水成为中国通俗小说的方向也就再理所当然不过的了。

回顾上世纪以来的文学思潮与实践，不难看出二三十年代是新文学拉着通俗文学跑，而步入 80 年代后期则通俗文学被金钱拉着跑，严肃文学又被通俗文学拉着跑。许多通俗文学作家为金钱而创作，因而产生了一些低品位的作品，甚至有些严肃文学作家也耐不住清贫与寂寞，变得浮躁起来，也拼命地挤进这一行列。“商品文学”有之，“痞子文学”有之……抚今忆昔，我们今天的通俗文学创作多么需要借鉴张氏创作的成功秘诀，以便把握好通俗文学中言情与言理、言性的关系，防止偏离通俗小说的审美本性，着力在言情的基点上复合社会意蕴的审美表现，孕育催人向上的人格力量与正义导向，达到娱情益志的作用。

3. 张恨水的小说理论无疑是构建当代通俗文学理论的最好参照。张恨水不仅积累了丰富的创作经验，而且上升到理论高度提出了许多精辟的创作主张，形成了比较科学的理论体系。第一，强调“服务对象”，表示愿为“习惯读中国书，说中国话的普通民众”工作；第二，强调“现代”，为他的服务对象提供“现代事物”；第三，强调章回小说改良的文体观，重故事、重结构、重人物刻画相统一的艺术观，趣味性与时代性相一致的功能观。“人性”，是张恨水小说理论的主体建构；“隐曲”，是张恨水小说思想意识的传递策略；“继承借鉴开拓”，是张恨水对章回小说理论的完善。毋庸置疑，这对繁荣当前通俗文学创作，提高通俗文学的创作质量，将起到有力的推动作用与理论保障作用。

4. 张恨水研究成果丰富了当代文学批评的理论建设。当代文学批评中的张恨水研究是在学界开始正视通俗文学的历史价值和社会功能的基础上展开的，反过来，张恨水研究的学术成果也促进了当代文学批评的理论建设。

历史是不能隔断的，文化过程的一大特点就是具有连续性。打破现、当代文学的界限，开展更大历史段的文学史研究已成为近年来重要的新突破。况且包括通俗文学在内的文学现代化过程已经超越了现、当代的时间界限而与上世纪至新世纪的中国整个历史进程相适应、相同步。对“五四”以来乃至清末民初以来的通俗文学历史线索进行梳理是必须要做的一项工程，而这种梳理工作应建筑在对通俗文学作品、作家、社团流派的广泛和深入研究的基石之上。张恨水作为通俗文学的高峰，自然是这一工作过程中绕不过去的重镇，实践也证明现代通俗文学的理论建设正在向张恨水研究吸取许多从创作上升为理论的规律性的东西。如对张恨水融汇中西、贯通古今、雅俗交融的艺术特点的总结，在艺术机制和市场机制双重制约下，张氏坚持审美表现与市场效应之间的辩证统一，侧重于发扬民族传统美德及对若干民族陋习和不合理因素的改造……这些均可为研究者总结归纳通俗文学的自在自律的运行规律和审美标准提供范本和观照。

5. 张恨水研究对上世纪80年代以来通俗文学的勃兴客观上起到了一定的推动作用。上世纪80年代以来，通俗文学再次勃兴，在港台涌现了金庸、梁羽生、古龙、琼瑶等人的作品，在大陆也出现了王朔等作家作品，都赢得了众多读者的青睐，当下网络文学中通俗文学已在风行，且似乎可与以纸质为媒介的文学创作分庭抗礼。凡此种种，应该说张恨水及其作品的传播在其中有一定的直接或间接的推动作用，已有学者开始把张恨水与金庸、古龙、琼瑶等通俗文学作家进行比较研究，从中可以看出张恨水乃至张恨水研究对他们创作的影响。

新时期以来，当代文学批评中的张恨水研究取得了令人欣慰的成果，这固然是专家学者筚路蓝缕、辛勤工作的结果，但最重要的还是与文学界得解放思想、实事求是风气大开之局面是分不开的。相对于张恨水及其作品为我们提供精神的、文学的、文化的富矿来说，我们还需努力，从文学、文化学、新闻学、民俗学、社会学、经济学、史学等方面进行深入开掘。值得注意的是，虽然研究成果丰硕，但是由于“左”的思想阴影还在某些领域徘徊作祟，这使得某些研究成果目前仍然局限于学术圈子，从而在一定程度上制约了张恨水现象的批评活动从更广的范围、更深的层面对当代文学产生影响与发挥有益的借鉴作用。

（作者郑炎贵为安庆师范学院皖江文化研究中心教授；作者朱显亮为安徽省张恨水研究会秘书处副秘书长）

方文的宣城之游与其诗风的转变

——兼论嵞山体与宣城体的关系

章建文

内容提要：方文是清初杰出的遗民诗人。易代之际，他的诗风发生了变化。这一变化当然与时代的变迁有关，然仅就这一方面思考是不够的，在我们进一步探寻这一变化的契机时，发现方文的宣城之游是其诗风变化的直接诱因。同时在探讨这一直接诱因的基础上，对嵞山体与宣城体的关系也作了一点阐述，说明嵞山体反过来又对宣城体的形成产生启发与引导作用。

关键词：方文；宣城；嵞山体；宣城体；诗风变化

方文（1612—1669），字尔止，初名孔文，又名一耒，字明农，号嵞山，别号淮西山人、忍冬子等，南直隶桐城人。方文是桐城方氏族群中的杰出诗人，与后世的方世举、方贞观并称“方氏三诗人”。钱谦益则称“桐城方尔止，能诗称国手”（《读方尔止涂山诗稿却寄二十韵》①）。

方文在明时为诸生，入清后，拒绝参加科举考试，以游食、卖卜、行医为生，布衣终老。方文一介布衣，广泛地接触社会底层，又能广交朝野名流，创作了大量诗歌。从现存的《嵞山集》所收录的自明崇祯丙子（1636）至清康熙己酉（1669）2643首（2141题）诗作来看，题材涉及交游、纪游、感时、怀古、咏物等，诗歌内容丰富。诗体有五古、七古、五律、七律、五言排律、七言排律、五绝、七绝等，众体兼备。他前期师法杜甫，后期主要师法白居易，形成了朴老真挚、平易流畅的风格特色，人称“嵞山体”。可以说是遗民诗人中较为杰出的诗人之一。

明末清初，桐城与宣城是上江地区的两大文化重镇，在当时社团文化的影响下，两大重镇的文人之间有较为广泛的交流，有良好的文学互动。正因为如此，他们在保持自己的文学特色的同时，又有着一致的审美取向。下面我就通过桐城的代表诗人方文这一个案来作一点探索。

---

① 钱谦益：《牧斋有学集》卷11，上海古籍出版社1996年版，第542页。

一

首先，我们来看方文的宣城之游。翻检《嵞山集》，方文至少有四次宣城之游。

第一次是在壬午（1642）年。这一年是因饥荒而求助于友人梁平叔。据他的《四令君诗》小序云："崇祯壬午，江南北大荒，斗米千钱，是岁家人始乏食，有友梁平叔令宣城，不得已，一往谒之，君谢客甚严，独厚予，三个月赠金五百有奇，自是家无饥馁忧矣。"[①] 又据作于壬午年的《禊日与蔡芹溪同舟作》："縠旦属元巳，春云淡天宇。扬舲出石头，须臾达牛渚……借问敬亭山，相去得几许。良朋咸在兹，先期命鸡黍"[②] 和作于壬午年的《喜冯歉然归自白门》："去冬我自秋浦来，君舟恰向宛水开。今春君到白门里，我复扬舲之宛水"[③]，方文于三月初三与宣城好友蔡芹溪一道从南京出发前往宣城，在宣城住了三个月，应在六月初离开宣城。在此期间，方文广泛地接触了宣城名士（在此之前，方文与沈寿民、梅朗中就有交往），参与了他们的社集，在他的集中留下了24首诗，其中五古4首：《梅朗三招同刘长清、龚孟章集天逸阁》、《王抑之招集斋中有赠》、《汤君谟读书敬亭寄此》、《送刘孔安北上》；七古1首：《赠徐善生》；五律8首：《送梅朗三授经白岳》（二首）、《送高若木游泾》、《送蔡大美之金陵》、《禾塘访麻孟璇村居》、《麻无易招同张梅卿、麻孟璇诸子饮》、《詹申如招同葛士元、徐川生、令弟借一饮》、《梅朗三白岳归过访留宿》；七律7首：《徐圣开社集北楼以"中间小谢又清发"为韵，余得中字》、《沈眉生招集西涧》、《钱九章招同麻孟璇、沈景山园集》、《雨夜偕葛元士宿徐川生山房》、《乾时寺杂咏》、《孙直公见怀却寄》、《赠吴孟虎鸿胪》；七绝4首：《送梅朗三东游》、《雨夜宿吴圣水池阁有赠》（二首）、《无题》。

第二次是在癸未（1643）年。这一年作于宣城的诗存有5首，即《宛陵哭梅朗三兼示令弟季升》（四首）、《黄池访梅杓司、张共之》。

第三次是在甲申（1644）年。这一年集中只存一首七言古诗。《偕蔡芹溪至宛兼赠令弟玉立》[④]："前年寒食杨柳青，有客同舟归敬亭。今年长至雪霜白，归舟又附敬亭客。""长至"此处指冬至，也就是说这一年冬天方文到过宣城，可能停留时间很短，所以没有留下多少诗篇。

---

① 方文：《嵞山集》，上海古籍出版社1979年版，第60-61页。

② 方文：《嵞山集》，第27页。

③ 方文：《嵞山集》，第122页。

④ 方文：《嵞山集》，第129-130页。

第四次是在庚寅（1650）年。这一年方文卜居于湖（即芜湖），自春至秋，来往于芜湖与宣城之间。作于庚寅年的《卜居》有“卜居久已定于湖”一句，其集中编入这一年的《上巳社集梅杓司山房，同社者独濯师、谈长益、蔡芹溪、梅季升、幼龙、高梦姑及予共八人》一诗，诗题标明“上巳”，即三月初三（据其中“主人非复旧时欢”一句，应不是壬午上巳之误），《天逸阁怀亡友朗三用蔡四韵》又有“晚来风送雨，六月助悲凉”之句，《饮梅周文秋庄》又有“山中一夜雨，秋气已苍然”之句，时间从三月初三到秋天，跨度较大，我认为方文一直住于宣城的可能性不大，最有可能是来往于芜湖与宣城之间。此期作于宣城的诗作有13首，除上面所引3首之外，还有《古剑》、《响山访梅杓司及令弟昆白，次日谈长益至，各赋二首》、《梅季升招饮天逸阁因吊亡友朗三、孟璇、景山》、《沈景山墓上作》、《麻孟璇墓上》、《宛陵雨中访蔡四芹溪》、《天逸阁社集怀古分得韩昌黎》、《赠宛陵僧》、《咏并蒂兰赠蔡芹溪》、《梅昆白斋头看秋海棠》。

下面我们再来看方文游宣城期间，宣城诗人与之相聚时所留下的诗作。检索《宛雅二编》、《宛雅三编》①，有梅朗中的《同方尔止、蔡大美游响山时，余将往新安，因送大美之金陵》、《同尔止、大美过杓司响山怀五弟季升不与》，麻孟璇的《天逸阁同尔止、大美、庭生、杓司诸子社集》，蔡芹溪的《喜谈长益、方尔止枉集草堂》，梅磊的《秋日谈长益、方尔止见访同家弟昆白赋答》，梅清的《春日同方尔止、麻孟璇、蔡大美、家季升诸子泛舟响山兼访杓司别业》。

当然，方文与宣城诸子还有在其他场合的相聚与唱和。由上述所列诗题看，方文的宣城之游接触了宣城主要的诗人，如沈寿民（字眉生）、梅朗中（字朗三）、蔡蓁春（字大美，别号芹溪）、徐淑（字善生，号东田）、梅磊（字杓司，号响山）、梅清（1623—1697，字渊公，号瞿山），并与他们产生了良好的互动。沈寿民与梅朗中在明末已名重于世，是宣城文坛的翘楚。清初宣城派卓立于诗坛，后面的几位是宣城派早期的代表人物。

二

从方文诗歌创作的实际来看，他前期学杜甫，后期学白居易。从大致的时间来看，这一转变发生在1650年之后。因在这一年所作的《卜居》中有“窗间山色青兼赭，架上诗篇白与苏”② 句，而此前他几乎没有提及白居易，此后则频繁提到。辛卯（1651）年所作《初度书怀》第二首即云：“昔闻杜陵叟，降生乃壬

---

① 施闰章等：《宛雅二编三编》，见四库全书存目丛书集部第373册，齐鲁书1995年版。

② 方文：《嵞山集》，第371页。

子。厥后香山翁，生年亦复尔。相去六十载，英名千古垂。我生幸同庚，性情复相似。酷嗜二公诗，诗成差可拟。”[①] 作于癸巳（1653）年的《秋日归里饮潘蜀藻茅堂谈香山诗甚快有赠并示从弟井公》的“往时刻画杜工部，近日沉酣白乐天”[②] 之句，透露了方文开始学白居易的大致时间。作于甲午（1654）年的《崔李行》则明确地表示师事白居易：“有唐诗人累千百，我独师承杜与白。……古今风雅有神契，况复俱生壬子岁。”[③] 作于癸卯（1663）年的《纵笔》又云：“窃比白香山，自号醉吟翁。”[④] 1663 年，又请当时著名的画家戴苍为其作《四壬子图》（陶渊明、杜甫、白居易、方文俱生于壬子年），表明其师承。

而这一时间正是方文庚寅游宣城之后，加上此前的几次宣城之游和与宣城诗人的广泛的交流，所以我认为这一转变可能与他的宣城之游有密切的关系。如果说宣城之游促成了方文诗歌风格与审美趣味在“淡”的基础上向坦易定型，那么宣城为这一改变提供了什么样的文化契机呢？

宣城诗歌风雅自梅尧臣倡兴于北宋之后延绵至清，已有几次诗歌发展的高潮，自然形成了宣城自己的诗歌传统。这种深厚的诗歌文化底蕴不仅比桐城的渊源长，而且也比桐城丰富。徐芳在《西江游草序》中说：“嗟乎！尔止以跅弛不羁之才，使其黾勉于世，功业可立就，顾甘自放废，百折不回，虽作为文章，其致止足自娱而已，此欧阳修公序梅圣俞诗所云‘世徒喜其工，不知其穷之久而将老也’，而尔止浩浩焉若将终身者，盖天将纵尔止以诗使与少陵、香山诸贤争千古也，复何慨哉？”[⑤] 已将方文与梅尧臣相比，但只就“穷工”之论而言，没有论及方文诗歌风格与审美追求的转变。那么我们不禁要问，梅尧臣与方文师事白居易有什么关系呢？我认为方文至少有以下两个方面或许受到梅尧臣的启发。

其一，诗骚传统。刘克庄说：“本朝诗惟宛陵为开山祖师。宛陵出，然后桑濮之哇淫稍熄，风雅之气脉复续，其功不在欧、尹之下。”[⑥] 指出了梅尧臣继承了《诗经》所开创的风雅传统，主张诗歌反映社会现实。而方文自己也说：“三百篇尚矣。屈宋而后足以追踪继响者，惟汉人乐府。今观其《战城南》、《陌上桑》、孤儿病妇诸行以及《焦仲卿妻》等篇，指事属词，微言托讽，为后代高曾之规矩，而少陵、香山其源皆出于此，虽气格声响不能画一，而风旨所归先后同揆，期于闻者足以感动而后止，即有善析者不能歧两家而使之异辙也。”（为周

① 方文：《嵞山集》，第 58 页。

② 方文：《嵞山集》，第 473 页。

③ 方文：《嵞山集》，第 161-162 页。

④ 方文：《嵞山集》，第 867 页。

⑤ 方文：《嵞山集》，第 767 页。

⑥ 刘克庄：《后村诗话前集》，见《后村先生大全集》卷 174，四部丛刊本。

亮工《西江游草序》[①]所引）梅尧臣也学白居易，这也就使我们看到《诗经》、屈原、汉乐府、杜甫、白居易再到梅尧臣一路发展而来的现实主义的诗歌传统。当然这一点不是主要的，因为方文在诗风改变之前就师事杜甫，然而将这一点与“穷工”结合，我们就会发现以一介布衣的身份来反映现实，则深深地影响了方文，形成了“布衣自有布衣语”话语特色。

其二，平淡诗风。梅尧臣倡导平淡，但他的平淡是从苦心经营而来，这实际上是梅尧臣学白居易和晚唐诗人的结果。这一点可能对方文有很大的触动，从而引起其美学趣味的改变，而这一改变又恰恰是其学白居易之后发生的。潘江在《跋嵞山续集后》中对方文的“淡”推崇至极：“有明著作最权奇，熙甫文章尔止诗。淡处尽教耐思索，太羹元酒少人知。”其中自注说：“予尝谓太仆古文嵞山诗，皆淡不可及。”[②]孙枝蔚在《题嵞山先生续集》中说：“看似寻常最奇崛，成如容易却艰辛。嵞山诗合荆公语，轻薄儿曹莫浪弹。”[③]陈维崧在《题嵞山先生续集》中也说：“字字精工费剪裁，篇篇陶冶极悲哀。白家老妪休轻诵，曾见元和稿本来。”[④]

如果说梅尧臣作为宣城风雅的开创者，他的诗学思想和美学追求已经作为一种文化传统对后世产生潜移默化的影响，那么，明末清初宣城诗坛的再次兴盛，以及方文与宣城诗人广泛的交流，宣城诗人身上所具有的宣城诗歌文化潜质，被方文发掘出来并加以提炼，则是方文诗歌风格和审美追求发生改变的直接原因。下文将结合“嵞山体”与“宣城体”的关系来展开论述。

三

虽然方文访宣城期间，没有留下与宣城派的主将施闰章相聚唱和的诗篇（1650年施氏卧病在家），但十年之后方文与施闰章却有着较为密切的交往和文学上的交流，并且与宣城派的后劲沈泌也有较多的交流。

施闰章（1618—1683），字尚白，一字屺云，号愚山，晚又号蠖斋、矩斋，清初宣城派的主将。施闰章主盟宣城诗坛，奖掖后进，宣城诗人也以其为眉目，形成了独特的地域特色和审美追求，时号“宣城体”。

我们先看施闰章两则材料：

---

① 方文：《嵞山集》，第771-772页。

② 方文：《嵞山集》，第687页。

③ 方文：《嵞山集》，第843页。

④ 方文：《嵞山集》，第843页。

昔时见君《敬亭草》，我方年少君未老。
流光一别十余春，缕缕赠我长篇好。
醉罢秦淮旧酒楼，君言逐我匡庐游。
蓬飞去住各无定，山人又上浮阳舟。
浔阳帆向章门落，相逢正傍滕王阁。
一樽未尽又开船，浦云山雨悲离索。

——《北风行怀方尔止》①

嵞山方先生尔止以诗名世者三十年，而与余阔别不相见者几二十年。始一聚于秦淮酒楼，酒罢复别去。至是有西江之役。自九江而南昌，而赣州，所适皆贤主人。岁暮归自赣，取道临江，而余适官于此，尔止舣舟留十余日。余两人别既久，思甚深，故相见甚欢。已，出其所为《西江游草》属余序，余受而读之，匪独其诗工也，西江之时、地、人事概见于斯矣……虽民谣里谚，途巷琐事，皆可引用，兴会所属，冲口成篇，人或疑为率易，不知其惨淡经营，一字未安，苦吟移日，故其诗真至浑融，从肺腑中流出，绝无斧凿之痕，殆老杜所谓渐于诗律细者……余尤怪世人多薄视香山而尔止酷好之，辄以为尔止病。今试取香山诗，沉吟三复，清真坦率，飘然欲仙；即其杂文短记杼轴己怀，寓目流连，愁疾自解，不烦药石，岂可以“白俗”二字蔽之哉？（《西江游草序》②）

这两则材料透露了以下几个值得注意的信息：（一）根据方文在辛丑、壬寅年间（1661—1662）作西江之游，辛丑年方文与施闰章在南京相聚，并送施氏赴任临江（见《施尚白少参社集秦淮分得来字，即送其之任临江》），相约去临江拜访他作匡庐之游。（二）方文在明末的宣城之游所创作的诗篇已结成《敬亭草》，与施闰章在南京初次相见，施氏就见过此集，此后他们之间诗歌交流就未曾中断。（三）施闰章对方文的真挚浑融、坦易自然的诗风给予积极正面的评价。

再来看《嵞山集》，方文与施闰章相聚主要集中在辛丑、壬寅年间和甲辰、乙巳年间（1664—1665）。辛丑、壬寅年间的诗作主要收录在《西江游草》中，存诗14首，即《施尚白少参社集秦淮分得来字，即送其之任临江》、《生米潭寄怀尚白少参》、《新淦访施尚白少参》、《就亭歌为尚白少参作》、《新淦访施尚白使君一宿而去》（二首）、《施尚白使君书来却寄》（二首）、《壬寅初度奉酬尚白使君》（四首）、《题尚白所藏徐青藤画册》、《题就亭图（亭在尚白署中，半山

① 施闰章：《施愚山集》（二），黄山书社1992年版，第335页。

② 施闰章：《施愚山集》（一），第81-82页。

即画于壁)》。甲辰、乙巳年间诗作收录在《嵞山续集》(后编)中,存诗5首,即《施愚山少参加惠乳山林翁不一而足,诗以纪之》、《喜施愚山使君至,即订栖霞之游》、《同愚山同登摄山顶》、《立春日何第五招同愚山夜集》、《施愚山书来却寄》。再进一步,我们就会发现,方文不仅应施闰章选刻《西湖竹枝词》之征作十首《竹枝词》与《哭蔡芹溪》四首诗和施尚白韵,还对施闰章以很高的评价:"宛陵才子任山东,较士能兴齐鲁风。方浚泉源标胜概,更新祠庙阐遗忠。诗宗梅沈吟何壮,文拟欧曾制以工。最是碑(石民)无岁月,异时人只道天崇。"(《七忠祠读施尚白使君碑记》[①])还有就是施闰章的诗学思想与方文是深度契合的,给方文的印象是深刻的:"我所怀人各一方,惟君谈艺最难忘。其中妙诀无多语,只有销魂与断肠。"(《梦与施愚山论诗,醒而有作》[②])

沈泌(1633—1709),字方邺,号昕斋,抗清烈士沈寿尧之子,博闻强识,才捷一时,是宣城诗派的后劲。在《嵞山集》中存有8首涉及与沈泌相关的诗篇,即《答沈方邺见访》(1659年)、《沈方邺同王山史、杜苍略、黄俞邰诸子集报恩寺分韵送其归宛》(二首,1663年)、《邗上遇沈方邺即送其归宛》(二首,1666年)、《送沈方邺游惠州》(1668年)、《遇沈方邺》(1668年)、《中秋日支山上人、林二史、黄仙裳、曹无咎、沈方邺同集草堂限怀字》(1668年)。方文与沈泌分别在南京、石埭、邗上相遇,不是一般的文人之间应酬,而是"投我以新诗,质我以旧篇……累日恣讨论,中夜犹未眠。乍见不胜喜,临别忽凄然"(《答沈方邺见访》[③]),显然,作为晚辈的沈泌是在向方文请教诗艺。

周亮工在《西江游草序》中说:"尔止之诗初出犹为人所惊怪,越数年而渐习,又数年而玉叔、尚白与余辈后先倡导之,而尔止之教遂大著于天下。"[④]据此,结合前面考证,方文与施闰章、沈泌的密切交往在其第四次游宣城十年之后,还有自1667年起施闰章在家赋闲十年,高咏等人也未入仕,多居家或云游,唱和自然较多,宣城体真正形成应在1667年之后(虽然方文第四次游宣城时宣城体已有雏形,但到施闰章与宣城诗人的唱和,宣城诗歌的特色才更为鲜明,影响才更为深远,这时宣城体才真正形成),所以我认为,方文诗歌风格与审美追求的转变,从某种意义上来说,启发了施闰章等人对宣城诗歌文化的发掘,对当代宣城诗人创作风格与特色的思考,遂在创作上来引导他们有意识的趋近,从而形成既具传统因素又有时代特色的"宣城体",在某种程度上,也呼应了"嵞山

① 方文:《嵞山集》,第742-743页。
② 方文:《嵞山集》,第1156页。
③ 方文:《嵞山集》,第643页。
④ 方文:《嵞山集》,第772页。

体”，并使其大著于天下（后文所揭示的它们的共同之处也说明了这一点）。

四

“嵞山体”也称“尔止体”。从我目前掌握的资料来看，“嵞山体”之名应出现在方文死后，潘江在《跋嵞山续集后》附有一首《王子安节以嵞山续集见贻即效嵞山体》，这首诗应写于《嵞山续集》刻板前后，即1689年前后。但检索《龙眠风雅续集》，李雅（字士雅，别号芥须）有一首题为《程松皋、方东来饷金刻集，是犹吴锦雯倖刻方尔止嵞山诗也，作此谢之，仿尔止体》[①]，而潘江在《哭李芥须》有“岁逢辰巳失贤人”[②] 之句，知李芥须卒于1688—1689年间，所以我认为可能在潘江跋《嵞山续集》之前，就有人以“嵞山体”或“尔止体”称方尔止诗。而“宣城体”也称“宛陵体”，较早使用“宛陵体”一词的是王士禛。1679年，王士禛因梅庚、邵长衡、陆嘉淑夜访，赋《夜月冰修、子湘、耦长见过，同效“宛陵体”三首》[③]，其后“宛陵体”遂为人称宣城派诗。如前所述两体诗既然有这样密切的关系，那么他们又存在那些共同之处呢？

李圣华在《论宣城派》中认为“宣城体”总体上呈现出“清真雅正”的艺术特色，具体来说有五大特点[④]。而方文的总体特色为“朴老真至”，与宣城体共有一“真”字。求“真”不仅是明代诗歌的传统，也是清初诗人尤其是遗民诗人的审美追求，这一点毋庸细论。就李圣华总结的五大特点来说，有三点与方文有明显的一致之处：

一是认为宣城体以“醇厚”为则。由于作家所处时代不同，他们所倡导温厚诗教及其追求，也各具内涵。方文不认同清政府，显然不是从诗教的目的出发来追求醇厚，而是一个布衣老者看透世事沧桑和人情冷暖的超脱的心态来实现内在的超越，以平和坦易的方式来实现醇厚。周体观在《西江游草序》中说：“每一出游，其所为诗动盈卷轴，要皆标举兴会，陶写性灵，怡然顺埋，涣然冰释，绝无哀怨激楚之意，而一归于潜德之音，善乎其自处夫才与遇也……与施少参、周司理辈互相唱和，其诗益多朴而不率，豪而不粗，悲而不伤，怨而不怒，真得风人之遗意。”[⑤] 李楷在《北游草序》中又说：“方子之介介于嵞山，岂其无故而然欤？怀故乡者，仁之道；思先圣者，厚之风。且其入燕赵悲歌感慨之域，易

① 潘江：《龙眠风雅续集》，见《四库禁毁书丛刊》集部第99册，北京出版社1997年版，第556页。

② 潘江：《木厓续集》，见《四库禁毁书丛刊》集部第132册，北京出版社1997年版，第432页。

③ 王士禛：《渔洋精华录集注》，齐鲁书社1992年版，第1029-1032页。

④ 李圣华：《论宣城派》，《苏州大学学报》2005年第6期。

⑤ 方文：《嵞山集》，第769-770页。

于凄凉激壮，难于和平温雅，非有乐天知命，几于见道之怀，其志其辞恶能和平温雅至是哉?"①

二是认为宣城体追求"清切深远"诗境和"朴秀深厚"风貌，与梅尧臣诗歌多有相通之处。方文的"嵞山体"简远而朴老，"宣城体"与之也有很大的重叠部分，姚佺评梅磊《一叶》说："人传杓司作诗平易，慕白香山，不知香山诗亦非一种者……此诗何其工练，故吾特取以为鹄，拈示世人，空腹小儿，正不得以尔止、杓司为嚆矢也"②，就将方文与梅磊并称。不过方文处理"朴"或"淡"与"远"或"厚"的方式与宣城体有所不同，而是走向平易从容。严胤肇在《嵞山续集序》中说方文"以真至醇朴之气发为优柔平和之声，悠然与古太始之音无相远"。③ 方文自己也说："今使世之为诗者，苟能推白之坦逸以合于杜之雄浑，开合顿挫，自为一气，方足雄据作者之坛。"（为周亮工《西江游草序》所引④）方文在《题钟广汉诗册》中说："惠我新诗见一斑，雄才丽藻动人颜。他年渐老渐平淡，知在高岑伯仲间"⑤，也可谓是自己的经验之谈。他在《自题戴苍画嵞山像》（题为笔者拟）一诗表明对生活与创作从容的心态和风貌："山人一耒是明农，别号淮西又忍冬。年少才如不羁马，老来心似后凋松。藏身自合医兼卜，涸世谁知鱼与龙。课板药囊君莫笑，赋诗行酒尚从容。"⑥

三是认为宣城体具有语言简净、句调整严之特点，并指出施闰章、高咏、梅庚都有改诗之癖。方文也有改诗之癖，王士禛《池北偶谈》卷十五《谈艺五·方尔止》载："刘贡父平生未尝议人长短，有不韪，必面折之，退无一语，此长者之行也。亡友桐城方尔止，潇洒有天趣，每见人诵诗者，辄为窜改，其人不乐，方亦不顾也；然退未尝不称其长而掩覆其短，予以此重之。"⑦ 王应奎：《柳南续笔·方尔止吟诗》说："桐城方文，字尔止……考诗甚严，见同辈作，即一字未妥，必推敲以定，人嗤之曰：'改尔止'。"⑧ 不过方文的语言有白俗的倾向，也因此为人所诟病。

总之，宣城体虽从嵞山体中得到些启发，但有别于布衣诗人而趋向于雅（这里的雅是指语言，两体诗的内容都求雅正）。此外还有一点须作说明，方文

---

① 方文：《嵞山集》，第543-544页。

② 姚佺：《诗源》，见《四库禁毁书丛刊》集部第169册，北京出版社1997年版，第146页。

③ 方文：《嵞山集》，第839页。

④ 方文：《嵞山集》，第772页。

⑤ 方文：《嵞山集》，第1172页。

⑥ 方文：《嵞山集》，第846页。

⑦ 王士禛：《池北偶谈》，中华书局1982年版，第369页。

⑧ 王应奎：《柳南随笔续笔》，中华书局1983年版，第153页。

从学杜转向学白，这一转向也对清初桐城诗坛产生了重要的影响。稍后钱澄之、潘江、方授、张英、马孝思、方贞观等桐城诗坛代表诗人也都学白居易，但研究桐城诗派的学者一直没有关注这一点，我认为有必要更进一步去深入研究，此处不好再展开，只好另外撰文论述。

（作者为池州学院中文系副教授）

池州傩戏对宗族社会的反哺作用探究

——关于文化遗产功能的思考

谈家胜

内容提要：池州傩戏历数百年不辍，搬演于贵池县东南山区的宗族社区，也积极地反哺宗族社会，表现在它具有祭祖敬祖、娱乐宗亲、巩固同宗情感、宣教规范维护传统及和睦宗族社区等作用，这种反哺作用契合了宗族社会的需要；因之，数百年来，贵池各宗族势力倾情于傩戏的演出，使得这一活化石性质的戏曲形态能够较完整地保存下来。

关键词：池州傩戏；宗族社会；文化遗产功能

安徽池州傩戏是一种以驱邪纳吉为目的、以佩戴面具为表演特征的一种祭祀性民间戏曲文化，它自明代起形成，主要流行于池州府贵池县东南山区的十几个大姓宗族社区；明清时期盛演不衰，民国时期仍赓续不辍，直至建国初期停演。上世纪80年代，贵池傩戏恢复演出，使得这一古老的戏曲重又鲜活起来。2006年5月，池州傩戏得已列入首批国家级非物质文化遗产名录（遗产编号Ⅳ-89）。何故贵池宗族社会历数百年不倦，倾情于傩戏的搬演，学界多归因于宗族逐疫祈年的需要。此论固然正确但略嫌瘦弱，若从傩戏对宗族社会的反哺作用角度解析方可进一步释疑。为此，本文试作如下的粗疏探究，并就文化遗产的功能略抒管见。

一、傩戏具有祭祖敬祖的作用

在传统社会里，"追本报远"的祭祖敬祖活动是宗族社会的大事，明清时期则盛行"演剧敬祖"的祭祀方式，一些家族甚至将"凡敬祖之礼，莫大乎演剧"的内容写进族规公约①。池州傩戏也具有这种"演剧敬祖"的含义和作用。

首先，池州傩戏本身具有深厚的祖先崇拜的文化内涵。贵池乡民视每年一度

① （日）田仲一成：《明清的戏曲——江南宗族社会的表象》，云贵彬、王文勋译，北京广播学院出版社2004年版，第153页。

的傩戏演出为祖传的定制，“祖传的一切制度、礼仪，以及傩戏演出规范都不容篡改”①，如傩戏的剧本，各家族都有一部祖本，称“总稿”，由会首掌管，村人学戏时，一般据祖本抄录副本以学唱，“剧本既属祖传，所以不得擅自更改，即使是错别字，也依样画葫芦”。② 这种严守“祖制”，视祖先的一切规定具有神圣性，不得亵渎的做法，既反映出村民心目中浓厚的祖先崇拜的情结，也恰恰印证了池州傩戏本身具有深厚的祖先崇拜的文化内涵。其实，贵池各宗族都是将祖灵系统视有傩神系统的宗教功能，他们将本属于“淫祠崇拜”的傩神面具置放于宗庙祠堂，并在祠堂里演出傩戏，从“敬鬼神而远之”③ 的儒家文化层面看，似有不恭之嫌，实际上在明清时期，“民间的祖先崇拜更依靠民间的淫祠崇拜的鬼神文化的支撑，祖先崇拜文化与淫祠崇拜并不是决然对立，祖先崇拜与淫祠崇拜具有共通的祈福心理”。④

其次，宗庙祠堂是宗族社会的核心组织，是安置祖先神位的重要场所，也是全体族人祭祀祖先的重要场所。明清时期，贵池各族的傩戏表演主要在祠堂里进行，其中戏曲性的演出分为两类：一是“假面摆位”型，另一是“假面搬演”型。“假面摆位”即演员戴着面具由执事人员（便装）牵引，各种角色一次性地上场就位，并不演唱，形似木偶，曲文由舞台上便装就座的“先生”负责演唱；“假面搬演”即演员戴着面具无须执事人员的导引，而是根据剧情进展确定各自的进退，并自己演唱，展示戏曲内容。无论哪种类型，演出的具体方位多集中在祠堂的祖先神主牌位前展开。这正是“演剧祭祖”的一种方式，正如王秋贵先生所言，“他们的傩戏演示，主要是属于敬奉祖先神灵，娱悦祖先神灵，祭祀祖先神灵的活动”。⑤

总之，贵池各宗族通过傩戏的演绎，充分地表达出他们崇拜祖先、敬重祖先、祭祀祖先的情感，演出傩戏正是贵池聚族而居的宗族社会所需要的一种祭祖敬祖的祭祀文化行为。

---

① 姚永昌：《贵池刘街“傩”漫谈》，王兆乾主编《傩戏·中国戏曲之活化石——全国首届傩戏研讨会论文集》，黄山书社 1992 年版，第 90-98 页。

② 王兆乾：《安徽贵池乡村傩事活动中的戏剧演出及其研究》，《黄梅戏艺术》1997 年第 2 期。

③ （清）刘宝楠撰：《论语正义·雍也第六》，《诸子集成》第 1 卷，岳麓书社 1996 年版，第 152 页。

④ 林济：《长江流域的宗族于宗族生活》，湖北教育出版社 2004 年版，第 300 页。

⑤ 王秋贵：《傩戏三型辨》，朱万曙，卞利主编《戏曲·民俗·徽文化论集》，安徽大学出版社 2004 年版，第 254 页。

二、傩戏具有团结族众巩固同宗情感的作用

历史上贵池各族的傩戏表演，是各宗族村落每年一度的盛大驱傩表演活动，从其表演的具体内容和活动的组织过程来看，我们可以追寻到傩戏具有团结族众巩固同宗情感的作用。

首先，傩戏具有娱乐宗亲的作用。池州傩戏中的戏曲性故事多演出《孟姜女》、《刘文龙》、《和蕃记》、《章文显》、《陈州放粮》、《宋仁宗不认母》、《薛仁贵征东记》、《摇钱记》等，王兆乾先生将这些剧本与1967年上海嘉定出土的一批明代成化时期的刊本《说唱词话》进行比对后，惊奇地发现池州傩戏剧本与之有密切的关系，有的甚至完全相同，说明了池州傩戏中的戏曲性演出是将民间的"讲唱文学"直接作为演出的脚本。[①] 这些脚本主要表演人间故事，喜怒哀乐，悲欢离合等等，是世俗性的"演人"之剧，因其是池州傩戏的有机组成部分而成为广义上傩仪式的一部分。虽然表演的形式上尚处于初级形态，故而古朴、野拙，依据今天我们对戏曲的欣赏水准来衡量，不具观赏性，但"这些'演人'之戏进入仪式情景其自身即有的愉悦功能，也在仪式情景中发挥出来，由此形成'和神'仪式中娱人心志，感人耳目的浓郁气氛"。[②] 因之，池州傩戏的娱乐性是不容置否的。确实"跳傩本身便夹杂着许多民间小调、山歌、民间舞蹈和民间风情……这些无疑给山民的春节生活平添了无穷的欢快愉悦和几许轻松节拍"[③]。因而，傩戏的演出是贵池宗亲族人难得的休闲娱乐时机。正如"太和章"姓的傩戏"祖本"《和蕃记》第二十八场"团圆"里所言，他们演出傩戏，是为了"年年共乐太和乡"。所以，贵池各族开演傩戏时，宗亲族人中观者甚众，观傩气氛热烈，恰如刘城在其《上元即事效俳体》[④] 诗里所言："连宵分值三更罢，此夕同堂万众哗"，寥寥数字便将傩戏的娱乐宗亲族人作用宣泄无遗。

其次，傩戏具有巩固同宗情感、强化宗族意识的作用。"一本观"在重视血缘的宗法社会里，是族人根深蒂固的观念，而祭祖与收族是一本观念的两个方面，"即因一本观而崇拜祖先，而团聚族人"。[⑤] 贵池各族的傩戏也体现出族人

---

① 王兆乾：《池州傩戏与明成化本<说唱词话>——兼论肉傀儡》，王兆乾主编《傩戏·中国戏曲之活化石——全国首届傩戏研讨会论文集》，黄山书社1992年版，第30–55页。

② 张建建：《冲傩还愿——贵州傩仪的结构、类型、意义》，贵州人民出版社1997年版，第148页。

③ 何根海：《贵池山民跳傩的文化心态》，《中央戏剧学院学报》1995年第1期。

④ （明）刘城：《峄桐诗集》，卷之九，见《四库禁毁书丛刊本》，清光绪十九年（1893）养云山庄刻本；

⑤ 冯尔康：《18世纪以来中国家族的现代转向》，上海人民出版社2005年版，第122页。

“一本观”的思想和情感，它除具有崇拜祖先的祭祖敬祖作用外，也还具有巩固同宗情感、强化宗族意识的作用，即“团聚族人”的作用。明清时期，贵池各宗族随着人口繁衍，出现了聚落分化，一些大姓宗族分家外迁，同族的不再同村或同里，而是各房分居数个自然村，各房支又接着分化出多个自然村，他们有的为了强调同宗的纽带仍旧把傩事集中在总社进行，有的集中在各房支进行，以使同族或同房支的联系不至淡化。如诸湖姜姓一族“把傩戏分成如干出，各房头分担固定几出，年年联合演出”①；再如南山刘姓氏族，虽然衍生出“八大房头”，分居九个自然村，俗称“九刘”，但合族的傩戏活动仍“由族长和香首负责安排和协调九村各支系的日程安排，面具、器具的保管、放置、维修，正月十五朝庙事宜。”② 在这里我们可以清楚地看到“傩是一种凝聚力和亲和力。傩戏的演出，使本村、本族的人和谐地聚集在一个目标下”③，乡民通过演出傩戏，既圆润着血缘关系，使宗族社区亲情融融，也进一步强化着宗族的意识。这种强化宗族的意识在各族傩神会的朝庙（社）活动里，表现得尤为充分，因为这种公开的活动是宗族势力的一次综合展示机会，如汪、刘、姚、戴四姓联合举办的“青山庙会”，各傩神会为了互相攀比，制作出各具特色的仪仗道具，贵池民间流传的一句谚语“南边旗，荡里伞，刘锣戴铳汪扎板，山里山外光呐喊”④，精练地总结出该项活动中四大宗族的庙会仪仗之恢宏；不仅如此，各族在庙会上的演出形式也极为丰富，据《贵池姚氏宗谱·风土篇》（民国十六年六修本）载，“古时朝庙，仪仗外，有千秋，抬阁，高跷诸胜，又选俊童十余，着梨园服，扮故事，历人肩窝上，名曰‘站肩’，其壮丽繁华，与江浙等处赛会无异”。在这种恢宏繁华的形式和表象背后，应是宗族意识的膨胀使得他们不惜靡费如此奢华，而各族又正是通过这一相对较量性的仪式活动，进一步彰显、巩固并强化了他们的同宗情感和宗族的自豪感。

三、傩戏具有宣教规范维护传统的作用

池州傩戏不仅具有祭祖敬祖、团结族众的功能，而且在宣教、维护传统，规范族人言行方面也起到了一定的作用，适合宗族社会的需要。

第一，强固祖先崇拜意识，维护封建宗法制度，加强宗族宗法关系。池州傩

---

① 贵池戏曲志编辑室：《贵池戏曲史料集》（内部资料，1989 年 7 月编印），第 177 页。

② 何根海，王兆乾：《在假面的背后——安徽贵池傩文化研究》，安徽大学出版社 2000 年版，第 18 页。

③ 钱茀：《傩俗史》，广西民族出版社 2000 年版，第 247 页。

④ 贵池戏曲志编辑室：《贵池戏曲史料集》（内部资料，1989 年 7 月编印），第 163 页。

戏本身不仅具有浓厚的祖先崇拜的文化内涵，而且各家族年年在祖灵牌位供奉地的家祠祖庙里搬演傩戏，其本质上又是一种祭祖敬祖的文化行为。应该说这样的祭祀文化行为又能够进一步强固族人的祖先崇拜意识，增强其感念祖先恩德的思想，自觉地维护宗族制度和宗法秩序；它和硬性的“族规家法”条文在维护封建传统方面，起着异曲同工的作用。在族人看来，傩戏是祖上传下来的，搬演傩戏是一种祖制，祖上的一切定制要自觉维护和遵守，不得更改，正如姚姓戏台楹联所言：“制度礼仪遵古法，声音节奏守遗风”。这是一种无形的但却是强有力的宣教，族人在年年演戏、观戏的同时，不断地在重复祖制、感受着祖宗浩荡的恩德，也在不断地遵守祖制，自觉地维护起封建宗法制度。正如何根海教授所分析：“山民以跳傩作为维系和凝聚宗族宗法关系的文化纽带，反映了它们维护封建宗族制度的社会观。”①

第二，宣扬“节孝”的封建伦理思想，净化族人的心灵，规范族人的行为。池州傩戏以佩戴面具为表演特征，面具在乡民眼里是神祇的象征，演员一旦戴上面具就变成了其所代表的神，实现了人神的转换。而“人神转换的意义结构，便也将傩戏所演示的戏剧内容置于仪式情境之中，使这些戏剧所搬演的故事、情节、言辞对话，甚至嬉戏调笑等内容，都成为仪式的一个组成部分，成为仪式的‘话语’”,② 正是“由于仪式化的作用，（戏剧）从其娱乐性的功能，转到了教化功能的结构之中”③。池州傩戏中“正戏”的演出，因处于仪式情境之中，其教化的功能愈益突出。

池州傩戏的“正戏”剧目中，《刘文龙》、《孟姜女》两剧为大多数宗族所选用。何故该两剧在宗族社会里受到青睐，究其因“忠孝、贞节、行善、团圆”是全剧的主旨，反映了宗族对演剧的宣传教化的期待。其实宗族社会在演剧中有选择戏文的偏好，日本东京大学的田仲一成博士认为，所演的剧目一般以忠孝节义的演出剧目为中心。④ 他在对池州傩戏中《刘文龙》、《孟姜女》两剧展开分析后指出：“每年让人们看同样的演出剧目，与其说是娱乐，不如说更近于仪式……作为宗族对妇女每年正月进行的道德教育。”⑤ 应该说田仲一成先生的分

① 何根海：《贵池山民跳傩的文化心态》，载《中央戏剧学院学报》1995 年第 1 期。

② 张建建：《冲傩还愿——贵州傩仪的结构、类型、意义》，贵州人民出版社 1997 年版，第 146－147 页。

③ 张建建：《冲傩还愿——贵州傩仪的结构、类型、意义》，贵州人民出版社 1997 年版，第 148 页。

④ （日）田仲一成：《明清的戏曲——江南宗族社会的表象》，云贵彬、王文勋译，北京广播学院出版社 2004 年版，第 167 页。

⑤ （日）田仲一成：《明清的戏曲——江南宗族社会的表象》，云贵彬、王文勋译，北京广播学院出版社 2004 年版，第 307 页。

析不错，但更需要说明的是，该两剧已置于仪式的情境之中，其跌宕的情节、人物的对白、神仙的点化都是仪式的“话语”。因此，除去“贞节”的内容外，两剧中还有尽忠尽孝、劝善抑恶、因果相报的“话语”成分；这种“忠孝、节烈、善报”的“话语”成分，“集中表现了当时社会的道德趋向，体现了人们文化心理上与审美情趣上的认同”①，尤其是“孝道”的成分在傩戏里更为凸显，南山刘氏演出本就泼墨书写萧氏女“割股为翁调治”的行孝行为，荡里姚干脆在傩神仪仗里设置“二十四孝幡”，将传统文化“二十四孝”中的二十四个人物故事，以图文并茂的形式刺绣在围幛上，供族人观瞻。所以，池州傩戏的演出是对全体族人开展的伦理道德教育，因为“观众亦不是被动地接受者，作为乡土一员，他们中的任何一个都能立刻进入到这个戏剧/仪式的情境之中去”②。因此，在年复一年的这种仪式“话语”的感召教化下，不仅族人的善恶是非观念更加明晰，追求和睦团圆的情感更加浓厚，而且女性更加顺从，男权更加强固，宗族更加稳固。这样的仪式宣教作用，既是池州傩戏活动本身所固有的，也是宗族社会所需要的。

四、傩戏具有和睦宗族社区的作用

池州傩戏是“社祭”活动与“傩祭”活动的合一，它以“社”为组织单元，“同社者，轮迎社神于家”。③ 他们在举办傩事活动时，虔诚有加，举止合度，彬彬有礼，不仅使得宗族内部间亲情融融，而且宗族与宗族之间，也能够相互礼让，这些无疑在客观上起到了和睦宗族社区的作用。具体言之，体现在下述两个方面。

其一，从驱邪逐疫的傩祭信仰角度来看，傩戏具有较强的心理慰藉作用，能够营造出和睦的气氛，有利于宗族社会的稳定。贵池各族皆迁徙而来，置身于较恶劣的自然环境中，为了宗族的发展，它们行傩逐疫，祈求神灵的护佑。从科学的角度来看，这种崇奉神灵的行事方式并不是积极的，但在科学不发达的古代社会，它又不是消极的，至少在人们的心理上会产生较强的慰藉作用。因为不论是演戏者还是观戏者，族人都可以通过积极地参与，融入到家族的傩祭活动中，将一切灾难、虚弱、仇恨、偏见、嫉妒、恐惧等不良的东西，统统归咎或移植到鬼蜮身上加以驱赶，从而将自己在过去一年中碰到的不愉快以及由此而产生的危及共同生活和睦的不良情绪释放出来，并在傩事活动中化解掉。因此，傩戏可以将

---

① 张邦启：《傩戏<和番记>及其文化功能》，载《池州师专学报》2006 年第 4 期。

② 张建建：《冲傩还愿——贵州傩仪的结构、类型、意义》，贵州人民出版社 1997 年版，第 151 页。

③ （明）王崇纂修：《池州府志》，卷二“时序·逐疫”，明嘉靖二十四年（1545）刻本。

“人的愿望和恐惧朝积极的方向转化，从而收到减轻个人和整个家族精神压力的效果”①；另外，池州傩戏戏曲性剧目的结尾部分通常表现出惩恶扬善、和睦团圆的圆满结局，傩戏活动的最后一项又都是逐疫送神的傩除仪式性演出；所有这一切不仅契合了族人禳灾祈福、驱邪纳吉的心理需求，而且能在整个宗族社区内，营造出一种和睦吉利的氛围，有利于宗族社会的稳定。

其二，从“社祭”内容的朝庙（社）赛会活动角度审视，池州傩戏具有较强的和睦社区功能。因为作为“社祭”活动的朝庙（社）及其迎神赛会，“不仅是一种信仰仪式，而且是一种社会仪式，其大规模的巡游活动，不仅成了联系村落共同体的纽带，而且也是联系地方共同体的纽带。”② 如茅坦乡山湖村“黄岗东社”唐、王二姓的“踩马朝社”活动。山湖村共有 10 个自然村，由多个姓氏迁居形成，其中唐、王二姓迁入最早；“踩马朝社”活动主要由唐、王二姓承担，“每年正月十四和十五两日，唐、王二姓的傩队都先在社树前跳土地和踩地马，名为‘踩地圣马’。然后踩马傩队行约六公里，环绕九个自然村，逢村、逢庙，便由踩马童子踩一次地马”③。这一仪式及其巡游活动的意义在于：一方面是驱除灾害，保一方平安；另一方面也是向四邻拜年，是亲善社区各族的一种举措。

傩戏的这种亲善、和睦宗族社区的作用，不仅在“同社”里得以展现，在著名的“联社”型的“青山庙会”里，更是得到淋漓尽致的发挥。青山庙“在元二保中区，元大德七年创建，供奉昭明及城隍诸神像”；④“青山庙会”是该保的汪、姚、戴、刘四姓的“九社”，共同祭祀昭明太子的一种仪式和赛会活动，每年正月十五日上午进行，俗称“九社朝土主”。明清及民国时期，此庙会极为兴盛，因兵燹及极“左”的政治运动，青山庙宇今已荡然无存，庙会活动也被迫中辍数十年，直至上世纪末才在原址恢复，习俗礼仪遵循古制。从今天仍然火爆的庙会活动中，我们可以窥一斑而见全豹，能够追寻到昔日的华彩，其中各宗族的会首、长老在庙会上互贺新年，并在对方的傩神面具前烧香礼拜的仪式，可以使我们清楚地看到数百年来，那醇香浓郁的民间礼让习俗，在池州傩戏中得到了充分的发酵，极大地增进了各宗族社区的和睦友情，消融田间地头的纠纷，化解乡里相邻的矛盾，使得各宗族社区数百年来能够和睦共处，共祈丰年，正如殷

---

① （德）儒道夫．布朗德尔：《安徽贵池刘街乡姚姓家族永兴大社的傩及其社会心理学功能》，麻国钧主编《祭礼・傩俗与民间戏剧——98 亚洲民间戏剧民俗艺术观摩学术研讨会论文集》，中国戏剧出版社 1999 年版，第 665-674 页。

② 陆炎：《贵池傩与社祭》，载《云南师范大学学报》2005 年第 3 期。

③ 王兆乾：《安徽贵池的社祭祀圈》，载《池州师专学报》1997 年第 4 期。

④ （清）陆延龄等修：《贵池县志》，卷七“舆地志・坛庙”，光绪九年（1883）刻本。

村姚姓《正月十五日上庙回来到祠堂感诗断》所言："旗锣铳伞闹喧天，九社齐会各尊先……祖宗传流数百年，子孙遵守庆丰年。"傩戏反哺宗族社会的这种和睦亲善的功能，在"青山庙会"里得到完整而又尽情的挥发。

五、结论与思考

综上所述，历史上池州傩戏有利于宗法观念的强固和宗族族众的团结，增强了宗族的凝聚力，巩固了宗族社区的和谐稳定。这种反哺作用可以说是积极的，至少是中性的，契合了宗族社会的需要。因之，数百年来，贵池各宗族势力积极而又认真地在搬演着傩戏，使这一活化石性质的戏曲形态能够历数百年而较完整地保存下来。当然，不应忽视的是，池州傩戏对宗族也存在着一定的负面影响，表现在两个方面：一是"靡费"。贵池宗族势力原本贫弱，"家鲜蓄积，市无巨商"①，每年一度的傩戏演出在满足族人精神需求的同时，也消耗掉宗族的部分财力，尤其是在大型的朝庙赛会活动中，更是达到了"靡费"的程度，各族的傩神仪仗都是盛装出行，争奇斗艳，以显示其家族势力。如南边姚傩神会"民国二十四年花了几百担稻谷，费时数年，才制作一座（供奉傩神面具的）'龙亭'"，完工的"龙亭""雕梁画栋，金碧辉煌"。② 另一是"锢思"。贵池傩戏是一种泛神灵的宗教信仰，"具有神秘的宗教意识等文化特征"③，数百年来，淳朴的山民年年虔诚地搬演傩戏，观看傩戏，对傩神顶礼膜拜，思想上受到神灵意识的禁锢，这种"锢思"的影响一直延续下来直至今天；如殷村姚"圣帝登殿"傩仪的结尾，必有一族人冲上戏台紧紧地扶持住周仓（舞刀逐疫的傩神）扮演者，等到送神的炮仗声响起才松手，询问其故，族中耆老答曰：祖上如此，如不扶住，演员仍然是神，舞刀的动作将不能停下来，直至累死而被傩神带走。诸如此类的祖传规矩或现时的傩神显灵等话语，傩乡耆老仍可绘声绘色地娓娓道来。

今天，池州傩戏依然在宗族社区年年搬演，成为山民娱神娱人的一项民俗活动，并自觉地传承着这一珍贵的文化遗产。我们在整理和保护这一文化遗产的同时，应剔除其负面影响，将其积极或中性的反哺功能引导到构建和谐社会、维护社会稳定方面。诸如此类的文化遗产本身就具有特定的多样功能，其中反哺社会的积极作用当不应忽视。然而，笔者稍感忧虑的是，当今政府过度注重文化遗产

---

① （清）陆延龄修：《贵池县志》，卷一"舆地志·风土"，光绪九年（1883）刻本。

② 贵池戏曲志编辑室：《贵池戏曲史料集》（内部资料，1989年7月编印），第163页。

③ 王义彬：《别无选择的生存：泛宗教、边缘化——池州傩戏的文化内涵》，载《音乐艺术》2006年第3期。

的经济反馈功用，忽视文化遗产自身所固有的社会反哺功能，其表现就是重开发、轻保护，而就池傩这类一时难以产生巨大经济效益的文化遗产，其保护和传承更令人堪忧。

（作者为池州学院皖南民俗文化研究中心副主任）

浅析桐城派“姚门弟子”刘开的文学思想

方 新

内容提要： 刘开是桐城派“集大成者”姚鼐门下弟子之一，在“姚门弟子”中，其文论和创作成就比较突出。本文结合刘开的创作来探讨其文学思想，认为其文论既汲取了“桐城三祖”尤其是姚鼐文论与创作的精华，表现出承传“桐城家法”的一面；同时也有其突破和超越桐城前贤之处，表现出变异的一面。在文论上，刘开主张“骈散融合”，以骈文之长来弥补散体之短；同时，刘开建构起较为融通宏达的古文统绪，表现出其宽广的视域，其中彰显出变异“桐城家法”的信息。同时，刘开论诗重“情”重“自然”，在“诵读”中体味诗，同时强调“余味”和可歌性。

关键词： 桐城派；“姚门弟子”；刘开；文学思想

刘开（1784—1824），字孟涂，一字明东，安徽桐城人，桐城派“集大成者”姚鼐的弟子，并与管同、方东树、梅曾亮并称为“姚门四杰”。有《刘孟涂集》四十四卷存世，集中古文十卷，骈体文二卷，诗（前集、后集、遗诗）三十二卷。刘开既有丰富的创作实践，又长期浸润在师承巨子、同门切磋的环境中，必定对“文人之能事”有许多会心之得，现简要予以探究。

一、刘开的古文理论

刘开在古文创作上不主故常，所谓“桐城家法”实在限囿不住他。如其所言：“会开从事文章者十余年，于古人用心之甘苦、得力之浅深，窃有以窥其微而得其方，虽功不能至，而志之所向实不欲终囿于八家之囊括也。”① 由此可知孟涂作文尚不以“八家”为规模，更不能指望其恪守不逾“桐城家法”的雷池了。

在古文理论上，刘开力倡引骈入散。如《孙寄圃节相七十寿序代》中有云：“夫黄河之流非一曲之奇也，泰山之云非一日之积也，九层之台非一材之功

① 《与蔡云桥太守书》，《刘孟涂集》文集卷四，道光六年檗山草堂刻本。

也。……其静山岳，其动风霆。不张以声，不厉以色。疏滞涤弊，军民咸悦。政得其要，几决于先。何劾非奸，何举非贤。四境之内既肃，三江之治益和。……"[①] 这便是典型的引骈入散文字。那么，引骈入散有什么好处呢？这要从散文和骈文的优缺点谈起。骈文讲究对仗、辞藻、用典，"四六"体把中国汉字的美发挥到了极致。但骈文美则美哉，却有一个缺点，那就是句与句之间的衔接难以通畅，即使通畅了，也较难做到一起流转，绍接自然。有如刘开所说的"不归准衡"、"多滞形貌"。[②] 散体文的优点是能娓娓道来，心到处笔就能到，于是优秀的散文往往能将心中的情意委曲详尽地表述出来。但是散文多用单字，有时又以口语入文，时间久了不免有词汇贫乏、不够美观的感觉。由此，我们知道适当地"骈散结合"，恰好能融合骈散文的优缺点，使文章既有骈文的形式美感，又能委曲纡徐地表达文意。

要引骈入散，就意味着要力拨成法，尤其是反拨突袭历来被桐城文人奉为圭臬的"家法"，绝非易事，这需要极勇的气魄和识见。而这一点，刘开并不缺乏。在《与王子卿太守论骈体书》[③] 中，刘开就对唐宋以来古文大家相约成习的观点提出质疑："物之然否因乎地，言之等量判乎人。"以严肃的态度批评世间的俗见："宗散者鄙俪词为俳优，宗骈者以单行为薄弱。"那么，刘开是怎样看待散体与骈体的区别呢？"夫骈散之分，非理有参差，实言殊浓淡。或为绘绣之饰，或为布帛之温。究其要归，终无异致。推厥所自，俱出圣经。"就是说，骈体和散体，只是语词组织风格的不同，各有各的作用。如果是为了说清事理，那么散体比较适合；如果注重文章气势和艺术美感，那么就应当适当地引入骈偶因素。正所谓"一以理为宗，一以辞为主耳"。但如果绝对化，偏重说理的，一体都散；偏爱美感的，整篇四六，反而有失偏颇："夫理未尝不藉乎辞，辞亦未尝不外乎理。而偏胜之弊，遂至两歧。"至此，刘开大胆地提出："夫辞岂有别于古今，体亦无分于疏整。"[④] 不苟合千古定论，不妄遵骈散定制。正是基于这样一种眼界和胆识，刘开才敢于在古文中引入骈偶的因素。刘开认为骈偶的句法实在有益于文章，称颂汉晋作手如左马、枚乘、邹阳、相如等"凡此皆笔耕之奥区，渔猎之渊薮。知能之囊橐，文艺之渠魁"[⑤]。正是在认识到骈偶的艺术性和对散体文的补裨作用后，刘开正式地提出融合骈散的主张：

---

① 《孙寄圃节相七十寿序代》，《刘孟涂集》文集卷六。

② 《与王子卿太守论骈体书》，《刘孟涂集》骈体文卷一，道光六年檗山草堂刻本。

③ 《刘孟涂集》骈体文卷一。

④ 《与王子卿太守论骈体书》，《刘孟涂集》骈体文卷一。

⑤ 同上。

故骈之与散，并派而争流，殊途而合辙。……骈中无散，则气壅而难疏；散中无骈，则辞孤而易瘠。两者但可相成，不能偏废。

如此，则文体中再也没有绝对之古文与骈文了，对于文章而言，这样的多元素多特质的融合对于文章整体实在有莫大裨益。并且我们注意到，“桐城三祖”中，方、姚都是恪守古文规矩的，敢于创新的是刘大櫆。刘大櫆将桐城文法介绍到阳湖，恽敬、张惠言、李兆洛等都受法于海峰，自此，别开一派为“阳湖派”。就刘海峰自己的创作实践而言，他绝异于望溪的“雅洁”、姬传的“阴柔”，而是表现出汪洋恣肆的风格。但是，他这一类的作品还是太少了，并没有在桐城本土形成大的声势。姚鼐而后的桐城人中，刘开、梅曾亮、姚莹等都绍续海峰的路数，注意到在古文的创作中适当地注入骈偶的因素，以期更好地增强古文气势和艺术感染力，同时扩大桐城文论的堂庑。

说到扩大桐城文论的堂庑，就不能不提刘开对古文统绪的构建之功。在古文创作上，“桐城派”在清代独树一帜，开派立坛，除了创作上丰赡的实迹，最为重要的就是古文创作之法上有“同然之好”。这种“同然之好”，表现在文法理论上，就是以望溪“义法”和“雅洁”为主要代表的观点。同时，桐城人从来就没有放弃对建立“文统”的努力。我们都知道，“桐城文”承接的是唐宋以来古文的正统，“‘桐城派’对韩、柳的继承，主要是继承他们反对浮华的骈文，力求用白描的、简洁的语言来抒情达意；同时，也继承了韩、柳的有继承、有革新的精神。”[①] 韩、柳以后，“桐城派”的渊源有归有光、王慎之、唐顺之、茅坤，尤其是归有光，吴敏树认为他是“桐城派”的直接渊源，他“并不是简单地模唐仿宋，其真正源泉在于吸收了评话、小说的描写方法，而将其创造性地运用于散文”。[②] 从方苞到姚鼐，都以选本的形式建立了古文的典范源流，方苞编选《古文约选》，文章取径春秋三传、管、荀、庄、骚、国语、战国策、史记、汉书、三国志、五代史、八家文，这是他“取入”的部分。出于对“雅洁”的追求，他又提出古文不能入“小说语”等俗语，他批评“吴越间遗老尤放肆，无一雅洁者”，这是他“舍出”的部分。但该选本未能“网罗众美”，在取法方便上，就不如姚鼐的《古文辞类纂》。吴孟复说，姚氏的《古文辞类纂》有四个优点：采辑之博，选择之精，分类之善，评校之精。[③]《古文辞类纂》所收篇目，上自《楚辞》、《战国策》、《史记》、《汉书》等文，下逮归、方、刘的作品，入

① 吴孟复著：《桐城文派述论》，安徽教育出版社 2001 年版，第 4 页。

② 同上。

③ 同上，第 113–115 页。

选近八百篇。从中可以看出姚鼐实有意识建立和梳理文章的传统。

刘开在古文统绪的建构上既继承了姚鼐，更有所拓展。刘开之举，符合他反对人云亦云的独特个性，同时，也得益于对明代“前后七子”在文法理论上有所失的总结。现在，我们具体地来分析刘开对于构建古文统绪的思路和内容。

我们首先注意到：他强调“这一个”，要成“一家之文”，这和他强烈的独创意识相关。在那篇著名的《与阮芸台宫保论文书》中，他说：“夫天下有无不可达之区，即有必不能造之境；有不可一世之人，即有独成一家之文。此一家者，非出于一人之心思才力为之，乃合千古之心思才力，变而出之者也。非尽百家之美，不能成一人之奇；非取法至高之境，不能开独造之域。”① 他认为文应当和天的境界相当，天下情事物态是不可穷尽的，那么文章也应无法穷尽，远远不止眼前有限的几个取法对象。他形象地描述道：“五都之市，九达之衢，人所共由者也；昆仑之高，渤海之深，人必不能至者也，而天地之大有之。锦绣之饰，文采之辉，人所能致者也；云霞之章，日星之色，人必不能为者也，而天地之大有之。夫文亦若是而已矣。”② 那些在造文上鲜有创意的人，不是才力学力的不足，而是眼光上的平庸，是“出众”的心理作祟。这种情况，刘开总结是“众人之效法者，同然之嗜好也”。

但是刘开认为这种流于“众人”的取法之道是文章大害，有一流才力学力的人应当摒弃这种看法。“同然之嗜好，尚非有志者之所安也。”所谓“同然”，对象是哪些呢？不用说，自然是所谓“八家”。“八家”之说，有它的建设性作用，那就是标举第一流作品，使得天下作手在取法上眼睛向上，尽快地登堂入境，“为之者各有心得，而后乃成为八家也。”但，要真正成为“八家”，眼睛却不能总是盯着“八家”。为什么呢？刘开列出三个方面的原因：

韩退之约六经之旨，兼众家之长，尚矣。柳子厚则深于《国语》，王介甫则原于经术，永叔则传神于史迁，苏氏则取裁于《国策》，子固则衍派于匡、刘，皆得力于汉以上者也。今不求其用力之所自，而但规仿其辞，遂可以为八家乎？此其失一也。汉人莫不能文，虽素不习者，亦皆工妙，彼非有意为文也。忠爱之谊，悱恻之思，宏伟之识，奇肆之辨，诙谐之辞，出之于自然，任其所至而无不咸宜，故气体高浑，难以迹窥。八家则未免有意矣。夫寸寸而度之，至丈必差。效之过甚，拘于绳尺而不得其天然。此其失二也。自屈原、宋玉工于言辞，庄辛之说楚王，李斯之谏逐客，皆祖其瑰丽。及相如、子云为之，则玉色而金声；枚

① 《与阮芸台宫保论文书》，《刘孟涂集》文集卷四。

② 同上。

乘、邹阳为之，则情深而文明。由汉以来，莫之或废。韩退之取相如之奇丽，法子云之闳肆，故能推陈出新，征引波澜，铿锵镗石，以穷极声色。柳子厚亦知此意，善于造练，增益辞采，而但不能割爱。宋贤则洗涤尽矣。夫退之起八代之衰，非尽扫八代而去之也，但取其精而汰其粗，化其腐而出其奇，其实八代之美，退之未尝不备有也。宋诸家叠出，乃举而空之，子瞻又扫之太过，于是文体薄弱，无复沉浸醲郁之致，瑰奇壮伟之观。所以不能追古者，未始不由乎此。夫体不备不可以为成人，辞不足不可以为成文。宋贤于此不察，而祖述之者，并西汉瑰丽之文而皆不敢学。此其失三也。①

这三个方面简而言之就是：一、"不求其用力之所自"，"但规仿其辞"；二、把八家之法当做死法，"拘于绳尺而不得其天然"；三、不能取精汰粗，化腐为奇，集古人之美，成一家之文。刘开同时指出，若无此三失，八家是可以学的，而且只有从学习八家入手，才能上追泰汉，广取诸家之所长，"取精多而用愈不穷"，"而后克以有成"。

于是，刘开抛出了他构建古文统绪的"三步说"。第一步，取法方苞、归有光而上溯唐宗八家。作者并不讳言望溪为文的缺点："谨严精实则有余，雄奇变化则不足"、"能醇不能肆。"这是合乎实际的。但刘开同时指出，学八家又必须从学方苞入手，方能"不误于所向"。以方苞为"八家"门径，肯定了望溪涵泳于"八家"，兼有"八家"之美的成绩。但耽于望溪是不够的，所谓"然而有志于为文者，其功必自八家始"。他详细地论述了以"八家"作为"入门"的原因，那就是"八家"在体裁结构上建立了典范，而这种典范前此无有。"文之体制，至八家而乃全……学者必先从事于此，而后有成法之可循。否则虽锐意欲学秦汉，亦茫然无津涯。"

第二步，"进之以《史》、《汉》"，上逼六经，是溯八家之源，通至文之道。"桐城文"向以"班、马"为文法之则，刘开当然一体遵守，但他也注意到"班、马"以来所不足的地方，那就是取材还不够宽泛，他举例说韩愈的文章注意取法《诗经》和《尚书》，但仅有这两部书哪够呢？"退之以六经为文，亦徒出入于《诗》、《书》，他经则未能也。"刘开提出取材道路极为阔大的第三步，这一步极能表现他兼容并蓄的胸怀。

第三步，取径最为广博，先是"从容于《孝经》以发其端，讽诵于典谟诰训以庄其体，涵泳于国风以深其情，反复于变雅、《离骚》以致其怨"；再吸纳"《左氏》之宏富，《国语》之修整，益之以《公羊》、《穀梁》之情深"；再结合

---

① 《与阮芸台宫保论文书》，《刘孟涂集》文集卷四。

“《大戴记》之条畅，《考工记》之精巧，兼之以荀卿、扬雄之切实”；再汲取“老氏之浑古，庄周之骀荡，列子之奇肆，管夷吾之劲直，韩非之峭刻，孙武之简明”；最后还可以广合“《吕览》之胲洽，《淮南》之瑰玮”，这样才能“众美既具”。

上面的刘氏“三步说”，一言以蔽之，那就是：“以汉人之气体运八家之成法，本之以六经，参之以周末诸子。”要做到这一步，真好比是在脑子里建立了一个中国文化史的资料库，我们惊叹他兼包百家视域宽广的同时，也觉得要以一人之力去囊括万有，多少有点“柏拉图”，过于理想。以方苞之“朝闻道，夕死可矣”，古书翻阅尚囿于有限的几家，要完成刘氏之宏图，古往今来几人能够呢？而且，姚鼐的《古文辞类篹》已经取材足够富博的了，近人钱基博曾自谓一生“所恃惟一部《古文辞类篹》”。① 话虽如此，但其方法论意义以及文法理论上的反动还是值得注意的，有学者指出：“他在很大程度上与桐城派传统文论拉开距离，宽松了道对文的束缚和淡薄了文载道或道统即文统的理论色彩，以文为中心，以美为需要勾勒出他的广博的文章取径图式。也因为他在这一点上摆脱醇儒思想的制约，暂时获得游刃有余的精神自由，故在文章取径上极明显地表现出对桐城前辈文统的突破。”并且在文学实践的具体比较上：“刘开与方苞所取之途径已有广狭之分，何况刘开又专取文之华美，集古今胎荡、奇肆、瑰玮、怪艳之文，‘尽百家之美，以成一人之奇’呢。”②

要之，刘开在古文理论上的建树主要有两点：一是引骈入散，甚至要融合骈散，极大地增强了文章创作的感染力，丰富了“桐城派”古文理论；二是刘开积极地建立古文统绪，其“三步说”更是囊括万有，将先秦以迄所有的文章资源都列入门墙，在方、姚取径上更趋于广博，表现出广阔的眼界，同样是对桐城先贤的突破。

二、刘开的诗学思想

刘开的诗歌创作成果极其丰硕，共计三十三卷，一千三百余首，这样的创作实迹足以让人咋舌，实践丰富的背后，是孟涂对诗歌艺术的独特体会和认识。首先，我们要论述刘开的“读诗学”的思想。

---

① 引自吴孟复著：《桐城文派述论》，合肥：安徽教育出版社 2001 年版，第 113 页。

② 许结：《桐城文学观的反省与变异——刘开文论特色探》，《烟台师院学报（社科版）》1987 年第 2 期。

他的《读诗说》[①]，就是以研读接受《诗经》为例，详谈他寝馈《诗经》的心得和由此生发的“诵读”之法。首先，他说：“夫《诗》者，所以治人之性情也。以古人之忧乐，动天下之心思，使之出于正而已矣。乐正之所崇，下学之所事。”他提出“正”，既是“心正”、“情正”，也是“乐正”、“文正”，所以“正”是文艺的出发点，性情之“正”应当成为文学的“源”。正是在这个意义上，他接着说：“故学而有得，必通乎《诗》。”此“学”非“学识”之“学”，而是指沉浸“诗三百”后对性情的洗礼。于是，“君子之学于《诗》也，可以厚性情焉，可以变气质焉。……孔子论为学之序，首曰：‘兴于诗。’言感发心志，舍《诗》则无自也。”这并不是简单地从“政治教化”入手，而是从“人”出发来理解《诗经》的作用。于是，他肯定“情欲”，肯定“情真”的普适性，凸显了“真”对于文学艺术的必要性地位，“此皆天性之发于中而不能自已者也。”他继续阐明“诗三百”对于“人心”的感发，既是出于“自然”，也是一种“不自觉”：“夫天性之发，非出于矫饰，故《诗》之移人情也，亦动于自然。”“唯人之感于《诗》也，本于中心之诚，故能叹慕流连，遂被其潜移而不自觉。”刘开清醒地看出古来诗教传统是把诗动“人心”与政治教化相结合，这样就削弱了《诗经》等文艺经典对于“人心”的感发作用。借此，他明确说：为儒学，为文理，要皆从“情”入手，慢慢引导，然后其事可成。

刘开论诗重“情”，也和清代中期诗坛的风气相关，如袁枚标举的“性灵”，就是当世诗坛的一缕清新空气。再如阳湖人洪亮吉，论诗主张“性”、“情”、“气”、“趣”、“格”，推崇至性至情[②]。比刘开年长二十岁的张问陶，也主张好的诗歌要抒写性情，如言：“笺注争奇那得奇，古人只是性情诗。”“天籁自鸣天趣足，好诗不过近人情。”[③]

我们已经谈到刘开对于“读诗”，应当读出“情”，在“情”的感发中能看出先儒“其言具在也”，而不必“别立名目以晓世焉”。那么，在诵读以《诗经》为代表的文艺经典时，具体的操作路数怎样呢？刘开对此有详细的说明：

然则读《诗》之法奈何？曰：从容讽诵，以习其辞；优游浸润，以绎其旨；涵泳默会，以得其归；往复低回，以尽其致；抑扬曲折，以循其节；温厚深婉，以合诗人之性情；和平庄敬，以味先王之德意。不惟熟之于古，而必通之于今；

---

① 《读诗说》，《刘孟涂集》文集卷一。文集《读诗说》分为上中下三篇，纯以内容分，此处从便合一。

② 参见王运熙、顾易生主编：《中国文学批评通史》（清代卷），上海古籍出版社 1996 年版，第 515-518页。

③ 以上二句分别出自张问陶《论文八首》和《论诗十二绝句》诗，转引自王运熙、顾易生主编《中国文学批评通史》（清代卷），上海古籍出版社 1996 年版，第 522 页。

不惟得之于心，而必验之于身。是乃所谓善读《诗》也。

从中我们可以看出：其一，刘开对于作品诵读的重视，关键是看要符合作品艺术真实的诵读，一步一步地从“习其辞”到“绎其旨”、“得其归”，到“尽其致”、“循其节”，最终能通古今，能融身心。同时应当看到，刘开对于诵读的想法，很好地继承了先贤刘大櫆通过诵读来与古人之“神气、音节、字句”相仿佛的文学思想。其二，刘开对于刘大櫆的超越之处在于：他把诵读文艺经典的最终旨归确立在“古今融合”、“得于心”且“验于身”上，而这一点，是他对于文艺现实作用的天才发挥。他对于“古今融合”、“得于心”且“验于身”的思想，已见前述，但把学术思想和文艺思想融通，却是熠熠生辉的发明洞见，我们也可以延伸认为，他的文学思想注重“实用”，注重文学与“日常生活”的融通。其三，在诵读中，他讲求作品的真意，注重对作品内蕴的生发，用刘开的话来说，是“触类可通”：“夫《诗》者，触类可通者也。触类可通，故言无不尽；引而伸之，其义愈进焉。”所谓“引而伸之”，与现代阐释学的观点些许有相似之处，通过“引而伸之”，作品的内涵能得到最大程度的丰富，并且使作品向二维时空无限开放。刘开的“金点子”还表现在他提出艺术联想——“悟”，并且举例论证“悟”的三个层面：“古人之于言，有因事及《诗》者矣，子贡之悟‘切磋’是也；有因《诗》及事者矣，子夏之悟‘礼后’是也；有《诗》如此而意如彼者矣，孔子因《缗》、《蛮》、《黄鸟》而悟人之当止，因‘执辔如组’而悟为天下之道是也。”

以上是刘开对于诗歌诵读的看法，通过诵读来达成一种有效阐释。刘开的“诵读”，本是“桐城家法”的一个重要组成部分。刘大櫆论文，就十分强调通过诵读来把握文章神理，其“神气音节”说，实际上就是以诵读作为为文的凭借。刘开的同门师兄方东树有言：“学者欲学古人之文，必先在精诵。沉潜反覆，讽玩之深且久，暗通其气于运思置词、仰拒措注之会，然后其自为之以成其辞也，自然严而法、达而臧。”① 梅曾亮在《与孙芝房书》中也指出：“周秦汉及唐宋人文，其佳者皆成诵乃可。夫观书者用目之，一官而已；诵之而入于耳，益一官矣；且出于口，成于声，而畅于气。夫气者，吾身之至精者也，以吾身之至精，御古人之至精，是故浑合而无有间也。”可见，刘开对诵读的重视，对音节的强调，乃是以桐城文法为诗法。

因为注重诵读，故而刘开对诗歌形式美十分强调，就是很自然的了。这就涉及刘开对诗歌艺术的认识。

---

① 《书惜抱先生墓志后》，方东树著《仪卫轩文集》，卷六，清同治七年（1868）刻本。

刘开认为诗歌在形式上应具有音乐的美感，尤其是应合乎韵律和节奏。他在传统资源中给自己的这种认识找到理论依据，就是“诗言志，歌永言”之说。在《拟古诗序》中，他对“诗言志”的阐释是：“温柔敦厚，穆如清风，此言志之美也。言之不足，故长言之，长言之不足，故嗟叹之，此永言之遗也。……有其志故言不虚，言之永而志乃见。所谓‘一唱三叹有遗音’者是也。”[①] 在内容上言之，诗歌当然应该有性情，没有性情也就做不到刘开所强调的“诚”。“诚”是刘开对治学的要求，同时也是他对诗歌的要求，“诚”和“性情”是一衣带水的：“诗以达情也，而世之为诗者适足以自掩其情，是非才之不足而学之不至也。”[②] 刘开的深刻在于，仅仅有性情还是不够，诗歌还应追求音乐韵律之美。“降至后世，有其志而无永言，徒以为诗道性情而已，而所以道其性情者不知也。……后世诗与乐分，古乐亡而声音之道不讲，故性情是而音节非。”[③] 他注意到音乐和诗歌相融的方面，注意到节奏、韵律对诗歌的正迁移。如果不重音律与性情的融一，就是流于刻意，不够圆融。“后人抒怀刻意，唯恐其重，唯惧其复，句更语变而意不见其有余。何则？言中用意者多，言外见意者少也。”[④] 刘开认为，有音乐韵律之美的诗篇才能有余味，这才是我国诗歌美的真精神。对于“余味”，孟涂这样言及：诗人“重复咏叹，意简而弥远，辞长而不繁”。在诗歌艺术的两个方面“辞达”和“无尽”中，很明显刘开认同后者，他甚至对古时诗歌传统“不可歌者不得为诗”表示赞赏，如是，则后世天下之诗，合乎刘氏之美者又能有几篇！刘开对诗歌能够“可歌”的看法极应引起重视，我们认为其创作也基本合乎此旨。

总之，刘开论文强调文章气势，“引骈入散”，并且试图建立取径更为广博的文章统绪。论诗和论文有诸多共通之处，刘开强调“诗教”传统，追求清新自然的诗风，注意“诵读”在诗歌创作和阐释接受中的独特作用。

（作者为安徽黄梅戏学校教师，文学硕士）

---

① 《拟古诗序》，《刘孟涂集》文集卷七。

② 《珠船诗草序》，《刘孟涂集》文集卷七。

③ 《拟古诗序》，《刘孟涂集》文集卷七。

④ 《珠船诗草序》，《刘孟涂集》文集卷七。

论姚鼐散文艺术思想形成的原因

汪传荣

内容提要：桐城派将清代散文艺术水平推上了超越元明、比肩唐宋的高度。这与桐城派集大成者姚鼐的努力分不开。他兼收并蓄，博采众长，创立文统，建立一套系统完备的散文理论。影响其“义理、考证、文章”等文学艺术思想形成的主要因素，大致有：清朝特定的政治和文化环境；中国散文发展的内在客观规律；桐城特有的自然与人文环境；姚鼐本人清正卓异的个性。

关键词：桐城派；姚鼐；散文；思想；政治；人文；个性

桐城派在自清初至民国的二百余年间，成为问鼎中国文学史、主盟清代文坛的散文显派，固然与创始人方苞、刘大櫆和姚鼐的师徒接力，始终奉行“学行继程朱之后，文章在韩欧之间”[①] 的思想和创作宗旨有关，也与后来者接踵云聚，贤才俊杰尽出其门有关，而功劳最著者，当首推姚鼐。

姚鼐（1732—1815），字姬传，一字梦谷，因书斋名惜抱轩，世称惜抱先生，安徽桐城人。纵观姚鼐的一生，于朝廷为官八年，在辞去四库馆编修一职后，便开始了长达四十年的教书与著述生涯。就是这漫长的书院经历，使他得以完成载誉史册的大事——创立桐城派统系；提出完整的古文理论。姚鼐由“昔有方侍郎，今有刘先生，天下文章，其出于桐城乎？”[②] 正式举起桐城派旗号，以宽广的胸襟，兼收并蓄，广采众长，将前人的文学思想之精髓加以融化，完成了一套系统而完备的古典散文创作理论：“义理、考证、文章”三者相济说，“神理气味，格律声色”创作八字方针，“阳刚”与“阴柔”相辅相成的美学风格，及“道与艺合，天与人一”的文学主张。影响其散文艺术思想形成的因素也许很多，本文就其主要原因略作分析，以求窥一代文宗之宏通思想于皮毛。

（一）清代特定的政治与文化环境为其提供产生的历史前提条件

清朝伊始，清廷以异族入主中原，凭借武力平定一切反抗之后，为了夯实统治基础，统治者把目光投向思想文化领域，实施了一系列恩威并重的政策措施。

---

① 王兆符：《方望溪先生文集序》。

② 姚鼐：《刘海峰先生八十寿序》。

为了标榜自己的统治具有正统性，清朝于统治思想上奉孔孟之道、程朱理学为正宗。清帝亲举大旗，凭借专制政权势力在全国推行。康熙重新刊行了明代修订的《性理大全》，编定了《性理精义》颁行全国。康熙在《四书讲义序》中明言以理学支持“治统”的“本心”：“万民道统之传，即万世统治之所系也。”一时间，理学笼罩天下，弥漫寰宇。程、朱理学家李光地、汤斌等由此跻身朝堂，深得皇帝宠幸。姚鼐的启蒙熟师，“久屈屋场”，终生以教书为业的方侍庐[①]，也是“论学宗朱子”[②]。由是，桐城派尊奉程朱理学，是顺应时代潮流，也是使自己的文学主张首先在执政者那里取得政治上的“通行证”。但是，以姚鼐为突出代表的桐城派，其尊崇宋学，既非一味紧跟现实政治之风，当然也不是盲目迷信程朱学说。姚鼐曾说：“儒者生程、朱之后，得程朱而明孔孟之旨，程、朱犹吾师父也。”他还说：“苟欲达圣贤之意于后世，虽或舍程、朱可也。”[③]“朱子说诚亦有误者。”[④]“程、朱言或有失，吾岂必曲从之哉？程、朱岂不欲后人为论而正之哉？正之可也。”[⑤]可见姚鼐不是盲目卫“道”的腐儒。他论“道”，并不限于孔、孟、程、朱之道，更重要的是指天下万物本身的客观规律。他说：“吾尝以谓文章之原，本乎天地，天地之道，阴阳刚柔之精，皆可以为文章之美。”[⑥]姚鼐提出“义理”说，有冷眼看社会的独立思考，也有顺应时代要求的一面，更是为了强调文章的思想内容的首要地位。。

清初诸帝极力倡导理学，其根本目的是利用程朱学说控制臣民思想。乾隆给程颐《论经筵札子》的评语中有：“且使为宰相者居然以天下之治乱为己任，而且无其君，此尤大不可也”，可见，封建统治者是不希望有以天下为己任的真正理学大师出现的。那么，让广大知识分子皓首穷经，钻进历史的故纸堆不失为“治世”良方。有了乾隆这个强大的幕后推手，清代重于考据的汉学家便风行天下。纪昀是汉学家，以他为总纂修官的四库馆成了汉学家的大本营。尊崇宋学的姚鼐在其中任纂修官，对考据学的优弊了然于心，他一面肯定汉学家治学的严谨态度，在其后的散文理论中加“考据”说，把方苞的“义法”理论与汉学研究的证实精神结合起来，用后者的细密弥补前者的空疏。主张为文重来历，反对信口开河的浮泛文风。同时，姚鼐用宋儒“义理”与方苞的“法”来救治汉学堆砌繁杂和“守一家之偏”的痼疾。姚鼐谈义理是以端正立言主旨，谈考证以充

① 桐城派后期重要作家方东树曾祖。

② 姚鼐：《方侍庐先生墓志铭并序》。

③ 姚鼐：《复曹云路书》。

④ 姚鼐：《复蒋松如书》。

⑤ 姚鼐：《再复简斋书》。

⑥ 姚鼐：《〈海愚诗钞〉序》。

实文章内容。

清代文字狱频发，据统计，仅康、雍、乾三朝即达一百六十余起。同时，对于一切不利于政权稳固或涉嫌传播“异端”思想的书籍，也一律予以禁止或销毁。“文字狱频兴，学者渐惴惴不自保，凡学术之触时讳者，不敢讲习。”[①]“避席畏闻文字狱，著书都为稻粱谋。”[②] 可谓当时读书人生存境况的真实写照。康熙五十年（1711），《南山集》案震惊朝野，桐城派开山者戴名世（号南山）因著《南山集》罹祸，被处极刑。桐城派创始人之一的方苞也因之受牵连入狱，后幸有友人营救，获康熙朱批“方苞学问，天下莫不闻”，才算逃过一劫。桐城后起之秀的姚鼐，耳濡目染前辈的遭遇，又有八年为官的亲身经历，为“免世网罗缯缴之患”的最佳选择，莫过于退而从文，发挥散文的载道功能，针砭时事，补正人心。然而，文网密布的现实，致使其精神张力有限，摈弃金刚怒目、大气磅礴的雄壮之美，选择“阳刚”与“阴柔”相济，固然是为文的本质要求，但也折射出姚鼐“庶免耻辱之大咎”[③] 的内心诉求，以致内敛多于张扬，理性意识压倒现实激情，但求“道与艺合，天与人一”，以于俯仰无愧，保持人性的尊严和人格的完整。

（二）中国散文自身发展的内在规律为其提供营养

文学随着时代的变化而变化，时代不同，文学各异。上溯先秦两汉，下至唐宋元明清，在悠悠的历史长河中，中国文学史可以说就是一部“道”与“文”、“理”和“情”的二元对峙、交融的发展史。“道”与“文”一直是文学家剪不断、理还乱的两份情结，重“道”往往会害“文”，主“情”又有流于浮薄清浅之虞。如何处理二者之间的关系，成为困扰历代作家的难题。

至明代末年，公安派及小品散文的出现，标志着主情、主文思潮在散文领域的大获全胜。公安派提出“独抒性灵，不拘格套”的口号，反对“道统”对文学的束缚，反对模拟古人，强调散文的审美功能，主张个性自然流露，文风洁净流畅，给晚明文坛带来了清新活泼的气息，具有一定的革新意义。然而，明清易代后，许多汉族文人民族情感遭受重创，他们把探寻的目光投注到文学领域，遂将明末主情文风视为西晋空谈误国的重演。因之清初在文学领域发起了对晚明文学思潮的围剿，抨击晚明文学的空疏误国，倡导文学经世致用，强调文章的社会功能，提出恢复唐宋散文以理学为主导的“文道合一”传统，这就使得在晚明受到极大遏制的“文以载道”传统文学观念重新抬头，并很快再次居于文坛统

① 梁启超：《清代学术概论》。

② 龚自珍：《咏史》。

③ 姚鼐：《复张君书》。

治地位。

清初文学家的努力，基本肃清了明末华丽文风，也为桐城派振兴古文指引了方向。随着清王朝政权的巩固，社会渐趋稳定的状况下，桐城派古文的出现，可谓应时遂运，顺风顺水，它既符合了清朝统治的需要，又具有明确操作规范，便很自然地得到来自官方的大力支持，成为士人追捧的文章样式，并借此荣登文坛盟主地位。桐城派创始人方苞的散文主张“义法”，“义”即《易》之所谓“言有物”也，“法”即《易》之所谓“言有序”也。他的“义法”说的本质特点是把文章的思想内容放在首位，其核心意图是要将分离的道统和文统融为一体。方苞的弟子刘大櫆在接受“义法”说的基础上，又进行一定程度上的突破。他在强调“义理、书卷、经济”的同时，着重探讨文章写作中“神气”、“音节”和“字句”三者之间的关系。“神者气之主，气者神之用。”“盖音节者，神气之迹也；字句者，音节之矩也。神气不可见，于音节见之；音节无可准，以字句准之。”“学者求神气得之于音节，求音节得之于字句，则思过半矣。”① 其用意即把文章神气落实到音节和字句这些具体操作上。

姚鼐在新的历史时空下，秉承散文数千年发展脉络，远接秦汉与唐宋诸家，近承元明巨子及桐城派先辈的文统，同时从所处的时代新的学术风气中摄取有助于完善散文创作的合理因素，对古典散文作了一番扎实而系统的总结。因而，他的古文理论大纲显得更加宏通，细目则更加具体，对文理的体会和抉发更加幽微，无论是体系的完整性，还是理论的周密性，都达到了极高的水平。首先，姚鼐提出了“义理、考据、文章”三者“相济”和“以能兼长者为贵”的主张。他在《述庵文钞序》中说：“余尝论学问之事，有三端焉，曰：义理也，考证也，文章也，是三者，苟善用之，则皆足以相济；苟不善用之，则或至于相害。”其中义理说来自于方苞，文章说来自于刘大櫆，而考证说则是受乾嘉时期汉学家考证风行的影响。姚鼐从文学家的角度，认为文章至境应该是既有思想内容，又文辞通达明了，并且以考据充实文章内容。其著名的《登泰山记》就体现了这一散文主张：描绘泰山雄伟壮丽的自然风光中，融铸作者告别官场、返回山水间的独特感受，是为“义理”所在；描述泰山地形，引经据典，是为“考据”；全文文辞雅洁，色彩明亮，是为“文章”。其次，姚鼐继承了刘大櫆“神气”说，进而提出了“神、理、气、味、格、律、声、色”文章八个要素。认为“神、理、气、味者，文之精也；格、律、声、色者，文之粗也”②。“八要”十分精当地概括了散文创作和审美的方法论，不仅具有科学性而且易于操作。其

① 刘大櫆：《论文偶记》。

② 姚鼐：《古文辞类纂序》。

三，姚鼐就文章风格论，提出“阳刚”与“阴柔”两种概念。在《复鲁挈非书》一文中，姚鼐把作家为文归入“阳刚”与“阴柔”两大类别，认为可于二者中存“偏胜”，但不可“一有一绝无”，而为文至境当是二者相辅相成。“阳刚”“阴柔”论，早在《易》和刘勰《文心雕龙》等处已有涉及，但完整而明晰地用于论述散文风格，则由姚鼐始。而且与西方美学中“崇高”和“优美”的对照范畴相类，从而增加了中国美学的范畴。所以，“阳刚”“阴柔”说不仅丰富了中国散文理论，也对中国美学的发展作出了贡献。另外，姚鼐还创造性地提出“道与艺合，天与人一”的文学观，站在世界观与文学观的高度阐明文与道相互统一的关系。他认为：“夫文者，艺也。道与艺合，天与人一，则为文之至。”[①]“夫道有是非，而技有美恶，诗文皆技也。技之精者，必近于道，故诗文美者，命意必善。”[②] 姚鼐不是简单地把“文”与“道”对立起来，也不是把“文”作为“载道”的工具，而是把“文”归结为可以与“道”相糅合的“艺”。同时，他将“天人合一”的中国传统文化思想引入散文创作之中，提升了散文在更高层次和更广阔领域的生存空间。从这个意义上说，姚鼐是无可争议的中国古文理论集大成者，无愧于一代文学宗师的称号。

（三）桐城特有的自然与人文环境为其提供孕育成长的土壤

中国有句老话，一方水土养一方人。当代学者周中明先生认为，桐城秀丽宜人的自然风光和生态环境，促使桐城派师法自然、清正雅洁文风的生成。那么，诞生桐城派的这块土地到底有什么神异之处呢？

桐城地处皖中，自古便是连接南北的通衢要道。从近年内考古成果看，桐城人文历史可追溯至旧石器时代，见诸史料记载始于先秦的桐国，而桐城县之得名，则自唐至德二年（757）始。桐城地理环境条件优越：背倚巍峨的大别山，足濯浩渺的长江水，其腹地则山地、丘岗、平畈交错，河流纵横，湖泊星罗棋布。这里气候温和，四季分明，是典型的鱼米之乡。桐城派先驱者戴名世这样赞道：“江北之山，蜿蜒磅礴，连亘数州，其奇伟秀丽绝特之区，皆在吾县。”[③]“吾桐山水奇秀，甲于他县。”远山诸峰“浮岚飞翠，叠立云表”[④]。这里固然包含着作家对故乡的挚爱，但也从一个侧面体现桐城地理形胜。“江北之山”指大别山余脉，在本地段称龙眠山。自古以来，秀奇的龙眠山吸引无数文人雅士的目光。北宋画家李公麟筑庐山中，自号龙眠居士，人称李龙眠。他邀好友苏轼、黄

① 姚鼐：《敦拙堂诗集序》。

② 姚鼐：《答翁学士书》。

③ 戴名世：《河墅记》。

④ 戴名世：《数峰亭记》。

庭坚同游于此，由是作著名的《龙眠山庄图》。桐城人、清初文华殿大学士张英退休后，亦建草堂于龙眠双溪。姚鼐以《游涓笔泉记》、《游披雪瀑记》和《游双溪记》等篇叙说其龙眠山中足迹。张英说："桐城山秀异，而平湖潆洄曲折，生斯地者，类多光明磊落之士。"① 一语道出"地"与"人"的关联。姚鼐在《刘海峰先生八十寿序》中也说到桐城派与地域的关系，他说："历城周编修语曰'……昔有方侍郎，今有刘先生，天下文章，其出于桐城乎?'鼐曰：'夫黄、舒之间，天下奇山水也，郁千余年，一方无数十人名于史传者。'"

然而，就是这个美丽灵异之地，自然资源却严重缺乏。所以，世代生活其间的桐城人，自古便既能守土一方，安居乐业，同时又放眼寰宇，心怀天下。眼界开阔，必然引得思想活络，所以桐城崇尚文化，重视课读，蔚为风尚。从第三次全国文物普查资料看，桐城在明代修建的城墙以内主要街道有北大街、西大街和胜利街，成T形。城内住居着达官士人，是学堂和官府衙署所在地。尤其是北大街为昔时桐城政治文化中心，衙署学堂、世家大宅多集聚于此。现尚存明代县衙，明代理学家、方以智曾祖父方学渐的讲学园遗址，左忠毅公（左光斗）祠，左氏大宅建筑群等。有趣的是，遗存的古建筑不像徽州建筑那样的繁复富丽，用材和雕饰追求简约典雅，这与桐城派的文章风格极为吻合。后来，在姚鼐的书房惜抱轩遗址上，桐城派晚期重要作家吴汝纶创办了桐城中学堂，现姚鼐手植银杏树尚在，树冠硕大无朋，年年仍绿波流影，明黄遍地。直至今天，这里都是世代学子瞻仰先贤遗风、"勉成国器"② 的一个所在。桐城的商业区在城外，南门外有一条南大街，东门外有一条东大街。由此可见，桐城重文轻商风俗由来已久。

姚鼐出生于桐城一个世代官宦之家，但在他父亲一支，家境清寒。姚鼐八岁从南门树德堂搬出，迁居北门北大街的中复堂。少年姚鼐在这里潜心研读古文，学圣贤风范，"乡之前辈，以文章称而年与鼐接者十馀人，鼐自童幼，受书一室，足希出户，苟非尝至吾家者，率不得见。"③ 正是优美的山水滋养着他，盛行的士风、文风浸润着他，才养就了一种淡定与从容、兼长又执著的禀赋。

桐城崇文重读风尚引发的一种奇特现象值得注意，那就是家学渊源厚重。"间尝窃叹寓内士大夫家，或一再传而止；吾里多阀阅，先后相望，或十数世，或数百年，蝉联不替……吾闻先正训子弟读书法，以六经为根源，以诸史为津梁，以先秦两汉之文为堂奥，以八家为门户；崇尚实学，周通博达，能不为制举

① 张英：《龙眠古文初集序》。
② 吴汝纶题桐城中学堂匾额。
③ 姚鼐：《恬庵遗稿序》。

业所缚束。涵濡既久，能振笔为古文词者，代有传人。”[①] 张英所论，道出明末清初桐城阀阅世家敦行积学、文化氛围浓厚的实况。以桐城方氏一门，便能见一斑。方以智（号密之，桐城人）是生活于明末清初的大学问家，梁启超先生在《中国近三百年学术史》中说：“要之密之学风，确与明季之空疏武断相反而为清代考据学开其先河，则无可疑。”“依我看，《通雅》[②] 这一部书，总算近代声音训诂学第一流作品……” 就是这样的一位大学者，其宏博学识其实与累世家学的熏染有关。方以智曾祖方学渐为明代理学家，祖父方大镇、父亲方孔炤均亦官亦儒，于著述上颇有成就。“方氏族望峻大，累叶敦儒。”[③] 桐城张氏亦如方氏一样，代有才俊，世出栋梁，传数世而不绝。张英、张廷玉父子宰相荣登“康乾盛世”之机枢，赞襄国事，其后子孙掌朝廷执事者几近当朝官员之半，桐城由此获“冠盖满京华”之誉。

姚鼐出身书香门第，其祖由科举之路进阶官场者很多。其中有显名者高祖姚文然官康熙朝刑部尚书，不仅为政清廉，而且擅诗文。伯父姚范授翰林院编修，生平学贯经史，且与刘大櫆情笃谊深。姚鼐自幼师从伯父姚范学经学，从刘大櫆学古文。姚鼐的好学与聪慧得到刘的特别器重。刘大櫆在《送姚姬传南归序》中说：“姚君姬传，甫弱冠而学已无所不窥，余甚畏之。”“读其所为诗赋古文，殆欲压余辈而上之……” 对于姚鼐这个侄儿，伯父也是倾其所学，精心培养。“据郑福照的《姚惜抱先生年谱》称，其伯父‘编修君尝问其志，曰：义理、考证、文章，殆缺一不可。’”[④] 桐城派研究多认其“义理”说来自于方苞，“文章”说来自于刘大櫆，“考证”说来源于当世汉学考据风行，却忽略了家学对其的影响。还有启蒙塾师“久屈场屋”的方侍庐先生，“先生论学宗朱子，论文宗艾千子，恶世俗所奉讲章及乡会围墨，禁其徒不得寓目。先生为文，高言洁韵，远出尘壒之外场院屋主文俗士不能鉴也……如先生，乃真信道笃而知所守者。”[⑤] 方的论学祈向、性格操守和人生道路，对于姚鼐的影响也是至为显见。

（四）清正卓异的个性是最终的催化剂

姚鼐的弟子、世称姚门四杰之一的方东树评其师“超卓才识”。姚鼐的“超卓才识”贯穿其人生的每一阶段，也是他开宗立派，为中国文学史树起一座文学丰碑的根本原因。少年姚鼐闭门饱读诗书，“足希出户”。渐长后，他跟当时的读书人一样，选择科举仕进的道路。在他中得进士后，发生的一件事体现出他

① 张英：《龙眠古文初集序》。

② 《通雅》为方以智的著作。

③ 转引自彭迎喜：《方以智与〈周易时论合编〉考》，第14页。

④ 周中明：《姚鼐评传》。

⑤ 姚鼐：《方侍庐先生墓志铭并序》。

的卓尔不群。在姚家有一个和《麦饭诗》的传统。姚氏先祖葵轩自叹生存境遇凄凉，麦饭未熟，却被拉当差，作《麦饭诗》一首，“四十年来光景殊，蹉跎岁月意何如？儿童五六饥寒迫，生计萧条事业孤。灶火炊余蒸麦饭，柴扉掩罢听征呼。重重乐事人间有，寥落凄凉似我无。”其后子孙有仕进者，皆至葵轩坟前以和诗一首告慰先人，并相沿成必行之规。姚鼐中进士后，伯父姚范、父亲姚淑特为安排上坟和诗，但有诗才的姚鼐却迟迟和不出诗，问其缘由，却说：“自老祖宗归天以来。和诗数百，后人怎能出奇翻新、脱其窠臼？昔韩子倡导，作诗为文，唯陈言之务去，而我等却在《麦饭诗》的樊篱中谱陈词，弹老调，如此代代相承传，何能实现先贤雅训。况和诗并非葵公原意，推愿遗训，旨在勉励后代为官恤民，否则诗如李杜，仍是姚门不肖子孙，不知大人以为然否？”一席话得到长辈的赞许，姚家上坟和诗规矩从此废止。①

姚鼐不拘泥先人的框框，追求特立独行的做人品格。入朝为官之时，认为“天子虽明圣，不谓无失；人臣虽非大贤，不谓当职而不陈君之失……”②“为天子侍从之臣，拾遗补阙，其常任也。”③ 主张“君子之仕也，进不隐贤”。据其弟子吴德旋写的《姚姬传先生墓表》记载：“先生外和内介，义所不可，确然不易其所守。官刑部时，广东巡抚某拟一重辟案，不实，堂官与同列无异议，先生核其性，独争执平反之。”然而，现实是残酷的，但并不能挫败姚鼐的志气，只是促成他去更清醒地认识到康乾盛世光环下的社会现实。他在《河南孟县知县新城鲁君墓表》中说，鲁君“慕古人行迹，果效于实用”，在知县任内，“然十年居河南，终不见拔”，而不得不“厌吏事”，“离任遽返”。封建统治者不识贤，不重贤，不用贤，其扶植的官员则瞒上欺下，穷凶极恶。“时甘肃官相习伪为灾荒请赈，而实侵入其财，自上吏皆以为当然。”

抱“伟人用世者”④ 之志，举程、朱理学大旗，蹭蹬官场，“审民生纤悉，以达于谋国大体”⑤，“勤思国事，愍含民疾”，坚持正义，具有“超卓才识”和“外和内介”的姚鼐与污浊黑暗的官场相抵龉，而作为文臣，他又怎样呢，能作出愉悦统治者、可堪“御用”之文吗？这从姚鼐登泰山之后，题于挚友朱子颍所作《登日观图》上的两句诗得到答案，诗中有：“前生定结名山诺，到死羞为封禅文。”如此，只能一面慨叹“吾生志不就，斯世邈无群”⑥，同时也认清了

① 故事出自《桐城掌故菁华》。
② 姚鼐：《翰林论》。
③ 姚鼐：《翰林论》。
④ 姚鼐序吴敬梓之子吴荀叔的《杉亭集》。
⑤ 姚鼐：《乾隆庚寅科湖南乡试策问五首》。
⑥ 姚鼐：《诣岳麓书院有述》。

“古之君子，仕非焉而已，将度其志可行于时，其道可济于众”，不能，便纵然“旁观拥千百，拍手笑狂生”，毅然“披我故时裘，浩歌出京城”。[①] 他在作《方晞原传》后评曰：“人存殁数年间耳，遇不遇何足论，士有以自处其身者足矣。”这“处其身者”，姚鼐是早有计划的，便是“门户难留百年盛，文章要使千秋垂”。正是这种清醒自觉的人生态度，使他选择了以教育立身、以文立言的人生道路。他自觉担纲起开宗立派，建立桐城派文统大任。在“伟人用世者”的人生追求支撑下，姚鼐为文追踪前人足迹，坚持“文道合一”。“外和”的性格特质，使其文能娓娓叙谈，雍容婉转，正是“能于不要紧之题，说不要紧之语，却自风韵疏淡”。[②] 阳刚之气与阴柔之美蕴藉其间。姚鼐懂得“有所法而后能，有所变而后大”[③] 的道理，便有了一套系统完备的散文理论成形，“可堪世用”，播布天下，为天下读书人所追随。及至今日，姚鼐的散文理论的现实功用仍显而易见。

姚鼐洞明世事，清虚自守，无论“入世”与“出世”，均“务在闻道”，绝不恨世。正是这种清逸超迈的特异人格力量，促成他溯源以建文统，讲学以立门户，抉微发蕴而集大成，最终成就了他一代文学宗师的历史性定位。

（作者为安徽省桐城市博物馆馆员）

---

① 姚鼐：《登泰山记》。
② 姚鼐：《与陈硕士》。
③ 姚鼐：《刘海峰先生八十寿序》。

历代诗人笔下的当涂民歌

殷春梅

内容提要：本文对唐以后历代诗人关于当涂民歌的诗句进行了分类与梳理，分析了当涂民歌中与江南水乡特色密切相关的榜歌、棹歌、菱歌、莲歌、渔歌、水调、号子等的悠久历史与流传经过，并指出当涂民歌作为首批国家级非物质文化遗产，是历代诗人从中汲取营养、进行文学创作的宝贵源泉，值得我们进行进一步的研究与保护。

关键词：历代诗歌；当涂民歌

民歌作为民间文学的一种形式，是广大人民群众在长期的生产与生活过程中口头创作出来的诗歌，又在长期的流传过程中不断经过文人加工、集体再加工，是历代诗人、作家进行文学创作的源泉之一，在中国的文学史上具有十分重要的地位。历史上很多伟大的作家，都十分注重从民歌中汲取营养。在我国丰富多彩的民歌中，当涂民歌无疑是百花丛中一朵靓丽的奇葩，汪洋大海中一掬绚丽的浪花。清代当涂籍著名学者、考据大师徐文靖曾经这样描绘自己的家乡与人民："当涂壤接金陵，界连芜邑。二地繁华，古今称最。涂独厚重朴实，列市肆、操奇赢者殊尠，大都守恒产、习恒业、秉恒心，下至执鞭卖菜之佣，皆自食其力而无求也。"正是因为地处江南鱼米之乡，土地的繁华富庶和人民的"厚重朴实"，使得产生于此的当涂民歌，也就不可避免地带有江南水乡的特有风貌。经过六朝的丰厚积淀，至唐、宋时期，当涂早已是"溪山之秀、饮食之富，他处未易过之"（李之仪：《跋山谷二词》）的胜地，民歌创作与流传也已达到高峰。本文试对唐以后见诸历代著名诗人笔下的当涂民歌略作梳理，以期一窥涂邑当日民间文艺之繁华。

一、历代诗人笔下的白纻歌舞与子夜吴歌

白纻歌舞是起源于汉、晋时代，流传于包括古代当涂地区在内的吴地的"白纻歌"与"白纻舞"的统称。早在先秦时期，在地处吴头楚尾的当涂地区，以自成体系、独具特色的吴语、吴声产生的"吴吟"、"吴歈"等歌咏形式已经出现，《楚辞·招魂》中就有"吴歈蔡讴，奏大吕些"之句。六朝时期，以当时

的都城建康（今南京）为中心、涵盖整个长江下游地区的吴声歌曲更是风靡一时。《晋书·乐志》云：“吴歌杂曲，并出江南。东晋以来，稍有增广。其始皆徒歌，既而被之管弦。”宋郭茂倩《乐府诗集》卷四四云：“盖自永嘉渡江之后，下及梁、陈，咸都建业，吴声歌曲，起于此也。”这说明，古代当涂地区的民间歌谣，在东晋一朝得到了很大发展。这些民歌，在其初创时期还是以“徒歌”的形式出现，即没有乐器伴奏的清唱，后来渐渐发展成有乐器伴奏的民间艺术形式。而六朝都城建业（后改名建康）及其周边地区，则成为吴声歌曲的发源地与中心。

白纻舞是盛行于晋及南朝各代的江南民间舞蹈，至隋唐清商乐中仍有此舞。《宋书·乐志》一：“又有‘白紵舞’，按舞词有巾袍之言。紵本吴地所出，宜是吴舞也。”白纻（亦写作紵）为吴地出产的一种质地细而洁白的夏布，有“质如轻云色如银”之誉。纻麻经过木棒捣过之后颜色变白，过浆后制成衣裳，不仅更白，而且更加柔软。宋陆游《剑南诗稿》二《林亭书事》中还有“吏退林亭夏日长，乌纱白紵自生凉”之句。质地柔软、飘逸的白纻，配合江南女子修长的身材与曼妙的舞姿，自是别有一番风韵。

东晋、南朝时期，白纻歌舞不仅在民间广为流传，而且得到当时名士如桓温等的推崇与喜爱，在文人中亦风行一时。据《太平御览》记载：当涂县境内原有楚山，因东晋大司马桓温在移镇姑孰期间常于此山宴饮并观赏白纻歌舞而改名为白纻山。明嘉靖《太平府志》：“白纻山，在府城石城乡，本名楚山。晋桓温携妓游山奏乐，好为白纻歌，因名。山椒旧有四望、齐云二亭。宋王安石诗‘白纻众山顶，江湖下萦带。浮云卷晴明，可见九州外。登临信地险，俯仰知天大。’”《乐府诗集》五五著录有《白紵舞歌诗序》，言南朝的《白紵舞歌诗》及唐人仿作共十六家。现存《白纻歌》歌词以晋代之《白纻舞歌》为最早，《宋书》卷二十二《志第十二·乐四》记录了其旧词、新词共三篇，分别云：

高举两手白鹄翔，轻躯徐起何洋洋。凝停善睐容仪光，宛若龙转乍低昂。随世而变诚无方，如推若引留且行。宋世方昌乐未央，舞以尽神安可忘。爱之遗谁赠佳人，质如轻云色如银。袍以光躯巾拂尘，制以为袍余为巾。四坐欢乐胡可陈，清歌徐舞降祗神。

双袂齐举鸾凤翔，罗裾飘飘昭仪光。趋步生姿进流芳，鸣弦清歌及三阳。人生世间如电过，乐时每少苦日多。幸及良辰曜春花，齐倡献舞赵女歌。羲和驰景逝不停，春露未晞严霜寒。百草凋索花落英，蟋蟀吟牖寒蝉鸣。百年之命忽若倾，蚤知迅速秉烛行。东造扶桑游紫庭，西至昆仑戏曾城。

阳春白日风花香，趋步明玉舞瑶珰。声发金石媚笙簧，罗袿徐转红袖扬。清歌流响绕凤梁，如矜若思凝且翔。转盼遗精艳辉光，将流将引双雁翔。欢来何晚意何长，明君御世咏歌倡。

这三首歌词写尽了江南女子顾盼生辉、清歌徐舞的万种风情。根据第一篇中“宋世方昌乐未央”之句可知，那首是刘宋时期的“新词”。只是在《乐府诗集》中，这首《白紵舞歌诗》通篇上下两句与《宋书》中所载正好是对换的。不知是当时此歌歌词有两种唱法还是在唱第二遍时将上下两句颠倒。又明杨慎《升庵诗话》卷十二云：“晋《白纻舞》词‘罗袿徐转红袖扬’。”可知上述第三篇是晋代《白纻舞》词的“旧词”。

至唐代，《白纻歌》还很流行。大诗人李白一生多次来当涂漫游，晚年更是定居于此，终老于斯。他在《书怀赠南陵常赞府》一诗中极言自己与常赞府在当涂相会时的欢娱场景，其中就写道：

置酒陵歊台，欢娱未曾歇。
歌动白纻山，舞迴天门月。

说明二人相交之深，欢娱之甚，以至于歌声震动了晋代大司马桓温常与僚佐宴饮观白纻歌舞的白纻山，欢舞缠绕着“中断楚江开”的天门山之月。诗人在当涂白纻山游览时，见桓温所建之歌馆舞堂久已废弃不存，不禁有所感发，顿生怀古之幽情，乃拟古题，创作了《白纻辞》三首，其中有“且吟《白纻》停《绿水》，长袖拂面为君起”（其一）、“郢中白雪且莫吟，子夜吴歌动君心”（其二）、“吴刀剪彩缝舞衣，明妆丽服夺春辉”（其三）之句，盛赞白纻歌舞之美。

正因为白纻歌舞流传广泛、影响深远，唐时当涂人亦有自作歌词者，李白《赠丹阳横山周处士惟长》一诗就写道：

周子横山隐，开门临城隅。……时枉《白纻词》，放歌丹阳湖。当其得意时，心与天壤俱。闲云随舒卷，安识身有无。

说明当时隐居当涂横山的周惟长经常自作吴歌《白纻词》，来到丹阳湖上放声高唱。唱到得意之处，其心胸竟可与天地交流，并随着天上的白云舒卷自如，以至于都不知道自己的身体是否存在了。此诗除了说明周惟长其人超然物外的隐士风度，亦可见《白纻歌》在当涂的深入人心及艺术魅力。

宋代诗人张環曾有《白纻山》一诗：

夭夭白纻歌，曾此发清唱。
疑是姑苏台，移来楚江上。

亦是缅怀当年白纻歌舞之盛，以至于竟使人们怀疑是位于苏州的姑苏台，被人移到了楚江上面。

宋代当涂籍诗人郭祥正在治狱历阳（今和县）时，隔江望家乡，曾写有

《望白紵山》一诗，其中就有："览景壮我怀，长谣念前古。传闻桓将军，置酒领歌舞。雄风回秋霜，英声散鼍鼓"之句，对东晋大司马桓温与僚佐在白纻山宴饮，观白纻歌舞的当年盛况十分向往。他还写过一首《中秋登白纻山呈同游苏寺丞》的诗，说自己和友人中秋时节登白纻山，"更在桓公游处游，白纻悲歌再清越"。他在《藏舟浦》诗中也说到自己"画船载酒歌白纻，不忍醒时送春去"，说明郭祥正对家乡的《白纻歌》不仅十分喜爱听，而且十分喜爱唱。

白纻歌舞独特的艺术魅力使它产生了强大的生命力，历代诗人多有向其学习者。元代著名的回族诗人萨都剌在其《和王本中直台书事》一诗中即有"近曾夜直南台上，学得吴儿白纻歌"之句，其《雁门集》中有不少通俗自然、质朴明快的歌谣体诗歌，应该说是吸取了包括当涂民歌在内的吴地民歌营养的结果。白纻歌和其他吴地民歌一道，成为历代诗人获取创作灵感、汲取创作营养的源泉。

直至明清时期，一些诗人游览白纻山时，仍在缅怀桓温当年在此宴饮歌舞的风流，如明代吴乡《白纻山抒怀》诗中"慨想旧风流，参军此地游。……欲和清歌曲，因思拥妓讴"，清代袁藩《游白纻山》"古殿山阿薜荔清，桓公歌吹此留名。松涛万壑因风起，绝胜当年白纻声。"

南朝梁时，梁武帝命沈约将《白纻歌》歌词改为《子夜四时歌》，所以后代此歌凡命名为《白纻歌》的，就只有一曲；而命名为《子夜歌》的，共有四曲。如李白的《白纻辞》三首，每首一曲，而《子夜吴歌》就有四首。宋代诗人王僩《蛾眉亭》诗曰："琼馆有才堪倚马，锦袍无梦供飞鲸。停桡欲扣渝州曲，都付吴歌子夜行。"说明宋代采石一带亦有唱《子夜吴歌》者。

二、历代诗人笔下的榜歌、棹歌、菱歌、莲歌、渔歌、水调、号子

当涂地区冠山履湖，境内河湖纵横，故民歌中多有与江南水乡物产、劳作相关者。见诸历代诗人笔下的就有榜歌、棹歌、菱歌、莲歌、渔歌、水调、号子等。《全唐诗》有孟浩然《夜泊牛渚趁薛八船不及》：

星罗牛渚夕，风退鹢舟迟。浦溆常同宿，烟波忽间之。榜歌空里失，船火望中疑。明发泛潮海，茫茫何处期。

"榜"，是船工行船所用的船桨。所谓的"榜歌"，即是舟人所唱之歌。诗人夜泊于牛渚江面上，听到舟人之歌消失在江面上空，远处的船火若隐若现，不由感慨何时是归期。

明代诗人谢庭玉《午日横江上》："午日横江上，扁舟去复还。……莲歌声里掉，拟在若耶间。"说采石横江一带少女所唱莲歌，让人仿佛身在画图般的若

耶溪中。

见于历代诗人笔下较为集中的是丹阳湖上的棹歌、菱歌、莲歌、渔歌。李白《姑孰十咏·丹阳湖》末句："少女棹轻舟，歌声逐流水"，所写的就是丹阳湖上撑舟的少女所唱的采菱、采莲一类民歌。有着"太白后身"之称的当涂诗人郭祥正曾写过《追和李白姑孰十咏》十首，其中《丹阳湖》一首也写道："湖光际长天，永日微风止。菱歌一舟去，雪阵群鸥起"，明确说到湖上少女所唱的菱歌。南宋时曾客居当涂的于湖居士张孝祥亦有词《西江月·丹阳湖》及《菩萨蛮·与同舍游湖归》，其中有"一棹采菱歌"之句。明代当涂著名女诗人端淑卿的《秋夕泊丹湖》诗云："长空入暮烟云起，只听歌声不见人"，吴仲文《夏日丹湖》舟行中"何处采菱者，歌声隔浦长"，描写的都是丹阳湖上的菱歌、莲歌。明代当涂籍诗人陶安《丹阳湖》诗中有"三泽茫茫一碧连，白频风起棹歌传"之句，写的是湖上船工行船时所唱的民歌。这一类当涂民歌之所以屡屡见于历代诗人笔下，与丹阳湖的美丽风光、江南少女甜美的歌喉、水乡特有的旖旎风情是分不开的。

北宋当涂籍诗人郭祥正对渔歌则情有独钟，他在治狱历阳（今和县）时，隔江遥望家乡，写有《望牛渚有感》三首，其第二首就有"更听渔父吟，悠扬写心曲。何日效斯人，烟波洗双足"之句，向往着像屈原所写《渔父吟》那样，做一个自由自在的烟波钓叟。在《姑孰堂歌赠朱太守》中，诗人例举了姑孰风光，其中就有"帆樯隐隐鸟飞没，渔歌细下天边来"之句。《江上游》诗中，诗人更说"渔歌声断自起舞，酩酊更看江月流"，写自己听到渔歌，忍不住翩翩起舞。他还写过一首《渔舟歌》：

四山飒沓江水流，两岸西风芦荻秋。
渔歌杳杳隔港浦，烟波冥冥来孤舟。

清代诗人戴重有《采石江观夜渔》诗："鱼肥酒美暮歌发，脱冠弃书从汝居"，写采石江上傍晚时节"鱼肥酒美"，渔夫发出清越的歌声，使得诗人竟要"脱冠弃书"跟随渔夫居住，可见当涂民歌中渔歌之动人。清代当涂县令祝元敏有《景峰亭即事》诗，其中的"塔影朝曦外，渔歌暮梵中"，亦写到当涂渔歌。

元代以后，当涂地区还流行水调。《水调歌》相传是隋炀帝开凿汴河时所制，唐人将其演变为大曲。唐无名氏有《水调歌》，其第一叠词云："平沙落日大荒西，陇上明星高复低。孤山几处看烽火，壮士连营候鼓鼙。"元至顺三年（1332），著名诗人萨都剌由金陵到采石游览，曾作《宿采石驿》一诗，其中就有"水调谁家笛，江帆何处船"之句，将采石船娘所唱之水调描写得十分优美感人。他在另一首诗里还说"吴姬水调新腔改，马上郎君好风采"，说明当时当涂地区流行的水调已是经过改变的“新腔”。

另一种与水乡有关的当涂民歌便是劳动号子。与莲歌、菱歌等少女所唱民歌的婉转悠扬不同，号子因是劳动人民在劳作过程中为凝聚力量、提起精神、整齐动作所唱，因而节奏快、力量大，更有一种阳刚之美。北宋李之仪曾写有《筑城词效张籍体》，描写人们在筑城过程中唱劳动号子的情景是：“齐眉去，朝天回。一声号，千声催。”南宋诗人杨万里曾在《圩丁词十解》第一解中描写他所见到的当涂地区圩民在修筑圩堤过程中的场景：“万杵一鸣千畚土，大呼高唱总齐声”，说千万人共同挑土、夯筑堤岸时齐声高唱劳动号子的场面壮观极了，给诗人留下了深刻的印象。

当涂民歌曲调优美、内容丰富，不仅屡次见于本地诗人笔下，也给来此漫游、做官、寓居的历代诗人留下了深刻印象。唐代李白还有《夜泊黄山闻殷十四吴吟》一诗，写自己在当涂黄山下夜泊，听到当地人殷十四用吴语所唱的歌咏，竟使得“龙惊不敢水中卧，猿啸时闻岩下音。”第二天诗人与之交谈、对饮，酒至半酣，殷十四又发出江涛海啸般的歌声，令诗人的客愁顿时在酒杯中消失得无影无踪，吴歌之艺术感染力于此可见一斑。被编管太平州、客居当涂十几年的北宋著名词人李之仪在当涂也写过一首《次韵采莲》诗，其中写道：“红日半移芳草岸，清歌低泛木兰船。惊心未得同真赏，空愧诗家白玉篇”，也是描写采莲少女坐在小船上采莲时所唱的民歌。他在当涂期间还仿效“田夫踏歌”写过带有明显当涂民歌风格的小诗24首，自谓“与田夫踏歌无异”。与之同时代的当涂诗人郭祥正则在《清明望藏云山怀旧游》中回忆了过去在家乡时“忆昔清明出郊去，藏云寺前花正开。……红粉佳人十七八，踏青唱歌云鬓颓”的情景，说明当时当涂地区清明时节“踏青唱歌”十分流行。这些都是当涂民歌源远流长、传唱不衰的历史见证，也是当涂民歌能够成为首批国家级非物质文化遗产的深厚基础，更是历代诗人从中汲取营养、进行文学创作的宝贵财富，值得我们进行进一步的研究与保护。

（作者为马鞍山市博物馆馆长，文博副研究馆员）

试析当涂民歌的起源、发展、区域、特色和现状

宁 芝

内容提要：当涂素有“民歌之海”的美誉，当涂民歌与这方土地上的人类劳动和生活同步发展，广泛流行于皖东长江南岸。当涂民歌不仅题材丰富、种类繁多、分布广泛，而且曲调优美、节奏轻快，其大量的生产习俗和生活习俗，更显示出独特的地方性民间音乐和语言艺术的魅力与江南水乡的地域风格。当涂民歌口头创作、口头演唱、口耳相传，是中国民间艺术宝库中的珍品，2006 年入选第一批国家级非物质文化遗产代表作名录。保护与传承当涂民歌，对传承我国优秀的传统文化，建设社会主义和谐文化具有重要意义。

关键词：当涂民歌；起源；发展；区域；特色；现状

非物质文化遗产是我国各民族人民创造并世代相传、与人民群众生活密切相关的各种优秀传统文化成果。它不仅凝结着我国各族人民的聪明智慧，培育和弘扬了民族精神，而且因其作为地方历史文化发展的重要组成部分，及其所体现的地域文化风格，成为和谐文化建设的重要内容，逐步登上了各地历史文化博物馆的展示平台，如马鞍山市博物馆便已将非物质文化遗产《当涂民歌》作为重要展出内容。

在长期的历史发展中，马鞍山市人民不仅创造了大量的有形文化，也创造了丰富的非物质文化。在马鞍山地区众多的非物质文化遗产中，尤以广泛流行于皖东长江南岸的“当涂民歌”最具代表性。

以下笔者就当涂民歌的起源、发展、区域、特色和现状谈几点认识：

一、当涂民歌的起源与发展

民歌是劳动人民集体的口头诗歌创作，是人类历史上产生的最早语言艺术之一。原始的民歌同人类的生存斗争密切相关，或表达征服自然的愿望，或再现捕获猎物的欢快，或祈祷万物神灵的佑护，它成了早期人类生活的重要组成部分，也是以后宴乐、祭祀和宗教音乐以及诗词歌赋等产生的基础。

当涂（历史地域概念）古称姑孰，烟墩山、釜山、钓鱼台等遗址出土的器

物证明，早在新石器时代中晚期，古人类就已在这片土地上繁衍生息，创造着较为发达的农业文明，而原始农业文明的创造，必然伴生原始民族。2003 年马鞍山市出土的商末周初的青铜器大铙。更证实，3000 多年前当涂就已有较为成熟的祭祀乐和宴乐，而祭祀乐和宴乐的创作土壤离不开原始民歌，当涂民歌的起源应该始于这方土地上人类劳动和生活之始，最迟也应在新石器时代的晚期。

当涂民歌最早见于记载的是《楚辞》，《楚辞·招魂》中就有“吴歈蔡讴，奏大吕些”之句。这里的“吴歈”就是当涂民歌在先秦时代的称谓。当涂民歌历史上的辉煌时期是白纻歌舞时期，《南史·宋书·乐志》第一篇就是描绘白纻舞者优美舞姿的诗。诗云：

轻躯徐起何洋洋，高举两手白鹄翔。
宛若龙转乍低昂，凝停善睐容仪光。
如推若引留且行，随势而变诚无方。
舞以尽神安以志，晋世方唱乐未央。
质如轻云色如银，爱之遗谁赠佳人。
制以为袍余作巾，袍以光躯巾拂神。
清歌徐舞降祇神，四座欢乐胡可陈。

白纻歌舞应源于汉代，汉铜镜中曾出现“舞白纻”一语。白纻歌舞三国时流行于吴地，为民间的吴歌吴舞。晋以后，渐为上层文人所好，成为宫廷皇室常备歌舞节目。白纻舞初为独舞，后发展为群舞，舞者多为妙龄女子，着白纻舞服飘素回风，如轻云一般，与当时流行的“玄风”文化氛围相得益彰。姑孰三国时期属吴国，为六朝古都南京的畿辅，不仅是达官贵人和文人雅士经常聚集的地方，也是“质如轻云色如银”的优质白纻（白色细麻）著名产地。据《太平寰宇记》载：当涂城东白纻山原有“白纻亭”，白纻山原名楚山，因东晋大司马桓温驻节姑孰期间，常与幕僚登山游乐，观赏《白纻》歌舞，而命改为白纻山。由此可见姑孰是当时著名的白纻歌舞中心。

如果说白纻歌舞表现的是姑孰丘陵地区采桑织麻的生活情境，那么六朝乐府中的《采莲曲》则是体现姑孰水乡姑娘采莲时的场景。因此，我们可以判断，深厚的文化土壤为高质量的当涂民歌的产生和发展、流行奠定了坚实的基础，早在六朝时期“当涂民歌”业已开始广泛流行，民歌形式也渐趋成熟。

唐宋时期是当涂民歌大发展时期，李白、白居易、刘禹锡、梅尧臣、苏轼、李之仪、陆游、文天祥等诗词巨擘都曾在当涂驻足。一方面当涂民歌拓展了他们创作的灵感，另一方面他们的作品也丰富了当涂民歌的内涵，仅北宋李之仪的20 多首《田夫踏歌》和《卜算子·我住长江头》民歌范畴的作品，就说明当涂民歌在内涵上比之早期已大为丰富。南宋诗人杨万里路过当涂广济圩时，曾赞美当涂“风流国是太平州”，这里的“风流”不仅仅是说当时当涂的物阜年丰，也说明当时当涂的民歌传唱十分普及。清代当涂籍军机大臣、勤敏公黄钺以风俗民情为主要内容的50多首《于湖竹枝词》，则代表了当涂民歌的最高水平。

进入到上世纪五六十年代，当涂民歌发展到鼎盛时期，在劳动生产、婚丧嫁娶等场合中，都有当涂民歌在传唱。冬修水利的工地上，《打夯号子》、《打硪号子》铿锵有力、此呼彼应；午收季节的打麦场上，《打麦歌》欢腾清脆，如鸟噪森林；圩区的秧田里，《薅草歌》、《插秧歌》清新悠扬、声传百里；抗旱排涝的季节里，《车水号子》浑厚深沉、昂扬有力；秋收后的稻场上，《丰收歌》欢乐流畅、洋溢喜悦；新春佳节的时候，《剪窗花》、《迎新年》喜气洋溢，热烈欢快。就连喜游追逐的牧童在丘陵山坡上，也会传唱《对山歌》、《放牛歌》，内容活泼稚趣。这些优美的曲调、丰富的内容、浓郁的乡土气息构成了当涂民歌的主体风韵。

综上所述，“当涂民歌”发轫很早，距今已有5000多年历史，姑孰则是当涂民歌的主要发源地。正是因为当涂民歌历史源远流长，内容贴近生活，地域特色浓郁，而于2006年5月被列入了第一批国家级非物质文化遗产项目名录。

二、当涂民歌的传唱区域

当涂民歌传唱区域涵盖了现今的马鞍山市、当涂县、芜湖市、芜湖县、繁昌县以及马鞍山以北的江苏南京江宁镇和大江对岸的和县地区，分布十分广泛。根据当涂民歌的内容、旋律和演唱方式，当涂民歌主要分布在三大区域。

山区主要是护河、银塘、薛津、霍里和江苏南京江宁镇、芜湖县、繁昌县及和县的低山区以及姑孰、博望、丹阳、新市北部丘陵地区。这类地区多见《打哑谜》、《放牛歌》和《熟透的庄稼一片黄》等“山歌”、“秧歌”类民歌。当涂民歌中“山歌”、“秧歌”类民歌的唱词大多采取比、兴手法，触景生情，借题发挥，即兴创作。

圩区主要是乌溪、湖阳、黄池和江苏南京江宁镇、芜湖县、繁昌县及和县的临湖一带以及博望、丹阳、新市的圩区。这类地区多见《打麦歌》、《车水号子》、《打夯号子》等“号子”类民歌。“号子”类民歌最原始的形态就是劳动人民在一些劳动中为了记数和提劲以及为在两人以上的劳动中统一步伐与协调一致而发出的一种有节奏的声音，后逐渐演变成为伴随着劳动而歌唱的且带有呼号性质的歌曲。

平原主要是当涂县城姑孰、采石、新桥、芜湖市、芜湖县、繁昌县以及马鞍山以北的江苏南京江宁镇和大江对岸和县的广大平原地区。这类地区多见“打碓号子”中的《小小石碓圆溜溜》、《薅稻歌》等“号子”、“秧歌”类民歌。“薅稻歌”演唱时，一人领唱，众人帮腔合唱。领唱者以女性居多，嗓音清脆嘹亮，音域宽广，节奏舒缓。

另外，当涂民歌中约占整个民歌总量40%的“小调”类民歌，在当涂民歌的整个流行区域内均有分布。当涂民歌中“小调”类民歌的数量最多，分布最广，题材最丰富，表现形式和艺术风格更加多样化，内容涉及劳动人民生活的方方面面。

三、当涂民歌的艺术特点

在流行的当涂民歌中，大多数为七字句、十字句，其曲调旋律简练清新，节奏明快轻盈，音乐圆润甜美、易于上口、易于接受，听后使人印象深刻。如果加上歌手清冽的嗓音，更显富有韵致委婉和表现喜怒哀愁的情感，听后使人如同畅饮一杯浓烈香甜的美酒，醉透心田。

当涂民歌内容多种多样，语言质朴、直抒胸臆，小点着意、小意含情，口语化中见意境，质朴之中见空灵，题材和体裁不拘一格，天地古今、天理人情，男女爱情、心思意想，无一不是民歌的演唱对象。

传统的当涂民歌分为“号子”、“山歌”、“秧歌”、“小调”和“舞歌”，五个分类的传统民歌在音乐特色上虽互有关联，但又各有千秋。

“号子”类民歌的演唱形式有一人领唱众人和唱的；有一人领唱一人和唱的；还有一人独唱的。“号子”类民歌的旋律虽十分口语化，但其节奏感却很强，且很有鼓动性。

“山歌”类民歌是指山野中唱的民歌，其他广阔的平原及圩宕地区应该是没有山歌的。“山歌”类民歌的曲调基本上是五声羽调式，旋律以级进为主，围绕主音同向进行，下行较多。其中的小七度音程，音域宽广，音调高亢嘹亮，适应山区田野开阔地演唱的特点。

另外，在当涂县的薛津和马鞍山市霍里一带的山区，从前还流行着放牛娃子唱的一种《放牛歌》比较奇特。奇特之处，一是形似垛板的7/8节奏型音调，音域不宽，只有六度，但节奏紧迫，不容拖腔，二人对唱，你问我答，你来我往，越唱越快；二是比较少见的五声角调式民歌。五声角调式的民间歌曲不但在当涂民歌中难得一见，甚至在全国各地的民歌中也比较少见。

“山歌”类民歌的许多乐句可以自由延长，尽情抒发感情，实际上近似于散板；大量的倚音、装饰音的运用，则使得该类民歌的曲调更加委婉动听。

“秧歌”类民歌是农民在稻田里劳动时所唱的民歌，也有叫做“田歌”的。“秧歌”是由领唱和帮唱两个部分组成，其演唱形式很像“号子”，所以也有人将其称为“秧号子”或“田号子”的。但“秧歌”类民歌的旋律悠扬悦耳，节奏自由舒展，和紧张而又沉重的“号子”类民歌大相径庭，截然不同。

“秧歌”类民歌中的“薅稻歌”，其演唱形式与广泛流传于巢湖、合肥、大别山地区和皖东滁县地区的“丫头调”相似。演唱时，一人领唱，众人帮腔合唱。领唱者以女性居多，每句末尾都带有上行四度的尾腔，尾腔用假嗓子演唱。“薅稻歌”的实质性唱词只有上下两句，但帮腔合唱部分的虚词特多、特长，帮腔者可反复唱成七八句之多，大都是十几小节，最长的达三十一小节。

个别“薅稻歌”中的衬词有特定内容，不能随意。如《熟透的庄稼一片黄》中的衬词“栽呀栽呀那么呀嗬嗨，先栽那荷花，后栽那菱哟……”，但这些有特定内容的衬词与该歌曲的主题无关。更多的是使用“哎来么咳哟”等衬词，像“号子”一样一领众和，用齐唱来喊号子，以烘托气氛。

“秧歌”类民歌一般是由大量的大二度、小三度音程构成的五声调式旋律，这是当涂民歌旋律进行的基础音调，由于缺少半音和三整音（增四度和减五度）这类音程的尖锐倾向，使得曲调进行得平和而流畅，这是当涂民歌旋法的普遍规律。

“薅稻歌”的旋律仍以级进为主，以五声羽调式为主，也有五声徵调式的“薅稻歌”。

当涂民歌中的“薅稻歌”其大量的帮腔虚词和大量的装饰音的运用的曲调缠绵迂回，产生波浪起伏、余音绕梁的艺术效果。

“小调”类民歌主要是指“号子”、“山歌”、“秧歌”和“舞歌”类民歌之外产生和发展起来的民歌，其在曲调风格上，由题材的广泛性带来了多样性。长于抒情的“小调”，音域不宽，但旋律优美、流畅，节奏平稳、明快，装饰音、衬词、拖腔较多，表达感情委婉细腻，如《一把小伞亮铮铮》、《芝麻开花节节高》等比较典型。叙事性的小调，风格质朴，结构均衡，一般采用分节歌的形式，重在叙事，篇幅较长，有的甚至有十几段歌词，内容能从一唱到十，从正月唱到腊月。

“小调”类民歌在曲式结构上，上下两句构成的单乐段居多，此外就是前唱后帮的四乐句。重复第二乐句构成的三乐句也不少见。歌词一般七个字，此外还有字数不等的“七七五”长短句，群众戏称为“两句半”。

“小调”类民歌在调式调性上，也和其他“当涂民歌”一样，以五声羽调式、徵调式最多。在乐句的终止音使用上，有的小调每个乐句都终止在主音上。有的小调歌曲，所有乐句都围绕着调式的五级音或四级音进行，在旋律的句逗，主音偏偏不出现或很少出现，只在最后一句才结束到主音上，使前部分旋律带有较大的不稳定性。

“舞歌”类民歌系指民间歌舞中所唱的歌曲。其特点是载歌载舞，融歌唱和舞蹈为一体。

当涂民歌流行区域内的民间歌舞十分盛行，一般在春节、庙会或重大节日里表演，种类有踩高跷、跑旱船、秧歌舞、马灯舞、蚌舞、云舞、龙灯舞、狮子舞、划龙船、霸王鞭等。

这些民间歌舞都是在当地的民间小调基础上加上舞蹈动作而发展起来的。表演者以舞为主，以唱为辅，或只舞不唱，加上民乐伴奏和打击乐的烘托，喜庆场面十分火爆，往往造成万人空巷争相观看的节日氛围。

四、当涂民歌保护传承的现状

当涂民歌是人民在长期生产劳动中的智慧结晶，是民间艺术宝库中的珍品，因其走近生活、贴近生活、反映生活而曾受到人们普遍的喜爱。但时至今日，随着社会的进步和时代的发展，加之民歌本身还存在着一些简单、粗糙，甚至还有点俗气，使当涂民歌逐渐黯淡下来，民歌的普及日渐削弱和濒危。

如今在田间地头、河畔山脚、村舍牧场，已难听到那行云流水般的民歌声了，当年活跃在乡间和城市舞台上的民歌手，或年逾古稀，或已去世。随着劳动条件的变化和生产工具的改进，农业科技水平的提高，当涂民歌逐渐失去了赖以生存的基础。如：现在吃米是机器碾米，抗旱排涝是机器作业，不再是人工舂米和车水灌田，还有耕田、插秧、收割等都是机械化，人工劳作场面少了，因而很难听到《舂米号子》、《车水号子》以及插秧、收割等方面的民歌。再因商业文化和流行音乐带来的影响，人们的文化生活日益丰富、多元，电视、影像等娱乐媒介普遍化、生活化，使得民歌的传唱热情日趋低落，而今的农民（特别是青年农民）对于民歌失去了认同，失去了兴趣，也就不可能像前辈们那样以极大的热情去创作、保护、传承和演唱当涂民歌。

民歌是民族文化与价值体系中重要组成部分，并鲜明地体现民族的本质，传承与发展民歌具有深广的社会意义与历史意义；同时，民歌作为优秀的非物质文化遗产，对宣传地方特色文化，提高地方知名度都有深远的影响。因此，在“保护为主、抢救第一、合理利用、传承发展”的方针下，抢救濒临失传的当涂民歌显得迫在眉睫，这需将当涂民歌的保护和传承纳入推进文化大发展、大繁荣的工作内容，使当涂民歌走“精品化与普及化并重”、“艺术性与民众性相结合”的道路，进一步诠释和丰富当涂民歌的综合价值，使古老的民歌重新焕发生机，使其转化为服务于现代和未来生活的文化资源。

（作者为马鞍山市博物馆开放部主任）

论当涂民歌的存在状况和传承发展

王红艳

内容提要：极为珍贵的非物质文化遗产在21世纪伊始受到社会普遍关注，民歌是非物质遗产中最重要部分，作为汉族民间音乐中的安徽当涂民歌以其历史悠久、体裁多样、地方特色鲜明，蕴涵着丰富的音乐和文化思想资源，于2006年被列入国家首批非物质文化遗产名录，为了深入了解当涂民歌现状，更好地传承和发展当涂民歌，本人于2009年7月至8月间随当涂文化馆工作人员，到当涂县14个乡镇进行第二届当涂民歌大赛初赛筛选工作，进而对当涂民歌进行实地考查，本文根据当下当涂民歌存在特点，将其划分为活态民歌、文本民歌、数字民歌三种存在方式，并论述对其传承和发展的思考。

关键词：非物质文化遗产；当涂民歌；活态民歌；传承和发展

当涂民歌是对当涂县区域内民歌的统称，当涂县位于安徽省境内长江下游东岸，介于南京、芜湖之间，紧倚并隶属于江东文化名城马鞍山市，2006年国务院公布首批国家非物质文化遗产名录，共518项，当涂民歌被列入其中，此后当涂民歌受到当地政府和文化部门的广泛关注，但相关的学术研究与保护措施却相当滞后，为有效地保护当涂民歌，首先要清楚当涂民歌实际存在状况，从而建立起科学合理的民歌保护机制，更好地保护和传承当涂民歌，鉴于此，本人于2009年7月至8月间，随当涂文化馆工作人员到当涂县14个乡镇，进行第二届当涂民歌大赛初赛筛选工作，进而对当涂民歌存在状况进行实地考查。本文根据实地考查，按当下当涂民歌的存在特点，将其划分为活态民歌、文本民歌、数字民歌三种存在方式，并论述对其传承和发展的思考。

一、当涂民歌存在状况

（一）活态民歌

所谓活态民歌是指存在于日常生活之中口头之上，通过口传心授传播，没有被固化最具生命力的民歌，具体表现在“底本（脚本）是活的、表演是活的、受众是活的、场景是活的、传播是活的、历史是活的”[1]，它存在于人们日常生活和生产劳动之中，具有不同的人群活态性特点，大致分为以下三类：

第一类为长期生活于当涂境内，土生土长的60岁以上的老年人群，他们青壮年时期正是上世纪五六十年代，当时正处建国初期，社会生活安定，农业生产以生产队为单位进行集体劳动，人们用民歌抒发情感、调节疲劳、统一劳动节奏，当涂民歌曾一度有效提高了人们的劳动热情，在50年代末又恰逢文化部对全国民族民间音乐进行第一次大规模搜集整理阶段，当涂区域内民间音乐活动丰富，民歌汇演、比赛频繁，男女老少人人会唱民歌，有段文字如此描述当时当涂民歌繁荣景象“他们是在当涂民歌声中长大的，上世纪五六十年代，他们生活的当涂县民歌之海中，十七八岁的大姑娘，二十当头的小伙子，三十多岁的小嫂子，四十多岁的精壮汉子，嗓门一亮，就是一首原汁原味的当涂民歌”。50年代十七八岁的大姑娘现在已成为六十七八的老太太……因此，当涂县区域内60岁以上的老人个个会唱数量可观的当涂民歌，60岁以下至45岁以上的大部分人喜欢听，还有少部分人会唱；而45岁以下的绝大部分当涂人已不会唱当地民歌了。2009年8月本人全程跟踪第二届当涂民歌大赛，并对当涂共14个乡镇参赛人员进行调查，结果显示，14个乡镇中有11个乡镇全体参赛成员年龄在45岁以上，且65岁以上的老年人居多，只有少数乡镇为了民歌演唱的质量，请年轻的音乐老师或民歌演唱能手参赛。此外本人还对参赛人员的年龄进行调查，结果显示，80%的参赛人员平均年龄在60岁以上，可见对当涂民歌进行保护和传承，要充分重视这类人群传承能量，目前这些人已进入颐养天年的年龄，他们锻炼身体，唱唱民歌自娱自乐，这是当涂民歌目前存在于民间的一种自然状态。

第二类是当涂民间艺人，这类人群人数很少，全县范围内也就二十人左右，年龄绝大部分也在65岁以上，他们不仅会唱大量的当涂民歌，还会民间乐器、民间说唱、戏曲等其他艺术形式。由于长期生活在农村，习得的当涂民歌都是口传心授，更具本土的原汁原味，因而深受当地人们群众的欢迎。几十年来他们农闲时多在从事有偿的民间音乐活动，即专门从事民间婚丧嫁娶等音乐服务。当涂民间艺人分布不均，常常跨乡镇从事音乐艺术活动，他们是现代当涂民歌最为重要的传承人，由于受经济利益的驱使，最大限度地获得社会认同，进而被广大的农民客户欣赏并雇佣，他们会创造性地将传统当涂民歌与现代农村生活紧密结合，在曲调、歌词和演出形式等多方面即兴改编民歌，此时他们演唱的民歌已成为一种文化商品，一种可以获取利益的手段，因此他们对当涂民歌具有源源不断

---

① 贺学君：《从书面到口头：关于民间文学研究的反思》，中国民俗学会编：《民俗春秋·中国民俗学会20周年纪念论文集》，学苑出版社，2006。

的创造力，并有效地推动了当涂民歌的变异和发展。

第三类是少数年轻的新民歌手。他们有的是文艺团体的民歌手，有的则是在当地文化部门干预和培训下不断成长，通过文化馆（站）文艺工作者的辅导，进行当涂民歌演唱的年轻歌手，年龄多在30岁以下。目前这部分人很少，但随着当涂民歌被列入我国非物质文化遗产名录之后，政府对当涂民歌的重视度加强，促使当涂新民歌手近两年来有所增加，这些新民歌手大多有一定的音乐基础，他们传递的民歌文化信息已缺少生存的环境与背景，是已被舞台化、艺术化的当涂民歌，尽管民歌民风韵味有所欠缺，但他们无疑是当涂民歌传承和发展的新生力量。

（二）文本民歌

当涂民歌以文字（乐谱）形式存在称之为文本民歌，当涂民歌历史悠久，直接以歌谱形式留存的民歌，最早出现在上世纪50年代，当时当涂县文化馆音乐工作者黄熙云、翟大森等深入全县农村，进行建国以后首次民歌资料搜集工作，这是当涂民歌有文本（乐谱）形式存在的最早记载，此前虽也有关于当涂民歌的记载，最多只是记载歌词却没有乐谱，人们无法根据文本进行民歌再现，当涂民歌文本性存在是当涂民歌史上的一大进步。

根据本人所搜集的当涂民歌乐谱资料显示，现在可见最早以歌谱形式记载当涂民歌的文本是《安徽民间音乐（第一集）》①，有26首当涂民歌入编；其次为《安徽民间音乐（第二集）》②，有18首当涂民歌编入；在1963年6月当涂县文化馆编印《当涂民间歌曲选（第一集）》③（油印本）成为当涂县第一本文本性民歌集；1979年当涂县文化馆编的《当涂民间歌曲选》④，编入54首当涂民歌；同年《中国民间歌曲集成》安徽卷第一册⑤，43首当涂民歌入编其中；1979年4月黄熙云主编民歌集《当涂民间歌曲选》⑥（铅印本）收录68首传统民歌曲目；1980年芜湖地区文化馆编辑出版《芜湖地区民歌选》⑦，当涂民歌48首入编其中；1982年安徽人民出版社出版《安徽民间音乐》第一集⑧；1983年出版的

---

① 《安徽民间音乐（第一集）》，安徽文艺出版社，1957。

② 《安徽民间音乐（第二集）》，安徽文艺出版社，1959。

③ 宿南主编：《非物质文化遗产田野调查——当涂卷》，当涂县文化馆，2010。

④ 当涂县文化馆编：《当涂民间歌曲集》，1979。

⑤ 安徽群众艺术馆编：《中国民间歌曲集成》安徽卷第一册，安徽文艺出版社，1988。

⑥ 宿南主编：《非物质文化遗产田野调查——当涂卷》当涂县文化馆，2010。

⑦ 芜湖地区文化馆编：《芜湖地区民歌选》，1980。

⑧ 安徽省文化局音乐工作组编：《安徽民间音乐》第一集，安徽人民出版社，1982。

《带露的花朵——安徽民歌一百首》①，有9首当涂民歌入编；1988年出版的《安徽民间音乐》第三集②，收录当涂民歌8首；2004年8月内部出版的《马鞍山民歌》③ 全书收录当涂民歌88首。

当涂民歌数量众多，在安徽省被誉为“民歌之海”，在对民歌统计过程中，本人发现有些文本性民歌歌名相同，曲调却大相径庭，还有的民歌歌名各异，曲调却完全相同，另外还有一些当涂民歌散落民间，没有被挖掘整理，我们今天看到的以歌谱形式记载的当涂民歌，已经无奈地沾染了人工的痕迹，尽管这样以文本的形式存在的当涂民歌仍然具有鲜活的生命力，与两千多年来一直靠历史文献折射当涂民歌状况相比，这种方式无疑已有质的飞跃。但无论是简谱还是五线谱记录民歌，都要求尽可能保留民歌原貌，因此，谨慎如实地记录歌谱和歌词就是对当涂民歌最好的传承，当然发展需要创新，近年来国内也涌现大量新民歌，是在原生民歌基础上增添了时代的新元素，但原生民歌始终是新民歌的灵魂。

（三）数字民歌

当涂民歌以数字化的方式存在称之为数字民歌，随着21世纪科学技术的发展，我们已进入了数字化时代，这里所说的数字民歌是指运用现有的数字信息技术，如：数码拍摄、数字录音、摄像等手段，对非物质文化遗产——当涂民歌进行存储，建立音频、图像、视频等数据库，实现数字化再现当涂民歌的方式。

在当涂民歌数字化之前，以模拟形式保存的当涂民歌为1980年2月《芝麻开花节节高》等13首民歌，通过安徽人民广播电台向省内外播放；1982年，中国唱片社将《打麦歌》、《熟透的庄稼一片黄》等九首当涂民歌灌制成立体声唱片，向全国及东南亚地区发行。

随着现代科学技术的迅猛发展数字影像技术广泛使用，2004年当涂民歌手陶小妹、杜鹃等参加第二届全国农民歌手电视大奖赛保留有影像资料；2006年安徽音像出版社出版《水乡情韵·当涂民歌集萃》，收录民歌手吴大巢等演唱的民歌12首；2006年、2009年两届当涂民歌大赛，保留有预赛、决赛的实况录像；2010年安徽省文化厅编辑出版《安徽民歌经典》CD光盘，当涂三首民歌入选；近几年由市、县文化馆录制当涂老民歌手歌唱实况录像若干。现在以实况拍摄声像并举的储存方式更好地还原了非物质遗产当涂民歌原貌，有效地再现了其文化空间，使人们有身临其境之感，具有视听一体化的特点，在形象性、逼真性

① 《带露的花朵——安徽民歌一百首》，安徽人民出版社，1983。

② 《安徽民间音乐》第三集，安徽人民出版社，1988。

③ 《马鞍山民歌》，内部资料，2004。

方面有极大的优势，是当下保存民歌效果最好的一种形式。

当涂民歌目前以上述三种形式存在，文本（乐谱）式民歌及数字式民歌将当涂民歌进行物质化、固态化地保存，为人们提供了欣赏的便捷性和直观性，这两种方式重点在于收集资料、建立档案的方式，使民歌进入博物馆保存供人展览，这只是实现了对当涂民歌进行初级保护，而真正保护应该是使其得到传承和发展。

二、对当涂民歌传承和发展的思考

非物质文化遗产的基本属性决定了当涂民歌传承和发展只能建立在上述活态民歌的基础上，目前活态民歌传承有两种方式：一种是自然性传承，另一种是社会干预性传承。

几千年来当涂民歌在农业文明中自然成长，这是一种健康可持续发展的民歌音乐文化生态环境，美国当代文化人类学学者罗伯特·F. 墨菲指出："文化生态理论的实质是指文化与环境———包括技术、资源和劳动———之间存在一种动态的富有创造力的关系。"[①] 民歌持续发展源自于民歌生态环境各因素间处于一种平衡、和谐的状态中，而在当前整个人类社会急剧地从农业文明向工业文明转型，传统民歌音乐文化的遗存与现代文明发生着强烈的碰撞，民歌存在的自然生态场发生了彻底的改变，所谓"'生态场'原是指生物生命活动所产生的综合生态效应的空间分布，在文化生态学中则是指文化活动所产生的综合生态效应的空间分布"[②]，现在民歌自然性传承失去了其应有的生态场，因此，迫切需要社会干预性传承发挥积极作用，根据我国当下社会实际状况，社会干预主要是指政府行政性干预，为使当涂民歌传承和发展得到有效保证，本人认为政府干预主要涉及以下三个方面：

(一)·为活态民歌传唱者搭建传承和发展平台

上述所说的当涂活态民歌三类人群，他们是当涂民歌传承和发展最为坚实的群众基础，在三类人群中60岁以上的老年人尤为重要，究其缘由，首先他们人人都会唱大量的当涂民歌，他们年轻的时候正是当涂民歌发展的兴盛期[③]，以至于他们至今唱起当涂民歌来还是那么的有声有色。其次，他们已经步入老年阶段，有更充裕的空闲时间，特别在当今农村群体性文化生活总体贫乏的情况下，

---

① （美）罗伯特·F. 墨菲：《文化与社会人类学引论》，王卓君、吕迺基译，商务印书馆，1991。

② 赵艳喜：《论文化生态保护区中物质文化遗产与非物质文化遗产的关系》，《青海民族研究》2009-2-20。

③ 王红艳：《论安徽非物质文化遗产——当涂民歌的三次兴盛期》，《音乐天地》2010-4-41。

日常生活中老年人相聚在一起唱唱民歌自娱自乐，而这种演唱和欣赏都是在老年人之间进行的，没有年轻群体的参与，为使传承渠道畅通，当前迫切需要政府重视，文化部门牵头，以乡镇文化站为单位搭建民歌演唱平台，创建酷似卡拉 OK 的民歌演唱中心，组织形成一定的受众群体（包括年轻人和儿童），老年朋友在这个活动中心尽情歌唱，传播民歌的种子。这样，一方面丰富了老年人的文化生活，另一方面营造了很好的民歌传承空间。同时政府每年定期开展民歌汇演、比赛等活动，扩大当涂民歌的社会影响力，营造良好的当涂民歌基础性传承氛围。

对上述活态民歌中的第二类人群，即当涂民间艺人，他们虽然人数不多，但其传承能量和社会影响力却是巨大的，这其中包括当涂民歌国家级传承人①，他们不是一般的歌唱者，他们是当涂民歌传承和发展最为鲜活的有生力量，目前这些民间艺人在经济利益的驱动下，民歌演唱活动频繁，但他们对当涂民歌仅仅停留在演唱的层面，没有主动传承的意识，鉴于此，政府对这类人群应给予政策上的鼓励和经济上的补贴，改善他们演唱活动的文化空间，鼓励民间艺人组成相对规范的演出团体，政府支持文化馆（站）的音乐工作者定期给民间艺术团体以专业上或运营方式上的指导和帮助，促进民间艺人民歌演唱艺术水平的提高，使其有更多的受众期待他们的民歌演唱。与此同时，民间艺人也承担相应的社会责任，每年开展两场以上的民歌演唱专场，并在日常的民歌演唱活动中，带两至三名专门从事民歌演唱的徒弟，对师带徒政府拨付专项资金，以保证民间艺人承担起民歌传承人之重任，为保证活态传承机制更为有效，建议政府、市（县）文化部门对民间艺人的民歌传承活动和传承人培养状况进行考核，并制定详细的考核细则，使政府经济资助和政府考核联动起来，以此激发传承人的民歌演唱热情，使当涂民歌传承进入良性循环状态。

对于第三类人群即当涂新民歌手，他们是当涂活态民歌传唱人群中最具活力的一群人，要创造条件，鼓励年轻人学习、演唱当涂民歌艺术，营造有利于当涂民歌演唱人才脱颖而出的机制和环境，培养热爱当涂民歌的优秀新人，为当涂民歌艺术的传承与发展奠定基础。当前通过当涂民歌大赛推选当涂新民歌手就是一个很好的举措，但新民歌手人数还很少，还需积极开展各种形式民歌比赛和演唱活动，促使当涂新民歌手不断地涌现，从而更好地传承和发展当涂民歌。

（二）使学校和社会教育机构成为当涂民歌的传承阵地

保护当涂民歌应以当涂活态民歌的三类人群为传承主体，除此之外，政府还应鼓励当地教育机构包括高校、中小学校以及社会办学单位，积极开发本土音乐

① 2006 年当涂民歌成为国家非物质文化遗产后，当涂民歌手陶小妹、张善宝、夏桂长申报成为当涂民歌传承人，他们其中有两人也在从事这种民间艺术活动。

文化资源，将当涂民歌充实到校本教材中去，目前马鞍山师范高等专科学校音乐专业在这一方面已做了大量工作，将当涂民歌引进课堂，深受同学们的喜爱，并产生了积极而广泛的社会影响，2005、2008 年安徽省第一、第二届大学生艺术节上，马鞍山师范高等专科学校学生演唱的当涂民歌《打麦歌》、《送粮歌》荣获一等奖，并在全国首届大学生艺术节上荣获一等奖。现在马鞍山师范高等专科学校已在“地方课程”中纳入当涂民歌教学内容，通过师范这一文化传承主体、源头传承当涂民歌，笔者希望下一步能在当涂县及马鞍山市中小学定期开展“当涂民歌节”活动，以便在更为广泛的范围内传承和发展当涂民歌。另外，在社会音乐文化活动中心、老年大学等社会办学机构开展当涂民歌教学、演唱、比赛等活动，营造有利于当涂民歌传承和发展的氛围，正如赵世林先生指出：“文化传承是指文化在民族共同体内的社会成员中作接力棒似的纵向交接的过程。这个过程因受生存环境和文化背景的制约而具有强制性和模式化要求，最终形成文化的传承机制，使民族文化在历史发展中具有稳定性、完整性、延续性等特征。”① 教育本身承载文化传承的重任，地方教育部门在地方音乐文化传承上发挥积极作用，世界多元音乐文化才更丰富多彩。

三、充分发挥社会媒体的宣传能量传承和发展当涂民歌

现代社会媒体的传播力量是巨大的，利用媒介广泛宣传非物质文化遗产——当涂民歌，以提高全体市民对当涂民歌保护和传承意识，在政府干预性作用下，鼓励文艺团体、电台、电视台积极发挥媒体喉舌的作用传承与发展当涂民歌，在这方面印度就是一个值得借鉴的例子“印度是一个音乐大国，全印广播电台（包括文娱电台在内）音乐播出时间占总播出时间的 39. 15%，在音乐节目中，印度古典音乐占 30. 15%，民间音乐占 11. 56%，轻音乐占 21. 65%，宗教音乐占 12. 86%，电影音乐占 19. 73%，西方音乐占 4. 05%。”② 当涂民歌作为马鞍山市非物质文化遗产最早的保护项目，也可借鉴印度的民族音乐传承方式，在马鞍山市、当涂县电台、电视台延长当涂民歌播放的时间，增加当涂民歌播放内容，使社会主流媒体成为保护当涂民歌不可或缺的一个重要部分。

21 世纪世界呈多元化的发展态势，世界各国各个区域都非常重视非物质文化遗产的保护、传承和发展，它不仅是人类从工业文明社会转向生态文明社会的一个进步，更是对人类社会生物多样性与文化多样性的肯定，只要不断努力逐步建立比较完备的非物质文化遗产保护制度和保护体系，我们相信通过政

① 赵世林：《云南少数民族文化传承论纲》，昆明：云南民族出版社，2002。

② 张讴：《印度文化产业》，外语教学与研究出版社，2007。

府行之有效的行政干预，使非物质文化遗产传承人、相关文化单位、高校、中小学校、社会办学机构以及社会主流媒体等，主动自觉地承担起各自的文化责任定能更好地传承和发展好当涂民歌，并为丰富和发展我国民歌音乐文化作出自己的贡献。

（作者为安徽马鞍山师范高等专科学校艺术系音乐教研室主任，副教授）

李白在皖江

丁文胜

内容提要：本文主要论述李白到皖江的年谱考和他在皖江的主要活动，重点介绍李白晚年在皖江所创作的诗歌风格的变化以及他在皖江的矛盾心情，最后李白钟情于安徽皖江以及他把安徽当涂作为他的终老之地的原因分析。可以说，有了李白，皖江山水的文化底蕴更加深厚，有了皖江的胜山秀水，李白的灵感更加勃发，诗风也更加平实而自然清新。

关键词：李白；皖江；主要活动；诗歌；风格

李白一生游历了大半个中国，他的足迹涉及大江南北、沙漠戈壁、高山草地，祖国的山山水水滋养了他的胸怀，成就了他的诗业。他的一生可划分为四个时期：青少年时期，在蜀地生活、读书与隐居；二十四岁“杖剑去国，辞家远游”，离开蜀地，开始“干谒诸侯”，谋取仕途，一进长安，一无所获。从青年到中年可划分为二个阶段，第一个时期主要是在湖北安陆，结婚生子，生活近10年，此后到山东任城一带举家度日和安徽南陵置家；第二次入京，受到玄宗恩遇，官至翰林，留在宫中，陪皇帝出游、淫乐、赋诗，成为皇帝身边的御用文人，因遭谗言，帝亦疏之，锦袍辞归；第二个时期是在河南洛阳和安徽皖江一带，游历、访友、求道，但从没放弃报效朝廷之志。老年时期主要是在安徽皖江及周边一带生活及游历，最后卒于安徽当涂。

一、李白在皖江的活动轨迹

李白在安徽的活动轨迹，主要是在皖江一带。学者考证，有“五进安徽说”①、“八进安徽说”②。李白出入皖江最早的一次，姜光斗先生认为是天宝元年，亦即李白自东鲁移家南陵（唐属宣州）。而日本学者筧久美子却把李白第一次来皖南向前推了3年，即开元二十七年，李白39岁。春夏到江苏一带游历，

① 夏萌：《论李白安徽诗作的盛唐精神》，《安徽文学》（下半月）2007年09期。

② 姜光斗：《李白与安徽的情结》，《中国李白研究（2001—2002年集）——纪念李白诞生1300周年国际学术研讨会论文集》，2001年；（日）筧久美子，王辉斌译：《李白年谱》。

后逆长江西上，经当涂（安徽当涂县），至巴陵（今湖南省岳阳县），冬归安陆。在此期间，李白是否游历了南陵，不得而知。但李白把家安在南陵，肯定在此之前去过此地，否则怎么知道此地适合他居住与游历？两者相比，我认为笕见美子的说法更为可靠，即在李白移家南陵之前，到过皖南。

天宝元年（742）四月，游泰山。夏，与子女一道至南陵（今安徽省南陵县），欲游越中。玄宗征诏，奉诏入京。天宝六载（747），李白由扬州、金陵溯江而上，游白壁山与天门山。天宝七载（748）李白48岁，游皖南、皖北。

天宝十二载（753）秋，李白53岁，由曹南（今山东菏泽）南下，砀山县令热情地招待了他。早春，自范阳南下魏郡（今河北省魏县东），游西河郡（今山西省汾阳县），继续沿汾水南下，入潼关，登西岳华山。至历阳（今安徽省和县）横江浦渡长江。秋，又南下游宣城、句溪、敬亭山等地。不过，李白天宝十三载（754）秋至天宝十五载（756）春，李白54岁至56岁往来于青阳、泾县、宣城、当涂、南陵、秋浦等地。

天宝十五载（756），安禄山攻陷长安，玄宗逃亡蜀地。李亨即位，是为肃宗，改天宝为至德，时李璘在江南拥兵自重，不听肃宗旨意，肃宗命高适率兵讨伐，李白在剡中避难，不知兄弟反目，参加永王璘军幕。不料，陷入了一场政治斗争，至德二年（757），李白被投入浔阳狱中，妻宗氏为救其四处奔走。江南宣慰使崔涣与御史中承相宋若思极力救之，乃获释。宋若思辟白为军幕参谋，以掌军中文书事务。并随宋若思一同至武昌（今湖北省鄂城县）。九月，病卧宿松（今安徽省宿松县）。曾两次赠诗宰相张镐求救。终以参加永王叛乱而被判罪长流夜郎。写过《永王东巡歌》、《赠闾丘宿松》、《赠闾丘处士》、《赠张相镐二首》等诗。

上元二年（761），李白61岁。流落金陵一带。靠人赈济为生，闻史朝义势力复盛，李光弼派兵镇压，再次请缨入其军幕，但因病而半道还。冬初，寄宿于当涂县令（县知事）李阳冰处。曾出游历阳，旋归当涂，卧病于斯。这期间写下《醉后赠王历阳》、《对雪醉后赠王历阳》等诗。762年（代索宝应元年）4月，李白62岁。早春，卧病当涂。晚春3月，作最后的一次旅行，游宣城、南陵。秋归当涂，病况日，自知无望。而李阳冰又退隐在即，欲走无路，精神失常。临终之际，将平生所著托李阳冰。11月，卒于当涂，有绝笔《临终歌》一首。

在学者有关李白年谱考中，提到皖北，是在李白48岁时。但我认为李白曾多次到过皖北（即淮南），并留下了《赠从弟宣州长史昭》、《淮南卧病书怀寄蜀中赵征君蕤》、《寄淮南友人》、《淮阴书怀寄王宗成》、《忆旧游寄谯郡元参军》、《留别广陵诸公（邯郸故人）》，其中《寄淮南友人》有“不待金门诏，空持宝剑游。”诗中言明他当时还在出游阶段，这里的淮南友人，是他在洛阳遇到的一些淮南富家公子。他曾由洛阳乘水路，到淮南。“海云迷驿道，江月隐乡楼。复作淮南客，因逢桂树留。”说明他多次到过淮南。《淮阴书怀寄王宗成》中就有“暝投淮阴宿，欣得漂母迎。斗酒烹黄鸡，一餐感素诚。”而《淮南卧病书怀寄蜀中赵征君蕤》有“良图俄弃捐，衰疾乃绵剧。古琴藏虚匣，长剑挂空壁。”“国门遥天外，乡路远山隔。”“故人不在此，而我谁与适?”从诗文中可以看出李白在淮南曾染病，未遇友人，心境悲苦，思乡日切之情跃然纸上。

二、李白在皖江的主要活动

1. 李白在皖江地区安家

李白到过铜陵，第一次在皖南安家，即唐天宝元年（742），李白42岁。其时铜陵属宣州南陵。李白此次在南陵的居住地，应在南陵县铜官镇铜井山附近，即今铜陵县朱村到董店一带。在铜陵，除了在南陵住家，还到过五松山、铜官山等。第二次是李白在“赐金还山”后，游历中原十年，于天宝十二年（753）初夏，受宣州长史李昭（李白的从弟）之邀到南陵，并在宣城敬亭山安家，游历了宣城谢朓楼、敬亭山、谢氏山亭、青阳木瓜山等地①。第三次安家是池州秋浦，在那里游历了东大楼、水车岭、江祖石、逻人横、秋浦河、九华山等地，最后一次安家是当涂龙山（今属马鞍山市）。上元二年（761），李白61岁，流落金陵一带。因贫病交加，没有去处，只好投靠时任当涂县令的从叔李阳冰，直至病死，临终写绝笔《临终歌》一首。不过，这里的“安家”，并不是完全意义上的全家迁徙、定居，更可以被看做是寓居某地。

2. 李白在皖江一带访友、游历

李白到皖江，一是访友，二是便于西去长安，三是游历祖国名山大川。在铜陵南陵安家，主要是因应南陵（注：唐时铜陵辖属南陵县境）县丞常建及好友杜秀才、殷淑等的邀请，来陵遨游②。更为重要的原因，一是他可能在南陵一带做生意，李白有“千金散尽还复来”，他的“千金”显然不是继承来的，也不是皇帝赏赐给他的，而是他经营地产或商业而来的；二是那地方水陆路交通比较方便，便于入湘楚与长安。李白入长安，据陶新民考证，是从南陵经南阳一线入京③，就是从南陵出发的，安旗考证南陵在山东任城，这是站不住脚的。安旗考证的例证之一，《南陵别儿童入京》中“白酒新熟山中归，黄鸡啄黍秋正肥”中

① 于春咏：《挖掘历史文化资源促进文化产业发展》，《铜陵日报》2010年5月8日。

② 于春咏：《李白与铜陵五松山》，《安徽日报》2001年8月31日。

③ 陶新民：《李白〈南陵别儿童入京〉浅说》，《安徽教育学院学报》1994年第3期。

的粮食作物“黍”（黄米）和黄鸡北方才有，是不准确的，李白在《赠崔秋浦三首》的第三首诗中也提到了“东皋春事起，种黍早归田”，说明皖南某些地方也种“黍”，皖南地丘陵地区，有平原，也有山区，有低洼地，也有较高的地方，适合种“黍”。安旗认为这两句是写北方秋景，也是站不住的，皖南的秋天也有此景。苏轼在湖北浠水写的《浣溪沙》中也有“门前流水尚能西，休将白发唱黄鸡”。可见黄鸡在中国的南北方都有，至今铜陵南陵一带现在还有“三黄鸡”呢。从《书怀陵南陵赞府》一诗可以看到，李白晚年没有去过山东，而却到过皖南，诗中“置酒凌歊台，欢娱未曾歇。歌动白纻山，舞回天门月”看来，李白是晚年在当涂写给常赞的，这里的常赞显然是在铜陵南陵遇到的，如果南陵确在山东，常赞就不会在皖南做官了。

3. 李白在皖南南陵、池州一带游历与炼丹

李白第二次到南陵，除了因朋友之邀，访友之外，还可能在此地炼丹。南陵铜井一带在唐代产矿，李白曾在诗中写道：“铜井炎炉歊九天，赫如铸鼎荆山前。陶公矍铄呵赤电，回禄睢盱扬紫烟。此中岂是久留处，便欲烧丹从列仙。”《答杜秀才五松见赠五松山在南陵铜坑西五六里》描写的就是铜井炼矿的场景，后两句显然是写自己在此炼丹的事实。李白很早就信奉道教，曾在山东受过道箓，炼丹成仙，也是李白的人生理想之一。在《秋浦十七首》中提到的地方都在现在的池州境内。从学者的考证来看，李白到池州是在天宝十三载（754）秋至天宝十五载（756）春，即李白54岁至56岁之间。这一时期李白人生颇为萧条和失意，特别是安禄山起兵叛乱，李白到剡中避难，他的愁闷与失意就更甚。“炉火照天地，红星乱紫烟。赧郎明月夜，歌曲动寒川。”描写的也是炼矿的场景，炉火映天，紫烟乱飞，人声鼎沸，人头攒动。李白到此，显然不是来挖矿的，而是借用这里丰富的矿产、优质的水源、交通的便利、环境的幽静进行炼丹。李白在《赠宣城宇文太守兼呈崔侍御》也说“昔攀六龙飞，今作百炼铅”，而在《登敬亭山南望怀古赠窦主簿》写道“愿随子明去，炼火烧金丹”。吴世民在《李白秋浦炼丹考》一文中认为李白当时所炼的“丹”最大的可能就是炼鍮石金和砷白铜。而炼丹地点主要在四个地方，即江祖山、祖蓬山、大楼山和石门桃花坞①。而我认为李白炼丹不限于此地，在宣城地界的多个地方，李白都曾有炼丹的诗文呈现。

① 吴世民：《李白秋浦炼丹考》，《中国道教》2007年第2期。

三、李白在皖江所创作的诗篇

李白在安徽创作的诗篇有 200 余首①，其中绝大部分是在皖江一带完成的，而且写的内容也基本上是皖江的自然山水、风物人情以及交友的酬答，表达了自己内心的悲喜、忧患、苦闷、洒脱与壮志等。李白在皖江一带游历或活动时，主要是在晚年，虽有“济苍生”、“安社稷”之志，但已经没有青年或中年时期那样热烈和急切，更多的是对现实生活的肯定和自得闲适，其中虽也有苦闷和悲愁，但比起干谒前要舒缓得多。

1. 李白的诗风由豪放转为平实

李白诗风一直以豪放著称，无论是写景、咏物、记友、赠答、怀古……不仅气势磅礴，而且积极高昂，雄阔远大。但赐金还乡之后，李白的诗文渐渐由豪放转为平实。这种诗风的转变与李白的遭遇不无关系，尽管他的一生都贯穿着报君之志，但从天子皇都走进下层人民的生活世界，他的人生理想也由强烈的报国思想转变为关心世事、寄情山水了，还有他更加注重对现实生活的真切体验。一方面心怀“使寰区大定，海县清一”之志，另一方面又想过一种散淡自在、自由率性的生活，正是在这种矛盾心情下，他走遍了皖江地带，留下许多脍炙人口的诗篇。“早起见日出，暮看栖鸟还。客心自酸楚，况对木瓜山。”（《望木瓜山》）诗人在悠闲之中，满含酸楚。“渌水净素月，月明白鹭飞。郎听采菱女，一道夜歌归。”（《秋浦十七首》）这时的诗人已经置身事外，以欣赏者的眼光去看平凡的生活场景。“青溪胜桐庐，水木有佳色。山貌日高古，石容天倾侧。彩鸟昔未名，白猿初相识。不见同怀人，对之空叹息。”（《宣城青溪》）美丽的清溪景色让诗人迷恋，水清似镜，秀木参天，山色高古，彩鸟腾飞，猿啼深林，但李白是孤独的，面对如此美丽的景色只能空有余叹。“青山日将暝，寂寞谢公宅。竹里无人声，池中虚月白，荒庭衰草遍，废井苍苔积。唯有清风闲，时时起泉石。”（《谢公宅》）这首诗是在寂寞的心情下写的，看似无情，却蕴含着诗人无限的情思。李白在皖江所作的诗已经不再瑰丽奇特，不再气势磅礴，更多的是一种自然、平实、亲切的诗风，描写景物和生活场景几近白描，从中我们看到李白心理变化的轨迹。

2. 李白的自然山水诗更具地方特色

李白在皖江的时候，所写的诗很具有地方特色，对当地的景色进行诗意的描写，并赋予景物以生命的色彩，表达自己此时此刻的心情，可谓情景交融，寓情于景。比如在池州秋浦时，他写下《秋浦十七首》，对当地的景物、人物、生活

---

① 夏萌：《论李白安徽诗作的盛唐精神》，《安徽文学（下半月）》2007 年 09 期。

场景进行细致的刻画，据学者考证，诗中所出现的地名如东大楼、水车岭、江祖石、桃陂等至今还在。在青阳李白游览了“天河挂渌水，秀出九芙蓉”的九华山。在铜陵南陵居住时，他写了五松山、铜官山、漆林等；在宣城，诗人写下了《独坐敬亭山》，“众鸟高飞尽，孤云独去闲。相看两不厌，只有敬亭山。”气势纵横，浮想联翩，而其短章大都隽永灵妙，情思深邃①。敬亭山在诗人眼中，不再是一座山，而是物我交融的内心意象。除了写到敬亭山，李白还写了泾溪、响山、谢朓楼、桃花潭、蓝山、落星潭，而鰕湖的“白雨映寒山，森森似银竹。提携采铅客，结荷水边沐”，既有景物的描写，也有生活场景的刻画。在黄山，他的笔下有清溪、宛溪、木瓜山等。在当涂《姑熟十咏》，他把当涂的自然山水揽入怀中，有“波翻晓霞影，岸叠春山色”的姑熟溪；“龟游莲叶上，鸟宿芦花里”的丹阳湖；“竹里无人声，池中虚月白。荒庭衰草遍，废井苍苔积”的谢公宅；“闲云入窗牖，野翠生松竹”的陵歊台；“石冷苍苔，寒泉湛孤月”的桓公井；“野竹攒石生，含烟映江岛”的慈姥竹；“颙望临碧空，怨情感离别”的望夫山；“绝壁临巨川，连峰势相向。乱石流洑间，迴波自成浪”的牛渚矶，即今天的采石矶；丁令威成仙的“松萝蔽幽洞，桃杏深隐处”的灵墟山；“迴出江上山，双峰自相对”的天门山等胜景。除了这十处景物，李白还到小丹阳横山去拜访周处士以及游历了马鞍山市隔江而望的历阳（今和县）并于横江渡口（今和县境内）东渡，写下《横江词六首》。

3. 李白诗中的日常生活场景

到了皖南，李白对下层百姓的生活更加熟悉，无论是秋浦边上的渔家，还是五松山下的荀媪，无论是酿酒的纪叟，还是热情的清溪主人，李白都寄托了自己的深情和对农村生活的热切关注。“秋浦田舍翁，采鱼水中宿。妻子张白鹇，结罝映深竹。”是对寻常百姓生活的真实描写，老农打鱼，妻子织网，生活安闲而自足。“桃波一步地，了了语声闻。暗与山僧别，低头礼白云。”虽然诗中前两句没有人物，可以想见那是一个热闹的场面，处处是人声。而就在这人声鼎沸中，诗人与山僧悄然作别，又开始了自己的工作。具体做什么，我们不得而知，不过据学者考证，应该在炼丹。《宿五松山下荀媪家》：“我宿五松下，寂寥无所欢。田家秋作苦，邻女夜舂寒。跪进雕胡饭，月光明素盘。令人惭漂母，三谢不能餐。”李白的心情是苦闷的，这苦闷不仅仅是个人的，也是社会的。“田家秋作苦，邻女夜舂寒。”下层劳动人民的艰辛跃然纸上。而自己的生活又怎样呢?不难看出，李白已经穷困潦倒，连饭都吃不上了，他本来是想求助南陵刘都使，

① 王枚：《读李白〈独坐敬亭山〉》，《民主与科学》1993 年 04 期。

但遭到婉拒，这位姓荀的妇人收留了他，并赐他以食，他感到十分的惭愧，也充满着不尽的感激之情。虽然诗中用典，但表达的却是自己无法报答荀妇人的惭愧之情。韩信也曾受过漂母之资，但他飞黄腾达后，还是以百金报答了那位“漂母”，而李白此时已经50多岁，能否施展抱负，报答老妇人，毕竟是一个未知数。在《哭宣城善酿纪叟》一诗中，诗人肯定经常去买纪叟酿的老春。可纪叟死了，嗜酒的李白再也喝不到纪叟酿的美酒了。不难想象，因为酒，李白与纪叟的关系也非同一般。曲有知音，酒中何尝没有知音呢？这首诗仅仅只有二十字，但诗人饱含真情与对逝者的怀念，“夜台无晓日，沽酒与何人?”纪叟找不到知音了，李白也万分的悲痛。《宿清溪主人》一诗中虽然不知清溪主人姓名，然而主人的热情从李白偶尔的夜宿中一览无余。清溪主人住的地方傍山倚水，恍如仙境，“檐楹挂星斗，枕席响风水。月落西山时，啾啾夜猿起。”月朗星稀的夜晚，枕席听水响、闻猿啼，李白的心情是不平静的。为什么到此歇息？无人知晓，但清溪主人的热情好客，多少令人感动。

4. 李白的济世情怀与寻求安逸的矛盾心情

虽然晚年的李白已经把皖江山水看做了自己的云游与终老之地，但诗人的济世情怀一刻也不曾忘怀，他心中怀有的志向一刻也不曾熄灭过。唐玄宗晚年的昏聩与沉迷美色使歌舞升平的唐王朝潜伏着巨大的政治危机，而唐玄宗不仅无法预感到这种危机，还加剧了这种危机的到来。身处民间的李白直觉地感知到这种危机的到来。他曾到燕赵那里去暗探过安禄山的狼子野心，然而由于远离政治中心，年老的李白虽有雄心壮志，但总感到力不足兮。因朋友之邀，到达皖南宣城一带。他以吟酒、会友、赋诗、炼丹为生活的基本内容，然而他的内心并不平静，也没有真正地安于“归隐山林”。在《赠常侍御》中写道“安石在东山，无心济天下。一起振横流，功成复潇洒。”偶尔还会想起东晋的名臣谢安，这一直是年轻时他报效朝廷的心中“偶像”。在《赠宣城宇文太守兼呈崔侍御》和《赠从弟宣州长史昭》诗中他内心强烈的苦闷与孤独感随着年龄的增长变得越来越强烈。岁月蹉跎，时光荏苒，虽有济世之才，但终无用武之地，“据鞍空矍铄，壮志竟谁宣？蹉跎复来归，忧恨坐相煎。无风难破浪，失计长江边。”“何意苍梧云，飘然忽相会？才将圣不偶，命与时俱背。独立山海间，空老圣明代。”即使这样，他仍然把自己比做君子植物中的“兰”与“松”，可见其意志的坚定与坚忍不拔的品质，“为草当作兰，为木当作松。兰秋香风远，松寒不改容。”（《于五松山赠南陵常赞府》）。在《赠刘都使》“而我谢明主，衔哀投夜郎。归家酒债多，门客粲成行。高谈满四座，一日倾千觞。所求竟无绪，裘马欲摧藏。”一方面，壮志未酬，另一方面，醉意人生。李白在无限的苦闷与孤独中似乎也渴望一种安宁、平静、闲适自在的生活。《赠黄山胡公求白鹇》诗中，李白看到胡公养的一双白鹇，与人相处，安闲自得，不免“我愿得此鸟，玩之坐碧山。”当他遥望敬亭山时，“相看两不厌，只有敬亭山。”在安闲自在的生活中李白的孤独感一刻也不曾消失过，但他却能享受这种孤独带来的快乐。飞鸟入林，白云自闲，这一切是那样的宁静安闲，充满悠远的禅意。在《姑孰十咏》中他“爱此溪水闲，乘流兴无极。漾楫怕鸥惊，垂竿待鱼食。”在荡舟游兴之际，在溪边垂钓，乐在其中。“青山日将暝，寂寞谢公宅。竹里无人声，池中虚月白。荒庭衰草遍，废井苍苔积。惟有清风闲，时时起泉石。”秋月清白之际，独自去造访寂寞的谢公宅，虽心境寂寥萧瑟，但隐隐中也有快意。可以说，李白是个通达的人，因为通达，他能把内心的矛盾感、孤独感、挫折感转化为一种对生活深刻体悟的美感与快感。当李白60多岁时，还参与了永王李璘的东征，在《永王东巡歌十一首》中表达了他的“老当益壮”和“济世情怀”，“但用东山谢安石，为君谈笑静胡沙。”“试借君王玉马鞭，指挥戎虏坐琼筵。南风一扫胡尘静，西入长安到日边。”而这次“入世”则让他卷入了政治旋涡，因罪而流放夜郎。他临终前，所写的“大鹏飞兮振八裔，中天摧兮力不济”表达了内心强烈的孤独感与无奈感，而这种孤独感与无奈感造就了他伟大的诗才。

四、李白终老之地——安徽当涂

1. 李白眼中的谢宣城

李白因朋友之邀到宣城，到达此地，不仅感叹这里的山水之美，同时也对南齐诗人谢朓充满敬佩与仰慕之情。谢朓，南齐诗人，与谢灵运同族，世称“小谢”，青年时代就以文学知名，《南齐书》本传称其“少好学，有美名，文章清丽”，其主要成就在山水诗，而他的山水诗基本上已经摆脱晋宋时期玄言诗的影响，更多的是抒发个人的思想感情，他把描写山水与抒发感情自然地结合起来。谢朓诗清丽淡雅，意蕴绵长，遣词自然，音调和谐，感情含蓄。“馀霞散成绮，澄江静如练”（《晚登三山还望京邑》），“天际识归舟，云中辨江树”（《之宣城郡出新林浦向板桥》），“朔风吹飞雨，萧条江上来”（《观朝雨》），“鱼戏新荷动，鸟散馀花落”（《游东田》）至今读来，仍清新自然，意境悠远。同时他的短诗还富于民歌风味。“夕殿下珠帘，流萤飞复息。长夜缝罗衣，想君此何极！”（《玉阶怨》）“绿草蔓如丝，杂树红英发。无论君不归，君归芳已歇！”（《王孙游》）不仅有景物的描写，也有对女子细腻情感的刻画。李白当然也有“名人情结”，对谢朓的追思，也是对自己山水诗风的肯定。在《秋登宣城谢朓北楼》中，李白看到宣城傍晚的雨后的瑰丽景色，站在谢朓楼上，不免吟到“谁念北楼上，临风怀谢公。”在《宣州谢朓楼饯别校书叔云》“蓬莱文章建安骨，中间小谢又清发。”可以说李白不仅喜欢谢朓的诗风，也喜欢谢朓对待生活的态度以及其人生理想。这为他后来终老青山提供了一个心理上的依据。

2. 李白依从叔李阳冰

李白晚年，可以说穷困潦倒，“小子别金陵，来时白下亭。群凤怜客鸟，差池相哀鸣。各拔五色毛，意重泰山轻。赠微所费广，斗水浇长鲸。”（《献从叔当涂宰阳冰》）当李白在金陵小住时，生活的费用主要靠朋友们的接济，而朋友们给他的一些钱两，对大手大脚的李白来说，真可谓杯水车薪。由于生活无着落，自己又染疾，一生流浪惯了的他想到了在当涂为官的从叔李阳冰，于是写了这首诗表达自己“无归路”时的痛苦心情。

李阳冰接纳了他，正如《草堂集序》中所说“公遐不弃我，扁舟而相欢”。在李白的陪同下，他们游玩了几处近的地方，如化城寺清风亭和历阳（即今和县）。可以说，李白晚年景况较为悲惨，多亏族叔李阳冰收留了他，他虽说穷困潦倒，但毕竟有一个可以安度晚年的去处，只可惜他病魔缠身，没两年就去世了，临终之际，将平生所著托于李阳冰。换句话说，没有李阳冰的宽厚大度，也没有今天的诗仙李白。

3. 李白仙逝的传说

关于李白的死因，大体上有三种说法：疾、酒、水。李阳冰、李华、刘全白、皮日休诸家皆称李白“以疾终”。《旧唐书·李白传》说是“竟以饮酒过度，死于宣城”。但李白究竟得的是什么病，史未详。我想，李白的死与饮酒过度有关，但古代医术毕竟不发达，加上李白晚年穷困潦倒，也无钱医病，病死之说可信。但李白诗才举世无双，如此奇才显然不能以普通的病死而了结。于是，神仙之说由此而生。五代王定保想象“李白著宫锦袍，游采石江中，傲然自得，旁若无人，因醉人水捉月而死。”（《唐披言》）比较而言，此说最为神奇，但仍不能满足人们对于李白的景仰和爱慕之情。既然是神仙下凡，怎么会“死”呢？鉴于此，惯常的“归天”之说应运而生。退之尝言：“李太白得仙去。”元和初，有人自北海来，见太白与一道士在高山上笑语久之。顷，道士于碧雾中跨赤鱿而去。太白纵身健步，追及，共乘之而东去。（旧题柳宗元撰《龙城录》）首先明确提出“捉月骑鲸”说的是宋人：不必暴落饥蛟涎，便当骑鲸上青天。（梅尧臣《采石月下赠功甫》）神游八极表，捉月初不死。（李纲《读四家诗选》）此说诚然荒诞，却代表了人民的意愿①。

4. 李白对安徽当涂大青山情有独钟

有一个问题一直困扰着笔者，叶落归根是中国人的传统观念，可李白似乎没

---

① 陈钧：《李白传说故事溯源》，《中国典籍与文化》1998 年 04 期。

有这样的传统观念，他晚年并没有把终老之地安置在四川他儿时生活的地方，而是选择了处于安徽皖江地带的当涂。可能他想到了家乡，可现实的原因使他无法回去，也可能他根本就不打算叶落归根，对一个长期漂泊的人来说，哪儿都是自己的家，哪儿都可以成为自己的终老之地。他之所以选择安徽当涂作为自己的终老之地，可能有四个方面的原因：

一是他晚年的穷困潦倒使他无法回到四川老家。他投靠从叔李阳冰，也是因为生活的艰难。晚年他一无所有，又没有一技之长或薄田几亩，完全靠朋友、亲戚的接济才能勉强生活下去。即使他想回老家，恐怕也没这个能力。

二是他根本就不打算“叶落归根”，在安徽当涂大青山脚下他有一位跨时代的精神挚友——谢朓。据范传正所作的《唐左拾遗翰林学士李公新墓碑并序》记载:（李白）晚岁渡牛渚矶，至姑熟，悦谢家青山，有终焉之志。能终老于大青山，与谢朓为邻，也算是找到自己精神挚友。

三是江东的自然美景也吸引着李白。他对当涂山水的迷恋也是他愿意终老于此的一个不容忽视的原因。在唐代当涂就是一个交通发达、山清水秀、鱼米之乡。这里有湖滕、有山景、有河泊、有古迹，是个土地丰饶、民风淳朴的地方。

四是当涂大青山、龙山脚下的姑孰河紧连长江，交通极为便利，是块风水宝地。李白墓就在大青山西麓，从青山山顶可以远眺长江，近可观桃花千朵，环境幽静、一派田园风光。加上他的子女都在这里，将其埋于龙山，而李白葬于青山之志，未果，后经范传正移冢至青山脚下。

李白墓有两座，一座是尸骨真身墓，李白去世后，葬于龙山，龙山在青山西边，相距五六里。据范传正《新墓碑》所记“殡于龙山东麓”、“卜新宅于青山之阳，以元和十二年正月二十三日迁神于此。遂公之志也。西去旧坟六里，抵驿路三百步。北倚谢公山，即青山也”。李白墓在当涂大青山正西偏北；如今开辟成李白墓园。园中有圆形的太白墓，墓前有碑，碑文为“唐名圣李太白之墓”。一座是衣冠冢，在采石矶（翠螺山）南边偏西的半山腰。不过，凭吊李白，重在他的精神。李白把自己的归依之所安在安徽当涂，是安徽人的骄傲。古往今来，有多少文人志士前来凭吊、瞻仰这位伟大的诗人。皖江这片热土因诗人李白的安息而闻名遐迩。当涂县属马鞍山市，马鞍山因李白而成为闻名远近的诗城，每年仲秋，国际咏诗节在这里举行，以缅怀这位才华超群、个性独特的“酒中仙人”。可以说李白已经成为皖江地区一张永不褪色的文化名片，打造好这张文化名片，大力发展皖江旅游经济，将皖江的自然资源与文化资源有机整合，建立生态皖江，发展地方经济，这才是诗仙李白给我们留下的宝贵精神财富。

（作者为马鞍山师范高等专科学校副教授，硕士）

芜湖：移民城市与创新文化

曾龙兴　秦建平

内容提要：芜湖是一座移民城市。移民城市形成的文化加快了芜湖城市化进程、促进了工业化的发展，冲击了“小富即安”的思想，培育了创新文化的土壤。

近年来，芜湖市委、市政府积极倡导创新文化，芜湖城市精神和城市名片中，突出“创新”，是对芜湖传统文化的认同，更是对芜湖移民文化的认同，这对于进一步凝聚人心、鼓舞斗志、彰显魅力、扩大影响，在更高层次上提升芜湖综合竞争力，为我市实现科学发展、和谐发展、率先发展提供强大精神动力具有非常重要的作用。

关键词：芜湖；移民城市；创新文化

芜湖是一座历史悠久的移民城市。春秋战国时期（甚至可能更早），芜湖时名“鸠兹”。鸠者，鸠集、聚集是也。《三国志·魏书·王朗传》中有“鸠集兆民，于兹魏土，使封鄙之内，鸡鸣狗吠，达於四境，蒸庶欣欣，喜遇升平。”百姓安居乐业是“鸠集兆民”的前提，“鸠兹”之意应该就在其中。据此推理，芜湖很早就应该是一座“鸠集兆民”的城池。清人刘献廷在《广阳杂记》中说：“大卜有四聚，北则北京，南则佛山，东则苏州，西则汉口。然东海之滨，苏州而外，更有芜湖、扬州、江宁、杭州以分其势。”汪道坤《太函集》亦云：“芜湖当舟车辐辏所在，其地多羁旅，少土著。”

一、芜湖移民城市的历史

具有2500多年文字记载历史的芜湖，记录着三次大规模的移民。一是三国时期。《资治通鉴·卷六十六·建安十八年》载：“既而民转相惊，自庐江、九江、蕲春、广陵，户十余万皆东渡江，江西遂虚。”此后，芜湖由鸠兹故邑迁至现址后，孙权又招来江北流民十余万，安置在芜湖周边湖沼低地，进行围湖造田。二是魏晋南北朝时期，西晋末年的腐败政治、内战以及十六国时期北方混乱，引起了北方士民大规模的外迁，其中大部分士民渡过黄河南迁，有相当一部分人到达皖南地区，这批人后被称之为“侨人”，又称“浮浪人”。为了控制他们，东晋政权在“侨人”集中的地方陆续设立了许多与侨人旧土同名的侨州、侨郡、侨县，使这些“浮浪人”著籍，落地生根。古志书中多有“侨立豫州于芜湖”、“侨立上党四县于芜湖”的记载。民国版《芜湖县志》有“永嘉而后，衣冠多所萃止，文艺儒术为盛”之说。三是靖康南渡。南宋政权利用政治权力，大力掠夺南方土地，尤以水利田亩，更是抢夺重点，据当代史学家翦伯赞《中国史纲要》介绍，芜湖周边就有“当涂县的广济圩，宣城县的惠民、政和圩，芜湖的万春、永兴等圩”，由于土地肥沃，农产品产量高而成为北方移民屯驻的重点区域之一。

由于移民的大量流入，两宋以后，芜湖经济迅速发展，“楼台森列，烟火万家”。随着经济中心的转移，尤其是芜湖普遍推行“圩田制”，提高了农业生产力发展的水平，一方面使得人民生活富庶起来，增加了消费需求；另一方面，加快了农业工具的改制和改造，促进了冶金、印染手工业等的发展。南宋初年，来自山东曲阜的卜七来到芜湖，带来了精湛的炼钢技艺，炼制的钢铁质地优良，畅销各地，“铁到芜湖自成钢”美名远扬，钢亦成为“芜湖旧日驰名物产”（民国版《芜湖县志》语）。明嘉靖年间，歙县商人阮弼经商致富，在芜湖开设浆染工场，佣工达千人，按日给资，生产蒸蒸日上。清人汪道昆在《太函集》描述到“五方购者益集其所，转毂遍于吴、越、荆、梁、燕、豫、齐、鲁之间”，驰名有数百年之久。

芜湖农业、手工业高速发展，迅速形成了产业集聚中心，明末科学家宋应星《天工开物》有“浆染尚芜湖”之说；翦伯赞《中国史纲要》中列举的全国五大手工业区域，包括“松江的棉纺织业、苏杭二州的丝织业、芜湖的浆染业、铅山的造纸业和景德镇的制瓷业，它们之间保持了极紧密的商业联系”。1876年以后，《中英烟台条约》的签署，芜湖成为通商口岸，西方文化与芜湖本土文化相互融合，给这座移民城市带来了异域风光。原镇江米市迁来芜湖及其以后的发展，增强了对四方民众的吸引力。安徽电力第一人吴兴周，徽州人，在芜湖兴办电力工业。由于电力的发展，芜湖工业在20世纪初曾兴旺发达，据统计，全省13家民族资本经营的工矿企业，芜湖一地即有5家，资本总额占全省民族资本的57.8%。30年代初，上海商人来芜创办了包括上海肥皂厂在内的一批民族资本企业。而这些，都与芜湖的移民有关，从某种意义上讲，是移民促进了芜湖经济的发展，从而确立了芜湖“江东首邑，吴楚名区”、“长江巨埠，皖之中坚”的历史地位，享誉达数百年之久。

芜湖解放以后的“移民”历史，很大程度上取决于产业转移，表现为上海、沿海地区等先进发达地区对芜湖的技术支援、投资。实际上，芜湖解放不久，市委、市军管会就强烈呼唤迎接产业转移，“提倡有利于国民经济并有发展前途的轻工业和手工业”，并表示“欢迎合乎此项原则的上海工厂内迁来芜”。上世纪50年代，曾经有过一个移民高潮期，据《芜湖市志》记载，1957年芜湖市总人口为26.44万、1958年为34.15万、1959年为39.28万，比1949年芜湖解放时期17.73万，增长22万之多。来自芜湖周边地区郊县的农民涌入城市后，随着国民经济调整，又重新回归乡里或辗转他乡。三年自然灾害后，1963年芜湖人口总数只有32.90万，比1959年下降约7万人。但一批来自上海的企业工人和城市知识青年却在芜湖扎下根来，这批人，据有关资料统计，有万人左右。这批来自上海的企业工人和知识青年在芜湖的发展过程中，发挥了重要的作用，不仅提升了芜湖市工业化、城市化水平，而且对于后来加强芜湖与长江三角洲核心城市沪、杭、宁、甬之间的联系发挥了积极的促进作用。

党的十一届三中全会以后，尤其是上世纪90年代扩大开放以来，芜湖城市发展进入快速通道，大量的外地企业、外资企业来芜发展。配合这一发展机遇，市委、市政府着力打造人才高地，出台了引进人才的一系列政策，编制了《芜湖市高新技术人才发展规划（1997—2010）》，又专门制定了《关于加强人才工作的决定》，着力构筑人才聚集高地，加大招才引智和人才培训力度等举措，引进了一批专家来芜服务，使一批具备现代企业管理才能和科研创新型优秀人才脱颖而出，促进了芜湖经济和社会的发展，也成就了他们的事业。

二、芜湖移民城市的成因

历史唯物主义的思维方式告诉我们，“凡表面上看去是偶然性在起作用的地方，其实这种偶然性本身始终是服从于内部的隐藏着的规律的。”芜湖成为移民城市，有偶然性，更有必然性。

偶然性中包括战争造成的社会不安定因素，三国时期的东迁、南北朝的侨置、靖康南渡无一不是因为战争因素。而必然性则表现在三个方面：一是地理位置。芜湖被称为“江东首邑”、“吴楚名区”，是有实证的，芜湖旧县衙内就有这样的匾额，民国版《芜湖县志》有记载。《南齐书·州郡上》记载有刘备与孙权的对话：“江东形势，先有建业（南京），次有芜湖。”南北朝时芜湖又有“京畿辅地”之称。除此之外，历史上著名的“中江”也是起源于芜湖，《汉书·地理志》有载，即今《辞海》亦有载。二是自给自足的自然经济。芜湖地处长江与皖南山区的结合部，具有“鱼米之乡”的地域特点，衣食无忧，自给自足，能够满足人们最低生活水平的需要。三是芜湖本地民风使然。民国版《芜湖县志》记载：“土著者仅小小兴贩，无西贾秦翟、北贾燕代之俗”，而“其居厚实，操缓急以权利成富者多旁郡县人”，是芜湖本地民风使得“旁郡县人”促进了芜湖的发展，同时也成就了这些移民的事业。民国版《芜湖县志》的作者们发出了

“芜为水陆通衢，自昔俗尚贸迁。同、光以来，商场尤辟”的感叹。正是由于移民（旁郡县人）的带动，才使得芜湖“城中外，市廛鳞次，百物翔集，文采布帛，鱼盐襁至而辐辏，市声若潮，至夕不得休。”

那么，作为移民城市，芜湖吸引外地人来的主要原因是什么呢？西方人本主义心理学家马斯洛创立的需求理论也许可以作出解答。马氏认为，人的需求从低层次到高层次分别为：生存需求、安全需求、社交需求、尊重需求和自我实现需求。

芜湖，地处江南，气候宜人，物产丰富，满足人们基本的生存需求自不待言。皖南山区出产的大量农副土特产由芜湖出江入海；而外地的生产资料、生活资料又通过芜湖的移转而进入皖南山区。芜湖背靠皖南山区，面向长江，进退出入自如，可谓“天高任鸟飞，海阔凭鱼跃”。生产的发展、商业的兴旺，促进了人员的交往，芜湖逐渐成为人们渡江的一个重要渡口、徽商出山的一个重要跳板。移民城市，彼此的存在就是社交的第一场所，尊重则是彼此共同的心愿，自我实现则是移民追求的最高目标。作为一个移民城市，来自各种背景不同的文化都能在这里得到生存，各种不同的文化主体都为芜湖的发展作出贡献。芜湖城市的这种生存方式以及发展轨迹养成了芜湖人兼收并蓄、海纳百川的特点。而芜湖恰恰提供了极好的机会。来自山东的卜七、来自徽州的阮弼、来自江苏的汤天池等成为代表，在芜湖，成就了他们的事业。芜湖解放以后来到芜湖的技术工人、科技人员、管理精英安居乐业，事业有成，不仅为城市发展贡献了力量，也实现了自身价值。

三、外来移民对芜湖影响的表现

（一）移民的各种需求有助于加快城市化进程

按照中华人民共和国国家标准《城市规划术语》对城市化的定义，城市化是“人类生产与生活方式由农村型向城市型转化的历史过程，主要表现为农村人口转化为城市人口及城市不断发展完善的过程。”一般认为城市化是一个国家或地区实现人口集聚、财富集聚、技术集聚和服务集聚的过程，同时也是一个生活方式转变、生产方式转变、组织方式转变和传统方式转变的过程。

移民的形成首先取决于人们对于改变生存环境、生活环境，提高生活质量、生活水平的不断追求；追求更高质量的生活，是移民的共同愿景，也是唯一愿景。移民城市的形成取决于适宜移民实现自身需求的环境以及移民自身需求实现的可能性。因此，从某种意义上讲，移民文化有助于加快城市化进程。

（二）移民的大量进入有助于促进工业化的发展

从工业化发展的历史看，随着社会经济的发展，工业就业增加人数很大程度来自农村的破产农民，工业化城市用工很大程度来自其他非工业化城市及周边郊县农村。“中国封建社会内的商品经济的发展，已经孕育着资本主义的萌芽，如果没有外国资本主义的影响，中国也将缓慢地发展到资本主义社会。外国资本主义的侵入，促进了这种发展。外国资本主义对于中国的社会经济起了很大的分解作用，一方面，破坏了中国自给自足的自然经济的基础，破坏了城市手工业和农民的家庭手工业；又一方面，则促进了中国城乡商品经济的发展”，毛泽东同志在《中国革命和中国共产党》一文中揭示的，不仅是中国半殖民地半封建社会的真实写照，也表现了芜湖近代工商业经济发展的规律。芜湖地方民族工业的发展就是源于这样一个历史脉络发展而来的。20 世纪初，芜湖因此成为安徽近代工业的发祥地和安徽制造业的基地，其中纺织、机械、粮食、化工等工业皆起源于芜湖。近年来，包括芜湖在内的许多城市在发展经济过程中，都提出过“三个集中”的口号，其中很重要的就是“工业向园区集中，人口向城镇集中”。城乡一体化发展过程中，大批失地农民进入城市务工队伍参与工业生产。所以，从某种意义上讲，移民的过程是城市化的过程，更是工业化的过程，也是促进城乡一体化发展的必然过程。而新型工业化概念的提出，又增加了移民的科技含量，人才成为新的热点。党的十六大报告明确指出：“坚持以信息化带动工业化，以工业化促进信息化，走出一条科技含量高、经济效益好、资源消耗低、环境污染少、人力资源优势得到充分发挥的新型工业化路子。”新型工业化道路的前提就是信息化，信息化不仅仅是简单的囿于硬件设施建设，而是更多地着眼于信息来源与信息畅通，而移民城市恰好具备了这样的特点。

（三）移民的自我实现需求对“小富即安”思想的冲击

历史上，芜湖人曾经创业意识不强，满足于解决温饱问题。民国版《芜湖县志》的作者们描述了芜湖“居人入市左右望皆家人，需莫不以为便，然甘食美服，日耗金钱”这样一种“安于现状”、“小富即安”的生活现象，“居人亦坐是敝，不可深长思欤?”并有这样的议论：“同（治）、光（绪）以来，邑人以商业致富者颇不乏人，较之旧俗，大有进步。然城镇乡各处，大率业砻坊者居多，此外各业仍不若客籍之占优胜。”对照“客籍”人士的成功，芜湖的前辈们曾对于芜湖人“小富即安”的思想表达了深深的忧虑。近年来，市委、市政府积极寻求发展，把渴求发展转变为全体市民的共同愿望。招商引资、调整优化产业结构成为城市经济发展的重头戏，外地人员、技术、资金大量涌入芜湖。他们的到来一方面促进了芜湖经济的发展，另一方面也使得他们实现企业利润和自身价值，给芜湖本地企业家和市民提供了榜样。在这个基础上，芜湖市掀起了“干部干事业，能人办企业，百姓创家业”的全民创业新高潮，市委、市政府还专门下发文件，开展大讨论，直接向“小富即安”思想发起冲击。

（四）移民的探索提供了培育创新文化的土壤

所谓移民城市实际上就是“冒险家的乐园”，美国西部，中国上海、深圳无一例外。创新的前提是冒险，是探索，是渴望改变现状。冒险，实际上就是创新的动力，是创新的载体，就是在没有路的地方走出路，在狭小细窄的羊肠小道走出康庄大道。引用专家的表述，就是“创造出新的东西并由此引发相关领域的变革和发展过程”。中国有句古话，叫做“树挪死，人挪活”。一般来讲，移民都是不甘于原有的生存状态，都是力图改变生活环境的人。《孟子·尽心上》云：“居移气，养移体”，说的是环境可以改变人的气质，奉养可以改变人的体质，但人更是改变环境的主体。因此移民的改变、探索为培育创新文化提供了最好的土壤，同时这种土壤又可以激发更多人的创新意识。

四、创新文化为芜湖大发展插上翅膀

近年来，芜湖市委、市政府提出的“崇尚创新，宽容失败，鼓励冒险，支持冒尖”这样一种创新文化，这种创新文化涵盖了创新意识、创新层次、创新精神和创新能力这四个基本要素，很快得到全市上下的赞同。因为历史上，芜湖曾经多次被困扰在“铁壁铜墙的阴影里”、“两座大桥的夹缝中”。由于没有大企业，没有大的城市基础设施，甚至从上世纪70年代末开始，追求大企业落户成为芜湖市委、市政府及芜湖人民孜孜不倦的追求，而当经历了“玻壳破壳，乙烯不希”窘境之后，芜湖人民解放思想，立足自身引进人才创办奇瑞公司，借助安徽发展皖江经济的东风，引来了海螺集团，并且通过国有资产重组、产权制度改革、“215扶优扶强”工程，一批大企业、上市公司孕育诞生发展，成为芜湖经济发展的主力军。创新的关键在于善于总结，善于积累，敢站在前人的肩膀上找出自己的前进方向。实际上，创新包括继承创新、模仿创新，重点在于思维创新。芜湖作为移民城市，其特有的文化特点就是见多识广，可以兼收并蓄，可以融会贯通，并且有足够的时间去揣摩、观察和分析。有了一定的分析做基础，再采取行动，往往事半功倍。客观上讲，建立在总结、积累、分析基础上的创新，不是简单的冒险，而是螺旋式上升、波浪式前进，其成功的几率更高。创新文化是芜湖文化的主要特征，改革开放以来，芜湖正是在这种文化影响下，从小到大、从弱到强开发建设起来的。这种影响是潜移默化的，是无处不在的，是根深蒂固的，她是芜湖建设发展思想的基础。

新世纪以来，芜湖创新文化氛围愈益浓厚。市委、市政府把建设创新型城市作为芜湖发展的主战略，奇瑞和动漫便是两面旗帜。芜湖有全国科技进步市、全国科技创新工程示范城市、全国制造业信息化工程重点城市、全国知识产权试点城市、科技强警工作示范城市等多张靓丽城市“名片”，科技进步对经济增长的贡献率达到57%。近日，“开放、诚信、务实、创新”的芜湖城市精神和“皖江明珠、创新之城”的芜湖城市名片，历时三年专家推荐、全城评选在芜湖高调推出。在芜湖城市精神和城市名片中，“创新”一词兼祧，这既是对芜湖传统文化的认同，更是对芜湖移民城市、移民文化的认同。当前芜湖已进入厚积薄发、加速崛起的关键阶段，正在加快合芜蚌自主创新综合改革配套试验区建设，打造皖江城市带承接产业示范区核心城市，必须继续以创新文化价值观作为强有力的支撑，大力培养和提高全社会的创新创优能力。因此市委、市政府据此因势利导，通过推荐、宣传等方式，用创新文化进一步凝聚人心、鼓舞斗志、彰显魅力、扩大影响，在更高层次上提升芜湖综合竞争力，促进芜湖文化大发展大繁荣，打造先进文化优势，为我市实现科学发展、和谐发展、率先发展提供强大精神动力。

芜湖，从本质上就是一个移民城市，古代芜湖人民逐水而居，从沼泽之地来到青弋江畔，而今，我们从“镜湖文化”走向“长江文化”，正在实施的“东向发展战略”，促使芜湖加快融入长三角，作为活力之城、包容之城、创新之城的芜湖，拥抱灿烂、蔚蓝而博大的“海洋文化”，成为璀璨的“皖江明珠”应是指日可待。

【参考文献】

[1]《资治通鉴》

[2]《芜湖县志》、《芜湖市志》

[3] 恩格斯：《费尔巴哈与德国古典哲学的终结》

（作者分别为芜湖市社科联副主席，芜湖市档案局党组成员、副调研员、副研究馆员）

略论以安庆为中心的皖江文化

周　毅

内容提要： 皖江文化与徽州文化、淮河文化并称为安徽三大地域文化圈。皖江文化是以安庆地区为中心的地域文化。

安庆作为282年的省会城市，其在近现代史上的作用和影响力无法忽略；方以智、陈独秀（尤其是陈的晚年思想）作为皖江文化的两座思想文化高峰，均为安庆人；历史上的皖江文化主要结构成分：古皖文化、禅宗文化、戏剧文化、桐城派文化。

关键词： 皖江文化；安庆；桐城派；安桐产业带

安庆地处长江之滨，行政区辖1市7县4区，总面积1.54万平方公里，人口610万，属中部欠发达的一座古老文化名城，两千多年前就是古皖国的所在地，安徽简称皖即由此而来，安庆山川秀美，名胜古迹甚多，是中国历史文化名城、中国优秀旅游城市、中国园林城市、地灵人杰，人文荟萃，素有“文化之邦”、“戏剧之乡”、“禅宗圣地”的美誉。古皖文化、禅宗文化、戏剧文化和桐城派文化交相辉映，形成浓郁的地方特色文化——以安庆为中心的皖江文化。安庆名人辈出，宋代“第一画家”李公麟，明朝“百科全书”式的杰出思想家、科学家、文学家方以智，“照古腾今”的清代书法家邓石如，清代父子宰相张英、张廷玉，文学家方苞、姚鼐、刘大櫆、戴名世，徽剧首领高朗亭，京剧鼻祖程长庚，近现代教育家吴汝伦，新文化运动的旗帜、“五四”运动的总司令、中国共产党早期领导人陈独秀，“两弹”元勋邓稼先，中国“计算机之父”慈云桂，“将军外交家”黄镇，佛教领袖赵朴初，道教领袖陈撄宁，黄梅戏表演艺术家严凤英，美学家朱光潜，文学家张恨水等历史文化名人，艺术大师和科技精英都出生在山灵水秀的安庆。生于斯，长于斯。

薛家岗和张四墩等新石器时代文化遗址，见证了安庆的祖先自古就在这片美丽富饶的土地上繁衍生息。安庆城始建于南宋嘉定十年（1217），至今已有近800年的历史。

清光绪年间陈独秀在安庆举办藏书楼演说，创办《安徽俗化报》，第一次试举起“新文化”的旗帜；1907年、1908年先后发生在安庆的徐锡麟巡警学堂起义和熊成基马炮营起义，接连打响了辛亥革命第一枪和新军起义的第一枪。

同时，安庆亦是启蒙中国现代工业文明的发源地，近代历史上，安庆是安徽省282年省会，是较早接受现代文明的城市之一，1861年两江总督曾国藩设“安庆内军械所”，这是中国第一家近代军工企业，成为中国洋务运动的起点。安庆内军械所集中了中国第一批第一流的科学家，试制出了中国第一台蒸汽机和第一艘轮船，第一次在中国使自然科学直接为生产服务，第一次派员出洋成批购进西方机器，第一次在中国使用中国人自己制造的无生命动力，是中国近代工业的起点，迈出了中国走向近代化的第一步。此后，安徽省第一座发电厂、第一座自来水厂、第一家电报局、第一部电话、第一条官办公路、第一个飞机场、第一座图书馆、第一所大学、第一张报纸等都诞生在安庆。

独具特色的以安庆为中心的区域文化——皖江文化，是源远流长、博大宏伟的中华文化的有机组成部分，是文化多样性发展的重要载体和具体体现，也是建设中国先进文化的重要源泉。当今世界，文化与经济和政治相互交融，在综合国力竞争中越来越突出，历史文化的力量，深深烙铸在民族的生命力、创造力和凝聚力之中，从某种意义上说，区域历史文化是一把“双刃剑”，它的作用是双向的。例如，历史文化沉积的传统文化，一方面极大丰富了独特的地域特色，给经济社会的发展提供了良好的载体和推动力；另一方面，历史文化在代代相传的潜移默化中逐渐形成了一种非常顽固的思维定势，一定程度上禁锢了人们的思想。因此，地域文化的负面作用对一个地域的影响甚巨。特别是一些深层次的负面文化，深刻地改变了这个地区的历史面貌。所以，今天我们在倡导区域文化的时候，应该是倡导这个区域文化的先进文化部分。

皖江文化与徽州文化、淮河文化并称为皖省的三大地域文化圈。皖浙与湘鄂同属华夏族群中的人文大省，皖省的地域文化亦鲜明而有特色。大凡地缘文化皆是依山水走势，个中拔尖优秀人物结缘而成。皖河、皖山、皖江、皖人的山水风雨人物经千百年历史浸孕，孕育出一个卓尔不群、挺拔峥嵘、气象万千的地域文化——皖江文化。每一种文化都有其魂魄和品格，我以为皖江文化的魂魄和品格集中体现在桐城派文化里。

绵延于清代二百余年，崛起于清康熙年间，衰亡于民国初年，先后归聚作家1200多人，基本上纵贯整个清代文坛的桐城派，是中国文学史上最大的散文流派。桐城大地，龙眠山水，真是一片神奇而灵秀的土地，这里的每一寸热土都充满和荡漾着人文情怀。桐城派应是明末清初时方以智、钱澄之等人为其滥觞者，而在方苞、刘大櫆、姚鼐桐城派三祖之前的戴名世，亦是桐城派创始人之一。这些大师们都有自己的文论理论体系和文学成就，经杰出后世传承和努力，崛起了一代文派的辉煌。如方苞提倡的“义法”说，即是其文论的核心思想，方苞名作《左忠毅公逸事》即是其文论的实践之作。他在写史可法打扮成清洁工，冒险入狱探望左光斗，看到他："席地倚墙而坐，面额焦烂不可辨，左膝以下，筋骨尽脱矣。史前跪，抱公膝而呜咽。公辨其声，而目不可开，乃奋臂以指拨眦，目光如炬，怒曰：'庸奴！此地何也？而汝来前。国家之事，糜烂至此。老夫已矣！汝复轻生而昧大义，天下事谁可支拄者？不速去，无俟奸人构陷，吾今即扑杀汝！'因摸地上刑械，作投击势。史噤不敢发声，趋而出。后常流涕述其事以语人曰：'吾师肺肝，皆铁石所铸造也。'"方苞通过对左光斗、史可法两人形貌、动作、语言对话的描写，使左光斗身陷牢狱、心系国家大事的精气神跃然纸上。在所有桐城派作家的文章中，都能感受到"文以载道"的道统精神以及程朱理学的理性光芒。这点在中兴了桐城派的大家曾国藩身上，尤为突出。曾国藩是继姚鼐、梅曾亮之后桐城派的领袖。他与之前的桐城派古文家不同，他是一个具有雄才大略的政治家、军事家，镇压了太平天国运动，挽狂澜于既倒，推迟了清朝的灭亡。由于他的学问博洽，魄力宏大，识见超卓，所以他在论文于姚鼐的"义理、考据、文章"之外，特别强调"经世致用"。由于历史进入一个新时期，曾国藩门下的四大弟子：张裕钊、吴汝纶、黎庶昌、薛福成，著文为事，创新求变，皆擅事功与文章，名重一时。桐城派经过曾国藩的改造，文风大变，气象立振。后来，当历史发展要求以白话文取代文言文，要求固守程朱道统、拘泥桐城家法、抱残守缺的桐城派退出历史舞台时，尚有严复、林纾、王树柟、贺涛、马其昶、姚永朴、姚永概、吴闿生等人顽强坚持桐城派文风和道统精神。直至民国初年，桐城派才从人们视野里悄然消失。显赫一时、风靡全国的散文流派——桐城派的出现和崛起，使得清代散文成就超越元明，比肩唐宋。同时，也为一个更加辽阔博大的地域文化奠定了灵魂和品格，注入了文以载道的理性光辉，以及绵延上下五千年一脉相承薪火相传的道统精神，这就是在历史和现实中都表现得生机勃勃、充满活力，全方位地贯彻了儒释道的精气神，方兴未艾的皖江文化的主流文化。

皖江文化的首倡者朱书（1654—1707），虽生于潜山，世居宿松，却也是桐城派著名文人，他在倡导皖江文化的宣言书《告同郡征撰皖江文献书》中写道："吾安庆，古皖国也。其岳曰皖山，其渎曰大江，其川曰寻潜，其浸曰雷池，其镇曰大龙。灵秀所钟，扶舆郁积，神明之奥区，人物之渊薮也。"皖江文化是以安庆地区为中心的地域文化，应该毋庸置疑。由以下两点即可论定：一、安庆作为282年的省会城市，其在近、现代史上的作用和影响力无法忽略。二、方以智、陈独秀（尤其是陈的晚年思想，当另文著述），作为皖江文化的两座思想文化高峰，无法忽视。此二位高峰人物均为安庆人。

所以，安庆土著的古皖文化（以禅宗文化为主体，乃有真因缘，实因禅宗的二祖道场在岳西的司空山，三祖寺在潜山的天柱山）和来自江西、徽州移民的程朱理学，是皖江文化的两大源头。桐城派文化则是其魂魄和品格。至于构于其中的戏剧文化，只能认可徽班进京是京剧的源头。对于时下家喻户晓，被主政者无限放大了的黄梅戏文化，我强烈赞同学者汪军的经典观点："安庆人是唱着黄梅戏走向没落的！"这种草根文化的文化品格，从诞生之日起便打上了庸且俗的烙印，对于安庆人品格形成影响甚巨。黄梅戏虽源于民间，但它是由讨荒要饭小调演变而成，阴柔之气甚重。安庆乃天下形胜，"万里长江此咽喉，吴楚分疆第一洲"，又是"锁钥南北，呼吸东西"、"控制吴楚，保障江淮"的战略要地。安庆本在江北，居山之阳，阳刚之气得天独厚，又是280余年之省会，得领天下风气之先，中国近代史很多重大事件俱发生于此，徐锡麟、熊成基等英雄足迹烙印在此，似吴樾、宋玉琳、陈延年、陈乔年、王步文等热血英雄层出不穷。这个阴柔的黄梅小调，到了现代，本已日趋衰落，观众日渐减少、消亡，却又被人为放大，耗财耗力。黄梅戏的地位在安庆已被提到巅峰云端，完全遮盖和淹没了本有的铁血英雄之气。黄梅戏即便与源自封建士大夫阶层的桐城派文化都是不可相提并论的，其文化品格亦不可同日而语。荣格认为：一切文化都会沉淀为人格。经久积年，潜移默化，黄梅戏文化已经沉淀为安庆人的人格、品格。当然，戏子走红，戏子文化激变为高端文化和前沿先进文化，是社会的高层管理者和社会心态的折射。当小沈阳这样的戏子走红神州的时候，我们便可知晓当今社会心态已经堕落到何种程度！从深层次角度看，深受黄梅戏文化影响的安庆人的人格已经形成黄梅戏文化品格，这种文化品格甚至是影响安庆崛起的多种根源之一。（当另文专述）

中国传统文化结构的核心是儒道释三大思想流派。先秦产生儒道二派，两汉以降，佛教传人，致使三派三足鼎立，此消彼长，薪火相传，生生息息，绵延不绝。地域文化由于地理和历史的原因，其文化结构的核心通常是那个先入为主的思想流派。如徽州文化结构的核心，即是以程朱理学为思想基础的儒教。而淮河文化结构的核心则是道教思想盛行。遍观宇内各种地域文化，唯独皖江文化与众不同。皖江文化结构的核心是儒道释三大思想流派并重。单就安庆地区名山秀川间500余座寺庙来看，佛寺与道观参差错落交相辉映。皖江两岸，既有佛教圣地九华山，亦有道教圣地祁云山，且千百年来香火鼎盛，弟子如云。历代皖江大儒，既拜孔孟，又礼佛尊道。既重"人世""经世致用"，又崇敬老庄梦想逍遥游。既有佛教领袖赵朴初，又有道教领袖陈撄宁。禅宗慧可大师的二祖道场在岳西司空山，三祖寺在潜山天柱山巍然屹立，其间却又可见"左慈炼丹处"、"白鹤宫"云遮雾绕，袅袅余香。在青山绿水间，参禅悟道，诵经礼佛两相宜，这一现象鉴证了皖江文化兼容并蓄的特点。如果把徽州文化比做山文化，把淮河文化比做水文化，那么皖江文化就应该是山水文化。古人云：依山出俊男，临水出美女。安庆地区的水有名，大江、大河、大湖密布其间，扬子江、皖河、长河、华阳河、武昌湖、黄湖、泊湖、青草湖、莲花湖、鸡冠湖、龙感湖、大观湖、破罡湖、石塘湖、菱湖、秦潭湖、白兔湖、菜子湖、花亭湖、嬉子湖、白荡湖等无数大大小小水面珠联玉串，波浪荡漾。山亦有名，天柱山、浮山、司空山、明堂山、龙眠山、香茗山、碧峰山、妙道山、白鹤山、月山、石镜山、观音山、西瓜山、凤凰山、狮子山、大龙山、小龙山、长江绝岛小孤山等名山胜景，挺拔俊秀，连绵起伏。我曾在安庆地区生活工作了近四十年，足迹遍及此地名山秀水。我也曾瞻仰过喜马拉雅山，经历过唐古拉山，游览过黄山、泰山，但我却有一天在小龙山的山谷里，遥望一道七彩长虹，穿越历史的时空，感受到天人合一的意境。此座小龙山，虽不似莽莽昆仑气吞霄汉，却如一条潜龙屏息静卧。由此使我感悟：我中华民族历经上下五千年，无论灾难多么深重，无论处于多么可怕的绝境，都能够逢凶化吉，化险为夷，乃因有个最重要的历史现象，那就是长江后浪推前浪，“江山代有才人出，各领风骚三百年”。恰如这皖江地区和小龙山，自古以来就是藏龙卧虎之地，一旦风云际遇，便有潜龙出渊，跃上九霄，影响环球阴晴冷暖。正如这皖江文化，作为地域文化的历史远没有完结，高峰人物和高端人物定将汹涌闪现。物华天宝，江山有缘，才人俊杰、精英辈出，龙腾虎跃，方兴未艾。

现实意义上的皖江地区，是指皖江两岸大约 6 万平方公里的区域。由于近代皖江地区开发得比较早，扩大了皖江文化的传承交流和辐射，形成了皖江文化的又一独特文化品格，皖江文化特别具有开放性和包容性。历史上，它与齐鲁文化、荆楚文化、楚汉文化、吴越文化交融共进，相互汲取促进。因此，它不同于淮河文化和徽州文化，它是一个内生性较强，充满活力，激情四射，不断发展的地域文化。如九华山佛教文化、芜湖商业文化、马鞍山和铜陵的城市工业文化都在自然生成中与皖江文化融会贯通。近年来，皖江城市群和皖江产业带的形成与发展，又给皖江文化的进步发展带来了新的契机。由于皖江地区和皖江流域的开发，皖江文化的内涵和外延都已无限扩大，在与大中华所有文化的交融中成长壮大，扬长避短，弃旧革新，更新创新。所以，皖江文化又是一个追求和谐的文化。

《左传·襄》云：“八年之中，九合诸侯，为乐之和，无所不谐。”在千百年历史长河中，中国人一直在不懈地追求政治和谐、社会和谐、文化和谐。我们追求的现实的和谐社会应当是富裕社会、公平社会、有序社会、活力社会。

安庆由于百余年来近代经济的浸入和地域上靠近长三角的区位优势，曾经有过创造了很多个第一的辉煌历史。时至今日，安庆的改革发展正处于关键时期，改革在广度上已涉及经济、政治、文化等所有的领域，在深度上已触及人们具体的经济利益。任何一项大的改革活动都可能带来正反两方面的社会集群效应。进入“矛盾凸显期”后，各种经济社会矛盾加剧，社会差距扩大。社会的安危与和谐，经济与社会的协调发展，便成了构建和谐社会的关键问题。在历史长河的时间观念中，一个区域发展的时间只有三天的时间：昨天、今天、明天。安庆昨天的辉煌历史已经翻过，重要的是为了安庆的明天必须把握好今天，那就是构建和谐社会，加快安庆崛起。安庆要成为区域性中心城市，必须在省内发展有贡献，在区域发展中有位置，在皖江流域发展中有亮点。面对区域性群雄崛起的逼人形势，安庆不进则退。翘首东望，环顾周边，在各地竞相发展的态势中，安庆不勇于争先就会被拉开差距，不主动融入就会被淘汰出局，不“一体化”就会被“边缘化”，加快崛起是安庆唯一的选择。

我们今天研究倡导的皖江文化，应该是一个推陈出新，创新改革，独立鳌头的崭新的地域文化。在构建和谐社会，加快安庆崛起的进程中，地域文化的作用，具有不可替代的支撑作用。地域文化就是这片地域崛起发展的精神动力及智力支持。这点，从桐城派文化故里的发展中可以得到鲜明的例证。桐城市，是安庆8县中第一个经国务院批准建立的县级市。早在上个世纪70年代，桐城、怀宁沿206国道一带的乡镇，就曾涌现出10万推销大军，推销塑胶制品，活跃在从东北到云贵的广大地区，他们最早接受了商品经济的洗礼，从纯粹的农民蜕变为商人和手工业者。经过30年的艰苦奋斗，这10万推销大军已成为安桐产业带的中坚力量，并涌现出活跃在本土和外省的一大批民营企业家，如夏吉国、汪善祥、祝义才、吴自祥等等。安桐产业带是指从安庆城区至桐城城区沿206国道形成的产业集群带，主导产业主要是印刷业和包装业，是仅次于广东庵埔、浙江龙港的全国第三大包装印刷基地。其他产业还有羽绒业、制刷业、板材业等等，且多为本土民营企业，企业形态从家庭作坊到集团公司一应俱全，现有的1800余家工厂企业形成的工业长廊充满生机和活力。其地域范围包括安庆的大龙山镇，怀宁的月山镇、茶岭镇、高河镇、金拱镇、马庙镇，桐城市新渡镇、双港镇、老梅镇、范岗镇、城关镇、吕亭镇等等。可以毫不夸张地说，安桐产业带中业已形成的包装印刷基地，是安庆地区唯一可以称之为产业集群的地方。上个世纪90年代中后期，当时的安庆主政者也关注到这个地方异乎寻常的经济活力，曾提出打造“百里工业长廊”的口号。进入21世纪，一批关注“温州现象”的经济学家和记者，曾将这里比做早期温州，并建议相关部门予以关注。近几年来，安庆市皖江文化研究会的一批专家学者，也曾多次对这里的经济现象进行考察。陆续提出了“安桐产业带”、“安庆商帮”等经济理论文化概念，并组织编撰了一批有分量的文章，在相关媒体上刊登发表。事实证明，一个地域的经济现象与这个地域的文化现象息息相关，密不可分。

当前，在我们构建理想的和谐社会的进程中，还存在着道德失范、诚信缺失、假冒伪劣、欺骗欺诈、奢侈浪费、贪污受贿等触目惊心的问题。解决问题的关键之一，就是要在全社会加强思想道德建设。而皖江文化中的许多历史优良传统，对于加强思想道德建设有着不可替代的作用。如安庆人“穷不丢书，富不丢猪”，“穷不失志，富不癫狂”等人文习俗。

典型如流传甚广、脍炙人口的桐城“六尺巷”故事。据姚永朴《旧闻随笔》、《桐城县志略》载：“老宰相张文端公（清康熙文化殿大学士张英）居宅旁有隙地，与吴氏邻，吴氏越用之，家人驰书于都，公批诗以后寄归，云：‘一纸书来只为墙，让他三尺又何妨。长城万里今犹在，不见当年秦始皇。’家人得书，遂撤让三尺，吴氏感其义，亦退让三尺，故六尺巷遂以为名焉。”毛泽东1958年会见苏联驻华大使尤金时，曾引用此诗。在构建和谐相处、诚信友爱、公正公平的人际环境中，这首诗同样对于我们有着极大的启迪意义。

尽管安庆相对于安徽、全国仅是一个局部，但构建和谐安庆，加快安庆崛起却是全局战略必不可少的部分。安庆强，则安徽强。安徽强，则中国强。中国强，则世界强。古人云：不谋全局者不足谋一域，不谋万世者不足谋一时。安庆历史上被称作“万里长江此咽喉，吴楚分疆第一洲”，地处“锁钥南北，呼吸东西”、“控制吴楚，保障江淮”的战略要津。特别是经过近20年的建设，沪蓉、济广、安合、合铜黄等高速公路干线，105、206、318三条国道和合九铁路在市境交汇，随着铜陵、芜湖、安庆公路长江大桥、望东长江大桥、安庆铁路长江大桥的相继建成，皖江南北融为一体，而正在兴建的沿江高速，沿江城际高速铁路，以及安庆——景德镇高速公路连接，将形成华北地区到东南沿海距离最短的新通道。长江黄金水道——安庆港，素有“千年渡口百年港”之称，码头能停靠万吨级轮船，为长江干线十大港口之一，水运能力居第五位。安庆天柱山民航机场，为4C级飞行区，可起降波音737型以下飞机，已开通至北京、上海、广州、厦门、温州等航线。安庆集公路、铁路、水运、航空、管道运输为一体的立体化交通网络已经形成，使得皖江地区经济社会与长三角融为一体。有学者预言，皖江经济带将与大武汉经济圈、昌九工业走廊一起构成宁汉经济走廊，成为与长三角、珠三角、环渤海并列的中国经济第四极。历史文化文明积淀深厚的皖江文化必将从更广阔的视野里茂盛光华，奔腾的皖江，飞架南北的一座座长江大桥，繁忙的货柜码头，纵横交错的高速公路和铁路、民航构成立体化大交通，皖江地区代代相传的方以智的科学精神和陈独秀对民主的追求，将成为21世纪新皖江的新形象。传统与现代相交汇，原生态与高科技相融合。皖江文化的诞生地——安庆，应该也必将为中国的和谐社会建设作出独特的贡献。历经几十年的奋斗拼搏，经国务院批准，安庆现在已经有了三张城市名片：中国国家历史文化名城、中国优秀旅游城市、中国园林城市。安庆已经是皖江城市群和皖江产业集群带的核心城市。

一片疆土可以被占领，一块地域可以被征服，唯有地域文化能够一脉相传，绵延千古。只有文化的消亡才是最后的消亡，古今中外，概莫能外。可以坚信：安庆这块屡经辉煌又饱受忧患的土地，文化深厚又历史沧桑的民众，完全应该而且一定能够超脱一切阻碍前行的羁绊，踏入中华民族复兴大业的前列，成为精神财富和物质财富的优秀创造者。

（作者为安庆市社科联副主席兼秘书长、副研究员）

皖江地区建筑文化遗产的保护与思考

——以安庆市为例

张 泉

内容提要：今年以来，皖江地区迎来前所未有的发展机遇，同时也面临着城市化浪潮冲击的巨大压力。安庆市作为皖江地区的核心城市之一，这样一个历史文化名城在城市化进程中，大量历史建筑何去何从、如何保护好建筑遗产成为一个重要课题。文章在对安庆市建筑遗产保护现状进行充分调研的基础上，结合安庆发展的历史轨迹，通过剖析存在的问题，进行深入的思考，以期切实推动安庆市建筑遗产保护工作的深入推进，为更合理、有效地保护和利用安庆市的优秀文化遗产作出贡献。

关键词：皖江地区；建筑文化；遗产保护；安庆市

历史文化是一个城市的名片，也是一个城市的精神、一个城市的灵魂和一个城市的文脉。而能够书写城市名片，荷载城市精神、灵魂和文脉的，正是那些沿着历史轨迹从远处走来，至今依然遍布城市角落的文物古迹。随着中国城市化发展的进程，建筑文化遗产如何在城市化发展的大潮中保护下来，历史建筑如何在新时代发挥其功能成为越来越受人关注的话题，也引发了各方面的思考。

一、安庆市的历史文化遗产

安庆市位于安徽省西南部，长江下游北岸，是长江沿岸著名的港口城市，有“万里长江此封喉，吴楚分疆第一州”之美称。安庆具有悠久的历史，人文荟萃，同时也是中华禅宗圣地。至今安庆境内仍留有二祖禅堂、三祖寺和迎江寺等诸多的佛教活动场所。建于明代的振风塔是坐落于长江边上，号称万里长江第一塔。

近代以来，洋务运动、太平天国运动，以及各代革命志士在安庆参与的各种革命活动，都留下了丰富的历史遗迹。太平军三克安庆、石达开安庆易制、安庆保卫战，徐锡麟起义，熊成基起义，安徽“六二”学潮、驱逐省长李兆珍、推翻省议会，1927 年的“三二三”事件等重大历史事件都发生在安庆。

此外，安庆是中国近代工业发源地，又是最早的通商口岸之一，也是首批对外开放的一类口岸，因而在近代，安庆的地位是举足轻重的。加之太平天国时期安庆的重要作用，安庆也更早接触到西方的现代文明。我国第一家军工企业“内军械所”（1861）在此创办，中国第一台蒸汽机和第一艘蒸汽轮船也在安庆制造。

可以说，安庆历史文化价值的体现很大程度上依赖于它的近现代建筑。最好的证明便是现代西洋式的建筑在安庆的安家落户，大量的西式建筑占据着安庆的大街小巷，扮演着各种各样重要的角色。它们是安庆历史的见证，是安庆人民不断学习西方先进思想并且与本民族优秀传统相结合的见证。由于安庆独特的地理位置，它处于徽文化影响的边缘地带，受其影响，安庆的历史建筑都含有或多或少的徽文化因子。如此，西方的西洋文化与中国的徽州文化相融合成为了安庆近现代建筑的一大特色。安庆也因此成为了中国唯一单独特批通过的历史文化名城，在历史进程中处于较为重要的地位。

二、安庆市建筑文化遗产保护的现状和问题

如今安庆市老城区基本与清同治时代一致，城郭呈半方半曲不规则形态，顺应地势的街道走向，形成了自由加方格网状的道路系统。南起沿江路，北至菱湖南路，东接宜城路，西抵德宽路，现状面积约 3.65km^2。老城区内历史遗迹众多而集中，共有省保、市保文物单位 41 处，历史传统风貌保护区 2 处。吕八街、倒扒狮、墨子巷、清节堂、钱牌楼、天后宫、国货街，这些传统的商业老街，也汇聚了安庆的地域文化，使得老城区在文化积淀上显得尤为沉重。但是随着城市经济的快速发展，特别是进入 2004 年以来，安庆市老城区改造建设进展迅速，人口密度和高层建筑与日俱增，城市现状也遭到了不容忽视的破坏。

现如今，安庆又是皖江城市带中极为重要的一员，其城市化进程中的发展问题日益凸显出来。然而城市化进程让不被重视的近现代建筑处于非常尴尬的境地，老城区云集的历史建筑面临无人保护的窘境，很多亟待修缮的民居建筑现在仍在使用，情况十分不乐观。那些没法继续居住的但却历史意义深刻的近现代建筑则基本被捣毁，有些只立了一块碑，有些则连碑都没有。如何在这发展的进程中传承本地文化日益成为值得思考的问题。伴随着城市化的发展，保护传承安庆历史文化的主要载体——有历史纪念价值的建筑遗产的重要性日益突出，且具有代表意义。

在实地调研中，针对各处建筑遗产的保护和管理现状，笔者发现存在以下几点问题：

1. 历史损失严重，保护情况差

在安庆市第一次文物普查时期，安庆市老城区实际存在多少古建筑、遗址量

有多少我们不得而知。但可以确定的是，安庆的古建筑、古遗址正在以一定的速度被破坏和消亡。而且如果不采取行动，这种消亡的速度还会随着皖江地区的城市化速度加剧而加快。笔者根据安庆市城市规划局出版的《安庆市古城区历史文化名城保护规划图》按图索骥寻找到“皖江九烈士墓”的时候，墓的原址正在大兴土木，开发名为“新街·上海公馆”的住宅小区。还是在当地一位老人的帮助之下，我们才知道烈士墓已被迁走，老人甚至情绪激动地指认出原烈士墓就位于如今的一座高层住宅楼下。

再例如“安庆内军械所”，1861 年由曾国藩创设于安庆，曾为洋务运动提供中国自己制造的枪支弹药。而我国的第一台蒸汽机和第一艘小火轮“黄鹄”号的雏形也都出自这里。中国近代史上如此里程碑式的一个建筑，如今连它的遗址地点都语焉不详。笔者通过在当地走访询问，终于确定军械所已无建筑实体存在，只是在迎江区区政府一个角落里找到了一块很不起眼的纪念碑。纪念碑周围，竟随意地散落堆放着很多建筑材料。

笔者在安庆老城区共调研古建筑、古遗址 29 处，其中除了谯楼、中共怀宁县委旧址和关南清真寺外，大多缺乏修缮，破败不堪。

2. 功能混杂，难以修缮

笔者在走访安庆诸多古建筑时发现，许多古建筑在功能上与新建筑有混杂交叉之处。若旧建筑如今仍在被使用，则使用者往往自行修缮，保护情况良好。如迎江区区委内的近代历史建筑和安庆一中内的中共安徽地委旧址（现已做校史馆）。但若旧建筑已经不再被使用，则保护情况不容乐观。安庆市依泽小学内的江西会馆就是一例，根据相关规定，国家所有文物由其使用、保管单位负保护责任，但依泽小学苦于没有资金无法进行维修，从而造成了江西会馆陷入“不能拆、没钱修、无法用”的尴尬境地。笔者调研发现，作为市级文保单位，建于清同治五年（1866）的江西会馆在小学内仅以一堵矮矮的围墙和铁门与操场隔离，墙上刷写着“特级危房，严禁靠近”几个大字。而会馆本身已经严重损坏，一些椽和柱子倒塌下来，自生自灭。当地人介绍，江西会馆在依泽小学内只是和其他建筑隔离开来，除了切断会馆内电线，防止人员受伤及电路老化起火之外，并没有任何保护措施。

3. 历史遗迹影响力低下，群众保护意识淡薄

笔者在走访当地群众中，发现人们普遍对历史遗迹认识不足，甚至一无所知。在老城区建筑遗产最为密集的大南门风貌保护区，当地一位在此工作了 7 年的营业员竟不敢相信：这个地方还有古建筑啊？

在位于市区三祖寺街 20 号的熊成基安庆起义会议旧址（马炮营起义旧址），天井里灰色的土砖墙壁上被雨水淋过的痕迹依稀可见。有的屋顶已塌陷，残垣断

壁的房子里全是垃圾。笔者来到这栋低矮的瓦屋的时候，正值菜市正旺，旧址前的小路上（三祖寺街），菜贩们纷纷以老房子墙根为依托，吆喝叫卖，恰恰把起义旧址门口当成了天然半围合的菜市场。

当问及菜贩和路人他们对这栋老建筑的观点时，他们显得不屑一顾：都破成这样的老房子了，留着有何用。正是在这样群众认识和保护意识淡薄的情况下，我们不仅看到了遗址门前的菜市场，而且还看到了遗址墙壁上乱涂乱画的广告。

三、安庆市建筑文化遗产保护的思考

基于以上调查研究与分析，为了更好、更有效地保护安庆市优秀的建筑文化遗产，笔者提出以下建议：

1. 明清时期民居建筑的保护与再利用

在民居建筑保护方面，应进行整个历史地段的总体规划，对不同级别的建筑进行分类保护。安庆市的世太史第赵氏族中自赵文楷始，赵畇、赵继元、赵曾重四代翰林而得名。宅邸坐南朝北，分东路四进，西路三进，共七进。其风格融北方古建的恢宏、粗犷及徽州古建的细腻、精致于一体。2006 年被国家文物局列为全国重点文物保护单位，现已用做陈列赵氏家族历史的展览馆。

太平天国英王府阔面分中、东、西三路，进深均为四进，在当时属于高档住宅。但由于资金等方面的缺乏，如今的英王府亟待修缮，甚至连基本的保存现状都不能解决，更不用说开发成为旅游景点和爱国主义教育基地。

在民居建筑的利用方面，首先可以利用名人效应，把名人故居、名人别墅用做纪念馆、陈列馆等，既可以发挥文物建筑的特性，又可以通过经营来解决部分维护基金。如严凤英故居等。此外人民路迎江区政府内的别墅，新中国成立后经迎江区政府改造后作为办公楼使用至今。因被政府使用，每隔数年将会对此建筑做专业的维修，故保存较好。还例如芜湖市弋矶山医院的专家楼和院长楼，在民国时期都为私人别墅，现在成为了弋矶山医院的档案馆和博物馆，至今基本保持原有的风貌。

其次，对于这类民居建筑，如果条件允许可让人继续居住。而有人在里面居住本身就是有效的保护措施。例如，海军干休所内的民国建筑，一直都为海军医院的职工居住，能及时发现建筑的损坏情况并得到妥善处理，故而建筑保护得较好。但是在安庆原活塞环厂内的一处据说是陈独秀住过的公馆，情况则不容乐观。该建筑虽被活塞环厂列为保护对象进行保护，但由于没有被人使用，笔者在调研时发现，建筑的楼梯已经腐朽，二层楼地面也已经破败不堪。

2. 近代工业遗产的保护与再利用

在以机器生产为特征的近代工业出现以后，皖江地区出现了一大批工业建筑，主要是一些面粉厂、电灯厂和纺织厂等。此类工厂比封建社会的手工作坊在规模、技术（机器化生产）、类型等方面有了很大的进步。其中具有一定规模和影响的近代工业遗产有：芜湖的裕中纱厂、蚌埠的宝兴面粉厂、蚌埠信丰面粉厂、蚌埠民乐里电灯公司等。其中芜湖的裕中纱厂，因城市建设需要，于2009年被列入了拆除计划。而宝兴面粉厂、信丰面粉厂和民乐里电灯公司早已不在了。

笔者在调研过程中发现，以安庆为代表的皖江地区近代工业遗产保护非常薄弱。表现在保护意识上，虽然难以否认它的历史价值，但是人们对它们的艺术价值是给予否定的。以原安庆内军械所为例，现在仅剩一块纪念碑用以标识其所在地。

前一段时间，上海的有关专家对上海优秀的近代产业建筑进行调查时发现，想在上海找到中国近代产业发展的轨迹已经是非常困难了。笔者在安庆调研时也发现，对照安庆地方志中列出的一批优秀近代工业遗产，有的早就已经被拆除，有的已是面目全非，还有的被列入了拆除计划。

3. 近代办公建筑遗产的保护与再利用

对于安庆现存的近现代办公建筑，目前多是在继续为政府机关作为办公用房使用，或者为居民居住使用。如中共安徽省地委旧址，目前为安庆一中的校史馆。在使用过程中，学校会不定期地对其进行修缮。既让文物的价值得到了最大化利用，同时也让旧址得到了应有的保护。

位于安庆市健康路的基督教三层办公楼，历经百年仍在使用。目前一层为幼儿园，二层仍为基督教办公室，三层用做贮藏。

由此不难看出，具有历史价值的近代办公建筑在保护过程中，与其割裂开来进行“展览式”的保存，不如让其所有者古为今用，鼓励他们在有监管的情况下自行修缮。事实证明，这类建筑有人使用的情况下，它的保护状况一般都令人满意。而办公楼的改造与再利用，在功能上与技术上也都是可行的。

四、结　语

城市因为有了自己的历史而有了积淀，而与众不同，同时在城市记忆里建筑扮演的是一个十分重要的角色。一条石板道，一个避风亭，都可能触动人们的记忆而把它继续传承下去。然而，城市化进程却不无遗憾地站在了城市文化传承的对立面上。正如前文中“皖江九烈士墓”遭遇的命运一样，无数优秀的建筑文化遗产在“发展”、“腾飞”的光辉下渐渐湮灭。在中国，我们有着梁思成提议保护北京古城不被采纳而使得北京这座千年古都蒙受重大损失之先例。而事实是，我们还有更多的优秀历史遗产仍然得不到重视，在政府与民间都没有得到应有的保护。一代英杰陈玉成的英王府，如今仍在卖糙米、加工鸡鸭毛；具有中国近代化里程碑意义的安庆内军械所，而今也仅剩下一块纪念碑。在皖江城市带迅猛发展已是大势所趋的今天，安庆乃至整个中国城市的历史文化、遗产保护，依然任重而道远。

【参考文献】

[1] 阮仪三，王景慧，王林．历史文化名城保护理论与规划［M］．上海：同济大学出版社，1999

[2] 乔迅翔．对于中国建筑遗产保护原则的探讨［J］．建筑师，2004（6）

[3] 梁晓华．城市化进程中的历史文化遗产保护［J］．文物工作，2005（5）

[4] 徐伟民，方晓珍．安庆与中国近现代化［M］．合肥：合肥工业大学出版社，2007

[5] 单霁翔．城市化发展与文化遗产保护［M］．天津：天津大学出版社，2006

[6] 汪军．皖江文化与近世中国［M］．合肥：合肥工业大学出版社，2004

[7] 周俭，张恺．历史文化遗产保护规划中建筑分类与保护措施［J］．城市规划，2001（1）

[8] 张松．上海城市遗产的保护策略［J］．城市规划，2006（2）

（作者为合肥工业大学建筑与艺术学院讲师、博士）

抗战时期皖江地区的文化建设与文化变迁

王 海

内容提要：对于皖江的地域范围，学术界一直存在争议。笔者还是比较认同抗战时期皖江抗日根据地基本上涵盖了现在形成共识的皖江地区这一观点①。在长达8年的抗战过程中，皖江地区人民在中国共产党领导下，以新民主主义文化建设的方针为指导，实施了多样性的文化建设，在以教育事业、新闻出版和文艺工作为代表的文化建设方面取得了显著成就，推动了皖江人民对新文化的追求，提高了人民对抗战的必胜信念，并由此引发了皖江地区由传统的“旧文化”向“新文化”的变迁。这也有利于深化认识当前的文化建设对社会发展的重要作用。

关键词：抗战时期；皖江地区；文化建设；文化变迁

一、抗战时期中共领导下的皖江地区的文化建设

1. 皖江地区文化建设的指导思想及政策方针

文化建设是根据地建设的重要方面，“在一切为着战争的原则下，一切文化教育事业均应使之适合战争的需要”②。中国共产党作为根据地建设的领导者，也直接承担着文化建设的领导责任。1940年1月，毛泽东同志作了《新民主主义论》的讲演，系统地论述了中国近代文化革命的历史进程及其特点，提出了“要把一个被旧文化统治因而愚昧落后的中国，变成一个被新文化统治因而文明先进的中国”的任务。这个“新文化”，就是“民族的科学的大众的文化，就是人民大众反帝反封建的文化”。这实际上为新民主主义文化的发展指明了方向，具有不可估量的指导意义。根据这些指示精神，皖江地区党委结合本地区的具体

---

① 这是沈葵先生在首届皖江地区历史文化研讨会论文集里《皖江、皖江文化和皖江地区文化辨析》一文中提出的观点。笔者认为现在谈论的皖江地区包括了抗战时期中国共产党建立的19块敌后抗日根据地之一的皖江抗日根据地，当然，还应该包含当时属于日伪占领区的芜湖、安庆、铜陵和合肥等今天皖江地区的重要组成城市。而本文涉及的皖江地区主要指抗战时期中共领导下的皖江根据地。

② 《毛泽东选集》第2卷，人民出版社1991年版，第769页。

情况，进行了多方面的探求，为本地区的文化建设制定了较为完备的方针、政策。

1942年5月，皖江区党委在《关于抗日民主根据地的政策讲授提纲》中，对皖江地区的文化教育工作的政策作出了如下规定：（1）提高人民自尊心和自信心，反对奴化思想；（2）提高民族教育文化水平——反对封建思想、迷信思想；（3）培养干部人才；（4）吸收一切资产阶级自由主义思想的知识分子，来共同进行文化工作[①]。在对本地区文化教育工作方面，要做到：加强大众文化教育和社会教育；普遍建立贫民学校、夜校、识字班等；普遍设立俱乐部；组织流动通俗宣传队；发展农村剧团、农村歌咏队，启发大众文艺创造；改造旧形式，灌注新内容，创作民歌、小调、街头诗、通俗画报。[②]

中共中央的指示和皖江地区党和政府颁布的相应的政策，构成了抗战时期皖江地区文化建设总的指导思想。它不仅明确了文化建设的性质、任务，而且确立了文化建设的方向，体现了皖江地区文化建设的时代特征。

2. 皖江地区的文化建设

抗战时期中共领导的皖江地区的文化建设形式多样，内容丰富，取得了显著的成就。

（1）多种教育模式的兴起

中共在皖江地区建立根据地之初，文盲充斥于各地，文化人极为稀少，导致本地封建迷信和落后的风俗习惯泛滥成灾，造成社会秩序的混乱；同时抗日政府也缺少干部，影响了工作。为了适应战争和建设的需要，尽快改变上述落后情况，区党委和政府高度重视，将教育事业放在一个突出的位置上，贯彻实施了新民主主义的教育方针，大力发展干部教育、社会教育和学校教育，克服了许多困难，使中共领导下的皖江地区的教育事业获得了全面的发展。

干部教育是这一时期皖江地区教育事业的重心。为适应军事斗争的节节胜利和根据地面积日益扩大的需要，皖江区党委和政府紧抓干部教育工作，先后共创办了5所干部学校。其中，影响力、规模最大的要数无为县团山李村成立的中国人民抗日军政大学第十分校，学员近千人，分别来自七师部队和皖江地区的知识青年，也包括从上海、南京等地投奔解放区的青年，共分为6个队[③]。这些干部

① 《皖江抗日根据地》编审委员会编：《皖江抗日根据地》，中共党史资料出版社1990年版，第84页。

② 《皖江抗日根据地》编审委员会编：《皖江抗日根据地》，中共党史资料出版社1990年版，第84页。

③ 徐则浩：《安徽抗日战争史》，安徽人民出版社2005年版，第390页。

学校是在艰苦的条件下创办的，在教育中坚持贯彻执行教育为抗日战争和根据地建设服务、教育与生产劳动相结合的方针，为党培养了大批优秀的军事人才和革命干部，满足了抗日战争的发展对干部的需求。

皖江地区的社会教育是在服从战斗、生产的根本前提下，逐步发展起来的，包括三个方面内容：文化教育以识字扫盲为主，对脱盲标准作了规定："皖中根据地以识1500字为准"①；政治教育主要是时事政策教育，启发民众的民族革命意识，推动群众积极参加抗日救国战争；科学知识教育主要是进行卫生知识、生产知识和破除封建迷信方面的教育。社会教育的组织形式有冬学和识字班，其中主要采用的是普及以冬学为主的大众化的教育方式，决定冬学每年10月开始准备，行署、县、区、乡、村都成立领导组，10月底开学。就读时间不完全统一，分为半天上课、晚上上课、午学、晨学、逢集学等，地点多在小学校内或祠堂等公共场所，采取灵活多样的人民群众喜闻乐见的教学方法，紧密结合生产、生活和战争的实际，服务于战争。据统计，皖江地区参加冬学的群众人数有10万多人，成千上万的劳动者摘掉了文盲的帽子。

在敌伪顽犬牙交错的斗争环境中，皖江地区学校教育的发展举步维艰，主要包括中、小学教育。

抗战爆发后，日军占领了南京，皖江各县原有中学纷纷迁往皖南、皖西地区，本地区内已经没有一所中学了。为适应抗战需要，无为县抗日政府着手创办了无为中学，1942年7月，皖江行署成立后，学校更名为皖江各县联立中学，设中学、师范两部分，学生300多人，后因战乱而停办。1944年初，局势稍微稳定后，行署复办了联立中学。此外，皖南行署还创办了皖江第二联立中学，和含行署创办了和含中学，抗战时期皖江地区共创办了这3所中学。这些学校没有统一的学制，但各个学校都重视思想政治教育，教学中注重教育同生产劳动和社会活动紧密结合。这些教学特点适合战争年代的需要，因此这3所中学也为抗战建国培养了大批人才。

小学教育方面，皖江地区政府通过两条道路创办了新型小学，一是白手起家创办，最著名的有无为恍城小学，在恍城小学发展经验的基础上，皖江行署在1944年1月20日正式决定"各县成立模范小学，各区成立中心小学"，使本地区的小学教育踏上正轨。二是结合本地实际，逐步改造农村原有私塾为新型小学，把这一工作视为重中之重，成为皖江地区小学教育发展中的一大特色。这类小学占根据地小学总数的90%以上，成为抗战时期皖江地区教育战线上的一支

---

① 《安徽省志·教育志》，方志出版社1997年版，第727页。转引自房列曙著：《安徽敌后抗日根据地社会史研究》，安徽人民出版2007年版，第185页。

生力军。据统计，到抗日战争胜利前，皖江区有小学31所，学生3100人，改良私塾837所，学生20000余人①。

在战争的背景下，敌顽不断的“扫荡”，不利于学校教育和干部教育的开展，限制了这两种教育的发展；而具有灵活教育方式的社会教育却可以不必受战争环境的影响，易于施行。因此，“高小学校不必过多，群众性的学校可以大量设立”②。总之，皖江地区的教育事业在很短的时间内得到了长足的发展，通过文化教育来向人民大众传播各种知识，提高了人民大众的文化水平和民族自尊心，服务于全民族抗战。同时，也形成了人民教育的初步实践。

（2）新闻出版事业的发展

新闻出版事业是根据地文化建设的重要内容。根据毛泽东同志关于“每个根据地都要建立印刷厂，出版书报，组织发行和输送的机关”③ 的指示，皖江地区党和政府在从事战斗、生产、工作的同时，积极创办报刊，报道时事新闻，宣传党的抗日文化和抗战政策。

皖江地区的新闻出版事业搞得非常出色。最有影响的报纸要数皖江区党委的机关报《大江报》。1942年3月，经皖中区党委和七师师部研究决定，在七师政治部主办的《战斗报》的基础上创办《大江报》，无为县政府所办的《新无为报》在《大江报》社成立时也并入，区党委宣传部长周新武兼任社长，由新四军代军长陈毅命名并为之题写报头。《大江报》分国际国内新闻和地方新闻两个版面，1943年在皖南、和含、沿江和巢无中心区设立了记者站。随着不断发展，报社增设了印刷厂，《大江报》由油印改为铅印，质量大大提高，内容和形式也有改进，每期发行量达五六千份，受到皖江地区人民群众和部队指战员的欢迎。此外，《大江报》还有另一特殊功能：“报纸正常发行，人心就安定；报纸一旦中断，群众就知道中心区打仗了，从而做好应战准备。”④ 1944年7月20日，皖江区党委作出了《关于动员全党参加党报工作的决定》，要求各级党委和全体党员为党报写稿，反映情况，发行推销，要把自己看成是“集体的宣传者和组织

---

① 《安徽省志·教育志》，方志出版社1997年版，第699页。转引自房列曙著：《安徽敌后抗日根据地社会史研究》，安徽人民出版社2007年版，第189页。

② 《皖江抗日根据地》编审委员会编：《皖江抗日根据地》，中共党史资料出版社1990年版，第64页。

③ 《毛泽东选集》第2卷，人民出版社1991年版，第769页。

④ 《皖江抗日根据地》编审委员会编：《皖江抗日根据地》，中共党史资料出版社1990年版，第340页。

者”之一，使党报真正成为“最有力的宣传工具”[①]。

新闻出版工作是皖江区党委领导下的重要的宣传阵地，不仅快速、准确地传达中共中央的指示、法令和宣传党的方针政策，成为党和人民的喉舌，成了党联系群众的纽带和桥梁，而且通过报道各地振奋人心的胜利消息、英雄人物事迹和战斗、工作经验，以鼓舞干部的斗志和坚定抗战必胜的信心，同时还及时地介绍了根据地生产、减租及整风的情况，反映根据地人民的意志和要求。

在皖江区党委的领导下，新闻出版事业在教育人民、组织人民、打击敌人、建设根据地的伟大斗争中，发挥了极其重要的作用。

（3）文艺的新气象

文艺工作，是抗日根据地内文化事业的一个重要组成部分，它以形象的、通俗的、为广大人民欢迎的形式，发挥着重要的宣传教育作用。毛泽东同志指出：要在民族解放的大时代去发展广大的艺术运动，在抗日民族统一战线方针的指导下，实现文学艺术在今天中国的使命和作用。同时，他对艺术工作者提出希望：艺术家要有远大的理想、丰富的斗争经验和良好的艺术技巧。他希望艺术工作者不但要抗日，还要在抗战过程中为建立新民主主义共和国而努力，不但要为民主共和国，还要为实现社会主义以至共产主义的理想而努力。青年艺术工作者要到实践斗争中去，到群众中去，使艺术作品有充实的内容。

在中共中央和毛泽东同志的正确领导下，皖江区党委非常重视文艺工作，运用各种文艺形式，宣传教育民众，启发民众的抗日精神。本地区的各种文艺团体普遍建立，文化娱乐广泛开展，部队的文艺工作者和政府组织的业余剧团经常到各地演出话剧、歌剧等，丰富了群众的文化生活，内容以抗日救国为主，受到群众的欢迎。1942 年春，在原无为县宣传队的基础上建立了由七师政治部领导的大江剧团，叶诚任团长。剧团成立后，陆续从军部文工团和二师文工团调来了一批文艺骨干，充实了大江剧团。1944 年 5 月，剧团更名为“新四军第七师政治部文学艺术工作团”（简称“文艺工作团”），是直属师政治部领导的一个文艺团体，它的主要任务是运用文艺形式进行抗日宣传，剧本、歌曲大部是自己编写的，以话剧为多，如《送郎参军》、《自卫队》等，及时反映残酷的斗争现实，号召人民起来和敌人进行斗争[②]。在农村，以冬学、民校师生为骨干，成立文化娱乐部，有的还成立了文工队和歌咏队，这些群众性的组织有效地配合了中心任务，使群众在动荡的社会中通过各种文艺形式来获取文化信息，成为教育群众打

① 《皖江抗日根据地》编审委员会编：《皖江抗日根据地》，中共党史资料出版社 1990 年版，第 162-163 页。

② 中共巢湖市委党史研究室编：《皖江抗日根据地史》，非正式出版（2001），第 252-253 页。

击敌人的有力武器并以此为手段。此外，皖江联立中学组织文艺宣传队等团体，青年人在紧张的战斗生活中也有了文艺活动的环境。

同时这一时期皖江地区的文学和美术创作也获得了长足的发展，成为根据地文艺运动的重要部分。文艺运动的发展，丰富了军民的文化生活，激励了军民的抗日斗志，推动了抗日事业的发展和人们对新社会新文化的追求。

二、抗战时期皖江地区的文化发展与变迁

1. 发展了皖江地区的新文化

新民主主义文化之所以能够成为当时的先进文化，代表中国先进文化的前进方向，是因为它与帝国主义文化、封建主义文化相对立。这些落后的文化服务于旧政治、旧经济，与人民为敌，违背历史前进的方向，使中华民族陷于严重的危机，因而是中国文化革命的对象。只有破除导致中华民族落后和沦亡的旧文化，彻底改造落后的国民性，服务于新政治、新经济的新文化才能建立起来，才能引导中国革命走向胜利，完成中华民族伟大复兴的历史使命。

新民主主义时期的中国共产党人，不但为中国的政治革命和经济革命而奋斗，而且也要为中国的文化革命而奋斗。“我们不但要把一个政治上受压迫、经济上受剥削的中国，变成一个政治上自由和经济上繁荣的中国，而且要把一个被旧文化统治因而愚昧落后的中国，变成一个被新文化统治因而文明先进的中国”①，基于此，皖江地区的党和政府努力建设适合本地区实际的新民主主义文化，给人民以深刻的思想启蒙，也为抗日战争和根据地建设提供精神武器的文化。

2. 提高了人民的思想文化素质

皖江地区的文化是在传统的封建文化占统治地位的基础上建立起来并随着抗战不断发展的，是以弘扬民族正气，讴歌、鼓舞人民抗战为主要内容的新文化。抗战时期，为了民族的生存、保家卫国，进行了抗日战争，是时代的主旋律。皖江区党委和政府尽可能地采取各种手段对根据地人民进行文化、理想信念教育和政治启蒙。不惜人力、物力发展了正规教育，以及冬学、夜校等民众社会教育，向农民宣传新知识，提高农民的知识水平，动员农民参加革命，形成浓郁的根据地文化氛围，同时发展以报刊为主的新闻出版事业，而且大力开展极具创新意义的剧团、街头诗等大众文艺运动。根据地文化教育和传播囊括了根据地内的所有人民群众，具有大众性的特点；其运作方式贴近生活、贴近人民群众的实际，因

① 《毛泽东选集》第2卷，人民出版社1991年版，第663页。

人、因地、因时而选择通俗易懂、为群众喜闻乐见的不同方式；其内容既有文化扫盲，又有时事教育。丰富多彩、形式多样的文化教育的开展，使人民的思想道德素质和科学文化素质得到了很大的提高。

3. 推动了皖江地区的文化革新与发展

纵观皖江地区的文化教育事业的建设，它的航向是中国共产党领导的民族的科学的大众的反帝反封建的文化。首先根据地的文化教育是在中共领导下进行的，所以一开始就必然以共产主义思想为指导，从而保障了反帝反封建文化革命的胜利；其次是根据地的文化教育具有民族的形式，是“反对帝国主义压迫，主张中华民族的尊严和独立的”革命的民族文化；再者根据地的文化是科学的，“是反对一切封建思想和迷信思想，主张实事求是，主张客观真理，主张理论和实践一致的”①；最后，根据地的文化建设着眼于大众，是主张代表大多数人民利益的、大众的、平民的文化，是主张文化为大众所有，主张文化在人民大众中得到广泛的普及，并能够提高人民大众的文化水平，因此，“它应为全民族中百分之九十以上的工农劳苦大众服务，并逐渐成为他们的文化”②。总之，皖江地区的文化事业蓬勃发展，根植于中国新民主主义革命的火热现实，服务于人民大众反帝反封建的伟大实践，就其性质而言，已经是新民主主义文化了，有力地推动了皖江地区由“旧文化”向“新文化”的变迁。

三、抗战时期皖江地区文化建设与变迁的现实意义

抗战时期中共在领导皖江地区社会变迁过程中，通过遍布全区的各种形式的全民教育推动抗日根据地文化事业的发展，积极创办报刊宣传党的抗日文化、抗战政策以及新民主主义社会的思想，在皖江地区民众中倡导抗日和创建新民主主义新社会的崇高理想和信仰，构建了新的价值体系。“信仰是人的最高需要”③，这些理想、信仰和价值体系，不仅深深地影响着人们的生活，而且也成了规范民众思想行为的标准和凝聚力，从而使皖江人民自发形成了一种强大的义务感——努力地促进新民主主义政治、经济、文化事业的发展，建设新民主主义社会，推动整个社会的正向变迁。

当今时代，文化越来越成为民族凝聚力和创造力的重要源泉，越来越成为综合国力竞争的重要因素，丰富精神文化生活越来越成为我国人民的热切愿望；构建社会主义和谐社会，全社会成员的理想、信念和核心价值的构建也至关重要；

---

① 《毛泽东选集》第2卷，人民出版社1991年版，第707页。

② 《毛泽东选集》第2卷，人民出版社1991年版，第708页。

③ 杨林林编：《转型中国——顶级学者访谈》，经济日报出版社2004年版，第374页。

中华民族的伟大复兴要求中华文化的繁荣兴盛。因此，我们要借鉴皖江地区文化建设的经验，在新时期，“要坚持社会主义先进文化的前进方向，兴起社会主义文化建设的新高潮，激发全民族文化创造的活力，提高国家的文化软实力，使人民基本文化权益得到更好的保障，使社会文化生活更加丰富多彩，使人民精神风貌更加昂扬向上”[①]。在中国特色社会主义现代化建设过程中推动整个中华民族文化的大发展大繁荣。

（作者为中共亳州市委党校教师）

① 《中国共产党第十七次全国代表大会文件汇编》，人民出版社2007年版，第32–33页。

历史与典籍研究

浅析清代皖中市镇的三流

杨松水

内容提要：皖中市镇在生态环境上大都是傍水而建，处于水陆交通的关节点，是联系乡村与城市的纽带；皖中市镇的经济功能主要体现在市场贸易，而贸易物品的主体是服务于农耕和农民，因而带有很大的农业市镇性质；皖中市镇在人员流动上又具有相对稳定性，城市化过程相对缓慢。

关键词：皖中市镇；生态环境；物流；人口流动

皖中是一个地域概念，同时又是一个经济区域概念，早在清代就有人使用这个概念，但并不是经济区域，而是指安徽的安庆或潜山一带，属于安徽的中部地区。到了近代人们开始将它作为一个经济区域概念引入研究领域。在清代大体上包括两府三州，即安庆府、庐州府、滁州、和州、六安州。皖中市镇指的是介于皖中府县城市与乡村之间的集镇，它与城市和乡村是有一定区别的。本文所谓三流是指市镇所具有的水流、物流和人流。水流是市镇的环境位置及其外部条件，是市镇赖以存在的重要基础。物流是市镇内部机制及其经济结构，反映市镇的经济功能。人流是市镇的活性因子，人口聚集与人口流动是市镇繁荣衰败的重要表现。

一、傍水而建的生态环境

皖中地域介于淮河与长江两条重要的河流之间，繁多的河流湖泊遍布其间。依据清人赵宏恩的《江南通志》“舆地志·山川”记述，这里的水流或向北流入淮河，或向南流入长江。比如安庆府主要有五条河湖。一是长河，“在府西。有二源，一北自皖山，一西自司空山，俱会于石牌，行七十五里至皖口，又十五里入于江。”二是埭沟河，“在望江县北六十里，受潭湖诸流至皖口入江。”三是治塘湖，“在府西三十里，湖口有石库渡，下流出皖口入江。”四是皖水，“在潜山县西北二十里，源出皖山龙潭，下流为崩河，合于潜水，南经府城东，至皖口入于江。”五是潜水，“在潜山县西北二十里，源出潜山，合皖水达郡之石牌，入于江。”同样，在清人齐召南《水道提纲》卷十也总结了安庆水流，称长江“又北六十余里，折东北流，经安庆府治怀宁县西南境数十里，至县南有长河，西合潜山诸水来注之，即古皖水，曰皖口。”这里的诸水主要就是上述五条河湖，它们的主要出口是长江。故此，有人将安庆文化纳入皖江文化范畴，是有一定道理的。《江南通志》上记述在这五条河湖上点缀着25个市镇，包括怀宁县的皖口镇、长风镇、宜城镇、石牌镇，桐城县的枞阳镇、孔城镇、练潭镇、双溪镇、周潭镇，潜山县的天堂寨、野人原，太湖县的白沙镇、小池镇、马路口镇，宿松县的泾江口镇、归林滩镇、小孤山镇、便民仓镇、吉水镇、洿池市，望江县杨湾镇、急水镇、雷港镇、华阳镇、香草镇。下面依据《江南通志》所载庐州府市镇为例。罗列市镇与水流进行对照。

《江南通志》所载庐州府市镇与水流对照表

所属州县	市镇名称	位置	所属河流	附录
合肥县	三河城	南九十里	杭埠河、丰乐河、南河	外环两岸，中峙三洲，而三水贯于其间，故曰三河
合肥县	清水镇	县北一百里	北肥河	
合肥县	石梁镇	县东一百二十里	石梁河	有巡司
合肥县	店埠镇	县东四十里	店埠河	
合肥县	青阳镇	县南六十里	派河	
合肥县	长城镇	县西九十里	丰乐河	
庐江县	金牛镇	西北四十五里	金牛河	
庐江县	黄屯市镇	县东南六十里	黄屯河	
庐江县	沙溪市镇	县南十五里	沙溪河	
庐江县	罗昌市镇	县南五十里	罗昌河	
庐江县	盛家桥镇	县东北五十里	盛桥河	
舒城县	牧马市镇	县西三十里	杭埠河	
舒城县	上阳镇	县东二十五里	丰乐河	
舒城县	九井镇	县西四十五里	桃城河	
舒城县	桃城镇	县北三十里	桃城河	
无为州	黄洛河镇	州东北三十五里	黄洛河	有巡司，其西有黄洛河仓，每岁交兑军粮于此地
无为州	鹤毛河镇	州南七十里	鹤毛河	

（续表）

所属州县	市镇名称	位置	所属河流	附录
无为州	土桥河镇	州西南一百二十里	土桥河	有巡司
无为州	襄安镇	州东南五十余里	西河	
无为州	峡山镇	州北四十里		
无为州	泥汊河镇	州南四十里	泥汊河	有巡司
巢县	柘皋镇	西北六十里	柘皋河	
巢县	桐阳镇	县西五十里	炯炀河	
巢县	吕婆店市	县南十里	芙蓉河	人烟辏集，有秀山铺，通无为州驿路
巢县	十字河镇	县南七十里	十字河	
巢县	下阁镇	县西北三十里	下阁河	

资料来源：《江南通志》卷二十七，舆地志三，关津、桥梁、市镇；卷十七，舆地志，山川；《大清一统志》卷九十等。

上述庐州府市镇26个，其中合肥6个、庐江5个、舒城4个、无为州6个、巢县5个。这26个市镇都是水路交通要道，其水流主要流向巢湖，是环巢湖区域的主要市镇。政府在这里还设有巡司，派兵驻守。这说明清代市镇不是单纯的商业贸易之地。值得注意的是这些市镇大都是跨河而建，比如，柘皋镇就是由玉兰桥横跨柘皋河连接东西两街，且作为商贸的主要地点；盛家桥镇就是建有盛家桥横跨盛桥河；炯炀镇就有麒麟桥连接等等。那么为什么这些市镇要傍水而建呢？除了传统的人们生活习惯、生活方便之外，大致上有以下几个主要原因。一是水道畅通就使得交通便捷，为商贸提供了基本的物质保障，尤其是长途的大宗的物品运输，水路就比较便宜，装载量也较大，比如康熙《续修含山县志》就记载运漕镇“地临大江，上接巢湖，下通大江，四方以杂处，商贾辐辏，为江以北首镇。”桐城的汤家沟镇“滨江一带，芦苇无际，舟车络绎。汤家沟为桐之次镇，鱼米运贩与枞阳相等。”[1] 其次，水陆要冲便于军事防卫与政府行政管理。这些市镇如同府县治所一样，在早期都是军事防卫重地，到清代仍然如此，上文所列出的附录，就有四个镇设有巡司。比如柘皋巡检司，本为东口河泊所，乾隆

① 《桐城续修县志》卷一，《舆地志 · 乡镇》，《中国地方志集成》本，江苏古籍出版社，1998。

三十五年，改为柘皋司，乃建署于柘皋镇之西街，建屋四楹。[①] 同时，在各地方志书的记载类别上大都没有专门市镇章节，而是放置在关隘桥梁等内容之中，称之为舆地志，这就体现了它的军事防卫功能。在这些市镇的商业贸易中，政府也发挥了行政管理作用，通常情况下，政府在这里屯仓漕运，运销官盐，甚至于救灾赈济。比如在漕运上，“庐州府合肥、舒城、巢三县漕运并，是巢湖一水贯注，经运漕镇，出和州之裕溪口入江。庐江县、无为州由黄洛河，经运漕出裕溪口。又二十里，至太平府西梁山，与东梁山对峙。”而“安庆府漕运，怀宁县濒江，潜山、太湖二县并，自北至府有水次，仓在怀宁境。桐城县自枞阳河入江，望江县在府西南，距江才十五里，宿松县自西经泊湖出望江县之吉水镇入江。”[②]这里典型的就是运漕镇与吉水镇，可以说是庐州府与安庆府漕运的中心集镇。为保证社会稳定，政府往往在这些市镇设署驻兵。当然，傍水而居也会带来不利的影响，那就是易于被泽，一旦大的洪水泛滥，市镇必遭受水灾。康熙《巢县志》在谈到裕溪河时称“商贾舟楫往来。但太逼城脚，当水盛之年，城仅不浸者三版。无论人怀反跳，运值多故，城亦难守。”[③] 另外，由于本区域水口很多，其市镇数量也较大，这就必然形成距离城市较远的中心市镇与许多小市镇的分布网络，这种分散性就带来市镇在发展上的小而全特性，这种建设的环境也必然带来市镇发展的相对滞缓。此种情形笔者将另文再讨论。

二、服务农耕的物流形态

市镇最早的功能是军事防卫性质的屯兵聚集地，而皖中市镇也不例外。但是到清代，它的重要功能还是市场集散，具有商业性质。那么，皖中市镇在商业上集散是些什么物品呢？据笔者考察主要是服务农耕。表现在：第一，从开集贸易的时效来看，除了大的市镇贸易时间较长之外，大多数市镇并不是全天候开放，甚至一些市镇是在农闲短时间内贸易的。比如桐城四个集市就是农忙之前开集贸易的。据《续修桐城县志》记载：“姚王集，石溪之西，钱家桥之西南。有姚王庙，每年二月，庙前开集，各省商旅沓至，贩牛、马、驴、骡，民间或买或买，俱在此处。”会宫集是“姚王集罢，贩牲者纷至会宫集开集。”蠛子墩集是“会宫集罢，蠛子墩开集，距安枫镇三里。”杨家市集也是“蠛子墩集罢，杨家市继之。集罢，农忙，不复开集。”很显然这四集是相互延续的四个专门贩卖牲畜的专业性集市，自每年二月开始，此集一罢，彼集继起。不过时间也仅仅是在春耕

① 《道光巢县志》卷四，《舆地志 · 镇集》，《中国地方志集成》本，江苏古籍出版社，1998。

② 《江南通志》卷五十八，《河渠志 · 运河一》，四库全书本。

③ 康熙《巢县志》卷六，《山川》，黄山书社 2007 年版，第 62 页。

之前，农忙就不再贸易。为满足农民市场需求，市镇在开集时间上还往往错开，比如含山的陶厂镇是每旬二、七逢集，清溪镇为每旬三、六、九逢集，仙踪镇是每旬三、五、八、十逢集。这样，不同时间就有不同的市镇存在市场贸易。这既反映了市场的相对狭小，农民的购买力相对有限，又体现了相互补充的效果。因此，市场的时效就是针对农民而设立的。第二，从交易物品上看，主要以农产品外卖与生活品内销为主要贸易方式，尤其是本地的土特产，更是具有较大的吸引力。以市场比较繁荣的运漕为例。根据民国时期的《安徽通志馆采访册》统计，民国二十二年（1933），当时全镇人口2400多人，从商户800多户，几乎户户都是经营户。其中，各种商号107家，服务业80家，牙行38家，各种作坊27家，各种工匠34家，手工服务业27家，其他行业21家。具体主要行业经营项目如下表：

商号	服务业	牙行	作坊	工匠	手工服务	其他
百货、杂货、布货、海货、药店、黄烟店、茶叶店、山窑店、酱坊店等	茶馆、酒楼、水炉、钟表、照相、浴池、缝纫等	粮食、盐行、竹木柴炭行、石灰行、水果行、鱼行、牛行、猪禽行等	染坊、糖坊、面坊、砻坊、皮坊、蜡烛坊、炕坊等	车匠、机匠、银匠、木匠、篾匠、锡匠、瓦匠、石匠等	印刷、裱画、刻字、纸店、伞店、白铁、香店、爆竹、笆头、铁匠等	屠宰、典当、寄售、钱庄、书店等

资料来源：《巢湖文化全书·名胜文化卷》“古镇风情”，第276-278页

上述资料虽然来自民国时期的统计，分类也不是十分的准确，但可以印照清代的相关商贸物品。就这些行业的货源来看，或组织本地特产，如米、面、鱼、牲畜等，主要是大宗外销；或组织外来百货服务于本地。特别是粮食贸易，皖中市镇是当时规模较大的贸易中心。主要集中于运漕、三河、柘皋、撮镇、枞阳等市镇。比如三河在清代光绪以前就有百年米店百余家。民国之时已经达到一百三十余家。其粮食主要来自于本地的以三河为中心三四十华里之内的圩田及沿丰乐河、抗埠阿一线上行到桃溪、山南、双河、六安、张店一带产粮区。米的销路有芜湖、南京、镇江、常州、无锡、苏州、扬州、上海、杭州、南通等沿江和通水路城镇，部分销往潮州、广州等地，年销米量在2.5亿斤以上。① 同样，枞阳、

① 《肥西文史资料》第一辑，《解放前三河的行店情况》，政协肥西县文史资料研究委员会，1985年。

运漕也是如此。可见土产外销货源是来自于农民。[①] 另外，从上表的工匠、百货等物品来看，又是主要服务于农耕的，如木匠、铁匠、石匠、瓦匠、木匠等生产产品都是为农耕和农民服务的。第三，从本地的生活习俗来看，农村人称市镇人为街上人，而市镇称农村人为乡下人。在衡量一个市镇的规模大小时，往往称为"乡脚"大小。这种"乡脚"大小是一个地域范围的说法，指的是市镇贸易所达到的本地东西南北四至，或农村去街上买卖交易的区域四至概念。因而这个概念正是反映市镇与农村的相互关系，也部分地反映市镇经济功能。尽管在皖中也存在有些市镇往往比城市更加繁华，比如运漕镇就比含山县城更加商业化，史料记载含山县城"距州界十五里，盖为众山所环，故土厚民多寿。考士习守礼罢法，屏迹公庭，贵农贱商，城乡无殊异。维运漕镇商旅杂处，风尚较靡。"[②] 但是，康熙《含山县志》在描述运漕镇时指出，它"在县南八十里，东七都"。[③] 这种记述似乎有悖于常理，一方面是运漕距离县城较远，距离州城更远，应当含山县城的城市化要高于运漕镇，而事实却相反，这只能说明运漕镇是一个"乡脚"较大的市镇，具有自身独立的商业辐射性；另一个方面，在表述上还是按照传统的区域"都"来划定，说明其农业性还是很强。可见，在清代皖中市镇的经济功能主要是服务本地的农耕。

三、聚散有常的人口流动

在明清，皖中人口迁徙大致经历了两个重要阶段，一是在明初的大规模人口流动，今天在皖中的人口很大一部分就是此时迁徙而来的，来源主要是江西、江苏、浙江等地，尤其以江西瓦窑坝为主要发散地。根据安徽建筑工程学院对巢湖北岸的航拍图研究，目前在皖中的合肥、居巢还分布着众多的古代村落遗存就是此时的产物。二是在清代中期，特别是太平天国战争时期，皖中作为主战场，人口数量锐减，此时大体上，安庆、合肥等地人口向巢湖、滁州等地迁徙。在滁州"大乱之后，土著十不存二三。大率光州、安庆之人，挈室而来。"[④] 在全椒也是"客商星散，土著十不存三四，田多而人少。合肥、潜山等客民，多侵入其间。"[⑤] 不过，经过人口迁徙发展，皖中在清代中后期，市镇的常住人口基本上是一个相对比较固定的数量，或者说走动在市镇的人口是一种有规律的流动。总

① 参见拙文《论清代皖中地区与江南米粮贸易的动因与影响》，《中国农史》2006 年第一期，第66-72 页。

② 光绪《直隶和州志》卷六，《河渠志》。

③ 康熙《含山县志》卷一，《疆域》。

④ 光绪《直隶和州志》卷二，《风俗》。

⑤ 民国《全椒县志》卷四，《风土》。

体来看，这些人员的构成主要是五个方面：一是政府在市镇设立的专业管理人员，包括在一些市镇设立的巡检司人员和设立驿铺市镇的服务人员、市镇贸易的税收人员等。如店埠驿、柘皋巡检司。二是商业从业人员，包括外来的客商与本地的坐商。庐江就是“凡食用之物多山、陕、徽、宁之人，开设铺号。”[①] 在枞阳镇就是“民多以贸易为业，徽、宁商人最多，江西工匠，晋楚之客店也皆有之。”[②] 显然，在枞阳镇，本地商人与外来客商都具备。康熙《巢县志》上就有在柘皋镇居住的汪羽宗捐买桥棚用于商业贸易，并收税以付官驿费用一事记载，汪氏为新安人，居柘皋已再世。新安即徽州，说明汪羽宗是徽州商人，对柘皋而言是外来商人。[③] 三是绅士阶层的消费群体，他们或居住乡间，或居住城市市镇，大都在市镇有房屋或商业等不动产。比如虞衡是合肥附贡生，因为多次捐助，以至于“家道中落，僻处乡间”，这里特意指出他僻处乡间，就说明他本来是居住在市镇的街上人。再比如郭承絪也是合肥太学生，乐善慕义。“邑修店埠通济桥，承絪襄其事，不避老怨。后桥毁重修，复以监造自任，工匠皆食息其家，年余工峻。”[④] 这里郭氏自任监造，且工匠在自家食宿，很明显也是店埠的一个常住绅士。以上三类人就是所谓的街上人，是市镇相对稳定的居住人口，是市镇商业或管理的主体。四是每天来市镇进行买卖的赶集人，他们来自市镇的四邻八乡，主体是农村人口，也是多少不等的市镇聚集人口，具有相对的流动性，他们是奔着市镇商品交易而来。但总体上是有规律的来往，开集之时是聚集的最佳时间。五是临时性流动人口，主要是出现灾害或社会祸乱之时的聚集，特别是灾害之时更为明显。如在道光戊子之年（1828），皖中大旱，在肥东、巢县的许多人聚集在撮镇，当时合肥人蔡天泰就“赈饥撮城镇，人日给米半升。”后两种人就是我们通常所说的流动人口。

以上五类人大体涵盖市镇人口流动的主体，其中前三类人员是相对固定的，也是相当有限的。后两类人是一种流动形式，表面看起来是难以统计其人员数量，但第四种实际上就是本地农村的生产或生活互补性商贸人口，取决于各地生活的发展水平，而皖中并非十分富裕地区，因而人口也是相对有限的。当然，作为第五种流动人口是一种突发性的流动形式，难以测定其人数多寡，甚至还有外省流落到皖中市镇的，不过它仅仅是一种临时性的流动。笔者目前虽未见到对清代皖中市镇人口的具体统计数据，但一些市镇设施的旁证材料可以说明问题。比

---

① 光绪《庐江县志》卷二，《风俗》。

② 道光《桐城县志》卷一，《舆地志·乡镇》。

③ 康熙《巢县志》卷十七，《艺文志》，黄山书社 2007 年版，第 320-322 页。

④ 光绪《续修庐州府志》卷五十二，《义行传》。

如在桐城县，县城与市镇在饮用水的水井数量上就存在差异。“县城饮食所用之水皆水井，巨室一家有三四井，次者家各一井，街旁巷侧，穿井亦多，以供屋内无井者之用。乡间大镇亦有井，然屋内皆无井。”① 由此可见，在皖中市镇的饮用水上，利用水井的最多只能是街旁巷侧的公共用水，这样数量毕竟有限。也就是说，市镇富裕程度不高，人员数量受到一定程度的限制。因此，即使就是到了民国时期，前文提到运漕镇也仅有2400人左右。通过这种分析，我们可以看出清代皖中市镇的人口实际上是有限的，其流动性也是有季节性或时效性的规律。

从皖中市镇的基础设施建设上来看，皖中市镇人口也没有过分地膨胀。目前笔者所见资料，在市镇基础设施建设最好的是皖中的枞阳镇。这里背山面河，三级分布，街道规整。“最上地宽，街并列为三，大街居中，河街在南，后街在北；次上，有大街、后街，无河街；下半只有大街，中间街北大巷二，曰城隍庙巷、曰童家巷。”② 而在皖中其他市镇，大都是以“十字街”为布局形式的街道形态，形成东西南北四街的格局。比如柘皋镇就是以玉兰桥为柘皋河连接点，联系河岸东西，并有河岸延伸为南北街道。在三河也是如此，直到民国时期未改，其中东街号称米街。③ 烔炀镇现存老街南北长200多米，东西长近150米，古居民和店铺千余间。从这些一直延续到近代的市镇街道规模及其面貌来看，所谓街上人应当是有限的。

综上所述，皖中市镇普遍存在的三流状态说明皖中市镇是一个较为典型的农业性市镇，是以农产品贸易以及服务于农业人口生产和消费为主的市镇形态。而且这些市镇的规模与人口极其有限，市镇的产业结构也相对单调，远没有江浙市镇那样较高的商业化，其市镇基础建设与城市化步伐也相当缓慢，或者是一个慢变量过程。因此，在市镇的近代化发展上，几乎没有一个市镇完整地走向城市化。从这个意义上看，皖中市镇在今后发展的空间上很大，具有一定的发展潜力，但是，发展的难度也是不容忽视的。

【参考文献】

[1] 道光《桐城续修县志》，中国地方志集成本，江苏古籍出版社，1998
[2] 道光《巢县志》，中国地方志集成本，江苏古籍出版社，1998
[3]《江南通志》卷五十八，四库全书本，上海古籍出版社，1987
[4] 康熙《巢县志》，黄山书社，2007

---

① 道光《桐城县志》卷一，《舆地志·乡镇》。
② 《肥西文史资料》第一辑，《古镇三河》，政协肥西县文史资料研究委员会，1985年。
③ 《巢湖文化全书·名胜文化卷》，《古镇风情》，第270页，东方出版社2007年版。

[5]《肥西文史资料》第一辑，政协肥西县文史资料研究委员会，1985
[6] 光绪《直隶和州志》，中国地方志集成本，江苏古籍出版社，1998
[7] 康熙《含山县志》，中国地方志集成本，江苏古籍出版社，1998
[8] 民国《全椒县志》，中国地方志集成本，江苏古籍出版社，1998
[9] 光绪《庐江县志》，中国地方志集成本，江苏古籍出版社，1998
[10] 光绪《续修庐州府志》，中国地方志集成本，江苏古籍出版社，1998
[11] 苏士衡主编《巢湖文化全书·名胜文化卷》，东方出版社，2007

（作者为巢湖学院历史旅游文化系教授，历史学博士）

皖江东至周氏家族的敦煌学家

明成满

东至周氏家族人才辈出，从李鸿章的淮军发迹的周馥（1837—1921），历任直隶按察使、山东巡抚、两江总督兼南洋大臣、闽浙总督、两广总督等职，成为晚清的一位重要的封疆大吏，是为周氏家族的第一代；第二代周学海、周学熙等人，多为官商，是传统士大夫向工商业转变的过渡性人才；第三代出实业家和学者，如周叔弢、周志辅、周志俊、周叔迦；第四代多出学者、教授，人数之多可开办一所大学，如周一良、周绍良等。在周氏家族众多杰出的人才中，周叔弢、周叔迦、周一良和周绍良等人都是著名的敦煌学家，为敦煌学的发展作出了杰出的贡献。

一、周叔弢

周叔弢（1891—1984），周馥之孙。原名明扬，后改名暹，字叔弢，晚年自号议翁。著名的民族实业家、藏书家、文物家，喜欢训诂学、古文和诗词，国学基础深厚。曾任全国政协副主席、天津市副市长等职。

周叔弢对敦煌学的贡献主要体现在他珍藏了大批的敦煌遗书，并且后来都捐给了国家。1918年他二十七岁时，从扬州同乡袁寒云的家庭教师方地山处，借到敦煌写本唐人“阿弥陀经卷”，曾照相影印一百卷，广为流通。此事与罗振玉影印出版《鸣沙石室遗书续编》的时间仅差一年，这说明周叔弢很早就以个人力量，参与刊布敦煌遗书的活动。以后，他通过多种渠道，重金购求敦煌遗书和其他传世本经卷、文献，四十余年始终不辍，其间曾寻觅良工，制作经匣，打制专用贮经柜，妥为保存，从未失散。周叔弢毕生搜藏敦煌遗书二百五十七件，百分之九十五是佛经，其中首题或尾题完整，保存较好的长卷甚多，有纪年题记的共十四件，还有部分社会文书、户喋、佣工契、曲户词、文选注等，另有一部分非敦煌所出传世本写经。时代从南北朝、隋、唐、五代到北宋初，无论数量和质量都蔚为可观。是近现代国内个人收藏敦煌遗书，并完整保存下来的首户。周叔弢先生珍藏的敦煌遗书，大多年代较早，首尾完整，书法精美，其中有年款的写经占了很大部分。现介绍其中著名的几件：

南朝（梁）《大般涅架经》卷第四，楷书，薄演写经纸，27. 5×210 厘米。

墨色浓匀，有隶意，其用笔流畅，出现的楷书意味已较浓。

北齐《揭摩经》卷，楷书，薄潇麻纸，26.5×742 厘米。卷尾题“揭摩一卷”，后有题记：“天保九（年）四月廿五日比丘法慧敬造揭磨供养愿愿从心”。北朝写经多隶书笔意，此卷墨色浓匀，楷书结构多，与魏碑不一样，别具一格。另外，由于北朝北齐的写经较少，此卷尤为珍贵。

隋《大般涅梁经》卷第三十，楷书，细演写经纸，24.5×314 厘米。卷尾题记：“开皇元年岁次辛丑/又月十/火日”。墨色浓匀，字体由魏碑向唐楷过渡的形态，结字平正，笔画灵动。唐《金刚般若波罗蜜经》，楷书，薄演麻写经纸，卷尾题：“开元五年，慧持供养”。此经字体结构丰满娟秀，运笔方正稳健。

北宋《摩诃般若波罗密经》卷三十四，楷书，演写经纸，墨色浓匀，卷首、卷中均有题记。卷尾题：“皇宋治平四年岁次丁未闰三月初六日起首写。勾当写大藏经并建经楼。首座沙门子珍”。此经上有乾隆、嘉庆、宣统皇帝的鉴赏印，及顾瑛等收藏者印章，曾藏乾清宫。

唐《胡文达碟》，是初唐时期的社会文书。首题：“应管内沙州胡萨坊番口户男女兄婢牌奴申达”。碟文后署：“咸亨二年十月日，沙少I，I胡萨坊口户长胡文达碟”。反映的是沙州胡萨坊口户长向上级申报坊内外来番户动迁的情况（胡萨坊是中亚和西域各国人口来敦煌聚居的区域）。唐朝户籍管理制度完善严格，三年修订一次，基层政权每年要逐级上报到州，并经汇转报到尚书省。这件社会文书背面另写付麦清单。

唐《曲子词》卷，楷书。墨色较淡，字迹流畅草率，连写不分阅，有朱文断句。曲子词是敦煌文书中可用于歌唱的诗歌作品的总称，属于民间民俗文学的范畴。唐朝诗词曲赋普遍流行于市井民间大众之中，其中有百吟不厌的优秀作品。此卷录当时曲子词 14 首，写于《维摩诘所说经卷下》的背面。如此长的曲子词较少见，具有较高的文献价值。

从这部分敦煌遗书中，人们不仅可以寻觅到南北朝、隋唐时用写经体书写佛经的墨迹，还可以看到隶书向楷书过渡的轨迹及书体变化的风貌（隋以前都是隶楷合体，捺笔沉重。到隋唐以后，已脱离隶意，以楷书为主）。这些佳作的字迹工整秀丽，端庄沉稳，有的丰满娟秀，有的方正劲健。他们虽不是书坛名士所书，但仍不失为后人习字的楷模。

1981 年周叔弢将所藏全部敦煌遗书二百五十六卷（包括一部分非敦煌所出传世本写经和日本古写本《文喊选》残卷），悉数捐给天津市艺术博物馆，极大地充实了该馆敦煌遗书特藏。这些藏品有这样几个特点：

1. 原收藏品中有大量《大藏经》失载后佛教典籍。周叔弢原藏佛教律部文献中，最早的写本有北齐天保九年（558）“揭磨”一卷。“揭磨”是僧团按戒律规定，处理僧团或个人事务的宗教活动。日本学者池田温阅过此卷后，认为有北齐跋语的“羯磨”于敦煌写经中殆是唯一特例。另一件五代经摺装写本“鼻耶律序”，也未尝见。前述隋开皇三年郑颐写“禅数杂事下”卷，是讨论佛教信徒必须遵守的仪轨规则的重要典籍，各藏均未收，在它的题记中，经生、校经僧、教事、学士都一一署名，周一良先生考证“教士”之称，它处未尝见，此职疑是隋代所独有。周叔弢原藏佛教论部文献，有隋代写本“大智度论”。“大智度论”传为古印度龙树著，后秦鸿摩罗什译，论中所引经籍甚多，保存了大量当时流传到北印度的民间故事和传说，周叔弢所藏皆为早期写本，是研究大乘佛教和古印度文化的重要资料。

2. 原收藏品中有重要的敦煌地方史料。原收藏品中涉及敦煌地方历史、文化的资料为数不少，如咸亨二年（671）胡文达牒，属初唐时期的社会文书，反映沙州（治所在敦煌）城内胡萨坊口户长向上级申报坊内外来番户动迁的情况，胡萨坊是中亚和西域各国人口来敦煌聚居的区域，胡文达牒中所报的番口户，从贞观二十年（646）至咸亨二年（671），在敦煌萨坊居住长达二十五年之久。唐朝户籍管理比较严格，三年修订一次户籍，基层政权每年要逐级上报到州，并经汇转报到尚书省，这件社会文书背面另写付麦清单。

3. 原收藏品中有非常珍贵的中、日古写本《文选注》。残卷《文选》是我国现在最早的文学作品总集，它的编选者萧统是南朝梁武帝萧衍的长子，天监元年立为太子，死后谥昭明，所以后来又称《文选》为《昭明文选》。《文选》对后世影响很大，重要注本有唐李善户注和五臣注以及日本平安朝写本等。周老原收藏《文选注》残卷两件，其一为敦煌所出，唐人写本，首尾不全，其内容约当今本《文选》四十三卷，存赵景真与稽茂齐书、丘希范与陈伯之书、刘孝标重答刘秣陵诏书、刘子骏移书让太常博士、孔德璋北山移文等篇，背面为草书“大乘百法明门论开宗义记”。唐人写本《文选》残卷，多被伯希和、斯坦因劫往国外，国内仅知敦煌研究院藏有《文选》运命论残卷，这些都是不可多得的古写本文献。

4. 原收藏品中保存不少南北朝、隋唐五代书法佳作。唐和唐以前书写墨迹，目前很少能见到原件，日常看到的多是碑碣墓志和摩崖刻石的拓本，或名家墨迹的摹本，收藏品中有众多的南北朝、隋、唐、五代经生体书写的佛经，确实有不少代表上述各个时期书体风貌的佳作，经生虽不是书坛名士，但字迹工整秀丽，是研究中国书法发展演变的第一手资料，如原藏品中的北齐天保九年“羯磨”经，隶楷结合，捺笔很重。隋代大叶四年的“大般涅槃经卷第十七”，已脱离隶意，以楷书为主，结构疏朗。唐开元二十年楷书“大般涅槃经后分卷”，方正稳健，秀丽端庄，足称中国书法史上的佳作。

二、周叔迦

周叔迦（1899—1970），周馥之孙，近代著名实业家周学熙第三子。现代中国著名的佛学家、佛教教育家、佛教文化学家。先生原于同济大学学工科，后潜心佛乘，深入教海，学识渊博，著作宏富，既学贯古今，更会通华梵，对中国佛学研究、佛教教育，以及佛教文化的积累、整理和建设，都作出了重要的贡献。1930年后，历任北京大学、清华大学、中国大学、辅仁大学等校教授。1940年主持《佛学月刊》，同年在北京创办中国佛教学院，任院长。新中国成立后，组织参与中国佛教协会的创建工作，并担任佛协副会长、中国佛学院副院长兼教务长、中国尼泊尔友好协会副会长等职。1970年逝世。一生潜心佛学，是著名佛学家，重要著作有《中国佛教史》、《法华经安乐品义记》、《唯识研究》等，有《周叔迦佛学论文集》二册传世。

周叔迦于敦煌学也颇有研究，协助陈垣先生编著《敦煌劫余录》，为敦煌学的进一步研究提供了便利条件。周先生的高足苏晋仁先生在《周叔迦佛学论著集·序言》中说得好："先生于敦煌写卷、房山石经二大文化瑰宝，也是至所关心。四十年代，曾协助陈援庵先生整理敦煌卷子，于残篇断简之中，确定经名多种。校核细致，功力深邃，可见先生于三藏的研究渊博弘深。至所撰敦煌逸经的跋文，表彰古人隐没不显的著作，诚可谓'发潜德之幽光'了。"

要理解周叔迦先生在敦煌学方面的贡献，需了解《敦煌劫余录》一著的地位。"五四"运动之后，刘复、向达、王重民等人借赴英法学习或工作之机，了解到那里收藏敦煌文献的情况，并将一些残卷抄回。王国维、陈寅恪等人撰写了一批质量较高、富有开拓性的敦煌学论文，内容涉及敦煌学的许多领域。罗常培、姜亮夫等人对敦煌学的研究也各有贡献和作为。陈垣的《敦煌劫余录》，则是全世界第一部大规模的敦煌文献目录书籍。这一时期，敦煌壁画的临摹也取得了举世瞩目的成绩。张大千、常书鸿等人的作品引起了国内外的广泛重视。特别是自1944年以常书鸿为所长的国立敦煌艺术研究所成立后，不仅加强了石窟保护，而且使石窟艺术研究与石窟遗书研究珠联璧合，相映成辉。

周叔迦对部分敦煌写本进行研究考证并写有跋文。佛教传入中国后，部分佛教经典在北庭及敦煌等地译出，未能传入中原，不为中原人士所知，而仅流传于西北一带，并被保存在敦煌遗书中。如《菩萨律仪二十颂》即是其中之一。周叔迦在《敦煌写本<菩萨律仪二十颂>跋》中对该写本进行了考证。其一，考证了《菩萨律仪二十颂》的作者，认为其作者是以造文法颂而闻名的月官。《二十颂》在西藏地区影响很大，初学菩萨戒都要背诵它。月官有声明、因明和密轨类著作四十六部，先都保存在西藏文《大藏经》中。其二，介绍了《二十颂》

的译者高僧法成的有关情况。法成在西藏文中名为国却朱，是当时西藏地区的一位著名高僧。其译著有：《诸星母陀罗尼经》、《般诺心经》和《大成四法经论》等；其著作有：《大成四法经论广释开决记》、《因缘心伦释开决记》等等。此外，周叔迦还写有《敦煌石室写经题记汇编引》等著。

三、周一良

周一良，周馥之孙，周叔弢长子。1944—1946 年任哈佛大学日语教员。1946—1947 年回国任燕京大学中文系副教授，1947—1949 年任清华大学外文系教授，1949—1952 年转任历史系教授，并曾兼系主任。1952 年以后任北京大学历史系教授，兼任中国古代史教研室主任、亚洲史（后改亚非史）教研室主任、系副主任、主任。曾任联合国教科文组织主持的《人类科学文化史》第三卷编委会编委、中国史学会理事、中国日本史学会名誉会长。在敦煌学方面的贡献主要集中在以下几个方面。

1. 对敦煌俗文学作品的研究

1947 年 2 月 28 日，周一良第一篇关于敦煌俗文学作品《读<唐代俗讲考>》发表在天津《大公报　图书馆周刊》第 6 期上，这是他研究敦煌俗文学的开始。《唐代俗讲考》是向达先生研究敦煌俗文学作品的各种题材和演唱形式后的力作。周一良的书评式论文根据敦煌写本和僧传材料，对俗讲程式作了进一步的解说。在此基础上，它对变文的来源进行了推测。他指出，以当时的文体重述佛教经变画的故事，于是就形成了变文。他对变文来源的看法，以及变文和变相关系的解说，都是很有见地的。

2. 写经题记研究

敦煌佛典和道经写本后的题记，往往富有研究旨趣，向来为学者所重视。周一良同样留意于此。他在《跋隋开皇写本<禅数杂事>残卷》中，考释弢翁所藏卷子题记中的人物与制度，在《跋<敦煌秘籍留真>》一文中，以其对魏晋南北朝史基的广博知识，来阐述神田氏所刊敦煌写本题记的内涵，同时以题记来阐述史籍所不具备知之事，如从《老子道德经》（第 2347、2417 页）等题记，考证道教男官、女生之称及道教徒之等级制度，进而指出史籍中有关杨贵妃记录之女官当为“女冠”之误，又指出高丽泉盖文书之子名“男生”，当与道教流传到高丽有关。关于敦煌写经题记的重要性，周一良指出：“敦煌写本题记单独或无意义，汇而读之，乃可以考史实、窥世变。苟取所有敦煌写本之题记汇集之，当大有助于南北朝隋唐史的考订也。”

3. 敦煌写本词语字义的考释

周一良史学的重要特征是历史学与语言学的紧密结合，周著《魏晋南北朝史札记》是这方面的代表作。周一良在文字训诂方面的成就要归功于他早期在研究敦煌写本时所得到的训练。他在敦煌写本文字的训诂，主要体现在两篇文章上。一是《“赐无畏”及其他——读<敦煌变文集>札记》，二是《说宛》。前者是80年代初整理敦煌本书仪时重读《敦煌变文集》的结果，考释了“赐无畏”、“徘徊”、“伯母”、“助”、“奈何”、“尾头标记一两行”、“手内开拆”等词语，引用同时代的文献，特别是敦煌文献中的类似用法，给予该词在变文中的确切含义。《说宛》一文是根据唐人写本和同时代的日本写本，来审视日本残存的唐代小说《游仙窟》和日僧圆仁《入唐求法巡礼行记》中的“宛”字的含义，指出该字其实是有唐人俗写“充”字演化而来的，此文在方法论上将训诂学和文化史相结合，把陈寅恪先生的训诂史学加以发扬光大。

4. 敦煌书仪研究的成就

敦煌书仪是唐五代人写信的范本，内容涉及礼法、婚丧、风俗、文体等许多方面，周一良以其深厚的国学功底，在研究晦涩难懂的敦煌书仪时得心应手。先后写出《敦煌写本书仪考》、《唐代书仪与中日文化关系》、《敦煌写本书以中所见的唐代婚丧礼俗》和《书仪源流考》等著。这些文章对书仪的类型、源流和中日文化关系等社会现象都作了详细的考证，可以说是填补了敦煌学研究的一项空白。这些文章在当时受到日本学者极大重视。

5. 提出敦煌学的新定义

1984年，周一良对陈寅恪在30年代初提出的“敦煌学”概念提出质疑。他在《王重民敦煌遗书论文集序》中指出：“敦煌资料是方面广泛、内容无线丰富的宝藏，而不是一门有系统成体系的学科。如果概括地称为敦煌研究，恐怕比‘敦煌学’的称谓更加科学、更为确切吧。”后来他又在《何为敦煌学》一文中说：“从根本上讲，敦煌学不是有内在规律、成体系、有系统的一门科学。”他认为，敦煌市一个资料宝藏，要做好敦煌学研究，必须在某一方面学有专长，以之为依据或基础，去解释敦煌新材料，或是利用新材料去解决原有的或新出现的问题。周一良本人研究敦煌学的实践，正好可以说明他的这一理论。他以各领域的系统知识为基础，利用敦煌资料，在中古史、佛学、社会史、语言文字学等方面取得了不俗的成绩。

四、周绍良

周绍良（1917—2005）著名红学家、敦煌学家、佛学家、文史学家、收藏家、文物鉴定专家。其祖父是著名实业家周学熙，父亲是著名佛学家周叔迦。曾任人民文学出版社古典文学编辑室编辑、国家古籍整理出版规划小组顾问、文化部文物鉴定委员会委员、中国佛教协会副会长等职。

周绍良长期从事敦煌俗文学及小说文学的研究。其敦煌学著作主要有：《敦煌变文讲经文因缘辑校》（江苏古籍出版社1998版）；《敦煌文学作品选》（中华书局1987版）；《敦煌变文论文录》（上海古籍出版社1982版）；《敦煌变文汇录》（上海出版公司1954版）。其敦煌学成就具体来说有以下几个方面。

1. 敦煌变文的辑录与考订

敦煌变文流散范围非常广，除北京、伦敦、巴黎、圣彼得堡等大城市外，其他地方乃至一些私人手中也多有收藏。半个世纪中，非但无人能窥全豹，连已刊载的变文也是东南西北，难归一处。先生有感于此，便把自己多年收集整理的变文36篇汇辑成《敦煌变文汇录》一书。先生在《序》中说：

> 变文者，刺取佛经中神变故事，而敷衍成文，俾便导俗化众也……但其中亦有非佛经故事，用其体相同，故亦归诸“变文”之列。变文之起源，盖由于释家唱导之说，变文即为唐代寺院“俗讲”之话本。变文结构，从文体方面可分为两类，第一类为佛经故事之变文（其中又有先引经文再敷衍韵语、叙经之中加韵语诠释及诗句与散文相间三种），第二类为非佛经故事之变文，全部由散文与诗句相构成，相生相切，综合成篇。

先生汇录的36篇变文中，包括佛经故事变文（包括押座文、缘起）24篇，说唱历史传说或民间故事12篇。每篇题后均加了简要说明，简述原卷所藏及编号，有的还作了考订，如《维摩诘经·菩萨品变文（甲）》提要云：

> 藏法国巴黎国家图书馆，编号为（P。2292），为“变文”中之最整齐者。此卷尾题为“维摩经二十卷”，各家著录均以为《问疾品》，实误，应为《菩萨品》为是，盖弥勒菩萨问疾，乃《菩萨品》中之一段也。

《敦煌变文汇录》是敦煌变文自发现以来半个世纪中，收集最丰富、考订最准确、学术价值最高的一部著作，这部著作至今仍是敦煌文学研究的重要资料。

2. 敦煌变文重要论文的编订

敦煌遗书是世界文化遗产，是各国学者关注和研究的对象。20世纪二三十年代至50年代，国内外都有重要论文发表，由于分散各地，很难搜求汇集，这对于研究工作的深入与提高非常不利。先生为便于学者借鉴前人研究成果，与其弟子北京大学白化文教授于1982年合作编辑出版了一部《敦煌变文论文录》。该书分上下两册。上册为通论，收录有王国维、向达、孙楷第、周叔迦、王重民、傅芸子等18家论文28篇；下册是对单篇作品的专题研究，收录了陈寅恪、关德栋、容肇祖、冯沅君等18家论文32篇。《敦煌变文论文录》不仅把半个多世纪中有关变文的重要论文全部收录书中，而且还收录了国内第一次发表的流散苏联的重要变文5种，这些资料具有重要研究价值。

3. 敦煌变文研究

先生不仅对敦煌变文原文进行辑录，对变文的有关论文进行编订，而且对变文也进行了全面深入的研究。《敦煌文学刍议》是先生关于变文的一部学术专著，也是整个敦煌文学研究领域的重要著作。在这部书中，先生以翔实的史料、科学的研究方法、独特的观点全面阐释了敦煌文学的历史及其在我国文学史上的价值与地位。除专著外，他还发表了很多学术论文。正是因为周绍良先生在敦煌文学方面作出的突出贡献，中国敦煌吐鲁番学会公推他担任文学分会会长。

区域文化对区域经济的发展有巨大的支撑和推动作用，全国很多地区的文化搭台、经济唱戏的发展模式卓有成效。在今年年初，国务院批准了皖江城市带的发展规划，皖江地区的社会经济正在加速向前发展。在这样的背景下，加强对皖江地区历史文化的研究势在必行。皖江地区历史悠久、文化底蕴深厚、人才辈出，做好这一地区历史文化的研究必将对社会经济的发展起到巨大的推动作用。

（作者为安徽工业大学副教授、硕士生导师，博士）

《安庆府志》嘉靖本考述

汪长林

内容提要：安庆府志在明代凡四次纂修，现存世者三部，两部完整，一部残缺，嘉靖间知府李逊所主修之《安庆府志》即是其中完整的一部。该志原刻本现仅一部全本与一部残本存世，残本存于天一阁，全本藏于台湾。嘉靖本《安庆府志》自明代至今公私书目虽有载录，然或因载录者之疏漏，或因承袭旧讹而不察，致其于该志之纂修与刊刻时间介绍上颇有讹误；对该志之介绍及其与正德志之关系亦往往语焉不详，为此本文将就手中现有之资料，对其进行必要之梳理，对其与正德志之间的承继关系及其对正德志所做诸多厘正完善之功作些必要的阐明。

关键词：安庆府志；正德志；嘉靖志；纲目

一

明嘉靖间李逊主修之《安庆府志》（以下简称“嘉靖志”），乃是继其前任胡缵宗所修《安庆府志》（以下简称“正德志”）的又一部重要的地方性史乘文献。该志于《明史·艺文志》、《清史稿·艺文志》、焦竑《国史经籍志》及《四库全书总目提要》、王重民《中国善本书提要》及《中国善本书提要补编》等均不见载录。今检历代公私目录，对之有所载记者，主要有明代孙能傅、张萱编的《内阁书目》、明代黄虞稷编的《千顷堂书目》等，二部目录均已标明主修者为李逊。其后诸如日本宫内省图书寮编《图书寮汉籍善本书目》、朱士嘉所编《中国地方志备征目》（燕京大学图书馆 1931）、《中国地方志联合目录》、《中国古籍善本书目》、骆兆平《天一阁明代方志考录》、金恩辉、胡兆述主编《中国地方志总目提要》、张英聘先生《明代南直隶方志研究》等等均有载记。这里唯明代杨士奇所编《文渊阁书目》所载仅作“《安庆府志》六册”，且未言明主修者为谁，然据《内阁书目》所载嘉靖志为“八册全”，又宫内省图书寮编《图书寮汉籍善本书目》卷二亦云“《安庆府志》，三十一卷，八册”等来看，此六册本当非嘉靖志无疑。

诸家所载或详或略，对嘉靖志修纂与刊刻之时间亦有出入，如《图书寮汉籍善本书目》卷二云："《安庆府志》，三十一卷，八册。明李逊等撰，明嘉靖刊本。前有嘉靖元年齐志鸾、汪汉两旧序，尾有嘉靖癸未王崇庆跋。此则嘉靖三十年李逊等重修本也，前有'闽中将玢''三径藏书'印，又每册有'密阁图书之章'印记。"《中国地方志备征目》记载作"《安庆府志》，嘉靖三〇"及后来《中国地方志联合目录》、巴兆祥《中国地方志流播日本研究·东传方志总目》等盖承其说，标注该志为"明嘉靖三十年（1551）刻本"。然考之嘉靖志本身则不难发现此说之纰缪，而其致误之由盖在于对嘉靖志序跋之失考。又张英聘先生《明代南直隶方志研究》据明代张萱等编《内阁书目》之"嘉靖癸丑郡守李逊修"[①] 之语以为该志乃"明嘉靖三十二年（1553）刻本"，其说之误亦属缺考嘉靖志序跋所致。

考李逊该志自序，开篇即云："嘉靖辛亥夏四月，逊自南京刑部郎拜命来守皖。"嘉靖辛亥乃嘉靖三十年，也就是说，嘉靖三十年乃李逊来安庆府就任之年，非其开始纂修府志之年。李序又云："又明年癸丑夏还，任务稍宁，乃得参详于胡之旧《志》，……修始于《历代》，记终于《杂传》，编次为三十一卷，命学官傅启仁、杨敔，诸生舒壑、余应甲、秦嘉禾、吴肇东等校勘成帙，俾藏于郡斋。时秋七月望日，禹江李逊识。"又《内阁书目》云："《安庆府志》，八册全，嘉靖癸丑修。"据此可知该志乃始纂于嘉靖三十二年夏，成书于是年秋季[②]，编次为三十一卷。另据该志末尾章诏作于嘉靖甲寅（嘉靖三十三年）岁秋九月之序可知，该志当刻成于嘉靖三十三年秋，装帧为八册。

至于该志之存佚情况，《中国地方志总目提要》仅云"原刻本现存甚少"，未标注藏地，而就其他几部有影响的方志目录来看，说法又不尽一致。《中国古籍善本书目·史部·地理类》载作："［嘉靖］安庆府志三十一卷，明李逊纂修，明嘉靖刻本。存十九卷（一至十九）。"说明《中国古籍善本书目》在编纂时仅依据天一阁所藏进行载记，并未见到台湾藏本。《中国地方志联合目录》载作："明嘉靖三十年（1551）刻本：天一（存卷1-19）　安徽　台湾　科学（胶卷）　上海（胶卷）　南京（胶卷）　浙江（胶卷）。抄本：安徽　安博。"《明代南直隶方志研究》载："原刻本安徽省图、台湾、日本宫内厅书陵部，天一阁存卷1-19，科图、上海、南京、浙江有胶卷，安徽省图、安徽博物馆有抄本。"这里对于该志原刻本之载记情况还有必要作点辨证，从载记中可以看出，原刻本仅存四处：天一阁、安徽省图、台湾及日本宫内厅书陵部。天一阁为残本，其他三处则属全本。天一阁残本见载于骆兆平先生《天一阁藏明代地方志考录》，日本

① 《明代南直隶方志研究》引作"嘉靖癸丑逊修"。

② 《中国地方志总日提要》云是志之纂修乃"始于嘉靖三十二年秋，经三阅月成书"，亦属臆说。

宫内厅书陵部藏本见载于宫内省图书寮所编《图书寮汉籍善本书目》，台湾藏本已收入成文出版社有限公司影印出版的《中国方志丛书·华中地方·安徽省》之第六三二号，这里唯一不能证实者即安徽省图书馆藏本。检安徽省图书馆馆藏目录可知："安庆府志：缩微品：三十一卷，（明）李逊纂修，（抄本），5册。""安庆府志：三十一卷，（明）李逊纂修，明嘉靖三十二年［1604］刻，5册。"据《内阁书目》及《图书寮汉籍善本书目》载记看均为8册，安徽省图今5册，显然亦非全本。又检崔建英编《日本见藏稀见中国地方志书录》及书目文献出版社影印之《日本藏中国罕见地方志丛刊》，其中均不见有李逊志之记载，如果不是因为工作失误而造成漏载的话，则说明嘉靖志虽于上世纪30年代仍存于日本，而其后则因故散佚。因此，民国七十四年（1985），成文出版社有限公司影印该志时则于扉页双行打字标注有"据孤本原稿影印"[①] 字样。今从该影印本中并不见有《图书寮汉籍善本书目》所记之"前有'闽中将玢''三径藏书'印，又每册有'密阁图书之章'印记"，说明成文出版社有限公司影印本与日本藏本无关，乃是台湾之所藏。嘉靖志原刻于今虽已成孤本，然因成文出版社有限公司之努力，世人仍可据以考察该志纂修之原貌。

二

今考该志为三十一卷，与其前之正德志卷数虽然相当，但纲目、卷次诸方面除了最后三卷完全相同外，其余各卷还是有一些差别的，现对照列表如下：

正德志纲目	正德志卷次	嘉靖志纲目卷次	备注
缺		卷首：府境总图、府治图	嘉靖志增补
佚		卷之一历代记（上下）	
佚		卷之二郡县表	
佚		卷之三疆域表	
佚		卷之四职官表	
佚		卷之五地理志	正德志卷七
佚		卷之六建置志	正德志卷八

① 成文出版社有限公司影印本注云："据明·李逊等纂修明嘉靖三十三年刊本影印。"又于该书扉页注云："本书据孤本原稿影印，部份字迹脱漏不清，尚祈谅察。"又巴兆祥先生《中国地方志流播日本研究·东传方志总目·调查说明》虽云其所著录方志对"东洋文库……宫内厅书陵部"等处进行过抽检，但其对李志并未抽检，故于李志之存佚情况并无只字说明，其载记文字亦源于《图书寮汉籍善本书目》之误而已。

（续表）

正德志纲目	正德志卷次	嘉靖志纲目卷次	备注
地理志第一上	安庆志七	卷之七职官志	正德志卷九
建置志第一下	安庆志八	卷之八选举志	正德志卷十二
职官志第二上	安庆志九	卷之九兵卫志	正德志列“职官志”后
兵卫志第二下	安庆志十	卷之十学校志	正德志卷十一
学校志第三上	安庆志十一	卷之十一礼制志	“礼制志”正德志卷十三题作“礼乐志”
选举志第三下	安庆志十二	卷之十二食货志	正德志卷十四
礼乐志第四上	安庆志十三	卷之十三沟洫志	正德志卷十五
食货志第四下	安庆志十四	卷之十四公役志	“公役志”正德志不单立，附于“职官志”后
沟洫志第五上	安庆志十五	卷之十五祥异志	正德志卷十七
艺文志第五下	安庆志十六	卷之十六艺文志上	正德志仅一卷
祥异志第六上	安庆志十七	卷之十七艺文志下	
刑法志第六下	安庆志十八	卷之十八名宦传	“刑法志”正德志为专志，嘉靖志删
名宦列传第一	安庆志十九	卷之十九乡贤传	正德志卷二十
乡贤列传第二	安庆志二十	卷之二十宦迹传	“宦迹传”正德志卷二十五题作“宦籍列传”
列女传第三	安庆志二十一	卷之二十一仕籍传	正德志卷二十六
隐逸列传第四	安庆志二十二	卷之二十二忠义传	正德志卷二十四
孝友列传第五	安庆志二十三	卷之二十三贞烈传	正德志“列女传”嘉靖志改作“贞烈传”
忠义列传第六	安庆志二十四	卷之二十四孝友传	正德志卷二十三
宦籍列传第七	安庆志二十五	卷之二十五文学传	正德志卷二十七
仕籍列传第四下	安庆志二十六	卷之二十六武胄传	正德志卷二十八
文学列传第九	安庆志二十七	卷之二十七隐逸传	正德志卷二十二

（续表）

正德志纲目	正德志卷次	嘉靖志纲目卷次	备注
地理志第一上	安庆志七	卷之七职官志	正德志卷九
武胄列传第十	安庆志二十八	卷之二十八侨寓传	“侨寓传”正德志不单立，附于“孝友传”与“文学传”后
藩戚列传第六上	安庆志二十九	卷之二十九藩戚传	同
方技列传第六下	安庆志三十	卷之三十方技传	同
杂传第六下	安庆志三十一	卷之三十一杂传	同
自序、后序、跋		后跋	

从上表中可以看出，尽管嘉靖志虽为续修，“大体皆因袭正德志”（《中国地方志总目提要》），但在体例编排上，无论是“纲”还是“目”，均对正德志有一定程度的厘正与完善，从而呈现出自己的框架特色来。

其一，增补正德志“纲”之不足。正德志乃仿《史记》、《汉书》以及《周礼》、《通鉴纲目》、《山海经》[①] 等史书体例，分立记、表、志、传四个大纲，纲下列目，纲举目张，嘉靖志称之为“事核文约，备乎体裁，无庸易矣”[②]，但实际上嘉靖志还是对其“纲”作了重要补充，即于记、表、志、传之上新增一“图”。嘉靖志认为：“郡邑有图，图其城郭之广袤、宫室之建置、与夫山川之险易，里至之近远也，庶一披阅之下，而郡邑俱模有可概见者，此志之首必系之以图也。旧缺，今补之。”（《重修安庆府志凡例》）此“图”之设立虽非嘉靖志之首创，就现存明代三部安庆《府志》看，唯正德志无图，现存最早的《安庆郡志》即有《府图》及全境图七幅，嘉靖志盖有鉴于此，重新绘制《府境总图》与《府（治图）》置于卷首，以补正德志“纲”之缺失，其后清代所修几部府志均保留卷首置“图”之制。

其二，增删正德志之“目”使全书框架更趋完善。

嘉靖志在鉴于正德志“目”之设立不尽完备的基础上，又新增了“公役志”与“侨寓传”二目。“公役”于正德志不单立目亦无“公役”之名，而是附于“职官”之后，嘉靖志则认为：“夫公役，志庶人之在官者也。何？盖有官，斯

① 汪汉：《安庆府志序》：“是《志》之作，命意立义，或放诸《周礼》，或放诸《纲目》，或放诸《山海经》，而其大要，则放之《史记》、《汉书》，固良史矣。”

② 李逊：《安庆府志引》。

有事，有事，斯有役，郡之体统也，否则体统疑于弗备矣，志可少乎哉?”[①] 因为“公役”乃是庶人之在官府公干者，没有功名身份，因此将其与有官身之人并列一处，平起平坐自然“为不伦”，故“今另志之，辨等也”（《重修安庆府志凡例》)。这种“辨等”之思想，在当时不仅必然的，也是合理的，正德志之不辨，反倒显得混乱无序来。

“侨寓传”正德志亦不单立，附于“孝友传”与“文学传”后，嘉靖志于《凡例》中未专门阐述其立目之由，但我们从《侨寓传》之结尾处李逊的按语中仍可窥见其立目之缘由。李逊按语云：“丈夫志在四方，薄游宇内，茫无定迹，然随寓而安，亦孰非家乎？至语其有以倾动当时，著闻异代，又存乎其人之履历何如耳。”从这里可以大致看出，因为“孝友传”与“文学传”所录之人均为当地籍贯之人，而正德志于其后所附诸人均非当地籍贯，故放在一起似有分类不清之嫌。但这些人其或“孝友”或“文学”在当地均有巨大影响，可为本地增光添彩，因此这些人虽非当地籍贯，但丈夫志在四方，乘不录亦属不妥，随遇而安，亦属非家而家之实，因此为这些能“倾动当时，著闻异代”的丈夫们单立一目则更能准确地载记非家而家的侨寓之人，既不遗珍，又不会分类含混不清。

正德志仿史书为“刑法”专立一目，而嘉靖志则删去此目。《中国地方志总目提要》以为嘉靖志乃“改刑法为目，附于职官”，然遍检嘉靖志，既不见有“刑法”二字，且正德志中有关“刑法”之极少数内容，嘉靖志亦不过在他处零星提及而已，如“司狱”见于卷四《职官表》、卷五《地理志》、卷九《兵卫志》、卷十二《食货志》等，因此《中国地方志总目提要》之“附于职官”显为臆说而已。至于嘉靖志何以要删去正德志“刑法志”之目及其大部分内容，其《凡例》及《引》中均未交代，今天已很难考见其由，删之之举似乎有些莫名的武断。

其三，完善正德志已有之目名。如改正德志之“礼乐志”又或作“礼制志”[②]，名称含混不一，嘉靖志统一改作“礼制志”，虽为一字之订，但反映出嘉靖志对该部分内容的认识比正德志更加严密准确。因为“礼乐”是既讲“礼”亦要讲“乐”，《史记》中《礼书》与《乐书》并立，《汉书》之礼与乐虽同为一篇，但二者仍然并立。而正德志之《礼乐志》实际上只讲礼仪制度而已，并未对“乐”作专门之载记，其“礼乐”者，实则为“礼制”而已。又如将正德

① 李志卷十四《公役志》序。

② 目录作“礼制志”，序文及版心又作“礼乐志”。

志之“列女传”改为“贞烈传”①，这里“列”与“烈”相通，没有什么深意，但将“女”换作“贞”，则显然不属文字通假这么简单了。贞烈者，乃女子刚正有志节之谓也，所谓“怯夫慕义，何处不勉”，也就说对于普通女子来讲，能做到“烈”并不是难事，难就难在“烈”而能“贞”上。正德志在方说妻传后题词有云：“方妇之死，内不愧心，外不愧身，下不愧家，上不愧国，其节烈烈而名休休也。”“皆死也，而方之死为重。非死重，死之义重也，则夫人之死为死，方之死为不死矣。”这与嘉靖志《贞烈传》后跋语之“妇人女子素未知学，祇以良心固有，炯然不昧，一失所天，之死靡二，为天地植立纲常，而与日星相为照耀，此其机括，夫岂俟于上之激发者哉?”谥法云“外内用情曰贞”②、“清白守节曰贞”③，实际上正德志与嘉靖志乃语异而意通，之间并无抵触，但在语义层面上讲，嘉靖志之改更有强化儒家“纲常”之意，使正德志之“非死重，死之义重”更为突显。

其四，对正德志一些“目”的排序如“选举志”、“祥异志”、“宦迹传”、“仕籍传”、“忠义传”、“贞烈传”、“隐逸传”等目均作了不同程度的调整。如正德志将“列女传”次于“乡贤列传”与“隐逸列传”之间，而将“忠义列传”次于“孝友列传”与“宦籍列传”之间，如此一来则无法突出“烈女”与“忠义”的特殊教化意义。嘉靖志认为“忠义、贞烈为天地正气，必特书之，树风声也”，因此不仅改“列女”为“贞烈”，且将二传并列置于“孝友传”之前，从而突出地方志乘其于“树风声”于一方的特殊意义。又如“选举志”，一般志乘多与“学校志”排在一起，甚至直接列入“学校志”中，乃缘其“自学校出身”④之故。而嘉靖志则以为如此排序有其欠妥处，以为“选举”乃在于“志学校之材”，其强调的是“材”本身，而“自学校出身”则关注的是“材”之由来，显然二者关注点有所差异。嘉靖志正是强调“材”之本身，而“材”又是国家一切政治运作的执行者，因此“材”与“职官”就紧密相关，故将“选举”次于“职官”之后也就顺理而成章了。又如正德志将“宦籍列传”“仕籍列传”次于“忠义列传”与“武胄列传”之间，而与“名宦列传”“乡贤列传”分开，嘉靖志则认为这样排序不妥，以为“《名宦》之不能悉者，《宦迹》志之。《乡贤》之不能悉者，《仕籍》志之。”因此将“宦籍列传”“仕籍列传”

① 《中国地方志总目提要》云：李志“改烈女为贞列传，并将不属贞烈者，析归他传。”按，此说颇为失察。今检二书，胡志“列女”之“列”不作“烈”，而李志“贞烈传”之“烈”不作“列”。且胡志《列女传》所录凡31人（漏目一人）李志均全部录入，另外还新增了5人，并无一人“析归他传”。

② 《礼记·檀弓》“故谓夫子贞惠文子”疏。

③ 苏洵：《谥法》（《丛书集成初编》本）。

④ 张楷：《安庆府志·凡例》。

改次于“名宦列传”“乡贤列传”之后，从而使全书的“目”次更趋完善合理。

三

嘉靖志对正德志之厘正与完善不仅体现上述纲目的总体框架上，而且在诸多内容上同样有较好的体现。纲目的设立与编次既是纂修者思想的直接体现，也是志乘纂修的理论依据与纂修成功与否的先决条件。但是修志毕竟不是撰写理论文章，任何思想与理论都需要在其实实在在的内容中才能得以体现，嘉靖志对正德志的完善正是在诸多内容的支撑下才最后得以完成的。检阅二志，除了正德志已经散佚的前六卷无法比对外，比较一下二部志书中其余二十五卷，亦可窥见嘉靖志对正德志的厘正完善之一般。在剩余的二十五卷中，除了《建置志》、《沟洫志》、《藩戚传》、《杂传》四个部分内容嘉靖志全部因袭正德志无所增损外，其余二十一卷均有不同程度的增损调整，这些内容归纳起来主要表现在如下几方面：

其一，新增篇后按语，以阐幽显微，提明要义。正德志仿史书之例于各“表”“志”之首均有一小序①，以提明该篇之主旨；人物传记或几个人合一按语，或于篇后附一总按语，以发幽阐微，其唯“记”则似乎既无小序亦不见按语。嘉靖志则除了将正德志已有之序及按语保留下来外，还为“历代记”增补了个篇后按语，以完善正德志之缺失；并在其余各篇（《艺文志》除外）之后新附一按语，以与正德志相发明。如《郡县表》、《疆域表》、《职官表》诸表正德志盖均有序而篇后无按语，故嘉靖志除仍其序外还于各篇后再补之一按语，以与胡序相发明。又如《藩戚传》，正德志篇后已有了“胡缵宗曰”，但嘉靖志仍然再附一按语云：“按，藩戚有传，亦论世之意也。孰贤孰不贤，曷能掩乎？若夫修阳教以纲纪四方，修阴教以整肃宫闱，其道曰健与顺耳。呜呼！是可概责之若人耶?”

其二，增补正德志成书以后三十余年之内容。由于正德志成书于嘉靖壬午，而其后至李逊即任已有三十多年，均无人做续修工作，“谓其世则异，皖守继于胡者已不下十数，谓其人则殊。世以记时，人以纪事，《志》之大也。苟任其殊异，漫弗经虑，如传舍架陈牒，过者照目，了数不问其可详可简，可因可革，日就脱漏，腐朽囮溷，亥豕而弗之恤，亦奚取于？是守之职也”（《重修安庆府志引》），正是鉴于此，“今得一一增续之”（嘉靖志《凡例》）。如《地里志》、《食货志》正德志止于“毅皇帝（明武宗朱厚照）时”，嘉靖志则依据正德志之

① 胡志“表”虽散佚，但其序则见之于李志与胡缵宗《鸟鼠山人小集》。

例续补了“今上皇帝（明世宗朱厚熜）时”的风俗、人口、课赋等诸项内容。

其三，增补正德志载记上线以外之内容。正德志因其前六卷已经亡佚，故而对其凡例不得可知，因此对其载记的部分内容之上线的确定，是出于有意为之还是因时间仓促或资料之不顺手而无力为之，嘉靖志对此虽已作了补缺，但并没有说明为何如此，因此已无法考见正德志一些载记上线确立之依据。如《职官志》，正德志兼记公役，且其所载仅限于有明一朝而已。嘉靖志则对其作了很大的调整与补充，不仅如前所述将公役析出单独立目，而且正德志中除人物简介以外的诸如各部门人员配置、各部门职责等等均移到《职官表》中，另外于人物简介部分增补了明代以前各时期的内容。又如《选举志》，正德志所载上线仅起于唐代之曹松，对此嘉靖志于唐代增补郭弘霸外，还将其上线提到汉代之文翁，共计增补 23 人，从而使“选举”一目之内容更加完整。

其四，增补正德志收录范围内所缺漏之内容。如《选举志》，嘉靖志除了增补嘉靖时期人员外，还于后唐增补了周本、周邺二人；于宋增补了张汉卿、朱翌、吴口、傅高等四人；于元增补了汪仁、贾良、陈道夫、葛昂等四人。又如《武胄传》，增补了元末明初之桐城王胜一人。又如《忠义传》，增补正德间怀宁汪銮一人。嘉靖志云：“汪銮，怀宁人。躯干修伟，有健力。正德己卯，宸濠之变，贼拥众攻城北，銮遇之，抗敌被执。贼胁令从己，且以崇爵诱之。銮厉骂不屈，遂遇害。乱定，有司状闻，诏旌其门。”又如《名宦传》，增补李一宁、高通二人。据万历《广东通志·广州府》所载：李一宁，字应坤，领正德丁卯（正德二年）乡荐。高通，嘉靖志云：“字子亨，福建莆田人。举乡贡，授德安教谕。正德辛巳，擢潜山知县。”

其五，对正德志部分内容进行增减调整。如《乡贤传》删去谢佑、李淳二人，因为二人虽见之于正德志《乡贤传》、《仕籍传》二传目录，但其《乡贤传》却有目无文，故嘉靖志删去其空目，并删去正德志所补“宋国瑞、张某二翁”；刘溥、钱如京、雷宗、李淳、余珊、方鹏、阮廷瓒、盛仪、谢宗补等 9 人。其中方鹏、阮廷瓒、盛仪、谢宗补四人之活动主要在嘉靖改元之后，当属嘉靖志续补之列；其余 5 人则属补正德志之缺漏。李淳于正德志《乡贤传》有目无文，显属遗漏，其他若刘溥，乃“登弘治庚戌进士，授翰林院①检讨”；钱如京，“弘治间登进士，初授浙江青田令，有异政，调定海，选监察御史，清戎江西，巡按畿内，所至有‘真御史’名”；雷宗，“弘治戊午领顺天乡荐，登壬戌进士。授知汝阳县，绰有善政。擢四川道监察御史。正德时，征霸州剧贼，奉勅

① 院：底本字迹褪落，今据李志抄本等校订。下“除”字同。

监诸军，疏戎情，振颓纪，风裁凛然”；余珊，“登正德戊辰进士，授行人，选监察御史。遇事敢言，不避权幸。”诸人均属正德志收录下线之内。又如正德志《宦籍列传》收录245人，嘉靖志《宦迹传》收录仅112人，其中65人为正德志所无。《仕籍传》，正德志收录72人，嘉靖志则收录34人，其中共同者仅20人。如此等等，不一而足。

综上所述，嘉靖志一方面为正德志之续修本，在大的体例与格局上直接承袭正德志而来，甚至连“胡缵宗曰”也是一一保留，尽管这些保留有时显得画蛇添足似的多余，如上引《藩戚传》，正德志篇后已有了“胡缵宗曰”云云了，但嘉靖志仍然再附一按语于后，这就嘉靖志自身来讲可以看做是保留了自身的一贯性（每篇后附一按语），然而这一处理的结果却破坏了全书框架的完整美（这一点在清代所修的几部《安庆府志》中就完全被剔除了）。但无论是从全书的纲到目直至具体内容上的调整与完善，嘉靖志对于正德志均有巨大的贡献。可以说，嘉靖志的问世，对于正德志本身不仅仅是“续修”，而更在于修志理念上的一次补充与完善。

（作者单位：安庆师范学院皖江文化研究中心）

胡缵宗《安庆府志》卷数理惑

汪祚民

内容提要：明代胡缵宗纂修的《安庆府志》，在地方志修纂史上享有盛誉，然其卷数，各家说法不一。胡缵宗自称其志十七卷与余珊称胡志十六卷，主要是以按类分卷、以卷统篇的体制来统计卷数的，只有“记”类例外，篇卷合一，一卷一篇。而嘉靖刻印本计为三十一卷，是以按篇计卷、总篇次与卷次合一的体制计卷的。两种计卷体制之间具有对应关系。至于十六卷与十七的差异又是由于对胡氏《自序》是否算做府志正文而产生的。《四库全书总目提要》著录为三十卷和当今学者提出的二十四卷新说，皆难以成立。

关键词：胡缵宗；《安庆府志》；卷数

胡缵宗（1480—1560），字孝思，一字世甫；号可泉，一号鸟鼠山人，明陕西巩昌府秦州秦安县（今甘肃省秦安县）人。正德十四年（1519），任安庆知府。正德十五年修纂《安庆府志》，十德十六年（1521）成书。胡缵宗主修的《安庆府志》（以下简称胡志）“准司马氏《史记》而为之”，“发凡起例，卓有次第”①，在地方志修纂史上享有盛誉，然其卷数，各家说法不一：明代分别有十六卷、十七卷、三十一卷三种叙录，《四库全书总目提要》著录为三十卷，当今学人刘雁翔在《明代陇右学者胡缵宗生平事迹及方志著述考》一文（见《中国地方志》1999 年第 5 期）提出了胡志为二十四卷的新说。本文拟对五种不同的卷数著录进行辨析，以深化对胡志的认识与研究。

胡缵宗在其修纂的《安庆府志》中作《自序》一篇，说此志卷次为“记二卷，表二卷，志六卷，列传七卷”，共十七卷。在胡志成书一年后，余珊嘉靖元年（1522）为胡氏府志所作的《后序》却说：“安庆志十六卷，我郡侯可泉胡先生之所撰次者也。”其称胡志为十六卷，比胡氏自称的十七卷少了一卷。明嘉靖三十三年（1554）李逊《重修安庆府志·凡例》称“可泉郡志三十一卷”，比胡氏自称的十七卷多了十四卷。同为明代人，余珊和李逊所称说的胡志卷数与胡

① （明）李逊：《安庆府志·重修安庆府志凡例》，台湾成文出版社《中国方志丛书》影印明嘉靖三十三年刊本。

氏自序卷数竟然不同，这是何故？要弄清这个问题，只有从现存胡志版本入手。

据《中国地方志联合目录》，胡志现存版本有二：一是宁波天一阁所藏的明嘉靖二年刻本，一是安徽图书馆藏旧钞本。杜泽逊《四库存目标注》载：胡志“天一阁文管所藏明嘉靖初年刻本，半叶八行，行十八字，白口四周单边。三十一卷，存卷七至卷三十一。安徽省图书馆藏钞本，存卷七至卷三十一，当即从前本录出。半叶八行，行十八字，无格。末有嘉靖元年正月望郡人余珊跋，嘉靖二年王崇庆跋。余跋后有刻工列名：‘太湖刘岳、山阴王良志、吉水周应爵、毛旻，黄冈李铎、李玉玺、李玉满、宿松尹春泰刻于近思书院之主敬堂。’书眉有某氏据原刻本校。”鉴于钞本录自于原刊本，并对原刊本进行了校勘，且附有校记，《四库存目丛书》收录的胡志就是据此钞本影印。骆兆平《天一阁明代地方志考录》著录胡志明嘉靖二年刻本具体卷次为：

存二十五卷：卷七地里志，卷八建置志，卷九职官志，卷十兵卫志，卷十一学校志，卷十二选举志，卷十三礼制志，卷十四食货志，卷十五沟洫志，卷十六艺文志，卷十七祥异志，卷十八刑法志，卷十九名宦传，卷二十乡贤传，卷二十一列女传，卷二十二隐逸传，卷二十三孝友传，卷二十四忠义传，卷二十五宦籍传，卷二十六仕籍传，卷二十七文学传，卷二十八武胄传，卷二十九藩戚传，卷三十方技传，卷三十一杂传，卷末胡缵宗记、嘉靖元年余珊序、嘉靖二年王崇庆跋。

对照《四库存目丛书》影印的胡志钞本，所存二十五卷卷次完全一样。最为有趣的是，《四库存目丛书》影印的胡志钞本在每篇开头如“地理志第一上，安庆志七”这样的前后并列的两套序号记录上就留下了余珊称胡志十六卷和胡缵宗自称其府志十七卷以及李逊称胡志为三十一卷的分卷线索。为了更直观地说明问题，特将胡志现存的“志”“列传”两部分每篇前的两套序号记录列表如下：

胡志“志”类卷次	胡志总篇次	胡志“列传”类卷次	胡志总篇次
地理志第一上	安庆志七	名宦列传第一	安庆志十九
建置志第一下	安庆志八	乡贤列传第二	安庆志二十
职官志第二上	安庆志九	列女传第三	安庆志二十一
兵卫志第二下	安庆志十	隐逸列传第四	安庆志二十二
学校志第三上	安庆志十一	孝友列传第五	安庆志二十三
选举志第三下	安庆志十二	忠义列传第六	安庆志二十四
礼乐志第四上	安庆志十三	宦籍列传第七	安庆志二十五

（续表）

胡志“志”类卷次	胡志总篇次	胡志“列传”类卷次	胡志总篇次
食货志第四下	安庆志十四	仕籍列传第四下	安庆志二十六
沟洫志第五上	安庆志十五	文学列传第九	安庆志二十七
艺文志第五下	安庆志十六	武胄列传第十	安庆志二十八
祥异志第六上	安庆志十七	藩戚列传第六上	安庆志二十九
刑法志第六下	安庆志十八	方技列传第六下	安庆志三十
		杂传第六下	安庆志三十一
		自序、后序、跋	

虽然《四库存目丛书》影印的胡志钞本在每篇开头的序号记录上没有明确的“篇”“卷”字样，但很明显，这里“安庆志七”至“安庆志三十一”是表示胡志的总篇次，而“志”类共有“第一”至“第六”共六个序号，正好与胡志《自序》所说的“志六卷”相符，表示“志”类六个卷次，每个卷次又分上下两篇，采用的是以卷统篇的体制。由此类推，“列传第几”也是表示卷次的，不过，“列传”类从“名宦列传第一”至“宦籍列传第七”，从“文学列传第九”至“武胄列传第十”，没有采用“志”类以卷统篇的体制，而试图改用篇卷同一的体制，但因一时疏忽没有彻底改过来使之统一，不经意间留下了“仕籍列传第四下”“藩戚列传第六上”“方技列传第六下”“杂传第六下”等胡志原来以卷统篇体制计卷的“马脚”。根据这些“马脚”可以推导出“列传”部分胡志的具体记卷卷次为：名宦列传第一上、乡贤列传第一下、列女传第二上、隐逸列传第二下、孝友列传第三上、忠义列传第三下、宦籍列传第四上、仕籍列传第四下、文学列传第五上、武胄列传第五下、藩戚列传第六上、方技列传第六下、杂传第六下。胡志志成时，原无余珊《后序》、王崇庆《跋》，《自序》或仿《史记·太史公自序》，为“列传”类最后一篇，并单为一卷。这样就构成了胡氏《自序》所说的“列传七卷”。

胡志稿成后，交门人下属校勘付刻。在校勘刻印的过程中，胡志有一些微小的变化，如《艺文志》部分增录了胡缵宗的诗文，增加了余珊《后序》、王崇庆《跋》，将胡志《自序》不计入卷次，与新增的余珊《后序》、王崇庆《跋》排在一起，放在书后，作为附录。于是“列传”类在胡志原稿卷数上少了一卷，这就是余珊《后序》说胡志共十六卷，比胡缵宗自己所说的十七卷少一卷的原因所在。

胡志今缺“记”“表”两个部分，但其具体篇卷还是可考的。胡缵宗《鸟鼠山人小集》[1] 卷十载其《安庆郡乘引》曰：

夫郡与县之置与废者，历代也。故系之“历代”，观其“记”，知其世也。志为郡县也。郡县有疆域、有职官、有古今人，不系而“表”之，其何以考焉？《地理》志地理也，在上为分野，在下为列国。今之郡县，古列国也。风俗，其土也，户口，其产也……至于《杂传》，则其恶昭乎不可泯矣，志也。

《安庆郡乘引》是胡著《安庆府志》的序言，实际上就是府志各篇的内容提要。从上面引述的文字可以推知胡志“记”“表”两部分的具体情况。胡志“记”的内容记述安庆地区历代郡县废置，名为《历代记》。续接胡志的李逊《安庆府志》第一卷为《历代记上》、《历代记下》，并有按语说“因旧志以《历代记》先焉”，说明胡志“记二卷”即为《历代记上》、《历代记下》，篇卷同一，上下篇各为一卷，而李逊志作了变动，上下篇合为一卷。胡志中的“表”分为《郡县》、《疆域》、《职官》、《古今人》四表。又《鸟鼠山人小集》卷十载胡志“表”中四目正是《郡县表》、《疆域表》、《职官表》、《古今人表》。胡志表有四个篇目，但卷数只记为“表二卷”，表明“表”类以卷统篇，每卷两个表目。按胡志刻本现存的“志”与“列传”两类各篇的篇卷记录类推，其刻本亡佚的“记”与“表”两部分各篇的具体篇卷记录应为：“历代记上第一，安庆志一”；“历代记下第二，安庆志二”；“郡县表第一上，安庆志三”；“疆域表第一下，安庆志四”；“职官表第二上，安庆志五”；“古今人表第二下，安庆志六”。“安庆志一”至“安庆志六”表示的胡志总篇次与上表中“安庆志七”至“安庆志三十一”表示的胡志现存部分的总篇次正好连续相接。

总而言之，胡氏自称其府志十七卷和余珊称胡志为十六卷，主要是以按类分卷、以卷统篇的体制计卷的，一卷常分上下，囊括两至三篇，只有“记”类特殊，篇卷合一，一卷一篇。而嘉靖刻印本计为三十一卷，全以篇卷合一的体制按篇计卷。同一胡志，正因其计卷体制不同，才形成了十六卷、十七卷与三十一卷这样在卷数著录上的很大差异。而著录中十六卷与十七的差异又是由于对胡氏《自序》是否算做府志正文的不同观念所产生的。

胡志刻印过程中，不仅增补了余珊《后序》和王崇庆《跋》，而且还在开篇加上了嘉靖元年郡人齐之鸾和胡缵宗门人汪汉所作的两《序》。胡志第六卷及齐、汪两序虽已不存，但大部分保存在续胡志而成的李逊《安庆府志》开头，只有《古今人表》一篇李志弃而未收。其中汪汉《序》说胡志“有二记，有二

---

① 见《四库存目丛书》集部62册，据明嘉靖刻本影印。

表，有十二志，有十二列传”。对照上述嘉靖刻本和旧抄本的篇目，汪汉说“有二记”，“有十二志”与之相符，说“有二表”则少了二表，说“有十二传”则少了一传，因此汪汉对胡志篇数统计或因其疏忽而致误，或因刻印而致误，即使不误，代表着汪汉的看法，但没有被普遍认可，为最终问世刻本的篇数统计所取代。《四库全书总目提要》著录胡志为三十卷，并说“为记二、表二、志十二、传十二”，共二十八篇，其统计篇数承袭了明人汪汉之说，不是错误的，就是与胡志刻印本篇数统计的既成事实不符，且三十卷与二十八篇也不对应，与胡志刻印前的篇卷数和刻印后的篇卷数皆不合，难以令人信服。

当今学人刘雁翔对胡志的卷数提出了新说：

《安庆府志》，胡缵宗纂修，正德十五年（1520年）议修，次年完稿，嘉靖元年（1522年）付梓。立31目，列24卷。今残存7–24卷，藏宁波天一阁。编次为第一卷郡记、第二卷邑记、第三卷上郡县表、第三卷下疆域表、第四卷上职官表、第四卷下古今人表、第五卷地理志（分疆域、风俗两目）、第六卷建置志、第七卷职官志、第八卷兵卫志、第九卷学校志、第十卷选举志、第十一卷礼制志、第十二卷食货志、第十三卷沟洫志、第十四卷艺文志、第十五卷祥异志、第十六卷刑法志、第十七卷名宦、第十八卷乡贤、第十九卷列女（附隐逸、孝友、忠义）、第二十卷宦籍、第二十一卷仕籍（附文学、武胄）、第二十二卷藩戚、第二十三卷方技、第二十四卷杂传。卷首末有作者自己的引和后序。按：《安庆府志》的卷目，《明史·艺文志》标为31卷，《中国地方志联合目录》同。据《鸟鼠山人集》卷十所列目录，卷目其实为24卷，所谓31卷是将卷首的引和卷末的后序及列传中的附传都计算在卷数之内，这是不合理的，应以24卷为准。①

在这段文字中，刘雁翔根据胡缵宗《鸟鼠山人集》卷十所列目录判定《安庆府志》卷目其实为24卷，认为《明史·艺文志》、《中国地方志联合目录》标为31卷，“是将卷首的引和卷末的后序及列传中的附传都计算在卷数之内，这是不合理的”。如果真是这样，他的观点无疑具有其学术价值，因为胡氏自己文集可谓最好的一手材料。我按刘雁翔先生提供的线索进行核实，发现其观点存在严重问题。一是二十四卷之说理据不足。胡氏《鸟鼠山人集》卷十所录胡志内容，明确谈及胡志卷数的就是胡氏《自序》，明言“记二卷，表二卷，志六卷，列传七卷”，共十七卷，除此之外没有任何地方明确标明卷次。刘雁宾并不理睬胡氏《自序》十七卷这一卷数而另创二十四卷的新说，又没有援引其他材料加

① 刘雁翔：《明代陇右学者胡缵宗生平事迹及方志著述考》，《中国地方志》1999年第5期。

以论证，显属主观臆说。二是没有弄清胡氏《鸟鼠山人集》卷十所列《安庆府志》目录的用意而误推其卷数。只要与现存抄本胡志对照比较，就可发现《鸟鼠山人集》所列《安庆府志》目录多是篇目或篇目中的小目，用以表示所录文字即府志该目下以“胡缵宗曰”为标志的序赞文字。且《鸟鼠山人集》卷十所列胡氏府志目录并不全面，如“二记”，就没有列目。考李逊嘉靖三十三年依胡氏府志重修的《安庆府志》，称“因旧志以《历代记》先焉”，可知其第一卷《历代记上》、《历代记下》就是胡志的迻录。今检此“二记”篇中，无“胡缵宗曰”云云，不同于李志其他各篇首以“胡缵宗曰”开篇，说明胡氏于此二记没写序赞文字，故《鸟鼠山人集》卷十未列其目。刘雁翔说“第五卷地理志(分疆域、风俗两目)”，正是建立在误解《鸟鼠山人集》所列《安庆府志》目录用意的基础上。考现存嘉靖刻本和抄本以及续补胡志的李逊《安庆府志·地理志》，在叙述安庆历代地理沿革时，谈到了分野、疆域、风俗的内容，并标有“分野”、“疆域”、“风俗”的字样，如果这算分目的话，也不止“疆域、风俗两目”，至少还有“分野”一目。《鸟鼠山人集》卷十之所以只标“疆域”、“风俗”之目，表示在胡氏原《安庆府志·地理志》“疆域”、“风俗”之目下有“胡缵宗曰”的序赞文字，今查现存胡志以及续补胡志的李逊《安庆府志·地理志》，果于明代安庆府的“疆域”、“风俗”之目下各有一处胡氏序赞之语，因两序赞前后相连，只于第一处序赞文字之前标有“胡缵宗曰”的字样。刘雁宾先生没有弄清《鸟鼠山人集》卷十所列《安庆府志》之目的用意，误以为胡氏《安庆府志·地理志》“分疆域、风俗两目”。另刘雁宾先生说“第十九卷列女(附隐逸、孝友、忠义)”，“第二十一卷仕籍（附文学、武胄)”，也是出于错误的判断。查刻本《鸟鼠山人集》卷十载录《安庆府志》文字，“列女”、“隐逸”、“孝友”、“忠义”四目先后紧挨着出现，其中“列女”之目单行低一字距排列，另三目皆小字顶格排列，刘雁宾先生也许据此以为胡志《隐逸》、《孝友》、《忠义》三传附录于《列女》传后而合为一卷。同样“仕籍”“文学”“武胄”三目先后紧挨着出现，其中“仕籍”之目单行低两字距排列，另两目小字顶格排列，刘雁宾于是认定胡志《文学》、《武胄》两传附录于《仕籍》传后而合为一卷。其实这些目录在刻本《鸟鼠山人集》卷十中只标志此目下有胡缵宗的序赞文字，其排列方式不同并无深意，为刻印者随意而为，因为在胡志抄本卷次中，隐逸、孝友、忠义、文学、武胄皆单独列卷，也没有附录的现象。三是没有现存胡志刻本和旧抄本为支撑。此乃刘雁宾立说的最大问题。刘雁宾在论说中提到了《中国地方志联合目录》，而此目录就著录了胡志刻本和抄本，且在刘雁宾文章发表的1999年，收录胡志抄本的《四库存目丛书》已出版发行两三年，各大型图书馆皆有收藏，刘先生只要查考了胡志的刻本或抄本，无论如何也不会仅据《鸟鼠山人集》卷十所载胡志之目来推定胡志卷次，创二十四卷新说。基于以上三点，刘雁宾先生认为胡志为二十四卷之新说的可信度也就不言而喻了。

总之，现存胡志嘉靖刻印及其抄本为三十一卷，是按篇卷合一的体制以篇计卷的；而胡缵宗自称其志十七卷与余珊称胡志十六卷，主要是以按类分卷、以卷统篇的体制来统计卷数的，只有“记”类例外，篇卷合一，一卷一篇。而两种计卷体制之间具有对应关系。至于十六卷与十七的差异又是由于对胡氏《自序》是否算做府志正文而产生的。《四库全书总目提要》著录为三十卷和当今学者提出的二十四卷新说皆因理据不足而难以令人信服。

（作者单位：安庆师范学院学报编辑部）

《永乐大典》本《池州府志》的编修时间和佚文价值

蒲　霞

内容提要：根据池州府建置沿革和佚文提供的线索，《永乐大典》收录的《池州府志》修于明代且在永乐六年之前。大典本《池州府志》现有七条佚文，或为池州府志中现存最早的记载，或与现存记载不同，具有补充现存记载的价值。

关键词：《永乐大典》；《池州府志》；编修时间；佚文价值

《永乐大典》现在虽仅存残卷八百余卷，但仍保存了不少志书的内容，而因这些志书的原书早已亡佚，所以其价值就更为重要。《永乐大典》保留了一部《池州府志》的七条佚文，根据池州府建置沿革的情况和佚文提供的时间线索，大典本《池州府志》应该修于明代且在永乐六年之前。

一、池州府建置沿革

关于池州府建置沿革情况文献中多有记载，如，《旧唐书·地理三》载："池州下，隋宣城郡之秋浦县。武德四年，置池州，领秋浦、南陵二县。贞观元年，废池州，以秋浦属宣州。永泰元年，江西观察使李勉，以秋浦去洪州九百里，请复置池州。仍请割青阳、至德二县隶之，又析置石埭县，并从之。后隶宣州。"[①]《宋史·地理四》载："池州，上，池阳郡，军事。建炎四年，分江东、西置安抚使，领建康、太平、宣、徽、饶、广德。后以建康路安抚使兼知池州。"[②]《元史·地理五》载："池州路。下。唐于秋浦县置池州，后废，以县隶宣州，未几复置。宋仍为池州。元至元十四年，升为路。"[③]《明史·地理志》载："池州府，元池州路，属江浙行省江东道。太祖辛丑年八月曰九华府，寻曰

① 《旧唐书》卷40，志20，百衲本。

② 《宋史》卷88，志41，百衲本。

③ 《元史》卷62，志14，百衲本。

池州府。领县六。”[①] 乾隆《池州府志》载：“池州府，《禹贡》扬州之域，《周礼·职方氏》东南曰扬州，春秋吴地，战国楚地，秦故鄣地属扬州，汉晋宋齐梁陈隋之间未立池州，诸县外附他郡。唐高祖武德四年始以宣之秋浦、南陵置池州，治秋浦，属宣州都督。太宗贞观元年州废，代宗永泰元年析宣之秋浦、青阳，饶之至德，又析秋浦、青阳、泾县地增置石埭县，复置池州，属江南西道。采访使杨吴以池州属齐国封徐温。南唐升池州为康化军，辖贵池、建德、石埭三县，寻复为池州。宋太祖开宝七年取池州，以昇州之铜陵、青阳并属之。太宗太平兴国三年，复以江州之东流属之，隶江东路。元为池州路总管府，属江浙行中书省江南道宣慰司。明初改池州路为池州府。”[②]

由此可见，唐初始置池州，贞观初州废，永泰初复置，南唐升池州为康化军，宋复为池州，元代至元十四年升为池州路，明太祖辛丑年（元至正二十一年，1361）改为池州府。根据这一情况，以“池州府”为书名的志书修于明代以后。

二、大典本《池州府志》的编修时间

乾隆《池州府志》中有关于池州府志编修情况的记载。明正德“何绍正重修郡志叙”曰：“池州旧有志，汉唐以前修纂者远无所考，宋端平乙未修于郡守王公伯大，逮元二百余年寥寥无闻，及我国朝又八十年，正统戊辰修于郡守叶公恩，又三十余年，成化戊戌修于常公显，又十八年弘治丙辰再修于陈公良器，至辛丑乡梓于祁公司员，于兹又七十年矣”；明嘉靖“王崇重修府志叙”曰：“池州之志，汉唐远无所稽，始作于宋守王伯大氏，再修于明守叶恩氏，而常显氏、陈良器氏、祁司员氏、何绍正氏又相继焉”；而其“重修凡例”则称：“池州之志始作于宋王伯大，再修于明守叶恩，而常显、陈良器、祁司员、何绍正、王崇、李思恭相继修之。李志即邑中丁文恪轼所辑书，凡九卷，为类九十六，成于万历壬子。至本朝康熙癸丑，知府朴怀玉重辑之，凡二十二卷，为类三十。至辛卯而知府马世永又修之，距癸丑已阅四十六年，广徵博采，阅五年始竣，志表传凡九十二卷。今志始事于乾隆丁酉孟夏，告竣于戊戌冬季，距前守修葺时六十八年矣。宋明志不得全见，得见者丁志、朴志、马志也。”[③]

根据上述记载，汉唐以前的池州府志已“远无所考”，可以考证的最早的一部池州府志应为宋端平乙未王伯大所修之志，而明代最早的池州府志则是明代正

① 《明史》卷40，志16，百衲本。

② 乾隆《池州府志》卷1，沿革，《中国地方志集成》本，江苏古籍出版社1998年。

③ 乾隆《池州府志》序。

统戊戌年叶公恩编修的志书。此后，明代又曾几修，常显修于成化年间，陈良器修于弘治年间，祁司员修于弘治年间，何绍正修于正德年间，王崇修于嘉靖年间，李思恭修于万历年间。清代亦先后修纂了几部池州府志，康熙十二年朴怀玉修有一部，康熙五十年马世贞再修一部，乾隆年间又修一部。由此可知，自宋至清代乾隆年间池州府志曾修有十一部之多。

根据池州府建置沿革的情况和《永乐大典》收书的时间限制，以“池州府”为书名的志书修于明代以后，且在永乐六年以前。大典本《池州府志》佚文也提供了一些线索，即佚文中提及“本府建德县”、“直隶池州府”。《明一统志》载：“建德县，在府城西南一百八十里。本汉鄱阳、石城二县地。唐置至德县，属饶州，因年号为名，后改属池州。五代时杨吴改曰建德县。宋元仍旧。本朝因之”，属池州府①。建德县原为至德县，到五代杨吴时改称建德县，明代属池州府管辖。由此亦可说明大典本《池州府志》确实应修于明代且在永乐六年以前。由于大典本《池州府志》佚文“陂塘”条记载了贵池、石埭、铜陵、建德、东流五县的资料，因此大典本《池州府志》确实是一部府志。

根据乾隆《池州府志》记载的池州府志编修源流，明代在永乐六年以前没有编修过池州府志。笔者认为应该是乾隆《池州府志》记载的池州府志编修源流不全面，它所记载的只是当时所能考证到的池州府志，至于其他未能考证的志书则未加记载。所以，综合以上各方面的分析，大典本《池州府志》应修于明代且在永乐六年以前，但究竟纂于何年、为何人所修却无法考证。大典本《池州府志》的存在，可以补充乾隆《池州府志》记载的不足，为全面了解历代池州府志编修的情况提供了新的线索。

根据乾隆《池州府志》收录的明代正德何绍正序的内容，正德《池州府志》大约是正德十三年左右修成的，而“何序”未提及这部池州府志，因此，大典本《池州府志》至迟在正德十三年前即已亡佚。

三、大典本《池州府志》佚文的价值

大典本《池州府志》佚文保存的资料包括地理、经济、文化三个方面，共七条资料，近1400字，涉及石埭、铜陵、东流、青阳、建德五县，为研究明代初年以前池州府历史发展过程中的相关问题提供了参考资料。

（一）地理类资料的价值

地理类资料共有五条，在佚文中占有较大的比重，可分为自然地理和人文地

① （明）李贤等奉敕撰：《明一统志》卷16。

理两方面的资料。自然地理资料主要是山川资料，共三条。人文地理资料则是宫室资料，有两条。

1. “半岩，在直隶池州府。李元方刻有侍岩，谓齐山大小泉凡十一，而半岩为胜。岩壁之号曰十五，而有侍为大。凡壑之号九，而上清为最。凡洞之号十四，而潜虬为奇。有洞五，曰半岩、曰奇隐、曰子昭、曰妙峰、曰紫微，而紫微特高，即杜牧九日所登者。”①

这则记载介绍了“半岩”的地理位置以及齐山的岩壁、壑、洞等方面的情况。这条资料是目前池州府志中保存的最早的一条资料。现存文献也有相关记载。如，《舆地纪胜》载：“半岩为胜，李方元刻有侍岩，谓齐山大小泉凡十一而——”；“半岩，李元方刻有侍岩，谓齐山大小泉凡十一，而半岩为胜。岩壁之号凡十五，而侍为大。凡壑之号九，而上清为最。凡洞之号十四，而潜虬为奇。有洞五，曰——曰寄隐，曰子昭，曰妙峰，曰紫微，而紫微特高，即杜牧九日所登者。”②《宋本方舆胜览》载：“半岩，李元方尝刻碑于有侍岩谓：齐山大小泉凡十一，而——为胜，秋浦千重岭，而水车岭最奇。岩壁之号十五，而有侍为大。壑之号九，而上清为最。洞之号十四，而潜虬为奇。又有洞五，曰——，曰寄隐，曰子昭，曰妙峰，曰翠微。翠微特高，尤宜登眺。”③ 以上几则记载与大典本《池州府志》佚文中的有关内容基本相同，但由于《舆地纪胜》和《宋本方舆胜览》均已不全，保存的资料已阙漏，而大典本《池州府志》佚文保存的这条资料比较完整，因此它具有了补缺价值，为补充和恢复其他文献记载提供了重要的资料。根据大典本《池州府志》佚文，可以对上述记载有缺漏的地方进行补充，《舆地纪胜》和《宋本方舆胜览》“又有洞五，曰——”中皆脱“半岩”，可据佚文补充。而《大明一统名胜志》记载齐山时有载：“齐山，在城南三里，山有十余峰，势皆齐峙，故名。周必大记云：唐刺史齐映所尝游也。山周回二十里，岩洞三十有二，亭台二十余，其中空岩灵窦响石飞泉不可胜记。王哲记云：山之泉大小九十一，而半岩为胜，玉壶连星为奇，飞觞濯缨，为大岩壁之号凡十九，而有待为大，岩壑之号凡九而上清为最，洞之号凡十四，而潜虬最幽，游者倘佯山中，穷日之力不能遍焉，按哲宋元祐间为池州太守，司马光有游齐山呈王哲诗。”④ 这一记载与大典本《池州府志》佚文也不完全相同。因此，

① 《永乐大典方志辑佚》，第二册，第1066页。

② （宋）王象之：《舆地纪胜》卷22。

③ （宋）祝穆编、祝洙补订：《方舆胜览》卷16。

④ （明）曹学佺撰：《大明一统名胜志》卷5。

大典本《池州府志》佚文可以和现存其他记载互相补充。

大典本《池州府志》佚文中“有洞五，曰半岩、曰奇隐、曰子昭、曰妙峰、曰紫微，而紫微特高，即杜牧九日所登者”一句中标点不妥。根据文意，此句应该有两层意思，一层是介绍五洞的，一层是说明紫微洞的特点的。因此，应根据这两层意思而加以标点。正确的标点应为：“有洞五，曰半岩、曰奇隐、曰子昭、曰妙峰、曰紫微。而紫微特高，即杜牧九日所登者。”另外，佚文中“奇隐”在《舆地纪胜》和《宋本方舆胜览》两书中皆为“寄隐”。

另，《舆地纪胜》“半岩为胜，李方元刻有侍岩”中的“李方元”应为“李元方”之误。

2. “回驴岭，在石埭县西南一十里。俗传罗隐访杜荀鹤，跨驴抵此，相遇而反，因名焉。”①

这条资料介绍了“回驴岭”的地理位置和山名的来历，记载了罗隐寻访杜荀鹤在回驴岭相遇的故事。这条资料是目前池州府志中保存的最早的一条资料。现存文献也有关于“回驴岭”的记载。如，《大明一统名胜志》载：石埭县“西十里回驴岭，唐诗人罗隐骑驴访杜荀鹤遇之岭而喜。其下即牧鸭湖，相传荀鹤少时鲁牧鸭其中”②。嘉靖《池州府志》记载石埭县山川时有载：“回驴岭，在县西十里，相传罗隐跨驴访杜荀鹤，抵岭相值而返。本朝张琮诗：‘一笑相逢古道间，蹇驴香踏落花还。千年往事空凉迹，细草寒烟满旧山。’”③ 其后，康熙《石埭县志》④、乾隆《池州府志》⑤、民国《石埭备志汇编》⑥ 等亦有类似记载。大典本《池州府志》佚文保存的资料与现存文献记载内容基本相同，但语句却有所不同，反映了当时修志的风格，为了解明代初期池州府志编修提供了一些参考。

3. “水帘岩，在本府建德县，即仲尼岩也。”⑦

这条资料记载了“水帘岩”的地理位置和别名。现存文献也多有记载，如《舆地纪胜》载：“水帘岩，即仲尼岩也，在建德县”；“仲尼岩，在建德。故老

---

① 《永乐大典方志辑佚》，第二册，第1066页。
② （明）曹学佺撰：《大明一统名胜志》卷5。
③ 嘉靖《池州府志》卷1，《舆地篇·山川》。
④ 康熙《石埭县志》卷1，《舆地》，民国乙亥二十四年（1935）铅印本。
⑤ 乾隆《池州府志》卷11。
⑥ 民国《石埭备志汇编》，山川志初稿，《中国地方志集成》本，江苏古籍出版社1998年。
⑦ 《永乐大典方志辑佚》，第二册，第1066页。

相传云：仲尼游行至此，岩前有水下垂若帘，又名水帘岩”。[①] 康熙《建德县志》载：“水帘岩，详古迹，一名夫子岩。”[②]《江南通志》[③]、宣统《建德县志》[④] 亦有相关记载。虽然大典本《池州府志》佚文保存的资料内容较为简单，但它是目前池州府志中保存下来的最早的一条记载，具有重要的参考价值。

4.“白鹤真人炼丹台，在青阳县东南保宁观后。王镃常有诗云：‘林间望断松梢路，白鹤真人尚未还’。即谓此也。”[⑤]

这条资料介绍了“白鹤真人炼丹台”和“保宁观”的地理位置，并收录了王镃常的一首诗中的两句。这是目前池州府志保存下来的最早的记载。现存文献也有这方面的记载，多称为“白鹤台”。如，嘉靖《池州府志》介绍青阳县古迹时记载：“白鹤台，在县东南保宁观，相传白鹤仙炼丹处也”[⑥]，光绪《青阳县志》[⑦] 和光绪《重修安徽通志》[⑧] 略同。乾隆《池州府志》亦载：“白鹤台，在（青阳）县东南一里，旧传白鹤真人炼丹处，有后唐天成间保宁观，又南三里为吴山。”[⑨] 相比而言，关于地理位置的介绍大典本《池州府志》佚文与上述记载基本相同，但它还多收录了“王镃常”诗文方面的内容，这是对现存文献记载的补充，有着重要的史料价值。据乾隆《池州府志》，知大典本《池州府志》佚文所言“保宁观”建于后唐天成年间（926—930）。

5.“孝义门，在石埭县西一百里。望族桂氏，累世同居，宋朝旌表其门闾。至今其乡有孝义社。”[⑩]

这条资料介绍了“孝义门”的地理位置，并说明了“孝义门”为宋代石埭望族桂氏受旌表时所立。由于现存池州方志中很难见到这条资料，因此大典本《池州府志》佚文保存的这条资料不仅是目前池州府志中最早的记载，而且还是十分珍贵的资料，有补阙现存记载的价值，为了解池州地区历史情况提供了新的资料。

（二）经济类资料的价值

经济类资料仅有一条，是水利方面的资料，主要介绍了池州地区陂塘的名称。

---

① （宋）王象之：《舆地纪胜》卷 22。

② 康熙《建德县志》卷 1，《山川》，《稀见中国地方志汇刊》本，中国书店 1992 年。

③ （清）赵弘恩等监修：《江南通志》卷 16。

④ 宣统《建德县志》卷 3，《舆地·古迹》，《中国地方志集成》本，江苏古籍出版社 1998 年。

⑤《永乐大典方志辑佚》，第二册，第 1068 页。

⑥ 嘉靖《池州府志》卷 1，《舆地篇·山川》。

⑦ 光绪《青阳县志》卷 1，《古迹》，《中国地方志集成》本，江苏古籍出版社 1998 年。

⑧ 光绪《重修安徽通志》卷 47，《舆地志·古迹》。

⑨ 乾隆《池州府志》卷 9，青阳山川。

⑩《永乐大典方志辑佚》，第二册，第 1068 页。

罗家陂。胡家陂。峡石陂。沙丘陂。清塘陂。竹园陂。何村陂。铜山陂。毕冲陂。茶撩陂。南庄陂。杨林陂。查家陂。陈村陂。乌山陂。沙坦陂。陈家陂。浮油陂。章家陂。新置陂。中陂。陷泥陂。曹陂。孙陂。刘公陂。谷雨陂。许家陂。汪家陂。陈家陂。孙家陂。张家陂。古庙陂。谷牛坡。上庄陂。韩家陂。吕家陂。曹公陂。叶公陂。夏家陂。姚其陂。夏家陂。松林陂。尧家陂。新田陂。上药陂。上西陂。下西陂。象鼻陂。潘家陂。王家陂。陈家陂。源头陂。檀家陂。吴家陂。以上并在贵池县。苦李陂。西山陂。杨林陂。下新陂。刘村陂。梓橦陂。巧溪陂。金家陂。茶溪陂。想思陂。灌注陂。黄姑陂。何姑陂。藜羹陂。金坑陂。葛仙陂。秆田陂。畲陂。田南陂。相林陂。新田陂。南岸陂。坛陂。马陂。腊坛陂。檀日陂。以上并在铜陵县内。故陂。乌林陂。僧众陂。塔龙陂。城子陂。琅陂。梅树陂。凌家陂。狐田陂。吴家陂。沙田陂。磨隆陂。施村陂。杜家陂。下户陂。北岸陂。杨村陂。乡口陂。掘株陂。湖田陂。以上并在石埭县内。彭陂。赵家陂。萧家陂。和陂。鲁家陂。留山陂。梅墩陂。黄白陂。葛公陂。杨桂陂。黄栗陂。冯家陂。乌龙陂。泥黄陂。梅山陂。乐家陂。金家陂。洛家陂。菱草陂。伍娘陂。赵家陂。满仓陂。李家陂。陶家陂。班烂陂。萧家陂。黄泥陂。仲坑陂。塔下陂。合母陂。青山陂。栗树陂。刘晨陂。欧家陂。阮家陂。白石陂。董家陂。金竹陂。学堂陂。郑家陂。丰乐陂。猫儿陂。以上并在建德县内。欧家陂。党家陂。金铁陂。吴家陂。黄郑陂。列塘陂。任家陂。胜广陂。新开陂。柯田陂。金庄陂。甘陂。刘家陂。魏村陂。李家陂。黄家陂。安乐陂。桑村陂。以上并在东流县内。①

这条资料主要介绍了池州府陂塘的名称。从佚文内容看，它是按照池州府所属各县为单位，分别叙述每一个县的陂塘名称的，涉及贵池、铜陵、石埭、建德、东流五县。虽然大典本《池州府志》佚文仅介绍了陂塘的名称，但因现存池州府志以及各县县志均鲜载这方面的情况，因此，它保存的各县陂塘方面的资料具有非常珍贵的价值，是对现存记载的补充，为了解明代初年以前池州府各县水利建设的有关情况提供了新的参考。

（三）文化类资料的价值

文化类资料仅有一条，保存了李白的一首诗，诗名为《答常赞府》。

李白《答常赞府》：昔献《长杨赋》，天开云雨欢。当时待诏承明里，皆道扬雄才可观。敕赐飞龙二天马，黄金络头白玉鞍。浮云蔽日去不返，总为秋风摧紫兰。角巾东出商山道，采秀行歌咏芝草。路逢园绮笑向人，两君解来亦何好。

① 《永乐大典方志辑佚》，第二册，第1067页。

闻道金陵龙虎盘，还同谢朓望长安。千峰夹水向秋浦，五松名山当夏寒。铜井炎垆歊九天，赫赫如鼎荆山前。陶公矍铄呵赤电，回禄睢盱扬紫烟。此中岂是久留处，便欲烧丹从列仙。爱听松风且高卧，飕飕吹尽炎氛过。登岸独立望九州岛，阳春欲奏谁相和。闻君往年游锦城，章仇尚书倒屣迎。飞笺络绎奏明主，天书降问回恩荣。肮脏不能就珪组，至今空扬高蹈名。夫子工文绝世奇，五松新作天下摧。吾非谢尚邀彦伯，异代风流各一时。一时相见乐在今，袖拂白云开素琴。弹为三峡流水音。从兹一别武陵去，去后桃花春水深。[①]

大典本《池州府志》佚文保存的这首李白的诗应该是目前池州府志中最早的一条记载。关于李白的这首诗在现存文献中多有记载，如，嘉靖《铜陵县志》[②]、嘉靖《池州府志》[③]、万历《宁国府志》[④]、光绪《南陵小志》[⑤]、民国《南陵县志》[⑥]、《李太白全集》[⑦]、《全唐诗》[⑧] 中皆载有此诗，但诗名有所不同，均称为“答杜秀才五松山见赠”。而且这些文献收录的诗文在某些字词上与大典本《池州府志》佚文有出入。大典本《池州府志》佚文与《李太白全集》和《全唐诗》收录的诗文相比，有四句有出入，即“两君解来亦何好”作“两君解来一何好”，“赫赫如鼎荆山前”作“赫如铸鼎荆山前”，“五松新作天下摧”作“五松新作天下推”，“弹为三峡流水音”作“弹为三峡流泉音”。另外，上述其他文献与大典本《池州府志》佚文相比，亦有不同之处，如，“路逢园绮笑向人”有作“路逢园绮笑何人”的；“两君解来亦何好”有作“而今解来亦何好”的；“还同谢朓望长安”有作“还同谢朓问长安”的；“五松名山当夏寒”有作“五松名山当夏看”的；“铜井炎垆歊九天”有作“同井炎垆歊九天”的；“飕飕吹尽炎氛过”有作“飕飕吹尽炎风过”的；“登岸独立望九州岛”有作“登岸独立望九州岛”的；“至今空扬高蹈名”有作“至今空扬高道名”的；“一时相见乐在今”有作“一时相逢乐在今”的；“从兹一别武陵去”有作“从兹一别武林去”的。由于保存的李白的这首诗的诗名及个别文字有出入，这些异文对李白此诗的研究有参考作用，故录以备考。

根据大典本《池州府志》佚文提供的线索，此志应修于明代且在永乐六年

---

① 《永乐大典方志辑佚》，第二册，第1068页。

② 嘉靖《铜陵县志》卷8，《艺文志》，《天一阁藏明代方志选刊》本，上海古籍书店影印，1964年。

③ 嘉靖《池州府志》卷8，《艺文》。

④ 万历《宁国府志》卷12，《艺文志》，《稀见中国地方志汇刊》本，中国书店1992年。

⑤ 光绪《南陵小志》卷4，《艺文志·诗》，清光绪二十五年（1899）刻本。

⑥ 民国《南陵县志》卷42，《艺文》，民国排印本。

⑦ 《李太白全集》卷19，（清）王琦注，中华书局1977年，第904-905页。

⑧ 《全唐诗》（增订注释）卷167。

以前。大典本《池州府志》佚文共保存七条资料，包括地理、经济和文化三方面的内容，均为目前池州府志中保存的最早的记载。“回驴岭”、“水帘岩”、“李白《答常赞府》”三条内容与现存记载基本相同，具有考证现存记载的作用。“半岩”和“白鹤台”因其保存的内容有些是现存文献所未载，因此具有补充资料的价值。而“孝义门”、“陂塘”两条则是现存文献所鲜载的，为了解池州地区社会历史发展的情况提供了新的资料，具有重要的史料价值。

（作者为安徽大学历史系副教授）

新发现的《皖江公学试办章程》及其相关问题考略

王　平

内容提要：本文全文辑录新发现的《皖江公学试办章程》，该《章程》现藏于安徽安庆市图书馆。本文考略认为："皖江公学"创办和停办时间大约在1903年5月初到1904年4月中旬之间；清末提倡"实学"之风、日本近代私立高校之成功、近代安徽高等教育不发达、民间缺少"私学"等因素皆对该校的创办有影响；"皖江公学"是近代安徽第一所私立高等学堂，为大学预科，是"壬寅学制"的产物。

关键词：《皖江公学办学章程》；近代安徽高等教育；"皖江公学"；私立高等学堂；大学预科

笔者近日访读于安庆图书馆，偶然发现其馆藏《皖江公学试办章程》（以下简称《章程》）一册。该藏本为木活字本，有少量虫蛀，可辨读。全本共六页，未题撰人、年月，因其中的学生入学"证书式"落款时间有"光绪××年××月××日"字样，可以断为清代光绪年镌刻印制。从内容看相当丰富：包括办学缘由、宗旨、课程设置、考校（考试）之法、束修（学费）缴纳、入学证书格式、学生入学须知、教职员工应遵守之规章，等等。

经研读，笔者认为这是近代安徽第一所私立高等学堂的办学章程。为方便学者研究，特全文辑录该《章程》，并结合其他相关资料，对"皖江公学"的相关问题作进一步考略，望方家指教。

一、安庆图书馆馆藏《皖江公学试办章程》[1]（全文辑录）

安徽，沿江一大都会也。土居之民，宦游之家，匆虑二千万人。然研究实学，通知外情，求於青年界中，吾□盖寡。岂果风气之开独后人耶？盖下无教育之社会，而子弟不得学者众也。吾闻各国之兴，始必有热心之大教育家，倡合群

① 《皖江公学试办章程》（一册），安庆市图书馆藏，清代光绪木活字本。

力立学校、招生徒。以最近之日本证之：福泽谕吉，布衣也，而创庆应义塾；大隈伯，元勋也，而创早稻田学校；其余私家团集，犹难缕指。皆在明治之初，增长文明，势力不小，迄今乃大膨胀，据学界地甚高。非偶然也！

安徽土地之广，人民之众，殆半日本，而民间未常有学。绅富及宦家之有气力者，则资而遣其青年之子弟，斲学於大都会（如北京、上海、天津等处），远者且越重瀛而东。消费重繁，远行可念。教育良否，尚不可知。不幸或为习所撼，披倡放荡，纳於邪者所在而有。然则何如学於近地，父兄检束其身心，师友濬发其智慧。施功较易，成效尤宏乎！虽然，斯亦非得已也！省城大学诚完备矣，然或以额满见遗，不免向隅之叹。况官於斯土者，又以格於例而不能。（某等）忧之久矣，爰於今岁合众力而为之，就藏书楼公地开一学堂，倡立私学校之风，收普及教育之效。谨拟学约一通，限三年卒业。大雅宏达，幸而教之。

本学宗旨：以锻炼精神、激发志气为主。所设课程，务在开普通学之门径，即为他日专门学之基础。

本学第一年课程：每一星期课中文三次（伦理、地理、历史、辞章）；算学课三次（每次两点钟）；格致浅理一次；体操二次。每日课英文一次（每次三点钟）。

现东文一科，因报名者寥寥，暂为停课，俟来者稍多，即行增设。

第一年级：

伦理　东亚历史　东亚地理　算学　格致浅理　词章　英文日文　习字　体操

第二年级：

伦理　中外历史　中外地理　算学　格致　词章　英文　日文　习字　体操

第三年级：

伦理　外国历史　外国地理　算学　格致　词章　英文日文　生理　政治略论　农工商浅理　体操

本学堂考校之法，仿西国学制。每一星期中文、算学功课出问题数则，学生各抒心得，呈教习评改，凭定分数。西文功课由教习面试，录记分数。统计六星期内最优者宜得十二分半，全年统计四次，合得五十分。

每越六星期小考一次，每年除温习预□外，共小考四次，最优者每次宜得十二分半，全年合得五十分。

每年大考二次，每次最优者宜得五十分。统计全年大小考及每学期所记分数最优者，合得二百分。其得百二十分以上者，擢升一班。倘有总数已能合格，而内有一科不及三十分者，仍不能升班。

本学堂另请名誉教员数位，讲演实学。每月课策论二次，呈请批政。每届大考出给分数凭单，寄该生父兄，以凭稽考。前列数名，给予奖励，凭单以示优异。

学生班次不得参差，如有新生欲随时入学者，须合已定之班，方能允准。

教习上课传知学生，以打点为号，约于五分钟内齐集讲堂，过期不到者以旷课论，如遇微恙，准先期乞假。

学生每年束修东洋三十元。春季开学先交半年，伏假后到学再交半年。凡入塾者，倘彼此不合，须在十日内告辞，其修金立即交还，如过十日，无论自行辞退或因事由学校斥退者，其修金概不给还。其有孤寒子弟，资质颖异者，减收束修十元，以十名为额。

凡欲肄业本学者，当觅保，偕同来学，具入学证书，俟总理查明学生程度合格，方准留学。

证书式

××年××岁××省××县人，系（某功名某人，无功名者仅写人名）之子，现住××，读过某书，（曾、未）习洋文，愿入皖江公学肄业，（习普通各学、专习洋文），入学之后，自宜遵守定章，如或抗违，任凭注销出学。一切事情，都由保证人承担。立此证书为据。

学生：××押

保证人：××押

光绪××年××月××日

本学严戒学生沾染嗜好习气，除星期例应放假外，均不得擅出大门。如实有要事，须由父兄来校声明，或亲笔函告，方许给假。惟销假来学，仍不得逾期。如旷课过久，不合班次者，即降班随读。如无班可降，即令退学。

学中严禁饮酒、弹唱、赌博、围棋，尤忌食鸦片及随处小便，任意污秽。学生犯者，决难宽贷。夫役犯者，立即斥革。教习、理事诸人，尤宜本身作则，以示楷模。

学生衣履须整齐洁净。卧房以外，即在暑日不得赤脚跣足，盘绕发辫。

学堂师生每日六点钟起，七点钟早膳，十一点钟午膳，六点钟晚膳，夜间十一点一律熄灯，不准留灯过夜。

学生亲友、家属因事来堂，须告知门丁。查非讲学之时，始能通报。学生到前厅晤谈，不得久坐误课。仍由门丁登记来客姓名，以备查考。每人一星期来客不得过二次，如遇休息之期，方准引客进入斋室。

教习、学生、理事各人即一切夫役，均不得留亲友在学居住。远方学生父兄来看，如值天晚不及觅寓，须声明总理，方可暂留一宿。

学中夫役人等，如不听驱使，应告知总理，查明申斥、裁革，不得率行挞骂。

凡遇星期，学生给假出门，于晚膳前均须一律告归，晚间不得出外，如家住本城之学生，须回家住宿者，当由父兄声明，次日须早膳前来学。

走读诸生，或半日、或一日须于证书声明。其早来晚归者，或寄午膳一餐、或家中送膳均可，惟不得回就午餐，既恐旷学，又恐往来之间家中无从查考。

本学膳夫给有辛工学生火食，丰俭均量力自理，惟不得私置小炉，自行起炊。

学生夜课，概用保险洋灯，或用菜油，不得用寻常洋灯，以防火烛。学生应用各物，均由自备，其须购自远方者，本学可以代办，藏书楼书籍可以就近取阅，惟仍照书楼章程，不得携入私室。

学生携带物件，平日自行照料，倘有疏失，本学不认赔偿。其川资火食银两，宜由账房同交钱店，起摺支取，不可随身存放，以防失误。

学生遇有疾病，其家居附近者，即通知该学生父兄领回调治。其远来者，即由保证人设法照料。

诸生学习体操，不独运动气体，兼可渐娴武备，非遇疾病，不可托故假免。

学中领用器具，不可毁坏。其原有损伤者，须当时验明，于簿中存记。倘任意损坏，即责成偿还。

侍候学生之夫役，至年假放学之前，每学生给犒洋壹元，交账房收存派给，学生不得多与，夫役不得另索。

以上章程系因众人共处，冀各相安起见，诸生宜各看明。如不合式，宜于开学十日内辞去。倘既留学，不守章程，不得照例记过，重者斥退。

（笔者注：□为因蛀蚀而不能辨认之文字；××为“证书式”中应填写之若干空格。）

二、“皖江公学”相关问题的考略

记录“皖江公学”的文献资料不是很多，至今还没有对它进行专门研究的论文、论著，关于这所学校，尚有的许多问题不是很明晰。鉴于此，笔者力图利用《章程》及手头所拥有资料，对与之相关的几个问题进行考略，希冀能起到引玉之效。

（一）"皖江公学"始末

1."皖江公学"的开办，与皖省藏书楼有关。

皖省藏书楼是"近代最早的藏书楼……设于安徽省城安庆。"① 庄华峰等学者考证是何熙年"于光绪二十七年二月二十二日（1901年4月10日）借赁姚家口民房十八间"② 所建。据《皖省藏书楼开办大略章程十二条》称，其创办乃是"官绅合力办成，以为皖省肇启新机、讲求实学之用，与省城各书院渺不相涉。"③ 参与创办的有安徽省会所在地的各级官僚，先"有安庆知府方连轸（坤王）、前任怀宁县令姚锡光的支持；后又得到安徽营务处提调许鼎霖（九香）、安庆府官员石叔治（字）等人的扶助。"④ 应该说，这是一座官商合办的、较大规模的新型图书馆，它不同于那些在书院、学堂内开设的藏书楼。

皖省藏书楼不仅具有藏书、供公众阅读的功能，还担负起教育办学的责任，"皖江公学"就是依托皖省藏书楼而创立。

《章程》中提及"皖江公学"是："就藏书楼公地开一学堂，倡立私学校之风。"⑤ 这里提及"皖江公学"的办学地点在"藏书楼公地"，但并未点明具体创办时间。考诸当时报刊，这个问题终得以解决。

据光绪二十九年四月十三日（1903年5月9日）《大公报》称："皖省藏书楼设立公学，本拟三月开办，因英文教习一时未能聘定，故迁延至今。"⑥ 在将近一个月的时间内，学校聘到了上海"梵王渡美国约翰书院特班毕业生"朱君继翁、"前福建船政学堂汉教习本年凤鸣学堂教习"丁君檀轩、"前肄业京师同文馆本年凤鸣学堂算学教习"吴君绪云、"湖北自强学堂毕业生"杨君众安等，分别担任英文、汉文、算学、东文等科教习⑦，学校得以开课。

由此，我们得知"皖江公学"正式开办于1903年5月9日。

2."皖江公学"的寿命很短，从诞生到结束大约将近一年时间。它的停办当与"皖江公学"内有留学生设立社会、聚会演说，终被官府禁止有关。

1903年6月12日的《大公报》刊登当时安徽省府"桂太守亲赴藏书楼宣谕禁止"的新闻并附省府之"告示"，云："现丁绅等设立皖江公学，原为造就人

① 李洪波：《从近代藏书楼到图书馆》，《文史杂志》2007年第3期。

② 庄华峰、刘和文：《何熙年与皖省藏书楼》，《国家图书馆学刊》2006年第3期。

③ 《皖省藏书楼开办大略章程十二条》，见李希泌、张椒华编：《中国古代藏书与近代图书馆史料》，中华书局1982年版，第109页。

④ 闵杰：《近代中国社会文化变迁录》（第二卷），浙江人民出版社1998年版，第203页。

⑤ 《皖江公学试办章程》（一册），安庆市图书馆藏，清代光绪木活字本，页1b。

⑥ 《公学开办》，《大公报》第315号第5版"时事要闻·安徽"，1903年5月9日。

⑦ 同上。

才起见。访闻近有由东洋游学回国之人，在该处私设社会，演说悖妄之词，摇惑人心，实属荒谬，有违国家法律。现奉抚宪面谕，不准演说、私设社会，如违拿办等因，并札六县会商绅士，赶紧设法筹捐，兴办中学堂外，合亟出示晓谕。”①

这里很清楚地告诉我们：建于藏书楼公地的“皖江公学”为一些“东洋游学回国”之人提供了“演说、私设社会”的活动场所，安徽省府的态度是反对并加以禁止的。应该提及的是5月17日（即光绪二十九年四月二十一日），陈独秀、王国桢、潘缙华、潘旋华等“安徽爱国会”同志，就在皖省藏书楼（“皖江公学”所在地）面对来自安徽大学堂、安徽武备学堂等学校及社会各界的300余名听众，就“东三省事”发表演说，号召拒俄救国。

由于那些从日本回国的留学生在公学内“设立社会，开堂演说，被首府桂太守申禁”②，所以“皖江公学”不得不面临解散的危险。光绪三十年三月初一日（1904年4月16日）《大公报》登载了一文，其中说道：“近日该书楼（藏书楼）绅董何君春台已将房屋暨所存地图、动植图及各种书籍检呈交府，内设之皖江公学亦允搬出。”③

这里提到“皖江公学”于1904年4月16日前搬出了皖省藏书楼，它是否还继续在别处续办，因手头没有其他资料，只能待考。有资料据此认为“1904年春，藏书馆被迫关闭，附设之皖江公学停办”④ 可备为一说。不过，我们可以作这样的肯定：“皖江公学”至少在1904年4月中旬之前还是存在的。

综上所述：“皖江公学”创办和停办时间大约在1903年5月初至1904年4月中旬之间。

（二）“皖江公学”的创办缘由

通过对《章程》的解读，我们认识到影响“皖江公学”的创办的因素至少有以下几方面：清末提倡“实学”之风、国外（尤其是日本）的高等教育的成功之举、安徽本省省情。它们是“皖江公学”创办的相关基础，也可视为其办学缘由。

首先，“皖江公学”的创立，与清末“新政”期间大倡“实学”之风有关。

“实学”在中国文化中有较为久远的历史和深刻的内涵，广义的“是指自先秦以来注重实际讲究经世致用的学问”；狭义的为“在明末清初特定的社会历史条件下产生的，以经世致用为核心，以社会改革为手段，以反对程朱陆王末流为

① 《禁止演说》，《大公报》第349号“时事要闻·安徽”版，1903年5月12日。

② 《记藏书楼》，《大公报》第六百四十七号（附张）“外省新闻·安徽”，1904年4月16日。

③ 《记藏书楼》，《大公报》第六百四十七号（附张）“外省新闻·安徽”，1904年4月16日。

④ 闵杰：《近代中国社会文化变迁录》（第二卷），浙江人民出版社1998年版，第203页。

学风，以调整社会矛盾为目的，以批判主义和启蒙主义为特点的抑虚求实思潮。”① 鸦片战争以后，一批具有革新思想的实学家们围绕着救亡图存提出新的观念，如魏源提出“师夷长技以制夷”②；张之洞提出“旧学为体，新学为用，不使偏废”③；郭嵩焘提出“方今要务，莫急于崇尚实学”④ 等等。近代“实学”烙上了中西文化的冲突与交融的烙印，它以学习“西学”、推行“洋务”、进行“变法”、实施“新政”等为内容，不同于以往的实学。

“皖江公学”创办前后正值清末施行“新政”。此时，康、梁变法已经失败，八国联军入侵北京，《辛丑条约》签订，这一系列事件强烈地刺激了清王朝。在这种背景下，朝廷的保守派主动提出改革，实行“新政”。其重要内容之一就是改革旧科举制度，举办新式学堂。对于两者的关系，御史张百熙在光绪二十七年（1901）所上的《敬陈大计疏》中说得很清楚：“科举与学堂相表里，科举能求才，学堂能育才，科举收急效，所以待成材，学堂以幼成，所以求实学。”由此可见，“实学”是当时改革的题中应有之义。除张百熙外，当时许多重臣都在相关奏议中提倡实学。如：山东巡抚袁世凯光绪二十七年三月（1901 年 4 月）上《遵旨敬抒管见备甄择折》，提出“崇实学。……拟请饬将京师本有大学堂认真整顿，竭力扩充，并饬下各行省筹经费，多设学堂，或仿照各国学校章程，区分等次，以次推广……另增实学一科，……按中西各学分门别类，募考实学”。⑤同年五月两江总督刘坤一、湖广总督张之洞在《会奏变法事宜》中请求：“惟今日育才要旨，似宜多设学堂，分门讲求实学，考取有据，体用兼赅，方为有裨世用……因近年帖括之士，有文无实，故改章求实学。先改科举之章程以取已有用之人才；次广设学堂，以教未成之人才。”⑥ ……对于此，光绪帝甚为支持，光绪二十七年七月在颁布改革科举考试制度时，他下谕旨要求：“急宜讲求实学，挽回积习。”⑦ 1901 年 9 月 14 日光绪帝又下旨“务使心术纯正，文行交修，博通

① 涂可国《中国实学讨论与研究的几个问题》，《光明日报》2007 年 8 月 28 日第 11 版（理论周刊）。

② （清）魏源《海国图志》（序），岳麓书社 2004 年版。

③ （清）张之洞撰，苑书义等主编：《张之洞全集》（第十二册“卷二百七十一・劝学篇二”），河北人民出版社 1998 年版，第 9740 页。

④ （清）郭嵩焘撰、杨坚校补：《郭嵩焘奏稿・保举实学人员疏》，岳麓书社 1983 年版，第 283–284 页。

⑤ 以上资料分别见于璩鑫圭、唐良炎编：《中国近代教育史资料汇编・学制演变》，上海教育出版社 1991 年版，第 30 页、第 9–10 页。

⑥ （清）沈桐生辑：《光绪政要》（第四册），台北：文海出版社，1969 年版，第 1615–1616 页。

⑦ （清）朱寿朋编、张静庐等校点：《光绪朝东华录》（第四册），中华书局 1984 年重印版，第 4679 页。

时务，讲求实学。”[①] 由此可见，“实学”思想已经很深入地渗透到清末上层人物的教育思想中。

“皖江公学”创办者正是回应和遵循了“新政”的“实学”思想的，所以在《章程》一开始就提出“研究实学，通知外情”的办学宗旨；在具体教学中《章程》规定要“仿西国学制”、聘任相关教师“讲演实学”[②]。由于“皖江公学”依托皖省藏书楼而创立，该楼的《皖省藏书楼开办大略章程十二条》中相关规定也体现了这种思想，如该章程的购书原则是：“凡属有益经世之学，无论古今中外，均须随时增购，以供众览，庶备讲求实学转移风气之用。”[③] 我们说，“皖江公学”是“实学”思想应用到具体的办学实践的结果。

其次，《章程》中一再提及“各国之兴”、“以最近之日本证之”、“仿西国学制”等话语，并拿安徽与日本相比较，这些均表明“皖江公学”的创办者意在借鉴国外办学经验的思想倾向。《章程》特地说“福泽谕吉，布衣也，而创庆应义塾；大限伯，元勋也，而创早稻田学校。”[④] 这里是列举福泽谕吉创办庆应义塾和大限重信（即“大限伯”）创办早稻田学校的例子，意在阐明他们要立志学习明治维新以来日本诸多“私家团集”办高等级私立学校的意愿。需要指出的是：庆应义塾和早稻田学校皆为私立高等学校，前者在1868年正式成为大学，后者是“东京专门学校”位于早稻田地区的分部，于1882年10月21日创立，在“明治三十五年（1902年9月）升为大学，改名‘早稻田大学’”[⑤]。

其三，“皖江公学”是根据当时安徽省城高等教育不发达的现状而创立的。

“皖江公学”之前，近代安徽高等教育不甚发达。就高等学堂而言，仅有“安徽大学堂”和“安徽武备学堂”两所。“安徽大学堂”的前身可以追溯至“求是学堂”，它是巡抚邓华熙于1897年创办的，是“安徽第一所新型学堂，属大学预科，是安徽省新型教育的萌芽”。[⑥] 1901年10月巡抚王之春“将求实学堂改为安徽大学堂”[⑦]，1902年有人称之为“安徽高等学堂”[⑧]。“安徽武备学堂”

---

① 朱有瓛：《中国近代学制史料》（第一辑·下册），华东师范大学出版社1986年版，第454页。

② 《皖江公学试办章程》（一册），安庆市图书馆藏，清代光绪木活字本，页1a，3a。

③ 《皖省藏书楼开办大略章程十二条》，见李希泌、张椒华编：《中国古代藏书与近代图书馆史料》，中华书局1982年版，第108页。

④ 《皖江公学试办章程》（一册），安庆市图书馆藏，清代光绪木活字本，页1a。

⑤ 王云五主编、大限重信等著：《万有文库·日本开国五十年史》（六），商务印书馆1929年版，第64页。

⑥ 沈寂：《安徽新型高等教育的开端》，《安徽大学学报》（哲社版）1998年第5期。

⑦ 安徽省地方志编辑委员会编：《安徽省志·教育志》，方志出版社1997年版，第455页。

⑧ （民国）教育部中国教育年鉴编审委员会编：《第一次中国教育年鉴》“丙编”，开明书店1934年版，第13页。

于1902年建于安庆巡衙东[①]。这种现状是促使“皖江公学”创办的重要原因之一。正如《章程》所云：

安徽土地之广，人民之众，殆半日本，而民间未常有学，绅富及官家之有气力者，则资而遣其青年之子弟，斳学於大都会（如北京、上海、天津等处），远者且越重瀛而东，消费重繁，远行可念，教育良否，尚不可知。……省城大学诚完备矣，然或以额满见遗，不免向隅之叹。况官於斯土者，又以格於例而不能，（某等）忧之久矣，爰於今岁合众力而为之，就藏书楼公地开一学堂，倡立私学校之风，收普及教育之效。[②]

这里说：当时安徽省城安庆的官立大学（当指当时的“安徽大学堂”、“安徽武备学堂”）尽管完备，但名额有限。那些有财力的“绅富及宦家”可以送其子弟去“大都会”学习或去国外留学，而对于更多的青年才俊来说因为“额满”就失去了就学机会，这是非常可惜的。加之当时民间又“未常有学”，因此开办者乃“合力”择“藏书楼”公地，“倡”议创建“皖江公学”。

（三）“皖江公学”的性质

根据《章程》，我们认为“皖江公学”是近代安徽第一所私立高等学堂，同“安徽大学堂”一样，属大学预科，它是“壬寅学制”的产物。

“皖江公学”创办应稍迟于“安徽大学堂”和“安徽武备学堂”。不过，前两所是官办（或公办），而“皖江公学”是私立的，《章程》已经明确地告诉了我们这一点。

《章程》规定：皖江公学“限三年卒业”，“所设课程，务在开普通学之门径，即为他日专门学之基础”，其“考校之法，仿西国学制”。[③] 结合《章程》中所开设课程，我们认为它是依据“壬寅学制”而制定。

“壬寅学制”是我国历史上由国家颁行的第一个近代学制，它是清政府在“新政”时期由管学大臣张百熙于1902年主持拟定的，包括《钦定蒙学堂章程》、《钦定小学堂章程》、《钦定中学堂章程》、《钦定高等学堂章程》、《钦定京师大学堂章程》及《考选入学章程》等，后来1904年颁行的“癸卯学制”即是在此基础上形成的，“壬寅学制”中涉及高等教育者以《钦定高等学堂章程》、《钦定京师大学堂章程》为主。

“壬寅学制”规定：京师设大学堂，各省设高等学堂。“京师大学堂分大学院、大学专门分科、大学豫（预）备科。……大学院主研究，……专门分科凡

① 安徽省地方志编辑委员会编：《安徽省志·教育志》，方志出版社1997年版，第455页。

② 《皖江公学试办章程》（一册），安庆市图书馆藏，清代光绪木活字本，页1b。

③ 《皖江公学试办章程》（一册），安庆市图书馆藏，清代光绪木活字本，页1b，2b。

七：……预备科分政、艺两科。……各三年卒业。……各省高等学堂为中学卒业之升途，又为入分科大学之豫备。分政、艺两科。”① 之所以设预备科，是因为京师大学堂刚开办，“学生无所取材。今议先立预备一科，本一时权宜之计”②。对于各省的高等学堂有规定曰：“今定省会所设学堂曰高等学堂……高等学堂虽非分科，已有渐入专门之意，应照大学预科例。”③ 省级高等学堂有官立和私立之分，其卒业学生皆可升入大学堂肄业。

“皖江公学”属典型的私立省级高等学堂，相当于京师大学堂下设的“大学预备科”，是安徽学子们未来进入大学堂的门径之一。

“皖江公学”开设的“普通学”课程，三年有十三门：伦理、历史（东亚、中外）、地理（东亚、中外）、算学、格致、词章、英文、日文、生理、政治略论、农工商浅理、习字、体操等，这些课程基本按照京师大学堂预科的“政科”所开课程设置。两者相比较有四种名目完全相同，即“伦理”、“词章”、“算学”、“体操”四科；另外，“历史”、“地理”等同于预备科的“中外史”、“中外舆地”；“格致”等同于“物理”④；“农工商浅理”等同于“理财”；将“生理、政治略论”来代替预备科之“名学、法学”。所不同的是：“皖江公学”摈弃了京师大学堂预备科所开科目中的“经学”、“诸子”类课程；此外，“皖江公学”的“外国文”选择英文和日文作为学习对象，体现了该校重视外语学习的特色。

（作者单位：安庆师范学院文学院）

---

① 见赵尔巽等撰：《清史稿》“卷一百七·志八十二·选举二·学校二”，中华书局1976年版，第3130-3131页。

② 《钦定京师大学堂章程》，见沈云龙编《近代中国史料丛刊》（第三编），文海出版社有限公司，民国六十三（1974）年版，第3页。

③ 《钦定高等学堂章程》，见沈云龙编《近代中国史料丛刊》（第三编），文海出版社有限公司，民国六十三（1974）年版，第1-2页。

④ 如章炳麟明确指出：“格致者何？日本所谓物理学也。”（见章炳麟：《论承用“维新”二字之荒谬》，《国民日报》1903年8月9日第三号）；郑观应说“西人之所鹜格致诸门，如一切汽学、光学、化学、数学、重学、天学、地学、电学，而皆不能无所依据，器者是也。”（见郑观应著、陈志良选注：《盛世危言·道器》，辽宁人民出版社1994年版，第18页。）

明清时期安庆私家藏书研究*

沈志富

内容提要：明清时期安庆地域文化兴盛，私人藏书业十分发达，表现在藏书家基数大、分布广、中心区域明显。无论是藏家数量还是藏书规模，安庆藏书家都作为一个整体支撑起安庆文献之邦的美誉。其私家藏书特点鲜明，诸如藏书品位高、藏书家族多、藏书家多学问家、藏书家多善举等，这些都为我们观察安庆乃至皖江地域文化提供了一个独特视角。

关键词：藏书；安庆；明清时期；特点

一、引 言

安庆地区有着悠久的人文史，位于天柱山麓、潜水之滨的薛家岗新石器文化遗址开启了安庆远古文化的序幕。公元前106年（元封五年）冬，汉武帝巡狩霍山，“登礼潜之天柱山”，分封“南岳”，更是安庆文化史上的盛事。此后，安庆地区经济逐步开发，文化渐次发展。自南朝至宋，禅宗二祖慧可、三祖僧璨驻锡于司空山、天柱山，四祖道信及多位高僧大德弘法于此，禅宗文化成为这一时期安庆地域文化的重要象征。以天柱山与舒州故城为中心，文人骚客纷至沓来、僧侣高士往来不绝、官宦名贤云集于此，譬如盛唐曾留下李白、白居易的吟咏，北宋流传着王安石、黄庭坚、欧阳修的轶事。同时域内名山尽为僧人所占，唐有司空本净、天柱崇慧、投子大同，宋有投子义青、浮山法远、白云守端，诗与禅在安庆一地融会贯通。在此背景下，安庆地区的科举文教皆取得了长足进步，名宦乡贤辈出，这些都为古时安庆藏书事业奠定了坚实的基础。

明清时期是安庆地域文化的极盛期，时安庆为“一府六邑”建置，辖桐城（含今枞阳县）、怀宁（含今安庆市区）、潜山、望江、太湖（含今岳西县）、宿松六县，乾隆二十五年后更成为安徽省会驻地。这一时期在安庆出现了以桐城派与徽班为代表的文学流派和戏剧形式，安庆藏书事业也正是在此时进入兴盛时

* 本文系安徽省教育厅人文社会科学研究项目“明清安庆藏书家研究”阶段性成果之一（项目编号：2010sk348）。

期，无论从藏书规模还是藏家数量，安庆藏书家作为一个群体都已展现在中国藏书史的舞台，安庆亦成为皖省与徽州比肩而立的文献之邦。

二、藏书家情况

表 1　明清时期安庆藏书家分布概况

	桐城	怀宁	潜山	望江	太湖	宿松	总计
明代	10	2	4	1		2	19
清代	40	16	7	2	3	29	97
小计	50	18	11	3	3	31	116

（一）基数大——不逊江浙

在杨立诚、金步瀛的《中国藏书家考略》以及梁战、郭群一的《历代藏书家辞典》等专业工具书及当代著名文献家刘尚恒先生的《安徽藏书家传略》基础上，笔者根据《江南通志》、《重修安徽通志》、《安庆府志》、安庆各县县志及马其昶《桐城耆旧传》、萧穆《敬孚类稿》等各类主要乡邦文献的检辑考录统计，明清时期见于文献记载的有明确藏书事迹的安庆地区私人藏书家数量达 116 人之多，如此规模庞大的藏书家群体出自一府之地即使在号称藏书事业发达的江浙地区也是不多见的。

（二）分布广——遍及六邑

从时代分布看，116 人中，明代藏书家 19 人，清代 97 人，清代人数较明代为多。

从地域分布看，明代 19 人中，桐城 10 人、怀宁 2 人、潜山 4 人、望江 1 人、宿松 2 人；清代 97 人中，桐城 40 人、怀宁 16 人、潜山 7 人、望江 2 人、太湖 3 人、宿松 29 人。可见明清时期安庆各县均有藏书家出现，其分布广泛，遍及全境。

（三）中心区域明显——尽出桐城

从上述统计数字看，安庆藏书家在分布上有着显著的核心区域。号为“文都”的桐城是安庆藏书家最主要来源地，明清两代桐城藏书家数量达到 50 人，几近全安庆总数的一半，大藏书家及藏书世家几乎都出自桐城。因此桐城是当之无愧的中心地带，这与明清时期桐城文化在全国的影响力相当匹配。此外宿松、怀宁等县藏书家数量也很大，从一个侧面反映了明清时期安庆府经济、社会与文化的整体发展水平。

三、私家藏书特点

（一）藏书规模宏富

明清时期安庆文化发达，私家藏书水平高，藏书量丰富，数千、数万卷藏家比比皆是，成为当时安庆地域文化的一大景观。

如明代，桐城藏书家叶灿，官至礼部尚书，“好蓄书，家藏数万卷”，其一生清廉，家无他珍，据说崇祯年间叶宅曾遭盗贼光顾，结果唯见“牙签充栋”，一无所得；[①] 方见，嘉靖间名士，“厨书万卷，皆手自校雠”；[②] 胡瓒，累迁江西左参政，政声卓著，“所居有万卷楼，日阅一卷以自娱，丹黄无遗”；[③] 潜山人金道器，理学名士，尝与嘉靖万历间著名学者罗近溪、周海门、顾泾阳、高景逸等游，博览群书，“散千金产，积书三万卷，沉酣其中”；[④] 金珸，文学倾于一时，曾在宅旁构筑别业，“书史充栋，藏书五万卷，校雠其中”[⑤]。

清代藏量更丰，人数更众。桐城人左国鼎，系明代诤臣左光斗从子，为人深沉多思，曾“聚图籍千余卷，坐卧与俱”；[⑥] 祝祺，博学工文，清代名臣、大学士张英即出其门，早年家贫，但“得钱则购书，积书数千卷，皆手自标识”；[⑦] 李雅，曾与何永绍共辑《龙眠古文》24卷，沉酣诗文，“家藏文集无虑千种”；[⑧] 姚范，古文大家姚鼐的伯父，晚清著名学者姚莹的曾祖，生平博极群书，自经史百家天文地理小学训诂无不淹通，自少至老未尝一日废学，曾“蓄书十万余卷”；[⑨] 光聪谐，官至甘肃布政使，早年家贫，从人借读，通籍后，广置书籍，有稼墨轩，“聚书三万余卷”；[⑩] 张赟，专于易理，“购书万卷，批览不辍”；[⑪] 吴自高，尝为张廷玉府幕，笃学于书，无所不读，家中“藏书数千卷，日夜披览”；[⑫] 吴如春，积学笃行，“藏书数万卷”；[⑬] 文汉光，游方宗诚门，肆力古文

---

① 马其昶．桐城耆旧传．合肥：黄山书社，1990.

② 张楷．康熙安庆府志．北京：中华书局，2009.

③ 中国地方志集成·安徽府县志辑12·康熙桐城县志．南京：江苏古籍出版社，1998.

④ 中国地方志集成·安徽府县志辑17·民国潜山县志．南京：江苏古籍出版社，1998.

⑤ 张楷．康熙安庆府志．北京：中华书局，2009.

⑥ 张楷．康熙安庆府志．北京：中华书局，2009.

⑦ 张楷．康熙安庆府志．北京：中华书局，2009.

⑧ 马其昶．桐城耆旧传．合肥：黄山书社，1990.

⑨ 中国地方志集成·安徽府县志辑12·道光桐城续修县志．南京：江苏古籍出版社，1998.

⑩ 马其昶．桐城耆旧传．合肥：黄山书社，1990.

⑪ 马其昶．桐城耆旧传．合肥：黄山书社，1990.

⑫ 中国地方志集成·安徽府县志辑12·道光桐城续修县志．南京：江苏古籍出版社，1998.

⑬ 中国地方志集成·安徽府县志辑12·道光桐城续修县志．南京：江苏古籍出版社，1998.

词，喜购书籍字画，咸丰初收得乡世家散佚之书达十数万卷；[①] 徐璈，嘉庆十九年（1814）进士，曾主讲亳州、徽州书院，好学不倦，纂述不辍，“聚书三万余卷”；[②] 吴汝纶，京师大学堂总教习，桐城派后期古文大家，生平独好聚书，家藏数万卷，考订校勘，丹黄殆遍；[③] 萧穆，清末著名文献家，一生清寒，孜孜于读书明理，闻有异本必购致之，会乱后大力购书，聚书至二万卷；[④] 怀宁藏家马征麐，勤学嗜古，精于礼学，尝从曾国藩办军务，因嘉叹之为“当代大儒”，家世富藏书，自购求补苴，达五万卷；[⑤] 潜山人葛修萃，自少弃儒从医，建竹圃，“置医书数千卷，往往遇奇疾多奇中”；[⑥] 太湖人王大枢，少孤力学，“筑室司空山下，购书万卷，朝夕寝读其中”；[⑦] 张国秉，家世藏书数万卷，朝夕寝馈，为文直追秦汉；[⑧] 望江藏书家倪模，嘉庆四年（1799）进士，好藏书，喜古钱，筑室大雷岸，藏书十余万卷，金石千余卷，寝食其中，泾县赵绍祖称其为当时“安徽藏书之冠”；[⑨⑩] 宿松杨德中，性好古，藏书逾万卷。[⑪]

（二）藏书品质精良

明清安庆藏书家藏书质量高，种类多，早期注重版本，多宋元明本，且精于校勘；至近代则紧跟时代变迁，注重经世致用类图书的收藏，体现了安庆藏书家颇高的文化品位与宽广的时代视野。特别还有一类藏家，与多数藏书家综收儒家经典与诸子杂集不同，他们喜藏某类专门文献，构成了明清安庆藏书的另类景象。

宋元明木收藏方面，如明代桐城叶灿，每闻有异本必购之，所收图书皆手自雠勘；方大美，曾任太仆寺少卿，藏书印有“黄中氏”白文方印，藏有宋刻《增广注释音辨唐柳先生集》，入清流入大内；[⑫] 清代桐城章甫，博极群书，家有“小嫏嬛”书室，藏印有“小嫏嬛”白方，所藏明版《世说新语》，入清流入大

① 萧穆．敬孚类稿．台北：文海出版社，1969.

② 苏惇元．樗亭文集·樗亭舅氏文集跋．刻本．

③ 贺铸．碑传集三编·吴先生行状．台北：文海出版社，1970.

④ 马其昶．桐城耆旧传．合肥：黄山书社，1990.

⑤ 中国地方志集成·安徽府县志辑 11·民国怀宁县志．南京：江苏古籍出版社，1998.

⑥ 中国地方志集成·安徽府县志辑 17·民国潜山县志．南京：江苏古籍出版社，1998.

⑦ 中国地方志集成·安徽府县志辑 16·民国太湖县志．南京：江苏古籍出版社，1998.

⑧ 中国地方志集成·安徽府县志辑 16·民国太湖县志．南京：江苏古籍出版社，1998.

⑨ 沈葆桢，吴坤修．续修四库全书·重修安徽通志．上海：上海古籍出版社，2002.

⑩ 江尔维．北京图书馆藏珍本年谱丛刊·倪迂存先生年谱．北京：北京图书馆出版社，1999.

⑪ 中国地方志集成·安徽府县志辑 14·民国宿松县志．南京：江苏古籍出版社，1998.

⑫ 彭元瑞．中国历代书目题跋丛书·天禄琳琅书目后编．上海：上海古籍出版社，2007.

内;[1] 姚觐闾，生平爱书籍，家多善本，披阅未尝释手;[2] 姚柬之，早年师事姚鼐，潜心经史，藏书颇富，中有北宋刊本《东观汉纪》48册，萧穆曾见并著于《癸卯札记》;[3] 姚元之，家有小红鹅馆，所藏善本书后皆入藏台湾国立中央图书馆，有“桐城姚氏小红鹅馆收藏”朱长方藏书印;[4][5] 吴闿生，吴汝纶之子，藏书颇丰，其中有宋刻《大观本草》极名贵，后入藏北大图书馆；萧穆，早年以搜集桐城乡先辈遗著为主，后兼广收清人著述及珍稀版本书，其宋版《孔子家语》为传世孤本，卒后藏书流入沈曾植、刘世珩、熊罗宿等人;[6] 宿松黄有壬，好读古书，购旧本百家传记数十种，端缮成帙，丹铅卷轴不去手五十余年;[7] 苏国轼，家藏古器及名人字画甚富，购求不吝重资，所得宋元明真迹颇多。[8]

经世致用类图书的收藏方面，如清末宿松张寅亮，喜多购有用之书，如二顾《天下郡国利病书》、《方舆纪要》及近人《瀛环志略》、《海国图志》、《经世文编》等，专心浏览辄欣然寝食忘;[9] 高骏烈，肄业湖北张之洞两湖书院和经心书院，与张謇亦师亦友，戊戌变后，更薄科名，奋笔时务，多购有用书，聚谈游说不倦，生平以交游为业，游资每裕辄尽以购书实藏，多手书校勘卷端，丹铅遍布行间。[10]

某些专门文献的收藏方面，如明代桐城吴道隆，太霞宫道士，好蓄书，专收真经秘籍及儒坟梵典等宗教类书籍，所收图书皆装潢标记以轫箧衍；望江王材，喜购藏奇书名画；清代潜山葛修萃，专门收藏医书达数千卷。[11]

（三）藏书世家众多

明清时期安庆地区不仅藏书家数量出众，而且出现了多个著名的藏书世家，其代表有桐城姚氏、方氏、张氏，怀宁马氏，宿松朱氏等。这些藏书家族，他们累世藏书、祖孙相传、迭次递藏，成为安庆私家藏书史上一大特色。

桐城姚氏家族，自姚范、姚淑兄弟，至姚鼐（淑之子）、姚莹（范之曾孙），祖孙四代，代有藏书，其中姚范与姚鼐的藏书规模甚巨。姚范是桐城派早期重要

---

① 彭元瑞．中国历代书目题跋丛书·天禄琳琅书目后编．上海：上海古籍出版社，2007.
② 中国地方志集成·安徽府县志辑12·道光桐城续修县志．南京：江苏古籍出版社，1998.
③ 刘尚恒．清代安徽藏书家（三）．图书馆工作，1999（3）：53-54.
④ 沈葆桢，吴坤修．续修四库全书·重修安徽通志．上海：上海古籍出版社，2002.
⑤ 国立中央图书馆特藏组．善本藏书印章选粹．台北：国立中央图书馆，1988.
⑥ 马其昶．桐城耆旧传．合肥：黄山书社，1990.
⑦ 中国地方志集成·安徽府县志辑14·民国宿松县志．南京：江苏古籍出版社，1998.
⑧ 中国地方志集成·安徽府县志辑14·民国宿松县志．南京：江苏古籍出版社，1998.
⑨ 中国地方志集成·安徽府县志辑14·民国宿松县志．南京：江苏古籍出版社，1998.
⑩ 中国地方志集成·安徽府县志辑14·民国宿松县志．南京：江苏古籍出版社，1998.
⑪ 中国地方志集成·安徽府县志辑17·民国潜山县志．南京：江苏古籍出版社，1998.

作家，其为文以品节自励，曾主讲天津与扬州书院，生平蓄书十万余卷，自经史百家天文地理小学训诂无所不包。姚范一生之中曾与同里叶酉、王洛、刘大櫆、方泽等人交往甚深，而姚鼐师从刘大櫆，亦受教于伯父姚范，其丰厚的藏书多为姚鼐所用，对姚鼐古文之学臻于佳善助益极大。姚范一生“恒不著书而翻阅校勘至老不辍”，所藏图书“悉加朱墨，见有错谬羡脱随手纠正各纪录于简端”。姚范卒后，藏书散失颇多，其中一部分为姚鼐收藏，包括他的一批重要手稿也被保存下来。姚鼐成名后，构室惜抱轩，收藏书籍、金石书画颇富。晚年后，除将一部分碑帖书画出售，其余自姚范递藏下来的经史杂集及手稿待姚莹成年后悉举以相付。姚莹对这些藏书和手稿进行了全面整理、逐条编纂，编成《援鹑堂笔记》46卷、《古文集》5卷、《诗集》7卷、《乡贤录》1卷付梓。[①②]

桐城方氏家族，方式济、方观承、方维甸、方若蘅，祖孙四代皆有藏书。其中方维甸，为式济之孙、观承之子，累官至直隶总督，家有心兰室，藏书颇丰。乾隆中开四库馆，献家世三代（方式济、方观承、方维甸）著作，其中式济《龙沙纪略》录入《四库全书》、观承及维甸诗集皆入《四库总目》中“存目”。[③] 方若蘅，系方维甸之五女，适杨希铨，工诗，著有《镜清阁集》。喜藏书，藏书印有“若蘅”（白方）、“心莲室”（朱长）、“方氏若蘅曾观”（白长）、“桐城女史”（朱方）、“悟真仙馆”（白方）等数枚。[④]

怀宁马氏家族，马守愚、马征麐，父子递藏，且接续编纂藏书书目。马守愚自幼博学务实，自经史以至国家掌故九流家言，无不究览。善为义事，其藏书甲乡里，著有《知艰录》等书，编有《素行居藏书目》8卷，为其子仿四库例为题录刊刻行世。马征麐继承其父之经学，于诸经小学读史方舆沿革各有撰著，生平长于图谱之学，尤见珍异域。光绪间曾受曾国荃聘为金陵书局总校与编辑。其父藏书传至马征麐之手尚有十之五六，又购求补苴，达五万卷，颜曰思古堂。一生著述宏富，列经史子集各部数百卷，并编有《素行居藏书目补编》及《书目举要》、《仙源书院藏书目录初编》。[⑤⑥]

朱氏家族是宿松望族，因有清初大儒朱书名震文坛。朱书自幼聪慧，家富藏书，与戴名世等人交往深厚，为桐城派早期发展奠定了重要基础。后其藏书递藏至子朱晓、朱曙，孙朱效祖之手仍有数万卷。朱效祖亦粹于文，深为桐城派初祖

---

① 中国地方志集成·安徽府县志辑12·道光桐城续修县志．南京：江苏古籍出版社，1998.

② 包世臣．艺舟双楫．北京：北京图书馆出版社，2004.

③ 马其昶．桐城耆旧传．合肥：黄山书社，1990.

④ 国立中央图书馆特藏组．善本藏书印章选粹．台北：国立中央图书馆，1988.

⑤ 中国地方志集成·安徽府县志辑11·民国怀宁县志．南京：江苏古籍出版社，1998.

⑥ 李振庸，等．安徽通志．刻本，1830.

方苞契赏，曾示以乃祖朱书与戴名世、方苞交往之作。然效祖性过兢慎，因朱书曾受戴南山案牵连，至乾隆朝曾有禁书之令，心有余悸，遂将数万卷藏书举而煨烬之，连朱书的《杜溪遗稿》也损毁殆半，深为学者惜之。[①]

（四）藏书家多学问家

明清时期的安庆藏书家几乎都是读书治学的学者专家，他们将藏书与治学紧密结合在一起，多精于校雠考证，利用藏书或从事诗文创作，或注经治史，或授徒教学，培养了一代代文学才俊，为后人留下了丰厚的著述，将藏书之功用最大限度发挥出来。

明代桐城叶灿所藏图书皆手自雠勘，凡大卷帙图书还将之精心装封，平日爱书如命，累书如城，坐卧其中，其诗文自成一家，著有《庑下草》、《读书堂稿》、《天柱集》、《南中稿》等若干卷。清代桐城潘江自幼敏慧，博极群书，以藏书著书为乐，著作有《名宦乡贤实录》、《六经蠡测》、《字学析疑》、《记事珠》、《木厓诗集》共40余种，还辑有《龙眠风雅》64卷。[②] 姚范生平藏书皆手自论订，蝇头殆遍，披校考证伪谬，辄手书片纸记之，其曾孙姚莹正是依靠掇拾绪余才辑出《援鹑堂笔记》46卷刊行于世。方中履，方以智少子，生平不治举子业，力学嗜古，藏书万余卷，靡不披览，著有《古今释疑》18卷、《汗青阁全书》数十种。[③] 唐黼，好聚书，家蓄数万卷，丹黄纂记无虚日，著有《戒子河壶集》、《渔庄诗草》等。[④] 姚觐訚，生平爱书籍，家多善本，披阅未尝释手，著有《卿门诗稿》、《爱春轩诗草》，编有《桐城诗萃》。[⑤] 吴汝纶曾任保定莲池书院山长、京师大学堂总教习，对家藏数万卷考订校勘，丹黄殆遍，著有《桐城吴先生全书》。怀宁陈世镕，生平好蓄书，安徽巡抚陶澍爱其才收为门下，曾给以重资纵其置书，所得精本甚多，尝营造居室曰“求志居”，著书立说不辍，有《周易廓》、《书说》、《诗说》、《求志居诗文集》、《皖江三家诗抄》等百数十卷。[⑥] 望江沈镐，究心史学，校订纲目，藏书为乡里最富，著有《韵书》、《蜀游记》、《诗古文稿》等。[⑦⑧] 宿松刘应缙，家居购别业，书史充栋，朝夕雠校其中，历任仪征训导、青阳教谕，造士颇多，宦归著书自娱，有《麟定堂诗稿》、

① 中国地方志集成·安徽府县志辑14·民国宿松县志．南京：江苏古籍出版社，1998.

② 中国地方志集成·安徽府县志辑12·道光桐城续修县志．南京：江苏古籍出版社，1998.

③ 张楷．康熙安庆府志．北京：中华书局，2009.

④ 中国地方志集成·安徽府县志辑12·道光桐城续修县志．南京：江苏古籍出版社，1998.

⑤ 中国地方志集成·安徽府县志辑12·道光桐城续修县志．南京：江苏古籍出版社，1998.

⑥ 中国地方志集成·安徽府县志辑11·民国怀宁县志．南京：江苏古籍出版社，1998.

⑦ 江尔维．北京图书馆藏珍本年谱丛刊·倪迂存先生年谱．北京：北京图书馆出版社，1999.

⑧ 中国地方志集成·安徽府县志辑13·乾隆望江县志．南京：江苏古籍出版社，1998.

《史略》及删注老庄诸子。[①] 何文甫，家藏经史百子，丹墨殆遍，诱掖后进津津不倦，品学见重一时，著有《仲山文集诗集》。[②] 李编，五经史汉皆手录端楷不苟，于宅旁筑书室数楹，率子侄诵读其中，孜孜不倦。[③]

（五）藏书家多善举

明清时期安庆藏书家既是当时地域文化的积极建设者，同时他们也热心于公益事业，其一个个藏书善举构筑了安庆藏书史上代代相传的经典佳话。

他们或积极支持四库全书征书工作。清乾隆间四库开馆向天下征书，安庆地区的学者、藏书家积极响应，献书者甚众。桐城张若淮为张廷瑑之子，曾任四库馆副总裁，家藏书甚富，曾获雍正皇帝一次赐书达 52 种。四库开馆，若淮献家藏书，录入《四库全书》者 8 种，录入存目者 26 种，计 34 种之多。[④] 张若渟，张廷玉之子，四库开馆，献家藏书，其祖张英《文端公集》录入《四库全书》、其父张廷玉《澄怀园全集》录入存目。方维甸献家世三代著作，皆有录入。怀宁丁田树，乾隆四十年（1775）以家藏本同邑郑道明《续笺山房集略》十余卷献上，得列子部杂家提要。[⑤]

或不匿私藏，纷纷将藏书开放给贫寒之士借阅、传抄，甚至直接相赠。如桐城潘江个人藏书颇富，肆力诗古文，四方从游者甚众，号为“江左文章之冠”。当时同邑后学戴名世尚未出名，潘江颇爱其才，将自家藏书悉数赠与戴氏，戴名世亦有记云：“里中有潘木崖先生，博雅君子也，家多藏书，余往往从借观，因师事之。”[⑥] 此事成就一段书林佳话。

或将个人藏书捐赠给公共文化机构。如怀宁马征麐曾以军功补用知县，自请改就太平教谕，创仙源书院，捐家藏书六十余种供书院诸生诵读。吴闿生，曾任北洋政府教育次长、国务院参议，居北京时，老屋数间，尽列藏书，包括宋刻本《大观本草》等，后大都捐北大图书馆。

或利用个人藏书服务教育事业。如潜山葛远鸣，字鹿萃，多财好施，家中各工具备，捐修县城东西北三门大桥，工不外募，又构书室，藏书其中，延聘塾师皆名儒，以教乡里。[⑦]

或借助藏书开展校书刻书工作。如桐城萧穆，聚书二万卷，一生埋首典籍的

---

① 中国地方志集成·安徽府县志辑 14·民国宿松县志．南京：江苏古籍出版社，1998.

② 中国地方志集成·安徽府县志辑 14·民国宿松县志．南京：江苏古籍出版社，1998.

③ 中国地方志集成·安徽府县志辑 14·民国宿松县志．南京：江苏古籍出版社，1998.

④ 马其昶．桐城耆旧传．合肥：黄山书社，1990.

⑤ 中国地方志集成·安徽府县志辑 11·民国怀宁县志．南京：江苏古籍出版社，1998.

⑥ 马其昶．桐城耆旧传．合肥：黄山书社，1990.

⑦ 中国地方志集成·安徽府县志辑 17·民国潜山县志．南京：江苏古籍出版社，1998.

收集、整理、校刊，除自刻刘大櫆的《历朝诗约选》外，其助人校刊书不下数百种，且不取酬、不记名。①

（六）产生多部藏书书目

藏书书目的出现是藏书水平的重要标志。明清时期一些安庆藏书家十分注意藏书书目的编纂，这些书目为后人留下了清晰可寻的藏书情况记录，具有重要的文献价值。

明代怀宁藏书家任之熼，号拙庵，曾著有《拙庵藏书录》，见于县志《史部目录类》。② 宿松金忠士，曾任监察御史、右佥都御史，生平博极群书，文武兼备，喜藏书，留有《万卷楼藏书记》。③ 清代怀宁父子藏书家马守愚、马征麐相继编纂《素行居藏书目》8 卷及《素行居藏书目补编》、《书目举要》、《仙源书院藏书目录初编》，对于研究马氏家族藏书演变状况具有极高的价值。特别是望江藏书家倪模，其藏书号为当时安徽藏书之冠，他曾两次编纂个人藏书书目，分别是《经锄堂书目》30 卷和《江上云林阁书目》4 卷，两部书目保存了丰富的有关倪模藏书缘起、藏书目录及藏书来源方面的资料，是明清时期安庆地区出现的最为完整全面、价值最高的私人藏书书目。④⑤

四、余　论

藏书事业反映一个时期一个地区的文化发展水平，古代私人藏书的规模更是一个地区经济与文化成就的缩影，藏书家的藏书风格又可看做此地士人阅读取向与学术风尚的重要参照。明清时期安庆私家藏书数量众多、规模宏大、特点鲜明，安庆私家藏书与其地域文化发展之间有着密切的内在联系，通过对其藏书特点的梳理既有助于我们全面认识这一地域的藏书事业史，也为我们把握明清时期安庆乃至安徽地区文化发展状况提供了一个独特的视角。

（作者为安庆师范学院图书馆馆员，硕士）

① 马其昶．桐城耆旧传．合肥：黄山书社，1990.

② 马其昶．桐城耆旧传．合肥：黄山书社，1990.

③ 中国地方志集成·安徽府县志辑 14·民国宿松县志．南京：江苏古籍出版社，1998.

④ 沈葆桢，吴坤修．续修四库全书·重修安徽通志．上海：上海古籍出版社，2002.

⑤ 江尔维．北京图书馆藏珍本年谱丛刊·倪迂存先生年谱．北京：北京图书馆出版社，1999.

吴国发祥地在江东横山

施长斌

内容提要：春秋时期，吴国都城在今天的苏州。自泰伯至阖闾，历经500多年，吴国中心从西北到东南，几经迁徙，阖闾最终定都姑苏。但苏州以前的吴国中心在哪里，一直是史学界的难解之谜。近年来，“无锡说”炒得沸沸扬扬，但仍脱不了时间的局限，缺乏春秋中期以前有力的考古实证。本文通过对史料及江东历史遗迹的挖掘分析，认为江东横山才是吴国最初的发祥地。

关键词：吴国；发祥地；横山

江东横山地处苏皖交界，分属安徽当涂及江苏溧水、江宁三县区。横山因四望皆横而得名，又称衡山、藩篱、吴山等。

古代，横山周边曾有一个与长江通连的大湖泊叫丹阳湖，范围覆盖今马鞍山、芜湖及南京、宣城等周边地区。长江在此分两支入海：一支由丹阳湖北部牛渚，经瓜洲，到吴淞入海，另一支由丹阳湖中江，经胥溪河，到钱塘入海。横山支脉从多个方向伸向湖心。山水之间，这里留下了包括吴越文明在内的诸多古老文化，更是留下了吴国发祥地的深深印记。

一、横山地区沿袭下来的许多地名可以佐证

古老吴国曾由这里发展到以苏州为中心的苏锡常地区。

(一)“姑孰”与“姑苏”

“姑孰”是历史上有名的江东地名。包括以今日当涂县为代表的马鞍山及芜湖等周边地区。当涂县城又叫“姑孰城”（肇筑于三国、《晋书》中多次提到)。“姑孰”之名，虽然从未作为县以上行政建制名使用过，但她从古至今一直是当涂这块土地的代名词。（如南北朝“姑孰才子”周兴嗣、明朝“姑孰郡公”陶安、今日当涂“姑孰x氏宗谱”等。)

当涂还有一条发脉于横山，因丹阳湖围垦而形成的姑溪河，其名称也是由“姑孰溪”演变而来。

就像吴都阖闾城城名是由吴王光的名字命名一样，“姑孰”之名也与吴王有关，是吴王“孰姑”的倒写（如同：海上城市叫“上海”)。据史书记载：吴国

创始人之一的仲雍字“孰哉”，其十九世孙吴王寿梦的字就叫“孰姑”。

在当涂，有“姑孰”之名源自“孰姑”的说法，而“姑孰”与后来作为吴都的“姑苏”读音基本相同，这绝不能简单地理解为偶然巧合。

（二）“丹阳”、“曲阿”及“润州”

1. “丹阳”得名源于“丹杨”

当涂县丹阳镇是横山周边地区最古老的城镇，秦始皇统一天下就在此设丹阳（杨）县（辖区相当于今南京、马鞍山、芜湖一带），至今仍能找到丹阳城依山傍水、四水环绕的长方形古城架构。

丹阳城，自秦朝设县之后一直是郡县置所在，直至唐代才降为镇，清代行政分割为南、北二镇，分别由安徽、江苏两省管辖至今，合称小丹阳。（据《至正金陵新志》载：“……丹阳县废而存丹阳镇，但镇江有丹阳县，故亦呼小丹阳，镇江为大丹阳。”）

“丹阳城”的得名源于横山脚下古泽——丹阳湖。丹阳湖乃我国古代“五湖四海”之五大淡水湖之一（《幼学琼林》称：“饶州之鄱阳、岳州之青草、润州之丹阳、鄂州之洞庭、苏州之太湖，此为天下之五湖”，其中所指“丹阳”，就是指横山脚下之丹阳湖。明代《太平府志》载：丹阳湖“东西七十五里，南北九十里，实太平巨浸也”；清代《太平府志》载：丹阳湖“徽、池、宁国、广德诸溪所汇也……百川汇通为三湖：一石臼、二固城、三丹阳，而丹阳最大，盖总名也”。可见其浩瀚之势），因湖区盛长红杨树而被称作“丹杨”，后来因“杨”、“阳”同音，改称“丹阳”。（或因丹阳城地处丹杨湖北岸，因水北为阳而称“丹阳”。《太平府志》、《江宁县志》中都有“丹阳”源自“丹杨”的相关记载。《三国志》中“陶谦，字恭祖，丹阳人”、“丹杨唐固”，“杨”、“阳”通用，实为同一丹阳——今日丹阳镇仍有陶谦故里及唐固村。隋朝，为避讳皇姓，彻底改为“丹阳”。至今丹阳湖心仍有一棵千年“红杨王”。）

2. “丹阳”曾叫“曲阿”

《三国志·吴书》载：“策舅吴景时为丹阳太守，策乃载母涉曲阿。”《江表传》载：“术知其（孙策）恨，而以刘繇据曲阿……”，又载“策渡江攻繇牛渚营，……（薛）礼据秣陵城、（笮）融屯县南”，策先攻笮融、再攻薛礼，先后夺牛渚、破海陵，转攻湖孰、江乘。“秣陵”、“牛渚”、“海陵”、“湖熟”、“江乘”等均为丹阳周边古城镇。由此看来，三国时的“曲阿”就在横山脚下之丹阳。

晋朝陶渊明写过一首叫《始作镇军参军经曲阿作》的文章，诗人从江西往南京，经过的只能是当涂丹阳曲阿。可见晋代当涂丹阳仍有“曲阿”之称。

今日当涂丹阳（俗称小丹阳）古城东三华里处，仍有一个村落叫“曲阿坊”。这里古代与丹阳城隔水相望，俗称河东。

3. “丹阳”也曾被称为“润州”。

至今这里还保留润州村、润州酿造厂、润州酱品厂等延续下来的传统地名。

“丹阳”、“曲阿”，显然与今天苏南的丹阳市同名；“润州”之名，不仅与古镇江同名，还与《吴地记》记载，取润州土筑阖闾城事件中的“润州”同名。

（三）“梅村”及其他

1. 丹阳湖、太湖流域都有“梅村”。横山脚下、丹阳镇北10华里左右有个村落叫“梅村”（今属江苏南京江宁区），丹阳镇附近至今也还有梅姓后裔。丹阳“梅村”与今日无锡号称“吴都故里”的“梅村”完全同名。

2. 关于丁令威炼丹遗迹。在有关江苏丹阳市的元代《至顺镇江志》、清代《丹阳县志》中，都记载了丁仙桥、皇塘等一些关于丁令威的地名和传说。这些，更都存在于当涂古今志书和现实中。《江南通志》也载道：“丁令威，辽东人，为泾县令，游姑孰，乐灵墟山泉石幽秀，炼丹于此，丹成，翔虚去。”唐代大诗人李白寻踪丁令威炼丹遗迹至当涂灵墟山，并作《灵墟山》诗一首：“丁令辞世人，拂衣向仙路。伏炼九丹成，方随五云去。松萝蔽幽洞，桃杏深隐处。不知曾化鹤，辽海归几度。”至今当涂灵墟山下仍有道教传人，并有炼丹洞、炼丹溪、八卦圩、丁仙桥等与丁令威有关的传统地名。

综上所述，江东横山周边沿袭下来的许多地名与苏州等苏南地区地名一致，且横山地区的地名往往更具有原始性。这不得不让人联系起先人——迁徙到一个地方后，将原乡的地名也“移植”过去的习惯。由此看来，古老吴国是由横山（丹阳湖）地区迁往苏州（太湖）地区的。（这也符合中原文明由北向南、由西向东的迁徙路径。）

二、历史典籍中，可以发现吴国发祥地在横山的文字记载脉络

《史记》、《吴越春秋》中都记载了这样一件事：早在殷商末年，周太王有泰伯、仲雍、季历三个儿子。老三季历的儿子叫姬昌，太王“知昌圣，欲传国以及昌”，期望他成就王业。泰伯、仲雍深知太王意愿，为成全季历，毅然出奔荆蛮，托名因太王生病而采药于衡山；后来季历顺利接位，传位给姬昌，成就了周文王。“荆蛮”，据唐人司马贞《史记索引》载：“地在楚越之界”（吴以前，今当涂地域系越楚交界处）；而“衡山”，钱大昕《二十四史考异》认为是当涂横山。（今日横山仍可见到题有“衡山”字样的古碑刻。）

又据《吴越春秋》记载，泰伯死后“梅里平墟”。成书于战国的《世本·居篇》记载：“吴孰哉居藩篱，孰姑迁徙句吴。”关于“梅里”和“藩篱”，汉代《绝越书》说：“传闻越王子孙在丹阳皋乡，更姓梅，梅里是也”；唐人陆广徽

《吴地记》又注："梅里又名番丽，今横山。""番丽"与"藩篱"同音，所说的"丹阳"自然包括横山在内，横山脚下旧有"皋乡"，今日仍有梅村、梅姓。

由此看来，寿梦（字孰姑）迁国都到与国名相同的句吴城之前（约500年），吴国国都一直在藩篱，即江东横山地区。

三、横山周边的历史遗迹，对吴国发源于横山的可能性给予了印证

江东横山、丹阳湖地区历史文明久远。横山北部有南京"汤山猿人"，往西跨丹阳湖隔江有"和县猿人"，往丹阳湖南部有芜湖繁昌的"人字洞"猿人，向东沿长江故道可达钱塘。横山脚下以"湖熟文化"（距今三四千年）为代表的新石器以前古文化遗址随处可见。这里有黄土圩的釜山遗址，有吴小山附近城子圩的朱方渡遗址，有曲阿坊附近的栗山遗址，有疑似"域门"的横山石门古迹，有疑似古人留下的图腾石刻。

当涂素有"吴头楚尾"之称。当涂西南有被称作"楚王城"的鸠兹（故地在今当涂、芜湖交界之黄池镇南）。当涂境内不仅有楚山，还有黄池、黄土圩、城子圩、城子山、吴小山、后城、朱方渡等一批古老而又与古吴国有联系的地名。当涂丹阳湖地区，新中国成立后仍有穿耳鼻、挂狗牙、鱼骨的荆蛮习俗及用铁石打击取火的习俗，至今仍留有"结草计数"的远古习俗，如老人死后，结草辫焚烧，草辫"结数"与年岁一致。

这里还有采石（牛渚）横江渡，为泰伯"南奔"渡江提供了可能（后来伍子胥、项羽等都在此附近过江）。山林江湖之间有林果、禽兽、鱼虾可食（横山附近的新石器遗址中有箭头、削刀、鱼钩、石网坠的发现），为泰伯落脚提供了可能。所有这些，都证明这里文明久远，泰伯在此聚部立国完全有可能。

四、历史名人的活动，从另一侧面佐证了横山地区在吴国的特殊地位

第一，历史上吴楚"衡山之战"、"鹊岸之战"、"长岸之战"等关于吴国早期的著名战事都发生在衡山、丹阳湖地区，现代又在丹阳湖南部的芜湖市发现了一把通长50厘米的吴王光剑（近剑柄处阴刻金文"攻吴王光自作用剑以当勇人"）。"楚子重"伐吴、"楚恭王"伐吴、"吴王光"智夺艅艎等战事在此轰轰烈烈，并在吴史中特别明确地加以记载，足见这一地区对吴国的重要。

第二，秦始皇南巡"过丹阳、达钱塘"，祭大禹。这不能不让人产生他寻访吴国故里、楚王古城、越国故都的联想。

第三，据江宁《丹阳镇志》载："汉高祖六年（前201年），置荆国……之后易荆国为吴国，又改吴国为江都国……汉武帝元朔元年（前128年），于江都国分置丹阳、湖熟、秣陵三侯国。""丹阳"、"湖熟"、"秣陵"即今当涂、江

宁、南京一带。汉高祖在丹阳一带设吴国，辖地仅限于横山周边地区，可见横山地区曾是古吴国的核心所在。

第四，孙策因其舅吴景为丹阳太守而来江东，后来被封“吴侯”；孙权又从横山脚下秣陵关移镇石头城建建邺城，创立“东吴”。可见吴国在此的地位。

第五，唐代大诗人李白，多次游历当涂，也曾长住横山、放歌丹阳湖，晚年定居当涂；在横山、丹阳湖一带留下了不少诗篇。其中在横山石门仙人洞，写下了《下途归石门旧居》：“吴山高，越水清……”等诗句。诗人把横山唤作“吴山”，这在他的诗篇中是少有的。

【参考文献】

[1]《史记》
[2]《三国志》
[3]《太平府志》
[4]《当涂县志》
[5]《江宁县志》
[6]《丹阳镇志》
[7]《当涂揽胜》
[8]《皖江晚报》登载的相关史料

（作者系当涂县发改委副主任、当涂县民间文艺家协会副主席）

盘点长山朱氏问题争议的史料

杨国宜

北宋名臣范仲淹两岁丧父，其母谢氏改嫁“长山朱氏”。这“长山”属今何地？学术界有两种看法，一为山东淄州，一为安徽池州，长期争论不休，至今尚无定论。为什么定不下来呢？我想，可能是对待“史料”的态度存在问题。不可讳言，研究人员因受客观因素的影响，难免有些主观，有选择地搜集史料，不够全面，不够仔细，未能完全遵守史学研究的“游戏规则”，以致不能实事求是，承认客观事实，难以得出一致结论，也就势所必然了。

史学应该是科学，应该具有客观性，不要把个人感情爱好夹杂进去，最好让“史料”说话，“论从史出”。因此，我想把长山朱氏两地说的“史料”，尽可能搜罗齐全，大体上按照时间稍加排比，略作介绍，让读者看看它们究竟说明什么问题，可以得出什么结论。

一、范公在皇祐四年（1052）去世后，由他的好友欧阳修撰写的《神道碑铭》只简单地说“公生二岁而孤，母夫人贫无依，再适长山朱氏。”（《范文正公集》附录·碑。“四部丛刊”本）

二、另一友人富弼撰写的《墓志铭》，也只是说“仲淹字希文，不幸二岁而孤，太夫人以北归之初，亡亲戚故旧，孤贫而无依，再适长山朱氏。”（《范文正公集》附录·碑。“四部丛刊”本）都是只简单地说“长山朱氏”，没有明确说明长山的具体所在，留下了一个谜。

三、范公去世后十三年，在他生活过的淄州长山县，由县令韩泽出面修建了可能说是全国第一座的范公祠堂，他亲自撰写《范文正公祠堂记》说：“公家世姑苏，幼而孤弱无父所怙，而后随其母氏来居兹土，留而不出，遂为邑人。公没之后，邑里无传焉。噫！古之人有德行节义，取而旌之，犹能以厉其风俗，况有功於天下者乎！治平中，泽出宰是邑，访公之迹，得公之实，因谓邑中诸君子曰：范公爵位如此其达，功烈如此其显，岂非兹邑之胜事耶？何久而不为之祠？诸君从容而语曰：今日之议允符夙昔之愿，盖邑素有是心，而患在位者未尝注意。既闻泽言，翕然乐从。治平二年（1065）三月四日记。”（《范文正公集》附录·碑。“四部丛刊”本）这篇《记》后来常被利用作为朱氏淄州长山说的证据。但它实际只是说范公原籍苏州，后随母来山东居住，“遂为邑人”。没有只言片语谈及“朱氏”。考虑朱氏曾在景德初（1004）来淄州担任过“长史”，后又继任“长山县令”（证据后面再介绍）。当然也可以说是“邑人”。但毕竟无法证明在此之前的若干年，即范母“改适朱氏”时（991年左右），也就是尚未来此做官时，就是淄州人。朱氏如果“世籍”淄州，而且做过当地的父母官，必然是大家族，应该很有地位和影响，为什么韩泽只字不提呢？特别是“公没之后，邑里无传焉”，几乎没有人记得他了。普通人“无传”，不再称道，力所不及，无需责备。“在位者未尝注意”，连在当地做官的也“淡忘”了，实在有点不应该。看来，“名人效应”对地方虽然很有好处，但还是需要“宣传”，不“注意”宣传，也是容易淡忘的。韩泽真是为长山县做了一件影响千年的大好事，不仅表彰了范公的高尚品德，而且把范公树为“邑人”，为长山增光不少，颇有功劳。范公在长山生活过不短时间，这是事实，谁也没有否认，无需争议。不过，朱氏原先是否是长山人？韩泽并没有说明，信息链断了，还存在漏洞，需要继续找资料证明才行啊！但愿资料具有真实性，经得起验证，时间不能太晚，时间越晚就越难证明了。总之北宋时的史料，长山朱氏何地？不明确。

到南宋时，长山朱氏究竟在什么地方？出现了淄州和池州二说，从而引起了争论。

四、当时的政治版图为南北对峙，长白山地区为金人统治。翰林学士刘仲元是邹平人，出于对家乡的热爱，写了篇《范文正公书堂记》，文辞并茂非常漂亮，不忍割爱，摘要如下：“傍邹邑山也，黉山处其东，长白峙其南，圣王诸山连峯委□于其西，圣王之南有山曰会仙，其峰壁立特起，苍翠可爱，其中有堂故基，曰书堂，世傅以为文正范公之别墅也，公复有上书堂在会仙之南，黉堂山之上，黉堂之得名者，亦以公尝读书于其上故也。仲元忝为邑人，求游堂下，慨然有感于中，乃为之歌曰：邹邑之阳兮耸列群山，会仙特起兮秀色可飡，有峰兮峨峨，有水兮潺潺，松风兮萧飒，白云兮往还，公之□兮水曲，公之居兮山颠，公之诵兮林下，公之歌兮云间，瞬千古兮易往，仰高风兮莫攀，德巍巍兮山之高，心休休兮云之间，凛兮孤松之操，渊兮巨浸之澜，谁复继此遐踪兮，跻斯民于寿域之安?”（《范文正公集·附录》）说明邹平人热爱范公，曾为之建造别墅和多处书堂，对宣传范公精神确实尽心尽力，实深敬佩。性质相似的，后来还出现了：

五、“醴泉寺，在济南邹平县黉堂山下，宋范仲淹读书时，尝见窖银覆之不取，后僧求修寺资，公使发银，适周于用。”（《范文正公集·附录》）

六、《范公泉记》：“宋皇祐中范文正公常帅青社，有德于人，而州之干方洋溪醴泉出焉，后人目之曰范公泉。以经兵革遂致湮絶，鞠为园蔬，踰五十载，耆老过之，靡不兴叹，乃者连帅完颜公思欲发前贤之迹，慰青人之意，乃按圖志，

询故老，得其故处畚锸，清泉复出，方池流沟作亭。大定辛丑（1181）十一月朔。”（《范文正公集·附录》）

七、《怀范楼》：中奉大夫致仕杨用道题：“事与陶朱均日焕，名彰长白倚天寒，何但东坡为流涕，遗编我读亦汍澜。”近于李舜臣家得公墨迹，虑其湮没，命工勒石以传永久。泰和乙丑（1205）春立石。（《范文正公集·附录》）长白地区这些范公的名胜景点，今天看来仍然很有意义，是其他地区难与比肩的。不过，对我们研究的“长山朱氏”问题，还没有挑明，有些含糊，不太明确。至少在时间上看还差若干年，衔接不上，难于证明。

八、长山朱氏在淄州，终于被宁宗朝嘉定年间（1208—1212）当过宰相的楼钥提出来了，他编了一部《范文正公年谱》说，范公“父墉，从钱俶归宋，任武宁军节度掌书记（武宁军即徐州），封太师周国公。文正公即书记第三子也，讳仲淹字希文，端拱二年（989）八月二日生，二岁而孤。母夫人谢氏贫无依，再适淄州长山朱氏”。首次提出朱氏“淄州长山”说，但他并未提出任何“证据”，缺乏必要的论证。可能楼钥是按“惯例”行事，属于合理推论，在没有“异议”的情况下，可能是对的。但以“长山”为名的地方不止一个，岂可完全以“惯例”行事呢！楼钥是当过宰相的学者，地位既高，又是第一个编出的范公《年谱》，影响自然很大，人们容易深信不疑。但他至少在这个问题上，有些疏忽，不够严谨，多有不实之处。例如：范仲淹的出生地，楼《谱》说：“端拱二年己丑秋八月丁丑，公生于徐州节度掌书记官舍。”就与范公自己所说“真定名藩，生身在彼”不合。为什么会出现这样的错误呢？估计是楼钥认为：既然仲淹之父“范墉从钱俶归宋，任武宁军（徐州）节度掌书记”，仲淹二岁其父即死，便想当然把仲淹的出生地定在徐州。由于他不知道范墉归宋以后曾“三掌书记”，即在任徐州之前，还任过武信（遂州）、成德（真定）的掌书记。于是，把范墉卒官之地，误定成为仲淹出生之地。可见，他掌握的资料有限，考证不够仔细，所以容易出错。再如，楼《谱》对长山朱氏的名字，也没有交代，更不用说朱氏到山东做官的地点与时间了。他既然说了“再适长山朱氏，亦以朱为姓，名说”，就不存在“难言之隐”，应该交代，而不交代，只能说楼钥“不知道”。（他不知道，后来的丁黼等人却知道，而且被验证是正确的。）说明楼《谱》搜集资料确实不全，记载多有失误，难以完全相信。

九、楼《谱》又记载：“祥符二年，年二十一岁读书长白山（醴泉寺），尝同众客见姜谏议遵，众客退独留范公引入中堂，谓其夫人曰：朱学究年虽少，奇士也，他日不惟为显官，当立盛名于世。”本条后人颇多引用，但只能说明范公曾在长白山（醴泉寺）读书，受到别人称赞，不能说明其他问题。

十、楼《谱》又记载：“祥符三年，读书长白山，日作粥一器，分为四块，早暮取二块，断齑数茎入少盐以□之，如此者三年。”本条后被引用的也很多，但还是只能说明范公长白读书时的艰苦，与若干年前朱氏就是“淄州长山人”没有关系。

十一、楼《谱》又记载，祥符八年，登第后有诗云：“长白一寒儒，名登二纪余，百花春满路，三月雨随车，鼓吹迎前道，烟霞指旧庐，乡人莫相羡，教子读诗书。”这首诗后被引用很多，但诗的时间、内容颇有差异。楼钥定在“登第”时（1015），从内容上看不太像二十多岁青年人的口吻，诗的来路也没有交代，难以置信。

十二、于是，有人指出这首诗来源于王辟之《渑水燕谈录》，原文如下“范文正公未免乳，丧其父，随母嫁淄州长白山朱氏，既冠，文章过人，一试为南宫第一人，遂擢第，仕宦四十年，晚镇青，西望故居才百余里，以诗寄其乡人曰：长白一寒儒，登荣三纪余，百花春满地，二麦雨随车，鼓吹前迎道，烟霞指旧庐，乡人莫相羡，教子苦诗书。”但我查了现今通行的版本，没有此条。再查四库本也不收此条。后来在民国时期的涵芬楼本卷七中找到了，但注明“库本无”。王辟之是北宋治平四年（1067）进士，其《渑水燕谈录》一书颇多当时文人轶事，流传甚广。楼钥应该可能看到此书，如原本确实有此条，既然明确记载是范公“镇青”时作，就不会定在中进士时。《范文正公集·附录》引用过《渑水》，但无此条。为何不引？可见《渑水》原本无此条。

十三、另据《事实类苑》卷三十四，也收有此条：“范文正公未免乳，丧其父，随母嫁淄山朱氏，既冠，文行过人，一试为南宫第一人，遂擢第，仕宦四十年，晚镇青州，西望故居纔百余里，以诗遗其乡人曰：长自一寒儒，登荣三纪余，百花春满路，二麦雨随车，鼓吹迎前道，烟霞指旧庐，乡人莫相羡，教子读诗书。”内容与上条基本相同。作者江少虞南宋初人，书成于绍兴十五年（1145）。从时间和内容推想，可能是抄王辟之的。但《范文正公集·附录》引用过《事实类苑》，却无此条。为何不引？可见《类苑》原本无此条。

十四、（又过了几百年，清朝乾隆元年（1736）编辑的《山东通志》卷三十五，也收有此诗，显为辗转抄录，由于“缅怀往昔”，因而“相沿成习，猝难遽改”。其史料价值已经不大了。）

楼钥比王、江二人都晚，编范公《年谱》时，应该见到二人之书，但却不采纳书中的“青州”说，而定为“登第”说，说明二书中没有此诗。可以推断他那时见到的只是社会上流传的抄件。那首诗表达的时间、地点和词句都未定型，因此我们今天所见三书的词句各异。今本前二书中范公的诗是后人羼入的水货。再说，范公皇祐三年（1051）知青州，离故居才百余里，为何不回乡，为何不与朱氏亲人见面？为何只给“乡人”寄诗？而且诗的风格自夸，以受到乡亲们摆满鲜花、鼓锣喧天的夹道欢迎而沾沾自喜，不似大贤风貌。而且内容还添加迷信色彩，当时正值青黄不接的二三月，麦田正需雨，天却久旱不雨，老百姓忧心忡忡，吃饭生产都成了问题，哪有闲心和精力，去摆热闹迎接新官上任呢？老天真会因范公的到来，便“二麦雨随车”，解除了天旱吗？这样的场面，这样的话，只能是别人捧场说说的恭维话，范公自己是绝不会说的。因此那首诗的著作权不属于范公，所以各种版本的《范文正公集》，无论是宋元时期的善本“四部丛刊本”，还是清初范公后人编辑补遗、最为完善的“岁寒堂本”，以及经过清朝学术权威人士审定，盖有“乾隆御览之宝”大印的“四库全书”本，都没有收录此诗。为什么？读者自会得出自己的结论。退一步说，此诗毕竟已经流传近千年，也许还在某些方面有点用处，但最多只能说明范公曾在山东生活过，因而山东有范公的“旧庐”和“乡人”。根本没有说明在此之前的“朱氏”就是淄州人。当时（北宋）的史料证明，朱氏是与范母结婚之后若十年才到淄州做官的啊！有这之前的史料吗？没有啊！

十五、南宋时，比楼钥稍晚的丁黼写了一篇《池州范文正公祠堂记》，被范公后人收入编辑的《范文正公集》中，明确提出“长山朱氏”在池州的青阳。它提供了许多新的信息，经过历史的验证，非常正确。其可信程度是楼钥没有任何史料仅凭惯例推断的“淄州长山说”，远远不能相比的，因而值得信赖。请看：

池州为范公建祠的缘由：“公生二歲而孤，母贫无依，改适长山朱氏。然人漫不知长山为何地？朱氏为何人？而公之寓于其家几何时也？”这一段说明池州给仲淹建祠，是因为当时人们对这些问题已经淡忘，不太清楚，甚至误传了。为了正确宣传范公的业绩与精神，所以要建祠，正本清源，把问题说清楚。

池州为范公建祠的根据：是青阳县令经过调查访问，得知距县城不远的地方，有地名长山，有朱氏家族，有续谱遗墨，有谢母画像，事实俱在，实物斑斑可考，因此才建祠并邀请当时在朝廷担任朝请大夫的池州籍官员丁黼作《记》的。

丁黼作《记》的态度很认真，“谨稽诸记录”，不说无根据的话，《记》中记载了许多新信息，都是可资考证的事实，证明其可信程度很高，不是胡编乱造的水货，值得信赖。

谨稽诸记录，公之父墉从吴越钱氏入朝，历成德、武信、武宁军掌书记以卒。元妃陈氏，继室谢氏。其卒于徐也，归葬于吴中之天平山，陈氏祔焉，谢氏无以为生，改适朱君文翰。公生于端拱二年，犹在襁褓，而鞠于母，朱氏云族有在应天府者，故公以及冠辞母绝江逾淮，学于应天，盖景德之末、祥符之初也。阅五六岁登进士第，则在祥符之八年，欲便亲养，授广德军司理参军，迎母以往。

这一段公布了不少楼《谱》所无的新信息，并皆有其他资料可以互证，斑斑可考，难能可贵，史料价值很高。因此学术界多予肯定，屡加引用，用来纠正许多楼钥不知道、记错了的史实。

其一，不少人轻信楼钥之说，跟着认为文正公的父范墉，从钱俶归宋，任武宁军（徐州）节度掌书记。范公端拱二年（989）八月二日生于徐州。盲目信任，结果错了。丁《记》却与之不同，详细列举了范父入宋后，曾历任成德、武信、武宁三地。既然不同，何者为是？请看，范仲淹在为其胞兄范仲温所撰《范府君（仲温）墓志铭》中写道："考讳某，归皇朝，历真定府、武信军掌书记。"也就是说范墉归宋以后，确实先在武信军（遂宁）、成德军（真定）任职，后来才去武宁（徐州）任职。范公在给他的好友韩琦去正定任职时的信中曾说："真定名藩，生身在彼。自识别以来，却未得一到，谅多胜赏也。"意思是说正定是个好地方，我就生在那里，但我从离别以后就没有回去过。都证明楼钥所记有误。方健、李丛昕先后发表论文加以考定，2007 年正定文化促进会也对范仲淹的事迹进行专题研究，当场决定在正定县修建"范公祠"，新编《正定县志》也把范公载入正定文化历史名人。得到了学术界的公认，看来楼《谱》确实错了，应予纠正。

其二，楼《谱》又说："母夫人谢氏贫无依，再适淄州长山朱氏"，连朱氏的名字都没有搞清楚，却毫无根据地把长山"想当然耳"地定在淄州。丁《记》的态度却不同了，它根据地名、家族、续谱、遗墨、画像等实物史料，提出范公的继父为"朱君文翰"，这在宋代史料中可称"第一"，没有根据提不出来，不能随意胡编乱造，要有其他资料证明。这个名字与《宋会要辑稿·仪制》十之十六的记载："庆历五年（1045）四月四日，资政殿学士右谏议大夫、新知邠州范仲淹上言：念臣遭家不造，有生而孤，惟母之从，依之以立。继父故淄州长山县令朱文翰，既加养育，复勤育导，此而或忘，已将安处。伏遇礼成郊庙，泽被虫鱼。伏望以臣所授功臣阶勋恩命，回赠继父一官。诏文翰特赠太常博士"，完全吻合。《宋会要》属于政府档案性质，当时见到的人不多，丁黼所记能够与之一致，可信程度自然更增。不过请注意，范公在这里说"继父故淄州长山县令朱文翰"，时间肯定是在朱与范母结婚之后，不可以用来作为楼《谱》"再适淄州长山朱氏"的根据。

其三，丁《记》又说："朱氏云：族有在应天府者，故公以及冠辞母絶江逾淮，学于应天"，与楼《谱》所记有些不同，一般人不太注意，未能分辨其内涵意蕴。我对这几句话进行较为细致的探讨，又发现一些学者们过去不太清楚的史实。楼《谱》只说：范公在大中祥符"四年（1011），年二十三，询知世家，感泣去之南都入学舍”。“公感愤自立，决欲自树立门户，佩琴剑，径趋南都”，“后居南都郡庠”。读书的地方，为什么选定“去南都”？原因没有交代。楼《谱》还记载：天圣四年（1026）“公丁母忧寓居南都”。母亲去世了，为什么要“寓居南都”守孝？原因也没有交代。丁《记》却说得很清楚，是因为南都有“族人”，去的路线是“绝江逾淮”（出发地自然可以推知是长江以南的池州青阳）。丁《记》的这个说法，当然不能轻易认同，必须找到其他过硬的资料，最好是范公自己所说的资料加以证明，才具备可信的正确性。范公《与朱氏》的书信中有下面几句话值得注意：“三郎秀才：前日专到宁陵，奉谒不遇，为某暂来南京，便欲与贤同送五娘子徃广济杜宅，星夜候贤归，千万千万。”“三哥秀才：自别倾渴倾渴，雅况何如？永城庄田暨宁陵家计作何擘画？八叔员外，五哥应相助也。大郎宅上安吉，王郎家应徃陈州、襄邑卜居，亦甚相近，还照管得否？”“永城志文立碣，亦可向西屡见也。秋凉，希多爱多爱。”（范文正公集，尺牍）范公的“家书”写得很简约，牵涉的人事和地名不少，需略加疏通。信中提到的三郎、三哥、八叔、五哥、大郎、五娘子、王郎，都应该是范公的“族人”或亲戚，他们的家可能就在南京（商丘）附近的宁陵、陈州、襄邑、永城等地，那里有他们的“田庄”、“家计”和坟墓。范公之所以先离家去南都读书，后又去那里为母亲丁忧守孝，是因为那里也有“族人”啊！南京有朱氏“族人”，是范公自己说的，既然是事实。因此后来的《宁陵县志·艺文志》，特将这两封书信收入，而且附加朱熹的“跋语”：“右范文正公与其兄弟之书，其言近而易知，油然天伦至情，今之仕者得其说而谨守之，亦足以检身而及物矣。某年新安朱熹书。”“公本苏州人，随母适长山朱氏，及长，读书归德（即南都）。宋都汴（东都开封），公立朝之日多，宁陵，足迹惯游地也。”看来，南都地区已对此事表示认同，视为他们地方历史上值得记载的光荣事件了。

其四，楼《谱》记载：范公“祥符八年（1015）登进士第，公以进士释褐，为广德军司理参军。公既登仕版，始迎其母以养”。丁《记》则为：范公“登进士第则在祥符之八年（1015），欲便亲养，授广德军司理叅军，迎母以徃”。稍有不同，关键是多了“欲便亲养”四字。请翻开地图查一下，广德与青阳同属皖南地区，其间只隔泾县、宣城二县，只有两百多里路程。范公选择到广德去做官，“欲便亲养”，丁《记》当属实情。

其五，丁《记》还记载说：范“公之从朱姓几四十年，朱氏之《谱》，则文翰以景德初（1004）尝任淄州长史，后以公赠与得太常博士。公之手帖与博士之孙延之，在明道二年乃改郡至丹阳时，犹称延之为秀才，而待以子侄礼。又一帖在庆历五年者，则称之为官人，盖巳受公奏补。而帖中颇及延之兄之子求异姓恩泽事。由此观之，公留止徃来长山，历时最久，其亲爱顾念朱氏情义最笃，皆以母故也”。这一段转叙“朱氏家谱”的资料，他书所无，楼钥等人都不知道，却可与范公自己的手帖等资料相证实，也很宝贵。例如，朱文翰任淄州长史之事，他书没有记载。考其与范公母结婚为公四岁左右（992），此处指出其任淄州长史时间在景德初（1004），非常合理。后以公获得赠太常博士，也与前揭《宋会要》记载范公担任宰执以后请赠“继父故淄州长山县令朱文翰”之事基本吻合。考宋朝“诸州长史、别驾、司马称上佐官，皆无实际执掌，正九品”，属闲职。朱文翰从淄州长史到长山县令，当是一个州内的职务升迁，时间前后相连。两处来源不同的史料，相互印证，显得更加可信。又如，求异姓恩泽事，也有范公的原文可证，“异姓恩泽卒难得便次陈乞，兼山东复州并未曾奏得，想悉之也。亲事不易，且勉旃勉旃！”又如，此处提及的朱延之的明道二年（1033）、庆历五年（1045）两帖，至今原文仍在。以上三帖皆见《公集·尺牍》“与朱氏”，可资证明。读者不难得出结论，丁《记》所说“范公之从朱姓几四十年”，“公留止徃来长山，历时最久，其亲爱顾念朱氏情义最笃，皆以母故”的事迹是正确的，值得信赖。范公后人搜集整理的《范文正公言行拾遗事录》，也说“公以朱氏长育有恩，常思厚报之，及贵用南郊所加恩，乞赠朱氏父太常博士，暨朱氏诸兄弟，皆公为葬之，岁别为飨祭，朱氏子弟以公□得补官者三人”，恰与丁《记》相似。可见丁《记》的可信程度确实是他书难于比拟的。

其六，丁《记》又说：池州的范文正公祠堂，经过周密的规划，“择地之爽垲，且与朱氏附近，为屋十楹，有室以奉遗像，有堂以严祭享，有东西厢以居守祠者憩待祠者，固以门扃，缭以周垣，夹道以松杉，而直逵于通衢，规模□洁，不侈不陋，费从官给，役不民劳。委学职王震董其成，朱氏近族守其祀”。政府给予大力支持，当地朱氏族人世守祭祀，非常重视。当地如果没有朱氏族人，或者不是朱氏的族人，他人是不会冒认祖宗，替人世守祭祀的。

其七，丁《记》又说：“令君又云：去长山数里有滕子京待制墓，公与滕为同年进士，生尝荐诸朝，死尝铭其窾，欲以配祀。黼尝闻公与之同时共事，情好欵密，以配公祠为宜，遂并书以赞其决，且谂来者勿废云。”这一段话很容易被忽略，是仔细研究、确认长山朱氏在青阳的旁证。考范公有《天章阁待制滕君墓志铭》：“君讳宗谅字子京，大中祥符八年春与予同登进士，监鄱阳郡榷酤，就九华山以葬先君，移知岳州，君知命乐职，庶务毕葺。迁知苏州，未踰月，人歌其能政，俄感疾薨于郡。予实知君之才而尝荐之于朝，及闻其终，泣而诔之。诸子奉君之丧，葬于池州青阳县九华山金龟原。而乞铭于予，忍复让哉。”（范文正公集，卷13）滕宗谅早在谪监池州酒税时，就乐九华之胜为终隐计，于云外峯下筑书堂以居。后又葬其母于九华山之金鸡原，仲淹有《滕公夫人刁氏墓志铭》（范文正公集，卷12）记其事。滕宗谅死后，其家人把他的墓葬在青阳县东十里金龟原。看来滕宗谅已在池州安家，且与仲淹过往密切。我最近又发现一条资料，仲淹在得知滕宗谅去世的消息后，便在《与朱氏书》中说："滕七有事，方得苏台好处，为伊增喜，遽闻哀讣，苦事！苦事！同年中又失一相爱者，悲涕！悲涕！已差人去照管。"（范文正公集，尺牍上）看来，滕家不仅与仲淹关系密切，而且与朱家也很亲近，也许是同在池州的原因吧。不然，该作如何解释呢？如果朱氏远在山东，与滕家素无来往，何必告诉他呢？朱氏家在池州青阳，又获一证。

以上各条，丁《记》提供的新资料，都有"旁证"可以落实，多被今人肯定和引用，史料价值确实很高，值得信赖。绝对不是某些人指斥的"无端附会"。欢迎怀疑论者针对以上事实，逐条加以驳斥，不要回避"绕道走"，驳倒了，池州长山说就不能成立，功莫大焉。

人们也许还会问：朱氏的家究竟在哪里呢？经过以上的考察，我们可以很有把握地说：池州青阳长山，是朱文翰与范母结婚以前的老家。淄州长山，是朱文翰去那里当官以后的新家（流寓）。南都（宁陵等地）还有不少朱氏"族人"之家。不然，如何解释三地都有朱氏活动过的史实呢？

丁《记》的末尾还慎重标明"绍定二年（1229）九月二十有二日，朝请大夫丁黼记。"丁黼，何许人也？时在朝廷任职、籍贯池州，有名的文化人也。他是应青阳县令丁君之请而作。属于地方官褒奖乡贤的文献，搜集资料、调查访问、建祠立碑、众目睽睽，应该是有所根据，不能弄虚造假的。何况，丁黼不仅是当时朝廷有名的大官，而且是"卜居青阳，寻迁石埭"的本地人。他出身进士，"性本诚实，学有师传，素为物论推许"，歴知余杭、信州、夔州，广西制置使，最后官至四川安抚制置使、兼知成都府，属于省级大区的高官。在元兵攻城时死难，是有史可考的民族英雄。他的文章是应该可信的。正因为如此，这篇《祠堂记》得到范氏后人的首肯，被收入《范文正公集·附录》卷一中，本书经过范氏十五世孙范启乂同十六世孙范惟元的"同校"，被学术界公认为"善本"，可信度是很高的。

池州青阳范文正公祠堂建成后，前来拜谒的人很多，不少是颇有名望的文人，留下不少题词，有一些颇资考证。选录数则，以见一斑。

十六、例如吴潜，状元出身，南宋后期两任宰相，是距离池州很近的宣城人，他谒拜后留有《文正范公祠》诗："仁谊功忠一片心，兵间招弄更精神，当时老上龙庭种，岂信江南有此人。长山溪畔蓼莪青，想见当年念母情，顾我远游营底事，抬头重感老先生。"（《范文正公集》附录，诗颂）他亲眼看见过，应该不是假话。

十七、又如杨少愚，是元朝青阳著名的文人，在《池州青阳文正祠》诗中，对仲淹的孝行大加赞赏："事母岂殊父，母或从乎人，从人良有由，夫命志莫伸。所以谢夫人，寄生天麒麟，覃恩复归宗，善乎处天伦。春秋明时中，大经所经纶，敢借鲁卫书，重为范氏陈。"特别是诗前之《序》颇堪注意。"范墉饶州书记归径池之青阳，谒长山朱文翰留谢归之，越三月公生，端拱己丑岁也。说名登第于祥符乙卯，归姓于天圣丁卯。文翰任淄州长史，亦尝往长白山。初仕广德军云便迎母，家书畀池州朱延之，范太师户置田青阳，活朱氏孤遗，独墓碑为忠宣公讳耳。"本条虽见诸《范文正公集》的附录，编者和范氏后人是同意的，但却未见有人引用解说，其中可能有不为今人所知的谜，全录如上。我也不想加以解说，以免误导之讥，供进一步研究考证，希望有深思好学之士予以确解。据《青阳县志》卷四记载："杨少愚：幼好学，经史无不该贯，隐居不仕，著作甚富，有《孝经衍义编》、《秋浦集》、《九华外史》。明崇化二年崇祀郡邑乡贤祠。"这样的名人记录的资料，是应该特别重视的。

元明清时期，长山朱氏何地问题的争论，长期存在，时有发生。

十八、《长山书事》："孙弘多诈涴齐人，玉石由来各自分，汲黯有灵吾可问，此山曾见范希文。"至元七年（1270）秋七月二十有四日长山县主簿崔仲元立石。

十九、《谒文正公祠堂诗》：长白何岧嶤，下有读书室，人云小范老，于此度辰夕。右延祐四年（1317）三月廿又七日，翰林学士资善大夫知制诰同修国史张养浩。

二十、《增修范文正公祠记》长白张临撰太中大夫参议中书省事张养浩题额"金亡祠毁，始鸠匠，腐者易之，缺者补之，危者崇之，象服非者更之，增内门三楹，厨二楹，东西陬木悉植柏，左侯诣余曰：先生记之。至治元年（1321）八月己巳日记。"以上两条说明长白的范公祠，历经战乱被毁，元代重建，供人参拜。

二十一、柳贯《待制集》卷十九《跋范文正公八帖·朱氏三帖》"右文正二帖忠宣一帖皆与长山朱氏。语出真诚，不为矫饰，知为公言无疑。盖公幼孤，随母适淄州朱氏，后乃复范氏，其忠厚恻怛之意，溢于言间，虽子孙世守之可也。"（元柳贯撰，贯字道传，浦阳人，大德四年荐为江山县教谕，延祐四年授湖广儒学副提举，六年改国子助教，至治元年迁博士，泰定元年擢太常博士，三年出为江西儒学提举，至正元年（1341）擢翰林待制，兼国史院编修官，仅七月而卒。）本条说明元代有学者同意楼《谱》的看法，但未提出新的资料证明。

二十二、明朝初年的《永乐池州府志》，年代久远，未见原书，据清朝干嘉时期的考据大家全祖望介绍，对长山朱氏二地采取折中的办法，认为："朱氏实籍青阳，文正继父文翰尝任淄州长史，谢于其时归之，故文正读书淄州之长山。”是实事求是、合乎情理的新看法。

二十三、清朝初年的史学大师顾祖禹（1631—1692），历时二十余年写成《读史方舆纪要》一书，参考二十一史、历代总志及部分地方志书达百余种，集明代以前历史地理学之大成，在当时即被誉为“数千百年所绝无艰难险阻是在所难免的。仅有之书”。该书内容丰富，结构严密，对史料考证尤为精详，是研究中国古代历史、地理最为重要的权威文献。该书卷27江南池州府的青阳县，有“长山，在县东三十里，秀拔群山，宋范仲淹尝读书其中，更名读山。”卷31山东济南府，虽有长山、长白山、黉山、孝妇河之名，但无只言片语涉及范仲淹。值得深考。

二十四、康熙时期，朱氏长山两地问题，曾在刘超宗与阎若璩之间出现了争论。据阎若璩（1636—1704）《潜邱札记》卷六《又与石企斋书》介绍：“向刘超宗尝云：池州青阳县有长白山，范文正子孙繁衍，聚族居于此，有《谱牒》，乃知长白山在此。弟与之辨曰：长白山断断在今济南新城长山四县界上，文正当日读书于寺中。不必云其子孙最为繁衍，安知不是其一枝流寓占籍于青阳，妄指青阳一山曰：此吾祖读书之长白山乎？”仔细阅读这一段话，我认为刘超宗多少还提出了一点证据，阎若璩却只是说“长白山断断在今济南新城长山四县界上”，态度确实有些“武断”，他根本不顾“青阳朱氏子孙最为繁衍”的事实，但也无可奈何地说“安知不是其一枝流寓占籍于青阳”，换个别的方式承认了。《四库全书·提要》曾经批评“若璩学问淹通，而好负气求胜，与人辨论往往杂以毒诟恶谑，与汪琬遂成雠衅，颇乖着书之体。”是恰如其分的。

二十五、同一时期，另一位长山籍的著名学者王士祯（1634—1711），则坚持朱氏长山淄州说。他在其所著的《长白山录后序》中说：“范文正公希文，幼随其母改适长山朱氏，读书吾乡长白山，山中多传其遗迹，考文正集附録白山遗迹一卷，如醴泉寺、怀范楼、黉堂岭上下书堂诸名迹，班班可考。而绍定中知池州丁黼忽作池州建范文正公祠记，以为公母谢氏适朱文翰者，公鞠于朱，读书池州青阳县东十五里之长山，后人名之曰读山，所谓长山乃在此，非淄州之长山也云云。夫以风影无据之虚谈，竟欲抹煞千百年碑版确然之实迹，诐词莠说，簧惑听闻，殊可骇也。按年谱大中祥符二年己酉公年二十一，读书长白山醴泉寺，三年庚戌年二十二，读书长白，如此者三年。四年辛亥年二十三。询知家世感泣，去之南都，其灼然可见又如此，乃不信年谱，而妄造异同之说，尤可怪也。王充有云：火为炎，炎为小人，黼之谓欤！因备载《山录》之末，庶使彼丁黼者，结舌于地下云。”因为王士祯是长白人，比较有名，论点明确，列举证据齐全，倾向明显，因此不惜篇幅，全录如上。不过请读者仔细阅读，这里所列举的“千百年碑版确然之实迹”，全都是范仲淹到淄州长山以后才形成的啊！没有一条能够说明朱文瀚来淄州长山当官以前，就是那里的人啊！楼《谱》仅凭“惯例”推理，并无任何淄州说的证据，难以取信。丁《记》既然列举了池州朱氏的家谱、画像、族人等证据，怎能责怪“丁黼乃不信年谱，而妄造异同之说?”学术讨论应该摆事实、讲道理，不能骂人。骂别人为“小人”，态度不值得提倡。特别是丁黼的《祠堂记》，所说有根有据，如前所叙经得住其他史料的验证，应该可以服人。何况其人后来在当“成都制置使”（四川省长）时，在民族危难的关键时刻，勇担重任，领导四川军民英勇抗战，最后为国捐躯，是载入史册、世所公认的英雄！某些人却骂他是“小人”，于心何忍！

二十六、宋元时期，有范公后人参与编辑的《范文正公集》，很有价值，后被视为珍本，列入“四部丛刊”。但毕竟还有不足之处。清朝初年，苏州的范氏宗亲又编辑出版了一部新的《范文正集》（岁寒堂本）。后被收入《四库全书》，《总目提要》说“是编本名丹阳集，凡诗赋五卷二百六十八首，杂文十五卷一百六十五首，元祐四年（1089）苏轼为之序，淳熙丙午（1186）鄱阳从事綦焕校定旧刻，又得诗文三十七篇为遗集，附于后即今别集。其补编五卷，则国朝康熙中仲淹裔孙能浚所搜辑也。”堪称最有价值的版本。

这个新版《范文正集》的《补编》卷二，有一篇《宋太师中书令兼尚书令魏国公文正公传》（学术界习惯称为《家传》），为其他版本所无，先抄一段原文如下：“世为苏州吴县人，曾祖梦龄、祖赞时、父墉，俱仕吴越，后父随钱俶归宋，终徐州节度掌书记。端拱二年己丑生，二岁而孤，母谢夫人贫无依，更适池州长山朱氏。”明确肯定了长山朱氏池州说。如前所述，在此之前池州说的根据和旁证虽已不少，但未直接肯定，并不十分明确，尚易引起争议。本《传》的编者大概认为自己掌握的材料已经足够说明问题，便在“长山朱氏”之上冠以“池州”二字，希望一锤定音，以后不要再争了。《补编》的编者范能浚又在本条加“注”：“按周国公卒时，时中舍最长方六岁，次镃亦不过四五龄。考宋官制掌书记秩列三班之末，周国（范墉）从钱氏归朝十余年间，自冀而蜀而徐，匍匐以就微禄，一旦捐馆，去乡千里，三稚幼弱，此太夫人所以贫而无依也。厥后中舍二兄归吴，而文正未离襁褓，遂随育于朱氏。”对有争议的两个问题，范墉在各地任职的履历和谢氏改嫁的原因，作了补充和说明。虽然不是新材料，但都确有所本，可以加强可信度和说服力。

这个支持池州说的范能浚，何许人也？有何值得重视的地位与权威？经我初步查阅，他不仅是新版《范文正集》的主编，而且是范氏十九世孙宗祠的主奉人。（补编/3）

康熙乙丑（1685）年，范氏宗族十八世孙文正书院主奉范必英，在《重建天平山忠烈庙前堂及仪门记》中，记载了范能浚等在这次重建工程中，“钩校畸赢，积絫锱铢，次第兴工”，颇着劳绩。（补编/3）康熙甲戌（1694），时任两江制使的二十代裔孙范承勲，在这年十月抵姑苏谒祀范氏宗祠时，主奉范能浚接待他，“出文正诸手泽见示”，他赞叹说“真吾宗世寳也。”（补编/3）不久，范承勲升任两江总督，在他的提倡下修建文正书院，特派范能浚勷其事，丙子（1696）五月落成后，范承勲在《文正书院世德源流碑记》中对之大加赞扬。（补编/3）范能浚本人也在《文正书院世德源流碑阴记》中说“能浚滥主祠事，得挂名碑尾，藉以不朽，敢为序而缀之，以志德于不忘，且以谂吾族之父老子弟共相维持，思所以善其后，则尤能浚之所厚望也已。”（补编/3）康熙丙子（1696），江苏巡抚宋荦说他“获谒范公祠屡矣，每瞻拜文正忠宣遗像，令人肃然起敬，今年春从公十九世孙主奉（范）能浚得观祠中所藏墨迹九种，其一乃文正公楷书伯夷颂。”让他非常感动。（补编/3）

范能浚以其宗祠主奉的身份，经常与地方首脑官员接触，名气越来越大，不少地方重建文正书院和祠堂时，都请他作《记》。康熙四十四年（1705），他作的《重建浒墅文正书院记》说：“天子南巡至吴，特赐文正公祠御书扁额，于时子姓咸集，奉祀生安炎历叙前此废兴之始末，而属浚记之，浚忝主祠事义不获辞，拜手谨记。”（补编/3）同年又作《重建支硎山文正公祠记》说：天平白云功德寺子院，“重建文正公祠三楹。皇上南巡驻跸苏州，念先公为宋室名臣，特赐亲书‘济时良相’匾额四大字悬之祠宇，以墨本给浚藏守。盖先君子之志，而浚之所乐观厥成也。遂书而刻之于石”。（补编/3）

范能浚俨然成了宣扬文正公精神的首领人物。大约此后不久，他便搜集资料，重新编辑出版了《范文正集》，删去了旧《集》中主张长山淄州说的楼《谱》，增加了《补编》五卷，（支持长山池州说的《文正公传》便在其中），堪称当时最为完备的版本。因此，被《四库全书》馆臣选中收入。这个版本是范氏裔孙自己编辑的，又得到四库馆臣的审订，应该说是最为可信、最有学术价值的版本了。朱氏长山淄州说被抛弃，池州说被采纳，进入了范公宗祠和学术界的最高殿堂。苏州的范氏宗亲，态度明确，根据充分，其功甚伟。

二十七、乾隆时期，历史考据学大兴，提倡实事求是，敢于对历史疑难问题发表不同意见。全祖望（1705—1755）的《结绮亭集外编》卷34《题范文正公年谱》云：“是谱为吾乡楼宣献公所编，而公五世孙之柔校正者。又有《补遗》一卷，《言行录》四卷，皆元时刋本。自公少有朱氏之困，淄州池州争所谓长山者，纷纶莫定。予尝见《永乐池州府志》中，有宋忠臣丁黼于理宗绍定二年作《池州范文正公祠堂记》，以青阳朱氏所藏文正手帖及谢太夫人画像为据。而府志折衷之曰：朱氏实籍青阳，文正继父文翰尝任淄州长史，谢于其时归之，故文正读书淄州之长山，其说足以解纷矣。是朱氏虽籍青阳，而青阳之长山非文正之书舍，文正实寓淄州。而淄州之长山，不可以为朱氏之本贯也。然《年谱》明曰淄州长山朱氏，何耶？”我认为这个意见很有分量。

二十八、《江南通志》有如下记载：“读山，在青阳县东二十里，有洞如垂铎，石皆青黛色，宋范仲淹读书于此，故名。”“范仲淹书堂，在青阳县东二十里读山之阳。”“范公祠，在青阳县学内，祀宋范仲淹。”“滕宗谅，字子京，河南人，范仲淹荐其才，擢左司谏，谪监池州酒税，乐九华之胜，于云外峯下，筑书堂以居。”

二十九、《嘉庆一统志》是全国性的地方志，因此对范公遗迹，两地都有记载：

读山（在青阳县东二十里，相传宋范仲淹读书于此，上有读山、秀岩二洞，其北为长山）。滕宗谅墓（在青阳县东十里金龟原）。三贤祠（在贵池县城内，元郡守王兴祖创祠，以祀宋范仲淹、包拯、赵昴。正德中易名崇贤祠）。褒忠祠（在石埭县南，祀宋丁黼）。(2262 册)

长白山（在邹平县南二十里，山阿有醴泉寺相传志公卓锡之地，宋范文正公读书寺中，有上下二书堂，在黉堂岭下，皆宋代所建。)。黉山（在淄川县东北十里，相传郑康成注诗书栖迟于此）。醴泉寺（相传僧宝志卓锡于此，又曰范公泉，盖宋范仲淹读书处也。）(2279 册)

三十、长山朱氏两地争论长期不决，淄州方面到嘉庆六年（1801）编撰《长山县志》时，又集中火力推出刘孔怀的《范文正公流寓考》，以及当地四位名人所作的《序》，企图用来打赢这场笔墨官司。据今人介绍说：刘《考》很详细，列举材料甚多，引经据典，与对方“辩解甚详，并且得到了当时一些著名学者的首肯和高度评价”，似乎问题已经解决，可以成为定论了。遗憾的是我们只看到“介绍”，没有看到刘孔怀的“原文”，不知道他是如何论证“辩解甚详”，打败对方的。奇怪的是最为重要的刘“考”虽然没有保存下来，四篇《序》却有幸在“县志”中可以见到。且看他们如何说：（1）孙廷铨说“长山决当邑举，似非乡亭”，仍然只是推理，并无证据。（2）张尔岐说“宋范文正公，少居淄州长山，及读书长白山寺诸迹，本无可疑，疑之者自丁黼池州祠堂记始。”这里所说不完全符合事实，范公居长白的事迹从来没有人怀疑过，丁黼《池州祠堂记》只是以众多资料说明：朱文翰原先是池州青阳长山人。张尔岐没有正面论证丁说，把论题焦点转移成：“丁怀疑范公在长白居住过”，文不对题。（3）南之杰比较实事求是，至少承认丁说“其所称青阳长山者，大都宋室南渡以后，朱氏只子孙间有流寓其地者因以淄州长山遗迹之名名其山以记之耳。”没有把“青阳说”一棍子打死。（4）高珩虽然一方面认为：“范公居淄之长山也，国史谱志，斑斑可据”，同时又认为“虽贵直笔，亦存厚道”。承认自己方面的不足：“君子考其图，尤论其事也。即以淄川旧志论之，有鬼谷洞、康成祠、书带草矣。异甚矣。夫寓公之屣履为光，犹可惜也。至若李青莲一人也，而井络匡庐、山左成纪，皆其悬弧地焉，恐太白未能分身镪褓中也。”说明地方志颇多附会，需要慎重使用。例如，《长山县志》卷十记载：范公“于孝妇河南置义田四顷三十六亩以赡朱族”，“及忠宣公（范仲淹次子纯仁）巡视山东，又置祭田三十亩于孝妇河北”。这些“新史料”与朱文翰的关系接近了，可是从史源学看，没有列“出处”，是很难落实让人相信的。希望这样的“史料”，以后不要再用了。

三十一、又过去半个世纪，到同治癸亥年（1863）编撰的《怀远范氏家谱》时，有人再次写了一篇《范文正公流寓考》，继续支持楼《谱》的“淄州说”（包括错误的也支持），似乎是为了弥补前人的不足，这次增添了若干新资料。摘录如下：“范仲淹，父墉，从钱俶归宋，任武宁军节度掌书记，于端拱二年生（照抄钱《谱》的错误，可见水平不高）。二岁而孤，母夫人谢氏贫无依，长山朱文翰宦游平江，遂改适焉，遂母来长山，试以商贾技艺，一无所能。”“帅青日，道经长山，父老迎拜郭西，下车相见，礼参甚恭，赋五言诗一律为别，后人因名其地为礼参坡。初母居秋口，去读书处百里，时往来省亲。及知青州，优人戏曰：落霞与孤鹜齐飞，秋口至长山一百。”以上黑体部分材料确实很新鲜，吸引眼球，因而不少人引用。但仍然都是范公来山东以后的事实。特别是“长山朱文翰宦游平江”，是首次出现，但没有其他史料可以证明，是不好作为过硬材料使用的，难以认定他原先就是淄州人。

三十二、于是时间更晚的后来，又有人摆出了《长山朱氏家谱》，希望它能够打赢“淄州长山说”的笔墨官司。先引其原文如下：“始祖文翰，字宛文，宋范文正公之继父也。太宗端拱二年（989）进士，江南平江府推官，召考试馆职授秘阁校理。真宗即位，拜户部郎中。景德初，出为淄州长史，历盐铁度支判官，知宿州，摄河中府事，迁平江刺史，解组归。仲淹以继父长育有恩，常思厚报，及贵，用南郊所加恩，乞赠太常博士，岁别为享祭。配初氏，赠恭人。葬城北杏花村庄东南。继配谢氏，即仲淹之母。”（《范学研究》2006，2-3期）此《谱》可疑之处甚多，在没有认真考证确认之前，是不好轻易使用的。其一，出现的时间太晚，远距范公在世的时代已经800多年，来路不明，可信程度不高。其二，真假杂糅，黑体部分可能是真的，但不能说明朱文翰原来就是淄州人。其余部分是新冒出来的“史料”，若无可靠资料作为“旁证”，就是“孤证”，就可能有“做旧”的嫌疑，属于水货，难以取信。若要人们信服，必须拿出证明来。科学要实事求是，必须遵守“游戏规则”。其三，朱文翰任官的履历，据前引《宋会要辑稿》范公自己所说："继父故淄州长山县令朱文翰"，肯定是朱任官的最高职务，此后没有担任过其他更高职务。如果有，范公肯定会列举出来请求皇帝给予更高的封赠。此《谱》中出现的其他职务（诸如秘阁校理、户部郎中、盐铁度支判官、知宿州、摄河中府事、平江刺史等），肯定是不曾有过，不能当真的。其四，退一步说，这段"史料"姑无论其或真或假，皆只能说明范公曾居住长山，长山是范公的第二故乡，但与朱文翰若干年前就是淄州人，还是无关。其五，此《谱》既然称朱文翰为长山朱氏的"始祖"，即可断定朱文翰本人原来绝对不是山东长山县人，而是从外地迁徙去的。这外地何在呢？请平心静气地想想吧！

以下两部书，记载范公与青阳有关的材料甚多：

三十三、光绪《安徽通志》卷27有"读山"，卷55有"范公祠"。

三十四、《中国地方志集成》60《青阳县志》中，有许多范仲淹、滕子京的资料。23页（2）读山铺；（3）长山门。32页（2）十八都，长山，在县东北，隶灵岩乡。41页（1）读山洞，在县东二十里，石青如黛，形如垂铎，内有石莲花之状。45页（3）滕子京墓，在县东石岭铺金龟原路旁。碑曰：宋名臣天章阁待制滕公神墓。光绪十二年熊邑令祖诒重修，并置祀田撰有记。51页（2）范希文书堂。51页（3）滕子京书堂。51页（4）范文正公祠，在县东二十里长山，宋末邑令丁植建祀，以天章阁待制滕宗配，丁恭愍公黼记。103页（1）县令，丁植，宋末年任。215页（4）杨少愚，幼好学，经史无不该贯，著作甚富，著有《孝经衍义》，编《秋浦集》、《九华外史》，明崇化二年祀郡乡贤祠。218页（3）流寓，范仲淹，字希文，姑苏人，父镛，继母谢氏，仲淹生二岁而孤，母贫，改适长山朱文翰，随母鞠于朱。长山在县东，十九都之里有曰范塘者，即其寓所。有曰读山，即其读书处也。因从朱姓名，籍贯青阳，登祥符八年进士。218页（4）流寓，滕宗谅，字子京，本河南人，祥符八年进士，官左司谏，以言得罪，调祠部员外郎，知信州，及兼鄱阳郡榷酤，请改池州，就九华山以葬父，筑室九华山云外峰下，读书其中。寻调去，后入为天章阁待制，庆历四年谪守巴陵郡，七年移守苏州卒，葬于县东石岭铺金龟原。495页（3）滕学士九华山书堂，梅尧臣，"处山方畏浅，曾慕结庐深要与云峰近，宁将野客疏，涧苗来入俎，林鸟或窥书，何事轻兹药，而从出塞车。"515页（4）《过读山有怀》，章联珠，"高贤读书处，寻访白云边，石畔森幽竹，山根绕曲泉，经纶垂弈世，攻苦忆当年，驻马留题咏，莲花翠扫天。"525页（1）范文正公祠堂记，丁黼。572页（4）重修滕公墓并置祭田记，周赟。577页（4）滕子京墓志铭，范仲淹。607页（1）读山寒梅，周赟。618页（3）宋滕待制公墓田记。以上引文似乎过多，有些繁琐，其实为了节省篇幅，已经多为目录或节录。之所以如此，无非是想要用这些事实说明，青阳人并不是某些人所说的那样，已经对朱文翰和范仲淹没有“印象”了。

三十五、《先忧后乐范仲淹》作者曲延庆先生，齐鲁书社 2002 年出版。本书比较全面地介绍范仲淹的业绩与思想，是很有好处的。作者是邹平县政协的副主席，为邹平宣传乡贤名人，是理所当然。书中利用前面引用过的那些“淄州说”的材料，概括成：范公“少长青阳”说无端附会，范仲淹在邹平长山整整生活了二十年，邹平是范仲淹的真正故乡。我认为其“结论”可能不错的，但论证的方法有点问题，不够科学。（何处不够？下面再讲。）

三十六、《长山朱氏两地考》，本文是我 2006 年提交“首届范仲淹文化节”的论文，根据我当时拥有的材料，对长山淄州、池州两说的材料进行比较研究，认为楼《谱》没有提出根据，丁《记》斑斑可考，池州说得到范氏宗亲的承认，收入《范文正集》作为《家传》，编进《四库全书》，应该是可信的。这次会议上，有幸认识了曲延庆先生，后来又多次见面，并承蒙邀请参加 2008 年的邹平范仲淹学术讨论会，但因与杭州会议的时间冲突，我未能前往深为遗憾。这时，我已经读过曲先生的《先忧后乐范仲淹》，对其反对池州说的论证方法和史料，有些不同意见。我想曲先生也已经看过我的《两地考》，不知看法如何？因此很想有机会交流一下。但一直没有得到这样的机会。

三十七、现在好了，2010 年第 1 期《范仲淹研究》发表了我们二人的文章，提供了“百家争鸣”的平台，我非常高兴。

曲先生这篇反对池州说的文章《范公故里在邹平》，其实是《先忧后乐范仲淹》的浓缩版，从标题、内容、论据、用词看，几乎完全一样。因此前面提到此“书”时不说，留到现在说。遗憾的是“曲文”既然在我的《两地考》之后发表，就应该对我的意见进行反驳。我那篇文章曲先生也许真的没有看呢？还是“无端附会”不值一驳呢？为了响应“百家争鸣”，推动学术的发展。这里，我只好把《两地考》的旧材料，加上后来发现的一些新材料，以及对曲先生前书和本文的看法，再盘点清理一番，形成这篇——

三十八、《盘点长山朱氏问题争论的史料》，向广大读者和曲先生请教。长山朱氏两地的史料，前面已经尽可能全部罗列出来，一一盘点，尽可能有理有据、实事求是地加以解说，何是何非，请读者评判。为了学术的进步，下面不避“冒犯”之嫌，针对曲先生现在的论点再进行一些商榷，如有不恭之处，乞请原谅。

曲文（一）“幼居安乡”说证据不足，这一部分与“长山朱氏”说无关，本可不予置评，但其使用的《长山朱氏家谱》，如我在前面【三二】所说“难以取信”。要想真正战胜对方，最好换用过硬的史料，“银样镴枪头”的东西是不堪使用，不可能真正打败对方的。

曲文（二）“少长青阳”无端附会，这部分是曲文的重点。首先，它不顾事实，硬把丁黼“谨稽诸记录”，写成的《池州范文正公祠堂记》，说成是“孤陋寡闻”的“推知”。我在【三七】《两地考》已经列举事实说明丁《记》据有大量原始资料，而且斑斑可考，值得信赖。读者可以从【十五】中，获得更多的信息，这里不再重复。其次，曲文认为“古人记述籍贯，往往是以县或州郡表述的，绝没有以村名来表述的”。如果不这样，就是“误会”，就会“给后人留下笑柄”。果真如此吗？恐怕不一定吧！为了避免指责，落下“孤陋寡闻”的“笑柄”，急急忙忙，查找古书。结果发现：无论古今，人们在提到某人籍贯时，都是五花八门。既有出生地、户口所在地、工作地，又有祖籍、原籍等等，正规的，非正规的，不一而足。除了道、路、州、郡、县之外，还有不少其他事例，并不是“绝没有县以下的地名表述的”。试看：弘农杨氏、清河张氏、高平范氏，就是郡望。《大金国志》的作者宇文懋昭自署淮西人。明末农民军首领王玄珪，人称山左人。清朝出任过四川副考官的彭荷村，人称山右人。皆不是正规的行政区划名。贞义女溧阳黄山人。“公讳讓，姓李氏，其先易水黄山人。”楮才字子张黄山人。汪翁黄山人，酷爱黄山好结庐。还有一个乞丐“沿门乞钱米，衰老愁可掬，自言黄山人，门对黄山麓”。盛懋字子昭魏塘人，殳珪字廷肃魏塘人，精于医治疾。高岳字彦高本畏吾氏高昌裔也，洪武间荐知云南县，免官寓家嘉兴之魏塘，子孙今为魏塘人。吴宣字泰然魏塘人。还有明代贤相李贤，是邓州的世家大族，号称“长乐李氏”，有资料说就是今天邓州西南五十多里的长乐岭。最能说明问题的是被称为“月河姚氏”的姚文田，他是清代鼎鼎有名的状元，据其《墓志铭》记载：“姚氏系出吴兴，自元以后为湖州府归安县人，隶浙江，世居府东北乡姚家埭，明万历中徙居府城东，后徙居月河，是谓月河姚氏。”因此他既可以按普通惯例说是归安人，还可以说是湖州人、浙江人、吴兴人，更不妨碍具体一些说是月河人。从以上事实看来，“绝没有县以下地名”的结论，说得未免太“绝”了，因而绝不是合符历史事实的。第三，曲文使用嘉庆六年（1801）《长山县志》中，刘孔怀的《范文正公流寓考》，以及当地四位名人所作的《序》，来反驳丁《记》的池州长山说。我在前面【三十】已经提出驳议，“希望这样的史料，以后不要再用了”。如果我说的不对，可以反驳。为什么不驳仍用呢？请读者查看，进行比较，这里不再多说。第四，曲文说他曾“亲自到安徽青阳县去考察，当地人对范仲淹在本地曾生活过的事情大多不甚了解，对本地有无范公遗迹也不清楚”。结论是“可见当地人对范仲淹的事情是多么陌生。”责备青阳人为什么“对此漠然无衷”？为什么“没有重修或重建范公祠堂”？从而达到自己早已“成竹在胸”的“结论”：朱氏长山一定是“淄州之长山，绝非青阳之长山”。我不想深究曲先生是如何“亲自考察”的，也不想怀疑这些不了解、不清楚、多么陌生、漠然无衷的真实性。因为时间毕竟已经过去八九百年，确实太久了，那能不“陌生”呢！试想范公去世后才13年，韩泽来到淄州的长山任县令，发现范仲淹“随其母氏来居兹土，留而不出，遂为邑人”。可是“公没之后，邑里无传”，几乎没有人记得他了。因而对邑中之人说：为什么不宣传范公的业绩？为什么不建范公祠？人们实话实说：这不是普通百姓的问题，“患在位者未尝注意”啊。仅仅13年后的淄州长山既然如此，又何必责备八九百年后的青阳呢！何况如前所引【三四】《青阳县志》中，青阳人对范公业绩、古迹、纪念的记载颇多，并不陌生啊。第五，青阳人为什么不重建范公祠呢？曲文推测其原因有二，一是朱氏后人迁走了，我认为这个推测合理。二是丁《记》本来就是附会，我在前面已经辩明不是“无端附会”，这里不再多说。其实真正的原因，应该是第三，正如900多年前山东长山老百姓回答韩泽所说的那样：“盖邑素有是心，而患在位者未尝注意”啊。其实，是否重修范公祠，和范公是否与那个地方有关，并非“绝不可少”的证据。据我所知广德县曾经有过范公祠，年深月久不存在了，至今尚未重修，也许那里也有不少人，对范公也不了解、不清楚、陌生、漠然，但谁能否认范公确实曾在那里当过官呢？曲文认为长山青阳说是“无端附会”的五点理由，这里一一答复，很不礼貌，请予原谅。

曲文（三）范仲淹在邹平长山整整生活了二十年。本段论述的主旨，大体不错。其实，朱氏“长山青阳说”，从来不否认范仲淹少时随母在山东生活过不短时间，两者并无矛盾，无需争辩。不过曲文本段使用了不少有问题的材料，我在前面已经指出过，不能相信。其实，不用那些材料，范仲淹“少长山东”也是可以成立的，没有人反对。别人反对的是“朱氏长山在山东”，不是范仲淹曾在山东生活过。用不着花费力气，“无的放矢”。

曲文（四）何以留下如此大段空白？（五）邹平长山是范仲淹的真正故乡。这两段所论大体不错，因与我希望解决的“长山朱氏何地”无关，曲文也没有论证朱文翰原来就是山东长山人，我不能与他辩论，只好就此作罢了。

总的说来，邹平确实有许多与范仲淹有关的名胜古迹，可以算做范公生活过的“故乡”。邹平县的父母官，从宋代的韩泽到当代的许多热心人，确实为重修范公古迹、弘扬范公精神，作出了很大贡献，值得其他地方羡慕和学习。只是希望邹平的同志今后在介绍、宣传范公的业绩时，使用过硬的、科学的材料，避免假冒伪劣的东西。既然连《长山朱氏家谱》都承认朱文翰是“始祖”，明显是外地迁去的，又何必再坚持不科学的看法呢！不坚持，并不是否认朱文翰后来是邹平人，也丝毫不影响今天邹平朱氏后人的光彩，不影响朱氏企业家为弘扬范公文化继续作贡献。

（作者为安徽师范大学社会学院教授）

王贞仪的史学研究

周致元

内容提要：王贞仪是清代著名女科学家，有着先进的科学思想和突出的科学成就。同时，也熟读史书，认为史学功用是明教化，而且强调史学的经世作用。其社会思想中又有提妇女守节、仇视农民起义等内容，都与其科学思想相矛盾。王贞仪思想上矛盾的一面，说明了传统社会里思想上的桎梏是科学发展的巨大障碍。

关键词：王贞仪；历史观；科学

一

王贞仪，字德卿，自号“江宁女史”，原籍安徽天长县，祖父时迁居金陵（今南京）。乾隆三十三年（1768），出生在一个书香门第。其祖父者辅，精通自然科学，有75柜藏书，曾任宣化知府，后因得罪上司，落职发配吉林。祖母董氏亦知诗书。贞仪8岁随祖母学诗，10岁学做文章，童年时代受到过良好的家学熏陶。

此后的王贞仪通过自学，成为一个女科学家，在数学与天文领域有突出的贡献。

乾隆五十八年（1793），王贞仪25岁，嫁安徽宣城秀才詹枚，婚后与丈夫诗文唱和，但苦于事务缠身，遂半废笔墨。一直体弱多病，有《病后》诗云：“病后形销减，支颐百虑煎。容光悲镜影，诗思冷炉烟。凄绝翔霜雁，哀鸣吸露蝉，何堪憔悴况，排写入瑶笺。”4年后——即嘉庆二年（1797）病卒，享年仅29岁。临终前对丈夫詹枚说：“平生手稿为我尽致蒯夫人，能彰我于身后。”① 蒯夫人是王贞仪好友，两人以前曾一见如故，常以文字相往来。蒯夫人得王贞仪遗稿后，将其珍藏在囊中，未尝示人。此后数年，蒯夫人侄儿——曾任清代会典馆总纂的著名学者钱仪吉评价：“贞仪有实学，不可没，班惠姬后一人而已。”②

① 吴昌绶：《王贞仪传》，《碑传补》卷59，燕京大学国学研究所铅印本，1932年。

② 赵尔巽：《清史稿》卷508，中华书局1977年版，14051页。

数年后詹枚亦亡故。两人没有留下子女。

钱仪吉是第一个发现并赏识王贞仪才华的人，他首先想到将王贞仪与史学家班昭相比，这颇耐人寻味。王贞仪是一位女科学家，她在科学领域里的成就已经为当今学者所关注①。但王贞仪在其短暂一生中，并非将自然科学作为自己唯一探索的目标。王贞仪被称为“九岁通十三经，长览二十三史”，王贞仪自己也有“爱读班家史”和“每因怀古稽班史”的佳句，而且，她自称“女史”或“江宁女史”，可见她已经将自己归类为史家之属。如此看来，她如同传统社会中的大多数读书人一样，也是从“四书”、“五经”这些儒家经典著作开始阅读，而且也对古代史学著作有所涉猎，甚至也会作诗填词，与朋友一起吟咏唱和。如果从王贞仪留下的著作来看，她后来成为一个名副其实的多才多艺的女中豪杰，就连骑马射箭这样的事情，她都精通。然而，对于王贞仪自然科学以外的读书和著作活动，学术界还没有给予必要的关注。其实，任何一个科学家的思想及其成就的形成都不是孤立的，就王贞仪而言，她在科学方面的思想与成就以及局限性，固然与其个人经历有关，但也与她独特的社会历史思想有着相互印证的关系。更何况，中国古代历史上，如班昭那样的女史家毕竟凤毛麟角，那么像王贞仪这样，虽然在史学研究中并无多少建树，但也算得上是出类拔萃的女文化人了，她对史学的认识，对中国历史的理解，尤其是对当时流行的各种社会现象的见解，固然成为那个时代女学人中的典型代表。

在王贞仪传世的著作《德风亭初集》中，有一篇题为《读史偶序》的长文，洋洋4000言，文章名义上是教诲初学者阅读史书，但实际上，王贞仪在这篇文章中，对中国几千年的史学给予了一个全面的梳理。虽然对大多数古代史书的评价只有只言片语，观点也主要是沿袭着前人的旧说，没有多少真知灼见，但王贞仪对史学社会功能的论述，则显得独具慧眼，某些地方闪耀着智慧的火花。王贞仪的《德风亭初集》中还保留几篇人物传记，并且还为明代的一部私家撰述《虎口余生记》写了一篇后记，这些文字都在一定程度上代表了王贞仪的历史观。透过这些文字，我们可以了解一个清代女科学家对社会历史以及史学本身的一些独到见解。

---

① 李敏：《清代女科学家王贞仪》，载《中国科技史料》第18卷，1997年第2期。沈雨梧《论清代女科学家王贞仪》，载《杭州师范学院学报》（自然科学版）2004年3期。以上两篇文章主要介绍了王贞仪在自然科学方面的成就。刘乃和《王贞仪和她的〈德风亭集〉》，对王贞仪各方面的成就作全面的探讨，文章收入其所著《历史文献研究论丛》一书，广西师范大学出版社1998年3月。

二

从王贞仪《读史偶序》[①]一文中的观点看来，史学的主要作用是用来明教化的。而且，教化本来是经学的基本功能，但史学对经学的教化功用可以起到辅助作用。“上之所以为教，下之所以为学，经之外厥维史”，视史学的教化功用仅次于经学。

史学如何能进行伦理教化？王贞仪进一步论述：“史者，一代因之以稽治乱之迹，万世准之。观人事之公，一有不当，后人皆能起而论断之，盖本理以与为推求，徵实以与为制案，固非骋驰乎艺苑，泛滥乎词章，相侈者可比也。”史学之所以能够成为推行教化的工具，是因为它可以“稽治乱之迹”。不仅如此，史学还可以让人评判出是非曲直，“史之所以为史也，亦固了然矣。忠孝节义，奸佞淫邪，直榜样耳。成善败恶，理乱兴亡，直梗概耳”，也就是说，人们可以从史书中得到是非评判的标准。

正因为如此，王贞仪最推崇的两部史学著作便是孔子的《春秋》和朱熹的《资治通鉴纲目》：

《春秋》一书，史之祖也，而尊为经矣。孔子作《春秋》，论列二百四十二年事，未尝以褒贬自居，而秉笔之微意寓焉。史之有褒贬，谓作史者据直书事而是非以判，亦欲使天下后世人人读之识其存公予、正彝伦之道有所攸寄，则甚矣。

宋朱子作《纲目》，正统朱梁，遵时王之权宜。其实朱温群盗篡悖，安容进承唐统乎？则仿刘氏抑朱梁于诸镇，千古不易之公义，诚可为朱子功臣。而《纲目》一编，法春秋之经例，……虽与温公之《资治通鉴》相表里，而增损隐括，提要适中，多所救正，非诸史可同语也。

在王贞仪看来，孔子所作的《春秋》一书，之所以被尊为经，是因为其“春秋笔法”，能够让后人读此书就知道是非曲直。而朱熹的《资治通鉴纲目》正是继承了这种春秋笔法。在历史上留下的无数史书中，这两部书作为明是非作用的效果是最显著的，因而，这就成了两部最完美的史书。

王贞仪不仅将史书的写作与评论和儒家伦理教化联系起来，与前人不同的是，她竟然将阅读史书与史学的教化功用相互对应。她在《读史偶序》中这样解说读史：

昔人谓作史者在才，评史者在学，余谓读史者更在于识。而其所以识者，则

① 《德风亭初集》卷1。

要在精求其笔。笔者，史之主宰，其张名教，植纲常，严分位，皆默系之。自获麟而笔绝，而后世之史纷乎其集，然而不观各家秉笔之意，其孰得孰失殆不能定也。

王贞仪首先认定史书的写作中要体现出“张名教，植纲常，严分位”的宗旨，认为这是“史之主宰”，然后进一步指出，读史的人要能从史书中看出“各家秉笔之意”，认为这才是读史的关键。换言之，在王贞仪看来，习读史书主要是为了学习儒家纲常名教，也就是接受儒家伦理道德教育，而别的都是次要的。

王贞仪将史学的首要功用视为推行伦理教化，这在当时确有其深刻的社会背景。王贞仪正好生活在清乾嘉时代，这一时期，“‘六经皆史’又成为当时最富理论价值和社会意义的论题之一”①。学者们对经与史等同视之，实际上是将经与史这两种本来各自独立的学问打通，用两种学问各自不同的特点进行相互的取长补短。而工贞仪特别强调的史学的伦理教化功用，实际上正是顺应了这种学术界流行的“六经皆史”的社会思潮。

史学是一门经世致用的学问。自清初到乾嘉时期，经世致用的治学宗旨在学术界不断发扬光大。史学用以经世更是中国史学的优良传统。王贞仪作为一个科学家，她的整个的治学宗旨就是做有用的学问，她的《自箴》诗云：“所难在践实，所尚在闻道；贫贱安足忧，戚戚丧怀抱；名理非空谈，训诂戒浮造”②，因而，王贞仪的史学思想必定要带上一些经世的意识。至于如何利用史学，获得解决现实问题的借鉴，王贞仪在《读史偶序》中提出：

盖前者，后之鉴也，古者，今之景也。此其故不甚相远，是在读者知效法，知儆戒焉，故由文以述其蕴，由赜以按其确，深研乎经济之实，专攻乎学问之大微者，阐其幽通者，达其意，辩其条贯，发其表里，明其始卒，大义既得乃无分谬离晦之忧，大体既详，乃无得一失百之漏，空疏悠远之见无所恃，而后一切不以浮心游气试其间。

表面上看，王贞仪的史学思想与历史上流行的史学思想并无两样，也是主张历史研究为后人找到前车之鉴。但具体如何理解历史记载，如何解读史书，王贞仪在此提出自己的观点：她主张要本着经世致用的目的，发现史书记载中深刻的含义，在理解史书记载中的“大义”和“大体”。这种观点与她确认史学的主要功能为教化世俗是相统一的，因为史书与经书的不同在于，史书寓教于记事之中，王贞仪担心的是读史者不能看出史书中蕴含的丰富的儒家伦理思想。

---

① 王记录：《中国史学思想通史·清代卷》，黄山书社 2002 年，第 207 页。

② 王贞仪：《德风亭初集》卷 10。

身为科学家的王贞仪对佛教、道教持不屑的态度，她指出："乃世俗好奇嗜异，阁束经史而喜博览二氏释道之言，以衔其高，沉溺既深，甚至流害道德极之，言语文字尽成空寂之宗，抑或动称左马，厌薄唐宋，吠景传面，不独不能明经致用，并置史书不少瞩目，而法善戒恶之迹，人事之公，与夫彝伦之道，殆如盲瞽之昧，然以终焉，亦大可哀也哉！"在王贞仪看来，好佛道二教的人与好读史书是一种矛盾，一个人读了佛教与道家经典，就不能深入研读史学著作，必然不能以经世致用的态度学习历史知识，而这些正是佛道二教的根本问题所在。

王贞仪对于史书的分类也有自己的见解，她认为，"至于正史之外，则统为杂史"。而且，关于正史和杂史之间的关系，她进一步阐述："盖自《国策》以下，其最著于世殆种种者，皆可以为正史之经纬，其亦史之支裔乎。然不读正史不知杂史之庞错，不观杂史且无以知正史之整严。唯正史则其宗也。"她认为，正史才是史书之"宗"，而杂史虽然数量庞大，但是都是正史的补充。

王贞仪还就历史上的人物与事件进行是非辨别，其评判标准完全是正统的儒家伦理道德。如论及忠诚，认为"忠爱之深，必如鞠躬尽瘁之诸葛，而霍光始终易心者，不足言也"；"论忠烈尽命之节，必如委曲之岳氏、文氏，而杨之濡忍以死者，不足勇也"。在评判历史上的人物与事件后，王贞仪从史书上记载的很多类似的人物事件中总结出："差仅毫厘而失已千里，其所不可欺于天下后世者，顾如是哉！然则一字之笔，关系存焉，邪正分焉，奸善见焉，是非出焉。"史书的记载，一字之差，就可以将是非颠倒，王贞仪以此来告诫读史者要深入领会史书的深奥。其实，这也不过是王贞仪从读史者的角度来解释春秋笔法而已。

以上是王贞仪在《读史偶序》一文中表达出来的史学思想。此外，她在留下的文章中，处处表达出一个科学家对清代各种社会现象的深层次的思考，只是由于她所受到的教育完全是封建式的，除了自然科学以外，她可能很难接触到一丝儒家伦理道德以外的思想，因而，王贞仪的社会思想显得保守而凝重，与其在自然科学领域内的进步与自信正好形成鲜明的对比。

王贞仪作为一个女性学人，在清代乾嘉时代一定受到男尊女卑社会风气的沉重压抑，她曾愤愤不平地指出："今世迂疏之士，动谓妇人女子不当以诵读吟咏为事。夫同是人也，则同是心性，六经诸书皆教人以正性明善、修身齐家之学，而岂徒为男子辈设哉！"[①] 她充满激情地宣言，"始信须眉等巾帼，谁言儿女不英雄"[②]。但是，王贞仪又是饱受封建思想教育的女性，因而，在她悲叹女子不能和男性平等的同时，她又并没有走出封建时代对女性认识的藩篱，作为一个传统

---

① 《德风亭初集》卷4，《上卜太夫人书》。

② 《德风亭初集》卷12，《题女中丈夫图》。

社会中的女性，王贞仪对女性社会地位的认识没有跳出儒家伦理的窠臼，在她的著作中，现在可以看到她一共为4位女性立传，写下了《姚母张太夫人传》、《孙节妇传》和《两贞女传》3篇文章。在这些文章中，她在记述传主的事迹后，又以“女史氏曰”表达了自己的观点。其中对节妇的评论很能说明问题：

非欲人不必贞其节，盖以杀身成仁任乎慷慨，过时则气散而懈矣。苦则难久，在富贵家之子妇固然。而贫困尤不易得，此臣妇始终易心，唯在一间，而节乃以堕矣。乃节妇处不可死之境，遭独难守之时，割肉以疗夫而亡翁现其形，理或有所感矣。守身以送姑而诸孤得以存，事亦有幸矣。非徒节可传，孝亦可传，非仅孝可传，而才识亦可传噫。从穷独迫切饥寒冻馁，万死一生中能以高节，诚孝，百折不回，一间不堕，屈指男子凡几辈於目前哉，予是以因之慨然于孙节妇。①

如其同时代大多数男性学者一样，王贞仪对妇女守节现象给予了很高的评介，只是，王贞仪并非单纯从妇女遵循封建礼教的角度来赞美贞节，而是从妇女的无私奉献的视角歌颂贞节妇女的自我牺牲精神，这似乎还反映了王贞仪看到了妇女守节多少也有其符合社会需要的一面。而对于两位殉夫烈女的评论，则体现了王贞仪思想中极其沉重的一面，她说：

两贞女生则同时，各不相谋也，而志如出一辙，诚可砥厉末俗而重其激烈之行乎？……二女之死于不食，犹伯姬之死于火，女妇之道两尽也，又何以二女未嫁而殉夫之为疑也。吾特作二贞女传，盖同时闻之，连类而述之也。系之论者，辨其实，合乎礼且钦其守志之烈也。②

她不仅认可未婚贞女殉夫而死的极度扭曲型的贞节心理，还认为这种行为可以对社会风俗起到砥砺作用，而王贞仪之所以为这些贞节妇女立传，无疑是要推动这种贞节风气的进一步盛行。

在另一篇《姚母张太夫人传》中，王贞仪用优美的笔调，赞颂了一位出自桐城宰相之家的妇女张氏，这位张氏“七岁能通《孝经》，九岁熟《烈女传》诸书，幼即庄重，习礼知为诗，举动合仪，则闺门之内不苟言笑。少长，随父太傅公官京城，就傅宗宫，与诸弟昆共读，於是又能文章兼识经术大体，巾帼而有须眉志，太傅异而爱之，幼而有式、有才也”③。然而这位张氏后来嫁得并不好，

① 《德风亭初集》卷2。
② 《德风亭初集》卷2。
③ 《德风亭初集》卷2，《姚母张太夫人传》。

嫁了一个姓姚的穷书生，于是开始了自己的苦难人生。最终，丈夫早亡，张氏含辛茹苦地将子女抚养成人。王贞仪对张氏评价道：

故吾恒思古今来称述内德者，莫详于范氏之书，其间所纪载诸名媛，虽或有奇行奇事，初不越烹芼盛湘缝纫滫瀡之节，而教能垂於于后昆，其见闻不越诸姑伯姊姆师保氏之间，而名能信於士大夫，则当其身后而申明其才德，叹美于歌咏，较之丈夫之姱修不更难之乎哉！今太夫人抱闺阁中仅见之才，有兼人之德，相夫教子，治家守身，各宗乎礼，始以贵家女而为贫士妇，毫不敢挟财势以骄侈，至柏舟既赋，家道中落，身心之困乏而茹苦不贰，及其老也，乃见子若孙成名世士，虽不越妇女之本志，而亦云难矣。岂非德副乎？才而能乎？宜乎？①

王贞仪注意到史书中专门为妇女立传，始于范晔的《后汉书》。《后汉书》中所列的妇女也都是做一些家务琐事，而且，这些妇女的见识也都只是局限在自己家庭内部，因而，这些妇女能列古代正史之中，相对于男人们而言，尤其艰难。这是王贞仪凭着清代女性特有的视角，深刻地体会到一个女性要想名垂青史，相对男性而言，要艰难得多。而对于张氏的评价，王贞仪认为张氏虽然没有像她家中的宰相那样，能够成就一番丰功伟业，但她有两点值得肯定：一是能够相夫教子、治身守家“各宗乎礼”，也就是说，其行为规范符合儒家伦理规范；二是作为一个名门闺媛，嫁到一个穷家，丝毫没有仗势欺人，尤其是在家道中落以后，还能肩负起培育子女的重任。在王贞仪看来，张氏虽然没有惊天动地的事业，但终究能具备以上两种优良品质，并最终能将子孙培养成人，“亦云难矣！”虽然在文中，王贞仪对张氏平凡而伟大的事业给予了极高的评价，对张氏的命运也给予深切的同情，但终究，王贞仪无法看透张氏的悲剧命运中所透视出的传统社会中女性受压迫这一残酷现实中的必然性，这也就注定了她本人后来也难以走出千百年来《后汉书》中描绘的女性的命运。

《后汉书》在其《列女传》篇首就说：“诗书之言女德尚矣。若夫贤妃助国君之政，哲妇隆家人之道，高士弘清淳之风，贞女亮明白之节，则其徽美未殊也，而世典咸漏焉。故自中兴以后，综其成事，述为列女篇。”在范晔的时代，一名女性能得到社会高度的认可，被写入正史，对其评价标准完全是看她是否具备对男人的事业有益的美德。而王贞仪虽然生活在清代，但从她给张氏写的传记来看，她对女性社会地位的认识，基本原则没有超越范氏的思想窠臼。

王贞仪还就一座关庙的重修写下了一篇《重修鳌峰关庙碑记》，文曰：

① 《德风亭初集》卷2，《姚母张太夫人传》。

……独关侯尤崇奉之，其祠宇所在皆有，上自王公大人，下及芸夫牧竖妇人女子，莫不尊敬，咸奉祀奔走之恐后，则知忠义之感人，实有莫之至而至者耳。今鳌峰庙工告竣，崇祀者无虚日，既虔且肃。①

王贞仪的这一篇记文有一个值得我们注意的地方，那就是她并不是从宗教信仰的角度来看待人们崇祀关庙，她认为，整个社会各阶层人们都来崇祀关公，实因为“忠义之感人”，而不是一般的祈求神灵能够消灾弭患的心理。王贞仪在其他文章中，表达过自己反对风水迷信、反对佛道信仰的观念，作为一个在自然科学领域有着突出贡献的科学家，她并不相信关公在死去千年之后变成了神，能够以神力佑一方平安。但她同时又认为，社会普遍存在的关公崇拜是一种可喜的社会现象，说明了人们对忠义这种伦理的广泛认可。从王贞仪对关羽崇拜的理解看来，王贞仪仍然坚持正统的儒家伦理观。

王贞仪对农民起义的态度也值得关注。明末米脂县令边大绶曾将李自成的祖坟挖开，并将坟中遗骨焚毁。后来边大绶被李自成的军队俘虏，但最终，边大绶逃出起义军，并写下了《虎口余生记》一书。对于边大绶的掘坟行为，王贞仪大加赞赏，在乾隆六十年（1795），作《书〈虎口余生录〉后》②，在这篇文章中，王贞仪不仅对农民起义极尽贬斥之能事，而且，还违背了自己一贯的崇尚科学的思想，从迷信的角度去发掘边大绶掘挖李自成祖坟的意义。文中充斥着诋毁侮辱不实之词，根本丧失了一个科学家应有的科学态度。

如对于农民起义的影响，王贞仪的文章说：“明季闯贼之乱，猖獗毒惨，淫戮无尽，生民遭其涂炭，每一兵过，肆行掳杀，掘墓抛尸，残虐已极，人人思得而诛之，虽发数不能尽其罪矣。”王贞仪在此，就简单地将制造生灵涂炭的罪名强加到农民起义军头上，而且，从其言语中可以看出，她对农民起义的切齿痛恨到了无以复加的地步。

不过，王贞仪同时也看到了明王朝腐朽与无能，她指出了，就在农民军势如破竹地攻城略地，“然当其时，亦唯无可若何，闻声而遁，断无敢撄其逆者”，明朝的各地守将要么逃走，要么投降，“而竟独有一边长白公，出身患难际，巨贼焰赫之时，卒以奇策掘贼祖父之冢，诛已馁之残魂，戮九原之肝脑，使前明二百余年之愤消于一旦，此非大快人心之举也哉”。在王贞仪看来，这种掘祖坟的行为是很有必要的，是大快人心之举。这又完全是一种主观臆测。

呜呼，彼贼之罪虽夷其族不足惜也，使其祖若父竟获安于土室，是王法所未

① 《德风亭初集》卷3。
② 《德风亭初集》卷8。

及诛也。乃王法无及诛者，鬼神能诛之，而鬼神又不及诛而俟边公诛之。边公且以笔诛之。盖诛于边公之手之笔，较诛于王法鬼神为尤甚，何也？诛于王法者，一时之诛，诛于鬼神者，人不及见之诛，而诛于边公之手之笔，则合王法与鬼神而成千万世之诛也。语云：事不处乎至变，不足以励天下之至常；法不明于至公，不足以训天下之至达。呜呼，边公之行至变也，而实至公。读是录者可以为天下之凡为忠臣义士者称快矣！

王贞仪主观地判断，边大绶的掘墓行动一定能够让天下的忠臣义士称快。值得注意的是，王贞仪从因果报应的角度肯定了边大绶掘坟这种行为，认为李自成祖、父的坟茔理所当然要被盗掘，更荒唐的是，王贞仪还提出了鬼神的概念，认为边大绶个人的行为，“合王法与鬼神而成千万世之诛”，终究，她将边大绶的所作所为视为一种鬼神作用下的结果。

要知道，王贞仪在其《葬经辟异序》一文中，对当时流行的风水先生给予的批判十分尖锐：“今之葬师堪舆，其人者，吾知之矣，大抵多以黠术动人，其为言也，则兼杂五行衰旺生克冲合之语，吉凶祸福转移之异教，亟乎借以营己之利，变惑人心之是非”,① 从这种认识来看，王贞仪不可能相信风水葬地之说。其实在整个《葬经辟异序》中，王贞仪不仅从风水先生的角度，还从受骗人的角度对清代盛行的风水之说进行了全面的批判。而对于宣传因果报应的佛道两家学说，她的批判更是理性，她说：“若夫佛经者，叛道离理也。”② 当有的人对王贞仪“动以报应之说，罪过之证”，她则更加坚定地表达了自己反佛的思想：“天下之陷溺于佛氏之教者，上自名公巨卿，下及愚夫愚妇，庸蚩之辈，推而至於深山穷谷中人，皆敬信若狂，真有沦肌浃髓牢不可破者……然其邪异之术第可欺不明理、不读书之男子，无德不肖之妇人，故即使其势日张，而於圣贤之大道终不能少损，是佛老二教本不足为正道之害。”③ 她坚定地认为，儒家思想必然能够战胜佛道思想。而且，王贞仪还指出了因果报应之说的来源与危害：

今天下福善祸淫神鬼报应之说，虽不徒见道於佛老之徒，其初意与利济儆俗之心，迪吉逆凶之道，尚不甚相远，而人必溺之，则弊生而害遂无所底止。④

王贞仪敏锐地指出，因果报应之说不单纯是佛道两家的独有的思想，也是社会上长期流行的一种风俗。但人们一旦沉溺于这种因果报应之中，其危害是巨大

① 《德风亭初集》卷1。
② 《德风亭初集》卷4，《答方夫人第一书》。
③ 《德风亭初集》卷4，《再答方夫人书》。
④ 《德风亭初集》卷4，《再答方夫人书》。

的。如此看来，王贞仪不仅反对因果报应之说，而且对社会上流行的因果报应之说的缘由，有一个很清晰的认识。可就是这样，王贞仪自己却在《书〈虎口余生录〉后》一文中用因果报应之说来诠释李自成祖坟被掘的事件，这只能说是对农民起义现象的刻骨仇恨，彻底扭曲了一个科学家对客观事物的认知水平。

三

如果王贞仪仅仅是一个略识文墨的平凡女子，那么她持有传统的历史观并不值得我们感到奇怪。但她是一个自然科学领域内走在时代前列的科学家，在科学领域，她甚至还可以大胆接受来自西方的学说。她的科学成就不仅是几千年中国封建社会中的大多数女性所难以比拟的，即便是同时代的大多数男性科学家也难以望其项背。因而，我们在注意到王贞仪具有先进的科学思想的同时，不能不注意到，同时，她的史学知识是丰富的，对中国古代史书的编纂有一些自己的见解。但她的历史观又显得有些落后。更令人难以置信的是，她对社会、对历史的认识有许多地方与其科学思想相互矛盾：如她一方面因为自己的女性身份，在科学研究中备受歧视而愤愤不平，主张男女平等，但另一方面又通过为节妇烈女立传，为妇女的守节或殉夫而大唱赞歌；她既对风水之说和佛道因果报应之说嗤之以鼻，但同时又从因果报应的角度对边大绶盗掘李自成家祖坟的荒唐行为拍手称快。

陈旧的历史观与她先进的科学思想充满着自相矛盾；落后的社会思想与炫目的科学成就集中于一个女科学家一身。这说明在王贞仪成长的时代，封建思想意识占据着知识界的主导地位，而西方的资产阶级民主思想和近代科学技术的传播与发展很大程度都依赖人的思想解放。如果说王贞仪这样的知识精英都持有落后的历史观和社会观，那么一般民众就更可想而知了。嘉庆初年，王贞仪这样一位中国古代难得一见的女科学家去世。其后不久，西方列强的炮舰就打开了中国的大门，中国进入了一段屈辱的历史时期。

（作者为安徽大学历史系教授）

阐扬经学为一方贤良弟子师 力耕史苑成一代爱国大史家

——清代当涂青山夏氏世家及其著述成就考

李昌志

内容提要： 本文以翔实的资料，主要论述清代当涂青山夏氏世家淹贯经史、长于考据、精通音韵，且在学术上各有建树的著名学者夏炘、夏炯、夏燠、夏燮四兄弟在经学、史学方面的著述成就及其影响，从一个文化世家反映皖江地区历史文化的特色。

关键词： 当涂青山；夏氏世家；经史成就；爱国思想

清代晚期，当涂县青山黄垅村出现了一家淹贯经史、长于考据、精通音韵，且在学术上各有建树的著名学者夏炘、夏炯、夏燠、夏燮四兄弟。他们继承清初学者经世致用的思想，深得乾嘉学派的真谛，洁身自好，刻苦治学，兄弟四人相互师友，都在学术上取得重要成果。时人称为青山"四夏"。其中夏炘长于理学，夏炯长于经学，夏燠长于音韵，夏燮长于治史，全家共有各类著作65种，计626卷，为此，《清儒学案》特地为他们辟卷专载，一些史籍、辞书也屡有载述。他们的学术成就不仅为当时学者所叹服，也为后世留下了一笔丰富而珍贵的历史文化遗产。

一、出生书香世家，祖上四代人都重文尚读

夏氏四兄弟出生于一个书香世家。祖上四代人都崇尚儒学，到他们四兄弟已是第五代儒士了。其高祖夏偶芳，字奇生，世居青山垅上村（今黄垅村），平生"事父母为孝，亲兄弟为友"，与弟礼生仰体亲心，友谊敦笃，是乡里尊孔崇儒的有名的读书人。他一生循循孝谨，谆谆教读，很希望自己的子孙后代成长为有用的读书人。由是将自己的五个儿子都取名为"儒"，其中长子名"宝儒"，次子名"璧儒"，三子名"瑆儒"，四子名"珉儒"，五子名"珂儒"。从字面上看，宝、璧、瑆、珉、珂都是闪闪发光的珍宝和美玉。很明显，夏偶芳为子取名的用意，也就是希望他的儿子们都成为士林中出类拔萃的人物。

在夏偶芳的五个儿子中，尤以次子夏璧儒表现最为出色。夏璧儒，也就是夏氏四兄弟的曾祖父，他字崑玉，早年励志于学，博览群书，是一位善于聚书、惜

书、嗜书如命的饱学之士。他在一面读书、一面耕作的同时，常以"墨客"、"稼夫"自号，因筑藏书楼"墨稼堂"，藏书甚富，其藏书数量超过当时太平府著名的天门书院和采石书院，有"藏书甲两院"之称。晚年他将大量藏书分类整理，提要著录，撰成《墨稼堂书目解题》一书，是为夏氏一家最早著书立说的人，也为他培植家风、传承家学奠定了良好的基础。

夏璧儒有二子，一名夏沛霖，一名夏九鼎。夏沛霖，亦即夏氏四兄弟的祖父。沛霖字雨田，庠生，是乡里著名的秀才。九鼎字汝梅，增生，与兄沛霖一同应试，列一等一名。沛霖品行端严，学养甚高，常以儒家"仁"爱之心教育子孙。其堂屋环壁皆书"切忌刻薄"四字，"凡日间所行，夜必详书于簿，以记功过"，并借以告诫子孙，约束举止，以道德模范乡里。卒后，诏赠修职佐郎。

夏沛霖之子夏銮，也就是夏氏四兄弟的父亲，字德音，号朗斋，幼孤，由母李氏抚育成人。銮"少攻辞章，继乃治经，晚笃程朱之书"。嘉庆三年（1798），以优行贡生考取八旗教习，四年补正蓝旗教习，并被选用为知县。但夏銮不慕荣利厚禄，"宁为闲曹冷官"，以养母为名，再三请求，获准改任教职。于嘉庆九年始任徽州府学训导，又曾执教紫阳书院，深研程朱理学，在当时的徽州颇有名气。后以母丧，服丧归里。期满后，于道光元年（1821）再补原缺，复任徽州府学训导。他在徽州两任训导的十余年间，曾倡修紫阳书院，主纂《徽州府志》，并发现、培养、举荐多名人才，为推动新安学术事业的发展作出了积极的贡献。

据徽州著名学者胡培翚《清夏先生（銮）墓志铭》记载：夏銮生于乾隆二十五年（1760），卒于道光九年（1829），年七十。早年娶妻杨氏，早卒，生有一女，嫁给当涂国子监生汪卒荣。继娶吴氏，为当涂庠生吴本涵之女。吴氏生有夏炘、夏炯、夏燠、夏燮四子，早先生七年而卒。夏銮一生"以阐扬经学，造就人才为己任"，对四子教育甚严，在做人和德行上要求很高。他初任徽州训导时，曾先后将四子接到身边，白天忙于学务，晚上即围坐灯下，教子课读。又延请新安（今徽州）名秀才胡竹村（培翚）教授，从师受业于尊经阁上。胡竹村长于考据，尤精于《礼》，著有《礼仪正义》、《仪礼释文校补》、《研六室文钞》诸书。胡先生教他们研习《周礼》、《礼记》、《礼仪》、《毛诗注疏》及群经，博览儒家各种经典，遇有争论问题时，相师相友，互切互磋，促使四兄弟"皆能传父业，治经有法"，各自在学业上长进很快，也为他们后来从事学术研究打下了牢固的基础。

夏銮的长子夏炘，妻陈氏，系丹阳岁贡陈上珍之女。性孝谨，甘俭约，相夫十九年，称族党贤人，卒赠恭人。生子致瑶、庠生；子致玺，廪生；致堡，为广东候补盐使，俱能遵母教，以行义闻名乡里。次子夏炯，子致莹，庠生。三子夏燠，子致钰，岁贡。四子夏燮，子致璠，教谕，少承父学，治诸经注疏，旁及六书音韵，著有《毛诗古音考证》、《说文辨讹》等；致玙，岁贡，同治初议叙知县，有良吏才，惜未竟卒；致銮，拔贡，江苏知县，曾迎送琉球国贡使，督修高淳河堤，接办江宁发审，有循声，又兼工书画，尤善鼓琴，侍郎胡肇智曾赠以诗云："笔下能为万人敌，案头唯有一琴横"，足见其儒雅风清的一生。

二、夏銮一生以阐扬经学、造就人才为己任

青山夏氏向以"诗书传家"为荣，家学根底很深。从夏氏四兄弟的高祖夏偶芳算起，到曾祖父夏璧儒、祖父夏沛霖、父亲夏銮，都是当时乡里知名一时的读书人。尤其他们的父亲夏銮的行迹长期以来却少为人知，或知之甚少。其实夏銮是古时正直知识分了中的一个典型，是 位很值得重视和研究的人物。

前面提到，夏銮一生"以阐扬经学、造成人才为己任"，但他又是一个博学笃行的学者。据《清儒学案》、民国《歙县志》及夏炘《闻见一隅录》记载："夏銮初任新安训导，瓣香紫阳，造就人才不少，如江先生有诰、汪先生莱、绩溪胡先生培翚为其最著者。"尤其他极力举荐汪莱，使其学能为国所用，继又抚育汪莱遗孤，使其学有所成，同时搜集、整理、刊行汪莱遗著，使之得以流传后世，表现了他与汪莱之间有着非同寻常的师友之谊。

汪莱，字孝婴，号衡斋，歙县人。少时刻苦攻读经史百家，15 岁补博士第子员，38 岁成廪生。毕牛致力于天文、历算之学，是清代著名的天文学家和数学家。著有《声谱》、《说文声类》、《参两算经》、《衡斋算学》、《校正九章算术》、《十三经注疏正误》等。清人江藩在《汉学师承记》中曾说："今之学者，大江以南惟顾千里与孝婴二人而已，乌可多得哉。"特别他所著的《衡斋算学》6 卷，是我国最早研究方程式根与系数关系，系统探讨非十进算术，提出并讨论组合定义与性质问题的著作，在中国数学史上占有很高的地位。《清史稿》称："其精算之名，久为官卿所知。"然因清王朝科举取士的腐败弊端，汪莱直到 40 岁仍是一个未食廪的庠生，曾先后漂泊于苏州、扬州、六安等地，课馆授徒，大有"抱璞而泣"的概叹。

嘉庆九年（1804）春，夏銮首次来到徽州任府学训导，得知汪莱品行端正，学问高深，即四处打听汪莱行踪。是年夏天，汪莱由扬州归里，听说学官夏銮找他，即去郡城拜访。两位学者初次相见，与语终日，遂成莫逆。汪莱临行，夏銮目而送之，称"此天下之奇才也"。从此，夏銮与汪莱亦师亦友，时相过从。汪莱每次去郡城，都在夏銮学署下榻，两人推心置腹，探讨学问，每至漏下仍纵谈不倦。作为一府学官，夏銮欣喜自己发现了真才；作为清贫学子，汪莱觉得自己遇到了真正的知音。随后，夏銮就把汪莱留在学署，举荐他任府学优行督学，并

让当时在紫阳书院肄业的胡培翚就业于汪莱门下，又命长子夏炘从汪莱为师。两人由是学业大进，双双成了举人，后来都到了馆阁任职，并成了著名的经学家。

嘉庆十年（1805），黄淮连续大水。十一年夏，黄河泛滥成灾，在王营镇附近决堤，洪峰直注六塘河入海，灾情十分严重。为治理黄河水患，汪莱受荐，应两江总督铁保之请，以他精湛的天算知识及自制仪器，完成了黄河新旧入海口地势高程的测量，一时震惊了朝野。次年，汪莱治河归，夏銮再次举荐他参加考试，终以优异成绩选为优行贡生入京学习，继又考取八旗官学教习，并受命与徐准直、许沄一起在国史馆纂修《天文志》和《时宪志》。书成，一度被选为内廷行走，后调任石埭（今石台县）训导。从此，这个学问渊博而又清贫的学子不再过着受雇于人的生活。应该说，这与夏銮的举荐、提携与关怀是分不开的。

嘉庆十八年（1813），汪莱参加江南乡试，因病回石埭官署，不久就病逝了。他在任期间，廉洁奉公，去世之日，囊箧空空，不名一文。长子光恒仅4岁，次子光谦不满周月，孀妻弱子，生活十分困难。讣音传至当涂，已在故里归养的夏銮闻之感叹万分，慨然为汪莱遗属募集数百金，委托汪莱本家秉衡翁代为经管，使得他们得以维持生计。道光元年（1821），夏銮已62岁，再任徽州府学训导，这时汪莱的长子光恒已12岁。夏銮怀念故友，特地将光恒带在身边，“饮食教诲如己子”。光恒长大后，感激夏銮抚育之恩，决心继承父志，专注于数学研究。其后，他用数年时间，深研《数理精蕴》等书，然后将汪莱的数学遗著作了全面探讨，从24岁开始，花了整整4年时间，著成《小衡算说》3卷。其学有成，全得夏銮无微不至的关怀与教诲。一次，光恒路过当涂，访夏氏青山草堂，曾吟句云：“指点青山青未了，平生此处受恩多。”

然而遗憾的是，汪光恒在完成《小衡算说》之后，不久也去世了。遗孤汪廷栋（云浦）、汪廷柱尚幼。夏銮四子夏燮遵父遗训，又将廷栋、廷柱兄弟带在身边，给予教诲。廷栋传承家学，亦精于地理、测绘，后入左宗棠幕府，官至肃河知州、陕西水利总局提调。在此之前，夏銮还费了大量心血，搜集、整理汪氏文稿。汪莱生前治学严谨，著述很多，除天文、历算之外，还深于诸经，尤通文字、音韵之学。汪莱死后，遗著大半散失，直到道光元年，夏銮再任徽州训导时，始命其子夏燮亲自去汪莱故居瞻淇收检汪莱遗稿，加以整理，交给长子夏炘妥为保存。道光十三年（1833），夏炘设馆于歙县西溪汪氏家塾，他遵从父亲夏銮遗训，又在绩溪胡培翚处征得汪莱遗著《校正九章算术》和《戴氏订讹》两部书稿以及遗文10余篇，与培翚一起编成《衡斋遗书》合刊本，并由夏炘写了《跋》文。咸丰四年（1854），夏燮又将《衡斋遗书》合刊本及早期刊行的《衡斋算学》7册合刻成书，这就是《国朝汪莱算学遗书》的由来，而这时离汪莱逝世已40余年了。从中可以看出夏銮作为学官，不慕荣利，尽心教职，并以其知人之明发现人才、珍惜人才，其精神的确是难能可贵的。

徽州自古人才荟萃，有“东南邹鲁”之称。夏銮谙于徽州掌故，在二任训导期间，适值纂修郡志，董事程封翁延请先生总其成，先生手订条例，采访纂辑，于道光四年（1824）开局纂修，至道光七年主纂完成《徽州府志》16卷，152万余言。是志体例完备，资料翔实，卷帙浩繁，考证精当，可谓集徽州志书之大成。其中单是《艺文志·书籍》一目，就收有从唐至清道光年间徽州人的著作3900余种，至今仍是研究“徽学”的重要资料。夏銮呕心沥血，不仅“劳心力于是书者数年”，又以大学士陈文恭的《五种遗规》进行删补，“刊诸学以诒多士”，可谓用心良苦。

夏銮生前与当涂庠生夏炳文、增生陶之钟、进士梁云五交往甚密。道光二年（1822）当涂大水，夏銮在徽州闻之，寝食不安，急速变贷白金千金，命长子夏炘持至家乡，分给亲族乡民，又创义仓，捐义田，兴义学，而他在署中“唯朝一粥，暮一饭而已”。旧时当涂俗多溺女，他又与乡中富者捐置育婴堂，促使乡邻溺女之风渐息。徽州旧有两紫阳书院，久废弛，夏銮乃清积弊，裕膏火，经营修葺，不遗余力。道光九年，夏銮年七十，将解官归，诸生涕泗挽留。先生曰：“吾之来时，已与族人约，以七十归。且七十悬车，古之制也，不可违。遂归，归四十余日而卒。”卒祀徽州府名宦，入祀本邑乡贤祠，墓葬于青山薛村响塘坟地，歙人胡培翚在其《墓志铭》中写有一段感人至深的话，其云：

先生之在徽也，于士之有学行者，则敬礼之，荐扬之，惟恐其不脱颖而出。其有负美质而学未至者，必为策励之，教益之，使底于成。至或其人偶有过失，或困于贫穷，亦必曲加矜恤，不惜解囊以助。以故在郡前后十数年，士无贤否，皆爱重先生。

这段话无疑是对夏銮一生以治学、育才为己任的最好赞誉，也是风范世人、发人深省的最好启示，是对古代正直知识分子的最好评价。

三、夏炘少从良师，学兼汉宋，一生颇多说经之作

夏銮的长子夏炘，字心伯，号弢甫，生于乾隆五十四年（1789）。幼时读书于白土山双薇精舍，后至徽州，从师于胡竹村、汪莱。20岁后，于明清诸儒之书无所不读。由是“学兼汉宋，粹然儒者”。道光五年（1825），他考中举人，初任武英殿校录。后任江苏吴江、安徽婺源教谕18年。咸丰元年（1851），曾在婺源创办团练，后擢颍州府学教授，保升内阁中书，获得四品卿衔。

清代中叶，考据之风盛行，士人多热衷于儒家经典的诠释、训诂和考证。夏炘少从良师，深得注疏之法，其经学研究亦自此始。加之幼承家学，饱读经书，

深山学《易》，阐《诗》释《礼》，毕生颇多说经之作。

夏炘治学初期，是从说文、音韵开始打基础的。他早年曾以东汉许慎《说文解字叙》中所称“指事、象形、形声、会意、转注、假借”六书造字规则，详考“六书”中的“转注”一书，以“形转”、“音转”、“义转”之说，证以540个部首、9353个汉字的“转注”法则。并对戴震的《六书论》、段玉裁的《说文解字注》，以“互训”解释“转注”，对盲目尊许或背离《说文解字》之旨多有评说，由此著成《六书转注说》2卷。其上卷首叙转注，次叙转注正义；下卷详说清代诸儒对“六书”转注一说之误，并反复辨证，使“转注”之说愈辩愈明。此书一出，就受到学者的好评。清人张之洞在《书目答问》中就称夏炘此著，“详征博考，堪与曹仁虎《转注古义考》并博”。此后，他又系统地研究了顾炎武的《韵学五书》、江有诰的《群经韵读》、王念孙的《群经字类》、段玉裁的《六书音韵表》、江慎修的《四声切韵表》，集五家之说，将古韵二十一部改为二十二部，著成《古韵表二十二部集说》。随后，又将《诗经》入韵之字，分为四声，并列之于表，著成《诗古韵表集说》2卷，使得古韵之学更为完备。

夏炘治学严谨，造诣高深。他从文字学起步，从文字的起源、发展、体系及演变着手进而扩展到音韵学、训诂学及经学等诸多领域，一步一个脚印，着实下了很多功夫。而他的治学途经又特别注重读书之法，正如他在《景紫堂劝读书七则》中所说，学人治学要想成功，一要“读小学（文字学）”，二要“读注疏”，三要“读近思录”，四要“读资治通鉴”，五要“读朱子全集语录”，六要“读读书分年日程”，七要“读三鱼堂全集”。并说此非“举其全”，只是“撮其要”，当“为学者读书之法式”。早在道光三年（1823）他在武英殿从事校录时，就十分重视治学之法。是年二月，他在丁戍庙讲学，有弟子以西周东郊洛邑之学制相问，夏炘即取历代《经注》学制之言，条分缕析，“每解一经，融合全旨，每阐一经，贯串全经”，又别为问答，以申发其意，最终辑成《学制统述》2卷。以故侍郎帅承瀛称该书自始至终贯穿了东汉著名经学家郑玄的《经注》，可谓“左右逢源，实似汉唐说经家之法”。其后，他又以汉唐诸儒中的毛公亨、董仲舒、郑康成、诸葛亮、文中子、韩昌黎等与闻斯道之传说，仿朱熹《伊洛渊源录》记载周敦颐、程颐、程颢、雍西及其门人弟子言行事迹之例，条其遗言轶事，萃为一编，撰成《汉唐诸儒与闻录》6卷，受到当时学者的好评。

道光中期，国势羸弱，士风日下，士人多谋官求利，不讲名节，而夏炘则将主要精力集中在理学研究方面，深研朱熹之学。早在吴江时期，他就嗜读朱子之书，到婺源后，更是勤于笔耕，“凡关涉朱子之学术著述、师友出处者”，莫不“随笔疏记，积久成帙”。这期间他通过详考朱熹“平生学术之早晚、著述之异同、师友之渊源”及其在朝为官多次上疏面谏、力陈时弊，以及与朱熹同时的江西、湖南、浙江诸儒的文献，著成《述朱质疑》16 卷。全书分析透彻，观点严密，论证精辟，桐城学者方宗诚曾说：“读此一部，即括朱子全集、年谱之要，洵近世未有之书。”此后，他又仿仪征阮氏《十三经注疏校勘记》之体例，对《朱子诗集传》22 卷进行反复校勘，发现该书在历史上“翻刻既多，伪脱不一”，即使《钦定四库全书》所载冯嗣宗、陈启源的经文校正也不尽完善。夏炘乃博取毛亨、陆玑诸家注疏之长，详加厘正，撰成《朱子诗经集传校勘记》。

徽州婺源（清属安徽，今属江西）是朱熹的故乡。夏炘官婺源期间，常说他“幼读朱子之书，长成朱子之学，老官朱子之乡”，并以此自幸。又因朱熹别号紫阳，加上徽州城南的紫阳山麓有为纪念朱熹而建的紫阳书院，以故夏炘又名其书斋曰“景紫堂”。并在这里写下了大量的读书笔记，对汉唐以来儒家大师对经典的诠释、注疏、集解进行了认真而又细致的考证和分析，且大胆质疑，不拘成说，纠正了历代注家诠释的许多错讹。其中《读诗劄记》8 卷、《诗章句考》1 卷，就是他研读《诗经》留下的两部笔记。我国历来《诗》有齐、鲁、韩三家，先儒多宗鲁，而夏炘独以为齐《诗》最优，其中申明毛诗及朱子之说尤多，立说皆前人所未及。而《诗章句考》则是他采纳东汉郑玄《毛诗笺》、唐孔颖达《毛诗正义》、宋朱熹《诗集传》诸家之说，结合自己的观点，对《诗经》章句逐一进行考证而成的著作。此外，他的《学礼管释》18 卷、《檀弓辨经》3 卷则是他研读《礼经》写下的两部笔记，其内容涉及乾象坤舆、郊庙明堂、宴享朝会、井田沟洫、冠婚丧祭等礼制的训诂与诠释。无不网罗荟萃于一书，所论皆发先儒所未发。论家认为此著“足以辅世翼教，实乃礼家之洋洋大观也”。

我国先儒历来对《礼记·檀弓》篇多疑其说，以为是记《礼》之失实。而夏炘则不然，他认为此说是诋诟圣门，以致汉儒以来“诵法孔子之名儒受其欺而未之醒者，盖二千余年矣”，因以“按语”力辨其诬者凡三十事，每事俱详加考证，因有《檀弓辩诬》之作。是故曾国藩亦称其为“发千古之覆，成一家之言，足与阎氏（若璩）《尚书疏证》同为不刊之典”。其后，他还对古代丧服制度按其生者与死者的亲疏关系，分列五等逐一进行疏解，荟其精华，揭其底蕴，附注先儒论说，再加“按语”辨之，而成《三纲制服尊尊述要》3 卷，获得学人的一致称赞，谓其“博考详证，实足补注疏所未备”。他的另一部专著《诗乐存亡谱》，则认为《周礼》、《仪礼》、《礼记》等经典，凡曰“歌”曰“赋”之诗无一不存，凡曰“奏”曰“管”曰“龠”之诗无一不亡。其不亡者，只有《诗经·国风》中的“驺虞”、“采蘋”、“采蘩”三首，因系“房中传歌之声”，将其列入《周南》、《召南》所以未亡也。他认为只有明乎此，而后才知孔子未尝删诗，笙诗未尝无词，因别作《诗乐存亡谱》1 卷，其立说多发前人所未发。

夏炘向以辞章自见，深恶文人绮丽之习，故其为文“中和纯粹，不事矜饰”。咸丰元年（1851），他完成《景紫堂文集》14卷，其书举凡历象、地理、音韵、训诂、名物、典制等，皆采用清初以来流行的考据学方法，其立说无不言之凿凿，有理有据。光绪五年（1879），左宗棠在其《奏议》中，称炘所著《文集》“与朱（熹）陆（九渊）同异，辨析颇精”。婺源学者陈光烈则称此书实乃“抉经之奥，撷史之腴，讹者正之，缺者补之。至其论人、论理、论学术、论教养，而于功夫次第、道体本原，无不了然于篇帙之间”。然而他在治学中又十分强调经世致用，反对空口谈经，埋头考证，而不重践行。如他在吴江任职期间，一次在书肆偶见该地学者王亮生著有《钱币刍言》一书，读后深感惊异和隐忧。认为此书作者主张无限制地发行货币，以为“富国富民第一策”，实与西汉的桑弘羊、张汤等提出的盐铁官运和铸币发行，同属一种“酷法”。若按此行事，必致苛征暴敛，民不聊生，“则乱天下者必是书也”。因反其意，作《聚敛箴言》一书以救之，引起学人和社会的广泛关注。

夏炘为官还十分热心社会事业，他在婺源期间就重视兴学校、办教育，并一度与包世臣、帅承瀛等受聘为旌德洋川毓文书院山长，多次在此讲授经史和训诂之学，大力培养人才。又应祁门、贵池两地之约，先后纂成《祁门县志》36卷、《贵池县志》44卷。得知家乡当涂受灾，他又将自己300多亩田地捐给族人，设置义仓、义田，帮助贫苦乡民。为端风化，每值闲暇之时，他还周游乡村，与民讲约，根据康熙九年（1670）颁布的“敦孝弟，笃宗族，和乡党，重农桑，尚节俭，隆学校，黜异端，讲法律，明礼让，务本业，训弟子，息诬告，诫窝逃，完钱粮，联保甲，解仇忿”为内容的“圣谕十六条”，变成自己的语言，在乡村“通俗演释”，一时“观者如堵，传为当地二百年来未有之盛事”。接着他又复取“简明律例”附于后，著成《圣谕十六条附律易解》1卷，刊布各乡。

夏炘晚年回到当涂青山，以“景紫堂主人”自称。闲时常与绩溪训导当涂人沈凤才诗词唱和，有“残冬开讲席，多士仰清晖”之句。又常与贡生朱焜、陶之錞等交游，过从甚密。即使在暮年养病中仍笔耕不辍，先后撰成《养疴三编》、《息游咏歌》、《当涂陶主敬（安）先生年谱》等。左宗棠在见到他的众多著作后，特嘱其门下，将他的17种著作、82卷汇编成集，并亲笔为他题写了《景紫堂全书》书名，由景紫山房刊刻出版。除《全书》外，他还完成了他的最后一部经学著作《易君子以录》。在病体稍有好转后，又辑成《闻见一隅录》3卷、《贾长沙政事疏考补》1卷、《景紫堂主人自订年谱》1卷，终其一生，共有著作达35种、247卷。同治年间，他的门生侍郎胡肇智曾将他的《述朱质疑》、《檀弓辩诬》和《附律易解》进呈朝廷，同治皇帝在看到这三部著作后，称他“年届耄耋，笃学不倦”，谕旨武英殿将《附律易解》刊刻颁发，余下两部留着自己阅览。

夏炘亦工诗，以五言、七言见长。其诗风格清新，语言明丽，题材广泛，既有思亲怀旧之作，又有咏物览胜之篇。晚年，他著成《墨稼堂诗草》2卷。其代表作如《丹湖帆影》、《古寺钟声》、《松峦黛翠》、《荷岭花香》以及《咏双紫薇》、《游石隐庵》等诗都写得相当精彩。从诗中可以看出，他深深热爱着家乡这片热土，对烟波浩渺的丹阳湖、风光绮丽的采石矶、繁英烂漫的白土山、绿茵翠发的梅山寺等名胜总是赞赏不已。暮年，他自知来日不多，乃"坐雨三日"，以"天意恐余归去速"，"只有梅花堪作伴"而自叹。

果然不久，也就是同治十一年（1872），夏炘终于耗尽毕生精力，与世长辞了。他终年83岁，墓葬青山龙塘坳王家垅。左宗棠闻讯，奏请国史馆立传，复奉"学有经术，通知时事"之谕，入婺源名宦祠，当涂乡贤祠，《清史》、《通志》均载入《儒林传》。

四、夏炯、夏燠相互师友，博闻强识，冠绝一时

夏銮的次子夏炯，字仲子，号卯生，生于乾隆六十年（1795）。少从父学，与弟夏燠相互师友，"博闻强记，冠绝一时"。及长，专治诸经注疏，旁及六书音韵，涉猎广泛。早年参加科考，惜未能中举。道光二年（1822），他应制科考职，取得二等，被授州吏目。按清制，"州吏目"仅是一个掌管缉捕、守狱及文书等的小官吏。夏炯不屑仕进，乃归里养亲，专心致力于学术研究。

晚清时期，程朱理学作为官方哲学和社会意识形态，仍处于主流学说的位置。尤其道光以后，崇尚理学的研究者逐渐活跃起来，特别在宋代理学家朱熹曾经讲过学的安徽、福建等地，一些尊崇理学的学者声气相通，结成群体，其规模和声势越来越大，夏炯就是在这种氛围中开始他的学术研究的。起初，夏炯爱读清代学者阎若璩、顾炎武、江慎修、戴东原之书，尤倾力于《礼经》的考证。道光初期，他著成《礼志属草》，尚未定稿，其父去世，夏炯悲痛不已，一度辍笔。服丧后，乃转而研究宋、元、明诸儒之著述，"发旨趣，辨诬谬"，见解独到，评述精当，自成一家之言。其间尤对宋明理学博考精研，"粹然一轨于程朱之正"，在当时学者中影响很大。直到今天，他的影响仍不绝于书。2007年8月30日，北京师范大学教授张昭军在《光明日报》发表的《程朱理学在晚清的"复兴"》一文中，仍称"当涂的夏炘和夏炯兄弟等也以理学闻名"。然而晚年，他却转而致力于经世致用之学，关注世务，热心时政，撰有《选法河务》、《鹾政私议》等著作，针对当时的漕运、治理和盐政弊端提出了很多很好的建议，深为时人所推赏。一时提督学使沈鼎甫、都转运使姚硕甫、县令李申耆等都曾折节与之交往。

夏炯长期体弱多病，但他治学十分勤奋。在长兄夏炘与弟夏燠的影响下，时常废寝忘食，挑灯夜战，“虽体弱亦好书，虽病痛亦置书枕席”。由于家学的深厚，自己的刻苦，加上20余年持之以恒的研习，使得他在学术上取得重大成就。道光中期，他开始将自己的著作汇编成集，题名《夏仲子集》。是集凡六卷，其中第一、二两卷为研读宋、元、明诸儒之语录，以之相互印证，以求源流分合之所以然，又考证朱熹及其门人的传记，疏理出其学术之有弊与无弊。第三卷则为针砭汉儒之学，谓自东吴惠氏（栋）以小学倡诲内，而休宁戴氏（东原）、金坛殷氏（玉裁）、仪征阮氏（元）、高邮王氏（念孙）翕然宗之。炯乃历考乾隆以后之俗儒学正之章句，凡一字之义，辩论千言，一音之韵，征引各本。而于戴东原之《孟子字义疏证》，凌廷堪之《复礼》上、中、下三篇，陆元之《论语论仁》，则辨其有用与无用，以区别其为汉、为宋之学。第四、五、六卷则以论述经史者为多，其大旨皆本于汉人之说经，而务治其大者远者，又归宿于宋人之言理，而汰其不精不详。是故学使罗椒生在看到他的《文集》后，亦称赞其论著“博洽精核，世罕伦比”。桐城学者姚莹评“其见识为百年所未有”，并为他的文集写《序》，称“其持论与方植之（东树）的《汉学商兑》若合符节”。是书完稿于道光年间、咸丰五年（1855）由其弟夏燮刊刻于鄱阳官署。民国十五年（1926），复由当涂陈鹏飞、王建常等集资重印，陈鹏飞并为之作了《跋》文。

道光二十五年（1845），夏炯因病逝世，终年52岁。民国十二年（1923），内务部咨请《清史》馆立传，入祀当涂乡贤祠。

夏銮的三子夏燠，字叔安，号和甫，生于嘉庆三年（1798），为邑增贡生。幼随父侍养徽州，父殁后，与兄夏炘、夏炯、夏燮相互师友，从事学术研究。他博通音韵之学，尤其对各种口形发音呼吸侈弇，辨入毫厘，分辨率极高。早年，皖派朴学奠基人江永（慎修）著有《四声切韵表》一书，经新安汪叔辰、青阳李南涧校刊付梓。夏燠在徽州得此书后，发现其书讹误甚多，乃广征博考，潜心校勘，订正了书中的许多错讹之处，著成《四声切韵表详校》一书。时两江总督陆建瀛见之，“叹为精核”之作。

道光三十年（1850），夏燠逝世，与他的二兄一样，终年52岁。其生前所著《四声切韵表详校》，后经桐城学者姚莹刊刻，惜当时只印了10部，遂成“稀世之珍”。民国二十三年（1934），复经安徽丛书编印处影印行世。

自从其父夏銮去世后，夏炯、夏燠兄弟两人就一直住在当涂青山故宅，靠父亲留下的田产维持生计。青山脚下的石隐庵（观音庵），曾是他们生前读书、治学的地方。旧时石隐庵中有一副对联，写的是：

石室读经，顽石点头，井底鱼龙都悟道；
隐居避世，清隐拔俗，山中鸡犬亦成仙。

据说这是四弟夏燮为两位兄长夏炯、夏燠撰写的，也是夏燮对这两位兄长一生的最好评价。

五、夏燮博论宏通，力耕史苑，是清末具有爱国思想的大史家

夏銮的四子夏燮，字谦甫，一字季理，别号谢山居士、江上蹇叟，生于嘉庆五年（1800）。他幼承父学，与兄夏炘、夏炯、夏燠互为师友，读书于郡学尊经阁上，博览儒家经典，学业大进。史称他“精研音韵，兼深史学，留意时务，持论宏通”，具有经世思想，是一位著名的经世派史学家。

清道光元年（1821），夏燮22岁考中举人，初任皖南青阳县学训导。道光三十年，转任直隶临城县学训导。在任期间，他留心时务，兼习经史，因上书陈述实行洋务之利弊，于咸丰三年（1853），被荐署湖南安仁、江西鄱阳官署任职，受到湘军首领曾国藩和浙江巡抚黄宗汉的赏识。咸丰十年十月，曾国藩调任两江总督，夏燮从浙江返回江西，召入曾国藩幕府。时曾国藩奉旨在江西执行长江通商法令，在九江设置租界，夏燮受命同英国领事谈判，曾国藩视他为左右手，常与之商议各种对策。九江谈判后，继又任江西巡抚毓科、沈保桢幕僚，实际参与长江设关和处理江西法国教士传教纠纷等活动。同治五年（1866）后，历任江西永宁、宜黄、高安、吉安等县知县。他在任上极力革除陋习，兴办学馆，宽减刑讼，调解民事，多有善举。

夏燮一生勤于著述，老而弥笃，不断有著作问世。他早年谙习诸经，博通音韵，先后撰著有《述均》、《音学辨微校正》、《五服释例》等书。其《述均》20卷，全面系统地论述了顾炎武的《音学五书》、江有诰的《群经韵读》、戴东原的《六书论》、孔广森的《诗声类》、段玉裁的《六书音韵表》等5家音韵之书的得失而成。按“均”字即古“韵”字，所论双声叠韵，夏燮认为悉滥觞于《诗》三百篇，而不是南梁孙炎、沈约的发明；所论四声三十六字母，悉滥觞于周秦，而古今方言流变，亦非唐人之二百零六韵相绳，故5家音韵之书亦未有能发明之处。进而从汉字的声、韵、调三方面着手，全面论述它们的类别、流变及历史上的分合异同，颇多创见。而对江慎修的《音学辨微》既肯定其说理透彻，开创了清代古音学研究的新声，又订正其讹误，著成《音学辨微校正》1卷。同治七年（1868），他的另一杰作《五服释例》20卷，为阐释《礼经》丧礼之“五服”，条分缕析，疏通例证，造诣颇深，为研究我国古代丧服制度的专门之作。

夏燮在穷经之外，力耕史苑，以20余年时间致力史学，硕果累累。1984年中国历史文献研究会编辑出版的《中国史学家传》，夏燮的名字赫然在目，在我国91位历代著名史学家中，他的传记排列在第62位，传记中称他是“清朝末年

具有爱国思想的史学家”。他的史学思想与实践体现了强烈的近代意识与世界意识。其代表作有《中西纪事》、《明通鉴》，另有《明通鉴考异》、《明史纲目考证》、《粤氛纪事》、《私议六事》、《泰西稗闻》、《汉书八表刊误》、《校正东林始末》、《校正吴应箕两朝剥复录》等多种。其《中西纪事》24卷，主记两次鸦片战争的历史。全书采用纪事本末体的方法，将中外关系的大量史实分成24个专题，每题1卷，原委清楚，叙事详明。在卷首“通番之始”中，夏燮首先详述了西班牙、葡萄牙、荷兰、英国、法国、俄罗斯、意大利、丹麦等国与中国交往的经过，打开西方通往中国的道路及其殖民扩张的企图，较早地预见到它给中国人民带来的严重危害。在“猾夏之渐”中，揭露了西方传教士在中国“妄行传教”及其传教始末，认为这是外国势力侵略中国的急先锋。在“中西之衅”中，揭示了鸦片战争的深层原因，抨击了英、法、美、俄等帝国主义列强的侵略野心，以及用武力在中国攫取的种种特权。在“外事锄剿”中，追述了英、法分子帮助清廷剿灭太平军，清政府“借助夷兵”和外人勾结，屠杀太平军的种种罪恶史实。在“五口衅端”中，指出自《南京条约》规定中国开放广州、福州、厦门、宁波、上海五口通商后，外商极力搜刮中国资源，以鸦片入口，使中国地利尽归于外洋之手。在“粤民义师”中，叙述了南海、番禺、香山等地人民兴办团练，丁壮荷戈，“誓与英夷为不共之仇”而兴师动众的斗争情景。在“海疆殉难”中，颂扬了虎门战役、吴淞战役中为国家、为民族而牺牲的抗敌英雄，赞扬了三元里103乡百姓、广州西郊96乡人民反抗侵略、高举义旗的英勇斗争精神。同时谴责了谋国无能、临阵脱逃、畏敌如虎的琦善、奕山、牛鉴、耆英、伊里布等投降派的卖国行径。夏燮自述他编此书的目的，是出于鸦片战争唤起的爱国热情，是抗御外国侵略和不满清政府的腐败，怀着“蒿目增伤，裂眦怀愤”的心情，“搜集邸抄文报，旁及新闻报纸之可据者”编辑而成。又因顾虑清政府文字狱之余威，故而托名“江上蹇叟”。在鸦片战争尘埃尚未落定，国家和民族处于严重危机的时刻，夏燮忧心所系，抱着强烈的爱国主义思想，撰成“藉备异日史家之采择”的巨著，至今仍被史学界誉为我国第一部中外关系史和较早的近代史专著，为研究我国近代史提供了大量翔实而宝贵资料。是书初稿成于道光三十年（1850），后经咸丰九年（1859）、同治四年（1865）两次修改增订，出版以后，受到清政府查禁毁版，至同治十年又重新刊刻印行。

夏燮的另一部代表作《明通鉴》100卷，是他毕生精力的结晶。是书体大精深，网罗宏富，共分前编、正编、附编三部分，约200万字。其前编《明前纪》4卷，详记了朱元璋投奔郭子兴，参加农民起义军，到建立明王朝的历史。正编《明纪》90卷，主记朱元璋称帝，到崇祯缢死煤山、清兵入关的历史。附编6卷，重点记叙了南明五王政权和郑成功父子等史实。全书取材以《明史》，永乐、正德、嘉靖《实录》,《御批通鉴辑览》,《通鉴纲目三编》,《明史纪事本末》等资料为主,参以《明会典》、《明一统志》及野史、说部、文集之书达数百种,以翔实的资料,对明朝的纪纲、礼乐、刑政、天文、历法、河道、漕运、营兵、练饷、赋役等“有关一朝治乱兴衰之源”,均作了真实而明确的记述。尤其对建文逊国、英宗北狩、正德南巡、万历妖书、明季三案、甲申事变等正史欠备之处补充甚详。对明末抗清志士史可法、张煌言、郑成功等人的事迹敢于如实记录,不仅反映了历史的本来面目,且纠正了《明史》中的许多错误,保存了大量丰富而珍贵的资料。同治元年(1862),夏燮在《与连祥明经论修明通鉴书》中,曾说他编此书的目的是不满“颇失其真的《明史》”,因而决意“参证群书,考其异同”,另编通鉴,以成信史,充分表现了夏燮敢于据事直书的治学精神和不畏时忌的胆识和勇气。

清代前期,学人研究明史最易犯禁,人们大多视为禁区。鸦片战争后,由于封建统治发生严重危机,文网开始放松,怀着经世志向的夏燮,毅然率先进入明史研究领域,力求从中探求“治乱之源”,这是十分难能可贵的。从他在书中采用“附编”这种形式记述南明政权的历史,就可看出这既是他的一个独创,也是他与清政府作合法斗争的产物。由于清政府害怕激起汉族人民的反抗情绪,对南明历史讳莫如深,致使官修《明史》缺乏记载,形成空白。夏燮乃找出《御批通鉴辑览》中的“附件”诏令作为护身符,巧妙地设置“附编”,将南明历史纳入明史体系,使明史首尾相连,成为了一部完整的历史著作。1982年中山大学历史系教授刘节在他编著出版的《中国史学史稿》一书中曾说:“清代人研究明史而确有成绩的,首推夏燮。”又说夏燮的《明通鉴》:“体例精严,叙次得当,而所载事迹详明审正,实治明史必读之书。”可见此书至今仍是明史研究专家无不研读的重要著作。夏燮此书成于同治十二年(1873),首次刻印于江西宜黄官署。光绪二十三年(1897),又由湖北官书局重校刻印,其后中华书局又出版了标点本。此外,夏燮还按照司马光《通鉴考异》的办法,另撰有《明通鉴考异》、《明史纲目考证》,按照胡三省注《通鉴》的办法,收《考异》分注于正文之下,对史料鉴别、史实考证补益甚多。是故刘节在《中国史学史稿》中又说:“对于《明史》辨证最得其实的,我以为夏燮的《明通鉴考异》最为完整可信了。”其实夏燮在治史上建树还多,他早年还著有《汉书八表刊误》,是书是他发现班固《汉书》八表中多有“前后失次、年月舛误”等缺失,乃通观《汉书》,证以传记,颇多未合,而加以厘正撰成的。晚年他复以《汉书》纪、传、志校表,又以表校表,找出致误原因,加“按语”说明,依原书体例,编成8卷,后被收入《二十五史》补编,成了汉史研究的不可或缺的著作。

夏燮晚年还著有《泰西稗闻》6卷,是书与清代著名史地学家魏源的《海国图志》相表里，成稿于咸丰九年（1859）。其卷一主述法兰西（法国）、弥利坚（美国）、俄罗斯三国近事；卷二主述英人通商始末；卷三首列外洋通商船只，次述外洋章程、五口通商近事、洋商与华人贸易议款；卷四首列英吉利（英国）立国源流，次述西人教法源流、欧罗巴文学之源、波斯景教、外邦政事；卷五主述西土畴人源流；卷六首述西人论地球形势，次述西人对数捷法及制器之学。夏燮提醒国人"中国既开五港通商，轮船、火车瞬息万里，异域遐方迩若咫尺，就不应局守堂室，藩离视听。故于各国建设兴废，内地交通原委，漠不考据精审，以为中国改革基础。"在此之前，夏燮还著有《私议六事》，此为中英《南京条约》签订后，夏燮通过到南京等地的实地考察，发现海口撤防、鸦片驰禁，清政府软弱无能之后，他给江苏巡抚、两江总督陆建瀛所写的奏疏。他在奏疏中建议清政府公开声明禁烟，加强内河防御，整治水师，尽速招募水勇，修造战船，改造江浙沿海卫所，改革茶盐税制，增加国库收入等攸关国计民生的急务，深切地表明了他对国家、对民族的忧患意识与爱国思想。而他的《粤氛纪事》13 卷，则是详记鸦片战争时期外敌入侵、朝廷腐败、民生凋敝所引发的太平天国革命运动，书中各章首论用兵得失，次载历年战事，末附阵亡将弁及绅民事迹姓名。书中虽对太平天国运动有不当之词，但仍保存了大量历史资料，是研究我国近代史特别是太平天国运动的重要史著。

夏燮的著作博论宏通，取材广泛。他在皖南和江西任职时期，还著有《校正吴应箕两朝剥复录》6 卷、《校正东林始末》3 卷。这两部著作是他校勘订正明末复社成员吴应箕所记天启、崇祯两朝以魏忠贤为祸始末及其打击东林党、削弱复社为内容的专著。其所校证皆首列原书纲目，次加"按语"，依据国史及有关载籍详细考订，旁收远绍，有误则改，并逐条附"注"于下，为研究明末以顾宪成、高攀龙为首的东林党与魏忠贤阉党斗争的重要史料。此外，他还著有《校正衡斋算学遗书》、《校正留都见闻录》、《广蚕桑说辑补》、《吴次尾先生年谱》、《谢山堂文集》、《高安县志》以及与其兄夏炘合著的《诵芬录》等。他一生共有著作 21 种、263 卷，其中刊行 18 种、未刊 3 种。

同治十三年（1874），夏燮在宜黄任内，由于料理不善，历年公款亏空。此事被江西藩司刘秉章察觉，夏燮在面诘中愤激而言：诸儒饱，饥欲死，欲死臣。对当局的质问十分愤慨。后经刘秉章报请江西巡抚，将夏燮参奏革职，查抄监追，逼其还清债款。过了一年（即光绪六年），夏燮就在贫病忧愤中与世长辞，终年 76 岁，墓葬于当涂藏汉桥西老山前。他逝世后，两江总督刘坤一曾为文祭之。光绪十年（1884），两江总督左宗棠鉴于夏燮是当时的著名学者，奏请朝廷将他列入《儒林传》而未果，直到民国十三年（1923），国民政府内务部咨请清史馆，始将夏燮立传，入祀乡贤祠。

附 1：

夏氏四兄弟著作一览表

夏炘著作

著作名称	卷数	版本	附注
诗经集传校勘记	1	景紫堂全书本	一名朱子诗经集传校勘记
诗章句考	1	景紫堂全书本	载《皖人书录》
六书转注说	2	景紫堂全书本	载《皖人书录》
讦谟成竹	1	景紫堂全书本	载《皖人书录》
诗古韵表二十二部集说	2	景紫堂全书本	载《皖人书录》
读诗劄记	8	景紫堂全书本	载《皖人书录》
诗乐存亡谱	1	景紫堂全书本	载《皖人书录》
述朱质疑 论语论仁论忠告	16	景紫堂全书本、刊本	刊于咸丰十二年 载民国《安徽通志稿》
檀弓辩诬	3	咸丰当涂刊本、民国石印本 景紫堂全书本	另有清同治景紫堂刊本
三纲制服尊尊述要 圣谕十六条附律易解 释周礼时月	3	咸丰刊本、景紫堂全书本 同治景紫堂刊本	刊本为咸丰十三年 刊于同治七年 载民国《安徽通志考·艺文考》
汉唐诸儒与闻录 聚敛箴言	6	景紫堂全书本、养疴三编本	又载《皖人书录》 载民国《安徽通志考·艺文考》
汉贾谊政事疏考补律易解	1	景紫堂全书本刊附圣谕十六条后	一名《贾长沙政事疏考补》又载《皖人书录》
古韵集说	2	民国北大排印本、渭南严氏刊本	另有道光十三年刊本
过庭见闻录	1	载民国《安徽通志考·艺文考》	
学制统述	2	景紫堂全书本	又载《皖人书录》

（续表）

著作名称	卷数	版本	附注
学礼管释	18	道光刊本、景紫堂全书本	另有皇请经解读编本
景紫堂文集 易君子以录	14	景紫堂全书本 红格抄本	藏安徽省图书馆
显忠录	1	载民国《安徽通志考·艺文考》	
闻见一隅录	3	同治六年景紫堂刊本	又载《皖人书录》
陶主敬年谱	1	景紫堂全书本	一名《明翰林学士当涂陶主敬先生年谱》
养疴三编	1	同治刊本、景紫堂全书本	另有咸丰十年红格抄本
景紫堂劝读书七则	1	同治十一年刊本	又载民国《当涂县志》
景紫堂主人自订年谱	1	同治八年刊本	又载民国《当涂县志》
息游咏歌	1	景紫堂全书本	安徽艺文考总集
墨稼堂诗草	2	初为手抄本，后为陈鹏飞刊刻本	又载民国《当涂县志》
诵芬录	1	与弟夏燮合著	
景紫堂全书	82	咸丰十年刊本、同治元年汇刊本	安徽艺文考丛书
祁门县志	36	道光七年刊本	安徽文献书目著录
贵池县志	44	光绪九年木活字本	安徽文献书目著录

夏炯、夏燠著作

著作名称	卷数	版本	附注
夏仲子集	18	道光刊本、咸丰鄱阳官署刊本	另有民国排印本、一作6卷
选法河务	1		存目载民国《当涂县志》
鹾政私议	1		存目载民国《当涂县志》
礼志属草	1	手稿本	一作《礼志》
四声切韵表详校		安徽丛书第三期影印本	另有桐城姚莹初刻本

夏燮著作

著作名称	卷数	版本	附注
述均	20	同治五年刊本、民国十九年影印本	按“均”即古“韵”
音学辨微校正	1	安徽丛书第三期本	又载《皖人书录》
五服释例	20	同治七年刊本	又载《皖人书录》
汉书八表刊误	8	文渊阁丛书本、开明二十五史补编本	另有1982年中华书局点校本
明通鉴	100	同治十二年活字本、光绪二十三年重校本、上海点石斋书局本、民国石印本，另有1959年中华书局点校本	
中西纪事	24	同治四年刊本、同治十年重刊本、光绪十年木活字重刻本	另有光绪二十六年石印本、《申报》馆丛刊本
粤氛纪事	13	同治八年夏氏刊本、抄本	抄本藏南京图书馆
泰西稗闻	6	抄本，卷首自署“谢山居士”	载民国《当涂县志·艺文志》
私议六事		奏稿本	系呈两江总督奏疏
校正吴应箕两朝剥复录	6	“两朝”指明天启、崇祯两朝	
校正东林本末	3		载民国《当涂县志·艺文志》
吴次尾先生年谱	1	清刊本、楼山堂集本	另有贵池先哲遗书本
校正衡斋算学遗书	7	合刊本	一名《国朝汪莱算学遗书》
广蚕桑说辑补	1	光绪刊本	又载《皖人书录》
校正留都闻见录	1		
明通鉴考异		未刊行	一作《明史考异》
明史纲目考证		未刊行	
校正吴应箕楼山堂集	20	未刊行	存目载民国《当涂县志》
校正文秉先拨志始	6		存目载民国《当涂县志》
高安县志	28	同治十年刊本	载《安徽历代著作家小传》
四声切韵表校正	1	民国十九年影印本	另有安徽丛书本

附 2：

夏璧儒、夏銮、夏致璠著作表

著作名称	卷数	版本	附注
墨稼堂书目解题	2	刻本	夏璧儒
徽州府志	16	道光七年刊本、1975 年台北本	夏銮主纂
毛诗古韵考证			夏致璠
说文辨讹	1	夏致璠	

以上总计，夏氏世家共有著作 65 种，约 626 卷，其中不分卷者，按 1 卷计。

（作者为马鞍山市地方志办公室原主任、主编、编审）

明状元黄观“三元”考辨

谭甲文

内容提要：中国科举史近1300年间，全国有案可稽的有名有姓的状元仅为六百四十九位，而三元及第更是状元中的拔尖人物，历代状元中，仅有16人做到了“连中三元”。明洪武二十四年（1391）辛末科状元池州人黄观“三元天下有，六首世间无”的说法在科举史上一直是个谜团，不同的朝代、版本、专家均有争议。文章从黄观的出生历史、科考记录以及明初科举制度的现状出发，发掘新材料，提出新观点，重新佐证黄状元“连中三元”的史迹。

关键词：黄观；三元；考辨

状元一词，源自于古代科举考试，“状”取自“投状”，“元”即为第一、居首。自隋炀帝大业三年（607）开科考以来，历代状元有姓名可考者，自唐高祖武德五年的孙伏伽起，到清光绪三十年的刘春霖终，约有600余人。[①] 而“科举经乡试、会试、殿试均为第一的，被称为‘连中三元’[②]。能有如此殊荣的，一千三百余年间仅十八人”。[③] 其中宋代最多，有六位。明代的“三元状元”则有两种说法：其一认为“三试皆第一，士子艳称三元，明代惟（商）辂一人而已”；[④] 其二则认为有明一代“三元状元”有商辂和黄观两人。明万历状元、著

① 1992年重庆出版社版《状元史话》、1993年沈阳出版社版《中国历代状元录》都只列出596位状元姓名；1994年7月30日《文汇读书报》说从唐武德五年（662）第一个状元孙伏伽起，到清光绪三十年（1904）的刘春霖止，有姓名的状元共599人；1995年上海文化出版社版《中国历代状元录》则收罗了历代状元602名；周腊生在《再谈历代状元知多少》一文中认为有名有姓者674人（包括西夏、伪齐、大西和太平天国时期的状元）。另本文所说的状元指文状元，不包括各朝各代的武状元。

② 严格意义上说，“解元、会元、状元三个称号于一身叫三元及第，不应叫连中三元，连中三元者，应指连续在三次考试中都能中第一，若有一次间隔就只能叫三元及第了。文中的商辂由解元到状元间隔了10年，中间会试落第了三次。历史上只有宋朝的宋痒、冯京；明朝的黄观；清朝的钱棨，才是真正的连中三元”。

③ 《书屋》2008年第11期刊出的张志东《状元春秋》一文，统计中国科举史上“连中三元”者为18人；周亚非《中国历代状元录·历代“三元”表》所载共13人；王鸿鹏等编著的《中国历代文状元》增补明代的黄观，共14人；今人李传玺和周腊生考证均为16人。

④ 张廷玉：《明史·选举志》二。

名史学家焦竑著《玉堂丛语》卷六中亦说："状元曾登解元者十一人：吴伯宗、黄观、林环、萧时中、陈循、商辂、柯潜、彭教、谢迁、李旻、杨维聪。"① 朱保炯、谢沛霖二先生编著的《明清进士题名碑录索引》（1980 年上海古籍出版社出版）一书中有"洪武二十四年辛未科状元许观在乡试、会试、殿试中连中三元。"

一、黄观其人

黄观生于元至正二十四年（1364），原籍南直隶池州府人（今安徽省池州市贵池区人）。洪武二十三年（1390），黄观以贡生的身份入太学。这年八月，他参加乡试的考试，获得第一名，中"解元"。次年应会试，又得了第一名，中"会元"。同年，他参加由明太祖朱元璋亲发策问的殿试，再次获得第一名，中"状元"，真正实现了"连中三元"的伟业。洪武二十九年（1396），升任为礼部右侍郎，1398 年建文帝朱允炆即位，黄观任礼部侍中。靖难之变前，黄观就敢于当面痛斥朱棣的所为，揭露朱棣的篡位野心。② 朱棣篡位后，黄观被视为乱臣贼子，列为"奸臣"名单里的第六位。在这场皇族内部的帝位之争中，黄观保持了忠臣的名节，为"君臣大义"的传统观念而牺牲了自我，但朱棣却仍不放过他，愤恨之余，叫人扎了草人，带上黄观的帽子，放到街上斩首示众，怒气未消的朱棣还命人删改了登科录，把黄观的名字划掉，妄图抹杀他的历史。青山遮不住，毕竟东流去。黄观殉难的行为受到士大夫们的推崇，明万历二十四年（1596）终被神宗皇帝补谥为"文贞"。

《明史》对他的记载是这样的：黄观，字伯澜，一字尚宾，贵池人。父赘许，从许姓。受学于元待制黄冔。冔死后，观益自励，该博有声。洪武中，贡入太学。绘父母墓为图，瞻拜辄泪下。二十四年，会试、廷试皆第一。累官礼部右侍郎，乃奏复姓。建文初，更官制，左、右侍中次尚书。《乾隆池州府志》载：黄观，字伯澜，一字尚宾，贵池人。初从父赘姓许。幼颖敏，受学元黄冔，冔死后，观益自励，该博有声。以贡入太学，洪武二十四年会试礼部第一，廷试防边之策所对深合上旨，遂擢第一人，除翰林院修撰。《光绪贵池县志》载："黄观，字伯澜，一字尚宾，家上清溪。以父赘许，从许姓。洪武二十三年，贡入太学，绘父母墓为图，瞻拜辄泪下，是岁领乡荐。明年会试第一，廷试御戎之册……帝嘉之，赐进士第一，除翰林院编修。"清人查继佐《罪惟录·传十二上·黄观》

① 见《续修四库全书》第 1172 册第 532 页。

② 《中国地方志集成·光绪贵池县志·卷三·人物志·忠节》记载：燕王入觐不拜，公劾之有"虎拜朝天，殿上行君臣之礼；龙颜垂地，宫中叙叔侄之情"等语，又密疏留燕王不行。

载："黄观，字伯澜，一字尚宾，直隶贵池人。初从父赘许。幼颖敏，受学元待制黄鄩，鄩死后，观益自励，该博有声。贡洪武甲子（1384 年），入太学，是岁领乡荐第二。辛未（1391 年）会试第一，及廷对御戎策称旨，又擢第一，拜修撰。……弘光初，追赠观太子太保，谥文贞，妻翁氏贞懿夫人。"①

二、黄观"三元"考录

由以上史料可知，黄观"连中二元"是不容置疑的，至于是否"连中三元"，关键在于乡试中是否中过解元。明进士姜清著《姜氏秘史·卷三》记有："是岁，（许观）领乡荐。明年会试第一，入对御试策，大要以天道福善祸淫之机、人事练兵讲武之法为言。高庙嘉之，擢状元及第，由翰林历尚宝司卿，礼部右侍郎。"明《太学志·黄观传》记载："洪武甲子（洪武十七年）贡入太学，是岁领乡荐，罹外艰。起复，仍入监，造诣日益深，同舍推服。尝绘父母墓为图，携以自随，阅之泪辄下。辛未（洪武二十四年）会试、廷试皆第一，拜翰林院修撰。"除此之外，很多明人笔记也记载黄观不曾"连中三元"，王世贞《弇山堂别集·卷八十一》："……辂，浙江解元也，本朝中三元者，惟辂一人。"王弘撰《山志·二集·卷二》："有明一代……中三元者，商辂一人耳。"《明史·选举二》也言："十年乙丑，会试、廷试第一皆商辂……三试皆第一，士子艳称为三元，明代惟辂一人而已。"

但也有许多资料提及黄观中"三元"的记载，明嘉靖年间工部尚书雷礼的《国朝列卿记·卷四十三》载："洪武甲子，（观）应贡入太学，即发解京府……明年会试第一……"明景泰年间黄瑜著《双槐岁钞·卷二》② 中记载："洪武二十四年辛未二月，天下贡士会试者六百六十有奇，中式者许观……凡三十一人，盖二十而取一也。入对大廷，观复第一，国朝两魁天下者自观始，时年二十八……上以连科状元皆出太学，召祭酒宋纳面褒谕焉。"③ 清人李调元在《制义科琐记·三》中记载："正统十年乙丑，商公骆由解元、会元捷状元。终明世三元，公及黄观而已。"清赵翼《陔余丛考》卷二十八"三元"条："《鸡窗剩言》记黄观洪武甲子南京解元，辛未会试第一，廷对《御戎策》，太祖擢置状元，后

① 查继佐：《罪惟录·传十二上·黄观》，浙江古籍出版社，1811。

② （明）黄瑜撰、王岚校点：《双槐岁钞》，上海古籍出版社 2005 年版。《双槐岁钞》在明人野史中颇有体要，多记当时掌故，其言洪武丁丑科场之狱详，多明史所未及。

③ 秦蕙田著《五礼通考》卷一七一《学礼·明国学》关于此事亦有同样的记载："……历科进士多出太学，而戊辰任亨泰廷对第一，太祖召（宋）纳褒赏，撰《题名记》，立石监门。辛未，许观亦如之。进士题名碑由此相传不绝。"

殉建文之难。亦见傅维麟《明书·忠节传》，则洪武中已有一人，不独商文毅也。"[①]

近阅明人张弘道、张凝道所辑《皇明三元考》载："许（观）庚午领乡荐，连登会、状元，时年三十二，授修撰。"但其后又加按语曰："而《皇明通纪》乃云庚午解元，不知何据。"明顾祖训编《状元图考》卷一载："乡会试俱第一，时年二十八。廷对御戎策……擢状元及第。按此则许观已三元矣，当时不传想消籍而人不知，故耳。"卷六又记"状元曾登解元者八人：吴伯宗、黄观、李骐、商辂、彭教、谢迁、李旻、杨维聪。"明钱士升辑《皇明表忠记》卷三载："洪武甲子入太学，乡试第一。至辛未会试、廷试皆第一，授翰林院撰修。"明朱国桢撰《黄明逊国臣记·卷二·侍中黄观》亦载："洪武甲子，贡入太学，是岁领乡荐第一。"今又查《天一阁藏明代方志选刊·嘉靖池州府志》，其对黄观的记载如下："黄观，字伯澜，一字尚宾，西一保人也。父在赘在城许氏，遂从舅姓。以许观补邑庠生，治书经。洪武二十三年，岁庚午中乡试第一，明年辛未连登会元、状元。始仕翰林，迁尚书寺。"很明显，这些材料都说明黄观确实参加了洪武二十三年（1390）的乡试，而不是以所谓的"贡洪武甲子（1384 年），入太学，是岁领乡荐"。

统领以上史料，就会发现一个非常有趣的现象，明代的笔记体、私人札记等野史载黄观为"三元状元"，而明代正史和大部分的清代正史却认为黄观只是"会元状元"。为什么会出现这种现象呢？究其原因有三：

其一，中国历朝历代的官修史志都是以正史为主，清代官修的《明史》和各地方史以及查继佐的《罪惟录》，究其史料大都来自明代官修的《明太祖实录》的记载："时廷对者三十一人，擢许观为第一，赐观等进士及第出身。"[②] 明实录一般只记载会试和廷试的情况，而有关乡试的记载不在之列。查继佐的《罪惟录》本是一部关于明朝的纪传体史书，原名《明书》，因遭庄氏史狱牵连，取孔子"罪我者其惟春秋"之义，改名《罪惟录》，书中收录了很多被《明史》、被清廷隐瞒的史实，但其主义还是遵《明实录》。应该说《嘉靖池州府志》记载的更为真实可靠。[③] 其成书时间及主编"任丘王崇"离事件发生最近，况有万历年间焦竑、景泰年间黄瑜等佐证，其可信度应该要高于查继佐的《罪惟录》以及后来的《乾隆池州府志》、《光绪贵池县志》等。

---

① 见《陕余丛考》卷 28《举人》，清赵翼著，清乾隆五十六年湛贻堂刻本。

② 《明太祖实录》卷二〇八。

③ 《嘉靖池州府志》成书于嘉靖二十四年（1545）秋，"赐进士出身中顺大夫池州府事前刑部郎中任丘王崇著"。

其二，清初大兴文字狱，尤以康熙二年的庄廷鑨《明史》案、康熙五十二年的戴名世《南山集》案和雍正年间的吕留良案为著，且均和修史有关，这也就不难理解《乾隆池州府志》和《光绪贵池县志》完全遵照张廷玉版《明史》史料而编，对于谥号“文贞”的黄观自然不敢有半点修撰。庄廷鑨版《明史》史料来源于晚明大学士、相国朱国祯，其中就因记录许多明末抗清之事、攻击清朝统治者的语句而被当局以“私编明史，毁谤朝廷”之名立案。被捕杀的除庄氏、朱氏家属外，还包括参与此书写序、校阅、卖书、刻字、印刷的人，甚至购买该书的人。史载，在庄氏史案中被处死刑的达70余人，被流放的家属达数百人（最多时收监人犯达两千余人）。在这样的背景下，黄观作为前朝忠节之臣，地方志撰修自然不敢妄加言语，一切只有依例而行。

其三，中国历史上史官一向是独立的，皇帝在世时是无法观看自己的语录的，自唐李世民始，不但过问史官记述的内容，还暗示他们“秉笔直书”。朱棣靖难之后，同样不忘“自观国史”，亲自两修《明太祖实录》，而作为曾经指责过他“虎拜朝天，殿上行君臣之礼；龙颜垂地，宫中叙叔侄之情”，被列为“奸臣”名单里的第六位的黄观，曾被朱棣“消籍”，《太祖实录》中肯定不会让他留下好的名声。今查阅明李贤等撰、天顺五年内府刻本《大明一统志》和明万历年间编修的《皇明一统纪要》，发现均无黄观的记载。

三、黄观“三元”考辨

明万历年间张弘道、张凝道兄弟的《皇明三元考》无疑是一部经过加工的、有较高参考价值的科举文献，但其考证力度不够。所有的史料都记载黄观中辛末科会、状元时“时年二十八”，唯独此书为“时年三十二”。此书虽提及“而《皇明通纪》乃云庚午解元”，但却仅以“不知何据”而过。我个人觉得焦竑著《玉堂丛语》的记录最为可靠，焦竑嘉靖四十三年（1564）举青州乡试第一，万历十七年（1589）中进士，殿试第一（状元），授翰林院修撰。因精于史学和明朝的典章，万历二十二年，大学士陈于陛推荐他领衔修国史。焦竑作为嘉靖、万历朝解、状两元，其对明朝状元资料的来源、考证应该来说是最为真实的。曹参芳辑《逊国正气记》云“应天焦竑有墓祠记勒石。”

已故明史专家黄云眉先生的《明史考证》① 一书中说：“按：（黄）观以乡试、会试、廷试皆第一，特诏褒奖之，见雷礼《国朝列卿记》。”今查《国朝列卿记》卷四十三，记载如下：

① 黄云眉对中国古代史、文学史、音韵训诂、版本目录都深有研究，尤精明史，所撰《明史考证》一书尤为史林所重。

洪武甲子、应贡入太学。即发解京府，寻罹外難。戊辰十月起复，仍入监，造诣益深。尝绘父母像为图，携已自随，阅之泪下。明年会试第一，廷对御戎策……高庙嘉之，擢状元及第，时年二十八，授翰林修撰。

明曹参芳辑《逊国正气记》卷三亦载：“洪武甲子，应贡入太学，发解南畿。寻罹外難，治丧遵古礼。起复，仍入监，造诣益深。尝绘父母像为图，携以自随，逐日瞻拜，辄泪下。辛未会试第一，廷对御戎策……高皇帝嘉之，擢状元，除翰林修撰。”

由以上史料，再结合明顾祖训编《状元图考》中“按此则许观已三元矣，当时不传想消籍而人不知，故耳”可知，黄观在历史上确实曾“三元及第”，其不为正史所载的原因可能有二：

其一，黄观因“父赘许，从许姓”初用名许观，直到建文元年才“始奏复黄姓”。靖难起，因反对燕王起兵，并曾行文斥责燕王，被列为“奸臣罪状”名第六。黄观死后，朱棣余怒未消，黄氏九族受诛，亲朋受监禁，谪戍者达百余人，“史官讳忌不书，使其一门忠节将日泯焉。”直至嘉靖年间，士人才得以谈论，明万历年间，才得以昭雪。这就是为什么我们很难在嘉靖之前的史书看到有关黄观的详细史料的缘故。另很多史书“以洪武丁丑科韩克忠榜误为辛未科”，可见辛未科当时曾被修改。

其二，无论是查继佐《罪惟录·黄观》还是雷礼的《国朝列卿记》都记载了一个细节“寻罹外難”。这就是科举史上的“告殿”现象：通常某一科要有个别会试中试者由于自身健康、父母亡故等原因可以申请告假，以待来科补行殿试。清代学者赵翼曾指出：“今会试中式者，礼部放榜，但云会试中式举人，必俟殿试后赐及第、出身、同出身，始谓之进士。或有事故不及赴殿试者，但尚是中式举人，不得称进士。盖犹沿唐宋遗制。”既然有“告殿”，那肯定也存在“告会”，即乡试中式后申请告假，以待来科补行会试。何况许多史料中都用了“寻”字，查古汉语词典，其义为“随即；不久。”也就是说，在黄观中乡试解元不久，其父母（或父母一方）即已去世，根据唐宋遗制，需“治丧遵古礼”。这样一来，其乡解第一的名字可能被隐去，而用第二名的名字顶上用以呈报礼部备查。王世贞《弇山堂别集》卷八十一载：“（洪武）二十三年庚午，赐应天府考试官傅箕、苏伯衡、谢南、毛瀚钞各十锭，中式举人黄文史等五十人各二锭。”今人都以王世贞的著作史料价值高而为历来史家所称道，事实上，《弇山堂别集》卷五载：“许侍中观，洪武乙丑”，把黄观当做乙丑科会元、状元，显然是错误的。史载黄文史，字廷实，号遁叟，长泰县钦化里鸿沟社人，以文学著称，明洪武二十三年（1390）由岁贡应试，后任刑部主事。如果他是本届解元的话，王世贞应该说“中式解元”而不是“中式举人”，况且长泰县属福建省，他也不可能参加应天府乡试，黄文史以国子监贡生参加应天乡试中举，不知其所据为何？由此可推测，黄文史可能是顶用了黄观的名字。

再次，从明人编撰进士名录的历史可知，明朝人重视科举，始于明中期景泰年间。据嘉靖初期李濂记载，明朝前期，地方儒学多重视修儒学碑记，而不太重视作科第题名记。明代前期，正是地方政府抓儒学教育时期，其时，用人之途广，科举仅是其中重要一途，社会影响还不够大。中期以后，转入制度化正轨，科举几成为全部，科举在社会生活中的影响大为强化。明代科举名录的编纂，正是在这样的背景下发生的。明代缺乏全国性的举人名录，但有部分地方举人名录。张朝瑞《南国贤书》五卷，得成化十年至万历二十五年若干册乡试录。至于前期的乡试记录，正史则少有编撰。

四、商辂三元考辨

商辂（1414—1486），字弘载，号素庵，浙江淳安人。明正统十年（1445）会试、殿试皆第一，加上此前宣德十年（1435）中浙江乡试解元，三试皆为第一，士子艳称为三元。《明史·商辂传》记载：“商辂，字弘载，淳安人。举乡试第一。正统十年（1445 年），会试、殿试皆第一。终明之世，三试第一者，辂一人而已。”《明史·选举志二》载：“（正统）十年乙丑，会试、廷试第一皆商辂。辂，淳安人，宣宗末年乙卯（1435 年），浙榜第一人。三试皆为一，士子艳称为三元，明代惟辂一人而已。”王世贞《弇山堂别集》卷五《皇明盛事述五·三元》记载：“国朝商少保辂，正统乙卯领解浙江，乙丑为会试廷试第一人，士林艳羡。商公年二十二发解，十年而成进士，四年而以修撰入阁，……尤为奇也。”

相对于黄观的隐晦，史书对于商辂“连中三元”的记载非常详细，其原因有三。其一，商辂生活的年代在明中期，科举正在明朝的政治生活中起巨大作用，尤其是朱元璋创三省六部制后，大多阁员出自翰林、进士。读书人非常看重自己的考试出身，这就不难理解，为什么商辂 1435 年中解元，而十年后的 1445 年才中进士。其二，明朝人编纂进士名录，始于景泰年间范钦[①]的《明贡举录》。其内容大体由三部分组成：一是浙江贡举名单；二是浙江乡试解元，起洪武四年，迄万历七年；三是三朝会状二元。其三，商辂“连中三元”官至内阁首辅，名声显赫，其后人为官者众多，正史为突出他的“三元奇迹”，往往冠以“一人

① 范钦（1505—1589），字尧卿、号东明、宁波人。嘉靖十一年进士，官至副御史兼巡抚，嘉靖末年归乡后，建藏书楼“天一阁”，即今天的宁波天一阁。其藏书的特点是不求善本，重点放在当代文献，尤其是注重地方志与科举名录的收藏。

而已”。同样是在王世贞的《弇山堂别集》中有这样的记载：

(成化）十一年乙未，命詹事府少詹事、翰林院侍讲学士徐溥、翰林院侍讲学士彭华为考试官，华以疾辞，改命侍讲学士丘濬。取中鏊等。廷试，赐谢迁、刘杨戬、王鏊及第。或曰鏊以乡会元有盛名，对策复当第一，阁老商公抑之置第三。①

近人张季易辑《明清巍科姓氏录》卷二“成化十一年（1475）乙未科”亦有类似记载：“商阁老三试皆首榜，乙未读卷，有应首选者，商嫌并已，遂下其手，盖指鏊也。”史载王鏊博学有识鉴，曾任太子太傅、户部尚书、武英殿大学士；文章尔雅，著有《姑苏志》、《震泽集》、《春秋词命》等书，可见他实有“三元”之才，却为商辂抑之第三。

五、结　论

科考过程中大都充满传奇色彩。据说黄观先后参加县考、府考、院考、乡试、会试、殿试六次考试均获第一，时人称誉他：“三元天下有，六首世间无。”史料对黄观的会试、殿试记录得较为详细，却忽略其乡试情况，其原因有：

其一，池州在历史上建制多有变动，明初属直隶，明中后期属南直隶，清初为江南省，后又属安徽省。随着建制的变迁，池州人参加乡试的地点也在变化，明中后期各省在编撰进士登科录时也会因此而忽略。不像浙江省，自元明以来，建制较稳定，记录也较详细。

其二，黄观特殊的人生经历容易造成史料的混淆和遗漏，他曾因“父赘许，从许姓”，后又因反抗朱棣而被列为“奸臣”，因此正史上记载较少，遗漏较多。况其族人多受牵连，后人凋零，无以为记。

其三，黄观参加科举考试的时间在明初洪武年间，那时科举制度还不太完善，甚至出现了“乡试三年连考”② 的局面，究其原因，乃是洪武初年，科举制度初创，乡试时间并未严格执行，甚至有些随意。这也许就是造成当时的乡试解元不受重视，很难在正史上留名的原因。

（作者为池州学院教育系讲师）

---

① （明）王世贞：《弇山堂别集·卷八十二·科试考》二。

② 沈德符：《万历野获编》卷一五载，洪武三年（1370）全国开科乡试。次年本该乡试，以前元贡士鲍询与学士宋镰为考试官。洪武五年，礼部侍郎曾鲁奉旨又为京畿乡试考官。于是，1370、1371、1372三年均举行了乡试，这违反了明朝每三年举行一次乡试的制度。

李光炯与陈独秀的生死相依情

李应青

内容提要： 李光炯、陈独秀是中国近代史上著名的人物，前者是爱国主义教育家、民主主义思想家、安徽辛亥革命的领导人，后者是新文化运动的先驱、五四运动的总司令、中国共产党的创建人。他们既同乡，又同事，在革命、教育、政治等诸多方面有着杰出成就，各自演绎着传奇人生。这两个自尊特强，清高孤傲，执著敬业、追求完美的安庆人最终都魂归故土，长眠于扬子江畔。

关键词： 陈独秀；李光炯；交往

在长江之滨的古城安庆的东北角，有两处清冷的墓地，城东角的墓地位于枞阳县李兰庄陈家山原，里面长眠的是爱国主义教育家、民主主义思想家、安徽辛亥革命的领导人之一的李光炯；城北角的墓地位于北郊十里乡叶家冲月形山麓，里面长眠的是新文化运动的先驱、五四运动的总司令、中国共产党的创建人陈独秀。

这两位中国近代史上著名的人物，既同乡，又同事，在革命、教育、政治等诸多方面有着杰出成就，各自演绎着传奇人生。这两个自尊特强，清高孤傲，执著敬业、追求完美的安庆人最终都魂归故土，长眠于扬子江畔。

他俩生相随，死相伴。其情鲜为人知，今日作文，说其一二。

李光炯（1870—1941），名德膏，字光炯，晚号晦庐老人。1870年出生在安徽省枞阳县李兰庄一个清苦的知识分子家庭，父云村，官宣城教谕。家学庭教，素有渊源，自幼资性聪慧，写得一手好文章，名闻乡里。1897年（光绪二十七年）中举。闻同乡吴汝纶（字挚甫，又至父，著名古文家）为海内文宗，讲学于保定莲池书院，声光所被，薄海景从，李光炯毅然决弃科举，负笈北上，往投吴先生门下，学乃益进，深得吴汝纶器重。①

1902年5月3日，李光炯、房秩五、方守敦等5位青年随吴汝纶赴日本考察教育。② 感于日本的强盛和清廷的日益腐败，立志回国以后，从事教育，借以培养后进，开展革命活动，拯救中国。③

1902年9月17日吴汝纶一行回国因时事变化暂回安庆，在安庆借安庆城内巡抚衙门南院为堂址，筹办桐城县学堂。由于吴汝纶当时是京师大学堂第一任钦定总教习，“某不能久于故乡，光炯自可相助。”④ 因此，李光炯协助吴汝纶办起了桐城县学堂，并聘请日本友人早川新次郎指导规划，吴汝纶自任堂长。学堂新校址勘定在桐城县北门内县署兴建。是年底，吴汝纶返乡（桐城南乡高典刘庄，今属枞阳）过年，积劳成疾，疝气发作，1903年正月十二日病逝。李光炯接任第二任校长，主张以“异国长技”教育学生，谋求实现吴汝纶倡导新学变法图强之政治思想，遂与桐城绅士阮强、姚永概、马其昶等继续倾心办学。⑤

1903年5月，李光炯应湖南巡抚赵尔巽之约，赴长沙任高等学堂历史教习，

① 《朱光潜全集》第十卷《李光炯先生传》。

② 《吴汝纶全集》第三卷，《与张（百熙）尚书》，第402页。

③ 《辛亥革命回忆录》第四集，第377页。

④ 《吴汝纶全集》第三卷，《与桐城绅士》，第456页。

⑤ 《安徽文史资料全书·安庆卷》，安徽人民出版社，第487页。

宣传天赋人权、自由平等思想。当时革命志士云集长沙，以兴学为掩护，准备联合哥老会发动武装起义。李光炯积极支持，暗中相助。同年秋，李光炯与无为人卢仲农，自筹资金于1904年2月在湖南长沙创办安徽旅湘公学，接纳安徽在湘子弟，聘请革命党人黄兴、赵声、张继等人至公学教书，掩护其革命活动。由于黄兴、赵声等人在校内密议反清活动，声势既盛，消息泄露，被国子监祭酒王先谦以“结党谋逆”密奏清廷，清廷立即招谕湖南藩司张绍华、巡抚赵尔巽将黄兴等缉拿归案。李光炯素为藩司张绍华、巡抚赵尔巽所敬仰，挺身抗辩，甚至以全家性命为质，以致搜捕令迟延未下，黄兴等革命党人得以从容销毁证据，保全性命。①

李光炯与陈独秀的交往正是从1904年开始的。

陈独秀（1879—1942），名乾生，字仲甫，号独秀。1879年10月9日，生于安徽安庆怀宁县。1896年考中秀才。1897年入杭州中西求是书院学习，开始接受近代西方思想文化。1899年因有反清言论被书院开除。1901年进行反清宣传活动，受清政府通缉，从安庆逃亡日本，入东京高等师范学校速成科学习。1903年回国后积极参加拒俄运动，组织安徽爱国会。7月在上海协助章士钊主编《国民日报》。

1904年3月31日，陈独秀从上海回到安庆，与房秩五、吴守一等人创办《安徽俗话报》，陈独秀任主编，以“三爱”为笔名，撰写了大量酣畅流利的白话文，宣传民主、科学，启发国民起来爱国救亡，为广大群众所乐读。1904年秋桐城县学堂迁往桐城新建校舍，更名为桐城中学，吴守一随校到桐城，房秩五东渡日本留学，编辑同仁相继辞去，只剩下陈独秀独立支撑。于是陈独秀写信给汪孟邹，要求到芜湖办《安徽俗话报》，半年后《安徽俗话报》的社址迁至汪孟邹的芜湖长街码头科学图书社。由于科学图书社无印刷设备，所以陈独秀将稿件汇齐后，寄上海章士钊创办的大陆印刷局承印。陈独秀以“推倒一世豪杰，开拓万古心胸”为座右铭，张贴在芜湖长街科学图书社楼上。《安徽俗话报》办得很出色，初时销售1000份，不到半年就增到3000份，名列全国白话报之首。

1904年秋，因湖南华兴会起义被破坏，迫于形势，李光炯将安徽旅湘公学迁至芜湖繁华的二街三圣坊，更名为安徽公学，租赁东门外教场街留春园米捐巷

① 《朱光潜全集》第十卷，《李光炯先生传》。

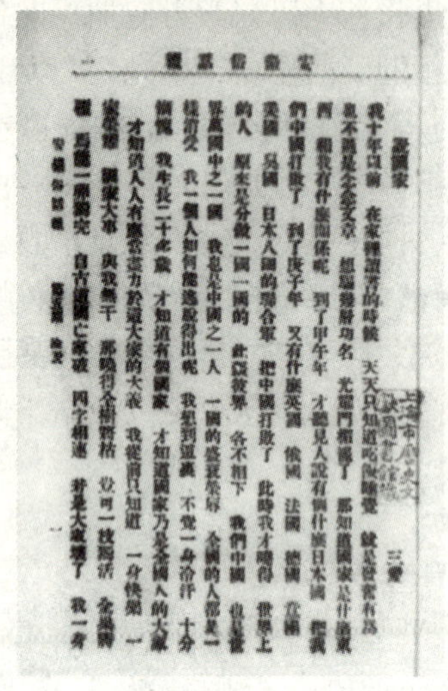

安徽俗話報

說國家　三愛

我十年以前　在家裏讀書的時候　天天只知道吃飯睡覺　就是偶有時看見先生桌上的文章　有甚麼國家的字樣　心中也不知道國家是甚麼東西　和我有甚麼關係呢　到了甲午年　才聽見人說有個甚麼日本國　把我們中國打敗了　到了庚子年　又有甚麼英國　俄國　法國　德國　意國　美國　奧國　日本八國的聯合軍　把中國打敗了　此時我才曉得　世界上的人　原來是分做一國一國的　此疆彼界　各不相下　我們中國　也是世界萬國中之一國　我也是中國之一人　一國的盛衰榮辱　全國的人都是一樣消受　我一個人如何能逃脫得出呢　我想到這裏　不覺一身冷汗　十分慚愧　我生長二十多歲　才知道有個國家　才知道國家乃是全國人的大家　才知道人人有應當盡力於這大家的大義　我從前只知道一身快樂　一家榮耀　國家大事　與我無干　那曉得全樹枯了　豈可一枝獨活　全巢傾覆　豈能一卵獨完　自古道國亡家破　四字相連　若是大家不保　我一身

內民房为校舍。

陈独秀是安徽旅湘公学迁回安徽的积极倡议者和推动者，所以后来高语罕说：“迁校运动的中心人物，就是陈独秀。”①

1904 年 11 月，陈独秀应章士钊之邀，去上海与杨笃生、蔡元培、蔡锷等秘密组织以暴力、暗杀为主的爱国协会，并“天天从杨笃生、钟宪鬯试验炸药”。后万福华在沪行刺广西巡抚王之春，因不谙枪法，事发功败垂成，上海的暗杀活动被迫暂停。1905 年 1 月陈独秀被迫重返芜湖继续印行《安徽俗话报》。

1905 年 2 月，安徽公学正式开学，首批招生五十余名。公学没有固定经费，但规模不小，开支很大。除酌收学费外，全靠李光炯四处奔走筹措，把学校办得蒸蒸日上。此为清末民初安徽中等学校之最著者。公学以“培养革命骨干，散播革命种子”为教育主旨，多方延揽名师或革命党人，如：章士钊、刘师培（字申叔，化名金少甫）、黄兴、赵声、陈独秀、苏曼殊、柏文蔚、陶成章（光复会的主要领导人）、谢无量、周震麟（华兴会的主要成员）、江彤侯、俞子夷等来校任教或讲说革命道理。李光炯时暇亲自授课，宣传民主革命思想，并指导学生阅读革命书籍刊物。由于安徽公学的巨大影响，吸引了全省各地以及省外的许多有志青年来到芜湖，就读于这所学校。②

1905 年 9 月 24 日，吴越刺杀清廷五大臣失败，消息传到芜湖，陈独秀无法平静。这一血的事实让陈独秀清醒地看到了暗杀能量的局限：“暗杀是第一谬误的方法，……暗杀者之理想，只看见个人，看不见社会与阶级；暗杀所得之结果，不但不能建设社会的善、阶级的善，而且也不能去掉社会的恶、阶级的恶。”③ 陈独秀认为，暗杀无法担负大规模革命运动的重任，长久之计还在于培养革命人才，发动武装起义。“陈独秀在此时，志也不在办报，把大部分时间花在组织革命活动上了。”汪孟邹后来回忆这一阶段经历时，说“仲甫的脾气真古怪哩，《安徽俗话报》再出一期，就是二十四期，就是一足年。无论怎么和他商量，说好说歹，只再办一期，他始终不答应，一定要教书去了。”《安徽俗话报》

① 沈寂：《陈独秀传论》。

② 《辛亥革命回忆录》第四集。

③ 《陈独秀研究动态》（下）。

合上了它短暂但却辉煌的历史。

1905 年 9 月底，陈独秀担任安徽公学的国文教师。他不修边幅，上课不拘小节，有时边上课边搔痒，但课讲得好，学生个个听得津津有味。受其新思想影响，学生写作业时也常冒出“新”思想。一日，陈独秀批改作业，见一个学生作诗“屙屎撒尿解小手，关门闭户掩柴扉”时，不禁哈哈大笑。他用毛笔在一旁批了“诗臭尿腥”四个字，然后又加了两句诗：“劝君莫做诗人梦，打开寒窗让屎飞。”什么纲常名教、什么师道尊严，在“势与封建孔教相决裂”的陈独秀眼里，都不值一文。当时公学学生刘文典对陈独秀颇为钦敬，对其用西方哲学对照中国古籍的研究方法印象深刻。此法为刘文典后来成为国学大师打下了牢固的基础。

1906 年暑假，陈独秀与苏曼殊去日本考察，处暑后便回国再返芜湖安徽公学。随后与李光炯、柏文蔚（时任安徽公学体操教员、后来担任安徽都督）、常恒芳、宋少侠、杨端甫等刺血为盟，在芜湖安徽公学建立反清革命团体——岳王会，陈独秀任会长，安徽公学的教员、学生为主体。① 不数年间，长江中下游革命运动急剧发展。其后孙敏筠等谋刺两江总督端方、徐锡麟谋刺安徽巡抚恩铭、熊成基起义安庆等一系列震惊全国的革命事件，都策源于安徽公学，推动力量以光炯为多。“公学一时成为革命党人通讯联络的中心及安徽辛亥革命的策源地。”冯自由在《革命逸史》中说：“皖人之倾向革命，实以该校为早。”②

由于安徽公学师生的革命活动被清廷察觉，皖抚恩铭“欲穷治之，羽书连下”，革命党人被迫先后离开公学，分往他处活动，李光炯到九华山避难。（1912 年 7 月，李光炯与芜湖县当局合议，安徽公学一分为二，一为省立第二甲种农业学校，新中国成立后改为芜湖农校；一为省立甲种商业学校。）

1907 年春，陈独秀四次东渡日本，入正则英语学校学习英文。

1908 年，李光炯应云南总督李经羲（李鸿章之侄）之聘，赴云南主持教育，进行一些改革，凡所规划实施之大端。如设矿校，派遣学生赴比利时学矿，增设蚕桑课，分区设立师范学校，严禁教师吸食鸦片，选拔教师出国留学深造等，对云南教育与政治之革新，有助于该省革命的酝酿，为后来的云南起义播下种子。“辛亥革命军起，云南揭竿响应，未经流血之惨而大功告成，先生实推之。”③

1911 年 10 月 10 日，武昌起义成功，11 月 8 日，安徽宣布独立。因军权仍掌握在督军朱家宝手中，同盟会会员吴阳谷入赣请求江西浔军援皖，朱家宝遣来

---

① 《安徽文史资料全书 · 安庆卷》第 1151 页，及柏文蔚：《五十年大事记》。

② 《安庆近代教育家》李银德辑录。

③ 《安庆文史资料》总第 15 辑，吴应麟：《李光炯先生事略》。

自九江的浔军黄焕章部3000人围攻，在戴世璜的帮助下“缒城出走”①，一时皖省无主，军政分府对峙，政局混乱。面对无政府状态，邓绳侯和韩衍等人组织“皖省维持统一机关处”，维持社会秩序，主持政事。邓绳侯亲往云南迎接李光炯出任安徽都督府秘书长。李光炯返皖后，与邓绳侯筹划大政，向对峙的南北军政分府，喻之以理，迫之以势，群枭归服，皖政统一，“后因韩衍被刺，愤而退隐”②。1911年12月12日安徽临时会议选举孙毓筠为都督，成立军政府。12月21日，孙毓筠就任安徽军政府都督，仰慕留日学友陈独秀的才识，便电召陈独秀返皖任都督府秘书长。1912年1月初，陈独秀任安徽都督府秘书长，主持安徽的实际工作，想借此大刀阔斧地进行改革，皆因旧势力的顽固而未能施展抱负，加之与孙毓筠的政见分歧，陈独秀便辞去秘书长一职。“陈独秀任都督府秘书长时间不长，就由李光炯接替了。陈独秀把秘书长职务交出后，就在原安徽高等学堂的旧址，重办安徽高等学校，自任教务主任，聘安徽桐城马通伯任校长。”③ 1912年6月，“适安徽葛应龙所部兵变一营，全城惶恐，不可终日”，陈独秀赴浦口，便劝柏文蔚速回安庆，主理安徽政事。此际袁世凯也电令柏文蔚署理安徽都督。1912年7月，柏文蔚正式接替孙毓筠就任安徽都督，力挽李光炯主持教育，李光炯以共和告成，力乞引退，隐居于枞阳鱼湖“抱壁精舍”。陈独秀再次任都督府秘书长，协助柏励精图治，改进皖事，以安徽都督府名义制定和颁布了一系列的法令和政策，“计划皆定，即等举行”，后为袁世凯政变称帝所中止。1913年4月，柏文蔚应召离皖赴沪，与孙中山共同商议讨袁大计。7月，二次革命爆发，陈独秀协助柏文蔚制订讨袁计划。二次革命失败，柏文蔚出走日本，陈独秀潜往上海。后来成为新文化运动的先驱、五四运动的总司令、中国共产党的创建人，1932年在上海被捕入南京老虎城监狱。

1913年，李光炯回到故乡李兰庄，利用私宅办李氏小学及简易工厂，教人识字、做工。

1914年，袁世凯在北京僭谋称帝，妄图利用李光炯的清望，召为羽翼，任命李光炯为其内阁秘书长，征书屡至，甚至派人携200大洋登门促行。李光炯忠于民主共和，坚辞不就，第二天还亲自撰写《讨袁世凯檄文》，密约柏文蔚、李烈钧等数十人署名后，由安庆大德堂承印，发往省内外各地。他曾对家人说：“我过去要做官的话，顶子早红了；要钱的话，也早已成为资本家了。我的志愿

① 李应青：《朱家宝“缒城出走”记》，《安庆日报·下午版》。

② 周新民：《李光炯先生事略》。

③ 唐宝林、林茂生：《陈独秀年谱》，第55页。

在教育事业——办平民教育和职业教育。”①

1919年，鉴于一战后资本主义国家向中国进行经济侵略，农村日趋破产，感于生产教育的重要，李光炯遂与卢仲农、阮强、光明甫、朱蕴山等在芜湖东门外办私立芜湖职业学校，内设染织、机械各科，以造就生产建设之人才，性质半工半读。该校成为我省最早、颇具规模的唯一的培养工业技术人才的基地。

1919年五四运动爆发，在五四运动影响下，为革新安徽教育，开展新文化运动，“一些激进的资产阶级民主主义者，如李光炯、卢仲农、光明甫、刘希平、高语罕等奋身力行，积极宣传陈独秀提出的新文化运动宗旨，向青年学生介绍各种新思潮。”②

1921年2月，李光炯出任安徽省立一师（今安庆一中）校长。此前，由于袁世凯覆败后，军阀余孽仍盘踞皖省，皖省军政大权落在军阀倪嗣冲手中，扣压教育经费、贿选议会、在各校安插反动校长……所作所为，大多违背民意，皖人屈于淫威之下，敢怒而不敢言。郁极思伸，一师学生方乐周、王先强等发动学潮，要求驱逐反动校长赵继椿，欢迎老教育家李光炯出任一师校长，倡导正气，李光炯目击当时本省危机，毅然应允。

1921年6月2日，一师学生姜高琦、周肇基等，请愿增加教育经费，惨遭屠戮。第三届省议会议员复多以贿得选，光炯慨然曰：“督军拥重兵，上干国纪，下为民害。议会天职在代表民意，反而助督朘民……此而不除，不特皖政无澄清之日，而先烈艰苦缔造之民国，亦危乎殆矣！”③ 于是乃以废督、裁兵、澄清选举为己任，奔走京、津、豫、鄂，诉之舆论，请命中枢，四载之间，哺食不还，声嘶力竭，赖省外各团体以及在京名流国会议员响应，尽管陈独秀此间忙于中国共产党早期领导工作，但还是抽空关心家乡的政事。他指导北大皖籍教授高一涵等成立“旅京皖事改进会”，后又在上海联络光明甫等15人组成“旅沪皖事改进会”；协调王星拱和李光炯放弃竞选安徽教育会会长，同意安徽教育会改用较民主的“委员制”，并发表《根本改造安徽教育会宣言》；支持皖省赴京请愿代表光明甫等人……

结果，督军被废，安武军被裁，军费削减，教育经费定为专款，贿选议员遣散。“昔日顽强横暴者卒为之推毁廓清，此非先生卓识宏才、热心毅力之大有过人处不能为。”④

---

① 《安庆文史资料》总第15辑，李相珏、张汝娴：《李光炯先生的一生》。

② 翁飞：《安徽近代史》，第469页。

③ 《安徽省安庆地区教育志》，第266页。

④ 《安庆文史资料》总第15辑，吴应麟：《李光炯先生事略》。

李光炯晚年常与蔡元培、陶行知、房秩五等晤面或书札往还，互相磋商，探讨教育问题。他主张“欲令小学和小学教育担负起改良乡村责任，总宜向农业上下功夫”，期望以教育来移风易俗，推广农业生产科学技术。[①] 1927年，得岭南霍守华先生之助，在枞阳乡间创办宏实小学，附设图书馆、成人识字班、妇女班、农场、工厂等，推广乡村教育。为方便农村子弟入学，学校收费低廉，但对教学质量要求却很高。教师由李光炯慎重选聘，教材由教师自主选编，教法不拘一格，里居之日，常自宏实亲自指导，向师生灌输其爱国思想与立身行事之道，绩效斐然。[②] 曾有宏实小学毕业生朱英业，安徽贵池人，参加游击战被俘，就义时，西向跪（时李光炯已避难入川），呼曰：“我死不负李老先生及宏实诸师长之教导，可以瞑目矣。”[③] 其时，国民党中央政府先后四次征辟，继而何健、方振武主皖，邀其出任省政府委员，皆以宏实小学方待擘划而不就。

1934年6月，国民政府最高法院对陈独秀判处有期徒刑8年。此后陈独秀的新朋旧友先后有50多人纷纷到狱中看望他，其中就有李光炯。

李光炯是1935年到南京狱中探视陈独秀的。高等法院的看守所的墙很高，门禁的森严不啻虎牢的铁闸。李光炯心情复杂地走进去，只见高墙内的陈独秀，须发大半白了，面色又瘦又黑，李光炯心头一酸，紧紧地握着陈独秀的手走进他的住室。住室的地板比门外廊檐下的砖面还要低，走起来极富弹力，肮脏的洋式窗子安得特别，方桌上得到的光线不足一本书的宽度，一间四四方方的房子，左面靠墙摆着一张木架床，床前摆着一把旧藤椅，对着窗子的一面，靠墙又支着一个木板铺，是狱友彭述之的。与床相对的一面墙，满满的几架书，线装的、洋装的都有，摆得整齐极了。二人对面坐在方桌旁，除了问及彼此的健康及心情，谈及最多是安徽的教育，李光炯最后说“生死未卜，先生亦体弱多病也”，才依依不舍离去。

1938年8月，陈独秀获释后携妻潘兰珍避战乱寓居四川江津。适时日寇进犯安庆，李光炯见形势迫切，于安庆沦陷前数日，率家小子侄等经汉口，到宜昌，而重庆，千辛万苦，不想妻方氏竟在重庆仁济医院病逝，女婿余光烺是金陵大学数学教授（李光炯1936年在《论楚辞书——与光烺、相珏书札》中赞“烺婿有文学天才……看报则以十数分钟，了却本日报纸，我见陈仲老胡适之诸子多如此”），闻耗从成都飞来襄办丧事，将灵柩寄存山寺后，李光炯和女儿相珏、嗣子相璞一家等遂由余光烺接至成都避乱。每日披阅报章，与故乡、重庆、江津

① 《安徽文史资料》总第24辑，焦木：《爱国教育家李光炯》。

② 张伟：《苦难历程——我的回忆录》。

③ 《晦庐遗稿》，李相珏：《先君事略》。

老友往来书信，关心抗战前途及职业教育，见战事胜利则喜，否则戚戚终日。子婿光烺、从侄相符课罢侍侧。1941 年 4 月 8 日病逝于成都，遗榇存于成都东门外望江楼附近的燃灯寺。临终前留下遗嘱，恪守先人养成的俭朴仪型、不传财产与子孙的清白家风，家产、书籍、河业股份全数捐归宏实小学及孤贫儿童教养院。陈独秀闻耗后，作诗一首：

悼老友李光炯先生

自古谁无死，于君独怆神。撄心唯教育，抑气历风尘。
苦忆狱中别，惊疑梦里情。艰难已万岭，凄绝未归魂。

同时自序云："六年前，老友李光炯视余于金陵狱中，别时全有奇感，以为永诀。其告余，生死未卜，先生亦体弱多病也。抗日军兴余出狱，避寇入蜀，卜居江津，嗣闻光炯先生亦至成都，久病颇动归思。闻耗后数日，梦见先生推户而入，余惊曰：闻君病已笃，何遽至此？彼但紧握余手，笑而不言，觉而作此诗，录寄余光烺君，以纪哀思。光烺笃行好学，足继先生之志。先生无子（长子相慎，七岁殁；次子相钰，二十一岁殁）而有婿矣。民卅夏日。"①

1942 年 5 月 27 日，陈独秀在江津贫病交加溘然长逝，葬于鼎山山麓康庄门外的园地上。

1947 年两条民船先后载着灵柩中的他俩，从四川漂流而下，最后一次在亚细亚这条最浑阔、也最漫长的河流上漂流了几天几夜，这是他俩最深爱的、日夜流经故乡的河流。

陈独秀是在这一年的 2 月由三子陈松年将其遗榇由江津运回安庆，与原配高氏合葬于安庆北郊十里乡叶家冲月形山麓。

李光炯是在这一年的 8 月由嗣子李相璞和女李相珏，将其遗榇及妻方氏灵柩由成都运回枞阳，合葬于故居李兰庄侧陈家山原。

二君终于就此长眠，生相随，死相伴。留给后人的是无限的缅怀与敬仰。

总之，"李光炯是个革命志士。一方面积极兴办教育，拯救中华民族；另方面积极支持革命活动。"② 然而，李光炯现在已不大为人们提及，他是不应该被忘却的。③

（作者为安徽省安庆市第四中学高级教师）

① 《陈独秀研究动态》，第 471 页。

② 翁飞：《安徽近代史》，第 469 页。

③ 张伟：《苦难历程——我的回忆录》。

参与中韩交流的晚唐围棋名家

——九华诗人张乔

何 寅 汪春才

内容提要：本文探讨了中韩交流中的围棋和当时在皖江地区九华山范围的围棋和诗人创作之间的历史联系。重点介绍了池州青阳籍晚唐诗人张乔和新罗棋手朴球之间的围棋和诗歌的交往。初步探讨了晚唐九华山区域围棋兴盛的原因。

关键词：张乔；围棋；唐诗；朴球；中韩交流

中国是围棋故乡。据文献记载：围棋起源于尧舜，成熟于商汤，流行于先秦，兴盛于魏晋、隋唐，普及宋明至今。围棋是我国传统文化宝库中一颗璀璨耀眼的明珠。池州九华晚唐诗人云集，九华不仅孕育了诗歌，还孕育了一批围棋名家，其中杰出的代表应是张乔。

张乔简介

张乔，生卒不详，晚唐广明前后在世。池州青阳（九华山）人。著名诗人，围棋名家。出身寒微，贫苦无依，“劳力苦诗，十年不窥园”，屡试不第。咸通年间曾中举，“别人骑马，张乔跨驴”，一时传为奇谈。其后，滞留京师，做过翰林院“秘省录事”等之类的小吏。他在诗《秘省伴直》云：“待月当秋直，看书废夜吟，……纵欲抄前史，贫难遂此心。”可证。张乔诗学杜甫。似贾岛、姚合，而较清浅小巧，以五言诗见长。其《试月中桂》诗有：“根非生下土，叶不坠秋风。”咸通间在众多唐才子诗中脱颖而出，获首选，诗名鹊起。大顺元年（890）进士及第（光绪《贵池县志》）。后黄巢反，返回家乡，隐居九华。其终年无考。《全唐诗》存其诗二卷。

张乔，喜游，交友甚广，既名列唐才子“咸通十哲”、“芳林十哲”，又同许棠、张蠙、周繇合称“九华四俊”。与池州籍诗人：杜荀鹤、李昭象、罗隐兄弟、殷文奎、王季文、顾云、曹松等交谊深厚。因世乱，云集九华的晚唐才子，一方面隐居九华，苦吟酬唱；另一方面，清修学禅，静观天下。从现有的资料来看，晚唐五代时期，九华不仅诗坛兴起，而且棋坛更是冠于天下。张乔是其代表人物之一，作为诗人，历代不乏研究者，作为围棋名家，鲜为人知，探究者甚寡。现据其诗文梳理、挖掘，以证其围棋名家。从中更可窥见晚唐九华围棋之盛况。围棋是池州九华历史文化的一枝奇葩。

从张乔《送棋待诏朴球归新罗》诗谈起

张乔有诗《送棋待诏朴球归新罗》（《全唐诗》卷六三八）这首诗，在唐诗苑中毫无出色之处，但在中朝文化交流史上专家对它青睐有加：新罗朴球是中国围棋史上记录最早的外籍棋手。为了理解这首诗，现将“棋待诏和朴球”介绍如下：

棋待诏：据《旧唐书职官志》载，唐翰林院除文词、经史之外，尚有棋、卜、医、术等各种专门技艺人员。唐玄宗以“待诏”为官职，称“翰林待诏”，掌管棋艺的称“棋待诏”，用以招揽国内外的围棋高手。这种官职没有品秩，属于使职差遣之类，在翰林院中地位比较低微。但棋待诏的任命，要经过推荐、考选。担任此职的都是当时第一流国手。棋待诏的设立，大大提高了棋手的社会地位，有许多人倾有生之精力研究棋艺，成为职业棋手。

朴球：晚唐棋待诏，居唐朝多年，新罗（朝鲜）末期，悟道村（今船南面悟道里）人，生卒不详。据韩史载：是高丽著名的孝子。父早逝，家贫，与母相依为命，仅以粗粮维持生计，但每天都给母亲送去快乐。一年隆冬，母病，闻鲤鱼血能治母病，不顾天寒地冻，沐浴更衣，跪在村头池塘边，向神明祈求。不知过了多久，突然池塘传来了冰块开裂声，一条鲤鱼跳上冰面，直入其怀，冻僵的他惊喜万分，谢天谢地跑回家，给母亲端上了鲤鱼血，母亲病愈了。后来，母亲去世，他把房子交给邻居，在母墓前搭篷守孝三年。他学习努力，科举中榜，当上了礼曹参议官员。朴球不知何时由新罗赴唐，并担任“棋待诏”之职。朴球死后，新罗李朝明宗为他建立了孝子坊，他守孝的山谷称“思母谷”。他因唐诗人张乔一首《送棋待诏朴球归新罗》而为人熟知，扬名中韩。

解读张乔《送棋待诏朴球归新罗》：

> 海东谁敌手，归去道应孤。阙下传新势，船中覆旧图。
> 穷荒回日月，积水载寰区。故国多年别，桑田复在无。

此诗涉及围棋知识用语，不易读。为达诗意特解读如下：

（1）释词。海东：新罗。敌手：对手。道：围棋之道，即天地运行之道。孤：单。阙下：指宫阙，帝王所居之所，借指朝廷。新势：指围棋新的程式（下棋方法）。旧图：指昔日棋谱。穷荒：穷：极；荒：未开垦的地方。日、月：代指围棋（日为阳，月为阴，中国围棋有阴阳之说）。积水：星官名，属胃宿，即英仙座λ星。这里代指棋子（棋子如星）。寰区：犹言大地，这里指棋盘。

（2）译文：朴球大师你回到新罗，在围棋界真难有对手，对于你，此景多么孤单、凄凉。昔日在朝，新的棋式不断产生，我们切磋棋艺，今朝临别，不妨在临别之际的船中行棋覆盘（打谱）。只尺棋盘上，他们杀得天翻地覆。棋道奥秘真是难以穷极。棋罢，两人挚手，（张乔）问候朴球，别离故乡多年，其家是否安好？

读罢这首诗，张乔、朴球两位围棋高手以博弈的方式告别，让人感慨唏嘘。两位大师在棋盘上尽展风采的棋道更显“知音难觅”。此情此景，如李白诗云：“抽刀断水水更流，举杯消愁愁更愁。”其意切切，其情依依。诗中，明确告诉我们：能同“棋待诏”朴球过招的张乔也一定是位围棋大师。

张乔“围棋诗”更显围棋名家风采

仅凭一首《送棋待诏朴球归新罗》诗，就认定张乔是围棋名家，的确让人不能信服，纵观张乔存诗中还有五首同“围棋”相关的诗，在九华诗人中，他的“围棋诗”是最多的。现录如下：

《送宾贡金夷吾奉使归本国》：“渡海登仙籍，还家备汉仪。孤舟无岸拍，万里有星随。积水浮魂梦，流年半离别。东风未回日，音信沓难期。”注：“孤舟无岸拍，万里有星随。从积水（星官名，指棋）浮魂梦，流年半离别。”可以看出，张乔在送一位名金夷吾的棋友。

《送三传赴长城尉》：“登科精鲁史，为尉及良时。高论穷诸国，长才并几司。地倾流水疾，山叠过云迟。暇日琴书畔，何人对手棋。”注：从“暇日琴书畔，何人对手棋”诗句，可以看出张乔送棋友真情，棋友离去，发出无人（无对手）下棋的感伤，同时也证明，暇日间张乔常与人对弈。

《赠棋僧侣》：“机谋时未有，多向弈棋销。已与山僧敌，无令海客饶。静驱云陈起，疏点雁行遥。夜雨如相忆，松窗更见招。”注：全诗回忆与棋僧对弈的情景，其中“静驱云陈起，疏点雁行遥”两句，说明下棋如行军布阵，落子（点）如雁南行。如果没有独到的体会，是写不出这样的诗句的。

《送朴充侍御归海东》：“天涯离二纪，阙下历三朝。涨海虽然阔，归帆不觉遥。惊波时失侣，举火夜相招。来往寻遗事，秦皇有断桥。”注：这又是一首送棋友归新罗诗。其中“惊波时失侣，举火夜相招”是讲，你涉海东归，我失去了做伴的棋友，还记得夜举火把相互“过招”（下棋别称）的情景，看来张乔举火下棋也是常事。

《咏棋子赠弈僧》：“黑白谁能用入玄，千回生死体方圆。空门说得恒沙劫，应笑终年为一先。”注：通篇写围棋：黑白两色，演绎天地玄理。棋盘方正（九宫）为地（方），棋子圆润如天（圆），黑白争雄，仿佛争战。这是围棋用具的真实写照。诗中“劫”为“打劫”；先为“先手”，均是围棋熟语和要旨。“终年”这里指围棋盘有三百六十一点（另加四方、天元）正好为一年岁月。不是行家里手，哪有此围棋诗。

从以上张乔“围棋诗”，可以看出张乔了解围棋常识，熟悉围棋历史，通晓围棋玄妙之理，敢于探究围棋新的棋艺。同时说明，张乔酷爱围棋，常下围棋，遍访棋友，尊重棋友之间的友情，更怕失去棋友（无人与其对阵）的历史事实。如果不是诗人高手和围棋名家，是无论如何也写不出这些诗句的，创造这样的意境。从这些诗歌中，足可见证张乔是晚唐围棋名家。

张乔与九华诗人的围棋群体

作为禅修手段之一的围棋，晚唐在池州九华产生张乔这样的围棋大家是不足为怪的。九华地处长江南岸，退可隐于皖南腹地，进可北进中原入世，加上水陆交通便捷，咸通前后，才子大批流落江南，池州籍诗人返回家乡，隐居九华，彼此唱和，这些诗人中大都与张乔友善。从而推动了池州九华围棋活动。如顾云爱棋，其诗《苏君厅观韩斡马障歌》有：“竹听斜日弈棋散，延我直入书斋中”；罗隐痴棋，其诗《重过三衢器孙员外》有：“烂柯（围棋别称）山下忍重到，双桧楼前日欲残”；李昭象其诗《题顾正字賭居》有：“有酒夜棋难放客，短篇疏竹不遮山”，足表棋瘾过人；杜荀鹤其诗《观棋》：“对面不相见，用心同用兵。算人常欲杀，顾已自贪生。得势侵吞送，乘危打劫赢。有时逢敌手，当局到深更。”对围棋有深刻见解；殷文奎诗《中秋自宛陵寄池阳太守》有：“郡楼遐想刘琨啸，相阁方窥谢傅棋”，足见其悟性之高；徐铉其诗《晚憩白鹤庙寄句容张少府》有：“拂榻安棋局，焚香戴道冠”，好棋的徐铉，将围棋作静修手段也实少见……从诗中完全可以看出晚唐九华诗人，差不多都是棋君子。也正是这些人一边唱和，一边下棋。棋是诗之友，诗是棋之兄，诗棋相得益彰，才有九华诗之兴、棋之盛。九华诗棋之兴，还与时局相关。晚唐政局使九华诗人被摈落在与政治近乎无缘的地位，只有在闲适栖隐的生活品位中，安放自己的心灵；在山水奇秀中寻找慰藉；在参禅求道中追求高远；在围棋对局中参悟人生。诗通情，棋明智，顺乎于自然，诗和棋奏出了九华诗人归隐的天籁之歌。

九华山有“棋盘石”，相传为南北仙翁下棋之所。九华诗人大都好围棋，似唯张乔得其真传。

（作者何寅为池州职业技术学院经贸系讲师；作者汪春才为池州职业技术学院学报编辑部高级讲师）

铜陵“八宝民谣”考

方明光　葛锡林

内容提要：流传古今的铜陵“八宝民谣”源自青铜文明，孕育于唐末宋初，成型于“顺安庙会”，定型于清代大通。铜陵“八宝民谣”包含铜陵地区金银铜铁锡的核心内容兼及生姜老蒜麻农业三宝，它的丰富历史文化内涵有着宽泛的现实传承价值。

关键词：八宝民谣；由来三说；核心内容；传承价值

“铜陵虽小，八宝俱全，金银铜铁锡，生姜老蒜麻。”这首传颂于古今的铜陵民谣，我们把它称之为“铜陵八宝民谣”（以下简称“八宝民谣”）。在铜陵地区乃至沿江江南一带影响相当深远。翻开方志史书、查询家族宗谱、阅览图书刊物或民间书信往来与口语交流，所见它无处不在无时不有。它源于何时？意归何处？至今虽然不见端口，却渊源流传、家喻户晓。在地方文化日益成为推进区域发展重要软实力的当下，我们不妨作一追踪溯源，以期再现这一经典区域民谣的来龙去脉及其所包含可为现实服务的文化价值。

“八宝民谣”由来三说

一是“大通佘天官对应康熙皇帝”说。据新编《铜陵县志》（黄山书社，1993年版）第二十五章“民间故事”载：“清康熙年间，铜陵县佘家大院的举人佘合宗，赴京赶考名落孙山。适逢康熙皇帝五十岁大寿。在普天同庆，满朝祝贺的时候，佘合宗借机也送了一副对联，上联：‘四万里皇图，伊古以来，未有一朝一统四万里’；下联：‘五十年大寿，从今而后，还余九千九百五十年’。康熙见后，龙心大悦。次日召见佘合宗，钦赐‘进士’，加封‘十府道台’。但满朝文武心中大有不服者，都说：‘铜陵是个名不见经传的小地方，其落第举子，不宜享受如此重赏’。康熙便问：‘小小铜陵，有何独特’？佘合宗连忙跪奏：‘启禀皇上，铜陵虽小，八宝俱全，金银铜铁锡、生姜老蒜麻’。康熙听后很是赏识。满朝大臣，见皇帝如此，也就作罢。由此，‘八宝民谣’不胫而走，全面传开”。

据乾隆《铜陵县志》（卷七第193页）记载：佘合宗、合二耆（今铜陵大通镇人），明万历三十八年进士。考选山东道御史，赐福建道御史，大理寺少聊。

明万历至清康熙相差百余年，康熙皇帝是无法召见佘合宗的。佘合宗所送康熙寿联，乃系清代才子纪晓岚所作，亦系误传。作为民间习俗而收入县志无可厚非，但就此认作“八宝民谣”的“由来”存史，则依据不足。

二是“池州知府康钧所作”说。据《安徽民间故事集·铜陵分册》（1987年版）称，明末清初，铜陵地区流传一首民谣：“远望铜陵县，近看破猪圈，老爷板子响，四门都听见。”（以下简称为“讽谣”）据传，当年有个池州知府叫康钧，进京朝拜皇帝，带铜陵生姜数担。除进贡皇帝御厨一担以外，剩下的分送其他京官。君臣品尝，均赞不绝口。一日，皇帝问，全国最小的县城是哪？众官面面相觑，奈何皇帝意旨，不敢贸然回答。时，池州知府康均在场，竟然接口答道：“臣启禀陛下，可能要数卑职管辖的铜陵县城了。”皇帝问：“方圆几何?”知府答：“不到三里。”众官听后一阵讥笑。康知府觉得有失脸面，随即正色道：“铜陵虽小，八宝俱全，金银铜铁锡，生姜老蒜麻。”皇帝听后微笑道：“铜陵生姜，实难多得，美也！”众官员当然是谄媚附和：“不错，不错，名不虚传。”于是皇帝御笔一挥：“拨银五十万（两）围城五十里。”当时的铜陵县令姓梅，此人见钱眼开，一见拨来这么多银子，贪心大发，竟将“围城五十里”改成“围城五里”，将筑城官银中饱私囊。后来，康知府检查案发，勃然大怒，立即将梅县令罢官问罪，就地正法。这个民间传说流传盛广，大同小异的版本也近十种。从这个传说内容考究，应在南唐保大九年（951）由义安县改为铜陵县以后至16世纪明代后期铜陵县隶属池州府这段时间产生的。但事实无正史可查，可以被看做是铜陵老百姓发泄对铜陵城小县小的一种轻蔑与讽刺情绪，与“八宝民谣”无直接关联。因此，“八宝民谣”是明代“池州知府康钧所作”也只是一个无稽之谈的民间传说。

三是“渊源于青铜文脉，孕育于唐末宋初，成型于顺安庙会，定型于清代大通”说。这只是我们的肤浅考证所得，其理由如下：

1. 起源于青铜文脉

毫无意义，铜陵冶铜史绵延三千年。早在汉代，朝廷就在这里设置了铜官，专管采矿冶铜。考古证实，铜陵的古铜矿遗址，多达数十处，分布范围有六百多平方公里。与江西的瑞昌遗址、湖北的大冶遗址，连成一片就是中国矿冶史上所说的“古江南铜矿遗址带”。在这个遗址带，数铜陵的采铜冶矿时间跨度最长、产铜数量最多，正如自然科学史专家华觉民先生考察铜陵后所言：“商周青铜文化延续一千多年，它的物质基础就是采铜炼铜，没有铜又哪来这么灿烂的青铜文化?”（《中国古铜都（铜陵）》，铜陵市政协文史委员会编，1993年）就是说，铜陵的天然资源和铜陵人民漫长岁月采铜冶铜的青铜文明创造，正是“八宝民谣”的渊源。

2. 孕育于唐末宋初

铜陵的矿冶虽然始于商周，但真正大规模兴起是在六朝、隋唐至北宋。南宋以后，铜陵的矿冶业曾一度衰落。“八宝民谣”的重点内容正是基于当时金银铜铁锡矿冶经济的兴旺发达。因此，“八宝民谣”酝酿孕育的时间，只能是在铜陵矿冶业兴旺发达的北宋之前，而绝不可能在铜陵矿冶经济已经衰落的南宋以后。

尽人皆知，铜陵是沿江江南的重点产棉县之一。既然是产棉县，那“八宝民谣”何以只涉及生姜、老蒜、麻而唯独没有棉呢？原来我国的棉花是自印度传入。长江流域大约是在元代以后才逐步推广种植。而苎蔴，早在我国上古时期已有种植。《诗经·陈风》就有“东门之池，可以沤苎”的记述。以此推论，“八宝民谣”所涉及铜陵农耕经济的主要成分，只能是在元代以前的苎蔴，而唐末宋初是无棉花种植的。

3. 成型于顺安庙会

一个民谣的形成，一般都是历经民间在一定时空范围内，对同一事物发生特殊关联之后的约定俗成，经过较长时间的流传取舍，才能逐步形成。黄河缺堤，黄泛区民不聊生，便有“黄水谣”的产生。安徽凤阳出了个朱皇帝，当地人民始喜而怨终，从而产生了“凤阳花鼓”之歌。铜陵“八宝民谣”的产生就需要从兴旺发达的矿冶经济和与此紧密相连的千年集市贸易古镇“顺安庙会”说起。早在东晋义熙年间（405—418），北方流民即在顺安建镇。唐初，朝廷便在这里设置了我国早期驿站——顺安临津驿。唐末（文德元年，888），因矿冶发展需要，又从毗邻的南陵县划出五个乡，设立义安县，并将县衙建于顺安。唐宋时期，顺安就已经是沿江南岸的一个政治、经济和集市贸易中心，“顺安三月三”庙会便应运而生。每逢农历三月初三，这里的民间民俗活动如火如荼，商贸集市一派繁荣。特别是民间矿冶，粗铜和铜产品从这里出售外运。农民的大量土特产，在这里上市交易，影响相当大。北宋名相王安石，来铜陵讲学旅居于此，曾触景生情写下“顺安临津驿”七言绝句：“临津艳艳花千树，夹径斜斜柳数行，却忆金明池上路，红裙争看绿衣郎”，把“顺安三月三”庙会，与当时京都汴梁（今开封）的一个规模影响很大的民间集市“金明池上路”相提并论，足见当时的顺安庙会盛况已非同一般。源于青铜文脉，言简意赅，合辙押韵的“金银铜铁锡，生姜老蒜蔴”十字民谣的雏形，正是经过“顺安三月三”庙会的洗礼逐渐成型的。

4. 定型于清代大通

南唐保大九年（951），义安县更名为铜陵县，县衙由顺安镇迁至江浒（古铜官镇，今五松镇），此后铜陵沿江集镇发展很快。至南宋时，大通已发展成为皖南山区和沿江各县农产品集散的重要口岸集镇。至清顺治时，佛教圣地九华山又在老镇下建立“大士阁”辟为“头天门”，成为下江一带及香港、泰国等地香客朝山进香的首谒之地。此后的大通日趋兴旺，至清咸丰时，大通一河两岸，港湾船桅如林，街市人流如织，鼎盛时期酒楼茶社比比皆是，仅旅馆、客栈就有一百余家。金店、银楼、铜匠铺、铁匠铺、姜蒜行、苎蔴站更是充满大街小巷，总计在百家以上。特别是生姜的出口，年产销子姜约三四万担，老姜有四五千担。蒜子在铜陵是生姜的“天然姊妹”，食药同源，产销同道。苎麻也是经大通集散，出口海外。

由于大通的经济发展，“八宝”产销两旺，“八宝民谣”不仅成为街头巷尾、男女老少津津乐道的“口头禅”，更是市场商贾、老板顾客、议买议卖的谈资论据，真的一个生意兴隆通四海、民谣传诵入万家。这期间，“八宝民谣”（十字)、“老爷板子响”（二十字）“讽谣”，同时在大通热传。前后大约经过三百多年时间，这两首民谣，互相吸纳，传承流变，最终合二为一，摈弃了城小县小的讽言怨语，一改自卑自怨的消极情绪，突出敢于面对、自珍自重、自强不息的豪迈气概，正式定型为“铜陵虽小，八宝俱全，金银铜铁锡，生姜老蒜蔴”传承至今。

民谣包揽的核心内容

“八宝民谣”将“金银铜铁锡，生姜老蒜蔴”统归入“八宝”之列，但个中层次有别、主次伴生，间亦有讹诈，详解如下：

1. “八宝民谣”主旨“金”，应是泛指“五金”虽然“金”排序首位，但铜陵历史上特别是唐宋以前，虽有“铜”但并不产金，“民谣”所指的“金”，是从何时候而来呢?“金”是古人对金属的统称。《辞海》“五金”条注：“五金，上古时是指金银铜铅锡五色金属，后改指金银铜铁锡，今则常用为金属或铜铁等制品的统称，如五金店、五金公司、五金厂”，并非今日的“贵金属”、“黄金”或“白金”所指。

2. “八宝民谣”中的“金”，当时实指“丹阳铜”现存汉代出土文物，“古鉴铭”有云：“汉有嘉铜出丹阳。”《史记·平淮书》指金有三等，黄金为上、白金为中、赤金为下（集注、赤金、丹阳铜)。《索隐·说文》：铜，赤金也（注：“丹阳铜”者，神异经云西方金山有丹阳铜也)。

1986年，安徽省文物考古研究所“皖南古铜矿考古课题组”在铜陵木鱼山、凤凰山等古矿冶遗址发掘出了一批古铜锭。经国家有关部门检测认定是西周时期的“冰铜锭”。“冰铜锭”是采用硫化铜矿冶炼出来的，也就是文献中所记述的“丹阳铜”（赤金)，即“八宝民谣”所泛指的“金”。据《宋会要辑稿·食货》记述，硫化铜矿的采冶，我国是到宋明时期才普遍开始。铜陵的“冰铜锭”（丹阳铜、赤金）的发现，证明铜陵在西周时期就有了，这就把我国采冶硫化铜矿的历史，提前了一千五百多年。这个发现虽在20世纪80年代就已经作出了考证，但“八宝民谣”却把丹阳铜泛指为金（赤金），口耳传承了一千多年，从非物质文化遗产的角度来看，其历史价值也不可忽略。

3. “八宝民谣”中的“银”和“铁”都是“铜”的伴生矿或附产品。《新唐书·地理志·宣州》条曰：“南陵铜陵武德四年原池州，利国山（铜官山）有铜有铁，凤凰山有银。”古籍的记载证明，铜产利国山（铜官山），银产凤凰山。另据1957年第四期《文物参考资料》记载：1956年出土一批银锭，其中有天宝年号和“江南道宣城郡铸”字样。而当时宣城郡内只有铜陵的凤凰山产银。这个银锭，很可能就是在凤凰山冶铸的。

铜铁伴生，古有记载。《管子·地数》载：“上有慈石者，下有铜金。”慈石，指的就是磁铁矿。考古探明，铜陵凤凰山、南陵方工山等先秦铜矿遗址其上层均有一层铁帽层，且都采冶过。尤其是今天铜陵的各大国营矿山，如凤凰山矿、狮子山矿、新桥矿等，多数都是铜矿与硫铁矿共生，戴了一个“大铁帽子”。

4. “八宝民谣”中的“锡”，却是误把铅锌当锡矿。关于锡，古籍中虽有所记载，如《考工记》：“吴越之金锡、此材之美者也。”吴越虽辖铜陵，但自秦汉以后，铜陵就很难找到产锡的记载了。建国以后，各级有关部门对沿江江南地区进行过多次古铜矿遗址的普查，铜陵均未发现锡矿的采冶遗址。由此推论，虽然铜陵民间早就使用锡，但铜陵并不产锡。“八宝民谣”所指的“锡”又是从何而来呢?

① 可能是出于“五金”的口语习惯。民谣本属“口头语”，既然顺嘴顺序讲了“金银铜铁……”这“锡”字就难免不脱口而出了。不过此说太不郑重，只能参考，不宜作为依据。

② 据辞书介绍：“青铜是锡合金的旧称，现仍称锡青铜。”由于铜锡合金较早、不少古籍都把青铜称为锡青铜。反之，锡青铜亦即指青铜（甚至代指青铜时代和青铜文明），后来，许多铜合金，也都仿称为某青铜，如铝铜合金称为铝青铜，硅铜合金称为硅青铜。由此可见，锡与铜早期关系是非常密切的。但是它与“八宝民谣”只是由于青铜的名称的关联，与铜陵产不产锡是不搭界的。

③ 铜陵不产“锡”，但铅锌矿不少。《铜陵地质矿产简志》（1987年）称：铜陵地区的铜矿往往伴有铅矿石而无锡矿石。由于铅锌矿和锡矿外形相似，性质相近，不经科学检测，很难严格区分。古代人误把铅锌当锡矿，是很有可能的。这种认识上的错误，历史上并不罕见。青海省柴达木盆地，有一个储量数百万吨的特大型铅锌矿，就一直被误认为是锡矿，称为“锡铁山”。1986年开采投产，

至今仍叫“锡铁山铅锌矿”（《辞海·锡》第207页）。由此认为，铜陵“八宝民谣”所指的“锡”，只能是事出有因，误把铅锌当锡矿，铜陵历史上是不生产锡的。

5.“八宝民谣”中的农业三宝。“生姜、老蒜、蔴”，均属铜陵的农特产品。生姜，亦即“铜陵白姜”。据《生姜高产栽培》（金盾出版社，2004年版）载：“安徽生姜地方品种颇多，如宣城姜、休宁雁里姜、汗山猴姜、舒城黄姜、临泉虎头姜等等，但以‘铜陵白姜’最为有名”，是“安徽省著名特产”，现已列入安徽省“非物质文化遗产”名录，正式批准为“国家地理标志”保护产品。“铜陵白姜”种植始于西汉，距今已有2000多年，兴盛于北宋，苏颂《图经本草》云：“姜，今处处有之，以汉、温、池州为良。”宋史载：“池州贡红白姜。县六：贵池、青阳、铜陵、建德、东流、石台。”明嘉靖《池州府志·土产》明确标注“有姜出铜陵”。“铜陵白姜”宋代就声名鹊起，也是铜陵最早的唯一贡品。清乾隆《铜陵县志》云：“每岁不下数十万担，俗称大通姜。”“铜陵白姜”何以成为贡品？一是品质特优，它块大皮薄、汁多渣少、肉质脆嫩、香味浓郁，且有“残渣遗齿，隔夜犹香”。传说当年乾隆下江南过路大通，品铜陵冰姜赞不绝口，并钦定每年进贡朝廷。二是北宋时期，铜陵及其“铜陵白姜”与两位当朝宰相关系密切。一位是铜陵天门镇人盛度。仁宗景祐年间任“知枢密院事”（宰相）。另一位是宋神宗熙宁年间主张变法的宰相王安石。王安石虽非铜陵人，但他少时与晚年两度寓居铜陵达三年之久。由此，“铜陵白姜”一时走俏皇城京都，名噪大江南北，应是顺理成章的。

蒜，是铜陵农业主要土特产品之一。与姜同属一族，均食药同源，又都是调味佳品。铜陵大蒜（俗称老蒜）主产于洲区，质地优良，蒜衣层次多，一般有七层，蒜头深藏其内，剥衣后的蒜子，特别白嫩，久存不腐，因而与生姜齐名，走俏市场，历史上从大通出口，远销海内外，至今仍是铜陵对外贸易土特产主要商品之一。

蔴，通常指的是苎麻。是所有植物纤维中纤维最好的植物，着色鲜艳美观，织布坚韧耐用，是衣着原料，也是工业原料，沿江江南早在唐宋时期就已普遍种植。清末民初，大通镇的苎蔴交易量很大，主要出口日本。

综上所述，“八宝民谣”内容可分两大部类：一是矿产类，金、银、铜、铁、锡，即古之所谓“五金”，虽然五者之间互有关联，多系伴生。但铜陵“八宝民谣”的基础是“铜”，“铜”是核心；二是农特产品类，生姜、老蒜、蔴，虽然均属农产，统出于土。但在铜陵，“姜”的历史悠久、产量第一、影响深远，是主流。故而：铜陵“八宝民谣”的内容包属又可概括为“一铜二姜”。

“八宝民谣”文化价值的传承

“谣——徒歌，无音乐伴奏的歌唱”，也就是说，来自民间的无音乐伴奏的歌唱就是民谣。铜陵“八宝民谣”正是这样。它成形于唐末年间的民间庙会，但其孕育时间很长，文脉可以追溯到西周直至史前的青铜时代。“金银铜铁锡，生姜老蒜蔴”，十个字，两句话，形式看似简单，但它是以古朴明了的语言，忠实地记录了铜陵人民赖以生息繁衍的独特物质基础和铜陵先人亦工亦农的艰辛经历与沿江江南青铜文明的起源发祥状态，从而传承了古老的青铜文脉。众所周知，中国文学史经典之一的《诗经》，就是记录反映从西周早期至春秋中期中国社会习俗和政治制度的民间歌谣总集。全书风、雅、颂三个部分，其中“风”大多都是记述反映婚姻爱情、生产生活的民谣。如果我们从《诗经》的文学贡献、社会价值和历史意义的角度论，铜陵“八宝民谣”姑且不能与其相提并论，但如果把它都看成是古民谣，当做都是记述上古时期民间的生产生活并传承至今的史料，那它们应该只有数量多寡、时间先后之分，并无本质的区别。因此其潜藏的丰厚历史文化价值，都值得深刻认识和予以特质的传承与弘扬。

“八宝民谣”的传承历史悠久，但在过去漫长的岁月里，则完全是凭借其与民众的生息攸关和自觉不自觉的口耳相传而经久不衰，自然经历着寒暑风蚀、年轮更迭的曲折演化。新中国建立之后，党和国家高度重视民族民间文化工作。民谣的传承，才发生了根本性的变化。由农村进入城市，由农舍进入工厂学校，甚至政府机关，由妇孺闲人渗透到工农兵学商各个阶层，也由民间习俗用语而发展为媒体广告、公司招牌、产品注册商标和城市标志性的符号等等。民谣所蕴涵的历史文化，也随之而迸发出光华夺目的诱人魅力和激荡起古朴厚重的深层次潜力。具体说，“八宝民谣”究竟潜藏了哪些既具有铜陵地方文化、又值得承传的特质呢？

——重在“敢为人先”的创新精神。“八宝民谣”的核心是“铜”，其所传承的潜文化，说到底就是青铜文脉，就是铜陵先人的采矿冶铜的历史辉煌。铜陵是青铜文明的发祥地之一，也就是说，早在西周乃至更早史前的青铜时代，铜陵先人就在铜陵这片土地上采矿冶铜了。这意味着人类第一次主动地、有目的地改变着自己的生存方式，进而步入较高级的人类文明。民谣通过“八宝”将其蕴藏并口耳相传几千年，与铜陵的数十处采矿古遗址和数十处冶炼古遗址以及大批出土青铜文物一道，从物质和非物质两个角度，把古铜都老祖宗敢为人先的青铜文脉传承了下来，这无疑是独具特色的地域文明，是人类生生不息求生之路的真实写照，是不断奋力向上的创新凯歌。对这部古朴厚重遗产的顺承，就意味着铜陵人求生求新永恒追求的不屈品性。

——重在“自强不息”的精神传承。“八宝民谣”开宗明义、单刀直入“铜陵虽小，八宝俱全”。就是说，铜陵虽小，但资源得天独厚，“金银铜铁锡，生姜老蒜蔴”八宝俱全。铜陵人敢于面对挑战，善于发掘自身优势；知其难而进、创业建市的历史，正是民谣所传承的自尊自重、自强不息精神的最好见证。南宋以后，铜陵矿冶急剧衰落，矿冶经济一落千丈。但此时农耕兴起，采矿冶铜，也还是衰而不绝，仍持续绵延。坚持星星之火，以待燎原之机。明代中期，云南滇铜兴起，几乎全部取代江南铜矿，但明史仍有“洪武初年，池州府（即指铜陵县）采铜十五万斤”的记述。清朝末年，铜陵与英商凯约翰的收回铜官山利权之争长达十年之久，影响遍及中外，坚持奋斗不息而终获全胜。近年来的资源型矿山的转型奋斗，尽显“八宝”之地的传统优势。自强不息，熔旧铸新，抓住铜，不唯铜，超越铜，一改昔日铜陵虽小的先天不足，打造出“千亿铜陵”的中国现代铜基地，使自强不息的奋斗精神在古老“八宝”之地重现生机。

——重在科学地保护和弘扬。突出在恒定中传承，在流变中发展。民谣属于非物质文化遗产，其传承必须严格遵循“非遗”传承的基本规律。即恒定中传承，流变中发展。“铜”和“姜”及其所蕴涵的文化，就是“八宝民谣”的特质和基因，应持以恒定，但同时又必须随着时代的变迁辅之以活态的传承，防其僵化，在流变中发展。人们发现铜陵的工矿宝藏除了“金银铜铁锡”外，还有大储量的硫矿。硫是重要的工业原料，曾被誉为“工业之母”。当下，铜陵迅速成为全国最大的硫磷化工基地，就是求生的客观必然。还有，铜陵“八宝民谣”长期传诵的“锡”，铜陵并无生产“锡”。“锡”“硫”之误的传播过程发生了流变——“锡”为“硫”所替代。“金银铜铁锡”千年口头民谣衍化成“金银铜铁硫”，就是历史遗产的活态传承和铜陵人新的生存状态的形象再建。

（作者方明光为铜陵县教体局离休干部，高级政工师；作者葛锡林为铜陵县经贸委退休干部，高级农艺师）

马鞍山地区馆藏汉至两晋铜镜的分类及特点初析

费小路　周叶凤

内容提要：马鞍山地区馆藏汉至两晋的铜镜十分丰富，类型有蟠螭镜、博局镜、日光镜、连弧纹镜、禽兽镜、神兽镜、变形四叶镜等，基本涵盖了该时期的铜镜类型。本文通过纹饰和铭文，对马鞍山地区馆藏汉代至两晋铜镜进行了分类，总结出其铸造时代多集中在汉末和东吴早期，以及出土地点较为集中在雨山区和金家庄区的两大特点。并通过这些铜镜的纹饰对比，初步探讨其铸造地点分别为浙江会稽和湖北武昌。

关键词：马鞍山；汉至两晋；铜镜；分类；特点分析

马鞍山地处长江下游，西周时属吴国，春秋战国时期先后改属越、楚，俗有“吴头楚尾”之称，秦汉时属丹阳郡丹阳县。六朝时属畿辅之地，故而在地理位置上显现尤为重要。近年来随着野外考古发掘和文物征集力度的加大，汉至两晋的铜镜馆藏量得到不断丰富，这些铜镜纹饰优美、内涵丰富，分析其特点，对研究当时的政治、经济、文化和社会习俗具有重要意义。马鞍山地区汉至两晋铜镜数量上近30枚，多数纹饰丰富，形制规整，为进一步分析这些馆藏铜镜的特点，现按照纹饰进行分类。

一、汉至两晋铜镜的分类

馆藏的这些铜镜大部分来源于工地墓地的发掘，也有一部分来自征集，有的带有明确的铭纹，有的在纪年墓中出土。根据纹饰类型，并结合来源，分类如下：

1. J1 蟠螭镜：半圆钮，主体纹为变形蟠螭纹，外饰一圈锯齿纹，素缘，直径10厘米，1984年慈湖采集。

2. J2 博局镜：宽缘，背正中有一钮，钮有横穿，钮周饰有九个小乳丁，其间饰有纹饰，外圈一个“回”形，其外饰有八个大乳丁，乳周饰飞禽走兽图和“L、V、T”纹，缘上饰有三圈矩齿纹，直径13.5厘米，当涂县征集。

J3 博局镜：中心有一小钮，主体纹饰为博局纹，中间有四乳钉，直径18厘米，2002 年公安收缴。

3. J4 日光镜：圆形，中间有一小钮，外有一圈“见日之光，天下大明”铭纹带，直径 7 厘米，1996 年马钢合力公司汉墓出土。

4. J5 连弧纹镜：平雕，圆钮座，内向连弧纹，直径 11 厘米，1998 年马钢供气厂东吴墓出土。

J6 连弧纹镜：圆钮座，座外有一圈连珠纹，外为内向八连弧纹，外有一圈“内清质以昭明……”铭纹带，直径 12 厘米，2002 年公安收缴。

J7 连弧纹镜：2 件，并蒂连珠纹钮座，主纹饰为四组乳钉花纹，中间用七个小乳钉分开，外为内向连弧纹，直径 10. 5 厘米，2002 年公安收缴。

5. J8 禽兽镜：平面呈圆形，中间饰大钮，钮有横穿，钮周饰柿蒂纹，柿蒂间有四字铭文“长宜子孙”。外饰二圈斜线纹，二圈斜线纹之间为一周禽兽纹及对称四个乳突。内有铭文“长宜子孙”四字，直径 14 厘米，当涂采集。

J9 禽兽镜：平面呈圆形，背正中有一钮，钮有横穿，钮周浮雕饰有对称龙凤两兽纹，外有一圈铭文，内有铭文“黄羊作镜四夷服……”等字，直径 13. 8 厘米，雨山区银塘出土。

J10 禽兽镜：平面呈圆形，背正中有一钮，钮有横穿，钮周饰有四个对称乳钉，乳钉周饰有浮雕四禽兽纹，直径 13. 8 厘米，1988 年当涂黄山征集。

J11 禽兽镜：平面呈圆形，背正中有一钮，钮有横穿，主纹为浮雕龙凤对置，素缘，直径 9 厘米，1986 年霍里桃冲村西晋墓出土。

J12 禽兽镜：圆形，圆钮，主纹为夔纹、凤纹，宽素缘，直径 15. 1 厘米，1998 年马钢供气厂东吴墓出土。

J13 禽兽镜：半圆钮，圆座，钮座外内区有两圈乳钉纹。内圈有九个小乳钉，外圈饰七只大乳钉，内外圈之间饰卷草纹，磨齿纹。外圈乳钉之间饰青龙、白虎、朱雀、玄凤。直径 16. 2 厘米，1988 年盆山农场 M1 东吴墓出土。

6. J14 半圆方枚神兽镜：圆形，圆钮，内区饰神踞坐，有海兽相间环绕，铸有“黄武四年……”铭文，直径 11. 7 厘米，1993 年慈湖电磁厂出土。

J15 半圆方枚神兽镜：圆形，圆钮，内区饰六神对立踞坐，直径 10 厘米，2008 年金家庄工业园东晋墓出土。

J16 半圆方枚神兽镜：圆形，圆钮，内区饰两神戴冠对立踞坐，有海兽相间环绕，直径 12 厘米，铸有“五凤二年……”铭文，1984 年当涂采集。

J17 半圆方枚神兽镜：圆形，圆钮，内区饰神兽相间环绕，缘上饰有卷叶纹和铭文带，直径 10 厘米，1987 年独家墩东吴墓发掘。

J18 半圆方枚神兽镜：圆形，圆钮，内区饰神兽相间环绕，素缘，铸有“光和元年……”铭文，直径 13. 0 厘米，2000 年杜塘窑厂东晋墓出土。

J19 半圆方枚神兽镜：圆形，扁平圆钮，圆钮座。内区主体纹饰为六神三兽一龙，再外为一周栉齿纹，近缘处有一圈铭文带，直径 12.5 厘米，1984 年朱然东吴墓出土。

J20 半圆方枚神兽镜：圆形，圆钮，镜面微鼓，钮外一圈连珠纹，内区饰东王公、西王母、伯牙奏琴、兽首等。神和兽相间环绕，方枚铭文有字“吾作明镜，幽谏三商……”，云纹缘。直径 14.2 厘米，1998 年马钢供气厂东吴墓出土。

J21 半圆方枚神兽镜：圆形，扁平圆钮，圆钮座。内区主体纹饰为三神，三神在一起，神兽间有乳状纹相间，缘上饰变形龙纹和云纹，直径 14 厘米，1995 年马钢 H 型钢东吴墓出土。

7. J22 变形四叶八凤镜。平雕，扁平圆形钮。四瓣柿蒂形叶，将镜背分成四区，每区内有两只相对凤鸟，四叶内各有一龙。缘处有内向十六弧，每个弧形内分别装饰禽兽，素缘。直径 14 厘米，当涂采集。

J23 变形四叶八凤镜。描述同 J22，直径 21 厘米，市区采集。

J24 变形四叶八凤镜。描述同 J22，直径 16.5 厘米，1983 年佳山三联村东吴墓出土。

J25 变形四叶八凤镜。描述同 J22，直径 14.9 厘米，1984 年朱然墓东吴墓出土。

二、马鞍山地区汉至两晋铜镜特点初析

（一）铜镜类型的多样性

通过上述铜镜分类表，我们可以看到，马鞍山地区馆藏铜镜的类型有蟠螭纹镜、博局镜、禽兽镜、连弧镜、四叶八凤镜和神兽镜等，几乎涵盖了汉至两晋时期铜镜的主要类型，与周边的江苏南京、湖北鄂城出土的铜镜类型大致一样，铜镜的同样性表明当时马鞍山地区与周边地区文化交流和贸易经济十分频繁，文化特性相互影响，他们之间存在共同性。

上表铜镜中时代最早的为蟠螭纹镜和博局镜，其中蟠螭纹镜基本沿用了战国镜纹饰，变化不大；而博局镜主要流行于西汉与王莽时期，“似乎应该与西汉末年至王莽时期谶纬学说、神仙思想……，而其源则应于西汉”[①]；日光镜和连弧镜为典型汉代铜镜，这在考古学界早已经有定论。这四种铜镜数量不多，来源除编号为 J03、J04 为出土外，其余均为早期采集或征缴，因非出土文物，不能全面反映出汉代早期马鞍山地区铜镜的使用情况。

---

① 孔祥星、刘一曼：《中国古代铜镜》，文物出版社 1984 年，第 63-64 页。

相比而言，馆藏数量较多的是禽兽镜、神兽镜和变形四叶八凤镜三种，墓出土相对较多的品种为神兽镜和变形四叶八凤镜，这两种铜镜在馆藏汉至两晋时期铜镜中占60%，从来源看，这些铜镜应当可以客观地反映汉至两晋时期马鞍山地区铜镜使用特点。该时期神兽镜主要以神人踞坐为主，常见的有东王公和西王母等比较常见的装饰，东王公和西王母是道教上尊神，又称“木公”或“东华帝君”，道教的根本思想是修道成仙，乘鹤升天，变为仙人。《搜神广记》中记载：西王母检录欲升仙的女人，女仙归其管理，而东王公是检录学仙望道之人，经他考核才能升仙。汉至六朝时期因受到道家文化的影响，所以东王公和西王母的形象经常出现在神兽镜中。神鸟也是该时期铜墙铁壁镜经常装饰的样式，有仙人乘鸟升天的寓意，所以仙人又称“羽人”，变形四叶八凤镜中弧形内也有装饰佛像的，如湖北鄂城、湖南长沙、浙江武义等地都有发现，佛像做跏趺状或半跏思维状，与神兽镜中的佛像装饰基本一致，相比较而言，南方吴地的变形四叶八凤镜花纹得更纤细，形象也更显得生动。

（二）铜镜时代的时段性

禽兽镜、神兽镜在汉代中期开始流行，影响至三国时期，而变形四叶八凤镜应该是“孙吴后期流行的式”①。这三类铜镜中，纪年的主要集中在神兽镜中，如2000年杜塘窑厂东晋墓出土的东汉晚期献帝年“光和元年（178）”半圆方枚神兽镜、1984年当涂县采集的三国吴“五凤二年（255）”对置式神兽镜、1993年慈湖电磁厂出土三国吴“黄武四年（226）”对置式神兽镜，二枚铜镜铸造时间相差不远。1986年发掘的三国吴朱然墓②中也出土了神兽镜和变形八凤镜各一枚；同年距朱然墓1500米的独家墩墓③也出土了一枚对置式神兽镜，有学者考证墓主为孙权之兄孙策（175—200）墓；1998年马钢供气厂（寺门口）东吴墓④出土了三枚铜镜为连弧纹镜、神兽镜和夔凤镜，根据墓中出土的“大泉当千”和“大泉五百”铸造年份分析，该墓应为东吴早期墓葬。

从上述资料看，马鞍山地区馆藏汉至两晋出土的铜镜的时代主要集中在东吴时期，导致这一现象也有下面原因：一方面西晋、东晋以后随着铜矿的连续开采，汉代时期的铜矿井资源不断减少，出现了铜荒现象，该时期的铜镜显得小而薄，做工粗糙，期间的铜镜制作不得不加其他金属的配比，有的铜面甚至出现铁

---

① 蒋赞初：《鄂城六朝墓》，科学出版社2007年，第276页。

② 丁邦钧：《安徽马鞍山东吴朱然墓发掘简报》，《文物》1986年第3期。

③ 李敏：《二陵只在江云外 环佩应敲月下台——独家墩汉末墓与宋山东吴墓墓主臆测》，《马鞍山历史与文化研究》第一辑，黄山书社2006年。

④ 王俊、费小路：《马鞍山寺门口东吴墓发掘简报》，《东南文化》2007年第3期。

锈现象，质量和做工上无法与前期相比，为解决铜资源缺少的困难，梁武帝普通4年（523）下令罢铜钱，改用铁钱[①]。另一方面西晋时统治阶层历时16年（219—306）之久的“八王之乱”，经济上受到严重的摧毁，制造业几乎停顿，该时期几乎没什么铜镜出土。

（三）出土地点的集中性

近年来随着城市不断发展，工程建设不断增多，六朝墓葬不断出现，墓中相继出土不少铜镜，从上述表格的统计可以看出，马鞍山地区馆藏汉至两晋的铜镜多为东吴时期墓葬中出土，而这些墓葬多集中在雨山区和金家庄区，位置相距很近，向外辐射较小。除表中所列东吴墓葬外，雨山区和金家庄区还有朱然家族墓[②]、宋山东吴墓[③]（有学者认为其为吴景帝孙休墓）、佳山东吴墓[④]、采石东吴墓[⑤]等墓葬，年代都为东吴早中期，综合来看马鞍山地区应是东吴中早期世家贵族为官、居住、终老之所，他们居住相对集中，聚族而居。

马鞍山地区东吴墓葬聚中的特点，与当时政治密不可分。今采石古称牛渚，“采石之险甲于东南，其地南控楚疆，东络吴会，扼三江之襟要，溃江淮之腹心”，当时有驻军牛渚营及粮库牛渚屯，地理位置险要，军事位置突出，兴平二年公元195年，孙策渡江占领牛渚营，从此开创孙吴政权。采石牛渚山突出江中，水势平缓，自秦以来为一重要津渡，夺取牛渚便可一马平川，直取京都南京，所以牛渚便是孙权政权的首要保护的门户。东吴军事将领为表达自己对孙吴政权的忠心和赤诚，遵照当时“视死如同生”的观念，生前保卫孙吴江山，死后也葬于当地，如1984年和1996年发现的朱然及其家族墓，因此学者认为“马鞍山地区是孙吴时期陵区的重要组成部分”[⑥]。

随着孙吴政权的颠覆和政治中心的北迁至建业地区（今南京），达官贵族相继迁移，马鞍山政治地位淡化，这正是马鞍山地区孙吴文化的特性，也是该地区吴镜文化的地域性。

三、马鞍山地区馆藏汉至两晋铜镜的铸造地点探讨

目前，学术界对汉至两晋铜镜的铸造中心有以下共识：会稽山阴（浙江绍

---

① 《隋书》卷二十四《食货志》：“至（梁）普通中，乃议尽罢铜钱，更铸铁钱。”

② 栗中斌：《安徽省马鞍山市朱然家族墓发掘简报》，《东南文化》2007年第6期。

③ 栗中斌、李德文：《安徽省马鞍山市宋山东吴墓发掘简报》，《江汉考古》2007年第4期。

④ 杨鸠霞：《安徽省马鞍山市佳山东吴墓发掘简报》，《考古》1986年第5期。

⑤ 李敬华、栗中斌、江卫艺：《马鞍山市采石东吴墓发掘简报》，《文物研究》总第14期。

⑥ 王志高、王俊：《马鞍山孙吴朱然家族墓时代及墓主身份的分析》，《马鞍山六朝墓葬发掘与研究》，科学出版社2008年，第234页。

兴)、江夏郡（湖北安陆)、广汉郡（四川广汉)、蜀郡（成都)、武昌（鄂城)，武昌是东吴时期继山阴后开始铸造铜镜的。东吴时期武昌发现了铜矿，南朝科学家陶弘景这样写“吴王孙权以黄武五年采武昌铜铁，作千口剑，万口刀”（《古今刀剑录》)，藏铜量相当大，又1978年在鄂钢一古井中出土的铜罐上刻有铭方“黄武元年作三千四百卅八枚”、“武昌”等铭文，说明此时武昌铸铜已有相当规模。随着武昌铜矿的发现，东吴时期武昌铸铜业开始兴起，“一批铸镜师傅经常来回奔波于武昌与山阴之间”①，所以山阴与武昌镜的铸造有着延续和承接的关系，铸镜特点也颇为相似。山阴多铸神兽镜这与马鞍山地区的铜镜特点一样，且神兽镜中多铸东王公、西王母等神像，纹饰浮雕面有立体感，符合山阴镜和武昌镜的“纹饰更为生动”② 的特点，另一方面，平雕变形八凤镜多出现于南方地区，四川和陕西少见，“八凤镜应该是中国南方的吴镜无疑”③，马鞍山地区的八凤镜也应是吴镜。

探讨马鞍山地区汉至西晋铜镜的铸造地点，还要分析东吴历史。魏黄初元年公元222年，孙权建都武昌，黄龙元年公元229年，孙权迁都建业，甘露元年公元265年，孙皓迁都武昌（鄂州)，次年十二月还都建业，建业和武昌有着都城和行都的关系，它们之间往来频繁，经济、政治和文化关系密切。除牛渚外，还有牛渚“西北十五里的思贤港”④，这些津渡是当时繁忙的渡口，建业文化与武昌文化在此相互交流，并由此传入，这正是马鞍山地区多现浙江和湖北吴镜原因。

可见马鞍山地区汉至西晋铜镜，特别是吴镜主要铸造地点应为浙江会稽山阴和湖北武昌地区，其中时代较早的来自会稽山阴，后随武昌地区铜镜兴起，铜镜多来源于武昌。

（作者费小路为马鞍山市博物馆文博馆员；作者周叶凤为马鞍山市采石风景区李白纪念馆文博助理馆员）

---

① 王仲殊:《关于日本三角缘神兽镜的问题》。

② 湖北省博物馆、鄂城市博物馆:《鄂城汉三国六朝铜镜》，文物出版社1986年，第5页。

③ 王仲殊:《关于日本三角缘神兽镜的问题》。

④ 《当涂县志·大事记》。

“姑孰画派”名实考

赵子文

内容提要：萧云从为“姑孰画派”始祖，世之研究萧云从者或谓其为芜湖人，或谓其为当涂人。长期以来，两说各执一词，莫衷一是。本文则从萧云从绘画题款多以“于湖XX”为切入点，具体考察了当涂、于湖、芜湖三县的演变过程及其与姑孰的历史渊源关系，并旁稽载籍，证实了萧云从确是芜湖人，而非当涂人。然以萧云从为代表的画派之所以定名为“姑孰画派”，则是另有原因：其一，是与这一画派生存的特定历史、地理、文化背景有关。其二，则是与这一画派的艺术表现内容及其影响有关。即萧云从在姑孰地域的活动背景及其对姑孰山水的艺术表现内容，最终造就了名实相符的“姑孰画派”。

关键词：萧云从；芜湖人；姑孰画派；名实

明末清初，中国山水画坛曾出现过众多的流派，如以“三王”（王时敏、王鉴、王翚）为代表的吴派，以戴进、蓝瑛为代表的浙派，以王原祁为代表的娄东派，以弘仁为代表的新安派，以罗牧为代表的江西派，以龚贤为代表的金陵派等等，不一而足。其中，以萧云从为代表的姑孰派在当时画坛上也占有重要地位。上述诸多画派的名称多以其创始人的里籍、地望或长期寓居之地为冠名依据。如“三王”里籍在江苏太仓、常熟一带，古属吴地，故称吴派。戴进、蓝瑛同为浙江钱塘人，故称浙派。王原祁为太仓人，太仓古属娄江（太湖支流）以东地区，故称娄东派。弘仁，即渐江，皖南歙县人，新安江流经歙县，故称新安派。罗牧为江西宁都人，后流寓南昌，故称江西派。龚贤里籍在昆山，然长期寓居金陵（今南京），故称金陵派。以上这些画派之定名无不与其创始人的里籍地望或寓居地相关，可谓是名副其实。

当涂古称姑孰，然而萧云从作为姑孰画派的创始人，并非当涂人，而是芜湖人。萧云从一生虽有在当涂逗留的行迹，却不曾长期寓居当涂。于是便有人按上述常例推论，认为以萧云从为始祖的“姑孰画派”之名，似乎有些名不副实。甚至有人为了圆其“名实相副”说，还硬将萧云从说成是当涂人。如清初画家蓝瑛所著的《图绘宝鉴》和雍正乾隆时画家张庚所撰的《国朝画征录》等书，皆说萧云从是当涂人①。《清史稿》沿其误，于卷五百四《艺文三》龚贤传后附萧云从小传曰："当涂萧云从，字尺木，与（孙）逸齐名"，竟亦称萧云从为当涂人。其实，这多是以讹传讹，未详深考的结果。因此，长期以来，世之研究萧云从者或谓其为芜湖人，或称其为当涂人，两说各执一词，莫衷一是。萧云从的里籍究竟在何处？我们如何正确认识和理解萧云从与"姑孰画派"的名实关系问题？本文试就此略作考辨，力图澄清历史上的一些误解。

一、萧云从是芜湖人

从客观事实出发，我们应该承认，无论是从萧云从在明末清初的生活年代看，还是从当下的地理行政区划看，都不能说萧云从是当涂人，而应该说他是芜湖人。

在这方面，萧云从所绘的《太平山水图画》中的题款最能说明问题。《太平山水图画》是清顺治五年（1648）萧云从应太平府推官张万选之请特别绘制而成的一组山水画卷。所绘之景皆为当时太平府所属当涂、芜湖、繁昌三县境内的风景名胜古迹。其中当涂十五图，芜湖十四图，繁昌十三图，另加太平府全图一幅，总计四十三图。四十三图中，于《青山图》画面右上方题谢朓《治宅》诗一首，并署款识曰："于湖萧云从"；又在《牛渚图》画幅右下方题李白《牛渚矶》诗一首，且题款识曰："于湖渔人"②。既然自署"于湖萧云从"、"于湖渔人"，这说明他一向视自己是于湖人。然而于湖是否就等同于芜湖呢？若从地名学和历史的本真角度说，于湖和芜湖原本就是不同的两地两县，因此，于湖和芜湖这两个地名概念也就不可能等同。

据史籍记载，芜湖古称鸠兹，又称勾兹。《左传》载，鲁襄公三年（公元前570）春，楚伐吴，"克鸠兹"，即其地。鸠兹在何处？晋杜预为《左传》作注曰："鸠兹，吴邑，在丹阳芜湖县东。"康熙十二年（1673）《太平府志》卷四十《杂辩》云："勾兹港在芜湖县东四十里，即鸠兹也。"清顾祖禹《读史方舆纪要》卷二十七《江南九·太平府》亦云："春秋时为吴之鸠兹邑，汉置芜湖县，属丹阳郡。以地卑蓄水而生芜藻，因名。后汉因之。"三国"吴黄武初，徙县于今治。"这也就是说，汉所置芜湖县在今芜湖市东四十里的古鸠兹邑（即勾兹港），三国吴时方徙县治于今址。

而于湖县则是"晋武帝太康二年（281）分丹阳县立，本吴督农校尉治。"③

---

① 见孙濌《中国画家大辞典》，中国书店1982年版，第701页。

② 见《中国古代版画丛刊二编》第八辑《太平山水图画》，上海古籍出版社1994版。

③ （梁）沈约：《宋书》卷三十五《州郡志（一）》。

《晋书·地理志》载丹阳郡下辖十一县中列有于湖、芜湖两县名。唐李吉甫《元和郡县图志》卷二十八《江南道四》中又进一步指明了于湖县的兴废过程："晋武帝太康初分丹阳置于湖县，成帝时以江北之当涂县流人过江在于湖者，侨立为当涂县，属淮南郡。隋大业十年（614）废于湖县（按：康熙《太平府志》作隋开皇九年），以当涂属宣州。"以上文献记载告诉我们，分丹阳而立的于湖县只能说是当涂县的前身，而与芜湖县并非一地。

然而，由于西晋所设置的于湖县"地在今当涂之东南，芜湖之东北"[①]，于湖、芜湖两县地壤相接；于湖县废后，其县地部分省入当涂，部分省入芜湖；再加上"于"、"芜"两字古音相近，所以自唐宋以后，于湖、芜湖两地名便混而为一[②]。甚至世俗间竟视于湖、芜湖为古今名，即错误地将于湖视为芜湖的古称，显然这是一种历史的误解。

当然，之所以造成这种误解，这与于湖故城或于湖县废址的特定地理方位也有一定的关联。那么，于湖故城或者说于湖县废址究竟在何处？唐杜佑《通典》卷一百八十一《州郡十一》谓"于湖故城在（当涂）县南。"《读史方舆纪要》卷二十七《江南九》云：于湖故城"在府（即太平府，治当涂）南三十八里"。二十多年前，刘尚恒先生曾据上述文献推论说："我们宜以当涂县城为圆心，以三十八里为半径，在其南作一弧线，通过考察、发掘来找到于湖故城所在。这条弧线附近的一地，今芜湖县王旭公社是很值得注意的。该地距当涂约四十里，据群众反映，人们在生产活动中发现过古代文物。"[③] 这个推论虽然还有待于地下发掘来进一步证实，但所言方位则与上述文献中所说基本吻合。不过，这里有两点需要补充说明：一是刘尚恒先生所说的"王旭"，当年为公社名，公社废后，则变为村名。今王旭村位于芜湖市中心城区东北十五里左右的扁担河东岸，属芜湖市鸠江区管辖。二是这个"王旭"村的"旭"字疑为"𠃧"字之误。"𠃧"字当地方言读"拐"，意为𠃧角，角落，亦常作村庄通用名字，"王𠃧"即其一例[④]。然今人已不解其意，且"旭"、"𠃧"字形相近，于是，误将"王𠃧"写作"王旭"亦就不足为怪，以至今天的芜湖县地图上仍标作"王旭"。

"王𠃧"是否需要正名，这里姑且置而不论。单就上文所论于湖故城与"王𠃧"的关系来看，刘尚恒先生的推论是凿凿可信的。况且，无论是从今人的眼光来看，还是从萧云从所生活的明末清初这个特定的历史时代来考察，于湖故城

① 清乾隆《当涂县志》卷一《建置沿革》。

② 俱见刘尚恒：《于湖考辨》，载《地名知识》1984年第一期。

③ 同上。

④ 参见《安徽省当涂县地名录》第46页"殷𠃧"说明，内部资料，1983年版。

都在今芜湖市的辖区内。即使由今而上推到近1400年前的隋大业十年（614）于湖县废时，于湖城仍与当时的芜湖镇地缘关系最近。这种特殊的地缘关系，使得“于湖”与“芜湖”两名更加容易混而为一，以致世俗间视于湖、芜湖为古今名的误解越来越深。尽管清嘉庆《芜湖县志》（卷一）曾经批评“旧说相沿多以于湖为芜湖，其谬殊甚”，乾隆《当涂县志》（卷一）亦指责“旧混芜湖、于湖为一者，非”，但将于湖视为芜湖之古称，似乎已经具有了约定俗成的力量，甚至到了众所共传而积非成是的地步。也许正是这样的原因，所以南宋著名词人张孝祥（原籍和州）因长期寓居芜湖，故自号“于湖居士”，其诗文集亦名之曰《于湖集》。同样的原因，萧云从也未能免俗，他并非于湖人，却偏偏在自己的绘画作品上署款为“于湖萧云从”，并自称“于湖渔人”。然而此“于湖”非彼“于湖”也。萧云从所说的“于湖”就是从众从俗的“于湖”概念，即相当于今天“芜湖”的概念。这也就是说，萧云从确实认为自己是芜湖人。

不仅如此，清嘉庆年间大臣黄钺在他所著的《壹斋集》中谈到萧云从时也说道：“萧云从，字尺木，号无闷道人，晚又号钟山老人。芜湖人，……居（芜湖）城东，近梦日亭遗址，筑石种梅，号曰‘梅筑’。”[①] 黄钺，当涂人，寓居芜湖西门外升平桥。嘉庆年间官至户部尚书、军机大臣，工诗擅画，其山水画深得萧云从之余韵，为姑孰画派的代表画家之一。作为姑孰画派的继起者黄钺，也说萧云从是芜湖人，其说不至孟浪。

况且，稽核清康熙、乾隆、嘉庆诸代纂修的《太平府志》和《芜湖县志》等地方志书，亦皆以萧云从为芜湖人。如康熙十二年（1673）纂修的《太平府志》，将萧云从列传于卷二十八《人物下》“芜湖县”中，可证，该志断萧云从为芜湖人无疑。之所以说“无疑”，一则因为古代修志是一件十分严肃认真的事情，尤其是立传入志，皆要一遵史例，“取舍贵辨真伪”[②]，绝不会无所据凭，妄加臆说。而且，康熙《太平府志》的纂修姓氏中有芜湖知县马汝骁名列其中，马汝骁时为纂修提调官之一，而“提调”之职“专主决断是非”[③]，这也就是

---

① 见黄钺：《萧汤二老遗诗合编》，载黄钺《壹斋集》，陈育德、凤文学校点本，黄山书社1999年版，第880页。按，关于萧云从的芜湖故居，又可参见《壹斋集》诗集卷三十四《于湖祠从祀六君诗》。其中《萧明经云从》诗序云：“尺木老人本朝隐居穷巷，今萧家巷即其故居。”诗曰：“萧慎居青杨，殁犹氏其巷。小筑傍能仁，剩听烟钟撞。”黄钺在“小筑傍能仁”句下自注云：“有园名梅筑，近能仁寺，久废。”又，萧云从在《太平山水图画》中的《东皋梦日亭图》画幅上，有题诗跋语云：“丁亥除夕灯下，书于梅花石筑。”此语正与黄钺所言“有园名梅筑”合。可见，萧云从故居确实在“芜湖城东，近梦日亭遗址”。

② 俱见章学诚：《修志十议呈天门胡明府》，载《文史通义新编》（清章学诚著，仓修良编），上海古籍出版社1993年版，第723–724页。

③ 同上。

说，作为提调官，马汝骁对入志的芜湖县的相关内容，他有“决断是非”的审定之责。既经提调官审定，那么萧云从入志时，其里籍定为“芜湖”，当不会有误。二是，从萧云从的生活年代与康熙《太平府志》成书的年代关系来看，两者时间距离最为接近。据目前学界的意见，萧云从的卒年有清康熙七年(1668)①、八年（1669)②、十二年（1673)③ 诸说；虽众说不一，然将其卒年定在康熙十二年之前是毫无疑问的。因为古代修志，于法则有“盖棺论定，不为生人立传”④ 的规定，据此可断，成书于康熙十二年的《太平府志》应该是距离萧云从去世的时间最近的一部地方文献，所谓“地近则易核，时近则迹真”⑤，因此，康熙《太平府志》所记萧云从的生平事迹，包括定其里籍为“芜湖”等，自当“迹真”可信。

二、“姑孰画派”定名之成因

既然萧云从的里籍在芜湖，而不在姑孰或当涂，而且史籍文献中又无长期寓居当涂的确切记载，为什么以他为始祖的画派要定名为“姑孰画派”呢？其实，这是另有原因的。概而言之，主要有两端：其一，是与这一画派生存的特定历史地理文化背景有关。其二，则是与这一画派的艺术表现内容及其影响有关。就此二端，下文分别予以辨析。

先说其一，即从姑孰画派生存的特定历史地理文化背景看，或从历史地理沿革的角度说，姑孰（当涂）、芜湖两地自古以来就是你中有我，我中有你，难分彼此。而且7世纪以降，芜湖又多在以姑孰为治所的当涂县或太平州、路、府辖内。所以在历史上“姑孰”之名既可用以实指当涂县城，又常用以代指当涂县或太平州、路、府所辖的广大地区。因此从这个角度上看，“姑孰”既是一个城池概念，又是一个地域概念。

据古代一些史地文献和方志记载，当涂县城古称姑孰，因有姑孰溪流经境内，故以溪名名之。东晋咸和四年（329)，江淮间战乱频仍，民多南渡，原设于今安徽怀远县南三十里马头城的当涂县废，于今南陵县一带侨置当涂县。至

---

① 见黄钺：《画友录》，载《壹斋集》第779页。

② 见顾平：《萧云从里籍及生卒年考》，载《新美术》1999年第1期，又见顾平《萧云从》，河北教育出版社2006年版，第4-11页。

③ 见王石城：《萧云从》，上海人民美术出版社1979年版，第1-11页。又见陈传席《有关萧云从〈太平山水诗画〉诸问题》，载《陈传席文集》（第三卷），河南美术出版社2001年版，第866页。

④ 俱见章学诚：《修志十议呈天门胡明府》，载《文史通义新编》（清章学诚著，仓修良编）第723-725页。

⑤ 同上。

“隋平陈，移治姑孰”①。自是，姑孰之当涂县始定为实体县，迄今相沿不变。如前所述，芜湖古称鸠兹，汉置芜湖县。而当涂县域原本属丹阳县地，晋太康二年（281）始分丹阳县南境置于湖县，与芜湖县并属丹阳郡。从东晋咸和初年至南朝宋齐梁陈，于湖县与芜湖县又分属无常。其间，于湖曾为淮南郡、宣城郡、南豫州治所；芜湖也曾为豫州和襄桓等侨置州县治所。至隋大业十年，遂省于湖、芜湖两县，且废在两地设置的淮南郡、襄桓县，并入当涂县；芜湖则由县降为镇，属当涂县辖区，故唐杜佑《通典》卷一百八十一“当涂县”下曰：“有芜湖”。自此，芜湖属当涂县管辖几近三百年。至唐末天祐四年（907），割当涂县南境复立芜湖县。自宋太平兴国二年（977）设置太平州，元改太平路，明改太平府，沿至清末，姑孰城一直作为州、路、府之治所，所辖当涂、芜湖、繁昌三县亦相沿不变。这也就是说，自宋太平兴国二年起直到清末这九百余年的漫长岁月里，芜湖一直属于以姑孰城为治所的太平州（路、府）管辖。

况且，“姑孰”作为一县或一州、一路、一府的治所，固然是一座城池名；但从历史的实际情况看，“姑孰”并不仅仅指一座城市，它确实曾经作为一个更大的地域名称而被使用过。如唐代大诗人李白于天宝后期游历当涂一带时，曾作组诗《姑孰十咏》。其中所咏名胜古迹如姑孰溪、丹阳湖、谢公宅、凌歊台、桓公井、慈姥竹、望夫山、牛渚矶、灵墟山、天门山等，并非集中于姑孰城内，而是分布于一个更大的地域范围内。这个地域范围不仅涉及今天的马鞍山市暨当涂县，以及芜湖市，甚至还涉及江苏溧水、高淳等县境的一些风景名胜。比如天门山，今属芜湖市；丹阳湖，今为石臼湖，当涂县、溧水县、高淳县皆以湖心为界，各占其胜。分布如此之广的十大风景名胜古迹，当年李白概以“姑孰”之名统而冠之，予以歌咏，可见，“姑孰”之名不只是指一座城池，它还可以代指当涂县域或宋明以后的太平州、府等地域。或者说，在某些情境下，“姑孰”的地域概念亦即等同于当涂县甚至是太平州、府的地域概念。

而且，李白在《姑孰十咏》中如此使用“姑孰”这一概念，亦并非孤证单行，在史籍文献中，我们同样能够找到类似的例证。如《资治通鉴》卷一百一《晋纪》二十三载：东晋哀帝隆和三年（364）春，“大司马（桓）温移镇姑孰。……二月乙未……司徒（司马）昱闻陈祐弃洛阳，令大司马（桓）温于洌州，共议征讨。”宋元之际的史学家胡三省在“洌州”下注曰：“今姑孰江中有洌山，即其地。”又，《资治通鉴》卷一百一十二《晋纪》三十四载：东晋安帝元兴元年（402）下，叙安帝下诏讨伐桓玄，以司马元显为征讨大都督，以刘牢

① （清）顾祖禹：《读史方舆纪要》卷二十八《江南十》（南陵县·故城），上海书店出版社1998年影印版，第212页。

之为前锋，“牢之军溧洲”。胡三省又为“溧洲”作注云：“《晋书·刘牢之传》作‘洌州’，……今舟行至采石东下，未至三山，江中有洌山，即洌洲也。洌，溧，声相近，故又为溧洲。张舜民曰：‘过三山十余里至溧洲，自溧洲过白土矶入慈湖夹。’舜民《郴行录》言泝流之先后水程也。”据此可知，洌山、洌洲或溧洲，实为三名一地，而且距江宁三山仅十余里，今应属南京地区，可是胡三省当年却说它在“姑孰江中”。可见，在历史上，“姑孰”之名除作为城池名使用外，它甚至可以泛指上起芜湖、下至江宁洌山等江左一带的广大沿江地域。上述李白的《姑孰十咏》和胡三省为《资治通鉴》所作的有关注文都是最有力的实证。

此外，南宋祝穆《方舆胜览》中更有将“姑孰”之名用做州郡别名的例子。按照自身体例，《方舆胜览》除在州郡下列出辖县名外，还专设“郡名”一项列出该州郡的一些别名。如卷十五“宁国府”之“郡名”项下列有“宛城、宣城、陵阳、宛陵”等四个别名。如卷十六“徽州”之“郡名”项下则列出“新安、古歙”等两个别名。而卷十五“太平州”之“郡名”项下，“于湖、当涂、姑孰”等三个别名却赫然在目①。这说明，历史上虽不曾有“于湖、当涂、姑孰”等州郡的设置，但包括“姑孰”在内的这些地名至少在唐宋时代曾经被当做州郡之俗名在民间流布，即赋予“姑孰”等地名以更大的地域概念而被使用。这种俗称习惯甚至相沿至明清而不改。所以到了萧云从的时代，他也常以“姑孰”之名概指太平府所辖的地域。比如，他在《太平山水图画·跋》中说：“姑孰滨大江，攒石环冈不数百里，而平遥铺芜，潆洄薮薄……”显然，在萧云从眼里，这绵延“数百里”的滨江地带统属“姑孰”地区。“姑孰”之名在这里同样是作为一个大的地域概念在使用，而非单指当涂 地 域。

因此，尽管萧云从的里籍在芜湖，但若从这个意义上说萧云从是姑孰人（按，说是“姑孰人”并不等于说是“当涂人”，盖古今有别也），其实也并不算错。正如当今某人里籍是当涂，而当涂已归马鞍山市管辖，所以他说自己是马鞍山人，这又何错之有？同样的道理，历史上既然“姑孰”之名不仅可实指当涂县城，而且也可用以代指包括当涂、芜湖在内的江左一带的广大沿江地域，那么，以萧云从为始祖的这一画派定名为“姑孰画派”，不仅名正言顺，而且也是这一画派所生存的特定历史地理文化背景所使然。

再说其二，就姑孰画派的艺术表现内容及其影响而言，萧云从的山水画代表作《太平山水图画》不仅尽显了姑孰山水风貌，而且在中日画坛上也名高一时，

① 见宋祝穆撰、祝洙增订：《方舆胜览》，中华书局2003年版，第263页。

影响巨大，使“姑孰”之名更加声誉远播。

如前所述，《太平山水图画》是萧云从应太平府推官张万选之请所绘的姑孰山水画卷。张万选，字举之，山东济南贡士。他于清顺治三年（1646）始任太平府推官，顺治五年任满，改任顺天府推官，历刑部主事①。他在任太平府推官期间，深爱姑孰山水，“姑（孰）名胜日在襟带间”②。行将离任之际，他深恐“岁月驱驰，佳游不再，于是属于湖萧子尺木为撮太平江山之尤胜者，绘图以寄”③。萧云从所绘姑孰山水深孚张万选之期望，所以张万选赞扬说：“余思间一展卷，如见鸟啼，如闻花落，如高山流水环绕映带，如池榭亭台藻缋满眼。即谓置我于丘壑间，讵曰不宜？萧子绘事妙天下，原本古人，自出已意，正未知昔日少文（按，指南朝宋画家宗炳，字少文）壁上曾有此手笔否？”④评价之高，于此可见。

《太平山水图画》计一组四十三幅，每幅题以古诗。摹写则用唐、宋、元、明名家画法，如王维、关仝、徐熙、李公麟、郭熙、范宽、马远、夏圭、赵孟頫、倪瓒、沈周等。图以写生为主，体备众法，又能自出己意，别开生面。正如范志民先生在《太平山水图画跋》中所说：“皴法之浓淡深浅，明暗虚实，均变化莫测，又处理得恰如其分。画面浑厚华滋，气势磅礴”⑤，堪称清代山水画之精品。这一组山水画后由旌德县版刻名匠汤尚、汤义、刘荣等雕刻印刷，刻工亦精巧绝伦，出神入化，堪称木刻画中之珍品。到了18世纪，这个版刻画本流传到日本，被日本大阪蒹葭堂所收藏，后经翻印，冠以《萧尺木画谱》或《太平山水画帖》之名，广为流布，且临摹者甚众。日本南宗文人画派著名画家池大雅因对萧云从画心追手摹，出入不释手，因而尽得萧画之遗韵和旨趣，乃至连书法、题款的字体亦与萧云从相仿佛。而且池大雅也终因此成为继宗师祇园南海之后日本南宗文人画派的殿军人物，对日本南宗文人画派的最终形成和发展影响深远，作用巨大。

在国内，萧云从的山水画亦极为画坛所宝重。清同治、光绪年间画家秦祖永在《桐阴论画》中说：萧云从“所绘《太平山水图》追摹往哲，工雅绝伦，极为艺林珍重”。姑孰画派的继起者、当涂人黄钺在《壹斋集·画友录》中也说：“云从卒后，东南鉴赏家多求其画”，甚至“时有王宏字于高者，取其画伪为之

① 有关张万选仕历，见康熙十二年《太平府志》卷十四《职官二》表。

② 张万选：《太平山水图画小序》，载《中国古代版画丛刊二编》第八辑。

③ 俱见张万选：《太平山水图画小序》。

④ 同上。

⑤ 范志民：《太平山水图画跋》，载《中国古代版画丛刊二编》第八辑。

以牟利”[①]。萧云从去世百年后，四库全书馆又进所绘《离骚图》及《山水长卷》等，竟令乾隆皇帝“观之不餍意弗舍”，并“剪烛长歌题笔洒”，为其山水长卷题诗以识评[②]。20世纪30年代，毕生致力于古代文学和艺术的钩沉、辑佚、收藏、研究工作的著名学者郑振铎先生，对萧云从的《太平山水图画》更是推崇备至。他曾在《劫中得书记》中对《太平山水图画》褒赞说：“细阅一过，图凡四十三幅，无一幅不具深远之趣。或萧疏如云林，或谨严如小李将军；或繁花怒放，大道骋驰；或浪卷云舒，烟霭渺渺；或田园历历如毡纹，山峰耸叠似岛屿；或作危岩惊险之势；或写乡野怡静之态。大抵诸家山水画作风，无不毕于斯，可谓集大成之作已！”[③]

正因为萧云从的山水画，尤其是他的代表作《太平山水图画》充分显现了姑孰一带的山水风貌和神奇魅力，而且也尽显了萧云从“绘事妙天下”的高超画艺及其深厚学养，并在中日绘画界和历史文化中产生过如此巨大的影响，所以后人将以萧云从为代表的画派定名为“姑孰画派”，这确实是顺理成章，实至而名归。

总之，一个画派乃至其他艺术流派的某些名称的确立和流布，往往都有其复杂的原因。它们并非全然以这一画派或这一艺术流派创始人的里籍地望或寓居地为冠名依据；有时可能是出于约定俗成的社会原因，有时也可能另有其他特殊的人文、历史、地理背景及艺术自身的一些原因。明乎此，“姑孰画派”的名实之疑当会迎刃而解。

（作者为安徽工业大学副教授）

① 见黄钺：《画友录》，载《壹斋集》第780页。

② 乾隆帝诗见黄钺：《萧汤二老遗诗合编》，载《壹斋集》第880页。

③ 见《郑振铎全集》（第六卷），花山文艺出版社1998年版，第831页。

附　　录

在第四届皖江地区历史文化研讨会开幕式上的致辞

马鞍山市市长　周春雨

由安徽省社科联和马鞍山市政府共同主办的第四届皖江地区历史文化研讨会，今天在这里隆重举办，我们感到非常高兴！首先，我代表中共马鞍山市委、市政府，向本次研讨会的举办表示热烈的祝贺！向参会的各位领导、各位专家和朋友们的到来，表示热烈的欢迎！借此机会，我简要介绍一下马鞍山基本情况。

马鞍山建市于1956年10月，现辖1县3区，总面积1686平方公里，总人口128.6万人，城市化率达65.7%。马鞍山主要有五个特点：

马鞍山是一座文化之城。相传，现在耸立在长江岸边的马鞍山，是由项羽心爱的坐骑乌骓的马鞍演化而成，马鞍山市因此得名。考古表明，境内烟墩山、五担岗遗址在商周时期就是早期的中心城池。采石矶是长江三矶之首，太白楼是江南四大名楼之一，朱然墓被列入我国20世纪80年代十大考古新发现之一。唐朝大诗人李白一生多次游历马鞍山，留下了《望天门山》等50多首脍炙人口的诗篇，并终老于此。从1989年起，我市每年都要举办中国国际吟诗节，2005年举办了国家级第一届中国诗歌节，形成了独特的诗歌文化，马鞍山也因此被称为“半城山水半城诗”的“诗城”。目前，第九届安徽省艺术节暨马鞍山中国李白诗歌节正在举办，各项活动丰富多彩。

马鞍山是一座活力之城。综合经济实力居全省三强之列，主要经济指标人均值连续多年位居全省各市之首，接近长三角中等城市发展水平。预计“十一五”期间，地区生产总值由2005年的371亿元增加到今年的780亿元，年均增长15%，人均生产总值超过8000美元；财政收入由64亿元增加到140亿元，增长2.2倍；固定资产投资年均增长30%以上，今年达到750亿元；城市居民人均可支配收入、农民人均纯收入今年分别达到23000元、8500元，年均分别增长14.1%和14.8%，城乡居民人均储蓄2.4万元。与此同时，我们在全省率先开展城乡一体化综合配套改革试点，基本养老、医疗和生育保险已覆盖城乡全体居民，统筹城乡就业、创建创业型城市、城镇居民医疗保险、新型农村养老保险、居民生育保险、“金保工程”建设和劳动保障监察“两网化”建设等7项工作被列为全国试点，今年又跻身全国公立医院改革试点城市行列。目前，全市小康社会实现程度达95.8%，明年将如期实现在安徽省率先建成全面小康社会的目标。

马鞍山是一座工业之城。三次产业结构为3.9∶66.5∶29.6，经济以工业为主体，工业占经济总量六成以上，优势主导产业有钢铁制造、汽车制造、装备制造、电力能源、精细化工、食品加工等。本土知名企业马钢、华菱重卡、星马汽车、山鹰纸业等，实力居国内同行业前列。通过近年来招商引资引进的法国圣戈班、台湾中橡以及国内的蒙牛乳业、雨润食品、立白日化、科达机电、达利食品、东风小康、格力电器等企业，在国内外享有很高的知名度。新光源、软件动漫、节能环保、生物医药、电子信息等新兴产业快速崛起。“十一五”期间，全市规模以上工业增加值年均增长18%，销售收入超百亿元企业2户，超10亿元工业企业15户。

马鞍山是一座开放之城。马鞍山位居长江下游南岸，处在中国中部和东部的结合点，是南京都市圈核心城市，是皖江城市带承接产业转移示范区的最前沿城市。今年3月，马鞍山被正式接纳为长三角经济协调会成员城市；同时，还入选了2009—2010年度全国外贸百强城市和福布斯2010中国大陆百佳商业城市，市经济开发区被批准为国家级经济技术开发区。马鞍山港是长江十大港口之一、国家一类口岸、全国首批对台直航的63个港口之一，已实现对外籍船舶开放，今年外贸货运量已突破4万吨。目前，马鞍山长江公路大桥、宁安城际铁路等一批重大交通基础设施正在加快建设，加之我们正在推动与毗邻的南京市同城化发展，与芜湖的强强联合，马鞍山对外开放的前沿阵地的区位优势将越来越凸显。

马鞍山是一座文明之城。多年来，马鞍山历届市委、市政府高度重视抓好精神文明创建工作，取得了一批“国字号”荣誉，是全国少数几个集国家卫生城市、国家园林城市、国家环保模范城市、中国优秀旅游城市、全国绿化模范城市等多项桂冠于一身的城市之一，也是中部地区唯一一个获得“全国文明城市”称号的城市，去年公共文明指数位列全国地级市第四。社会安定和谐，公众对社会治安状况的满意率达97%。根据中国社科院发布的《2009年中国城市竞争力蓝皮书》，马鞍山生活质量竞争力列全国第9位。因此，马鞍山不仅是一座适宜创业的城市，也是一座非常适宜人居的城市。

站在新的历史起点上，我们深入审视了“十二五”及未来一段时期我市产业升级和空间转型发展两大课题，提出了以科学发展为主题，以加快转变经济发展方式为主线，以提升人民群众幸福指数为目的，在加快发展上突出转型，在产业发展上形成特色，在城市建设上提高品位，在民生发展上造福人民，加速构建“6653”现代产业体系，大力实施“1255”城市发展战略，努力实现从市区发展向区域发展、从城乡二元发展向城乡一元发展、从生产型城市向消费型城市、从安居城市向宜居城市、从实力城市向魅力城市的转变和升华，把马鞍山建设成为长三角地区有特色、有魅力、高水平的现代化城市。

皖江历史古老，文化悠久，早在远古时代便升起了人类文明的曙光，是中华民族灿烂文明的重要发祥地。皖江地区名人辈出，遗迹古迹众多，是全省乃至全国历史文化奇葩中一颗灿烂的明珠。第四届皖江地区历史文化研讨会的举办，对深入开展皖江地区历史文化的研究，进一步发挥区域文化对区域经济的内在支撑与驱动作用，深入贯彻落实省委、省政府文化强省战略部署，都具有重要意义。特别是这次研讨会在马鞍山举办，对于我市当前正在大力推进的文化旅游产业发展，必将产生十分重要的推动作用。在此，我代表马鞍山市委、市政府，诚挚地邀请各位专家对马鞍山的文化旅游产业发展不吝赐教，多提宝贵意见！

最后，预祝第四届皖江地区历史文化研讨会圆满成功！祝各位领导、专家身体健康，万事如意！

谢谢！

在第四届皖江地区历史文化研讨会闭幕式上的讲话

安徽省社科联副主席　洪永平

在全省上下认真学习党的十七届五中全会精神的热潮中，在认真总结“十一五”、谋划“十二五”的重要时刻，特别是皖江城市带承接产业转移示范区启动之始，“第四届皖江地区历史文化研讨会”在马鞍山市隆重召开，在中共马鞍山市委、市人民政府的高度重视和大力支持下，经过与会者的共同努力，这次会议取得了圆满成功。在会议即将闭幕之际，我对本次研讨会的情况及今后开展皖江文化研究，简单谈一些个人的看法。请大家指正。

一、本次会议的基本特点

（一）主题鲜明，体现了推动科学发展的时代特点

在筹备本次研讨会之初，我们在皖江各市做了调研，对如何确定本次研讨会的主题征求了有关单位和部分专家学者的意见。基于两个背景：去年9月，省委、省政府下发《进一步加快文化强省建设的意见》，对社科界如何弘扬优秀历史文化传统，提升安徽历史文化影响力，加快文化强省建设提出新的任务和要求；二是今年元月12日，国务院正式批准“皖江城市带承接产业转移示范区规划”，这是安徽第一个国家战略层面的区域发展规划，开启了安徽新一轮加速崛起的高潮。皖江开发发展这一主题，理应成为本届研讨会研讨主题的必然选择。因此，我们确定“文化创新与皖江率先崛起”作为会议主题，从发展文化软实力，为皖江城市带承接产业转移示范区提供智力支持角度认真开展研讨，得到了有关主办单位和专家学者的一致赞同。

（二）领导重视，精心组织，体现了很高的办会水平

省人大常委会朱先发副主任专程到会祝贺并讲话，他充分肯定本次会议的选题和举办时机，对社科文化界提出了明确要求和希望，体现了省委、省人大、省政府对会议的支持；马鞍山市委、人大、政府、政协领导到会，周春雨市长代表市几套班子发表致辞，表明市委、政府对历史文化研究的高度重视，对开展皖江历史文化研究的深刻认识；承办单位全力投入，精心组织，体现了很高的办会水平。

（三）成果丰富，参与面广，体现了对皖江文化研究的广泛认同

本次研讨会收到140篇论文，会前编印的论文集791页，近120万字，为历届之最。这些论文，涉及皖江文化、经济、社会、政治、文学艺术、宗教、历史、哲学、重要历史名人和重大历史性事件等，作者既有长期坚持、从事皖江文化的专家，也有一些近年开始介入的，既有已经不在岗位、退休休息的老专家，也有刚走出校门或在读书的青年学者，既有专业高校、科研院所的专业人士，也有各行各业及党政机关、企事业单位的人士。体现了我省专家学者对皖江文化研究的广泛认同。

（四）研讨深入，气氛热烈，体现了认真务实的会风

会议安排紧凑，一天半研讨，有19人作了大会交流，邀请两位专家作了精彩精到的学术点评。会议分四个小组进行了热烈的讨论，四个小组的代表还对小组讨论的成果作了全面细致的介绍。不仅有学术研讨、争论和交流，还有对如何开展皖江文化研讨及今后如何开好会议的宝贵建议。下午还安排对朱然墓博物馆和当涂县文化进行考察。这些体现了认真务实的会风。

二、本次会议的基本成果和学术收获

（一）进一步扩大了共识

经过前几届的持续研究，本次会议在充分讨论后，大家对皖江文化的认识有了进一步的深化，扩大了共识，我看是否体现在以下几点：

1. 皖江文化是丰富而具有包容性的文化；

2. 皖江文化是开放而具有竞争性的文化。依托黄金水道，区位优势明显，人口流动频繁，开放程度高；

3. 皖江文化是充满活力而具有创新性的文化。创新意识浓，吸收能力强，思维方式新。

对皖江文化的研究和认识，我觉得采取存同求异的方法更有价值和意义。

（二）进一步突出了服务皖江现实发展的方向

我们在会议征文通知中设计了一些研究现实问题的思考题，但收到有近50篇论文研究现实问题，这是前所未有。无论是淮河文化还是皖江文化研讨会，每届涉及现实问题研究的均只有20多篇，本次研讨会有这么多论文研究皖江地区经济社会文化发展问题，充分体现了我们专家学者为地方经济社会发展服务的主动性和自觉性大为增强。这是十分可喜的。

（三）进一步拓展了研究范围

会议论文和交流研讨涉及了皖江流域的各个方面，经济、社会、政治、历史人物、重大事件、文学艺术、考古、民俗及非物质文化遗产等等都有研究。其中

以下三个方面有了较大拓展：

1. 皖江城市带产业转移方面的研究；

2. 古代商业史、经济史挖掘；

3. 旅游资源开发研究（以前多是对资源梳理，现在是可行性建议）。

（四）进一步发展了研究队伍

现在安庆师范学院皖江历史文化研究中心，池州学院建立的佛教、旅游、民俗等几个研究中心，安徽师范大学皖南历史文化研究中心都是研究皖江流域历史文化的专门研究机构，构成了我省皖江文化研究的中坚力量。沿江五市的各高校相关院系和专业也有不少研究人员以及省内其他高校、社科院的一些专家，形成了皖江文化研究的基本力量。经过大家共同努力，皖江文化研究的队伍和机构有了令人鼓舞的发展。

三、今后开展皖江地区历史文化研究的几个想法

（一）更加注重研究皖江文化的内涵、特征和历史价值

我们十分赞成南京大学教授李良玉先生的观点，皖江文化是一个发展的概念。要从历史的眼光和时代的角度结合上看待逐步形成、不断发展的皖江文化。因此，今后的研究中有几个关系要重点关注：（1）统一性与差异性；（2）传统性与现代性；（3）文化发展与经济社会发展的关系；（4）本区域与其他区域文化的关系（区域内与区域外，特别是与长三角的关系）。我们要从发展中的皖江文化来挖掘它的内涵、特征。

（二）更加注重文化与皖江发展的互动研究

文化传承、文化创新的研究，特别是如何深入挖掘皖江文化的创新特点，为皖江地区率先崛起提供文化支撑。我们已经有一个很好的势头，就是本次研讨会三分之一多的论文研究了现实问题。我们要保持这个很好的势头，更加注重对皖江地区发展的关注。

（三）更加注重整体性和系统性的研究

在起始阶段，必须从个案入手，发掘资料入手，在已经召开4届皖江文化研讨会后，我们应该注重整体性和系统性的研究。

1. 方法创新。从外延到内涵，从实证到学理。

2. 学科融合。除了史学、文学、考古学等传统学科，还有经济学、社会学、哲学、专门史、思想史等，新学科和交叉学科等研究。

3. 研究力量的交流和整合，研究资料和研究资源的共享。

4. 研究队伍和机构的培育和发展。

本次研讨会即将结束，我代表会议主办单位，对省市领导的莅会指导和支持

表示感谢；对与会者的认真参与，大会的发言人、点评人、小组召集人辛勤工作表示感谢！对长期以来支持、关心和参与皖江文化研究的南京大学李良玉教授表示感谢！对承办单位精细安排、精心服务，特别是马鞍山市社科联、学会处的同志们表示衷心感谢和敬意。

按照每两年召开一次研讨会的安排，承蒙铜陵市热情邀请，第五届皖江地区历史文化研讨会将在铜陵市召开，由省社科联与铜陵市政府主办、铜陵学院与市社科联承办，我们对铜陵方面表示感谢。

文化是民族凝聚力和创造力的重要源泉，是综合国力竞争的主要因素，是经济社会发展的重要支撑。以教开智，以“文”化人，既富“口袋”，也富“脑袋”，皖江地区率先崛起，文化建设任重道远。我们要继续发挥社科界的智库作用，深入开展皖江地区历史文化研究，产生更多的成果，为安徽科学发展、全面转型、加速崛起、兴皖富民作出新的更大贡献。